1 MONTH OF
FREE
READING

at

www.ForgottenBooks.com

By purchasing this book you are eligible for one month membership to ForgottenBooks.com, giving you unlimited access to our entire collection of over 1,000,000 titles via our web site and mobile apps.

To claim your free month visit:

www.forgottenbooks.com/free997239

ISBN 978-0-260-98280-3
PIBN 10997239

NOTES ET DOCUMENTS

SUR LES

ÉTABLISSEMENTS D'INSTRUCTION PRIMAIRE

de la ville de Reims,

PUBLIÉS PAR

M. J.-B. Ernest ARNOULD,

Avocat, Membre du Conseil-général de la Marne,
Membre du Comité local d'Instruction primaire.

[signature / dédicace manuscrite]

REIMS

P. REGNIER, IMPRIMEUR-LIBRAIRE.

—

1848.

—

A M. F. HANNEQUIN,

Premier adjoint au maire de la ville de Reims,
Secrétaire du comité supérieur d'Instruction primaire.

—

Vous m'avez permis de vous offrir ce livre, Monsieur : c'est à vous que je dois la première pensée de ce travail; c'est vous qui m'avez désigné, il y a deux ans, pour faire partie du comité local et communal d'instruction primaire de la ville de Reims ; c'est vous qui m'avez introduit au sein des écoles municipales de notre ville ; c'est vous qui m'avez indiqué qu'il y avait là quelque bien à réaliser, et de fécondes améliorations à introduire.

Nous eussions voulu suivre le noble exemple que, depuis tant d'années, vous avez donné à vos concitoyens : Membre du conseil municipal, secrétaire du comité supérieur d'instruction primaire de l'arrondissement, président du comité local et l'un des chefs de l'administration municipale, vous avez puissamment concouru au développement de l'instruction primaire à Reims, et plusieurs générations de nos enfants vous doivent en partie le bienfait de leur éducation.

Nous avons essayé, dans une sphère plus modeste, d'apporter notre tribut utile d'efforts persévérants. Les documents que nous publions aujourd'hui en sont la preuve.

Nous avons un but sérieux en les publiant.

Nous voulons attirer l'attention de l'administration et celle du conseil municipal sur nos écoles communales ; nous voulons diriger sur elles toute la sympathie de nos concitoyens.

En visitant les écoles, en conversant avec les maîtres, en écoutant les institutrices, en regardant les enfants, en méditant sur les lois spéciales, sur les archives municipales, sur les livres d'éducation, il est impossible de ne pas songer que l'instruction et la bonne direction des enfants doivent être le premier soin, le premier devoir de l'État : c'est par là qu'il faut commencer *les réformes* dont on parle tant, en ce moment ; c'est là qu'il faut porter un regard attentif et investigateur ; les jeunes générations à instruire, à diriger, à moraliser, renferment l'avenir de la France ; et trop souvent l'insouciance des gouvernants, l'indifférence des familles, la multiplicité des occupations et des intérêts secondaires, laissent dans un oubli dangereux ou coupable les enfants, pépinière féconde et impressionnable, d'où vont sortir, dans quelques jours, les citoyens destinés à former la société dans laquelle nous vivons.

Si les lois providentielles de Dieu étaient toujours bien comprises, l'éducation morale, l'éducation religieuse, l'éducation professionnelle des enfants seraient invariablement le plus précieux objet de la sollicitude paternelle de l'Etat :

nous n'avons pas ici de théories à développer ou de plans à tracer : nous élevons simplement la voix pour dire avec sincérité ce que notre cœur nous inspire ; si nos paroles et nos efforts arrivent à produire quelque bien, nous nous en réjouirons dans l'intérêt de nos écoles et de nos enfants ; car, nous ne saurions trop le répéter, l'instruction et l'éducation des enfants sont les bases fondamentales des améliorations intellectuelles et des réformes sociales.

Reims, le 16 février 1848.

Nous avons divisé notre livre en deux volumes ; le premier volume comprend des documents historiques relatifs :

1° Aux écoles des frères des écoles chrétiennes ;

2° Aux écoles mutuelles ;

3° Aux écoles de filles dirigées par les sœurs de l'Enfant-Jésus ;

4° Aux salles d'asile.

Le second renfermera :

Des documents complets sur l'école primaire supérieure ;

Les écoles d'adultes ;

L'école protestante ;

Le demi-pensionnat des frères ;

Et tous les autres établissements d'instruction primaire de la ville de Reims.

Nous y ajouterons l'analyse des procès-verbaux des délibérations du comité local et communal d'instruction primaire de Reims, depuis la première séance, celle du 18 novembre 1834, jusqu'à celle du 12 janvier 1848 ;

Les budgets de la ville, en ce qui touche les dépenses et les recettes relatives à l'instruction primaire, depuis celui de l'année 1802 jusqu'à celui qui est voté pour l'année 1849 ;

Quelques-uns des rapports importants de M. l'inspecteur du département ;

Enfin, des renseignements généraux sur la législation et la jurisprudence en matière d'instruction primaire.

LES FRÈRES DES ÉCOLES CHRÉTIENNES.

» La grande faute où j'ai remarqué qu'on tombe d'ordinaire dans l'éducation des enfants, c'est qu'on n'en a pas pris assez de soin dans le temps qu'il fallait, et qu'on n'a pas accoutumé leur esprit à une bonne discipline, et à se soumettre à la raison dès le commencement qu'il était le plus en état de recevoir sans peine toutes sortes d'impressions... (1) » Nous croyons que cette pensée de Locke, qui déjà avait été éloquemment developpée par Montaigne, dans un chapitre des *Essais*, a été, depuis la fondation de l'institut des frères des écoles chrétiennes, constamment présente à l'esprit des disciples de De la Salle.

Ce qui, en effet, a longtemps établi d'une façon incontestable la supériorité des frères des écoles chrétiennes sur les autres instituteurs de l'enfance, c'est le maintien de la bonne discipline, c'est la concentration de leurs efforts et de leur activité vers un but qu'ils ont souvent atteint : introduire et laisser dans le cœur des enfants des impressions profondes, des notions ineffaçables.

Aussi, est-il vrai de dire que les frères exercèrent une influence considérable sur le développement de l'âme humaine, sur la marche progressive de la civilisation.

(1) Locke, Œuvres Philosophiques ; trad. de Coste, t. 1er, sect. 2; *Du Soin qu'on doit prendre de l'âme des enfants.*

1

C'est à la fin du 17e siècle qu'ils apparaissent, au milieu de la grande époque de Louis XIV. Tout était splendeur et rayonnement au sommet; la France était glorieuse par les lettres, illustre par les armes : le Roi, la noblesse, le clergé, la magistrature, hommes d'épée, hommes de robe, artistes et savants, poètes et grands seigneurs, tous concouraient à la grandeur de la France : ce fut un éblouissement pendant un long règne; le peuple était oublié.

Les écoles étaient rares; les enfants pauvres, les enfants des ouvriers, ceux même des artisans, grandissaient dans une ignorance absolue : il y avait alors pour l'amélioration chrétienne du peuple, pour ce qu'on a appelé depuis le bien social, il y avait une indifférence aveugle, un égoïsme coupable.

Les frères des écoles chrétiennes réunirent autour d'eux les enfants, les enfants pauvres surtout : depuis le jour où le pieux fondateur ouvrit à Reims la première école et forma les premiers disciples, leur zèle ne se ralentit pas, leur dévoûment ne cessa pas d'être le même : ils se sont perpétués de génération en génération, humbles d'esprit et vaillants de cœur : ils ont traversé les révolutions sans altérer beaucoup la simplicité de leurs fortes doctrines; et ils se sont maintenus à la tête de l'enseignement élémentaire et de l'instruction gratuite des enfants pauvres, grâce à l'amour de leurs devoirs et à la ferveur intelligente de leur foi religieuse.

Nous ne faisons pas l'histoire des frères des écoles chrétiennes : ne craignons pas de le rappeler de nouveau; nous écrivons en ce moment un *Essai sur les écoles d'enseignement primaire dans la ville de Reims* : c'est un sujet spécial, c'est un cadre restreint : et en déroulant le récit rapide de la fondation des écoles chrétiennes en général, nous nous attacherons surtout aux faits qui sont relatifs à notre ville de Reims : ce n'est pas là un point de vue étroit et exclusif; seulement nous ne voulons pas aujourd'hui franchir la limite que nous nous sommes imposée.

Nous pensons que l'histoire des frères des écoles chrétiennes, dans la ville de Reims, peut se partager en six périodes :

1° Depuis la fondation proprement dite de l'institut des frères des écoles chrétiennes, jusqu'à la mort de J.-B. De la Salle.

2° Depuis la mort de J.-B. De la Salle, jusqu'à la révolution de 1789.

3° Depuis la révolution de 1789, jusqu'au rétablissement des frères des écoles chrétiennes, sous l'empire, en 1808.

4° Depuis le rétablissement des frères des écoles chrétiennes sous l'empire, en 1808, jusqu'à l'établissement, à Reims, des trois écoles primaires communales et gratuites d'enseignement mutuel, en 1833.

5° Depuis l'établissement à Reims des trois écoles primaires communales et gratuites d'enseignement mutuel, en 1833, jusqu'à la fin de la lutte, en 1838.

6° Depuis la fin de la lutte en 1838, jusqu'au mois de janvier 1848.

PREMIÈRE PÉRIODE.

Depuis la fondation proprement dite de l'institut des frères des écoles chrétiennes, jusqu'à la mort de J.-B. De la Salle.

Cette première période doit avoir pour frontispice naturel, le récit de la vie et des travaux du fondateur de l'institut des frères.

Il existe différentes histoires imprimées de Jean-Baptiste De la Salle, le fondateur de l'institut des frères des écoles chrétiennes :

1. « La vie de M. J-B. De la Salle, instituteur des » frères des écoles chrétiennes : Rouen, chez J.-B » Machuel, 1733, 2 vol. in-4°; par M. ***. » (L'auteur est M. l'abbé Bellin, chanoine de l'église de Rouen).

Cet ouvrage fut composé à l'aide des mémoires recueillis par les soins du frère Barthélemi, premier supérieur général des frères des écoles chrétiennes, après la mort de J.-B. De la Salle, et par les soins du frère Timothée, second supérieur général. Nous pensons que tous les auteurs, sans exception, qui ont retracé la vie et les travaux du pieux fondateur des écoles chrétiennes, ont abondamment puisé dans cet ouvrage ; toutefois, c'est un guide qu'il ne faudrait pas toujours suivre dans l'appréciation de la conduite et des actes de J.-B. De la Salle ; il y règne trop généralement un esprit d'exagération, d'exaltation même, contre lequel il est bon de se mettre en garde. Dès l'année 1733, on songeait à la canonisation du respectable abbé De la Salle, et nous pensons que le monument élevé par les mains laborieuses du chanoine de Rouen, d'après les ordres et sous la direction des supérieurs des frères des écoles chrétiennes, avait une plus haute portée, et visait à un autre but que de retracer aux yeux de la postérité l'origine, les développements et les immenses succès de l'institut des frères des écoles chrétiennes. Au reste, nous allons voir comment l'œuvre de l'abbé Bellin est jugée par le manuscrit de M. Maillefer, dans lequel nous avons largement et uniquement puisé pour raconter la vie de J.-B. De la Salle, et pour apprécier son immortel apostolat.

Le grand ouvrage in-4° de l'abbé Bellin se termine par un abrégé de la vie de quelques frères des écoles chrétiennes, morts en odeur de sainteté.

2. « Vie de messire Jean-Baptiste De la Salle, prêtre, » docteur en théologie, ancien chanoine de l'église » métropolitaine de Reims, et instituteur des frères » des écoles chrétiennes ; par le P. J. Cl. Carreau, » prêtre de la compagnie de Jésus ; Rouen, 1760, » 1 vol. in-12, chez Laurent Dumesnil. »

Cet ouvrage est un abrégé de la vie écrite par l'abbé Bellin ; il est rédigé avec plus de mesure, de correction et de simplicité. Il a été réimprimé à Paris, en 1825 (Méquignon junior, 2 vol. in-12). Cette nouvelle édition n'est plus tout à fait l'œuvre du père Carreau ; elle est, en outre, augmentée d'un précis de l'histoire de l'institut des frères des écoles chrétiennes, continuée jusqu'en 1825.

3. « La vie de M. De la Salle, instituteur des » frères des écoles chrétiennes, par M. l'abbé de » Montis, docteur en théologie, censeur royal, de » l'académie royale des belles-lettres de la Rochelle, » 1 vol. in-12. Paris, chez Guillot, 1785. »

Livre écrit par un prêtre bon et sérieux. — L'abbé de Montis était aveugle lorsqu'il le composa.

4. « Le tendre ami des enfants du peuple, ou Vie » de l'abbé J.-B. De la Salle, instituteur des frères » des écoles chrétiennes, par l'abbé Carron ; Lyon, » chez M. P. Rusand, imprimeur du clergé, 1828, » un vol. in-12. »

Ce fut pour déférer aux vœux et aux conseils du frère Gerbaud, directeur général des frères des écoles chrétiennes, que l'abbé Carron composa et publia la vie de M. De la Salle ; si son ouvrage est moins diffus que celui de l'abbé Bellin, s'il présente dans la narration moins de négligences et d'incorrections que le livre de l'abbé de Montis, il nous semble inférieur à celui du père Garreau : en outre, en lisant la vie composée par l'abbé Carron, on regrette de rencontrer trop souvent les traces et les souvenirs de l'esprit d'exagération et d'intolérance qui animait trop de prêtres en 1828 ; et qui contraste d'une manière si frappante avec toute l'existence si dévouée, si véritablement pieuse et chrétienne du vénérable De la Salle.

5. « Abrégé de la vie de M. J.-B. De la Salle,
» fondateur des frères des écoles chrétiennes. —
» Paris, Amédée Saintin, 1834 ; 1 vol. in-8°. »

Cet abrégé n'est, à proprement parler, qu'une des pièces qui ont servi à la demande de la béatification et de la canonisation de J.-B. De la Salle. — Il est divisé en 414 paragraphes, qui tous commencent par cette formule : suivant la vérité...., et se terminent par cette phrase : comme les témoins, bien informés, l'expliqueront plus amplement.... »

6. « L'abbé De la Salle et l'institut des frères des
» écoles chrétiennes, depuis 1651 jusqu'en 1842, par
» un professeur de l'université, membre d'un des
» comités locaux d'arrondissement de la ville de Paris.
» — Paris, Lebrun, 1842 ; 1 vol. in-16. »

Ce petit livre est très bien fait : c'est un abrégé concis, substantiel, aussi bien écrit que sagement médité ; il mérite d'être vivement recommandé à tous ceux qui désirent connaître l'ensemble des grands travaux du fondateur des écoles chrétiennes, et le résumé de cette vie si pleine et si utile.

7 et 8. N'oublions pas deux autres petits abrégés, publiés récemment :

« L'ami de l'enfance, ou vie de M. J.-B. De la
» Salle, instituteur des frères des écoles chrétiennes,
» avec cette épigraphe : *Sinite parvulos venire ad me.*
» Lille, L. Lefort, 1831. » Sans nom d'auteur.

« Le véritable ami de l'enfance, ou abrégé de la
» vie et des vertus de M. J.-B. De la Salle, insti-
» tuteur des frères des écoles chrétiennes, suivi du
» récit de plusieurs faveurs obtenues par son inter-
» cession. — Paris, Poussielgue, 1838 ; 1 vol. in-18,
» avec gravures. »

Le dernier abrégé surtout est recommandable : il est attribué au frère Philippe, supérieur-général actuel des frères des écoles chrétiennes. Nous avons lu en entier ce petit livre avec émotion : c'est un récit qui est à la fois simple et touchant. Il se trouve entre les mains de presque tous les enfants qui fréquentent les écoles chrétiennes.

A la fin de ce volume, se trouve une note inté-ressante sur les procédures qui se poursuivent encore pour la béatification et la canonisation de J.-B. De la Salle.

Nous croyons devoir négliger l'indication des articles biographiques sur le fondateur des écoles chrétiennes, que l'on peut lire dans différents recueils.

Dans la biographie universelle de Michaud, au tome 40, page 181, est un article peu étendu sur J.-B. De la Salle. — Nous n'avons à y puiser aucune indication importante ; cependant, il confirme un fait d'un haut intérêt, dont nous avions déjà connaissance, et que nous croyons utile d'indiquer avec quelques développements :

« Le père Elie Maillefer, bénédictin, avait composé
» la vie de Jean-Baptiste De la Salle, en un gros
» vol. in-4° ; elle est restée manuscrite dans la bi-
» bliothèque de la ville de Reims.... »

Il existe effectivement, parmi les manuscrits de la bibliothèque de Reims, un fort vol. in-4°, à grandes marges, relié en veau, à tranches rouges, contenant 328 pages, et en sus les tables. — Il est écrit en entier de la même main, celle de l'auteur, François-Elie Maillefer ; l'écriture en est nette, lisible ; le manuscrit est d'une bonne conservation.

Ce manuscrit appartenait au monastère de St-Remi de Reims : entre la page VI de l'avertissement, placé en tête par l'auteur, et la première page du récit, se trouvait une page blanche qui a été remplie aux deux tiers par une note en latin d'une écriture fine et serrée, tirée du nécrologe du monastère de St-Remi, note qui a été transcrite par M. l'abbé Siret, archidiacre de St-Séverin de Paris.

Nous croyons nous-mêmes devoir transcrire ici cette note :

Ex necrologio archimonasterii sancti Remigii Remensis, ad diem 30 octobris anni 1761.

Domnus Franciscus Elias Maillefer, Remus, primoribus civitatis vel sanguine, vel affinitate conjunctus, professionem emisit in monasterio sancti Faronis Meldensis 10 julii 1703, anno ætatis suæ decimo nono. Moribus integer, ingenio cultus, sermone facilis et urbanus, emenso de more studiorum curriculo, ad sacerdotium evectus, variis deindè perfunctus officiis et muneribus, moxque administrator monasterii beatæ Mariæ de Nogento anno 1720 designatus, sarcinam semper et ubique gravem, bisce vero procellosis temporibus durissimam, prudenter et laudabiliter tulit. Quo onere post triennium levatus, in hoc archimonasterio reliquum fermè vitæ tempus orando, legendo, scriptitando peregit. Sollicitus ad opus Dei, Præcentoris vices per annos complures gessit, neque lateribus parcens, neque voci, quam sortitus erat suavem et canoram. Bibliothecæ etiam Remigianæ præfuit; in libris comparandis sagax, in ordinandis solers, in servandis diligens: plerisque notas et tabulas non contemnendas affiscit, vitam Joannis Baptistæ De la Salle, presbiteri et doctoris theologi, institutoris fratrum, vulgo *de scholis chris-tianis*, avunculi sui, a se conscriptam prædictis fratribus amanter et benignè commodaverat. Verùm illi, inscio, imò invito autore truncatam, adulteratam, miserè deformatam publicis typis ediderunt Rhotomagi anno 1733, duobus voluminibus in-4°. Quod ægrè ferens Elias noster, opus suum novis elaboratum curis, manu propriâ descripsit, et inter manuscriptos bibliothecæ nostræ codices anno 1740 collocavit. Demùm palabri correptus, post acres et diuturnos pertinacis morbi dolores et quatriduanam agoniam, sacramentis ecclesiæ monitus, die 30 octobris anni 1761 animam Deo reddidit. Sepultus est die sequenti in communi navis caveâ.

Un passage de l'avant-propos, placé par Dom Elie Maillefer, en tête de son manuscrit, vient confirmer cette note extraite du nécrologe du monastère de Saint-Remi :

» .... Mais l'an 1724, les frères des écoles chrétiennes découvrirent que j'étais l'auteur de la vie de leur instituteur, ils se donnèrent bien des mouvements pour en avoir communication. Ils m'adressèrent un des leurs, nommé frère Thomas , qui fit tant par ses sollicitations et ses importunités, que je lui lâchai mon manuscrit, à condition, que si on le donnait au public, il n'y serait rien changé sans mon consentement. Il ne m'a pas tenu parole. L'écrit fut envoyé à la maison de St-Yon de Rouen, et déposé entre les mains de leur supérieur-général qui y fait sa résidence ordinaire. Celui-ci chargea un ecclésiastique de Rouen de composer une nouvelle vie, qu'il a donnée en 2 vol. in-4°, dont la lecture fait connaître le mauvais goust et le peu de discernement de l'auteur.

« La plus grande partie des faits qu'il rapporte dans cet ouvrage sont noyés, pour ainsi dire, dans un amas confus de réflexions mal distribuées. Le style est négligé, et quoiqu'il n'ait pas fait scrupule de me copier, mot pour mot, dans quelques endroits, il n'a pas cru devoir en avertir...... »

Ces plaintes amères, mais légitimes de Dom Maillefer, s'appliquent à l'ouvrage en 2 vol in-4°, publié à Rouen par les soins du frère Timothée , deuxième supérieur-général , et écrit, ainsi que nous l'avons dit, par l'abbé Bellin, chanoine de l'église de Rouen.

.... » Le mauvais succès qu'il a eu dans le public a fait souhaiter qu'on imprimât celui que j'avais fait, mais plusieurs considérations m'en ont empêché. Je me contente de le remettre au net pour me dédommager de celui que l'on a surpris à ma bonne foi. J'ai fait dans cet exemplaire cy quelques additions, et les corrections que j'ai jugé nécessaires depuis que j'ai eu les éclaircissements que je n'avais pu découvrir plus tôt...... »

. Notre intention n'est-pas, en puisant dans le manuscrit de Dom Maillefer, d'écrire le récit détaillé et complet de la vie et des travaux de J.-B. De la Salle. Nous pensons que si l'on écrivait l'histoire générale des frères des écoles chrétiennes, il faudrait comme frontispice à ce monument dont les fondations ne sont pas encore assises, il faudrait recommencer entièrement l'histoire du grand fondateur ; à nos yeux, aucune n'est satisfaisante ; toutes celles qui ont la prétention d'être complètes, portent l'empreinte de la passion ou de l'esprit de caste ; les autres sont évidemment insuffisantes.

Le manuscrit de Dom Maillefer est à la bibliothèque de Reims ; c'est à la bibliothèque que nous avons passé de longues journées à le relire et à l'étudier : mais nous croyons qu'il est intéressant de faire connaitre que c'est par un hasard, heureux et surprenant, que ce précieux manuscrit a échappé aux vicissitudes de la révolution.

Lorsque le monastère de l'abbaye de St-Remi fut détruit, les livres de la riche bibliothèque que l'on commençait à réformer furent en grande partie vendus, lacérés, dispersés ; le manuscrit de Dom Maillefer passa successivement par diverses mains ; et en 1802 il était à Paris, obscurément confondu avec des livres anciens et poudreux dans la boutique d'un revendeur du quai de la Barillerie. M. Siret, ancien professeur au collége de Reims, et qui mourut bibliothécaire de la ville de Reims, vit, en passant sur le quai, de vieux livres sous des habits de cour dont les broderies étaient fanées. Il secoua la poussière des bouquins, et les ouvrit ; à la première page de l'un d'eux, il découvrit l'écriture de son frère, M. l'abbé Siret, autrefois attaché au

monastère de St-Remi de Reims, et depuis archidiacre de St-Séverin de Paris. M. Siret acheta le
volume, uniquement parce qu'il y reconnut quelques
lignes écrites par son frère. Ces lignes, nous les avons
indiquées plus haut ; elles commencent ainsi ; *Ex
necrologio archimonasterii*.... Ce volume, c'était le manuscrit de dom Maillefer. M. Siret le rapporta à
Reims, et en fit don à la bibliothèque, dont il était
le conservateur (1).

C'est ce manuscrit que nous avons principalement
suivi et consulté en écrivant la vie de M. De la Salle.
Nous croyons avoir eu pour guide un auteur, fidèle
et consciencieux.

Jean-Baptiste De la Salle vint au monde à Reims,
le 30 avril 1651 : il fut baptisé le même jour à
Saint-Hilaire, sa paroisse. Il eut pour parrain Messire
Jean-Moët De Brouillet, son aïeul maternel, et pour
marraine Madame Perrette l'Epagnol, son aïeule maternelle. ·

Son père était conseiller au siége présidial de Reims.

L'enfance de J.-B. De la Salle fut sérieuse et réfléchie ; il fit ses études au collége de l'université
de Reims, et témoigna de bonne heure le désir de
se consacrer à Dieu dans l'état ecclésiastique. Il
n'avait pas encore atteint l'âge de 15 ans, lorsqu'il reçut la tonsure ; et il fut pourvu d'un canonicat de la cathédrale de Reims, le 9 juillet 1666,
par la résignation de M. Dozet, archidiacre de Champagne et chancelier de l'université de Reims : il en
prit possession le 7 janvier 1667.

(1) Nous tenons ces détails de M. le dr Maldan, qui les avait recueillis
de la bouche de M. Siret lui-même.

Chanoine de N.-D. de Reims à 16 ans, De la Salle comprit les obligations qui lui étaient imposées, et il consacra tout son temps de la façon la plus sérieuse à la prière et à l'étude.

Reçu maître ès-arts à 18 ans, il partit pour Paris où il alla étudier en Sorbonne, dans le dessein d'y faire sa licence et de prendre le bonnet de docteur. Il arriva au séminaire de St-Sulpice au mois d'octobre 1670 : mais son séjour y fut de courte durée. La mort de sa mère et celle de M. De la Salle son père, qui se succédèrent à quelques mois d'intervalle, l'obligèrent à revenir à Reims ; il n'avait que 21 ans, il était l'ainé de sept enfants ; l'éducation de ces orphelins était à peine commencée, et des propriétés à administrer, d'importantes affaires à régler, réclamaient tous ses soins. Il accepta courageusement ces épreuves et il suffit à tout par son intelligence et son activité : Au milieu de ces cruelles douleurs de famille et de ces embarras domestiques, Jean-Baptiste De la Salle n'abandonna pas ses pieuses résolutions, et de sages conseils vinrent encore le décider à obéir à la vocation qui le pressait d'entrer dans les ordres sacrés.

Il existait alors à Reims un prêtre vénérable et entouré de l'estime et de la reconnaissance de tous.

« M. Rolland, chanoine et théologal de Reims, était un homme d'une piété tendre, savant, respecté dans la ville par les talents dont Dieu l'avait enrichi pour annoncer en public les vérités du salut..... sa mémoire y est encore en vénération, particulièrement dans la communauté des sœurs qu'il a fondées sous l'invocation de l'Enfant-Jésus. Leur vocation principale consiste à élever les jeunes enfants, orphelins dépourvus de secours, à d'enseigner gratuitement à lire et à écrire aux jeunes filles qui se rendent aux écoles établies chez elles et dans différents quartiers qu'on leur a assignés sur des paroisses de la ville ; .... C'est dans les lumières de ce saint prêtre que M. De la Salle a puisé tout le zèle qu'il a fait paraitre depuis pour contribuer à l'éducation de la jeunesse. C'était la vertu favorite de M. Rolland. Il l'inspirait insensiblement à son ami dans les entretiens fréquents qu'ils avaient ensemble. Il jetait alors les yeux sur lui comme sur le successeur de son zèle pour la conservation et la perfection de son nouvel établissement....... »

Au mois de juin 1672, J.-B. De la Salle se rendit à Cambrai, et y reçut les quatre ordres mineurs et le sous-diaconat : il n'y avait pas à ce moment d'ordination à Reims. Il consacra les années suivantes à surveiller l'éducation de ses frères et de ses sœurs et il continua ses études sur les bancs de l'université de Reims : il y prit ses grades de licencié en théologie en 1675 ; et en 1677, il alla recevoir le diaconat à Paris.

Persuadé par M. Rolland qu'un ecclésiastique doit servir l'église dans ce qu'elle a de plus pénible, il voulut prendre un bénéfice à charge d'âmes, et permuter son canonicat avec la cure de St-Pierre de Reims : mais M. Maurice Letellier, alors archevêque de Reims lui refusa son consentement. L'année suivante, il fut ordonné prêtre, le 9 avril 1678 ; et quelques jours après, le 27 avril 1678, il recevait les derniers adieux et les avis suprêmes du vénérable théologal de l'église de Reims, M. Rolland, que Dieu rappelait à lui.

Avant de mourir, M. Rolland fit M. De la Salle son exécuteur testamentaire ; il le chargea du soin de la communauté des sœurs de l'Enfant-Jésus, qu'il venait de fonder, et le pria de ne rien négliger pour soutenir, par ses bons services, ce nouvel établissement. Il lui fit promettre qu'il travaillerait de tout son pouvoir à son affermissement, et lui fit même entrevoir que Dieu le destinait à établir des écoles chrétiennes pour l'instruction des garçons, qu'il ne lui avait pas laissé le temps d'entreprendre, quoiqu'il en eût toujours eu le désir.

J.-B. De la Salle déploya aussitôt le plus grand zèle pour consolider et développer l'œuvre de dévoûment chrétien et de progrès intellectuel, ébauché par M. Rolland. Pour donner quelque stabilité à l'institution des Sœurs enseignantes de la communauté de l'Enfant-Jésus, de grands obstacles étaient à vaincre : il fallait obtenir des lettres-patentes du roi, avoir le consentement de M. l'archevêque et l'agrément de la ville.

Les magistrats, qui craignaient de surcharger la ville par le nombre de communautés qui s'étaient multipliées depuis plusieurs années, formaient des oppositions à l'introduction de celle-ci ; et, quoiqu'ils en sentissent toute l'utilité pour l'instruction de la jeunesse, ils ne pouvaient se résoudre à admettre une nouvelle charge pour la ville : Toutefois, ils ne purent résister aux pressantes sollicitations de De la Salle, et ils lui accordèrent sa demande dans les formes authentiques. Il eut aisément le consentement de M. l'archevêque, Maurice Letellier, qui se chargea d'obtenir les lettres-patentes du roi Louis XIV ; il les fit enregistrer au parlement, et, dès que toutes les formalités nécessaires pour donner à la communauté des. sœurs de l'Enfant-Jésus une situation stable et permanente, furent remplies, M. l'archevêque la prit sous sa protection, et bientôt elle rendit au peuple et aux enfants pauvres de grands et utiles services.

Jean-Baptiste De la Salle continua à entourer les sœurs de l'Enfant-Jésus de ses conseils et à les aider de son active coopération. M. Rolland, en les établissant en 1674, avait été puissamment secondé par les libéralités de Mme Maillefer, née à Reims, de parents riches et pieux ; Mme Maillefer. consacrait sa vie aux bonnes œuvres : obligée de suivre son mari à Rouen, elle avait fondé au faubourg de Darnetal une école gratuite pour l'instruction des pauvres filles ; et après avoir doté Reims, sa ville natale, du même bienfait, sous la direction et les auspices de M. Rolland, elle avait formé le projet de sauver aussi les jeunes garçons pauvres de la misère et de l'ignorance : la mort du théologal de N. D. de Reims ne la découragea pas.

Avant que Mme Maillefer eût commencé à Reims à mettre à exécution ses généreux projets, le R. P. Barré, minime, avait essayé d'y former des écoles gratuites : ces tentatives avaient échoué.

Mme Maillefer envoya à Reims M. Niel, homme insinuant, peut-être trop ardent et entreprenant, et que déjà le R. P. Barré avait eu occasion d'employer lors de diverses négociations. M. Niel vint à Reims en 1679, bien instruit des intentions de Mme Maillefer et chargé des lettres qu'elle écrivait à ce sujet à la supérieure des sœurs de l'Enfant-Jésus ; il se rendit immédiatement à la communauté, et le hasard fit que De la Salle se trouva à la porte de la maison en même temps que M. Niel.

» Après les premiers compliments, M. Niel exposa à la sœur supérieure le sujet de son voyage. Celle-ci en parla à M. De la Salle et le pria de dire ce qu'il pensait de ce projet. Il en sentit d'abord tous les inconvénients. Il en jugea par la peine qu'on avait eue, tout récemment, pour établir l'école des filles. Cependant, comme il avait une charité compatissante pour tous ceux qui s'adressaient à lui, il voulut entendre M. Niel et savoir de lui-même les mesures qu'il voulait prendre. Il examina ses projets, il ne put s'empêcher d'y applaudir, et, renonçant lui-même aux raisons qui lui faisaient douter du succès, il travailla à lui aplanir les premières difficultés. Il fallait le faire connaitre dans les principales maisons de la ville pour lui attirer la confiance des personnes auxquelles il s'adresserait, et lui trouver une retraite convenable en attendant qu'on pût ouvrir les premières écoles. »

De la Salle reçut chez lui M. Niel, et, après avoir consulté dom Claude Brétagne, alors supérieur de l'abbaye de St-Remi, il s'adressa à M. Dorigny, curé de la paroisse de St-Maurice, qui lui paraissait le plus propre, par sa fermeté fondée sur son expérience dans les affaires, à faire réussir l'entreprise qu'on méditait. Le curé témoigna beaucoup d'empressement à voir ouvrir les écoles dans sa paroisse, et, pour en faciliter l'exécution, il offrit de loger chez lui les maîtres qui y seraient destinés. Les choses furent arrangées en peu de jours, et on les commença sur sa paroisse dans les premiers mois de 1679.

Bientôt après, une nouvelle école gratuite pour les garçons pauvres fut établie, par les soins de M. De la Salle, sur la paroisse de St-Jacques, à la sollicitation et à l'aide des libéralités de Mme Lévesque des Carrières.

Il ne suffisait pas d'ouvrir des écoles, il fallait surtout surveiller la conduite et l'enseignement des maîtres qui les dirigeaient : M. Niel, qui, dans le principe, s'était chargé de ce soin, s'en acquittait imparfaitement ; sa nature ardente et impressionnable le jetait continuellement dans de nouvelles entreprises; presque toujours éloigné de Reims, il ne pouvait diriger et encourager les jeunes maîtres, qui commencèrent bientôt à se laisser aller à l'insouciance et à l'inobservation de leurs devoirs.

De la Salle comprit que ses occupations, ses affections, ses études, — il venait de prendre, en 1680, le bonnet de docteur en la faculté de théologie de Reims, — ne lui permettaient pas de concourir, d'une manière efficace, au maintien de la discipline et au succès de l'œuvre dont il commençait à pressentir la haute importance. Plus il méditait, plus il comprenait qu'il fallait unir à une grande force de volonté, un dévouement sans bornes et une persévérance inébranlable. Après plusieurs tentatives qui avaient eu pour objet de réunir les maîtres des deux écoles dans une maison contiguë à la sienne, puis de les admettre à sa table afin de les entourer de ses conseils, de les surveiller plus attentivement, après les avoir enfin logés chez lui, au mois de juin 1681, il prit un grand parti.

Chef de famille, possesseur d'une grande fortune, jeune, distingué par la naissance et par l'éducation, chanoine de l'église de Reims, il était en butte à de nombreuses et vives attaques. On s'étonnait de le voir s'attacher de plus en plus à la direction des maîtres d'enseignement, et au développement des écoles pour les enfants pauvres : il venait d'ouvrir en 1680 une nouvelle école sur la paroisse de St-Hilaire. Jusqu'alors on n'avait vu dans la conduite du jeune chanoine de Reims qu'une application un peu exagérée à des exercices de piété, à des bonnes œuvres ; sa famille murmura lorsque les maîtres des trois écoles furent réunis sous son toit. L'opinion publique, aveuglée par l'erreur , entraînée par les préjugés, le condamnait.

De la Salle ne se laissa pas un instant décourager; sa résolution était sérieuse et bien méditée ; il la croyait agréable à Dieu, il alla jusqu'au bout et consomma son dévouement.

Lorsqu'il crut avoir inspiré à tous les membres de sa petite communauté, composée des maîtres qui dirigeaient les écoles de St-Maurice, de St-Jacques et de St-Hilaire, des sentiments de modestie, d'humilité , de pauvreté, de piété et d'une charité mutuelle sans bornes, il accomplit son sacrifice, il quitta la maison paternelle avec tous les maîtres, et il vint habiter un quartier plus retiré, où, libre des affaires et des soucis du monde, il put se livrer tout entier à la réalisation de la grande pensée, à laquelle il consacrait désormais sa vie. — Le 24 juin 1682, le Jour de St Jean-Baptiste, il entra avec les maîtres, ses disciples, dans une maison qu'il loua dans la rue Neuve , vis-à-vis les murs des dames religieuses de Ste-Claire. C'est cette même maison que les frères des écoles chrétiennes occupèrent jusqu'en 1791 ; ils en firent l'acquisition en 1700 par les libéralités de quelques personnes charitables de la ville. Elle peut passer, à juste titre, pour la première de leurs maisons et pour le berceau de leur institut.

Les écoles de Reims prospéraient : l'activité et la ferveur de M. Niel répandaient au dehors la réputation de De la Salle et proclamaient ses bienfaits : les villes voisines le sollicitaient de leur envoyer des maîtres formés ses sous yeux, afin d'établir des écoles pour les enfants pauvres ; ce vœu fut promptement réalisé, et, en 1683, Rethel, Guise et Laon eurent trois écoles, qui s'ouvrirent sous les auspices de De la Salle, et à l'aide des maîtres qu'il envoya.

Il se dévoua de plus en plus, et exclusivement, à son œuvre ; il prescrivit une règle uniforme pour toutes les heures de la journée ; et, quoiqu'il rencontrât des résistances, qu'il eût à vaincre des découragements et à déplorer des défections, il marcha en avant sans se laisser ébranler par les railleries, par les difficultés, par les défiances.

Il fit prendre à ses nouveaux disciples un habillement pauvre et uniforme, qui resta toujours le même ; il leur fit quitter le nom de *maîtres des écoles*, pour prendre celui de *Frères des écoles chrétiennes*, qu'ils devaient désormais conserver.

De la Salle, pénétré chaque jour davantage, de la nécessité de se consacrer sans partage à l'œuvre providentielle qu'il avait entreprise, se démit de son canonicat en faveur d'un pauvre prêtre, après avoir eu bien des obstacles à surmonter ; c'était au mois d'août 1683, il avait alors 33 ans.

Il voulut encore se dépouiller de tous ses biens en faveur des pauvres ; il avait eu le projet de les donner aux frères des écoles, et d'assurer ainsi la stabilité de son institut, mais il en fut détourné par le P. Barré, qui l'engagea « à laisser ses écoles établies sur le fondement de la providence. »

De la Salle crut devoir déférer à cet avis, il mit sa

confiance en Dieu, en Dieu seul, et pendant l'hiver de 1684, lorsqu'aux rigueurs du froid vinrent se joindre les maux de la disette, il distribua tous ses biens aux indigents.

Il voulut ainsi donner l'exemple de la pauvreté, du détachement absolu des biens de ce monde, ce devait être l'une des bases de sa doctrine.

Lui-même, revêtu du costume simple et obscur des frères, allait apprendre à lire aux enfants de la paroisse de St-Jacques ; le reste du temps il le consacrait à la prière, à la contemplation. Peut-être, même si nous en croyons M. Maillefer, son biographe, s'y livrait-il avec un peu d'exagération.

M. Niel était retourné à Rouen où il mourut deux ans après: De la Salle s'occupa des écoles de Rethel, de Guise et de Laon ; il fit entrer les maîtres qu'il y avait envoyés dans sa congrégation naissante, et lorsqu'il vit les frères des écoles, bien affermis dans leurs résolutions de se vouer à l'enseignement et de rester fidèles aux principes qu'il leur avait fait adopter, il les réunit en assemblée générale et le jour de la Trinité de l'an 1686, ils firent tous vœu d'obéissance pour une année ; ils le prononcèrent dans l'oratoire intérieur de la maison... ...... « Depuis ce temps là ils se sont conservés dans l'usage de le renouveler tous les ans à pareil jour, qui a été regardé depuis parmi eux comme la principale fête de leur institut. Ce ne fut que huit ans après que M. De la Salle, pressé par les instances des frères des écoles, leur a permis de faire vœu d'obéissance pour toute leur vie....... Il prononça, le premier, le vœu d'obéissance perpétuelle, le cierge à la main... »

De la Salle, pour se conformer à son vœu d'obéissance et d'humilité, obligea les frères des écoles chrétiennes à élire un autre supérieur. Le frère Henri L'heureux fut choisi, et De la Salle fut le premier à lui donner des marques de respect et de dépendance : mais ses supérieurs ecclésiastiques l'obligèrent bientôt à reprendre la direction de la communauté.

Il établit à Reims un noviciat, et en 1687, un séminaire de maîtres d'écoles pour les campagnes.

Quand il eut pourvu à tout ce qui était nécessaire pour bien établir les frères des écoles gratuites dans Reims, il prit enfin sa dernière résolution de les quitter pour se retirer à Paris. Il y était appelé par M. le curé de Saint-Sulpice afin de diriger et de réorganiser les écoles de cette paroisse. Il arriva à Paris au mois de février 1688, accompagné de plusieurs frères.

Les écoles de Saint-Sulpice prospérèrent grâces au dévouement de De la Salle, et en 1690, il fit ouvrir une seconde école à Paris, dans la rue du Bac, avec la coopération de nouveaux frères qu'il fit venir du noviciat de Reims.

Le nouveau fondateur eut à lutter contre de nombreuses difficultés : sur la réclamation des maîtres de de Paris, l'écolâtre de l'église de Paris fit fermer les écoles gratuites. Contraint de se défendre, De la Salle le fit avec tant de fermeté qu'il gagna la cause de ses écoles, et qu'il n'eut aucun démêlé avec les maîtres d'écoles de Paris pendant plusieurs années.

Il établit un noviciat à Paris, le transporta à Vaugirard en 1691, et y fit venir les frères de la communauté de Reims dont la ferveur commençait à se ralentir, en son absence. Ils y passèrent le temps des vacances dans une retraite qui raviva leur zèle, et ils revinrent à Reims dans les derniers mois de l'année, animés par le souffle d'un dévouement sincère.

Après avoir établi les *frères servants*, il vint à Reims en 1692 et y tomba malade; après avoir éprouvé de cruelles souffrances, il revint à Paris, à pied suivant sa coutume; durant son absence il avait fait venir de Reims à Paris le frère Henri L'heureux, celui des frères en lequel il avait la plus grande confiance: le frère L'heureux était le premier qui se fût engagé dans l'institut des écoles chrétiennes: De la Salle le chérissait tendrement et le destinait à lui succéder un jour; il l'avait fait étudier en théologie aux chanoines réguliers de l'abbaye de St-Denis de Reims et il voulait le faire recevoir dans les ordres. En arrivant à Paris, De la Salle apprit que le frère L'heureux était mort..... Il crut que Dieu lui faisait connaître, par cette mort précipitée, qu'il ne voulait pas qu'il y eût de prêtres dans son institut.....

» Il fit alors un règlement par lequel il était défendu aux frères d'aspirer à la prêtrise, ni de recevoir jamais de prêtres parmi eux. Il leur enjoignit, de plus, de renoncer pour la suite à l'étude de la langue latine, sans qu'il fût permis à ceux qui l'avaient apprise d'en faire usage sous quelque prétexte que ce fût. Ce règlement qui fait un des principaux articles de leur règle et qui s'observe religieusement chez eux, a beaucoup contribué à les retenir dans la simplicité dans laquelle ils se sont conservés jusqu'à nos jours. »

Nonobstant les embarras qu'on cherchait à lui susciter, De la Salle s'occupait avec autant de zèle que de succès à perfectionner l'œuvre des écoles, e principalement il s'appliquait à former et à développer le noviciat de Vaugirard: les disciples étaient nombreux et il avait soin d'en envoyer, chaque année à Reims, quelques-uns qu'il choisissait lui-même.

En 1693, le nouvel archevêque de Paris, M. de Noailles, lui permit d'ériger une chapelle particulière dans sa maison de Vaugirard, et l'autorisa à établir une nouvelle communauté dans Paris.

Quelque temps après il rédigea par écrit les règles de son institut afin de les rendre fixes et de les perpétuer parmi les frères : il les rassembla aux fêtes de la Pentecôte de l'année 1694, et fit approuver solennellement ses règles par toute la communauté. Tous les frères prononcèrent le vœu d'obéissance perpétuelle, et, nonobstant les exhortations de De la Salle, ils le réélurent deux fois pour leur supérieur général.

A la demande de l'évêque de Chartres, il alla, accompagné de sept frères, fonder dans cette ville plusieurs écoles pour les enfants pauvres.

De la Salle, courageux et résigné au milieu des douleurs et des fatigues qu'engendraient les actes répétés de son dévouement de chaque jour, constamment prêt à accomplir les plus rudes travaux de son sublime apostolat, frappait d'admiration tous les hommes sincèrement chrétiens qui l'approchaient, et qui comprenaient les grands résultats auxquels il était parvenu par la force de sa volonté.

En 1698, le nouveau curé de St-Sulpice voulut que le noviciat de Vaugirard fût transporté sur sa paroisse : les frères vinrent occuper, au faubourg St-Germain, les bâtiments précédemment affectés aux religieuses annonciades de St-Nicolas de Lorraine, et de la sorte, ils ne furent plus exposés aux privations extrêmes qu'ils avaient, pendant plusieurs années, supportées sans se plaindre, dans leur maison de Vaugirard.

Une nouvelle école fut établie à Paris, en 1700, dans la rue de St-Placide, sous la direction de quatre frères, malgré l'opposition énergique des maîtres de Paris. En 1701, de nouveaux frères allèrent ouvrir une école à Calais, d'abord pour les enfants pauvres, et, un peu plus tard, une autre école pour les matelots. En 1702, De la Salle envoya deux autres frères à Troyes, et l'école gratuite y fut fondée sur les bases les plus solides.

A la sollicitation du cardinal de Noailles il se chargea de l'éducation de cinquante jeunes Irlandais, réfugiés en France à la suite de la révolution d'Angleterre.

Cependant les intentions et les actes du pieux fondateur des écoles furent calomniés auprès de M. le cardinal de Noailles lui-même; après une information trop rapide, et sous le prétexte que les frères, préposés à la direction des novices, étaient trop sévères et trop durs, M. l'archevêque de Paris nomma à la fin de 1703 un autre supérieur aux frères des écoles chrétiennes; De la Salle se soumit sans murmurer; mais les frères résistèrent; le religieux préposé à leur tête, l'abbé Bricot, ne vint qu'une fois à la communauté; le cardinal-archevêque ne tarda pas à être détrompé, et le saint fondateur reprit la direction de l'institut.

Quelques mois après, il fut dans la nécessité de transporter son noviciat dans le faubourg St-Antoine, et il y ouvrit aussitôt une école pour les pauvres enfants du quartier.

Sollicité par le curé de St-Hippolyte, au faubourg St-Marceaux il envoya deux frères pour établir une école gratuite sur cette paroisse; et en 1704, il y tenta la fondation d'un établissement dont déjà il avait fait l'essai à Reims en 1687, l'ouverture d'un séminaire pour les maîtres d'écoles des paroisses de campagne. Mais, nous le disons avec un regret amer, la mauvaise et déloyale conduite du frère préposé à la direction de cet établissement, le fit tomber rapidement.

Au milieu des agitations, des vicissitudes, des succès et des revers qui frappaient l'institut des frères des écoles chrétiennes, M. l'archevêque de Rouen, Colbert, demanda à De la Salle deux frères pour établir une école de garçons à Darnetal, le faubourg de Rouen, où Madame Maillefer, plusieurs années auparavant, avait déjà fondé une école pour l'instruction des filles.

C'était au mois de Février 1705 ; l'école des frères devint bientôt nombreuse et florissante; De la Salle vint à Rouen pour en surveiller les progrès, et l'archechevêque, de concert avec M. de Pont-Carré, premier président du parlement, proposa d'abandonner aux frères le soin des écoles établies par M. Niel, et de les charger de l'instruction des pauvres de l'hôpital-général, connu dans la ville sous le nom de *Bureau des valides.*

Après avoir eu de nouvelles difficultés à vaincre, les frères des écoles vinrent à Rouen diriger les quatre écoles de la ville ; et bientôt après, De la Salle prit ses mesures pour transférer son noviciat de Paris à Rouen.

Par les soins zélés de M. l'archevêque de Rouen et de M. le premier président du parlement, il obtint de la marquise de Louvois la location de la grande et spacieuse demeure de St-Yon, qui servait précédemment de maison de campagne aux dames religieuses bénédictines de l'abbaye de St-Amand, et il y fit revivre la ferveur de son noviciat que plusieurs années d'agitation avaient refroidie.

En 1706, l'infatigable apôtre alla fonder une nouvelle école à
paroisse de St-Roch. Retenu plusieurs mois à Paris par de nouvelles et plus cruelles souffrances, le pieux serviteur de Dieu employa ses longues heures de maladie à revoir les traités de piété qu'il avait composés à Vaugirard pour l'instruction de ses novices. Nous les examinerons plus loin.

Les bienfaits des écoles gratuites avaient attiré dans toute la France l'attention des esprits éclairés ; les succès obtenus par les disciples et les enfants de De la Salle avaient stimulé le zèle de ceux qui s'inquiétaient de l'avenir des pauvres enfants ; De la Salle était sollicité de toutes parts, et quoiqu'il eût à se défendre contre les tracasseries continuelles des maîtres de Paris, quoique peut-être il se sentit, à certains moments, découragé par l'inconsistance dans plusieurs villes de petits établissements qui n'avaient pas eu de durée, il ne résista pas aux prières, et envoya en 1707 des frères en Provence; deux écoles s'ouvrirent à Avignon, et de-là elles se répandirent à Grenoble, à Mende, à Marseille, à Alais.

Après avoir été visiter en 1708 les établissements de la Provence et du Languedoc, De la Salle fonda une école gratuite à Versailles en 1709.

La grande disette qui affligea la France en 1709, le contraignit de quitter St-Yon de Rouen et de ramener son noviciat à Paris, où il espérait trouver des ressources plus abondantes pour sa communauté, déjà fort nombreuse à cette époque.

Le curé de St-Sulpice profita du retour de De la Salle pour réaliser le dessein qu'il avait conçu dix ans auparavant, et qui avait pour objet d'ouvrir une *école dominicale* pour les adultes : les frères, en effet, rassemblèrent durant plusieurs dimanches les jeunes ouvriers qui n'avaient pu dans leurs premières années profiter des bienfaits de la religion et de l'instruction : on y compta bientôt jusqu'à deux cents ouvriers qui apprenaient à lire, à écrire, et les premiers éléments du dessin, de l'arithmétique. Mais cette œuvre si utile ne put se soutenir au delà de quelques semaines.

De la Salle, toujours préoccupé des sollicitations dont il était entouré, fonda de nouveaux établissements à Moulins, à Dijon, à Boulogne-sur-mer ; et en 1712, il alla de nouveau visiter les écoles et les frères du midi de la France et arriva enfin à Marseille.

Les dispositions favorables où il trouva cette ville lui firent naître la pensée d'y établir un noviciat. Les écoles se multiplièrent bientôt dans la ville de Marseille, mais elles furent entravées dans leur marche, et le noviciat lui-même fut en butte à des attaques qui le détruisirent presque complètement.

De la Salle, assailli de toutes parts, se découragea, céda à l'orage et se retira dans l'ermitage de saint Maximin, à 12 lieues de Marseille ; il désira y finir ses jours, oublié des hommes et tout entier à la prière, à la méditation.

Mais les frères de Marseille vinrent l'y chercher ; il ne crut pas toutefois pouvoir rester dans cette ville, et, après avoir renoncé à entreprendre le voyage de Rome, il se retira à Grenoble, en 1714 : il y consacra sa vie au recueillement et à l'étude : tantôt il faisait lui-même l'école aux petits enfants ; il allait visiter pieusement les solitudes de la Grande Chartreuse ; tantôt il consacrait les graves loisirs de sa retraite à composer de nouveaux livres de piété.

Cependant les frères de Paris se plaignaient de

cette longue absence qui était de nature à porter préjudice aux intérêts et aux succès de la communauté. Le frère Barthélemi que De la Salle avait chargé, en son absence, de diriger son noviciat de Paris, rassembla, en 1715, les frères des communautés de Paris, de St-Denis, de Versailles, et résolut d'arracher le vénérable fondateur à sa chère solitude de Grenoble.

Les frères lui écrivirent une lettre commune, au nom de tout l'institut, par laquelle après l'avoir pressé par les raisons les plus fortes et les plus touchantes, et sans vouloir déroger au profond respect qu'ils lui portaient, ils lui *ordonnaient* en vertu du vœu d'obéissance, qu'il avait fait avec eux, de revenir à Paris sans différer plus longtemps.

De la Salle obéit à ses frères et revint à Paris : il conserva deux ans encore le titre de supérieur général, mais il se déchargea des détails des affaires sur le frère Barthélemi qui ne faisait pourtant rien sans e consulter.

La mort de Louis XIV, au mois de septembre 1715, changea la situation de l'institut; privé des libéralités de Mᵐᵉ De Maintenon et de la protection de l'évêque de Chartres, De la Salle dût quitter le noviciat de St-Germain-des-Prés à Paris; il put rentrer au mois d'octobre à la maison de St-Yon, à Rouen; et dès que la communauté y fut bien établie, il songea au commencement de 1716, à se décharger de la supériorité.

Après avoir difficilement obtenu le consentement favorable des frères de toutes les provinces, il les réunit tous à Rouen au mois de mai 1717, et fit procéder à l'élection d'un nouveau supérieur-général · le frère Barthélemi fut élu.

De la Salle consacra exclusivement les deux dernières années de sa vie aux pratiques les plus austères et les plus saintes.

Après un séjour de quelques mois à Paris, en 1718, au séminaire de St-Nicolas du Chardonneret, il revint à Rouen, et mourut le 7 avril 1719, dans la maison de St-Yon, dont l'institut venait de faire l'acquisition définitive : il mourut comme il avait vécu, humble, patient, l'âme tout entière à Dieu, le cœur encore plein d'affection et de dévouement pour ses frères ; il leur laissait la grande et noble mission d'appeler à eux les petits enfants, de les élever, de les instruire, de les faire marcher dans la voie de l'émancipation intellectuelle, morale, religieuse. Ont-ils réellement accompli leur grande tâche, ont-ils répondu aux espérances du vénérable apôtre ?... L'histoire nous répond, sans hésiter, qu'ils ont été presque toujours les disciples obéissants et les dignes enfants du saint fondateur des écoles chrétiennes (1).

—

SECONDE PÉRIODE.

DEPUIS LA MORT DE J.-B. DE LA SALLE, JUSQU'A LA RÉVOLUTION DE 1789.

La première période de l'histoire des frères des écoles chrétiennes a été presqu'exclusivement consacrée

(1) Il nous est impossible de ne pas rappeler que M. Maldan a commencé dans les vol. 2 et 3, p. 301 et p. 81, de la Chronique de Champagne, l'histoire de J.-B. De la Salle et celle de la fondation des écoles chrétiennes. Assurément, personne à Reims n'était plus capable et plus digne à la fois que notre ami, M. Maldan, de compléter ce grand monument historique dont il avait posé les premières assises. — Quels regrets ne devons-nous pas éprouver, en songeant qu'il n'a pu terminer ces études qu'il avait si largement ébauchées !

au récit de la vie et des travaux de M. De la Salle.

Toutefois nous avons vu que le vénérable fondateur, avant de quitter Reims, au mois de février 1688, y avait établi un noviciat et un séminaire de maîtres d'écoles pour les campagnes : il y était retourné en 1692, à deux reprises différentes, et il avait donné une impulsion nouvelles aux écoles gratuites qu'il avait fondées dans la ville.

Nous avons peu de détails sur les établissements de Reims à l'époque de la mort de M. De la Salle : les historiens de Reims se sont fort peu occupés jusqu'à présent des frères des écoles : M. Géruzez et M. Camus-Darras leur consacrent à peine quelques lignes.

L'ingénieux auteur des *Essais historiques,* M. Prosper Tarbé, en parle un peu rapidement peut-être, et les renseignements qu'il nous fournit nous semblent insuffisants :

» En face du couvent de Sainte Claire fut un établissement religieux, humble et modeste, n'ayant à montrer ni manuscrits, ni statues, ni trésor. Sa chapelle était sans mérite, sa maison pauvre et sans grandeur. Seul, cependant, il a bravé la tourmente de 1793. Seul de tous nos couvents d'hommes il a su sortir de ses ruines et reparaître à l'horizon quand le soleil se prit à luire après dix ans d'orage. Son origine ne se perd pas dans le berceau des âges, il compte un siècle et demi d'existence, mais l'avenir est à lui. La civilisation moderne s'en est emparée ; il entre dans les éléments qui constituent notre société. Les lumières et la religion en ont fait leur auxiliaire, et les générations futures béniront avec nos contemporains l'institut des frères de la charité.

Jean-Baptiste De la Salle, ce noble rémois, ce digne

membre du vieux chapitre de Notre-Dame, cet homme
a qui le souverain pontife vient de conférer le titre de
vénérable , après avoir, vers 1681 , fondé l'ordre dont
il est le père à Rouen et à Paris, n'oublia pas sa ville
natale. Dès 1690 , on connaissait à Reims ceux qu'on
appelait alors les petits frères ; en 1701, De la Salle et
Letellier les établirent régulièrement dans la rue Neuve,
vis-à-vis de Ste-Claire, dans une maison désignée par
le n° 109. Sur la rue, une croix au-dessus d'une porte
indiquant la nouvelle communauté ; dans la cour, deux
bâtiments formant un angle droit, une chapelle avec un
bas clocher constituaient l'asile des humbles professeurs.
Ils obtenaient en 1725 des lettres-patentes, mais ce
ne fut qu'en 1778 que leur position fut reconnue par
le parlement et le conseil de ville. Ils tenaient alors
cinq écoles : la première, ouverte dans la maison même,
avait son entrée dans la rue de Contrai ; un bâtiment,
acheté par l'abbé Godinot, rebâti en 1739, sis au Marché
à la Laine, renfermait la seconde , la troisième était
située rue des Telliers ; c'est elle que M. d'Armancy
et Mme d'Armancy soutinrent de leurs bienfaits. La
quatrième se tenait rue Perdue , près de la place Suzanne, enfin la rue de Thillois possédait la cinquième.

Les frères étaient pauvres, mais le ciel n'abandonnait
pas ses enfants dans le besoin , la charité leur venait
en aide...... » (1).

Nous croyons que le récit de M. Tarbé n'est pas
complètement exact en ce sens qu'il tendrait à faire
croire que les écoles gratuites, dirigées par les frères,
n'ont été ouvertes à Reims que postérieurement à
celles de Rouen et de Paris : c'est à Reims que les

_____

(1) M. Pr Tarbé, Reims , Essais historiques, page 395.

premières écoles furent ouvertes, que les premiers disciples se réunirent, en un mot, Reims est le berceau de l'institut; c'est un point historique qui nous semble bien important à préciser.

Si M. De la Salle quitta Reims en 1688 pour n'y revenir qu'à de rares intervalles, si surtout il choisit Rouen pour y placer le centre des établissements de son institut, c'est, nous le croyons, parce qu'il ne fut pas à Reims suffisamment encouragé et secondé par le conseil de ville, par le concours de l'autorité et de l'opinion publiques. On n'avait pas compris alors l'importance des services que les frères étaient appelés à rendre; on méconnaissait les bienfaits de leur dévouement à la cause de l'humanité et à celle du christianisme. Les frères rencontrèrent à Reims, au milieu du XVIII° siècle, des obstacles nouveaux, lorsqu'il s'agit de leur constitution définitive, et permanente en notre ville; nous signalerons bientôt avec quelques détails ce point important de leur histoire à Reims.

Aussitôt après la mort de M. De la Salle, les frères des écoles chrétiennes poursuivirent avec ardeur le projet dont ils méditaient la réalisation depuis plusieurs années, la régularisation de leur institut, l'autorisation de former une communauté distincte, c'est-à-dire, l'obtention des lettres-patentes du Roi, la délivrance d'une bulle émanée du souverain Pontife.

Ils obtinrent, au mois de septembre 1724, des lettres-patentes pour la maison de St-Yon à Rouen, et la même année une bulle du pape Benoît XIII; nous croyons utile de faire connaître ces deux actes importants du pouvoir civil et du pouvoir religieux.

3

Extrait des registres de l'hôtel-de-ville de Rouen :
Du dix-neuf février mil sept cent vingt-un, en l'assemblée de Messieurs les vingt-quatre du conseil de la ville de Rouen, tenue en l'hôtel commun d'icelle devant Monsieur Mouchard, maire.

Pour délibérer sur la requête présentée par les frères des écoles chrétiennes, contenant entr'autres choses qu'ils avaient été institués par feu M. De la Salle, chanoine de Reims, pour l'instruction de la jeunesse, et appelés en cette ville par feu Monseigneur Colbert, archevêque, et Monseigneur de Pont-Carré, premier président, en l'année mil sept cent cinq, depuis lequel temps ils y ont travaillé et travaillent encoré à l'instruction de la jeunesse de cette ville d'une manière dont ils osent se flatter que l'on sera content; et comme ils avaient besoin, pour fournir leurs écoles de sujets capables, d'avoir une maison commune dans laquelle on instruisît les novices propres à leur institut, ledit feu sieur De la Salle fit faire à leur nom l'acquisition d'une maison de St-Yon, sise au faubourg St-Sever, qui leur appartient en propriété; et comme ils ne la peuvent posséder, n'y s'établir en communauté en cette ville sans lettres-patentes du Roi, et sans l'agrément de cette ville, ils supplient ladite ville de leur accorder cette grâce; ladite requête signée frère Timothée, supérieur, frère Dosithée, procureur, frère Pierre, directeur, frère Maur, sous-directeur : lecture faite de ladite requête, d'une lettre de Monseigneur le chancelier, adressée à M. l'intendant et par lui communiquée à l'assemblée pour donner son avis sur ledit établissement, en date du six de ce mois, d'une autre lettre de Monseigneur l'archevêque du huit de cedit mois, contenant son approbation pour ledit établissement, et ouï M. de Bailleul, procureur du Roi ; *il a été arrêté que l'établissement desdits frères des écoles chrétiennes en communauté en ladite maison de St-Yon et faubourg de St-Sever de cette ville, est utile et avantageux à ladite ville;* si·c'est le bon plaisir de S. M. leur en accorder la permission, au moyen que suivant leur institut ils enseignent la jeunesse gratuitement et sans être à charge à ladite ville, et sans pouvoir s'établir en cette dite ville ailleurs qu'en la maison de St-Yon......

LETTRES-PATENTES

POUR L'INSTITUT DES FRÈRES DES ÉCOLES CHRÉTIENNES

Et pour la maison de St-Yon, à Rouen,

délivrées au mois de septembre 1724.

—

Louis, par la grâce de Dieu, roi de France et de Navarre; à tous présents et à venir, salut. Les frères des écoles chrétiennes de notre ville de Rouen nous ont très humblement fait représenter que feu notre amé et féal conseiller en nos conseils, le sieur Colbert, archevêque de Rouen et le sieur de Pont-Carré, aussi conseiller en nos conseils, premier président en notre cour de parlement de cette ville, désirant remédier à l'ignorance qui régnait parmi les pauvres de ladite ville, dont les enfants ne peuvent aller aux écoles ordinaires, demeuraient errants et vagabonds dans les rues, sans discipline, dans l'ignorance de leur religion; et pour entrer aussi dans l'intention du feu Roi, notre très honoré seigneur et bisaïeul, qui a toujours été, que les écoles fussent multipliées dans le royaume, auraient cru qu'il n'y avait pas de meilleur moyen pour y remédier, que d'appeler les suppliants

de l'institut du feu sieur Jean-Baptiste De la Salle,
prêtre, docteur en théologie et chanoine de l'église
de Reims, pour établir une école de charité dans
ladite ville de Rouen, où les pauvres pussent recevoir
l'éducation chrétienne, et en même temps apprendre
à lire, à écrire et l'arithmétique gratuitement; que
l'exemple de pareilles écoles dans plusieurs autres villes
de notre royaume et particulièrement dans notre bonne
ville de Paris, aurait excité ledit sieur archevêque
et ledit sieur premier Président à ne pas négliger
de leur part une œuvre si utile au public et à l'État,
en sorte que cet établissement aurait été formé incon-
tinent en l'année 1705, auquel Dieu aurait donné un
tel succès, que par la suite il aurait été regardé comme
un lieu non seulement propre à servir d'école de
sagesse aux pauvres gens de famille, tant de ladite
ville que de la province de Normandie, mais encore
pour corriger les libertins dont les dérèglements auraient
été un scandale public; ce qui aurait paru par les
enfants qui y auraient été mis en pension, et par les
personnes qui y auraient été envoyées par nos lettres
de cachet et par ordre de notre dite cour de parlement, d'autant que les heureux succès auraient excité le
zèle de quelques pieuses personnes, qui, pour fixer et
perpétuer dans notre dite ville de Rouen un établissement
si avantageux et si nécessaire, auraient été inspirées
d'assurer aux suppliants la propriété de la maison
St-Yon, sise au faubourg de St-Sever, qu'ils ne tenaient
d'abord qu'à titre de loyer, laquelle aurait été acquise et
acquittée au nom de deux frères de la société des
suppliants, dont l'un est décédé; que d'ailleurs le
décès avenant aussi à ce second frère, il serait à
craindre que cette maison ne tombât en des mains
étrangères à cause de la coutume de Normandie; les

exposants nous auraient très humblement fait supplier
de vouloir bien leur accorder nos lettres de confirmation
d'établissement. A ces causes et autres à ce nous mouvant,
de l'avis de notre conseil qui a vu le contrat d'acquisition de ladite maison de St-Yon, du 8 mars 1718,
aux noms de Joseph Truffet et Charles Frapet, frères
de ladite société, la quittance du parfait paiement du
prix de ladite maison, du 5 janvier 1720 ; l'approbation
et consentement de feu notre amé et féal conseiller
en nos conseils, Armand Bazin de Bezons, archevêque
de Rouen, celui de notre aussi amé et féal conseiller
en nos conseils, le sieur Delavergne de Tressan, à
présent archevêque de Rouen, l'acte et le consentement
des maire et échevins de ladite ville, qui témoignent
tous l'utilité et combien cet établissement serait avantageux en ladite ville ; toutes ces pièces ci-attachées
sous le contre-scel de notre chancellerie : nous avons,
de notre grâce spéciale, pleine puissance et autorité
Royale, approuvé, autorisé et confirmé, et par ces
présentes signées de notre main, approuvons, autorisons
et confirmons l'établissement des exposants dans ladite
maison de St-Yon, au faubourg de St-Sever de notre
dite ville de Rouen, ainsi que l'acquisition qu'ils ont faite
de ladite maison mentionnée au susdit contrat du
8 mars 1718 ; lequel sortira plein et entier effet :
Voulons et nous plait que lesdits exposants continuent
à faire leur demeure dans ladite maison, pour y former
non seulement les sujets à tenir les écoles de charité,
pour envoyer dans différentes villes de notre royaume,
mais encore pour y tenir l'école de charité où ils
enseigneront les principes de la foi catholique, apostolique et romaine, aux pauvres enfants qui leur seront
envoyés de ladite ville, faubourgs et environs de Rouen,
et montreront aussi à lire, à écrire et l'arithmétique,

le tout gratuitement : leur permettons de recevoir les pensionnaires de bonne volonté qui leur seront présentés, les sujets qui leur seront envoyés de notre part et par ordre de notre cour de parlement de Rouen, pour mettre à la correction : comme aussi accordons et concédons auxdits exposants le droit et faculté de pouvoir jouir et posséder tous les fonds et héritages dont on pourra leur faire legs ou donations, ou qu'ils pourront acquérir de leur chef, sans préjudice toutes fois des droits et indemnités dûs à d'autres seigneurs qu'à nous, desquels à l'égard de ceux à nous appartenant, nous leur avons fait don et remise en entier, tant pour le présent que pour l'avenir. Si donnons en mandement à nos amés et féaux conseillers les gens tenant notre cour de parlement et cour des comptes, aides et finances de Rouen, présidents et trésoriers généraux de France, au bureau de nos finances établi audit lieu, et à tous autres nos officiers et justiciers qu'il appartiendra, que ces présentes ils fassent enregistrer et de leur contenu jouir et user les exposants pleinement, paisiblement et perpétuellement, sans souffrir qu'il leur soit donné aucun trouble ni empêchement, nonobstant clameur de haro, chartres normandes et autres lettres à ce contraires; car tel est notre plaisir : et afin que ce soit chose ferme et stable à toujours, nous avons fait mettre notre scel à cesdites présentes : Donné à Fontainebleau, au mois de septembre, l'an de grâce mil sept cent vingt-quatre, et de notre règne, le dixième : signé Louis. Sur le rempli, par le roi, Philippeaux, avec griffe et paraphe, lesdites lettres scellées du grand sceau de cire verte, en lacs de soie rouge et verte. — Ces lettres patentes ont été enregistrées au parlement de Rouen le 2 mars 1725.

BULLE

DU PAPE BENOIST XIII
délivrée à Rome, le 7 février 1724.

—

BENEDICTUS episcopus servus servorum Dei ad per-
petuam rei memoriam in apostolicæ dignitalis solio,
divinâ disponente clementiâ, nullis nostris licet suf-
fragantibus meritis, sed solum per ineffabilem divinœ
Benignitatis gratiam constituti, illiusque vices gerentes
in terris, qui gloriosus regnat in cœlis ex circumbenti
nobis pastoralis officii debito ad ea libenter inten-
dimus, per quæ piæ Christi fidelium voluntates præsertim in institutorum fundationibus ex quibus litte-
rarum studia, et pauperum adolescentium illis vacare
volentium profectus ad fructuosam agri dominici cul-
taram ac doctrinæ et sapientiæ incrementa p ropagantur
suum debitum consequi valeant ad implementum et
propterea eorum institutorum salubribus ordinationibus
et statutis infirmiora subsistent et perpetuo futuris temporibus observentur potissimum cum a nobis petitur
apostolicæ confirmationis robur, libenter adjicimus,
opemque et operas nostras impendimus efficaces prout

Benoist, évêque, serviteur des serviteurs de Dieu pour la perpétuelle
mémoire de la chose, élevé par la miséricorde de Dieu sur le siège de la
dignité apostolique, non par notre mérite, mais par la seule grâce ineffable
de la divine bonté, et faisant sur la terre les fonctions de celui qui règne
glorieux dans les cieux ; pour nous acquitter du devoir pastoral dont nous
sommes chargé, nous nous portons volontiers à faire exécuter les pieuses
intentions des fidèles de Jésus-Christ, comme elles doivent l'être, surtout
lorsqu'ils fondent des instituts qui ont pour objet l'enseignement des belles
lettres et l'instruction des pauvres enfants qui veulent les étudier pour
cultiver utilement le champ du seigneur, et répandre de plus en plus les

personarum locorum et temporum qualitatibus et cir-
cumstanciis maturà et diligenti considerationis pensatis
in domino conspicimus salubriter expedire sane pro
parte dilectorum filiorum modernorum , superioris
generales et fratrum scholarum christianarum nuncupatorum civitatis Remensis nobis impar exhibita petitio
continebat quod alius videlicet. Anno Domini millesimo
sexintesimo octogesimo quondam tunc in humanis
agens *pius Dei famulus* Joannes Baptista De la Salle
donec viverit canonicus ecclesiæ metropolitanæ Remensis pie considerans in numera quæ ex ignorantiæ,
omnium origine malorum proveniant scandala , præsertim in illis qui vel egistate oppressi vel fabrili operi
unde vitam eliciant, operam dantes quarumvis scien-
tarum humanarum ex defectuæris impendendi non-
solum penitus rudes , sed quod magis dolendum est
elementa religionis christianæ persapæ ignorant, *quod-
dam institutum sub titulo fratrum scolarum* christianarum nuncupatorum et sub infra scriptio regulis per

sources de la doctrine et de la sagesse : par cette raison nous confirmons de
bon cœur, principalement lorsqu'on nous en requiert, les saints statuts et règlements de ces instituts afin qu'ils subsistent plus solidement et qu'ils soient
perpétuellement et à jamais observés ; et nous y apportons efficacement nos
secours et nos soins selon que les qualités et les circonstances des personnes,
des lieux, et des temps, nous reconnaissons, après un mûr et sérieux examen
en Dieu, qu'il est salutaire d'y pourvoir.

Depuis peu, il nous a été présenté de la part de nos *chers fils, une supplique qui contenait qu'en l'année 1680 , le feu pieux serviteur de Dieu,
Jean-Baptiste De la Salle*, chanoine de l'église métropolitaine de Reims,
considérant chrétiennement le nombre infini des désordres que cause l'ignorance, origine de tous les maux, surtout parmi ceux qui, accablés de misères
en pratiquant pour vivre des arts mécaniques, n'ont aucunes connaissances
non seulement des belles lettres faute de pouvoir s'y appliquer, mais, ce
qu'il y a de plus fâcheux, ignorent le plus souvent les éléments de la religion
chrétienne , *fonda pour la gloire de Dieu et pour le soulagement des pauvres, dans la ville de Reims*, sous la protection du très saint Enfant-Jésus

sedem apostolicam approbandis et confirmandis, ad
Dei laudem et pauperum levamen, subsedis apostolicæ
authoritate ac patrocinio sanctissimi infantis Jesu et
sancti Josephi, *fundavit in civitate Remensis quodque
institutum hujus modi, benedicente Domino* fructus suos
in variis regni Galliarum et presertim in Rothoma-
gensi, et Parisiensi, ac Avenionensi, et Carnotensi,
ac Landunensi, Trecensi ac Minatensi et Massiliensi, ac
Allesiensi, et Gratiano Politanensi ac Audomarensi,
Bononiensi, Lingonensi et Utiensi, ac Œduensi respec-
tivi diœcesibus propagatum fuit, in quibus dicti fratris
sub tenore infra scriptarum regularum.

Primo, videlicet cum ipsi sub clientelâ sanctissimi
infantis Jesu, et patrocinio sancti Josephi, instituti,
hoc maxime cavere debeant, *ut pueros præsertim
pauperes ad enqua, ad bene christianaque vivendum
pertinent, erudiant, instituti* illorum dos præcipua et
quasi spiritus instituti puerilis institutionis ad christia-
nam legis normam zelus esse debeat.

Secundo, quod pureant pro tempore existenti superiori generali ab ipsis electo vivant qui nullis diœcesibus

et de St-Joseph et sous les règles ci-dessous pour être approuvées et confir-.
mées par le siège apostolique, un *institut ayant pour titre, Frères dits des
écoles chrétiennes* ; lequel institut avec la bénédiction du seigneur s'est
étendu en divers diocèses du royaume de France et en particulier à
Rouen, à Paris, à Avignon, à Chartres, à Laon, à Troyes, à Mende, à
Marseille, à Alais, à St-Omer, à Boulogne, à Langres, à Osez, à Autun,
dans lesquels sont établis lesdits frères, avec les règles dont la teneur suit.

Primo, qu'étant institués sous la protection du très saint enfant Jésus
et de saint Joseph, ils doivent surtout prendre garde que les enfants,
principalement les pauvres, soient instruits des choses nécessaires pour
bien et chrétiennement vivre; que c'est le principal objet de leur institut
et que le zèle pour former la jeunesse à la loi chrétienne, doit être comme
l'esprit de l'institut.

En second lieu, qu'ils obéissent au supérieur général qu'ils auront élu

in quibus admissi sunt de consensu episcoporum et sub eorum authoritate.

Tertio, quod eorum superior generalis sit perpetuus ejusque electio fiat scrutati secretis suffragiis per directores præcipuarum domorum congregatos etidemque eligantur ab eisdem in eodem consessi et eodem modo duo assistentes qui pro tempore existent superiori generali sint a consiliis eumque in testa administratione adjuvent.

Quarto, quod assistentisis in ea degant domo in quâ superior generalis pro tempore commorabitur ejusque consiliis intersint et manum commodent exigente necessitate ad respondendum litteris quas accipiet.

Quinto, quæ ipsi fratres gratis pueros educeant neque premium aut munera a discipulis vel eorum parentibus oblata accipiant.

Sexto, quod scolas regunt semper associati et saltem boni simul singulis scolis præsint.

et qu'ils s'établissent dans les diocèses où ils seront admis du consentement des évêques sous leur autorité.

En troisième lieu, que leur supérieur général soit perpétuel, que son élection se fasse par le scrutin et les suffrages secrets de l'assemblée des directeurs des principales maisons (1) et que de la même manière ces électeurs élisent deux assistants qui soient le conseil du supérieur général et qui aident à bien gouverner.

En quatrième lieu, que les assistants demeurent dans la même maison où le supérieur général résidera ; qu'ils soient de ses conseils, et qu'ils lui prêtent la main quand il sera nécessaire pour répondre aux lettres qu'il recevra.

En cinquième lieu, que lesdits frères enseignent les enfants gratis, et qu'ils ne reçoivent ni présents, ni récompenses d'eux ni de leurs parents.

En sixième lieu, qu'ils fassent les écoles toujours associés et qu'ils soient au moins deux dans chaque école.

(1) Suivant l'usage observé de tout temps dans le gouvernement de l'institut, on regarde comme maison principale et complète, celle où il y a cinq frères.

Septimo, quod nullus fratribus sacerdotium ambiat aut ad ordines ecclesiasticos aspiret.

Octavo, quod fratres administrantur in dicto instituto in decimo sexto aut decimo septimo eorum ætatis anno votis se obligant ad tricunium tanticum eaque vota singulis annis renovent donec vigesimum quintum eorum ætatis annum attigerint et compleveriat; qua tempore ad vota perpetua emittenda admittantur.

Nono, quod vota fratrum sint castitatis, paupertatis, obedientiæ et permanentiæ in dicta instituto necnon pauperes gratis edocendi quod hoc tamensi quod eos domo fratres a votis simplicibus, Romanus, pontifex pro tempore existiens possit absolvere.

Decimo, quod dispensatio votorum nec peti nec concedi valeat, nisi gravibus de causis quas tales consebit capitulum generale fratrum ac pluralitas suffragiorum comprobabit.

Undecimo, quod superior generalis a convocato

En septième lieu, qu'aucun des frères n'ambitionne l'honneur du sacerdoce et n'aspire aux ordres ecclésiastiques.

En huitième lieu, que les frères soient admis dans ledit institut à l'âge de 16 ou 17 ans; qu'ils s'y engagent par vœux pour trois ans seulement, et qu'ils renouvellent ces vœux tous les ans jusqu'à ce qu'ils aient atteint l'âge de 25 ans accomplis, auquel temps ils pourront être admis à faire des vœux perpétuels.

En neuvième lieu, que les vœux des frères soient de chasteté, pauvreté, obéissance et persévérance dans l'institut et d'enseigner gratuitement, bien entendu; cependant, que lesdits frères pourront être dispensés des vœux simples par le pape alors existant.

En dixième lieu, que la dispense des vœux ne puisse être valablement ni demandée ni accordée, si ce n'est pour des causes graves qui seront jugées telles par le chapitre général des frères et vérifiées à la pluralité des suffrages.

En onzième lieu, que le supérieur général puisse être déposé par le chapitre général des frères, pour ces causes, d'hérésie, d'impudicité,

capitulo generali fratrum deponi possit, iis de causis, videlicet, ob heresim, impudicitiam, homicidium, animi imbellicitatem, senii caducitatem bonorum instituti dilapidationem aut aliquod enorme facimus quod tali penâ dignum censebit capitulum generale fratrum quod time ad id ab assistentibus convocabitur.

Duodecimo, quod fratres directores domorum particularium illas regunt per triennium tantum, nisi justis de causis pro tempore existenti superiori generali ejusque assistantibus camesmentius videatur et tempus hujusmodi aut minuantur et ut superior generalis directoribus particularibus hujusmodi de sua potestate circà votum paupertatis communicare valeat, circà dispensationem bonorum temporalum, vel facultates singulis fratribus concedendas ita tamen ut non liceat doctis directoribus, usque visitatoribus pro tempore deputandes, fundas, bona mobilia et immobilia inconsultis pro tempore existentibus superiore generali ejusque assistantibus alienare.

d'homicide, faiblesse d'esprit, caducité d'âge, dissipation des biens de l'institut ou quelque autre crime énorme, lequel sera jugé digne d'une telle peine par le chapitre général, qui pour lors sera, à ce sujet, convoqué par les assistants.

En douzième lieu, que les frères directeurs des maisons particulières les régissent pendant trois ans seulement, à moins que, pour de justes causes, il ne paraisse plus convenable au supérieur-général et à ses assistants de diminuer ou de proroger ce temps; que le supérieur-général puisse leur communiquer de son pouvoir touchant le vœu de pauvreté, en ce qui concerne l'administration des biens temporels, ou les permissions qu'il faudra accorder à chaque frère, de telle façon cependant qu'il ne soit pas permis auxdits directeurs ni aux visiteurs qu'on députera dans le temps, d'aliéner les fonds, les biens meubles et immeubles sans avoir auparavant consulté le supérieur-général et les assistants

Decimo tertio, quod capitula generalia ad quæ convocabuntur trigenta tam ex antiquis fratribus quam ex directoribus præcipuarum domorum, fiant singulis decenniis nisi aliquando congregatio extraordinaria convocanda convenientius decruatur, totoque illo decennio assistentes electi munere concesso perfungi valeant nisi gravis aliqua necessitas cogat, vel eos deponi ante tempus, vel exactu tempore in munere permistere.

Decimo quarto, quod visitatores pro tempore existente superiore generali designati admimus triennale, singulis annis semel domos visitent, exigantque a directoribus rationent impensi et expensi et statim finitâ qualibet visitatione referant ad pro tempore existentem superiorem generalem quod sit in unaquaque domo, emendandum.

Decimo quinto, quod capitula generalia convocentur in eum locum in quo superior generalis fixerit domicilium, capitula vero provincialis advocentur quasi in medietatem cujusvis provinciæ ut sit odea fratribus

En treizième lieu, que les chapitres généraux, auxquels seront appelés trente, tant des anciens frères que des principales maisons, se tiendront tous les dix ans, à moins qu'il ne soit jugé plus convenable que de convoquer quelquefois une assemblée extraordinaire; que pendant ces dix ans entiers, ceux qui auront été élus assistants puissent exercer leur charge si ce n'est qu'il y ait quelque nécessité grave de les déposer avant le temps, ou de les continuer après qu'il sera expiré.

En quatorzième lieu, que les visiteurs qui auront été choisis par le supérieur-général pour trois ans, qu'ils exigent des directeurs un compte de la recette et de la dépense, et qu'aussitôt que chaque visite sera finie, ils fassent au supérieur général leur rapport de ce qu'il faudra corriger dans chaque maison.

En quinzième lieu, que les chapitres généraux soient convoqués pour le lieu où le supérieur général aura fixé son domicile, mais que les chapitres provinciaux soient convoqués pour le milieu environ de chaque province

facilior accessus, hujusque capitalis provincialibus præsit
visitator aliquis, a pro tempore existente superiore
generali deputatus.

Decimo sexto, quod omnia exercita quotidiana tam
domestica quam scolarum, fiant in communitam ma-
tutinis tum scrotinis horis.

Decimo septimo, quod fratres non tant legendi ac
scribendi modum, orthographiam atque arithmeticam
pueros edoceant, sed eorum præcipue animos chris-
tianis atque evangelicis præceptus imbuant, cathecheses
(doceant) ad semi horam singulis diebus non festivis,
et ad horam cum dimidiâ singulis dominicis, ac de ec-
clesia præcepto festivis, diebus hujusmodi in ecclesiam
deducant ut publicis sacrificiis ac vesperticiis preca-
tionibus intersunt modumque tradant matutinas et
serotinas preces recitandi; præcepta dominica ec-
clesia leges ceteraque ad salutem necessaria inculceat.

Decimo octavo, quod vestes fratrum paupertati
atque abjectioni evangelicæ contentaneæ ex niti et
nigra panna confectæ, pene tulores et fibulis tantum

afin que les frères puissent s'y rendre plus facilement, et que quelque
visiteur, député par le supérieur-général, y préside.

En seizième lieu, que tous les exercices journaliers, tant domestiques
que des écoles, se fassent en commun le matin et le soir.

En dix-septième lieu, que les frères enseignent aux enfants, non seulement à lire et à écrire, l'orthographe et l'arithmétique, mais aussi,
qu'ils leur donnent une teinture des préceptes chrétiens et évangéliques,
qu'ils leur fassent un catéchisme d'une demi-heure les jours ouvrables, et
d'une heure et demie les dimanches et jours de fêtes d'obligation, qu'ils les
conduisent ces jours à l'église, afin qu'ils assistent ces jours-là aux messes
et aux vêpres, qu'ils leur apprennent les prières du matin et du soir, et
qu'ils gravent dans leur esprit les commandements de Dieu, ceux de
l'église et tout ce qui est nécessaire au salut.

En dix-huitième lieu, que les habits des frères soient abjects et conformes à la pauvreté évangélique, qu'ils soient d'une étoffe grossière et

ferreis connexæ, cum lacernâ ejusdem longitudinis gale-
rus calcæa et tibialia mentia sint , atque a vanitatibus
secularibus prorsant aliena quatenus hactenus viventis
et viventis de præsente.

Cum autem , sicut eadem petitio subjungebat , eaque sedes apostolicæ prædictæ munimine roborantur
firmicessat , et exactibus soleant ab omnibus obser-
vari et propteres summo peri cupiatis regulas et reas-
trum institument , hujusmodi , ut illud majore in
des riscipiat incrementa virtutis et vi status in qua
nunc permanet fermior stabiliatur per nos et sedem
apostolicam prædictam approbari et confirmari , quare
pro parte eorundem superioris generalis et fratrum
nobis fuit humiliter supplicaturus quatenus eis et
cuilibet eorum in præmissis opportune providere de
benignitate apostolica dignarsenur. Nos igitur qui spi-
ritualem animarum profectus a Christi fidelium quo-
rum libet utilitates et commoda sinceris affectibus
desideramus superiorem generalem et fratres prædic-
tos et quemlibet eorum specialibus , favoribus et gratus

noire , descendent presque jusqu'aux talons, garnis seulement d'agrafes de
fer, avec une capote de même longueur, un chapeau, des bas et des souliers
négligés et qui ne ressemblent en rien aux vanités du siècle, ainsi que les
frères ont vécu jusqu'à présent et qu'ils vivent maintenant.

La même supplique ajoutait que les choses qui sont munies de l'autorité
du siége apostolique , sont plus durables et ont coutume d'être observées
plus exactement; que, par cette raison, ils souhaitent grandement que le
siége apostolique confirme et approuve par nous leurs règles et leur institut, afin qu'ils fassent chaque jour de nouveaux progrès dans le bien , et
que l'état dans lequel il est présentement , soit stable et solide; qu'ainsi
nous étions humblement suppliés de la part dudit supérieur et desdits frères
de daigner leur accorder favorablement par l'effet de notre bénignité apostolique, les demandes ci-dessus exposées. Nous donc qui désirons sincèrement
l'avancement spirituel des âmes et les commodités et utilités de tous les
fidèles de Jésus-Christ , voulant donner des grâces et des faveurs spéciales

prosequi volentes et a qui breviis excommunicationis,
suspensionis, et interdicti, aliisque ecclesiasticis senten-
·tiis censuris et pœnis, si quibus quomodo libet innodati
existunt ad effectum præsentium tantum consequen-
dum harum seru absolventes et absolutos fore cen-
sentes hujusmodi supplicationibus inclinati et ex voto
congregationis venerabilium fratrum nostrorum sanctæ
Romanæ Ecclesiæ cardinalium decretorum concilii Tri-
·dentini interpretum, sine alicujus prejudicis institutum
et regulas hujusmodi et in eis contenta quæcumque
licita tamen et honesta ac sacris canonibus et consti-
tutionibus apostolicis, ac concilii Tridentini decretis,
non adversantia apostolica autoritate, approbamus,
confirmamus eisque apostolicæ firmitatis robur adjicimus.

Præterea quæcumque possessiones et quæcumque
bona quæ idem institutum in præsenti juste et cano-
nici possidet, aut in futurum concessione pontificum
largitione regum vel principum, oblatione fidelium
seu aliis justis et illibata permanere, ac eas dispen-

au supérieur général, à tous et à chacun desdits frères ; les absolvant
seulement pour obtenir l'effet des présentes, et voulant qu'ils soient réputés
absous de toute peine, d'excommunication, suspense, interdit et autres
sentences ou censures ecclésiastiques, si aucune ils ont encourue, ayant
égard à ladite supplique et de l'avis de la congrégation de nos vénérables
frères, les cardinaux de la sainte église Romaine, interprètes des décrets du
concile de Trente, sans préjudice à personne, approuvons et confirmons de
l'autorité apostolique, et toutes les choses y contenues, permises toute fois
honnêtes et non contraires aux saints canons, aux constitutions apostoliques et aux décrets du concile de Trente; et leur donnons par la même
autorité force de loi.

Voulons en outre que tous les biens généralement quelconques que possède présentement, justement et canoniquement ledit institut, ou qu'il
pourra, Dieu aidant, acquérir dans la suite par concession des papes,
libéralité des rois ou des princes, donation des fidèles ou par autres justes

sationis semper et perpetuæ validas esse et fore suos-
que plenarios et integros effectus sartiri et obtinere
debere neque sub quibusvis similium vel dissimilium
gratiarum revocationibus limitationibus, suspensioni-
bus et quibusvis aliis contrariis dispositionibus com-
prehendi, sed semper ab aliis excipe et quoties ille
emanabunt toties in pristinum et validissimum statum
statum restituas repositas et plenarie gratas esse et
fore sicque et non alias in præmissis omnibus per
quoscumque judices ordinarios vel delegatos, etiam
causarum palatii apostolici auditores ac prædictæ sanctæ
Romanæ ecclesiæ cardinales etiam de latere legatos,
vice legatos, dictæ sedis nuntios judicari et definiri
debere, et si secus super his a quoquam quavis authoritate scienter vel ignoranter contigeret attentari,
irritum et inane decernimus, non-obstantibus consti-
tutionibus et ordinationibus apostolicis contrariis qui-
buscumque.

Volumus autem quod in perpetuis futurisque tem-

roies, lui demeurent dans leur entier et pour toujours; que ces dispositions
soient toujours et perpétuellement en vigueur, qu'elles sortent, comme elles
le doivent, leur plein et entier effet; qu'elles ne puissent être comprises
sous quelques révocations, limitations, suspenses de semblables ou dissem-
blables grâces et autres dispositions contraires que ce soit, mais qu'elles en
soient toujours exceptées; que toutes les fois que ces dispositions paraîtront,
les présentes grâces et dispositions doivent être et soient aussitôt rétablies
et remises dans leur ancien état, force et vigueur; que tous juges ordinaires ou délégués, même les auditeurs des causes du sacré palais, les
cardinaux de la sainte église romaine, même les légats *à latere*, vice-légats
et nonces du St-Siège soient requis de juger et décider conformément aux
présentes et non autrement; et s'il arrive que sciemment ou ignoramment,
il ait été donné atteinte à ces présentes, par qui que ce soit et de quelque
autorité que ce soit, nous déclarons ce qui aura été fait nul, nonobstant
toutes constitutions et ordonnances apostoliques à ce contraires.

Voulons encore qu'à l'avenir et à jamais aucun des frères dudit institut
ne puisse validement, sans le consentement exprès des supérieurs généraux

poribus, nullus ex fratribus instituti hujusmodi absque expresso consensu superiorum generalium ipsius instituti, etiam pretentu arctiorem religionem amplectendi, et prædicto instituto egredi aut ad sæculum redire, sed sub obedientia suorum superiorum maneat, et non aliàs.

Nulli ergo omnino hominum liceat hanc paginam nostræ absolutionis, approbationis, roboris, adjectionis, decreti et voluntatis infringere velut ausit temeraria contraire. Si quis autem hoc attentare præsumerit indignationem omnipotentis ac beatorum Petri et Pauli apostolorum ejus se noverit meursurum. Datum Romæ apud sanctum Petrum, anno incarnationis Dominicæ millesimo septengentesimo vigesimo quarto septimo calendas februarii Pontificatus nostri anno primo.

dudit institut, ni sortir d'ici même sous prétexte d'embrasser une religion plus étroite, ni revenir au siècle, mais qu'ils demeurent sous l'obéissance de leurs supérieurs, et non autrement.

Défendons à toute personne généralement quelconque d'enfreindre ces présentes lettres qui contiennent notre absolution, approbation, confirmation, renforcement, décret et volonté, et d'y contrevenir par une entreprise téméraire; et si quelqu'un osait y attenter, qu'il sache qu'il encourrait l'indignation de Dieu tout-puissant, et de ses bienheureux apôtres Pierre et Paul. — Donné à Rome, à Saint Pierre, le 7 des calendes de *février* l'an *mil sept cent vingt-quatre* de l'incarnation de notre seigneur, le premier de notre pontificat.

Les lettres-patentes du roi, ordonnant l'approbation de la bulle d'enregistrement, furent elles-mêmes enregistrées par le parlement de Rouen, le 12 mai 1725.

Ces documents historiques ont une grande importance, et nous avons pensé qu'ils devaient trouver place dans l'essai que nous publions.

Il existe un autre document historique moins connu, relatif à la translation des restes mortels de M. De la Salle, que nous regrettons de ne pouvoir placer ici ; nous en avons lu les détails avec un vif intérêt. C'est à Reims, surtout, où naquit l'illustre apôtre, où prit naissance sa doctrine, où son dévouement pour les enfants pauvres éclata dans toute sa vigueur native pendant huit années, les premières et les plus pénibles ; c'est à Reims que nous désirerions posséder et vénérer les cendres du respectable fondateur : elles reposent, à Rouen, dans la maison de Saint-Yon où elles furent transportées le 16 juillet 1734.

Revenons à l'histoire des frères des écoles chrétiennes dans notre ville de Reims.

Nous avons fort attentivement recherché dans les archives de la bibliothèque communale les documents qui étaient de nature à nous aider dans notre travail. — Ceux que nous avons consultés de préférence, se rattachent à la seconde moitié du 18e siècle, et ont appartenu, pour la plupart, au cabinet de M. Sutaine-Maillefer, le premier syndic de la ville de Reims en 1772. Si l'on écrit un jour l'histoire complète des frères des écoles chrétiennes dans la province de Champagne et dans notre ville de Reims, tous les matériaux rassemblés dans les papiers de M. Sutaine pourront être d'un grand secours. Nous en avons profité, mais avec réserve, et nous y avons eu recours principalement pour la grande affaire des frères au 18e siècle, l'obtention des lettres-patentes pour la ville de Reims : nous exposerons cette affaire avec quelques détails.

Nous ne le disons point par malignité ; mais, à

l'époque du 18ᵉ siècle, les frères usaient avec un peu
d'intempérance et des requêtes et des demandes d'aumônes et de secours ; nous en trouvons la trace presqu'à chaque instant à l'époque du 18ᵉ siècle : nous
en donnons pour exemple cette lettre adressée, au mois
de septembre 1722, à Mᵍʳ de Lescaloppier, intendant
de Champagne.

» Vous remontrent très humblement, **Monseigneur**,
les pauvres frères maîtres des écoles chrétiennes et
gratuites de Reims, étant dix, et ayant sept à huit
cents écoliers à instruire, que n'ayant rien pour leurs
subsistances que la charité des gens qui sont en état
et qui veulent bien les assister, ils ont recours à
vous, Monseigneur, et vous supplient de vouloir bien
leur accorder quelque bois de chauffe pour leurs nécessités; messieurs les marchands, à qui appartiennent
celui qui est aux jacobins et aux autres endroits où
il y a magasin, veulent bien leur en délivrer, pourvu
que votre grandeur veuille consentir à la libéralité
qu'ils désirent leur faire ; la nécessité dans laquelle
ils sont les a obligés à ranger et mettre en bûcher
eux-mêmes trois cents cordes de bois, que votre
grandeur a ordonné de mettre en refuge dans leur
cour pour le sacre, le marchand leur ayant délivré,
pour ce travail, quinze livres ; Mʳˢ les magistrats
veulent bien aussi contribuer à délivrer une petite
provision de ce bois, pourvu que votre grandeur
y consente.

» Ils prieront et feront prier le Seigneur par les enfants qui leur sont confiés, pour votre santé et prospérité...... »

A cette époque de 1722, les frères avaient fourni
à M. l'intendant de Champagne l'état suivant de leurs
revenus et de leurs charges :

RENTES DES FRÈRES DE REIMS.

	L	S	D
De l'hôtel-de-ville de Paris, peu assuré.	250	0	0
De cense, pour environ deux cents livres......................	200	»	»
Loyer d'une maison en tenant leur porte cochère.................	80	»	»
D'une petite maison à la cour du Leu, en tenant l'école de leur maison...	24	»	»
D'une autre petite maison, rue des Deux-Anges...................	44	»	»
Somme totale...	598		

CHARGES A PAYER, QUI N'ENTRENT POINT DANS LEURS NOURRITURES.

Pour leurs habits, par chacun an, pour dix frères..............	200
Loyer des deux écoles de St-Jacques et de St-Julien...................	90
Pour le blanchissage, par an........	80
Au cordonnier, tous les ans, pour les souliers.	60
Pour rentes viagères, à deux personnes.	60
Pour les réparations annuelles, au moins pour cent cinquante livres par an. ...	150
Pour de l'encre qu'ils fournissent gratuitement aux écoliers, selon leur coutume, et pour des images, chapelets et petits prix qu'ils donnent aux écoliers qui sont au nombre de six à sept cents, qui sont instruits tout-à-fait gratuitement, et pour les réparations des classes et meubles qui y conviennent, au moins.....	150
TOTAL..........	790

« Lorsque l'on a demandé le dixième denier sur les loyers des maisons, ces Messieurs ont eu la bonté de considérer l'impossibilité qu'ils étaient de le payer, et ne leur ont rien demandé.

» Il faut reconnaître, par cet exposé, que les charges excèdent de beaucoup les rentes des frères.

» Il y a encore bien d'autres dépenses qui n'entrent point dans la nourriture, comme provision de bois, de chandelles, linges et bien d'autres choses qui ne sont point marquées dans les charges.....»

Lorsque les frères des écoles de Reims promettaient, à la fin de leur requête, à M⁣ᵍʳ l'Intendant de Champagne, de prier et de faire prier Dieu pour la santé et la prospérité de sa grandeur, ce n'était pas paroles vaines et promesses de suppliants : le 1ᵉʳ juillet 1728, les frères de Reims fondaient volontairement et à perpétuité douze messes basses, en reconnaissance des libéralités de deux de leurs bienfaitrices : les actes suivants sont des témoignages sérieux de leur gratitude.

« Nous, vicaire-général de son altesse Monseigneur Armand Jules, prince de Rohan, archevêque duc de Reims, premier pair de France, légat né du St-Siège apostolique, primat de la Gaule-Belgique, etc., sur l'exposé verbal à nous fait par les frères des écoles chrétiennes de cette ville, que depuis plusieurs années ils auraient reçu plusieurs bienfaits et aumônes considérables de Mesdemoiselles Drusson, filles majeures, demeurants à Reims, lesquelles ont été louablement affectionnées à leur établissement jusques ici, ainsi qu'elles l'ont été et le sont pour les établissements et pauvres communautés de cette ville et de ses environs ; mais que leur reconnaissance ne pouvant s'exprimer que faiblement par leurs services, ils auraient intention d'y suppléer par leurs prières et celles de l'église. Pourquoi ils nous auraient prié d'agréer celles qui seraient convenables, pour donner à perpétuité et publiquement aux demoiselles Drusson et à leur famille des témoignages sensibles de leur gratitude.

« Après en avoir conféré avec lesdites demoiselles, et lesdits frères des écoles chrétiennes acceptant et stipulant avec nous, avons autorisé et accepté, autorisons et acceptons ce qui suit ; savoir, que pour les raisons susdites, lesdits frères et leurs successeurs en leur maison et établissement en cette ville, y feraient dire, à perpétuité, douze messes basses du St-Esprit, dont une le premier lundi de chacun des mois de l'année, pour la conservation et prospérité desdites demoiselles pendant leur vie, et pour le repos de leurs âmes après leur décès ; les douze messes du St-Esprit devant être alors converties en douze messes pour les défunts comme aussi qu'ils feraient dire deux messes basses en l'honneur de leurs saints patrons, au jour de leurs fêtes, qui seront dites après leur décès, pareillement pour le repos de leurs âmes, le jour de leur mort, à perpétuité ; le tout à la charge et aux frais desdits frères des écoles chrétiennes, acceptant par leur supérieur résidant à Reims, lequel au nom de tous, avec lesdites demoiselles Drusson, et nous, vicaire-général, a signé ces présentes, faites à Reims, ce premier juillet mil sept cent vingt-huit. Signé le Bègue, vicaire-général, Marie-Aimé Drusson, Elisabeth Drusson, deux sœurs, frère Denis, directeur des frères des écoles chrétiennes à Reims.

Extrait d'une donation faite par la veuve Mahuet aux frères des écoles chrétiennes, passée devant Lecointre, notaire, du 13 février 1730.

Fut présente Agnès Henry, veuve du sieur Mahuet, laquelle a donné par donation entre-vifs, aux frères des écoles chrétiennes, stipulant et acceptant par le frère Barthélemy, directeur de la communauté desdits frères, ayant pouvoir de frère Timothée, supérieur de l'institut, par sa procuration du 8 février 1750, passée devant notaires, à Rouen, une place sans aucun bâtiment, sise à Reims, rue de Thillois, contenant 70 pieds de long, etc: pour y construire des écoles de charité qui y seront bâties par les soins et les libéralités des personnes pieuses; il sera fait un logement à ladite donatrice pour y demeurer jusqu'à son décès, et lui rendre parfait à la St Jean-Baptiste à l'année prochaine, sinon il lui sera payé la somme de 60 liv. par an, et ainsi continuer jusqu'au jour que ledit logement lui sera livré.

Après avoir accepté cette donation, les frères adressèrent à Messieurs les lieutenants gens du conseil et échevins de la ville de Reims, la lettre suivante :

« Supplient très humblement les frères des écoles chrétiennes et gratuites et vous remontrent, ce qui est de la connaissance de toute la ville, que leurs écoles de charité ne peuvent plus contenir le grand nombre d'enfants qu'on leur amène et qui augmente tous les jours, que c'est avec douleur qu'ils se voient forcés d'en refuser souvent qui, avec leurs parents, viennent leur demander qu'on leur distribue le pain spirituel dont ils ont besoin, lesquels en étant privés, demeurent vagabonds dans les rues ; ces motifs viennent de toucher une bonne veuve (semblable à celle de l'évangile) laquelle, n'ayant qu'une maison dans cette ville, en a donné une portion qui consiste en une belle place champêtre très propre à y bâtir trois grandes classes, à condition, toute fois, qu'attendu qu'elle logera sur son fonds tous les pauvres de 4 ou 5 paroisses de la ville, on supplierait Messieurs de vouloir bien la décharger sa vie durant (elle est déjà septuagénaire) des taxes des pauvres, des capitations et casernes, ce que les suppliants fondés sur la bonté et la charité de Messieurs, dont ils ont déjà ressenti de sensibles effets, se montrant les protecteurs et les pères communs des pauvres de leur ville, lui ont promis, sous peine de les payer pour elle, ce qu'ils seraient tenus de faire; et attendu que Messieurs les curés des paroisses du quartier de ces écoles à bâtir disent ne pouvoir attendre des quêtes qu'ils prétendent faire pour ce sujet dans leurs paroisses et même chez leurs paroissiens, que quelques sommes fort modiques qui ne suffiront pas, à beaucoup près, il plaise à Messieurs vouloir contribuer de telle somme qui leur plaira à une œuvre de cette nature, qui sera pour le service du public à perpétuité, puisque cette place n'est donnée qu'aux conditions qu'elle ne servira que pour y bâtir des écoles de charité, par les libéralités des personnes pieuses; les suppliants, de leur part, s'animeront avec plus d'ardeur et de zèle à rendre leurs services au public, et continueront, avec tous les enfants dont ils sont chargés, d'offrir à Dieu leurs vœux et prières pour vos prospérités et santés : — cette veuve se nomme Agnès Henry, veuve Mahuet, elle demeure dans la Couture, sous les loges, paroisse de Saint-Jacques. »

Il était au reste expressément entendu, et nous en avons eu la preuve par des actes qui sont en ce moment sous nos yeux, que tous les legs, donations et acquisitions faits au nom des frères des écoles de

Reims, étaient attribués au maintien et au développement des écoles gratuites pour les enfants pauvres de
Reims ; les frères des écoles chrétiennes n'avaient point
encore de lettres-patentes pour la ville de Reims ;
néanmoins toutes les libéralités qui leur étaient faites
n'étaient point la propriété de la communauté générale
sise en la maison de St-Yon de Rouen, elles étaient
spécialement réservées aux écoles gratuites de notre
ville.

Les libéralités se succédaient en faveur des écoles
gratuites ; et quelques-unes d'entr'elles avaient ce caractère spécial qu'elles étaient faites, non pas aux frères
des écoles chrétiennes, mais à des paroisses déterminées ; seulement, on appelait les frères pour la direction
de ces écoles, sans toutefois décider en principe qu'ils en
devaient être à jamais les instituteurs : l'établissement
des écoles gratuites sur la paroisse de St-Hilaire de
Reims en offre un remarquable exemple (1).

La fondation des écoles gratuites sur la paroisse
de St-Hilaire de Reims, est le fruit de la piété et
de la libéralité de messire Jean Godinot, prêtre, docteur en théologie de l'université de Reims, chanoine
de l'église métropolitaine de ladite ville, et grand-
vicaire de l'abbaye de St-Nicaise.

Ce vertueux ecclésiastique, après avoir passé sa
vie dans l'exercice des bonnes œuvres, en a employé
les dernières années à faire des choses presque incro-
yables ; il a commencé par donner à ses héritiers
présomptifs, dix ou douze ans avant sa mort, une portion
de ses biens, qui excédait ce qu'il avait eu de succession ;

___

(1) Nous avons emprunté la plupart des documents relatifs à la fondation de ces écoles, aux manuscrits de M. Sutaine-Maillefer.

il a donné ensuite à l'hôpital de St-Marcoul une somme considérable pour y retirer et soulager des pauvres attaqués de la maladie du cancer ; il a contribué à la dépense nécessaire pour la suppression des égoûts de l'Arquebuse et de la rue de Longueau ; pour bâtir le portail de l'hôtel-Dieu, qui donne sur la rue du Trésor ; pour réparer les maisons du Chapitre : il a changé tout l'intérieur de l'église métropolitaine, fait faire à ses dépens les grilles magnifiques qui ferment le sanctuaire et le chœur, et contribué, pour une somme considérable, au grand autel de la même église : il a procuré aux pauvres enfants des paroisses de St-Hilaire, de St-Symphorien et de la paroisse de St-André, l'instruction convenable par la fondation des écoles gratuites : enfin, il a employé le reste de ses biens à faire venir dans Reims les eaux de la rivière neuve, ouvrage désiré depuis des siècles entiers, projeté plusieurs fois, et toujours abandonné.

La fondation des écoles gratuites est du 3 mai 1738 : le revenu de quatre fermes a été consacré à cette fondation.

La première, située aux terroirs du Tour et Recouvrance, achetée le 3 août 1739, par adjudication au baillage royal de Reims, moyennant 5,433 livres 11 sols.

La seconde, située aux terroirs de Trugni, et autres, achetée le 31 décembre 1739, par contrat passé pardevant Dessain et Nouvelet, notaires royaux à Reims, moyennant 2,200 livres.

La troisième, aux terroirs de Banongne et circonvoisins, achetée le 9 février 1740, par contrat passé par-devant Mercier, notaire royal à Reims, moyennant 5,872 liv. 10 sols.

La quatrième, située au terroir de Mar-Sous-Bourque, achetée le 6 avril 1740, par contrat passé par-devant Laubreau, notaire royal à Reims, moyennant 2,874 liv.: le tout revenant à 20,000 liv.; outre ce, il a réparé presque à neuf, et meublé la maison où se fait l'instruction gratuite.

La demoiselle Marie Fransquin, fille majeure, demeurant à Reims, a donné plusieurs principaux de rente pour fortifier et augmenter la même fondation des écoles gratuites.

Les frères des écoles chrétiennes de cette ville ont été choisis pour donner l'instruction gratuite aux pauvres, moyennant 600 liv. de rétribution par chacun an ; mais ce choix n'est point perpétuel, et il dépend des paroissiens de St-Hilaire de les renvoyer quand ils voudront, et d'en choisir d'autres approuvés.

Quoique les pauvres enfants des paroisses de Saint-Symphorien et de Saint-André aient droit à l'instruction gratuite établie par le chanoine Godinot, cependant les paroissiens de ces deux paroisses n'ont aucun droit à la direction de écoles, ni au choix des maîtres.

Voici l'acte d'établissement de la fondation de ces écoles gratuites.

Par-devant les notaires du roi, demeurant à Reims, soussignés, furent présents le Sr Jean Clicquot, ancien conseiller-échevin de la ville de Reims, ancien juge des marchands de ladite ville, et receveur de la fabrique de St-Hilaire dudit Reims ; Me Jean-Baptiste Blavier, avocat en parlement ; et le sieur Nicolas Lepoivre, seigneur de Muire en partie, tous deux marguilliers de la paroisse de St-Hilaire dudit Reims, y demeurant, autorisés à l'effet du présent acte, par conclusion de ladite paroisse, en date du 27 avril 1738, contrôlée à

Reims cejourd'hui, d'une part : le sieur Charles Robin, marchand épicier, et damoiselle Marie Gonnel, son épouse, de lui licenciée et autorisée ; Thérèse-Jacqueline Gonnel, fille majeure; et damoiselle Louise Gonnel, aussi fille majeure, tant en son nom que comme fondée de procuration du sieur Jean-Baptiste Gonnel, dragon au régiment d'Harcourt, tous deux demeurant à Reims, représentant le sieur Thiéry Gonnel, leur ancêtre, d'autre part ; lesquelles parties ont dit, savoir, lesdits sieurs et damoiselles Robin et Gonnel, que ledit sieur Thiéry Gonnel a donné anciennement à la fabrique de St-Hilaire une maison située en cette ville, au Marché à la Laine, tenant d'une part à la veuve Eustache Calmé, à condition de faire faire en l'église de St-Hilaire, fin des vêpres de chacun dimanche, de grands catéchismes, et de faire prononcer cinq sermons par chacun an, aux cinq fêtes de la sainte Vierge ; qu'ils sont instruits que ces catéchismes ne se font plus depuis quelque temps, qu'il n'y a plus de sermons, et qu'intéressés à faire subsister une fondation faite par leur ancêtre, ils étaient sur le point d'agir contre la fabrique, pour en procurer l'exécution ; mais que lesdits sieurs marguilliers de ladite paroisse leur ont représenté que les catéchismes et les sermons n'avaient été discontinués que parce que l'honoraire, fixé à 50[l] pour le tout, savoir, à 45[l] pour les catéchismes, et à 5[l] pour les sermons, étant trop modique, on n'avait trouvé personne qui eût voulu s'en charger ; que depuis quelque temps des personnes pieuses de cette ville, considérant qu'il se trouvait sur la paroisse de St-Hilaire, sur celle de St-Symphorien, et sur celle de St-André du faubourg de Cérès de cette ville, beaucoup de pauvres gens qui n'étaient pas en état de faire la dépense pour procurer les instructions

convenables à leurs enfants , avaient paru souhaiter
avec ardeur qu'on établît des écoles gratuites , pour
donner les instructions convenables aux enfants de
ces trois paroisses , et avaient même annoncé qu'elles
contribueraient à la dépense nécessaire pour cet établissement ; raisons pour lesquelles les paroissiens de
St-Hilaire avaient conçu le dessein de faire bâtir des
écoles dans la maison donnée à leur fabrique par ledit sieur Gonnel , pour y établir ensuite des maîtres
qui instruiront les pauvres enfants ; que ce serait de
leur part répondre aux intentions dudit sieur Thiéry
Gonnel , puisqu'ils procureraient l'instruction à des
jeunes gens qui en avaient extrêmement besoin ; mais
qu'ils ne pouvaient exécuter ce projet , qu'autant que
d'une part lesdits sieurs et damoiselles Robin et Gonnel
y donneraient les mains ; et que de l'autre , la charité des fidèles les mettra en état de faire réparer
à neuf ladite maison , qui périt de vétusté , d'y faire
les changements convenables pour y pratiquer des
écoles ; d'avoir des fonds pour l'entretien des bâtiments , et pour salarier les personnes qui seraient
choisies pour l'instruction de la jeunesse : en conséquence desquelles représentations , les parties sont
convenues de ce qui suit :

1º Qu'à l'avenir la fabrique de St-Hilaire demeurera
déchargée de l'obligation qu'elle avait contractée de
faire faire de grands catéchismes chaque dimanche de
l'année , et de faire prononcer cinq sermons par
année , aux cinq fêtes de la Ste-Vierge ;

2º Que le tout ou partie de la maison , ci-devant
désignée , sera convertie en écoles , le plus-tot que faire
se pourra ;

3º Que les paroissiens de St-Hilaire auront seuls

le droit de choisir telles personnes qu'ils aviseront, approuvées de ceux qui ont le droit de les approuver, pour faire dans ces écoles les instructions convenables; c'est-à-dire, apprendre aux enfants la religion catholique, apostolique et romaine, et à lire et à écrire; que le choix de ces personnes se fera au nom des paroissiens, par le sieur curé de la paroisse, le receveur et les marguilliers en exercice, à la pluralité des voix, avec pouvoir de changer toutes les fois qu'il sera par eux jugé nécessaire, et qu'ils en auront obtenu l'agrément par une conclusion en règle ;

4° Que tous les pauvres de la paroisse de St-Hilaire, de celle de St-Symphorien, et de celle de St-André du faubourg de Cérès de cette ville, seront admis indistinctement dans ces écoles, pour y être instruits gratuitement, attendu que telle est l'intention des personnes pieuses qui sont dans la résolution de contribuer à l'érection de ces écoles gratuites, sans cependant que cette admission puisse attribuer directement ni indirectement aux sieurs curés, marguilliers et paroissiens de St-Symphorien, et de St-André du faubourg, aucun droit, soit pour la nomination ou changement des maîtres, soit pour la direction des écoles, et de toutes choses qui pourraient y avoir rapport ;

5° Que sur les sommes qui seront données pour cet établissement, par qui que ce puisse être, il sera prélevé les frais du présent acte, et suites d'icelui, en quoi ils puissent consister, les dommages et intérêts que la fabrique pourrait être obligée de payer au locataire de ladite maison pour la résolution de son bail, toute la dépense qu'il faudra faire pour rétablir ladite maison en entier, et y pratiquer des écoles aussi commodes que la place pourra le permettre ; lesquelles dépenses seront payées par le sieur receveur, en la manière accoutumée, sur les deniers qu'il recevra, à cet effet, et lui seront allouées dans son compte ;

6° Qu'indépendamment de ces dépenses, la fabrique prélèvera, soit sur les loyers de cette partie de maison qui ne sera point nécessaire pour les écoles, si aucune y a, soit sur un fonds qui sera fait à cet effet, tout ce qui sera nécessaire pour l'entretien de toute la maison indistinctement, et outre ce, la somme de 20 livres par chacun an, pour l'indemnité due à ladite fabrique, résultant de l'abandon qu'elle fait de cette maison, qui, sur les 120 liv. de loyer qu'elle lui produisait, n'était chargée que de 50 liv. de rétribution, comme il a été dit ci-dessus ;

7° Que la fabrique de St-Hilaire commencera le rétablissement de la maison dont est question, et y fera pratiquer des écoles, aussitôt que la piété des fidèles lui procurera des deniers pour ce faire, et à proportion de ce qu'elle recevra ; mais qu'elle ne sera tenue d'y faire commencer l'instruction gratuite, que lorsqu'elle aura en caisse des fonds suffisants pour toutes les dépenses ci-devant détaillées, et pour la subsistance des personnes qui seront employées à instruire ; et que, jusqu'à ce temps, les bâtiments réparés continueront d'être loués à la requête des marguilliers, pour être, sur le produit de la location, pris la dépense nécessaire pour l'entretien de tous les bâtiments, et les 20 livres d'indemnité par chacun an seulement, et le restant, si aucun y a, conservé et mis en caisse, pour aider à faire le fonds suffisant pour la subsistance des maîtres.

Le conseil d'administration de la paroisse de St-Hilaire intervint très fréquemment pour tout ce qui concernait ces écoles: c'était au conseil de fabrique que s'adressèrent maintefois les frères des écoles pour l'obtention de secours, nécessités, disaient-ils, par leurs besoins et leur pauvreté: le bureau d'administration intervint notamment dans une circonstance qui mérite d'être signalée; et nonobstant l'opposition des frères, il rédigea, en 1772, un règlement pour les écoles gratuites de la paroisse de St-Hilaire, lequel fut en vigueur pendant plusieurs années.

Voici le texte de ce règlement :

Le 24 septembre 1772,

Le bureau d'administration de la paroisse de St-Hilaire fut réuni ; étaient présents: M. Lepagnol, président; M. le curé de St-Hilaire, MM. Fourneaux, marguillier, Sutaine-Jourdain, Bidet, avocat, Dessain, négociant, Dauphinot, Dessain, procureur, Mᵉ Malfillâtre, conseiller.

Plusieurs de Messieurs, qui composent ledit bureau ont exposé qu'il leur a été fait différentes plaintes par des pères et mères de cette paroisse, de celle de St-Symphorien, et celle de St-André, que les frères préposés pour enseigner dans les écoles gratuites les enfants pauvres, s'écartaient de l'esprit de la fondation en refusant d'y admettre des enfants qui à raison de leur pauvreté, devraient y être reçus sans aucune difficulté.

Que les frères recevaient dans les écoles gratuites des enfants dont les pères et mères étaient en état de faire les frais nécessaires pour leur éducation.

Que lesdits frères recevaient même des enfants

5

d'autre paroisse que de celle de St-Hilaire, St-Symphorien, et St-André, ce qui est entièrement contraire à la fondation desdites écoles établies seulement pour ces trois paroisses.

Que pour s'assurer de la vérité de ces faits plusieurs de Messieurs se sont transportés avant les vacances auxdites écoles, et en effet ont reconnu que les frères y admettaient des enfants dont les pères et mères ne sont point à beaucoup près dans un état de pauvreté et qu'ils y admettaient aussi des enfants des autres paroisses que celles ci-dessus nommées.

Qu'ils sont encore informés que les frères refusent les enfants des pauvres qui, quoique munis des livres, encre, plumes, et papiers à l'usage desdites écoles, sous prétexte qu'ils ne les achettent pas d'eux directement, ce qui est gêner la liberté des pères et mères, d'autant que lesdits frères ne doivent faire aucun commerce de livres, papier, encre et plumes.

Qu'ils croient aussi faire observer au bureau qu'il conviendrait à abolir l'usage introduit dans les écoles d'avoir pendant la tenue desdites écoles, trois enfants à genoux pour réciter des prières, que cet usage, quoique pieux, pourrait nuire à la santé des enfants, même à leur instruction.

Qu'il conviendrait aussi de faire défense auxdits frères de se mêler en aucune manière des dépenses à faire tant dans les écoles que pour la maison où elles se tiennent, se réservant le bureau de pourvoir auxdites dépenses lorsqu'il conviendra en faire, sauf aux frères à avertir le bureau lorsqu'il y aura des réparations à faire.

Qu'il serait également fait défense aux frères d'exiger des pères et mères des pauvres enfants, du bois pour la chauffe desdites écoles, sauf aux pères et mères de donner librement ce qu'ils jugeront à propos.

Sur quoi, lecture faite de la fondation desdites écoles gratuites, le bureau a statué :

1° Qu'il serait fait défense aux frères qui sont préposés pour enseigner dans lesdites écoles, de recevoir, à l'avenir, aucuns enfants qu'ils ne soient munis du billet d'admission, signé de M. le président, de M. le curé, et d'un de Messieurs les administrateurs ;

2° Que lesdits frères ne feront aucunes dépenses dans lesdites écoles ni dans la maison où elles se tiennent, le bureau se réservant d'y pourvoir, sauf auxdits frères s'ils s'aperçoivent de quelques réparations à en avertir le bureau ;

3° Qu'ils aboliront l'usage de faire mettre à genoux trois enfants pendant la tenue des classes, leur laissant, cependant, toute liberté de châtier et corriger les enfants qui le mériteront, sans cependant pouvoir les chasser desdites écoles sans avoir auparavant prévenu le bureau des motifs qu'ils auront à cet égard ;

4° Qu'ils laisseront pleine et entière liberté aux pères et mères de fournir les livres, encre, papier et plumes à l'usage desdites écoles et de les acheter où bon leur semblera, sans être astreints de les acheter desdits frères ;

5° Qu'ils ne peuvent exiger des pères et mères desdits enfants du bois pour le chauffage desdites écoles, sauf aux pères et mères à donner librement ce qu'ils jugeront convenable ;

6° Que dans le cas où il leur sera, par lesdits pères et mères, donné ou fourni du bois, ils ne pourront le faire scier que par celui qui sera choisi par le bureau ;

7° Et afin que la présente conclusion soit connue, tant des pères et mères que des frères des écoles, messieurs les curés de St-Hilaire, de St-Symphorien et de St-André, sont priés d'en faire faire la lecture dimanche prochain ou le dimanche qui suivra l'homologation, au prône.

8° Et que copie d'icelle sera délivrée auxdits frères à l'effet par eux de s'y conformer et de la faire attacher dans lesdites écoles ;

9° Pour tenir la main à l'exécution de la présente conclusion, il sera fait, tous les mois, par trois de messieurs qui composent le bureau, une visite dans lesdites écoles.

Suivent les signatures des membres du bureau d'administration de la paroisse de St-Hilaire.

Après avoir lu cette délibération du bureau d'administration de la paroisse de St-Hilaire, on ne peut s'empêcher de remarquer qu'il y avait au XVIII° siècle des pouvoirs mal définis, par rapport à la surveillance qui doit s'exercer toujours sur les écoles publiques ; et qu'à l'ombre de cette indifférence ou de cette anarchie en quelque sorte organisée, de sérieux abus pouvaient se commettre. C'était tantôt l'administration des paroisses, quelquefois la réunion des bienfaiteurs et des fondateurs d'écoles, presque toujours le pouvoir ecclésiastique, rarement le pouvoir civil, qui devaient protéger, diriger ou surveiller les écoles. Mais on ne s'occupait de leur direction et de leur surveillance que dans des cas exceptionnels.

Les frères des écoles, qui tantôt régnaient dans leurs classes en maîtres absolus et un peu arbitraires, tantôt se voyaient contrariés par des prétentions quelquefois inconciliables avec l'intérêt des enfants ou la règle de leur institut, les frères comprenaient tout ce que cet état de choses avait d'anormal et de contraire au développement de leur œuvre, et ils en souffraient. Ils s'efforçaient de mettre un terme à ces luttes regrettables, en régularisant leur position dans les grandes villes où leurs écoles devenaient florissantes : ce qu'il y avait à faire avant tout, c'était l'obtention des lettres-patentes du Roi ; ils devenaient, d'une part, indépendants et possesseurs ; de l'autre, ils tombaient sous la juridiction d'un pouvoir régulier et nettement défini.

Ils mirent tout en œuvre pour atteindre ce but, dès l'année 1771 : ils n'y réussirent qu'après avoir renversé de sérieux obstacles ; nous possédons, sur cette intéressante négociation, une curieuse correspondance, que nous croyons complètement inédite. Nous en publions les fragments qui nous ont semblé remarquables, surtout au point de vue de l'histoire des frères des écoles chrétiennes dans la ville de Reims ; les lettres du frère Exupère, d'abord premier assistant, puis ensuite supérieur général de l'institut, méritent surtout d'attirer l'attention : leur lecture agrandit notre cadre, et l'intérêt historique s'élargit en dehors des proportions d'une histoire locale.

Nous laissons parler les faits et les documents, et nous serons très sobres de commentaires.

Reims, le 18 Juillet 1773.

A M. Sutaine-Maillefer, 1er Syndic de la Ville.

Monsieur,

J'ai reçu une lettre de Compiègne, qui m'y appelle. Je viens d'écrire à Paris pour faire savoir au frère supérieur que M. le cardinal ne sera ici que dans le courant d'août, et que je ne puis l'attendre, d'ailleurs ma présence ne peut être d'aucune utilité pour accélérer les lettres-patentes.

Je reconnus hier que les préjugés sont grands contre notre établissement, puisque près de cent ans n'ont pu les vaincre, il faut avoir autant de courage et de prudence que vous en avez, Monsieur, pour entreprendre de les lever: quelque soit le succès, nous vous serons toujours obligés des peines que vous vous donnez pour l'affermissement de la bonne œuvre; si vous ne réussissez-pas, le public y perdra, les bons citoyens gémiront, car je ne puis vous dissimuler aujourd'hui, ce que fis il y a quelques mois; cette affaire manquée, nous retirerons au moins six frères d'école de Reims, savoir, les trois de St-Hilaire, et un de chaque quartier restant; la soustraction d'une grande partie du bien que produisent les écoles pourra faire prendre des moyens efficaces pour ne pas risquer le tout.

J'attends réponse à ma lettre écrite à Paris, je ne partirai pas d'ici sans prendre congé de vous. Ayant l'honneur avec tout le respect et la reconnaissance possible, etc.

Frère Exupère.

Au même. 20 juillet 1773.

Monsieur, j'ai l'honneur de vous saluer très humblement et vous prie de prendre communication des remarques sur les propositions faites dans notre conférence: d'après ces remarques, il paraît qu'il convient d'exposer à son Éminence que les frères n'ont pas de quoi vivre, et commencer par là nos opérations; si son Éminence y a égard, on pourait alors demander des lettres-patentes, et y faire insérer que le nombre des frères pourrait augmenter par la suite à proportion des revenus , mais n'en laisser, dès à présent, qu'autant qu'il y a de revenus pour les nourrir. Si, au contraire, son Éminence ne peut augmenter les revenus, nous serons forcés de nous réduire à un plus petit nombre et laisser à un autre temps la demande des lettres-patentes.

Je vous fais part de mes réflexions, ayant l'honneur d'être , etc.

Frère Exupère.

A un frère des écoles de Reims.

Paris , 5 août 1773.

Mon très cher frère,

J'ai reçu la votre par notre cher frère Joseph ; je vous envoie les conventions faites avec les villes qui, de concert avec les prélats , sollicitent des patentes en cour. Mais je dois avertir ici M. le syndic, que ce ne sont pas aux mêmes ministres auxquels on s'adresse , c'est selon le département, et on n'a point d'égard à un bureau à ce qui se passe dans un autre. Mgr l'évêque de Soissons s'est plaint de la difficulté qu'on lui a faite , pour un établissement qu'il veut faire à Compiègne, ou à son refus, à Château-Thierry. On nous offre actuellement, et Mgr l'évêque d'Angers sollicite des patentes pour Angers , mais nous faisons nos efforts pour nous en retirer.

Mgr l'évêque de Coutance sollicite des patentes pour la ville de Carentan.

Ceux d'Arras et de St-Omer, pour Arras et Douai.

Je vous envoie les conventions et délibérations, le tout par le carosse, ainsi que les copies des lettres patentes. A l'égard de la réponse que vous demandez à votre avant dernière, je ne sais plus son contenu;

si c'est pour les patentes de Reims, je ne sais que vous répondre; en mon particulier, j'aime mieux que nous n'en n'ayons point, que d'en avoir qui nous soient contraires. Par exemple, à Meaux, M. le maire et MM. les officiers municipaux, me dirent lorsque j'y demeurais : ceux qui vous ont précédés ont fait la plus grande faute, ils ont eux-mêmes exclu leurs enfants de vos écoles et ils ne savent à qui les con-fier... Les MM. de St-Omer, de Calais et de Boulogne, ont agi avec plus de prudence; à Arras, Douai, Bethune et Hesdin, ils se proposent d'y envoyer leurs enfants. Mais cela nous est égal, nous sommes spécialement pour les pauvres.

A l'égard du pensionnat de Reims, bien loin d'y avoir de l'attache, nous regretterions, tous les jours la faute que nos anciens supérieurs ont faite d'en établir un, s'ils n'avaient eu pour motif, en l'éta-blissant, d'être utiles à une ville qui nous sera toujours chère, étant la patrie de notre vénérable ins-tituteur, et le berceau de notre institut. Si donc la ville, après réflexion faite, croit qu'il y est inutile, nous le mettrons bas ; il faut prier ces Messieurs de vou-loir bien faire attention avant que de prononcer; car l'expérience nous apprend que le plus grand avantage, que peut avoir une ville, c'est d'avoir un pensionnat, ou les enfants aisés de famille soient élevés sous les yeux de leurs parents, avantage si connu et si recherché que plusieurs villes demandent, par un article des conditions du contrat, que les frères prennent des pensionnaires, mais article que nous refusons ordinairement, à cause de la disette où nous sommes de sujets en état d'être à la tête d'une pension; nous ne pouvons le refuser à Reims, si la ville le croit utile.

Frère Exupère.

6 Août 1773.

A M. Sutaine-Maillefer,
premier syndic de la ville de Reims.

Monsieur, en l'absence de notre supérieur général qui est dans le cours de ses visites, je me trouve sollicité par un de nos chers frères, de vous envoyer copie des dernières lettres-patentes,. obtenues par les villes ou fondateurs en faveur des écoles chrétiennes, et délibérations de plusieurs autres villes qui, de concert avec l'ordinaire des lieux, en sollicitent actuellement en cour : nous nous prêtons d'autant plus volontiers aux sollicitations ·de ce cher frère, que la ville de Reims est le berceau de notre institut et peut en devenir une pépinière et même le chef-lieu, si une main aussi habile qu'est la vôtre, Monsieur, daigne s'occuper de ce travail ; l'éducation chrétienne de la jeunesse est le plus précieux héritage que les pères et mères puissent laisser à leurs enfants ; feu le roi de Pologne, duc de Lorraine, disait que de tous les établissements qu'il avait fait, il n'en résultait pas un si grand bien pour le public, que celui des écoles chrétiennes et gratuites qu'il avait établies dans ses états.

La plupart des seigneurs-évêques disent que ces écoles sont d'une grande utilité à l'église, et en conséquence, contribuent volontiers de leur revenu et protection pour en·établir, ou soutenir celles qui sont déjà établies. Les officiers municipaux des villes, étant les pères du peuple, se font un devoir de suivre leurs exemples ; sans en rechercher d'étrangers, nous trouvons dans la Champagne un trait bien frappant de générosité ; nous avons accepté un établissement, d'abord de trois frères à Ste-Ménéhould, 800 livres prix convenu pour la pension, ne pouvant faire mieux ; MM. les officiers municipaux, sans être priés, délibérèrent

dans un conseil de ville de donner annuellement six
cordes de bois et deux cents fagots, et du froment à cause
de la cherté, mais, cet article sans tirer à conséquence; l'année suivante, le frère visiteur leur en
témoigna sa reconnaissance, ils lui firent réponse :
le fruit qu'a produit l'éducation de notre jeunesse a
surpassé de beaucoup nos espérances; c'est pourquoi
nous avons cherché l'occasion de reconnaître vos
services. Mais, qu'avons-nous besoin d'exemples pour
exciter votre zèle, Monsieur, puisque votre conduite
en est un modèle achevé, vous vous êtes généreusement offert à affermir un établissement chancelant
et sans fonds suffisants ; ce qui nous reste à faire, est
de prier Dieu qu'il bénisse une entreprise qui a pour
fin d'être utile à l'église, à l'état, et au public; c'est
avec les sentiments de la plus vive reconnaissance, et
le respect le plus profond, que j'ai l'honneur etc. ,

Frère Exupère, premier assistant.

A ces deux lettres, écrites en 1773, le frère Exupère joignit de nombreux documents que nous avons
retrouvés à l'Hôtel de Ville, dans les papiers de M.
Sutaine : des conventions particulières consenties par
les villes d'Arras et de Carentan; des lettres-patentes
pour les maisons établies à Marseille, à Bordeaux,
à Aigues-Mortes ; des renseignements très détaillés
relatifs aux libéralités faites par le roi de Pologne à
Lunéville, en 1749, et à Fère en Picardie pour la
consolidation de l'institut des frères des écoles chrétiennes.

...... « En voicy suffisamment, dit le frère Exupère,
en terminant une lettre du 25 juin 1773, pour faire
voir la facilité qu'on a de fonder des frères à Reims. »

Au même.   7 Août 1773.

Monsieur,

Je vous donne avis que M. le Prévost, hier l'après-midi, est venu voir et vérifier nos papiers, selon que je l'en avais prié et que Mgr. l'archevêque l'en avait chargé ; il a reconnu que si nous venions actuellement à quitter Reims, la ville ni le diocèse n'aurait pas un sol à prétendre aux revenus des écoles chrétiennes, faites par nous, et reversibles aux maîtresses d'écoles pour la campagne dans ou dehors le diocèse de Reims; de là, il sent la nécessité des lettres-patentes ; pour moi, je veux tout ce qui est le plus avantageux au public. J'ai l'honneur d'être, etc.,

Frère Exupère.

Les préjugés sont grands contre notre établissement, disait le frère Exupère dans sa lettre du 18 juillet 1773..... Et ses plaintes devenaient plus vives encore, lorsqu'au mois de septembre suivant, il apprenait que les fabriques de toutes les paroisses de la ville de Reims, sollicitées d'aider les frères des écoles chrétiennes, avaient unanimement répondu qu'elles ne pouvaient rien faire.....

Nous avons recueilli quelques unes des réponses faites à Messieurs les lieutenant, gens du conseil et échevins de la ville de Reims, par les fabriques des paroisses de la ville, au sujet de la requête présentée à M. l'intendant de Champagne, le 12 août 1773, par les frères des écoles chrétiennes ; expositive que la modicité de leur revenu les met dans l'impossibilité de nourrir le même nombre de frères, attendu l'augmentation des vivres et la mort de leurs bienfaiteurs, s'ils ne sont secourus, ou s'ils ne sont réduits à un moindre nombre.

PAROISSE DE SAINT-PIERRE.

L'assemblée a arrêté qu'il serait représenté à MM. les officiers municipaux, que dans la position où se trouvent actuellement les revenus de la paroisse, il est de toute impossibilité d'en distraire aucuns deniers pour quelque objet que ce soit;

Que depuis plus de deux ans que les paroissiens éclairés sur leur situation par le compte qui leur en a été rendu, s'occupent du rétablissement de leurs affaires, le bureau formé à cette époque et pour cet objet, n'a rien négligé pour parvenir à la liquidation des dettes, dont il n'a même bien connu l'étendue que par la suite du travail : mais tous ses soins, sa vigilance et ses efforts n'ont encore pu atteindre ce but, et il s'est convaincu que ce n'est que du temps et d'une économie sévère et soutenue, que l'on peut espérer de regagner le pair, et de subvenir à des dépenses que de nouveaux évènements et des besoins renaissants entretiennent et accroissent tous les jours.

Que quelque utile que puisse être l'établissement des frères, la paroisse aura toujours une obligation première et privilégiée, celles d'acquitter ses dettes; là doivent aboutir tous ses efforts; et toute obligation, toute charge nouvelle qu'on lui imposerait, entraine-rait une ruine infaillible.

Fait et délibéré à Reims à la fin d'août 1773 ; ont signé Coquebert, Leroy curé, Chappron, Savoye, Jean-Baptiste Lucas, Gard l'aîné, Callou, Cadot de Beauvoisy et Jeunehomme.

PAROISSE DE SAINT-HILAIRE.

Nous, soussignés, composant le bureau d'adminis-tration de la fabrique de la paroisse de St-Hilaire de

Reims, assemblés extraordinairement le jeudi 2 septembre 1773, lecture ayant été faite de la requête dont copie ci-dessus, déclarons qu'après avoir examiné les revenus et charges de la fabrique, qu'il n'est point possible de distraire aucuns des revenus de ladite fabrique en faveur d'un établissement à perpétuité des frères des écoles chrétiennes dans la ville de Reims : Ses charges excédant ses revenus; et que, quand, ce qui n'est pas, il serait possible de distraire aucuns desdits revenus, ladite fabrique ne pourrait le faire qu'avec l'agrément et le consentement exprès et par écrit des gros décimateurs qui, à défaut suffisant de la fabrique, sont *in subsidium* tenus des choses nécessaires pour le service divin : ont signé Delamotte-Clocquet, Bidet, Blavier, Dessain, Hurtault, Sutaine-Jourdain, Muiron, Vouet, G⁵ᵉ Dauphinot, Dessain, J. Benoist-Godinot, et Rousselet.

PAROISSE DE SAINT-ETIENNE.

La matière mise en délibération, après lecture faite par Bara, secrétaire, de ladite requête et de l'ordonnance de Mˢʳ l'intendant, mesdits sieurs après avoir conféré entre eux, ont unanimement dit que les revenus de la fabrique de St-Etienne de Reims, n'étant pas suffisants pour en acquitter les charges, leur fabrique est dans l'impossibilité absolue de contribuer au secours demandé ; mesdits sieurs observent qu'ils ont peine à se persuader que le revenu des frères soit si modique, lesdits frères ayant établi depuis quelques années une pension qui doit leur procurer un revenu au-dessus de celui de 2,000 livres.

Délibéré à Reims, les jour, mois et an que dessus; et ont signé: Motté, Pierre Gard, J.-B. Mitteau, Rocourt,

Pierre Pierrard, Marius Devise, Fourneaux, Pierre Fressencourt, Robert Thibault, François Delarzille, et Lefranc.

PAROISSE DE ST-SYMPHORIEN.

Le bureau de la fabrique de St-Symphorien qui a pris communication de la requête des frères des écoles chrétiennes et du décret de M. l'intendant que le conseil de la ville lui a fait remettre, observe :

1° Que la fondation faite par MM. De la Salle et Godinot pour instruire gratuitement les pauvres des paroisses de St-Symphorien, de St-Hilaire, et du bourg de Cérès, n'est pas faite en faveur des frères de la ville de Reims, et que s'ils en jouissent, c'est par une condescendance et pour leur utilité, et que le produit peut être donné à tout autre maître pour enseigner gratuitement.

2° Que MM. les administrateurs de ladite fondation donnent pour les trois frères occupés à tenir les écoles sur la paroisse de St-Hilaire 972 livres qui est une somme suffisante pour leur nourriture et entretien.

3° Que depuis trois ans lesdits frères ont encore touché une somme de 4,000 livres léguée par feu M. Petit, de la paroisse de St-Symphorien et qui ne devait leur être remise qu'à la mort de M. Devarmont.

4° Que leur pensionnat, qui occupe les meilleurs de leurs sujets, doit non-seulement nourrir ceux qui y sont employés, mais encore venir au secours de ceux qui enseignent dans la ville.

5° Qu'ils annoncent un net de reliquat de compte de 2,000 liv., mais qu'il ne parait pas qu'ils en aient justifié par devant aucun officier municipal.

6° Que la fabrique de St-Symphorien est surchargée

de dettes, par les réparations indispensables et accumulées par des accidents, et qu'elle ne pourrait, en aucune manière, venir au secours des frères, qui paraissent ne s'être déterminés à présenter cette requête que par rapport au succès qu'ont eu celles de Troyes et de Ste-Ménéhould.

7° Si les pauvres perdent tous les jours des bienfaiteurs, Dieu en suscite de nouveaux aussi tous les jours.

PAROISSE DE SAINT-MAURICE.

La présente a été communiquée dans l'assemblée de la paroisse de St-Maurice, et il a été répondu que la fabrique n'était nullement en état de rien faire. Signé Labassée, curé, et R. Couvreur, receveur.

PAROISSE DE SAINT-JACQUES.

La fabrique de ladite paroisse estime qu'avant de délibérer sur la possibilité et l'utilité dont pourrait être à la paroisse l'augmentation de pension demandée par les frères, il est nécessaire qu'ils communiquent un état de tous les biens à eux appartenant, comme aussi de tous leurs revenus et des pensions qu'ils reçoivent de différentes paroisses de cette ville ; et qu'en même temps, MM. les officiers municipaux aient la bonté de les mettre en demeure de déclarer s'ils entendent conserver toujours chez eux un pensionnat et se conformer exactement à leur institut, en ne recevant à leurs écoles aucun enfant de bourgeois aisés ; pour après, ledit état de biens et revenus par eux fourni, la déclaration formelle qu'ils entendent observer exactement et dans toute sa rigueur leur institut, être ensuite délibéré par les paroissiens sur tous les moyens d'entrer dans les vues que pourront avoir MM. les officiers municipaux pour le bien public. Fait et délibéré audit bureau. Signé Destables.

PAROISSE DE SAINT-DENIS.

La fabrique a répondu qu'elle ne pouvait donner de secours aux écoles chrétiennes, mais que M. le prieur-curé et le bureau étaient d'avis qu'on permît aux frères de quêter pour le soutien d'un établissement aussi utile.

PAROISSE DE Sᵗᵉ-MARIE-MAGDELEINE.

Les receveurs et marguilliers répondent que le revenu de leur fabrique est si modique, qu'il ne suffit pas chaque année pour en acquitter les charges, et qu'elle ne subsiste depuis longtemps que par les bienfaits particuliers de quelques paroissiens, et qu'ainsi ils sont absolument hors d'état de contribuer aux besoins des frères. Délibéré entre les soussignés, le 5 septembre 1773. Signé Delorme, curé, Charlet, Beaucaine, Oudin-Deligny et Gabriel Lelarge.

PAROISSE DE SAINT-TIMOTHÉE.

Les paroissiens ont senti l'utilité de l'établissement des frères pour l'éducation de la jeunesse, ils prient MM. les officiers de la ville de pourvoir par les moyens qu'ils jugeront à propos à la subsistance des frères, s'ils sont dans un besoin réel ; ils y contribueraient eux-mêmes très volontiers, à raison du service qu'ils retirent des écoles gratuites pour leurs enfants, mais leur pauvreté, connue universellement, les met hors d'état d'exécuter leur bonne volonté ; la fabrique, loin d'être riche, a été obligée d'établir l'usage d'une offrande particulière tous les dimanches, afin de subvenir aux dépenses de la sacristie, et, malgré cet établissement, elle se trouve encore actuellement dans la nécessité d'intéresser la générosité des particuliers dans une quête, à l'effet de se procurer les fonds convenables pour réparer une partie seulement des ornements. MM. les paroissiens observent, d'ailleurs, que la paroisse a coutume de pourvoir à ce que les frères des écoles des paroisses du haut de la ville aient régulièrement une messe dans leur église. A Reims, le 29 août 1773. Signé R. Baulny, Hurel, Nicolas Dinet, Gerardin - Bruyant, N. Thremecy, Pierard, Bourlette, Assy, Louis Coltier et J.-B. Carangeot.

PAROISSE DE SAINT-MARTIN.

L'affaire mise en délibération, tout mûrement considéré, il a été conclu d'une voix unanime que quelque utiles que seraient et pourraient être dans la suite les frères religieux des écoles chrétiennes, la fabrique de cette église n'ayant pas de revenus suffisants pour acquitter toutes ses charges, elle se trouvait hors d'état de contribuer en aucune manière au secours projeté en faveur desdits frères ; d'ailleurs, on estime que si les frères occupés uniquement de leur institut, renonçant à leur pensionnat, se dépouillaient de l'envie d'acheter et de bâtir, les enfants seraient beaucoup mieux instruits et leurs prétendus besoins disparaîtraient bientôt. Fait, délibéré et conclu en ladite sacristie les jour, mois et an que dessus ; et ont signé, Geoffroy, curé, André Richer, Jean-François Ollié, Nicolas Hourelle, Jacques-Noel Paltre, Jean-Baptiste Romagny, Pierre Ollié, A. Ponsardin, A. Le Lièvre, Belhouet, Jean-Bapᵗᵉ Joltrois, Réné

Bouthière, Thomas-Remy Buiron, Jean-Nicolas Coltier, Laubry, greffier.

PAROISSE DE SAINT-JULIEN.

Le bureau de ladite paroisse assemblé représente que vu la cherté des vivres, la plus grande partie des pauvres dont St-Julien abonde, n'envoient pas leurs enfants à l'école desdits frères, que ceux d'entre eux qui ont le plus à cœur l'éducation de leurs enfants se contentent d'appeler un maître pour leur donner une heure d'instruction, et ils les font travailler le reste du jour ; que les susdits frères depuis plus de deux ans traversent les soins qu'un pasteur donne auxdits enfants les dimanches et fêtes : enfin, que d'ailleurs les dettes et la pauvreté de ladite paroisse, la mettent dans toute impossibilité de contribuer en rien au mieux-être des susdits frères, ce dont est unanimement convenu ledit bureau les susdits jour, mois et an, sauf toujours le respect dû à la volonté de M. l'intendant, et plus bas ont signé :

Marguinet, curé de St-Julien, Pierre Oudin, receveur, Pierre Rolland, Jean-François d'Annequin, Math. Gannelon, André Grillot, Langlet, Pierre Thiémé, tous marguilliers, Nicolas Olivier, Jean Robillon, Payen Connétable, J. Dessoise, greffier, tous habitants de la susdite paroisse de St-Julien.

PAROISSE DE SAINT-JEAN.

L'affaire mise en délibération, il a été conclu que notre fabrique n'a aucun revenu, ni aucun bien ; les mises ordinaires sont de 106[1], les mises extraordinaires sont de 110 à 115[1], qui même, diminuent tous les ans depuis la cherté du grain. Les dépenses, année commune, montent à 220¹: la dépense excède le revenu; la cherté des grains réduit les paroissiens à l'aide de la ville et de leurs pasteurs charitables. Messieurs, il est encore à observer que lors du compte dernier, la fabrique s'est trouvée redevable de la somme de 114¹ 6ˢ à M. Fourson, receveur de ladite fabrique, pour avances par lui faites et d'une somme plus considérable encore dûe à des ouvriers qu'elle avait employés, et, ne pouvant s'acquitter elle n'est pas en état de rien contribuer ; et ont, les marguilliers et paroissiens, signé les jour, mois et an ci-dessus, signé Paquot, Riquet, Jean-Baptiste Moreau, Fourson, André Périnet, J.-B. Ily, Nicolas-Louis Blavier, Jacques Jérôme, Jean l'évangéliste Perico, Pierre Legros et Jean-Nicolas Leroy.

PAROISSE DE SAINT-ANDRÉ, FAUBOURG DE CÉRÈS.

Lecture faite de la requête, nous avons considéré que notre fabrique n'est point en pouvoir de leur faire du bien et que la fondation faite en l'église de St-Hilaire de Reims, par MM. De la Salle et Godinot, pour l'instruction des enfants des Paroisses de St-Hilaire, de St-Symphorien et de St-André, est suffisante pour l'entretien de trois frères qui enseignent les enfants des susdites Paroisses ; et ont signé les jour, mois et an susdits : Jean-Baptiste Tourtebatte, Jean-Nicolas Quiquet, Lambert Lajoye, J.-N. Féart, J.-Bte Giot, Nicolas Quiquet, Nas Plumet, André Muiron, Pierquet, Charles-François Melin, Guillot, Toussaint Plumet, François Pérard, Dominicus Coutelet, Pierre Hiblot, Emery Melon, Hubert Pérard, S. Giot, J.-Bte Provin,

Clément Coltier, Jean-Thomas Villé, Perrin, Voirmont,
Deleine.

PAROISSE DE SAINT-MICHEL.

L'affaire mise en délibération, il a été unanimement conclu que les charges annuelles de la fabrique
excèdent les revenus fixes, qui ne sont que de 157 liv.
et MM. les paroissiens étant annuellement obligés
de fournir du leur, la fabrique est hors d'état de rien
faire en faveur des frères des écoles chrétiennes ; et
ont signé : MM. Fillion, Président, Duval, curé
de Saint-Michel, Delamotte, Constant-Gadois, Nᵐ
Bruyant, Labassée-Meunier, Lesueur, Bidault-Allart,
Rousseau, Henriot père, et Michault.

Nous avons reproduit le texte de toutes ces délibérations : elles nous paraissent importantes à conserver, utiles à méditer.

A côté de refus brusques et non motivés, si ce n'est
sur les charges qui pèsent déjà sur la paroisse, on
remarque des considérants précis et sérieux ; notamment
ceux dans lesquels on reproche aux frères leur coûteux
pensionnat, leur tendance à construire, à acquérir ;
c'est presque l'esprit d'envahissement qui déjà les
tourmentait : les même reproches leur ont été souvent
adressés, et presque toujours avec raison.

Nous croyons que ces tendances dominatrices et
cet esprit d'envahissement sont regrettables à bien
des titres.

Ils ont déjà causé la ruine des plus fortes associations religieuses. Ce n'est pas toujours un élément
de puissance et de durée : les humbles et évangéliques

instituteurs des enfants pauvres l'ont quelquefois
oublié.

MM. du conseil de ville adressèrent, le 15 septembre
1773, à monseigneur l'intendant de Champagne les
réponses unanimes des paroisses.

Reims, 15 Septembre 1773.

Monseigneur,

Pour satisfaire à votre ordonnance du 12 août dernier,
en marge de la requête des frères des écoles chrétiennes, nous avons fait part de leurs demandes et
de vos intentions aux différentes paroisses de cette
ville, et nous avons l'honneur de vous adresser ci-
joint toutes leurs réponses. Il en résulte généralement qu'elles sont hors d'état de venir au secours de
cet établissement utile, et que quelques-unes même
se plaignent de la conduite des frères, soit à l'égard
des plus pauvres enfants, soit vis-à-vis MM. les curés.
On prétend aussi que les dépenses trop grandes qu'ils
ont faites pour le bâtiment ds leur pensionnat, est
la faute principale du besoin où ils se trouvent aujourd'hui ; les frères répondent qu'ils ont prouvé au
grand-vicaire de M⁵ʳ le cardinal que la maison de
St-Yon a fait tous les frais de cette construction
qui a monté à 26,500 liv. Le public paraît désirer
universellement que ce pensionnat soit supprimé : les
frères promettent de se conformer, sur ce point,
au vœu général, dès le moment qu'ils pourront s'en
passer. Vous seul, M⁵ʳ, pouvez peut-être obtenir aujourd'hui de M⁵ʳ le cardinal des secours qu'on ne peut
plus espérer des différentes fabriques. Son éminence
et M⁵ʳ le coadjuteur ont désiré qu'ils fussent, dans
cette circonstance, attachés plus intimement à cette

ville , par des lettres-patentes ; les frères y paraissent également disposés ; elles pourraient être conçues de manière que MM. les curés n'aient plus à se plaindre de leurs procédés , et qu'ils fussent exactement réduits à leur institut, qui est l'enseignement des pauvres enfants. Quand il sera temps de s'occuper de cet objet important, nous aurons l'honneur de vous consulter, Mgr, ainsi que le grand-vicaire général de Mgr l'archevêque , l'un de nos membres. En attendant, il faudrait, au préalable , pourvoir à leurs besoins temporels, et vous savez, Mgr, que nous sommes réduits à des vœux impuissants. Quelques personnes avaient proposé une quête dans la ville ; mais il n'en serait résulté qu'un secours passager et même insuffisant ; d'ailleurs, ces quêtes ne sont déjà que trop fréquentes pour les villages incendiés et pour des calamités publiques. Au reste, les frères doivent beaucoup espérer de tout ce que l'amour du bien public vous dictera auprès de Mgr le cardinal pour le maintien de cet établissement si ancien dans notre ville, et si nécessaire.

Nous sommes, avec respect, etc.

La réponse des fabriques ne refroidit pas la ferveur du frère Exupère : cependant, on voit percer un peu de découragement dans les autres lettres qu'il adressa à M. Sutaine-Maillefer.

Reims, 2 Novembre 1773.

A Monsieur Sutaine, syndic de la ville.

Monsieur,

J'ai l'honneur de vous saluer très humblement ; le frère procureur vous rendra compte à son retour de Châlons, et vous communiquera le mémoire que nous présenterons à M. Gaultier, afin, qu'à mon retour de Lorraine, nous puissions finir les opérations de cette année ; que si le revenu des écoles de Saint-Hilaire n'est pas employé en entier au profit des écoles de la ville, il n'est pas de notre avantage d'y laisser les trois frères, quand même, on leur ferait offre de chacun 400¹ ; cette école supprimée, il ne restera plus que 393¹, savoir la paroisse de St-Jacques payé 268¹ au lieu et place de 500¹ pour deux frères, (fondation de Mᵐᵉ De Crayères, en 1679,) et pour celle de St-Timothée 120 ou 125¹, qu'on reçoit par les mains des sœurs de l'Enfant-Jésus : cependant, avec une somme si modique, nous nous efforcerons, en attendant mieux, de fournir quatre frères d'école pour tenir quatre classes savoir : deux à la maison où pourront venir cinquante ou soixante enfants de la paroisse de St-Timothée, et deux classes sur la paroisse de St-Jacques.

Si à la suite du temps il se trouve quelques personnes charitables et zélées, pour l'éducation chrétienne des enfants, nous pourrons entendre à leurs propositions, et renvoyer des frères, car nous sommes toujours dans la disposition de donner la préférence à la ville de Reims, à toutes autres villes du royaume, et d'être toujours avec respect, etc. ,

Frère Exupère.

Reims, 30 novembre 1773.

Monsieur,

J'ai l'honneur de vous présenter mes respects et vous rendre compte de ma commission. J'ai parlé à la personne que vous connaissez et de l'affaire que vous savez ; elle nous a paru opposée à ce que nous lui avons proposé de votre part. Je ne connais plus que vous, Monsieur, qui ayez du zèle pour la conservation de la bonne œuvre à Reims. Je vous avoue que le mien se ralentit de jour à autre voyant l'indifférence de ceux qui en devraient être le soutien; on nous permettrait volontiers de recommencer à faire la quête pour vivre, mais nous croyons que ce n'est pas suffisamment récompenser les services que nous rendons à la ville depuis 93 ans, c'est plutôt vouloir nous forcer de les accorder à d'autres villes et à d'autres prélats qui veulent les apprécier et les payer ce qu'ils valent; le porteur pourra vous dire le reste et combien parfaitement,

J'ai l'honneur, etc.   **Frère Exupère.**

Au même.   Paris, le 15 Décembre 1773.

Monsieur,

Je croirais manquer à mon devoir si je ne profitais pas de l'occasion favorable, de notre cher frère Laurent, pour vous assurer de la continuation de mon respect, il vous dira ce qu'il aura pu faire auprès de Mgr l'intendant de Champagne.

Pendant mon séjour à Reims, le mois d'août dernier, vous me proposâtes de demander des lettres-patentes pour affermir l'établissement des écoles, et engager les personnes charitables à contribuer de leurs biens pour l'augmentation de la bonne œuvre, de demander, par les mêmes lettres-patentes, permission de pouvoir recevoir des legs, donation d'héritage et nouvelles fondations jusqu'à la somme de 9,000 liv. de rentes, déduction faite de toutes charges.....

Lors de mon dernier séjour à Reims, le mois de novembre dernier, je vous avoue, Monsieur, que je vous ai montré plus de zèle et de désintéressement que de lumière en vous proposant d'abandonner non-seulement le bien des écoles à la ville de Reims, mais encore le nôtre, biens acquis par l'Institut et pour l'Institut, et cela bonnement pour des considérations que je vous ai fait connaître ; le refus que vous en avez fait m'a fait connaître votre prudence dans les affaires, car si la ville s'était chargée de faire nos deniers bons, nous serions en risque de n'être pas payés, et aucune personne charitable ne se serait mise en peine d'augmenter la fondation desdites écoles par la raison seule que la ville s'en serait chargée....

De l'avis des personnes sages que nous avons consultées à Paris, nous croyons qu'il en faut revenir à la première proposition du mois d'août dernier, et que nous voyons qu'on s'est servi en Bretagne ; c'est-à-dire, de demander par les lettres-patentes, la confirmation des donations...... *déjà faites en faveur des écoles gratuites de la ville de Reims, et permission d'en recevoir, et d'acquérir des biens fonds jusqu'à la somme de 9 ou 10,000 l. de rentes, déduction faite des charges.....* mais afin de ne point souffrir du retardement, nous soumettrons dès-à-présent, de fournir six frères d'école, savoir : 1° sur la paroisse de St-Hilaire, sur les fondations de feu M. Godinot, et ses parents, trois frères. 2° Trois sur la paroisse de St-Étienne où seront admis les enfants pauvres de la ville, indistinctement des paroisses, et le nombre sera fixé à deux cents, et d'âge compétent pour être en état d'apprendre et ne pas troubler le bon ordre des classes.

Les écoles sur les paroisses de St-Jacques et de St-Timothée demeureront supprimées, aux vacances prochaines, jusqu'à ce qu'il se trouve des fonds suffisants pour pouvoir les recommencer ; car, ayant mis bas, de nous-mêmes, la quête et la veille des morts, comme des abus contraires à la régularité, à l'attention, à la vigilance continuelle que les frères doivent avoir sur tous les enfants, qui sont confiés à leurs soins, nous avons cru qu'il est de justice de demander du pain assuré à nos frères, pour prix de leur pénible travail, sans qu'ils soient obligés de l'aller mendier chez les pauvres parents des écoliers mêmes ; en conséquence, nous vous prions, Monsieur, de mettre la main à l'œuvre pour obtenir des lettres-patentes · sur le modèle de celle que le cher frère Laurent vous montrera, et qu'on nous a prêtée. J'espère de votre bonté que, lorsqu'il y aura quelque chose de nouveau vous voudrez bien nous en faire part, et me croire avec respect, etc. , Frère Exupère.

Ce modèle était intitulé :

PROSPECTUS

pour un établissement de frères des écoles chrétiennes.

ART. 1er. — Pour faire cet établissement, il faut nécessairement le concours des deux puissances ; savoir, du prélat et des magistrats, lesquels commenceront par obtenir des lettres-patentes de sa majesté.

ART. 2. — Il faut que les frères soient au nombre de trois au moins, dont deux seront employés aux écoles, et l'autre, à gérer le petit temporel. Lorsqu'il y aura des classes en ville outre celles de la maison, le directeur n'en aura point à faire, afin qu'il puisse les surveiller toutes et suppléer au besoin ; et pour huit ou dix classes, outre le directeur, il y aura encore un surnuméraire pour remplacer les autres frères en cas de maladie ou d'absence.

Art. 3. — Il faut aux frères un logement convenable à la vie commune de leur Institut, lequel renferme, parloir, cuisine, réfectoire, dortoir, chambres d'exercices, chapelle ou oratoire, infirmerie, cave, bucher, grenier, cour, un jardin convenablement grand, enfin des classes contigues, bien aérées et éclairées.

Art. 4. — La pension de chaque frère ne pourra être moins de 500 liv. à Paris, et 400 liv. dans les villes de province, laquelle sera payée, s'il est possible, partie en nature, pour la solidité de l'établissement.

Art. 5. — Il sera en outre payé, pour chacun des frères, une somme de 800 liv., une fois délivrée, pour les frais de leur voyage et l'ameublement de la maison.

Art. 6. — La maison ainsi que les meubles de l'école, tant à l'usage des maîtres que des écoliers, seront fournis et entretenus par les villes ou fondateurs à perpétuité.

Art. 7. — Les frères ne seront tenus de recevoir des écoliers avant l'âge de 7 ans accomplis, ni d'en admettre plus de 60 dans les classes d'écrivains, ni plus de 80 dans les autres.

Art. 8. — Ils feront entendre la sainte messe à leurs écoliers, tous les jours d'école. Les dimanches et fêtes, ils assisteront, avec eux à la messe de paroisse, supposé qu'on leur assigne dans l'église une place convenable à cet effet, et l'après-midi, ils leur feront le catéchisme, puis les conduiront à vêpres ; le tout suivant l'usage de leur institut.

Art. 9. — Ils feront leurs écoles selon la méthode universellement pratiquée parmi eux, et l'on ne pourra y rien changer, non plus qu'à leur règle et à leur régime, afin qu'ils puissent conserver l'uniformité, qu'ils regardent comme un des principaux soutiens de leur société.

ART. 10. —- Le supérieur-général sera libre de changer les frères quand il le jugera nécessaire ou utile, alors le changement sera au compte de la maison; mais s'il arrivait que la ville demandât le changement d'un frère, elle serait tenue de payer les frais du changement.

Si l'on veut que la maison des frères de Reims soit bien réglée il faut le nombre des frères ci-dessous.

Savoir :

Douze frères d'école dans les quatre quartiers de la ville, ci..............	12 frères.
Il convient d'en avoir deux pour suppléer en cas d'infirmité, de maladie, ou de voyage desdits douze frères, ci......	2
Le frère directeur, pour veiller sur les classes et sur le bon ordre.......	1
Le frère procureur et pourvoyeur...	1
Le frère cuisinier et boulanger......	1
Le frère jardinier et réfectorier......	1
Le frère portier.................	1
Le frère infirmier...............	1
Un frère vieillard qui aura travaillé dans la province, ci................	1
	21 frères.

On le voit, les prétentions des frères étaient assez élevées à cette époque: la ville se trouvait dans l'impossibilité d'accéder à leurs demandes.

Ils ne se laissaient pas accabler par des refus réitérés: ils ne cessaient d'implorer des secours: ils s'adressaient à M. Rouillé-d'Orfeuil, intendant de la province de Champagne ; à M. le cardinal de la Roche-Aymon, archevêque de Reims ; leurs prières n'étaient pas écoutées, leurs réclamations demeuraient sans résultat, et de nouveau alors, ils s'adressaient aux échevins de la ville.

A **Messieurs** les lieutenant et conseillers de
l'hôtel de ville de **Reims.**

Messieurs,

Supplient très humblement, les frères des écoles chrétiennes et gratuites de cette ville, et vous remontrent avec une entière confiance, à vous, Messieurs, qui êtes les pères du peuple, que jusqu'à présent, ils ont fait tous leurs efforts pour instruire avec autant de zèle que de désintéressement depuis près d'un siècle, le grand nombre d'enfants qui ont été confiés à leurs soins, mais, que la continuité de la cherté des denrées, le retranchement des charités, que plusieurs personnes faisaient, qui sont mortes, ou hors d'état de pouvoir les continuer, les mettraient eux-mêmes dans la nécessité de diminuer le nombre de leurs frères d'école, et celui de leurs classes, si la ville ne venait promptement à leur secours.

Ce considéré, Messieurs, vous êtes très humblement suppliés de regarder d'un œil favorable une maison qui est le berceau d'un Institut fort pauvre, à la vérité, mais, qui a pour fin d'élever les enfants dans la crainte de Dieu, la soumission à leurs parents, et à être utiles à leur patrie ; cet institut, d'ailleurs, pénétré de reconnaissance envers une ville, qui est la patrie de leur instituteur, semble lui donner droit d'en attendre avec plus de confiance que d'aucune autre ville du royaume, le secours et la protection dont il a besoin pour faire subsister les frères, et leur faire accorder une existence légale à Reims, ces grâces sont grandes, mais la bonté de vos cœurs bienfaisants, Messieurs, l'est encore plus. Les suppliants en attendent tout, et prient Dieu pour vos santés et prospérités.

Les frères des écoles, voyant enfin que toutes leurs sollicitations n'étaient point favorablement accueillies, se décidèrent à frapper un grand coup, à réaliser leurs menaces. Dans les premiers mois de 1774, ils écrivirent la lettre suivante à M. le lieutenant et à MM. les conseillers de l'hôtel de ville de Reims.

Messieurs ,

Les très humbles remontrances qui vous ont été faites par les frères des écoles chrétiennes, n'ayant pas eu le succès qu'ils avaient cru devoir espérer , ils se trouvent forcés , après s'être épuisés pour bâtir un pensionnat et soutenir les écoles depuis longues années, *de réduire les écoles à un moindre nombre* et comme ce n'est que le défaut de moyen de pouvoir subsister qui les contraint à cette nécessité, ils seront toujours disposés à entendre aux propositions d'en augmenter par la suite des temps , si leurs services vous sont agréables , lorsqu'on voudra leur assurer un honnête nécessaire à la vie.

Ils ne cesseront d'offrir leurs vœux à Dieu pour vos santés et prospérités , Messieurs, etc.

Effectivement, les frères des écoles chrétiennes supprimèrent bientôt la troisième classe dans leurs écoles, et même réduisirent leurs écoles à deux seulement, celle de St-Jacques et celle de St-Timothée.

Ce fâcheux état de choses dura plusieurs années.

Les documents que nous publions indiquent , au

reste suffisamment, les efforts que fit la ville de Reims pour engager les frères à ne pas abandonner leur œuvre et à se consacrer exclusivement et avec leur ferveur d'autrefois à l'éducation gratuite des enfants pauvres.

Cette grande affaire des écoles et de l'instruction élémentaire à Reims fut constamment dirigée par M. Sutaine-Maillefer : les documents qu'il nous a transmis sont nombreux ; nous nous bornons à reproduire et à analyser les principaux.

A chaque pas on retrouve la trace de son zèle et de ses généreux efforts.

Au commencement du mois d'avril 1774, M. Sutaine communiqua aux frères de Reims le projet suivant de lettres-patentes à faire sanctionner par le roi.

Louis, etc.... Les officiers municipaux de la ville de Reims, et les frères des écoles chrétiennes, nous ont très humblement fait représenter que cette ville est le berceau de l'Institut ; que M. De la Salle, chanoine de cette église, en est le fondateur, qu'il y a formé leur premier établissement dès l'année 1681 ; que d'autres écoles du même institut s'étant ouvertes dans plusieurs villes de notre royaume, le pape Benoît XIII avait confirmé les règles et constitutions des frères par sa bulle de 1724, revêtue de nos lettres-patentes en 1725, registrées au parlement de Rouen, dans la même année ; que, comme nous avons autorisé par différents arrêts et lettres-patentes la plupart de leurs établissements, ils osaient espérer de nous la même grâce pour celui de Reims ; que plusieurs circonstances les engageaient de part et d'autre à la désirer : 1° parce que les besoins actuels de cette maison pourraient déterminer le régime, de l'y transporter avec le

noviciat, pour lui procurer plus de secours : 2° parce
que notre autorité est nécessaire pour y rendre légale
une distinction dont les uns et les autres reconnaissent la nécessité, entre les biens accordés par différents
bienfaiteurs, et ceux que l'Institut y a joints pour venir
au secours de cet établissement ; 3° pour confirmer les
dispositions desdits bienfaiteurs sur la destination des
biens, dans le cas où les frères quitteraient la ville
de Reims ; 4° pour ordonner généralement que ceux
de la première espèce resteraient attachés dans Reims
à l'instruction gratuite des pauvres, et que ceux de
la seconde retourneraient à l'Institut, dans le cas auquel nous permettrions aux frères de se retirer de
cette ville, ou que nous jugerions à propos qu'ils la
quittassent ; 5° pour accorder, par une grâce spéciale
et sans tirer à conséquence, l'exemption du droit
d'amortissement, etc., pour une petite maison d'environ 4,000 liv. que les frères ont acquise depuis 1749,
sans avoir pris la précaution d'obtenir de nous la susdite exemption ; 6° pour statuer que tous les legs ou
donations qui pourront être faits à l'avenir, seront
censés appartenir à la maison de Reims, à moins que
le contraire ne soit nommément exprimé dans les
actes ; pour quoi seront lesdits legs et donations (du
moins ceux de 300 liv., 250 liv., suivant la déclaration de 1762, et au-dessus) registrés au greffe de
l'hôtel de ville de Reims pour être employés par les
frères, à la diligence du procureur du Roi, syndic de
la ville, en contrats de constitutions, sur nous ou sur
l'hôtel de ville de Paris, ou sur celui de Reims, conformément à la déclaration de 1762, à l'effet de demeurer lesdits contrats attachés à l'instruction gratuite
des écoles de Reims, si les frères n'y restaient pas,
comme il est dit ci-dessus.

Nous ont encore très humblement représenté, lesdits officiers municipaux, que le pensionnat établi jusqu'à présent, dans cette maison de Reims, fait craindre au public que l'enseignement des pauvres ne soit par la suite négligé, pour quoi ils requéraient qu'il nous plût d'en ordonner la suppression aussitôt que les quatre écoles de Reims pourraient se soutenir sans ce secours; époque qu'il sera facile de connaître, et par les revenus actuels, et par ceux que produiront les legs et dotations à venir, qui seront registrés à l'Hôtel de ville; à quoi l'on doit ajouter que les frères y sont actuellement d'eux-mêmes très disposés.

Comme la bulle de Benoit XIII et les règles de l'Institut bornent les frères à l'instruction des enfants pauvres, et de ceux des artisans, lesdits officiers municipaux nous ont suppliés de les autoriser à maintenir cette observance dans les écoles, et à n'y permettre l'admission des enfants plus aisés que dans le cas où il y aurait des places vacantes, comme il a toujours été pratiqué jusqu'à ce jour, même de renvoyer le fils d'un père à son aise lorsqu'un pauvre ou le fils d'un artisan se présenterait.

Nous ont encore très humblement requis lesdits officiers de les charger de faire différentes visites pour examiner si les écoles sont en bon état, et si tous les meubles qui en dépendent n'ont pas besoin de réparations, afin d'engager les frères d'y pourvoir.

Lesdits suppliants et les frères nous ont aussi très respectueusement demandé que la bulle du pape Benoit XIII, serve généralement de règle pour les différentes instructions prescrites dans les écoles, et que, pour cet effet, il en soit déposé une copie au greffe de la ville, afin que M. le chanoine écolâtre, et MM. les curés seuls, chargés de l'inspection des écoles pour la partie de l'enseignement, y aient recours au besoin.

A l'occasion de ce projet de lettres-patentes, le frère Exupère écrivit de Paris, le 6 avril 1774, la lettre suivante, à un frère des écoles chrétiennes à Reims.

Mon très cher frère,

Nous avons lu le projet que vous nous avez envoyé, dans lequel nous y avons remarqué des choses avantageuses à la bonne œuvre dont on désire l'affermissement; mais je suis trop ami de l'instruction chrétienne de la jeunesse pour conseiller à MM. les officiers municipaux de la ville de Reims de la restreindre aux plus pauvres enfants, ce serait une source de contestations qui ne finiraient pas ; sera-ce les frères ou les maîtres d'école qui informeront, pour connaître les facultés des familles, et qui feront cette distinction de pauvres ou de riches, d'aisés ou de pauvres honteux. Les frères et les maîtres y seraient différemment intéressés; si les frères venaient à se ralentir de leur zèle, ils auraient toujours assez d'écoliers ; si les maîtres, par esprit d'intérêt, se servaient des lettres-patentes en faveur des frères, et contre les frères et le public, ils n'auraient jamais assez d'écoliers. Il serait du bien public que les écoles fussent libres, mais qu'en attendant des fonds suffisants, on donnât la préférence aux pauvres ; mais nous prions ces Messieurs de ne pas demander au roi comme une grâce celle d'expulser leurs enfants des écoles chrétiennes ; l'expérience nous a fait connaître que les trois quarts de la ville qui en auraient connaissance, blâmeraient hautement ces Messieurs : les villes de Rethel, Mézières, Charleville, Sedan, St-Omer, Boulogne, n'ont jamais pensé à solliciter une pareille grâce, bien le contraire, tous leurs enfants vont à l'école des frères.

Les villes d'Arras, de Bethune, de Douay et quantité d'autres veulent que les écoles soient pour tous les enfants riches et pauvres qui sont en âge de recevoir des instructions chrétiennes ; les seigneurs évêques sollicitent actuellement des lettres-patentes en cour ; Mgr de St-Omer entend que dans l'établissement qu'il veut faire à Hesdin, les pensions suivent l'augmentation des vivres, et il en sera fait état tous les dix ans pour être augmentées à proportion ; Mgr d'Arras nous a fait offre d'établir un noviciat dans son diocèse et un pensionnat, nous offrant pour cela le plus beau bâtiment d'une ville, nous l'avons remercié ; Mgr de St-Omer nous a de même offert un bâtiment pour un pensionnat, nous avons refusé.

A l'égard de la pension de Reims, que la ville veut demander au roi comme une grâce qu'elle soit mise bas, nous ne croyons pas qu'il soit nécessaire de demander cela comme une grâce à sa Majesté ; nous avons cru faire une grâce à la ville en l'établissant, et nous sommes dans la disposition de la mettre bas ; que la ville nous en écrive un mot, après une délibération, et nous la satisferons.

Nous avons mis bas plus de vingt-cinq pensionnats depuis 1767, nous avons en même temps retiré les frères d'école de Montargis, d'Issoudun, d'Hérisson ; à Caen nous avons mis bas le pensionnat, vendu la maison, et voulu retirer les frères, mais M. le cardinal de Gèvres et Mgr l'évêque de Bayeux ont retenu nos frères d'école, augmenté leurs pensions et acheté une maison ; on travaille en cour pour des lettres-patentes, ils ont demandé qu'on rétablisse le pensionnat; nous avons refusé; à Nantes, il y a un pensionnat de soixante-dix pensionnaires, nous avons donné termes jusqu'aux vacances pour nous retirer.

Un seigneur-évêque d'une ville célèbre demande comme une grâce signalée de permettre qu'on rétablisse la pension, que nous avons mise bas depuis quelques années.

Un grand-vicaire, d'un autre diocèse, a écrit trois lettres, en moins de six mois, pour prier de ne pas détruire celui qui y est établi, par la raison qu'il n'y a que dans nos pensions que l'on donne aux enfants une éducation chrétienne suivie; d'après cela, que l'on juge s'il est nécessaire pour mettre bas le pensionnat de Reims, d'en écrire au Roi.

Que Messieurs de Reims ferment les portes de nos écoles à leurs enfants, qu'ils nous fassent savoir par écrit que le pensionnat leur déplaît, ils seront satisfaits; mais ils me permettront de leur observer que si un de leurs enfants ne peut rien apprendre chez les maîtres, s'il est rétif à la maison, s'il n'a point de goût pour le latin, ils n'auront aucune ressource à Reims; il faudra donc l'expatrier, l'envoyer au loin et confier ce qu'ils ont de plus cher à un étranger dont on ne connaît souvent ni la foi, ni les mœurs; si nous n'étions pas attachés à la ville par affection, nous n'agirions pas avec tant de ménagement.

Nous trouvons fort judicieux que les legs ou donations qui seront de 500 livres et au-dessus servent à former la pension des frères, en supposant toujours que ceux qui composent la maison aient un honnête nécessaire pour la vie et le vêtement.

A l'égard de la maison dont est question pour les

droits d'amortissement, cet article demande à être touché délicatement ; je pense qu'il conviendrait de faire un plan de la maison du domicile des frères et du terrain qui est nécessaire pour y construire une chapelle, et y joindre la maison de Mme Gard, la maison. en question et celle qui la suit et qui nous appartient' depuis longtemps, qu'on appelle cour du laboureur, et demander à acquérir la maison de Mme Gard. Cette maison pourrait servir à y construire une chapelle publique, dont l'entrée serait dans la grande rue, et l'autel à la romaine serait construit dans le jardin de ladite dame Gard, vis-à-vis de l'autel qui subsiste actuellement, de manière que les frères entendraient la messe dans la chapelle où les frères sont chaque jour, et le public pourrait l'entendre, comme je dis, de la chapelle neuve, dont l'entrée serait à peu près où est la porte d'entrée de Mme Turgard ; c'est donc la permission qu'il faudrait solliciter dans les lettres-patentes, et dès à présent entrer en pourpaler pour l'acheter, sous le bon plaisir du roi , comme nécessaire pour y établir le régime et un noviciat.

A l'égard de la visite de nos écoles par Messieurs de la ville pour y faire les réparations par eux-mêmes, ils peuvent le faire autant de fois qu'ils le jugeront nécessaire ; dans ce cas, nous leur vendrons les écoles de St-Timothée, de St-Jacques, et ils y feront les réparations des meubles d'école.

Il y a quelque chose de mieux, c'est que pour marque d'union et de bonne intelligence avec eux et MM. les curés, ils pourraient venir aux vacances avec des prix pour distribuer à ceux des écoliers qui auront plus profité : trois de ces Messieurs accompagneront M. le curé de la paroisse ; M. le curé leur fera faire la répétition du catéchisme, et Messieurs de ville visiteront leurs papiers et verront faire et opérer les règles d'arithmétique; cela produira une noble émulation entre les écoliers ; c'est ce qui se pratique en plusieurs endroits : plus un curé zélé vient voir les écoles et voir les besoins des pauvres enfants, et plus il y fait de bien ; mais il n'y doit pas venir les mains vides; c'est le vrai moyen de faire aimer l'instruction aux enfants.

Il n'y a point d'école plus brillante qu'où il y a un pensionnat, pour raison que les frères d'école sont formés et perfectionnés par les maîtres de pension.

Nos règles et la conduite d'école doivent être observées dans toutes nos maisons ; mais à Reims, l'essai de quatre-vingt-quatorze ans de travail est suffisant pour faire connaître quelle est la supériorité de cette méthode sur les autres ; c'est pourquoi les frères s'en tiennent à cette méthode pour ni rien changer ni laisser innover.

A l'égard des grandes ou petites altercations des parents des pauvres, qui sont peu raisonnables, c'est ordinairement à la police, à qui les frères doivent s'adresser pour leur faire entendre raison. Voilà les réflexions que le peu de temps que nous avons à nous, nous a permis de faire sur le projet ; au reste, vous n'aviez pas reçu ma dernière lorsque vous me l'avez adressé ; il ne faut pas croire que c'est une affaire de quelques jours ; il faut selon moi, que la ville par une délibération reconnaisse l'utilité, et même la nécessité de l'affermissement de notre établissement, et après, on prend les moyens pour y parvenir ; que l'on nous écrive. Présentez mes respects à nos Messieurs amis de la bonne œuvre, et vous obligerez, mes très chers frères, etc.,

Frère Exupère.

Le frère Exupère écrivit, à la fin d'avril 1774, une nouvelle lettre sur le même projet de lettres-patentes, au frère procureur de Reims :

Mon très cher frère,

Je reçois la vôtre, et j'y réponds sur le champ. M. le syndic, que j'ai l'honneur de saluer, a raison de dire que je n'ai pas fait toutes les réflexions à faire sur le projet que vous nous avez envoyé de sa part ; je vous avoue sincèrement qu'il faudrait des lumières supérieures aux miennes pour y apercevoir quelque chose de favorable pour nous. Nous espérions que le temps était venu qu'en traitant avec la ville de Reims, nous traiterions avec nos pères, et qu'ils auraient égard à 94 ans de services gratuits ; mais je vois que ce long temps n'est pas encore suffisant pour être en considération chez eux. Je ne vous dissimule pas que nous craignons dans ce projet des piéges tendus à notre droiture et à notre simplicité ; en effet, peut-on sérieusement nous proposer de fournir à nos frais des écoles, pour instruire gratuitement la jeunesse et nous soumettre à en faire les réparations, quand il plaira à MM. de la ville de venir dans nos classes, pour les y faire faire à nos dépens.

Après que les MM. de ville nous ont engagés ver-balement de bâtir un pensionnat à nos dépens, nous demandant cette marque de distinction par reconnais-sance, comme une ville qui a donné naissance à notre saint instituteur, qui a servi de berceau à notre in-stitut, et que l'ayant fait généreusement, aujourd'hui cette même ville veut exiger de nous unir à elle pour demander au Roi de supprimer ce pensionnat. Ne pouvons-nous pas regarder cela comme une insulte? Quel sujet avons-nous de déshonorer les actions de

notre ancien supérieur qui vit encore ? Belle leçon
pour les frères ! Cependant, je veux bien qu'ils le
sachent ; oui, nous sommes prêts à donner notre
soumission par écrit, dès à présent, de mettre bas
notre pensionnat de Reims à la première réquisition
que nous en fait par écrit le corps de ville, lorsque
les frères qui y resteront auront un revenu honnête
et assuré pour leur nourriture et vêtement ; mais de
nous engager à en faire la demande au Roi, et dès
à présent, que ferions-nous des lits et des chambres ?...

Par le premier projet, on nous proposa que si un
don ou un legs est fait aux frères, au-dessous de
500 liv., il pourra servir à la subsistance des frères
et à l'entretien des biens.... Dans celui-ci, on le réduit à 250 liv. ; ajoutez à cela que c'est M. le syndic
qui fait ces propositions, et que la ville le croit pour
nous. Jugeons par là ce que nous avons à attendre
de la ville. Lors de ma dernière, je crois vous avoir
marqué que nous avons trente-neuf établissements proposés, j'ajoute dans celle-ci que nous en avons quarante;
on nous en a proposé un depuis. Or, dans ces quarante,
il s'en trouve plusieurs où on nous offre des maisons qui
ont appartenu à des communautés que l'on a supprimées.
Que risquons-nous en en acceptant une ? tout au plus
à la rendre, si on venait par la suite à nous la retirer. Nous ferons toutes choses possibles pour honorer
la mémoire de M. De la Salle, notre instituteur ; nous
sommes en possession de ses ossements, nous les
conservons précieusement, et plus encore son esprit.
A l'égard de la maison de Reims, en mon particulier, je trouve les conditions trop dures, je lâche le
mot : j'y renonce. La ville ne nous traite pas favorablement; nous allons nous retourner vers quelqu'un

qui nous veut du bien, qui nous ouvre ses portes et nous appelle, de concert avec les prélats diocésains.

Paris, 23 mai 1774.

A M. Sutaine-Maillefer.

Monsieur,

J'ai l'honneur de vous saluer très humblement et vous donner avis que nous avons appelé ici le frère Laurent, afin qu'il nous rende un compte fidèle de l'état de notre pauvre maison de Reims, et en particulier de l'école de la paroisse de St-Hilaire, afin de prendre à la St-Jean prochaine un arrangement définitif pour ce qui concerne l'école de cette paroisse, et aux vacances prochaines, pour les paroisses de St-Jacques et de St-Timothée.

Nous ne pouvons goûter ni accepter le projet de lettres-patentes que vous nous proposez de la part de la ville, ce serait nous afficher pour des imbéciles que de demander au Roi la suppression d'un pensionnat que nous avons eu la simplicité de bâtir, à nos frais, sur la demande que nous en firent les Messieurs de l'hôtel de ville il y a environ vingt à vingt et un ans; cette proposition, comme celle de recevoir des visites dans nos écoles pour voir s'il n'y manque point de réparations, ne peuvent nous être acceptables; nous nous sommes épuisés pour soutenir les écoles gratuites à Reims, nous ne pouvons plus continuer; la ville a sans doute fait attention que comme elle ne contribue pas d'un sol pour le soutien de cette bonne œuvre, elle n'a rien non plus à espérer, si le cas échoit, que les écoles soient entièrement supprimées, une partie des rentes doit retourner à nos écoles de Retbel, à Mazarin et à divers.

Je pensais que je vous aurais persuadé de notre bonne volonté envers la ville de Reims, en vous marquant que nous avons mis bas vingt-quatre à vingt-cinq pensionnats dans différentes villes, au grand regret des habitants; mais je vois que la ville de Reims veut se distinguer, en pensant autrement que les autres villes, au sujet de l'éducation de la jeunesse ; voici un fait tout nouveau : nous avions voulu nous retirer de la ville d'Angers, et pour cet effet, nous avons présenté quatre ou cinq requêtes au ministre ; le ministre fatigué de nos demandes nous a écrit, nous a menacés de sa disgrâce, si nous continuions à lui écrire pour notre retraite, et promis la continuation de sa protection et des lettres-patentes pour acquérir une autre maison ; elles sont expédiées ; après cela devons-nous nous joindre à la ville de Reims pour demander la suppression d'un pensionnat que nous n'avons élevé, à nos frais, qu'à la sollicitation de l'hôtel de ville et pour son avantage, serait-ce faire notre cour au ministre ? Enfin, j'aurais cru que 94 ans de services gratuits rendus à la ville de Reims, auraient été suffisants pour l'engager à avoir quelque bonté pour nous ; si tant d'années ne suffisent pas, il faut donc attendre qu'il y ait un siècle ; ceux qui y seront, verront ce qu'il conviendra faire.

Mais comme j'ai lieu de penser que vous ne nous avez fait des propositions, si contraires au bien des citoyens mêmes, que par contrainte, croyant devoir ménager l'hôtel de ville, je vous remercie des peines que vous vous êtes données et de l'intention que vous aviez de mieux faire.

J'ai l'honneur d'être avec tout le respect possible, etc. .   Frère Exupère.

Au même.   Damery, 12 Septembre 1774.

Monsieur,

Après avoir eu l'honneur de vous présenter mes très humbles respects, j'ai celui de vous dire que je me suis rendu à vos ordres en me transportant à Hautvillers, auprès de sa grandeur, qui m'a dit que les 4,000[1] provenant du bien des Jésuites, donnés par le collége de Compiègne, sont affectés pour trente ans, et qu'il avait fait son possible pour les faire rentrer dans son diocèse, et sans réussite. J'ai eu l'honneur de lui parler du bien des Célestins de Soissons, et sa grandeur m'a dit que ces biens avaient leur destination et qu'il ne fallait pas y penser, et par conséquent, inutile d'en parler à son éminence ; ainsi voyez, Monsieur, ce qu'il faut faire pour trouver de quoi faire subsister des personnes consacrées au service du public, et si vous jugez à propos d'en conférer avec Mgr le cardinal, voilà ce que Mgr le coadjuteur m'a dit de vous marquer.

J'ai l'honneur d'être, avec un très profond respect, etc. ,   Frère Laurent,
        Procureur des frères des écoles chrétiennes.

Paris, 27 Septembre 1774.
A Monsieur Coquebert, lieutenant des habitants
de la ville de Reims.

Monsieur,

J'ai reçu l'honneur de la vôtre du 26 du courant, qui assure à nos frères de Reims, de la part de la ville, un secours de 500[1], pour aider à leur subsistance, afin qu'ils puissent continuer deux classes sur St-Jacques et deux sur St-Timothée, jusqu'aux vacances prochaines de 1775. Nous voulons bien,

Monsieur, pour cette année, accepter ce secours, dans l'espérance que MM. les curés et autres personnes charitables voudront bien aider à soutenir jusqu'à ce temps cette bonne œuvre , pour laquelle il appartiendrait, pour quatre frères, la somme de seize cents livres, à raison de chacun 400 [1] pour nourriture et entretien, eu égard à la cherté des vivres; M. le syndic ne nous a pas fait l'honneur de nous écrire sur ce sujet ; mais il nous fit offre verbalement de 500 [1], sous le bon plaisir du conseil de la ville de Reims, pour nous engager à ne pas retirer de frères, et ne nous ayant pas écrit au jour marqué, nous avons mandé à nos frères de Reims de fermer les écoles sur les deux susdites paroisses de St-Jacques et St-Timothée ; nous allons donc leur mander le contraire, comptant sur un supplément à cette modique somme de la part des personnes pieuses et charitables qui s'intéressent à la bonne œuvre, déclarant toute fois , que nous n'entendons pas à ces conditions, et sans une augmentation fixe et suffisante de revenus fournir ces frères au-delà des vacances de l'année prochaine 1775.

J'ai l'honneur d'être, etc. ,

Frère Exupère.

Le conseil de ville prit , à l'occasion de la situation , à Reims, des frères des écoles chrétiennes , une délibération, le 29 Novembre 1774.

M. le lieutenant des habitants informa le conseil que MM. Mopinot, Hurtault , M. le syndic, et les commissaires nommés pour l'affaire des écoles

chrétiennes, avaient conféré le 12 novembre sur
cet objet ; qu'ils s'étaient premièrement occupés du
nombre de frères dont avaient besoin les deux écoles de St-Jacques et de St-Timothée ; qu'il leur avait
paru que le bien de l'instruction en exigeait trois,
dans chacune, dont l'entretien à 300¹ ferait une somme
annuelle de 1800 fr., à quoi l'on devait ajouter la
subsistance du supérieur, destiné d'ailleurs suivant
l'institut, à remplacer dans toutes les écoles un maître
qui pourrait tomber malade ; qu'à ne stipuler pour ce
qui concerne ces deux écoles, l'article du supérieur
et du frère servant qu'à 400¹, il résultait du tout
une somme de 2,200 fr. ; que le revenu desdites
écoles n'étant que de 400¹, environ, il s'agissait de
demander à la ville une somme annuelle de 800¹,
sur la taxe des pauvres, et tant à Mgr l'archevêque
qu'au clergé, une somme de cent pistoles.

Que si l'on voulait, au contraire, s'occuper des
trois écoles en même temps, c'est-à-dire, joindre
aux deux ci-dessus celle de la maison domicile, indépendamment de l'école de St-Hilaire, il leur avait paru
que onze frères étaient suffisants ; savoir, le supérieur pour les trois écoles et un seul frère servant,
selon la règle de l'institut donnée en 1705 : qu'ils
ne croyaient pas qu'on fût obligé d'entretenir à Reims
un frère vieillard ou invalide, quoique les supérieurs
l'aient désiré, parce que cette dépense devait au contraire
être à la charge de la maison du régime, qui a des
revenus généraux pour y pourvoir ; qu'il fallait par-
conséquent proposer une somme de 3,300 livres
pour les onze frères ; qu'on pourrait d'abord prétendre
que 4 de ces 11 frères ne devraient point être à la
charge des revenus annuels, attendu qu'il paraît que
la maison domicile n'a été donnée dans le temps qu'à

condition d'instruire gratis les enfants des pauvres de
St-Etienne et de St-Denis ; mais que comme on y
reçoit des enfants d'autres paroisses, et que cette
clause, d'ailleurs, n'est pas encore assez vérifiée, il
n'était pas à propos de s'y arrêter actuellement ; et
qu'il fallait, par conséquent, tabler sur une dépense
annuelle de 3,300 liv.

Que les frères présentaient un revenu net de 1,374 liv.
10 s. toutes charges acquittées, sur lesquelles néanmoins on pourrait encore faire des retranchements ;
qu'au reste, il s'agissait de suppléer les 1,925 liv. 10 s.
manquants ; qu'il fallait solliciter le conseil pour
le maintien de ces écoles, de faire annuellement une
somme de 800 liv. sur la taxe des pauvres, à condition que le bureau du clergé ou Mgr l'archevêque
voudraient bien s'engager à fournir le restant.

Que par ce moyen, M. le cardinal, le clergé et la
ville devenant coopérateurs à la fondation, il était à
propos que les bureaux de chaque paroisse eussent le
droit de donner des billets pour la réception des enfants
dans l'école ; et qu'il y eût un bureau supérieur nommé
bureau de discipline, sur lesdites trois écoles, à
l'instar de celui de Sᵗᵉ-Ménéhould; lequel serait composé
du grand-vicaire, de M. le cardinal, du chanoine
écolâtre, du doyen, de MM. les curés, du lieutenant de
ville, de quatre conseillers et du procureur-syndic; que
les membres de ce bureau connaîtraient, chacun pour
ce qui les concerne, de l'administration des écoles, et
l'assemblée entière des plaintes qui pourraient avoir
lieu; pour y pourvoir de concert avec le régime de
l'institut, (et qu'il se tiendrait dans la salle d'assemblée
de la maison des frères).

Que les legs de 250 liv. et au-dessous seraient

dorénavant registrés à l'hôtel de ville, pour en être fait emploi, conformément à la déclaration de 1762, pour que l'augmentation de revenu qui en résulterait pût opérer avec le temps une diminution soit sur les 1,925 liv. 10 s. qui vont être fournis, dans le dernier cas ; soit sur les 1,600 liv. dans le premier ; ou enfin qu'ils servissent à l'établissement d'une cinquième école qui parait indispensable sur la paroisse de St-Pierre.

Après avoir entendu M. le procureur du Roi-syndic, qui a demandé que le rapport fait par M. le lieutenant, après avoir été adopté par le conseil, fût communiqué au régime des frères des écoles chrétiennes, avant que la conclusion, rédigée sur icelui, fût présentée à M. le cardinal; ou qu'il lui en fût seulement rendu compte ; la compagnie a remercié MM. les commissaires de leur travail, a conclu que pour subvenir à l'entretien de 11 frères, dont il s'agit dans le rapport de M. le lieutenant, sans compter ceux de l'école de St-Hilaire, il serait pris annuellement, sur la caisse de la taxe des pauvres, une somme de 800^l, au cas que M. l'archevêque veuille bien annuellement contribuer et faire contribuer, par le clergé, d'une somme commune de 1925^l 10^s ; pour compléter avec les 1,374^l 10^s du revenu net des frères, la somme de 3,300^l, jugée nécessaire pour leur entretien ; qu'avec l'agrément de M. l'archevêque, les bureaux des différentes paroisses seraient autorisés à donner des billets, pour la réception des enfants, auxdites trois écoles, attendu qu'on connait mieux dans chaque paroisse que partout ailleurs, le plus ou le moins de fortune des parents ; qu'il y aurait néanmoins un bureau supérieur, nommé bureau de discipline, sur lesdites trois écoles, à l'instar de Ste-Ménehould ; qu'il serait composé du grand-vicaire, de M. l'archevêque, du chanoine écolâtre, du doyen, de MM. les curés, du lieutenant de ville, de quatre conseillers et du procureur-syndic; que les membres de ce bureau connaîtraient, chacun pour ce qui les concerne, de l'administration des écoles, et l'assemblée entière, des plaintes qui pourraient avoir lieu pour y pourvoir de concert, avec le régime de l'institut, et qu'il se tiendrait dans la salle d'assemblée de la maison des frères ; que les legs de 250 liv. et au-dessus, seraient dorénavant registrés à l'hôtel de ville, pour en être fait emploi, conformément à la déclaration de 1762, à l'effet ou d'établir par la suite une école sur la paroisse de St-Pierre, ou d'en destiner autrement le produit, pour d'autant mieux assurer la perpétuité de l'instruction ; et que copie de la présente conclusion serait délivrée au régime de l'Institut, pour n'en n'être rendu compte à M. le cardinal archevêque qu'après l'acquiescement dudit Institut.

Paris, 9 décembre 1774.

A M. Sutaine-Maillefer.

Monsieur,

Nous trouvons bien dures les conditions que nous veut imposer la ville de Reims, par sa délibération du 29 novembre dernier. Nous étions convenus vous et moi, l'année dernière, de quelque chose de mieux. J'en appelle à votre équité, la droiture de votre cœur et celle de M. le lieutenant ont dû souffrir beaucoup en souscrivant à cette délibération.

Que les biens donnés par des personnes pieuses, ou acquis par MM. les administrateurs pendant qu'ils les ont régis, entrent et fassent partie des pensions que l'on veut accorder aux frères, cela est juste, et conforme à l'intention des fondateurs ; mais que ceux qui ont été acquis par le régime, pour la subsistance des vieillards et infirmes, y entrent aussi, cela n'est pas en notre pouvoir : en effet, pouvons-nous arracher à ces pauvres vieillards, respectables par leur âge et leurs services, et qui sont présentement hors d'état de travailler, le fruit de leurs travaux et des économies qu'ils ont fait passer de leurs maisons en celle de Reims ? J'en appelle à vous-même, Monsieur, les frères à Reims, avant la cherté des vivres, ont été jusqu'à vingt-sept, y compris les vieillards. Ils étaient encore vingt-cinq en 1767. Depuis ce temps, ils se sont plaints qu'ils étaient mal nourris et mal soignés : ils ont demandé d'aller finir leurs jours en d'autres maisons, et on leur a accordé leur demande.

J'eus l'honneur de vous dire, l'année dernière, ce qui avait engagé le régime à faire passer des fonds à Reims, berceau de notre Institut ; il est inutile de vous le répéter. Jugez de là, je vous prie, Monsieur, quelle doit être notre surprise aujourd'hui de la proposition que l'on nous fait de réunir les biens acquis par l'institut, en faveur des frères invalides, pour aider à faire des pensions aux frères d'école, et que de ces sommes réunies, il n'en soit accordé que 400 livres de pension pour deux frères, savoir, au frère directeur, 200 liv., et encore sous la condition qu'il serait obligé, outre la conduite de la maison et la visite des écoles, de faire lui-même une classe, en cas de maladie ou d'absence de quelque frère : sujétion nouvelle, et à laquelle il lui serait impossible de se soumettre ; et 200 liv. pour la pension d'un frère servant, qui serait tout à la fois chargé de tenir la maison propre, de faire la cuisine, le jardin, d'être procureur, pourvoyeur, portier, boulanger et infirmier ; c'est-à-dire,

8

qu'en faisant l'ouvrage de quatre ou cinq frères, on lui accordera une demi-pension pour vivre. En vérité, Monsieur, la proposition n'est pas acceptable ; mais elle nous confirme dans le parti que nous avons pris de patienter et continuer nos services à Reims, de la manière que nous vous l'avons déjà proposé, jusqu'à la révolution d'un siècle (et il n'y a plus que cinq ans à attendre), dans l'espérance que, le siècle écoulé, la ville se prêtera de meilleure grâce envers des serviteurs de cent ans.

Permettez-moi de vous rappeler ici, Monsieur, ce que j'eus l'honneur de vous dire, à Paris, dans le courant du mois d'août dernier ; que nous étions convenus avec l'agrément de Mgr le coadjuteur, que nos frères resteraient trois sur la paroisse de St-Hilaire, dans l'espérance que la fabrique donnerait à chacun d'eux, 400 liv., et des classes contiguës conformément à nos règles, et que nous les quitterions du reste ; que de plus nous fournirions deux classes à la maison, et que si MM. les curés de St-Jacques et de St-Timothée voulaient y envoyer par billet chacun soixante des plus pauvres de leurs paroisses, à condition que nous recevrions les revenus de ces deux écoles, qui sont d'environ 390 liv., il y en aurait trois : c'est encore notre disposition actuelle, et ce que nous nous proposons de faire, à commencer aux vacances prochaines.

J'ai l'honneur, etc.,   Frère Exupère.

Paris, le 9 décembre 1774.

Le supérieur-général des frères des écoles chrétiennes, et ses assistants, après lecture des propositions de MM. les officiers municipaux de la ville de Reims, en date du 29 novembre dernier, relativement à la conservation et affermissement des écoles gratuites de ladite ville, répondent : qu'ils sont toujours dans la disposition d'y continuer, avec tout le zèle possible, et par préférence à toute autre ville, leurs instructions gratuites aux enfants, pourvu qu'on leur assure un nécessaire honnête pour leur nourriture et entretien, ce qui, eu égard à la cherté des denrées, ne peut aller à moins de *quatre cents livres,* pour chacun d'eux, depuis qu'ils ont renoncé à la quête et à la veille des morts ; que loin de trouver cette somme exorbitante, elle paraîtra au contraire très modique, si l'on considère dans le détail les dépenses ordinaires et extraordinaires qu'ils sont obligés de faire, et pour lesquelles ils n'ont d'autres ressources que les pensions qu'on leur fait ; au surplus, ils ne peuvent déroger en rien à la bulle d'érection de leur institut, laquelle bulle, revêtue des lettres-patentes, enregistrées au parlement de Rouen, ils remettront entre les mains de Monseigneur l'Archevêque de Reims ; que les biens par eux acquis, au nom et des deniers de l'Institut, pour servir à l'acquit de ses charges et à la subsistance des frères invalides, ne pourront servir à former lesdites pensions de 400 liv., mais seulement ceux mentionnés dans les titres à eux remis par MM. les administrateurs ; sur lesquels biens il sera prélevé la somme nécessaire pour leur entretien (c'est-à-dire, des bâtiments) et pour en acquitter les redevances ; qu'à l'égard de la réception des écoliers, MM. les officiers municipaux seront libres de les envoyer par billet de pauvreté, si Mgr l'archevêque et MM. les curés jugent que ce soit l'avantage du public, n'entendant toutefois en recevoir qui n'auraient pas l'âge de sept ans ; qu'ils n'ont aucune règle qui les oblige à n'avoir en chaque endroit qu'un frère servant, ce qui ne serait ni raisonnable, ni possible à l'égard des grosses maisons, où leur nombre est toujours proportionné à celui des frères dont elles sont composées ; qu'il serait pareillement de toute impossibilité que le frère directeur pût, en même temps, veiller sur toutes les classes, conduire la maison, et remplacer un frère malade, surtout à Reims, où il y a beaucoup d'écoles hors de la maison ; qu'ils n'ont aucune maison où il soit établi un bureau pour connaître de la discipline des écoles, les frères directeurs et visiteurs étant obligés par office de veiller au bon ordre de la maison et des classes, et au maintien des règles ; enfin, qu'ils consentent, lorsqu'il leur sera fait quelques legs ou donation, spécialement et nommément pour les écoles, que ce legs soit employé en entier au profit desdites écoles, ou à faire un fonds pour avoir des livres et papier aux pauvres enfants qui seront hors d'état de s'en fournir ; mais qu'ils n'entendent aucunement être comptables des aumônes qu'on pourrait leur faire pour les frères vieillards ou infirmes, non plus que des legs qui leur seraient faits, à charge par eux de messes ou de prières. Délibéré et arrrêté à Paris, le 9 décembre 1774.

Frère Florence, supérieur-général,
Frère Exupère, premier assistant.

Paris, 12 décembre 1775.
A M. Sutaine-Maillefer.

Monsieur,

J'ai fait recherche de l'extrait des délibérations du conseil de la ville de Reims, du 29 novembre 1774, qui nous a été remis pour ce qui concerne la pension de nos frères, et auquel nous avons répondu le 9 décembre même année, par une délibération du régime, à laquelle j'ai joint une lettre à vous adressée ; c'est de cette délibération dont nous pouvons partir pour faire un arrangement. La maison de Reims a été composée autrefois de vingt-cinq frères et même plus , comme je le marque plus au long dans la lettre ci-incluse.

Si vous pouviez parvenir à avoir 5,000 ¹ d'augmentation, ce serait le moyen d'avoir une école de deux frères sur votre paroisse de St-Pierre ; par cet arrangement, toutes les paroisses auraient les enfants instruits.

J'ai l'honneur, etc.,   Frère Exupère.

Il me vient une pensée : si, par vos soins, Monsieur, on augmentait le revenu des écoles de cinq mille liv. sur le don gratuit, ce fonds n'étant pas solide, ce serait alors le temps d'obtenir des lettres-patentes ; ce serait le moyen d'engager des personnes pieuses à fonder et assurer la bonne œuvre ; c'est notre première pensée.

      Paris, 15 Décembre 1775.

   Monsieur ,

J'ai rendu compte au frère supérieur et à son conseil de l'entretien que nous avons eu ensemble, au sujet de la pension de nos frères de Reims, et du nombre qu'ils doivent être pour tenir douze écoles divisées en quatre différents quartiers de la ville. A ces douze frères , il faut ajouter les frères directeur et procureur, qui en aucun temps ne peuvent faire l'école, leurs offices ne leur permettant point ; plus, trois frères servants, dont l'un portier, un autre pour faire la cuisine et le pain, et le troisième pour le jardin et le réfectoire: dans le besoin l'un des trois fera l'office d'infirmier ; il faut en outre au moins un frère vieillard et un frère d'école surnuméraire, pour remplacer, en cas de besoin, un frère malade ou absent : le tout forme le nombre de dix-neuf frères.

Autrefois cette maison était composée de vingt-cinq frères, et même plus: douze étaient employés aux écoles, d'autres à chercher le nécessaire à la vie pour eux et pour ceux qui travaillaient, et les autres à veiller les morts : du nombre de ces derniers étaient ordinairement des frères vieillards. Les vivres ayant augmenté de prix, les charités ont tari, les vieillards ont manqué du nécessaire et ont demandé leur changement de Reims ; enfin, la quête et la veille des morts mises bas, les frères se trouvent hors d'état de pouvoir subsister sans un secours proportionné à leurs besoins.

Sur les dix-neuf frères ci-devant mentionnés, en ne comprenant pas ceux qui font l'école sur St-Hilaire, il en restera seize à pensionner, ce qui, à raison de 400 liv. pour chaque frère, fera une somme de six mille quatre cents livres, et........ 6,400[l] »

Sur quoi, les frères ont présentement un revenu net d'environ treize cent soixante-dix livres, ci à déduire... 1,370[l] »

Il résulte un déficit de....... 5,030[l] »

Les frères ne peuvent être en plus petit nombre, ni leur pension moindre que de 400[l], pour chacun, eu égard à leur travail et à la cherté des vivres ; quatre cents livres pour nourrir, vêtir, chauffer, éclairer, blanchir, en un mot, pour fournir à tous les besoins d'un homme sain et malade, est certainement une somme modique. Le régime de l'Institut n'a connaissance d'aucun bureau de discipline, établi dans les villes où les frères tiennent les écoles de charité ; il n'en existe pas même à Ste-Ménéhould, où les pauvres et les riches sont admis aux écoles sans distinction ni formalité quelconque. Partout où les écoles gratuites sont desservies par les frères, ils observent leurs réglements faits et approuvés des deux puissances, afin de conserver l'uniformité dans leur conduite. Il n'est pas cependant contraire à ces réglements de recevoir les enfants par billets de pauvreté, puisque nos écoles sont établies spécialement pour les artisans et les pauvres; mais, c'est à MM. les curés et à MM. les officiers municipaux de connaître les facultés des particuliers, pour y faire entrer dans chaque classe le nombre d'enfants, lorsqu'il n'y a pas de frères en nombre suffisant pour admettre indifféremment tous ceux qui se présentent à leurs instructions.

Voilà, je crois, Monsieur, tous les articles qui ont fait la matière de notre conférence, et sur lesquels, vous m'avez paru désirer une nouvelle explication de notre part.

J'ai l'honneur, etc.,   Frère Exupère.

Au même.   Reims, 29 décembre 1775.

Monsieur,

Que ne puis-je vous exprimer ici avec quelle joie je saisis l'occasion favorable de la nouvelle année, pour avoir l'honneur de vous assurer de mes très-humbles respects. Que les vœux que nous adressons sans cesse pour vous au seigneur sont sincères ! Qu'il daigne donc vous accorder des jours heureux ; qu'ils soient remplis de toute sorte de satisfaction ; voilà, Monsieur, les souhaits que nous vous faisons au commencement de cette nouvelle année, ainsi qu'à tous ceux qui ont l'honneur de vous appartenir. Le zèle que vous avez pour l'instruction de la pauvre jeunesse, qui fait assurément la plus grande portion du troupeau de Jésus-Christ, nous assure que vous continuez de prendre sous votre protection notre pauvre communauté ; nous avons mis toute notre confiance en vous, cela seul nous en fait espérer un succès favorable. Je vous dirai, Monsieur, que nous n'avons aucun repos de la part des pères et mères ; sans cesse, ou à la maison ou aux classes, ils nous tourmentent pour y admettre leurs enfants ; nos frères voudraient bien acquiescer à leurs demandes ; mais ils sont forcés de les désobliger faute de places. J'ose donc vous prier, Monsieur, si vous avez de bonnes nouvelles touchant le rétablissement des écoles, de nous en faire part, afin que nous puissions du moins contenter par promesse les pauvres parents, en attendant que votre zèle en ait procuré les effets. Pour moi je les console autant que je le puis ; ma meilleure manière de le faire est de leur dire que vous prenez en mains leurs intérêts et les nôtres, et, assurés de votre bon cœur pour eux, ils sont contents. Plaise au seigneur seconder vos efforts, c'est la grâce que lui demande continuellement celui, etc.,

Frère Lupicin.

Lettre de M. Souyn, lieutenant des habitants, à M. Sutaine-Maillefer.

Reims, ce 29 Juillet 1776.

Le frère procureur de nos écoles chrétiennes vient de me prévenir, Monsieur, que des affaires parti-

calières de sa maison le mettraient peut-être dans
l'obligation de partir demain pour Paris, et que ses
supérieurs majeurs pourront lui demander ce que
notre conseil a arrêté sur les petits secours promis
de notre part pour le soutien momentané de
cette maison et des écoles existantes. Je lui ai déjà
dit que votre absence m'avait fait remettre à statuer
sur cet objet, que j'aurais désiré que vous fussiez ici
pour déterminer ce secours d'une façon plus satisfaisante pour lui. Cependant, que je vous en écrirais
pour avoir votre avis sur cela, et de plus, les moyens
de faire les choses convenablement; que vous possédiez
mieux que personne nos ressources, et ce qu'il était
possible de tirer de telle ou telle autre part. Comme
notre cher frère ne manquera pas de vous remettre
lui-même ma lettre, vous vous ouvrirez à lui selon
l'étendue de votre prudence, à laquelle je m'en rapporte bien, et si vous prévoyez que ce serait une
trop longue attente pour lui, que l'époque de votre
retour, je ferai de mon mieux pour effectuer et réaliser ici les engagements que vous aurez pris là-bas.

J'ai l'honneur etc.,   Souyn.

Paris, le 2 août 1776.

M. Sutaine-Maillefer à M. Souyn.

Le frère Laurent m'a remis, Monsieur, la lettre
que vous m'avez fait l'honneur de m'écrire le 29;
et, comme il repart aujourd'hui, je le charge de vous
présenter ma réponse. Il n'y a nulle apparence que
l'affaire des grâces demandées pour le sacre puisse
être terminée, ni même reprise avant les vacances;
ainsi, vous penserez sans doute, comme moi, que
nous ne devons plus différer de faire les 800 liv.

que le frère assistant demande pour laisser subsister encore un an les écoles de St-Jacques et St-Timothée, sur le pied seulement de deux maîtres.

Vous aviez le projet d'exciter, par votre présence au bureau de cette dernière paroisse, le zèle des principaux paroissiens, pour en tirer ou un secours passager ou un fonds fixe et annuel, tant pour soutenir les deux frères actuels, que pour y en ajouter un troisième ; je crois que vous ne devez plus reculer l'exécution de ce dessein si louable. Cet exemple fera certainement impression sur le corps de ville, et quand vous l'annoncerez, en proposant de prendre sur la taxe des pauvres le restant des 800 liv. seulement encore pour une année, vous verrez toutes les voix se réunir pour achever votre ouvrage. Prévenez seulement MM. Hurtault et Bidel, ils ont encore les préjugés de leur paroisse de St-Hilaire. Au reste, je pense que vous ne jugerez pas encore à propos d'exiger des frères les conventions dont nous avons si infructueusement traité avec cet assistant. Il suffira d'agiter cette question quand nous serons en état de leur procurer non pas un secours passager, mais une augmentation de revenu annuelle et certaine.

Je suis, etc.,   Sutaine-Maillefer.

Reims, ce 6 août 1776.

M. Souyn à M. Sutaine.

Je vous l'avais bien dit, Monsieur, que quoique je sois un des grands griffonniers de la province, et que l'on me trouve presque toujours la plume à la main, ce n'est pas une chose facile que d'avoir réponse de moi....

Le frère Laurent m'a remis votre lettre du 2 août,

qui a renouvelé mon zèle pour nos frères. J'aurais
eu grand besoin de votre secours, vraiment, pour
une affaire aussi difficile à emporter. J'ai invoqué les
mânes de tous nos orateurs célèbres, et, malgré cela, j'ai
vu le moment où j'allais échouer ; surtout quand, conformément à votre lettre, j'ai parlé de 800¹. M. Coquebert
lui-même s'est récrié , et a dit que c'était bien assez
de faire pour eux ce qui avait été fait l'année dernière,
qu'on leur avait accordé 500¹ ; je me suis jeté à ses
genoux, j'ai supplié, j'ai presque pleuré ; enfin , il
m'a été permis de signer une ordonnance, sur la
caisse de M. Cliquot, de 600¹, qu'ils toucheront demain.
Quand vous serez ici, vous obtiendrez les 200¹ restant.
J'ai de grands projets pour eux , mais je vais très
doucement dans mes opérations difficiles : je crois
cependant pouvoir vous dire que la proposition de ne
plus admettre dans nos écoles , de préférence, que les
enfants des pauvres, et aucun sans un billet du conseil
de ville, est presque adoptée, et cette petite discipline, mise en exclusion, j'espère que j'arriverai à
quelque chose de mieux ; en attendant, l'infatigable frère
Laurent, à qui je n'ai pas encore communiqué tous
mes secrets , est d'avis que vous vouliez bien , dans
un de vos moments de loisir , rendre une visite à
leur supérieur-majeur, celui qui est à la tête du régime,
afin de le prier de ne pas penser à ôter aucun des
frères de notre maison , dans la disposition où nous
sommes de faire tous nos efforts pour rétablir toutes nos
écoles, ainsi qu'elles étaient par le passé , sans entrer
dans une plus grande discussion avec lui. Vous recevrez
cette lettre par le nouveau sénéchal du chapitre qui
s'est fait installer hier parmi nous. Il vous dira toutes
les nouvelles de notre ville , qui ne sont pas fort
variées. Pour moi, je me borne à vous assurer que

tout ce qui vous intéresse se porte bien, et que rien
n'égale les sentiments avec lesquels, etc., Souyn.

Au même.   Reims, le 11 septembre 1776.

Monsieur,

J'ai appris que vous êtes de retour de Paris en
bonne santé, j'en ai bien de la joie; je voudrais être
à moi-même pour aller vous rendre mes devoirs et
vous en féliciter. J'ai chargé le C. F. Laurent, procureur de cette maison, de ce qui concerne l'affaire
pour les écoles et les frères qui pourront rester. Je
ne puis m'en charger plus longtemps.

J'ai l'honneur, etc.,   Frère Exupère.

Le 25 novembre 1776, le lieutenant des habitants
et MM. du conseil de ville se décidèrent à adresser
au roi la supplique suivante :

A S. M. le Roi et à nos seigneurs de son conseil,

Remontrent très-humblement les lieutenant, gens
du conseil et échevins de la ville de Reims, disant que
l'Institut des écoles chrétiennes, aujourd'hui si répandues dans le royaume et d'une utilité si reconnue, doit
son origine à cette ville, et que M. De la Salle,
chanoine de son église cathédrale, en a été le fondateur
en 1681; que lui et ses successeurs y ont établi quatre
écoles, composées chacune de trois maîtres, indépendamment du directeur, du procureur, d'un frère vieillard
ou invalide et de trois frères servants pour la maison
domicile; que cet établissement a toujours été régi sous
l'autorité spirituelle et temporelle de M. l'archevêque,
l'inspection du chanoine écolâtre et de MM. les curés;
l'autorité temporelle du lieutenant et du corps de ville,
même d'un bureau particulier pour l'une de ces écoles,

dite de St-Hilaire, rentée séparément : enfin, sous l'administration (pour la partie des revenus) d'un parent des fondateurs et bienfaiteurs, commune avec le régime de l'Institut. Les biens destinés à cette fondation et les legs annuels ont suffi longtemps à son entretien ; mais depuis dix ans, la cherté extrême de toutes les denrées et la diminution progressive des charités, ont tellement affaibli les revenus de la maison que, dans les quatre années dernières, il a fallu retrancher un maitre dans chaque école, à l 'exception d'une seule ; cette réforme a occasionné une autre perte parce que la diminution du nombre des frères les a empêchés de vaquer à la quête publique et à la veille des morts. Enfin, il a été reconnu, par un examen très exact, ordonné par M. l'archevêque de Reims, que toute déduction faite des réparations annuelles, les revenus de cet établissement y compris ceux de St-Hilaire, se bornent à 2,274 liv. pour l'entretien et nourriture de quinze frères; ce qui ne fait pas cinquante écus pour chacun. Une disproportion si considérable avait même engagé, depuis trois ans, le régime de l'Institut à résoudre la suppression absolue de deux des quatre écoles, et il a fallu que les officiers municipaux fissent annuellement le sacrifice de cinq, six et huit cents francs, retranchés sur les secours destinés aux pauvres, pour maintenir ces deux écoles, en attendant les grâces qu'on avait pris la liberté de demander à sa majesté.

Mais, d'une part, il n'est plus possible de priver encore longtemps les pauvres de cette portion des charités annuelles qu'on avait remplacée par une contribution volontaire des principaux citoyens, que le malheur des temps a fait cesser ; d'une autre part, les avantages de cet établissement, éprouvé depuis près d'un siècle,

non seulement ne permettent pas de laisser supprimer
ces deux écoles, mais encore ils font désirer ardemment
à tout le public que les trois petites classes soient rétablies;
elles consistent principalement dans la première connaissance des lettres, l'art d'épeler, et le petit catéchisme.
Les secondes ont pour objet la lecture imprimée et
l'écriture; dans les troisièmes, on s'occupe spécialement de la première communion, de l'arithmétique,
et de la lecture manuscrite : tel est tout l'enseignement
de cette institution. Il est borné à ce qui peut raisonnablement convenir au peuple; on reçoit les enfants
entre six et sept ans; ils en sortent au plus tard à
onze; c'est l'âge où ils commencent à apprendre la
profession de leur père.

Les suppliants, qui osent compter sur les bontés
du Roi pour le maintien de cette fondation, savent
que les besoins de l'état ne permettront peut-être pas
à S. M. de leur destiner des secours sur les deniers
publics ; c'est pourquoi, ils prennent la liberté de
demander qu'il soit distrait en leur faveur une portion des biens de l'ancienne société de Jésus, qui
puisse, avec les 2,274 [1], ci-dessus énoncées, faire
un revenu total de 7,200 liv. pour l'entretien de dix-huit
frères, à 400 liv. chacun, comme il est présentement établi dans toutes celles de leurs maisons qui
sont nouvellement fondées. Les suppliants, étant instruits que les biens et leurs revenus sont affectés
à l'entretien des membres encore vivants de cette
société, se chargeraient, sous la garantie de leurs
revenus patrimoniaux et d'octrois, d'un nombre proportionné de pensions des susdits membres, jusqu'à
leur extinction; et, à mesure qu'elles cesseraient, ils
en emploieraient les sommes à l'entretien des frères
actuels, et enfin au rétablissement des maîtres sup-

primés. Ils croient encore devoir requérir que, conformément à la déclaration du Roi de 1762, les donations qui pourraient être faites auxdites écoles ou même généralement à l'Institut, sous la clause d'être appliquées à l'instruction des pauvres de Reims; ensemble les legs de 250 liv. et au-dessus, soient dorénavant registrés au greffe de l'hôtel de ville, pour être employés par le régime, à la diligence du procureur-syndic de la ville, en contrats de constitution sur S. M., sur l'hôtel de ville de Paris ou celui de Reims, à l'effet d'en être les revenus appliqués au plus grand bien desdites écoles, ou mis en sequestre, jusqu'à l'établissement d'une cinquième, qu'on juge nécessaire sur la paroisse de Saint-Pierre.

Le droit des pauvres et l'observance de la bulle du pape Benoît XIII, donnée en 1724, pour approuver les constitutions et règles de l'institut, les obligent encore de demander à ne laisser admettre dans ces écoles que les enfants des manouvriers et artisans, et pour cet effet, à donner ou faire donner, par des préposés de leur part, les billets d'admission, ce que les frères paraissent eux-mêmes désirer pour éviter toutes discussions entre eux et les parents.

Les suppliants osent espérer que S. M. daignera, en vue du bien public, autoriser ces différents objets de demandes par un arrêt de son conseil, et toutes lettres sur ce nécessaire, s'il y a lieu, et ils feront des vœux respectueux pour la conservation de S. M.

Signés : Souyn, Coquebert, Jobart, Carbon, Mopinot, Le Comte, Sutaine, Torel, Sutaine B^{in}, et Sutaine-Maillefer, Procureur-syndic.

Cette requête au Roi, fut adressée le 7 décembre 1776, à M. le lieutenant de Paris, par M. Sutaine.

J'ai l'honneur de vous envoyer notre requête concernant les écoles chrétiennes. J'ai examiné le compte (rendu au mois de janvier 1764, à la grande chambre du parlement, par M. Roussel de Latour, conseiller) des biens du collége des jésuites de Reims. Il y est prouvé que tous les biens de cette maison appartenaient à ce collége et non à la société, comme ordre religieux; il parait qu'ils ont tous été transmis, ou à celui de l'Université ou à d'autres lieux d'instruction ; ainsi nous ne devons pas croire qu'il en soit resté entre les mains du séquestre. Il y a même des lettres-patentes de 1763, qui ont ordonné qu'en laissant aux différents colléges les biens, ils seront tenus d'envoyer au sieur Bronod, économe séquestre, chacun une somme proportionnée pour contribuer au paiement des dettes de la société ; ainsi vous trouverez, je pense, comme moi, Monsieur, qu'il ne s'agit plus de savoir si une portion des biens de Reims est entre les mains du séquestre. Cela ne doit point être; mais s'il ne serait pas possible de détacher présentement une portion des biens propres de l'institut en faveur de la ville de Reims, à charge par elle d'entretenir leur vie durant un nombre proportionné des anciens membres de la société....

L'année suivante, dans la séance du 4 juillet 1777, le conseil de ville, dans l'espoir d'arriver enfin à une solution satisfaisante, adressa au frère directeur des frères des écoles chrétiennes, les propositions suivantes, relatives à cette question des lettres-patentes à demander pour Reims, depuis si longtemps en suspens.

1• Le corps de ville continuera de jouir sur lesdites écoles de l'autorité jusqu'à présent reconnue par les frères, consistant en inspection, visite et police.

2° Les enfants y seront admis, au plus tard, à l'âge de six ans, sur un billet du bureau de chaque paroisse.

3° Les frères rétabliront, à la rentrée prochaine des écoles, la petite classe, c'est-à-dire, la troisième, sur les paroisses de St-Timothée, St-Jacques et St-Etienne : au moyen de quoi le secours de 800 liv. annuel, sur la taxe des pauvres, leur sera continué, et même porté à 900 liv., pour faire une pension de 300 liv. à chacun des trois maîtres des petites classes.

4° Ils reconnaîtront que tous les biens, de quelque espèce qu'ils soient, situés dans cette ville ou ailleurs, dont jouit présentement la maison de Reims, même ceux situés dans ladite ville dont le régime prétend être propriétaire (de tous lesquels biens ils ont donné, le 14 août 1774, un état duement certifié d'eux, tant à M. l'archevêque qu'au corps de ville), appartiennent auxdites écoles, avec toute renonciation de la part de l'Institut ; à la charge cependant des clauses et réserves stipulées, dans le cas auquel les frères où les écoles n'existeraient plus dans Reims.

5° Les legs et donations de 250 liv. ou au-dessus, faits sous telle dénomination que ce soit par des citoyens, appartiendront aux écoles et non à l'Institut ; ils seront registrés à l'hôtel de ville, pour être convertis en rentes au profit d'icelles, suivant la déclaration du Roi de 1762.

6° L'ancien administrateur de la famille de M. De la Salle pour le temporel des écoles, conjointement avec les frères directeur et procureur, sera rétabli, et dans le cas où il n'y aurait plus de membre de cette famille à choisir, il y sera suppléé par deux conseillers-échevins.

7° Si dans la suite il arrivait que par le dépérissement des revenus, ou faute des avantages que l'Institut espère de l'effet des lettres-patentes à demander, les frères prétendissent ne pouvoir plus subsister dans Reims, sans être aidés de nouveau par le corps de ville ou par les habitants, les officiers municipaux auront alors la liberté de les remercier et les renvoyer, en laissant par lesdits frères tous les biens et revenus quelconques, reconnus comme ci-dessus appartenir aux écoles, sauf par la ville à pourvoir autrement aux moyens de procurer l'instruction au peuple.

Reims, 30 décembre 1777.

A M. Sutaine-Maillefer.

Monsieur,

Ne pouvant avoir l'honneur de vous rendre de vive voix mes devoirs de respect et de reconnaissance au commencement de cette nouvelle année, agréez, je vous prie, que je m'en acquitte par écrit, vous assurant des vœux que notre communauté et moi en particulier offrons au ciel, en votre faveur, et de toute votre respectable famille, impétrant instamment la continuation de vos bontés et vos bons offices pour terminer, avantageusement avec Monseigneur et nos supérieurs, l'affaire du rétablissement des écoles, que je désire ardemment, comme le meilleur moyen de soulager nos pauvres frères qui sont accablés par le trop grand nombre d'enfants.

Je suis, etc.,   Frère Lupicin.

L'Institut des frères des écoles chrétiennes répondit aux propositions du conseil de ville par une délibération ainsi conçue :

L'an mil sept cent soixante-dix-huit, le dix-neuvième février, le supérieur général de l'Institut des frères des écoles chrétiennes et ses trois assistants, ayant délibéré sur les arrangements à prendre avec la ville de Reims pour assurer aux frères qui y sont une subsistance honnête, selon leur règle, sont unanimement convenus des articles suivants :

1° Que, malgré la cherté des vivres, ils consentaient que la pension de chacun des frères occupés dans ladite ville ne soit portée qu'à la somme de 350 l. ;

2° Que, par considération pour la ville de Reims, qui est le berceau de leur Institut, ils voulaient bien abandonner les 922 liv. de revenu que produisent les biens acquis en ladite ville au nom de l'Institut, pour concourir à fixer une pension de 350 liv. à chacun des frères qui y travaillent ;

3° Que la totalité du revenu desdits frères, y compris l'article ci-dessus et ce qu'ils reçoivent des paroisses de St-Hilaire, de St-Jacques et de St-Timothée, ne montant qu'à 2,275 l., charges déduites, le régime ne pourrait à l'avenir laisser à Reims qu'autant de frères que ledit revenu en pourra faire subsister, à raison de 350 liv. par tête ; à moins qu'on ne leur assure incessamment une augmentation de 2,625 liv. par an, pour former un revenu fixe de 4,900 liv. nécessaire à la subsistance tant des neuf frères employés actuellement aux écoles de charité de la ville de Reims, qu'à celle des frères directeur, procureur, cuisinier, jardinier et portier ;

4° Que ledit régime ne pourra consentir de renvoyer

trois frères à Reims pour recommencer les écoles interrompues par impuissance de nourrir ceux qui les administraient, qu'au préalable on n'ait assuré à chacun d'eux la même pension de 350 liv.

Le régime observe que si la pension de 350 liv. pour chaque frère devenait insuffisante dans la suite pour pouvoir subsister selon leur état, à raison du renchérissement des vivres, il pourra diminuer le nombre des frères à proportion, à moins qu'il n'y soit pourvu d'ailleurs. Ont signé : frère Agathon, supérieur-général ; frère Paschal, 1er assistant ; frère Sylvestre, 2e assistant ; frère Irenée, 3e assistant.

On le voit, depuis plusieurs années, les efforts de la ville de Reims n'aboutissaient à aucun résultat ; la résistance des frères des écoles chrétiennes restait la même.

Ce qu'il y a surtout à déplorer au milieu de ce conflit, c'est que l'éducation des pauvres enfants en souffrait : les écoles ne subsistaient que sur les paroisses de St-Hilaire, de St-Jacques et de St-Timothée ; et encore, dans les écoles tenues dans la circonscription de ces deux dernières paroisses, il n'y avait que deux classes, n'admettant chacune que soixante à quatre-vingts enfants environ. Les plus jeunes enfants étaient forcément exclus, ou plutôt, admis fort tard aux écoles, ils n'avaient pas le temps de profiter du bienfait de l'instruction : dès qu'ils avaient fait leur première communion, dès l'âge de 10 à 11 ans, ils cédaient la place à d'autres enfants, et étaient livrés trop jeunes aux travaux d'une profession manuelle.

Cet état de choses avait frappé les esprits des bons citoyens ; nous en trouvons la preuve dans une lettre du 30 mars 1778, au rédacteur *des affiches de Reims et généralité de Champagne.*

M. le rédacteur des affiches,

Messieurs les frères des écoles chrétiennes ont été reçus dans cette ville pour la première éducation des pauvres enfants. L'indigence où ils se trouvent les empêche de fournir aux écoles de St-Jacques le frère qui y tenait la troisième classe, et ils l'ont supprimée. C'est aux officiers municipaux à éclaircir ce point ; mais, en attendant, le pauvre souffre.

La suppression de cette classe est un malheur pour les enfants, pour la religion, pour la société et pour les pauvres ouvriers. Ceux-ci se débarrassaient de leurs plus jeunes enfants, et se reposaient du soin de leur première éducation sur ces instituteurs gratuits. A présent, ces enfants traînent dans les rues, ou empêchent leurs pauvres parents de travailler. La plupart n'apprendront rien ; à sept ou huit ans, on les occupera sans qu'ils sachent lire, ni même dire leurs prières. Il aurait autant valu qu'on supprimât la première classe que la troisième, dite communément la petite.

Pour remédier à cet abus, que faudrait-il ? Cent écus pour une année. Avec cette somme, les frères se chargeraient de fournir un sujet pour la classe supprimée. J'en dépose dix chez M. Dabancourt, notaire, rue de Vesle, et j'espère que les autres se trouveront sans peine sur la paroisse, où il y a beaucoup de personnes généreuses et intéressées au bien de l'humanité.

J'ai l'honneur d'être très parfaitement, etc.

Un patriote.

Cette lettre d'un bon citoyen nous dicte quelques réflexions sur l'éducation des pauvres enfants, ajoute, dans une note manuscrite, M. Sutaine-Maillefer. Loin de négliger l'instruction gratuite des frères des écoles chrétiennes fondées par M. De la Salle, de cette ville, on doit s'étonner qu'elle n'ait pas été favorisée par intérêt pour le bien public. Il est honteux que la plus grande partie du bas peuple ne sache ni lire ni écrire. Cette ignorance absolue qui ne devrait pas exister dans une grande ville, perpétue l'incapacité d'un état quelconque, nuit au commerce, et devient un obstacle aux dispositions naturelles de chaque individu social. L'homme qui ne sait ni lire ni écrire, est en quelque sorte une machine qui n'agit que par instinct ou par imitation. Ses connaissances sont toujours bornées, ses facultés toujours imparfaites. Nous voyons souvent même des artistes, des gens à talents, qui ne savent pas signer leur nom, et qui n'ont pu perfectionner par la lecture les dispositions que la nature ou l'étude leur avait données. Il faudrait une loi qui obligeât tous les pères de famille à donner à leurs enfants les premières notions de la lecture et de l'écriture, ou s'ils ne peuvent le faire eux-mêmes, au moins à profiter des établissements formés pour cette éducation. Les premières années des enfants perdues dans la négligence et l'oisiveté sont irréparables. La misère les force au travail quand ils ont un certain âge, mais toute leur vie se ressent de l'ignorance grossière dans laquelle on les a élevés......

Déjà l'on croit entendre sourdement gronder au loin les approches de la révolution : encore quelques années, et ces vœux, timidement exprimés, seront solennellement convertis en déclarations de principes et en lois par nos grandes assemblées de la Révolution française.

Les frères avaient obtenu des lettres-patentes au mois de mars 1777, non pas, il est vrai, pour la ville de Reims en particulier, mais pour tous leurs établissements situés dans le ressort du parlement de Paris.

C'est un fait qui a lieu de surprendre, après avoir lu la correspondance de 1777 et celle de 1778.

Mais les frères l'avaient laissé ignorer au syndic et au conseil de la ville : ce ne fut qu'après l'enregistrement, au mois de mai 1778, par le parlement de Paris, que l'on connut à Reims l'existence de ces lettres-patentes. Le conseil de ville s'en émut ; il ordonna qu'une commission, prise dans son sein, informât sur cette nouvelle phase de l'affaire des écoles chrétiennes ; voici comment les choses s'étaient passées.

Ce fut à Paris, au mois de février 1778, que M. Sutaine-Maillefer entendit parler, pour la première fois, des lettres-patentes obtenues par les frères au mois de mars 1777 : il les appelait lui-même alors les prétendues lettres-patentes.

Les frères se donnaient alors beaucoup de mouvement pour les faire enregistrer au parlement de Paris.

M. Sutaine eut, le 3 mars 1778, une entrevue avec M. l'abbé d'Espagnac, conseiller au parlement, rapporteur de l'affaire des lettres-patentes ; et il apprit que les lettres-patentes, pour tous les établissements situés dans le ressort du parlement de Paris, avaient été effectivement obtenues l'année précédente. Laissons parler M. Sutaine lui-même : les lettres-patentes ont donc été obtenues par l'ancien régime : (l'assemblée du chapitre général s'était tenue à Reims, le 3 août 1777). Ces lettres-patentes sont générales ; c'est-à-

dire, pour toutes les maisons de l'Institut, au ressort
du parlement de Paris ; elles avaient été adressées à
M. le procureur-général avec une lettre de cachet, pour
l'enregistrement ; cette forme de présentation a été
unanimement rejetée, ensuite, on les accompagna d'une
requête des frères ; cette affaire fut mise au rapport
de M. l'abbé d'Espagnac, il conclut à ce qu'elles
fussent communiquées à toutes les villes et bailliages
du ressort qui y ont intérêt. Son rapport fut accompagné de la mise sur le bureau de la bulle de fondation.
En 1725, le parlement trouva *qu'il y avait abus* dans
la bulle, et l'enregistrement des lettres fut unanimement rejeté, sans attendre la communication proposée
par le rapporteur.... Les frères continuent de le solliciter de la connaissance de M. le rapporteur, mais ils
déplaisent à Messieurs ; ils étaient dans le temps
serviteurs des Jésuites, le parlement a eu à se plaindre
de plusieurs d'entre eux, dans l'exil de 1771. ...
Quoique la ville de Reims eut à se plaindre du mystère
que l'ancien et le nouveau régime lui ont fait de ces
lettres, j'ai dit à M. le rapporteur tout le bien que
je pensais de l'Institut, de sa méthode simple et
suffisante pour l'enseignement du peuple, de l'impossibilité que je trouvais à ce que ces frères pussent
s'élever comme les jésuites, ainsi qu'on le craignait,
attendu que la bulle leur défend le latin et les ordres
sacrés. Il m'a promis que si le parlement s'occupait
de cette affaire, ces lettres seraient certainement communiquées au préalable à la ville de Reims, berceau
de l'Institut, et m'a dit qu'alors il faudrait lui envoyer
les propositions du 2 juillet 1777, qu'il approuve,
ainsi que M. De Challerange, conseiller de la grand'
chambre auquel je les ai aussi présentées....
  Les lettres-patentes furent cependant enregistrées

au parlement de Paris, le 26 mai 1778; et ce ne fut, qu'à la fin du mois d'août que les frères de Reims en instruisirent M. le procureur du Roi, syndic de la ville.

Le conseil de ville se réunit plusieurs fois pour s'occuper de cette affaire. Le 28 décembre 1778, il entendit la lecture de ces lettres-patentes ; en voici la teneur :

Louis, par la grâce de Dieu, roi de France et de Navarre, à tous présents et à venir, salut : nos chers et bien amés les frères des écoles chrétiennes nous ont très humblement fait exposer que leur établissement primitif remonte à l'année 1680 ; qu'il est dû au zèle et à la piété du sieur De la Salle, chanoine de l'église métropolitaine de Reims, qui établit des maîtres sous la dénomination de frères des écoles chrétiennes, pour enseigner gratuitement aux pauvres enfants le caté-chisme, à lire, à écrire et à calculer, que l'utilité de ces fonctions a fait appeler ceux qui s'y sont dévoués dans plusieurs paroisses et villes de notre royaume, par les évêques, par les curés et les officiers municipaux, pour y tenir des écoles gratuites en faveur des pauvres enfants ; qu'ils ont formé successivement dans le ressort de notre parlement de Paris, trente-huit établissements du même genre, savoir : quatre dans notre bonne ville de Paris, et les trente-quatre autres dans les différentes villes du même ressort, qu'ils y possèdent des maisons, quelques portions de jardins, des rentes modiques et des pensions qui ne suffiraient pas à beaucoup près pour subvenir à leur subsistance sans les secours charitables qu'on leur donne ; que plus occupés de l'éducation des pauvres enfants que de leurs propres intérêts, ils ne demandent rien au-delà de leur néces-saire, qu'ils ne désirent que d'avoir une existence

certaine dans le ressort de notre parlement de Paris,
comme ils l'ont dans notre parlement de Normandie,
où ils se sont établis en vertu de lettres-patentes du
mois de septembre 1724, de continuer d'y vivre sous
notre protection et celle des lois, et d'obtenir la
confirmation des acquisitions qu'ils y ont faites ; pour
quoi ils nous ont fait supplier de leur accorder nos
lettres sur ce nécessaire ; ce à quoi ayant égard, et
voulant favoriser un établissement qui ne peut tendre
qu'au bien de nos sujets et donner aux exposants des
marques particulières de notre bienveillance ;

A ces causes, et autres, à ce nous mouva:.t, de
l'avis de notre conseil et de notre grâce spéciale, pleine
puissance et autorité Royale, nous avons par ces présentes autorisé, approuvé et confirmé, autorisons,
approuvons et confirmons les différents établissements
des exposants, dans le ressort de notre parlement
de Paris, ainsi que toutes les acquisitions qu'ils y
ont faites, lesquelles sortiront leur plein et entier
effet ; voulons et nous plaît qu'ils continuent d'en
jouir, comme ils en ont joui jusqu'à présent, déro-
geant, à cet effet, à l'édit du mois d'août 1749, et
à tous autres édits et déclarations et lettres-patentes
qui pourraient être à ce contraires, de la rigueur
desquels nous les avons relevés et dispensés, relevons
et dispensons par ces présentes, pour cet égard seulement, et sans tirer à conséquence ; à la charge, par
lesdits exposants, de continuer à tenir lesdites écoles
de charité dans lesquelles ils enseigneront gratuitement aux pauvres enfants, le catéchisme, à lire, à
écrire et à calculer, le tout néanmoins en ce qui
concerne les paroisses de la ville de Paris, avec l'approbation du chapitre, du chantre de l'église de Paris,
et des curés de ladite ville, et à l'égard des paroisses

des autres villes et lieux du ressort de notre parlement, avec l'approbation des archevêques et évêques dans les diocèses desquels ils sont établis, de ceux qui peuvent avoir droit de juridiction sur les petites écoles et dites villes et lieux, *avec le consentement des communautés des habitants et sous l'inspection des premiers officiers des bailliages et sénéchaussées, et des officiers municipaux des villes*; voulons en conséquence que ledit établissement jouisse dans notre royaume de tous les droits civils et ordinaires dont y jouissent les corps et communautés légalement établis ; voulons en outre et nous plait qu'il ne puisse être prétendu ni exigé des exposants, à raison de l'exécution des présentes, aucun droit d'amortissement, contrôle, centième denier, marc, droits de mutation, lots et ventes, ni autres droits qui peuvent nous être dûs de quelque nature qu'ils soient, dont nous avons déchargé et déchargeons lesdits exposants : si donnons en mandement à nos amés et féaux conseillers les gens tenant notre cour de parlement, chambre des comptes et cours des aides de Paris, et tous autres nos officiers qu'il appartiendra, que ces présentes ils fassent enregistrer et de leur contenu jouir et user les exposants, pleinement, paisiblement et perpétuellement, sans souffrir qu'il leur soit donné aucun trouble ni empêchement, cessant ou faisant cesser tous troubles et empêchements à ce contraires ; aux copies desquelles, collationnées par l'un de nos amés et féaux conseillers secrétaires, voulons que foi soit ajoutée comme à l'original ; car tel est notre plaisir, etc. Donné à Versailles, au mois de mars 1777. Signé Louis. Plus bas, de Miroménil.

Registrées ce consentant le procureur-général du Roi pour jouir par les impétrants de l'effet contenu en

icelles, à la charge, savoir, par les établissements
faits par eux, tant dans cette ville de Paris que dans
les autres villes, bourgs et paroisses du ressort de
la cour, jusqu'au jour de l'enregistrement des lettres-
patentes, de rapporter, dans le délai de six mois,
un état par eux certifié véritable, des établissements
et des revenus attachés à chacun d'iceux, pour ledit état être et demeurer déposé au greffe de ladite
cour ; en ce qui concerne les établissements que lesdits
impétrants pourraient former par la suite, tant dans
cette ville de Paris que dans les autres villes, bourgs
et paroisses du ressort de la cour ; à la charge par
lesdits impétrants de ne pouvoir, à l'avenir, accepter
aucun desdits établissements, sans au préalable avoir
rapporté à la cour les traités et accords qu'ils auraient
faits avec ceux qui les auraient appelés, pour, sur
les conclusions du procureur-général du Roi, être
homologués, si faire se doit ; à la charge pareillement qu'ils ne pourront *apprendre aux enfants qu'à
lire, écrire et compter, sans pouvoir leur enseigner
aucunes langues, ni aucunes autres sciences* ; comme
aussi à la charge que dans leurs maisons, autres que
leurs maisons de force, *ils ne pourront avoir des pensionnaires, sous quelque prétexte que ce soit*, et être,
au surplus, lesdits impétrants tenus de se conformer
aux charges, clauses et conditions portées en lesdites
lettres-patentes, suivant l'arrêt de ce jour ; à Paris,
en parlement, le 26 mai 1778.   Signé Isabeau.

Dans cette même séance du 28 décembre 1778,
M. le lieutenant des habitants fit au conseil le rapport suivant.

Messieurs, sur la lecture qui vous avait été faite,
le 6 avril 1778, de la délibération du 19 février du

régime des frères des écoles chrétiennes où il s'a-
gissait de 2,875[1] d'augmentation, demandée par eux,
tant pour l'entretien des maîtres actuels avec leurs supérieurs, que pour rétablir la petite classe dans les
écoles de St-Jacques, St-Etienne et St-Timothée,
vous aviez nommé MM. Souyn, Sutaine, Hurtault,
Bidel et le procureur du Roi, syndic, pour examiner
cette affaire. Notre travail a été différé jusqu'à ce
jour à cause de différentes raisons qu'il y a eu d'espérer de la part de Mgr. l'archevêque, l'union d'un
bénéfice simple ; mais une conférence que M. le
syndic et moi venons d'avoir avec celui de MM. les
grands-vicaires, chargés de ce rapport, par Mgr l'archevêque, nous a déclaré qu'on ne peut faire aucun fonds
sur cette ressource : ainsi, il ne s'agirait plus que
de revenir à l'examen proposé ; mais avant d'y procéder, nous devons vous faire part de la visite que nous
avons eue du supérieur-général de l'Institut qui passait
avant-hier à Reims, dans sa tournée, et qui nous a remis
des lettres-patentes registrées au mois de mai dernier,
pour toutes leurs maisons du ressort du parlement de
Paris.

Vous voyez, Messieurs, par la lecture de ces
lettres-patentes, que l'Institut est renfermé dans les
bornes de l'instruction du peuple comme il est
d'ailleurs prescrit par la bulle de fondation ; que le
pensionnat de Reims, n'étant pas une maison de force,
doit être supprimé, ce que l'on désire depuis longtemps dans toute la ville, qu'ils ne peuvent continuer
leur enseignement dans Reims que du consentement
entre autres des officiers-municipaux à qui l'inspection en est confirmée, en la partageant avec l'autorité
spirituelle et le bailliage Royal ; qu'enfin, on oblige

les frères à donner, dans six mois, au parlement un
état des revenus de chacune de leurs maisons, ce
qu'ils ont fait pour Reims en distinguant les biens
comme ils le sont dans leur déclaration du 19 février;
je vous propose de confier encore les lettres-patentes
à MM. les commissaires, pour vous en faire également
ment rapport avec le premier objet. Nous nous sommes,
cependant, entretenus provisoirement de ce dernier
article avec le frère supérieur-général et le grand-vicaire
de Mgr l'archevêque, d'autant que le régime n'entend
laisser ici au mois de septembre que les frères que la
maison pourra nourrir, ayant besoin des autres pour
Arras, où il lui en faut quinze; sur quoi, je vous
observe, Messieurs, qu'il paraît qu'un des biens-fonds
de l'ancien collége des Jésuites est encore sans destination, il est situé dans le diocèse de Laon, il rapporte
4,000 ' environ; ce revenu a sans doute servi, jusqu'à présent, à la pension des religieux supprimés,
on pense qu'il serait possible de l'obtenir, en se
chargeant d'acquitter celles qui y sont affectées; au
reste, la commission fera les recherches nécessaires
sur cet article, et vous entendrez ensuite son rapport.

La compagnie s'étant fait représenter la conclusion
du 6 avril, concernant les écoles chrétiennes, ayant
pris lecture des lettres-patentes registrées le 28 mai
pour cet Institut, et après avoir ouï le rapport de
M. le lieutenant et de M. le syndic, a arrêté qu'il
serait registré, et que lesdites lettres-patentes seraient
remises à MM. les commissaires nommés le 6 avril,
auxquels elle ajoute M. de Torel, pour lui faire par
eux rapport du tout le plus tôt qu'il sera possible;
les chargeant aussi des informations nécessaires concernant le bien-fonds de l'ancien collége des jésuites,
situé au diocèse de Laon.

La commission nommée par le conseil de ville, pour s'occuper de l'affaire des lettres-patentes, désigna pour son secrétaire, M. Hurtault : celui-ci communiqua à M. Sutaine-Maillefer son travail, le 18 février 1779.

Je vous envoie, Monsieur, le projet de la requête concernant les écoles chrétiennes, j'y joins la copie des lettres-patentes où vous observerez qu'ils exposent avoir été appelés dans 34 villes du ressort par les évêques, les curés et les officiers municipaux, ce qui supposerait, contre la réalité des faits, plus même que le consentement de nos prédécesseurs, à leur admission dans les quatre écoles de Reims ; c'est pourquoi je tiens, dans la requête sur cet article, le langage convenable sur ce point ; ils ont aussi donné un état de leurs biens et revenus dans Reims, pour se conformer aux termes de l'enregistrement ; nous ignorons s'ils y ont distingué ce qui appartient aux écoles, de ce qu'ils regardent comme biens propres de l'institut. La manière dont ils s'énoncent dans les lettres-patentes en ferait douter ; c'est pourquoi je parle de cette distinction dans la requête, il ne faut pas qu'on puisse, dans la suite, se prévaloir de notre silence, à une époque telle que celle de ces lettres-patentes.

Faites, au surplus, tous les changements que vous croirez convenables, ce qui doit importer le plus, est que la requête puisse incessamment partir, afin de n'être plus exposés à ce que nous soyons prévenus par d'autres, pour le prieuré de Ste-Preuve.

J'ai l'honneur, etc.   Hurtault.

Cette requête fut définitivement rédigée le 27 février 1779, dans les termes suivants :

A S. M. le Roi et à nos seigneurs de son conseil.

Remontrent très humblement les lieutenant, gens du conseil et échevins de la ville de Reims, disant que le régime de l'Institut des frères des écoles chrétiennes vient de leur remettre une copie des lettres-patentes du mois de mars 1777, registrées au parlement de Paris, le 26 mai dernier, portant confirmation des divers établissements où il se trouve dans l'étendue du ressort du susdit parlement, avec obligation de rapporter en la cour un état par eux certifié véritable desdits établissements et revenus y attachés. Comme le premier de tous, (qui a eu son origine dans Reims ainsi qu'ils l'exposent) n'avait pas été jusqu'à présent revêtu de lettres-patentes, même particulières, quoique plusieurs autres de leurs maisons principales en eussent, les remontrants n'ont pu jusqu'aujourd'hui y prendre une part directe et spéciale, non plus qu'à l'admission des frères dans trois autres écoles de la même ville ; ni veiller sur les legs et donations qui ont eu lieu depuis 1680, dont une partie paraît avoir été faite directement aux écoles de Reims, abstraction faite des frères et l'autre appartenir à l'Institut. Lesdits remontrants au surplus n'ont eu, jusqu'à ce jour, aucun motif de désirer que l'éducation des enfants des pauvres fût confiée à d'autres mains, ils rendent justice à la méthode pratiquée pour l'enseignement par les frères qui, d'ailleurs, ont dans toute occasion témoigné leur respect et leur déférence pour le corps de ville, en la personne du chef et du ministère public.

La médiocrité du revenu et la cherté des vivres avaient obligé, depuis 1774, de supprimer l'une des trois classes ci-devant établies dans lesdites écoles, à l'exception de celle dite de St-Hilaire, et le retranchement était nécessairement tombé sur la classe des plus petits enfants, pour ne point priver la grande de l'instruction indispensable pour les premières communions. Les frères ne pouvant encore fournir à la nourriture du petit nombre de maîtres qui restaient, annonçaient, chaque année, leur intention de fermer entièrement deux desdites écoles, lorsque le nouveau régime, nommé au chapitre-général de 1777, apportant une attention nouvelle aux revenus de toutes leurs maisons, et désirant se conformer à l'enregistrement des lettres-patentes pour la suppression des pensionnats, est venu déclarer lui-même, par sa délibération du mois de février, qu'il avait besoin d'un secours annuel de 2,625 liv. pour l'entretien des quatre écoles sur le pied actuel, y compris les frères directeur, procureur et autres pour le service de la maison; et que si ce secours ne lui était pas fourni aux vacances prochaines, il ne pourrait laisser à Reims que le nombre de maîtres proportionné aux revenus actuels, à raison de 350 liv. pour chacun; que même si l'on désirait rétablir les trois petites classes supprimées, il fallait ajouter 1,050 liv. à cette première somme de 2,625.

Les remontrants voient avec regret que les revenus municipaux ne peuvent en aucune partie être appliqués à cet objet, quelqu'important qu'il soit; qu'à peine ils peuvent suffire pour l'acquit des rentes, l'entretien des murs des bâtiments et du pavé, le paiement des gages et autres charges publiques. C'est pourquoi ils ont recours aux bontés de V. M.

Ils représentent qu'au temps de la suppression du collége des jésuites en leur ville, les biens de cette

maison ont été tellement partagés entre celui de l'u-
niversité de Reims, celui de Vassy et les créanciers
de ces mêmes religieux, que le prieuré de Ste-Preuve,
situé au diocèse de Laon, est resté sans destination,
le feu Roi ayant eu l'intention, sans doute, de le
réserver pour quelqu'autre usage utile qui pourrait
survenir. Il rapportait alors, suivant le compte rendu
par M. Roussel, conseiller en la cour, 1,705 liv.
(on est instruit que, présentement, le revenu est de
3,000 liv.), lesquelles S. M. est suppliée de vouloir
bien attacher, préalablement, à l'entretien desdites
écoles, et d'ordonner en outre qu'il y soit suppléé
par une somme de 675 liv., à prendre sur la masse
des revenus de la société de Jésus, ci-devant destinée
aux pensions viagères de ses membres réformés dont
une partie, depuis 1763, ne doit plus exister ; au
moyen de quoi, non-seulement le nombre des maîtres
actuels serait entretenu dans Reims, mais il serait
encore augmenté de trois autres, pour procurer dans
chaque école le rétablissement de la petite classe, où
l'on apprend les prières, le catéchisme et les éléments
de la lecture aux plus petits enfants.

Ils croient encore devoir requérir que, conformément à la déclaration du Roi de 1762, les donations
qui pourraient être faites auxdites écoles ou généralement à l'Institut, sous la clause d'être appliquées à
l'instruction des pauvres enfants de Reims, même sans
cette clause, pourvu que le donateur soit natif de cette
ville ou y habite, ensemble les legs de 250 liv. et
au-dessus, portant les mêmes stipulations, soient
dorénavant registrés au greffe de l'hôtel de ville et
au bailliage royal, pour être employés en contrats
de constitution sur le Roi, l'hôtel de ville de Paris,
ou celui de Reims, à l'effet d'en être les revenus

appliqués au plus grand avantage desdites écoles, le tout aux termes de ladite déclaration, ou même mis en sequestre, jusqu'à l'établissement d'une cinquième qu'on juge nécessaire sur la paroisse de St-Pierre.

Le droit des pauvres et l'observance de la bulle du pape Benoît XIII, donnée en 1724, pour approuver les constitutions et règles de l'institut, les obligeant encore de demander à ne laisser admettre dans ces écoles que les enfants des manouvriers et artisans, et d'être autorisés pour cet effet, de concert avec les premiers officiers du bailliage royal, à donner ou faire donner, par des préposés de leur part, des billets d'admission; ce qui aurait également lieu quand le tout ou partie des mêmes écoles passerait en d'autres mains que celles des susdits frères.

Les remontrants osent espérer que S. M. daignera, en vue du bien public, accorder ces différents objets de demande par un arrêt de son conseil, et ils feront les vœux les plus respectueux pour sa conservation.

M. Rouillé d'Orfeuil, intendant de Champagne, transmit la requête des officiers municipaux de la ville; mais, la demande de MM. du conseil ne fut pas accueillie.

Châlons, le 31 juillet 1779.

J'ai renvoyé, Monsieur, à M. Bertin le mémoire par lequel les officiers municipaux de Reims demandaient, pour leurs écoles chrétiennes, le prieuré de Ste-Preuve, qui appartenait ci-devant aux jésuites établis dans cette ville. Ce ministre me marque à cette occasion qu'il n'est pas possible, quant à présent, d'accorder à ces officiers municipaux l'objet de leur demande; que le prieuré de Ste-Preuve, ainsi que les autres bénéfices qui étaient mis aux établissements des

jésuites, servent à payer les pensions des anciens
membres de cette société ; et que M. l'évêque d'Autun,
auquel il a cru devoir en écrire, lui répond que loin
de pouvoir rien retrancher de ces fonds, ils sont insuffisants pour remplir l'objet auquel le Roi les a destinés.
Vous voudrez bien faire part de cette décision à ces
officiers municipaux.

Je suis, etc..   Rouillé.

Cette réponse ne découragea pas le conseil de ville :
il ordonna aussitôt que les deux lettres suivantes seraient
adressées à M. l'intendant de Champagne et à M. l'archevêque de Reims.

Reims, le 14 août 1779.

A Monseigneur Rouillé-d'Orfeuil, intendant de
Champagne.

Monsieur Polonceau nous a communiqué la lettre
que vous lui avez écrite le 31 juillet, au sujet du
renvoi du mémoire que nous avions eu l'honneur de
vous adresser, en vous suppliant de l'appuyer de votre
protection et de vos sentiments de bienveillance pour
nous auprès de M. Bertin, ministre de la province,
à l'effet d'obtenir de ce ministre des secours pour le
soutien de nos écoles chrétiennes établies pour l'instruction des enfants des pauvres, qui sont au moment
d'être presque anéanties faute de fonds pour payer les
maîtres.

Nous avons vu avec chagrin, Monseigneur, que la
réponse de M. Bertin renverse presque toutes nos
espérances. Ce ministre vous mandant qu'il n'est pas
possible pour le présent de nous accorder le prieuré
de Ste-Preuve, parce qu'il sert à payer les pensions
des anciens membres de la société des jésuites, que

M. l'évêque d'Autun, auquel on en a écrit, lui a répondu que ce prieuré, ainsi que tous les fonds en réserve, étaient même insuffisants pour remplir tous les objets auxquels ils sont destinés; mais, Monseigneur, sans toucher à la destination actuelle de ces fonds réservés, ne serait-il pas possible d'obtenir de M. l'évêque d'Autun, qu'il voulût bien nous assurer, dès à présent, la propriété de ce prieuré de Ste-Preuve, en le faisant unir au bureau de miséricorde, à la charge par le bureau d'en employer le revenu aux pensions qui seraient assignées à tels et tels membres de la société qui seraient désignés pour, après l'extinction de ces pensions, être le produit appliqué au paiement des maîtres chargés de l'instruction des enfants des pauvres de nos paroisses? Cette grâce est d'une telle importance pour la classe malheureuse de nos concitoyens, que nous vous conjurons, Monseigneur, de vouloir bien appuyer de tout votre crédit notre demande, malgré la difficulté momentanée qui semble s'y opposer ; vos bontés en cette circonstance nous sont plus précieuses que jamais.

Nous sommes, etc.,

Les lieutenant, gens du conseil et échevins de la ville de Reims.

Reims, le 15 août 1779.

A Monseigneur l'archevêque de Reims.

En nous acquittant envers vous des justes devoirs de la plus respectueuse reconnaissance que vous avez eue d'appuyer notre demande du prieuré de Ste-Preuve, auprès de monseigneur l'évêque d'Autun, pour le soutien de nos écoles de charité, permettez-nous de vous exprimer tout notre chagrin sur le renvoi de

cette demande à des temps peut-être si reculés, que
nous avons tout à craindre, car le temps produit
l'oubli. Nous avons eu l'honneur de vous rendre
compte dans le temps, monseigneur, que nous avions
cru devoir intéresser M. l'intendant de Champagne
au sort de nos pauvres, et qu'il avait bien voulu se
charger de seconder notre zèle auprès du ministre
de la province; nous ne pouvons douter qu'il n'ait
fait ce qui a pu dépendre de lui, puisque nous connaissons toutes ses bonnes intentions pour la ville;
cependant, la réponse de M. Bertin à ce sujet, qu'il a
bien voulu nous envoyer, est telle, que nous ne pouvons
qu'en être véritablement et vivement affligés; l'on nous
dit que ce prieuré a des destinations qui en absorbent,
et bien au-delà, tous les revenus; qu'ainsi, il est
inutile que nous comptions sur cette ressource; cependant, monseigneur, nous n'en avons point d'autres,
vous le savez, il nous est de toute impossibilité d'en
tirer de suffisants de nos propres fonds. Que de-
viendront donc les enfants de cette classe nombreuse
et souvent à plaindre, s'ils sont privés d'instruction?
Quelles que soient les difficultés qui paraissent s'opposer à nos vœux, l'objet est si important, si digne
de votre charité et de votre amour pour le bien, que
nous osons vous supplier de ne pas nous abandonner
dans cette occasion. Il nous semble que Monseigneur
l'évêque d'Autun pourrait, dès actuellement, nous
mettre hors de toute inquiétude et d'incertitude pour
l'avenir, en affectant à notre bureau de miséricorde,
bien autorisé par lettres-patentes d'Henri II, ledit
prieuré de Ste-Preuve qui, dans son principe, a eu
pour objet l'instruction, puisqu'il avait été donné aux
jésuites à cet effet; ou en l'unissant à l'université de
Reims, comme il a été fait pour celui de St-Maurice,

à la charge d'en compter tant par an pour les écoles chrétiennes de Reims, et le reste aux pauvres de ladite ville ; sous la condition encore que la jouissance des revenus de ce prieuré ne commencerait, pour nous, que quand il sera dégagé des liens qui le retiennent, c'est à dire, à l'extinction des pensions dont il est chargé ; mais notre désir serait encore qu'il plût à M. l'évêque d'Autun de dénommer les pensionnaires et d'en fixer le nombre, afin qu'à leur mort nos écoles puissent jouir de la grâce qu'il aurait bien voulu leur accorder ; alors les frères de nos écoles, assurés d'un sort convenable et heureux et d'un traitement honnête pour l'avenir, ne pourraient plus se refuser, nous ne disons pas seulement à continuer leurs instructions, mais à rétablir leurs écoles telles qu'elles étaient par le passé.

Nous sommes, etc.

Les lieutenant, gens du conseil, et échevins de la ville de Reims.

Il fallut renoncer, en définitive, aux espérances que l'on avait fondées sur les revenus du prieuré de Ste-Preuve : on répondit catégoriquement que S. M. n'entendait à l'avenir disposer des biens des jésuites, que quand l'état serait remboursé des avances considérables qu'il avait faites pour leur entretien.....

Dans la séance du conseil du 2 novembre 1780, M. le lieutenant des habitants fit connaître cette résolution à MM. de la ville, et les pria d'aviser au parti qu'il y aurait à prendre pour secourir les écoles de charité ; on agita le projet de faire contribuer à leur entretien les pères de famille aisés qui y envoyaient leurs enfants ; mais ce projet fut rejeté comme contraire aux règles de l'Institut, et surtout, dit la délibération du 8 novembre, comme dangereux pour la liberté de l'enseignement.

Le conseil, résolut alors de recourir à un parti extrême, et nous le disons sans hésiter, plus dangereux peut-être que quelques-uns de ceux qu'il avait écartés.

« La compagnie, après avoir délibéré, pria M. le lieutenant de se procurer, dans les trois écoles, le nom et le numéro du domicile de tous les enfants, indistinctement, pour connaître sur les rôles de la ville les cotes d'impositions de leur père, afin que M. l'archevêque, dans sa conférence avec MM. les officiers du bailliage royal et de la ville, pût connaître le nombre des enfants à renvoyer, si l'on prenait ce parti, pour soulager les deux maîtres actuels dans chaque école.....

Dans la séance du 6 décembre 1780, on présenta au conseil les listes de chacune des écoles de charité de St-Etienne, St-Jacques et St-Timothée, portant en marge la cote de capitation et taxe des pauvres des père et mère de chaque écolier. La compagnie délibéra sur le parti qu'il y aurait à prendre de renvoyer desdites écoles tous ceux dont les parents paient quatre deniers de capitation et au-dessus ou de les assujétir à une contribution de vingt sols par mois, dont la levée se ferait directement par l'ordre de la ville sans l'entremise des frères, le tout pour rétablir la petite classe supprimée dans chaque école et remplir l'objet de la conclusion du régime des frères du 19 février 1778 : le conseil reconnut les inconvénients qu'entraînerait ce projet, et arrêta que le premier seul, concernant le renvoi aux vacances prochaines des enfants dont les père et mère paient quatre deniers de capitation et au-dessus, serait proposé à M. l'archevêque dans la conférence qu'il

devait avoir à ce sujet avec M. le lieutenant-général,
M. le lieutenant de ville, M. le procureur du Roi,
M. le syndic et le frère directeur. Pour subvenir au
déficit qui se trouvait entre le revenu actuel desdites
écoles, quoique secondé par la taxe des pauvres depuis
quelques années et la pension de 350 liv. par frère,
établie dans ladite conclusion du régime (toujours en
laissant subsister la réduction à deux classes, qui n'a
cependant commencé qu'en 1774), la compagnie chargea
M. Sutaine de faire des recherches sur les obligations
attachées à la maison domicile des frères, qu'on pré-
suma devoir être chargée seule, dès l'époque de sa donation, d'entretenir son école de trois classes, au moyen
de quoi les fonds et autres biens survenus depuis
pourraient s'appliquer, ainsi que le secours de la taxe
des pauvres, au soutien exclusif des deux écoles de
St-Jacques et St-Timothée ; dans le cas, enfin, auquel cet arrangement ou n'aurait pas eu lieu, ou serait
encore insuffisant, la compagnie regardait l'existence
conditionnelle et provisoire du pensionnat toléré par
le parlement, comme un bénéfice qui doit, pour le
moment actuel, entrer encore en ligne de compte
pour achever de remplir la demande des frères, et
elle pria M. le lieutenant et M. le syndic de rendre
compte à M. l'archevêque de ces deux ressources très
probables.

Nous ne croyons pas devoir nous appesantir plus longtemps sur les détails de l'histoire des frères des écoles
chrétiennes, à la fin du xviii⁰ siècle.

Ce qui est constant d'après notre récit, peut-être
un peu trop détaillé, c'est que les écoles des frères
se soutenaient avec peine à l'époque de la révolution ;
la ville avait eu recours à tous les expédients ; on

avait même songé à les faire aider des produits annuels de la salle de spectacle, en 1781.

Les frères, de leur côté, il faut en convenir, se montraient toujours fort exigeants ; chaque année ils menaçaient de quitter la ville, berceau de leur Institut : et en raison même de ces exigences, de ces menaces, qui inquiétaient les pères de famille et lassaient les efforts des magistrats, les écoles n'étaient plus à ce degré de splendeur et de prospérité qu'elles avaient atteint en 1750, à l'époque de la magistrature de M. Lévesque de Pouilly. Nous craignons que l'histoire ne reproche, avec raison, aux frères des écoles chrétiennes, d'avoir été à cette époque les principaux auteurs de leur propre décadence.

La révolution arriva : elle emporta, au milieu de ses orages, les institutions et les hommes ; elle renversa l'édifice social pour le reconstruire : et si au début elle ne voulut rien conserver des pierres fondamentales, plus tard, lorsque la tempête se calma, les frères des écoles chrétiennes revinrent plus humbles encore, plus dévoués à leur mission évangélique : la période suivante nous les représentera toujours patients, toujours infatigables ; grands surtout au milieu des mauvais jours de l'adversité ; société immortelle par ses œuvres, par ses bienfaits, société qui doit survivre aux gouvernements d'aujourd'hui, dominer même les révolutions, si elle sait se garder avec soin de l'esprit d'envahissement et de domination.

3ᵉ PÉRIODE.

Depuis la révolution de 1789, jusqu'au rétablissement des frères des écoles chrétiennes, sous l'empire, en 1808.

—

« La révolution se fit un cas de conscience de confier l'instruction de la jeunesse à des hommes qui portaient des robes noires et qui croyaient en Dieu : elle ferma et vendit en 1791 le couvent des frères : leurs écoles eurent le même sort ; des instituteurs laïques les remplacèrent : toutes les décades ils menaient les enfants au temple de la raison : des lectures tirées des philosophes païens étaient ce qu'ils y entendaient de mieux.

« Cependant la voix du Seigneur disait aux proscrits : revenez, le monde a besoin de vous. Ils revinrent en 1800 : misères, railleries, menaces, rien ne les rebuta. Ils attendirent, en priant, l'heure marquée par la Providence. Enfin, elle sonna ; et vers 1805, ils obtinrent l'hospitalité dans l'ancien couvent, rue des Carmes : ils en sortirent, puis y rentrèrent, après être restés quelque temps dans une aile de l'abbaye de St-Pierre : ils avaient cédé la place aux Russes, et, pendant l'invasion, ils furent reçus, rue Neuve, nº 134 et 135, chez M. Félix-Boisseau....» (1).

Il est nécessaire de développer le récit de M. Tarbé,

(1) Reims, Essais historiques. M. Pr. Tarbé.

et de le compléter par la production de pièces authentiques que nous avons extraites des archives du
conseil municipal (1).

Les frères des écoles chrétiennes ne se tinrent pas
longtemps éloignés de la ville de Reims : les conseils
généraux de département, consultés par le gouvernement sur la réorganisation morale et sociale de
la république, indiquèrent en tête des maux qui dé-
solaient la patrie, l'état déplorable de l'éducation publique. Ils exprimèrent avec énergie, dans leurs délibérations unanimes, les regrets que partageaient un
grand nombre de citoyens, au souvenir des services
rendus par les congrégations enseignantes, et en
particulier par la communauté des frères des écoles
chrétiennes.

C'était en l'année 1800 : les frères reprirent courage ; les anciens membres de l'Institut reparurent
d'abord à Lyon, puis à Reims ; ils ne portaient pas
encore l'habit respectable et vénéré de leur saint
fondateur, mais ils se faisaient de nouveau les
maîtres d'école des pauvres enfants. A l'époque du
20 fructidor an XI, les frères adressaient la pétition
suivante à MM. du conseil de ville :

A Messsieurs les membres composant le Conseil
général de la commune de Reims.

Vous exposent les anciens frères des écoles chrétiennes, dits présentement *instituteurs des écoles primaires*, au nombre de onze, que la maison que vous

(1) Si nous n'avions pas craint de ralentir notre récit, nous aurions in-
séré dans ces essais de nombreuses pièces curieuses et inédites sur la
situation des frères à Reims, de 1789 à 1794, notamment les inventaires
authentiques et très détaillés de tous leurs biens et revenus. — Nous
supprimons ici tous ces documents à regret.

avez eu la bonté de leur faire préparer près l'hôtel de ville, se trouve trop petite par sa distribution ; les chambres n'ayant aucune séparation ni alcôve, ne présentent rien à la décence, étant obligés de loger deux et peut-être trois dans chaque chambre. Les deux corps-de-logis sont inhabitables ; l'éloignement des classes pendant les rigueurs des mauvais temps expose les maitres à être souvent malades et les classes vacantes ; l'intention du corps municipal étant que l'on élève un petit pensionnat, on ne pourrait en élever un dans cette maison. Il n'y a pas assez d'air et les bâtiments sont insuffisants.

Ils vous représentent que le citoyen Baudet, cultivateur de cette ville, est dans l'intention de louer la majeure partie de la maison, dite des frères ; que cette partie de maison est suffisante pour former un bel établissement qui sera pour cette ville de la première utilité. La salubrité de cette maison offre aux yeux du public la plus grande confiance ; mais le citoyen Baudet ne veut pas se départir du prix de 900 liv. de location ; si le conseil municipal jugeait à propos de louer la maison près de la municipalité et donner 700 liv., alors le complétement des 900 liv. se ferait par les instituteurs.

Le public prend le plus vif intérêt à ce nouvel établissement, les instituteurs y appliqueront tous leurs soins et n'omettront rien pour rendre à la pauvre jeunesse tous les services que leur imposent leur ministère et l'esprit de leur état.

Pour les instituteurs,

Gaudenne, dit frère Vivien.

Dans ce premier acte de la vie publique et officielle des frères, après la révolution, on retrouve les ten-

dances de cet esprit de suite et de persévérance auquel
ils ont dû quelques-uns de leurs grands succès. Ils
comprenaient, en 1803, qu'ils allaient devenir de plus
en plus nécessaires, et déjà ils songeaient à consolider
leur position et à reconquérir lentement une part de
ce que leur avaient enlevé les exagérations et les
violences de la révolution.

Il faut le dire, cependant, si leurs anciennes tendances se réveillaient, en même temps leur dévouement,
leur courage, leur infatigable ardeur pour l'instruction
des pauvres enfants, se ranimaient dans un élan
sublime d'abnégation personnelle et de charité.

La ville de Reims à cette époque était sérieusement
préoccupée de toutes les questions de réorganisation
générale: l'éducation publique était un des premiers
bienfaits qu'il fallait rendre à tous les citoyens ; et
nos magistrats comprenaient combien, sous ce rapport,
leur mission était grave.

Il suffit, pour s'en convaincre, de relire les délibérations du conseil municipal :

Dans la séance de 21 pluviose an x , le citoyen
maire présenta l'état des dépenses de la municipalité, qui venaient d'être fixées pour l'an xi. Lorsqu'on arriva au chapitre relatif aux traitements des
huit instituteurs et des huit institutrices, fixés à 150 f.
pour chacun , ce qui faisait pour le tout une dépense
de 2,400 fr. , plusieurs membres firent observer que
cette dépense n'avait été accordée que dans l'espoir
qu'elle serait utile pour l'instruction gratuite des
enfants des indigents ; qu'il était reconnu qu'aucun
n'en profitait , parce qu'un traitement aussi modique
que celui de 150 fr. étant insuffisant pour faire
vivre un instituteur , il était obligé, pour parvenir à

subsister, de se faire payer par mois, par chaque écolier, une rétribution qui était assez forte pour que les pauvres ne pussent la donner, motif pour lequel leurs enfants restaient sans instruction ; qu'il s'en suivait que les intentions du conseil n'étaient pas remplies et que cette dépense était en pure perte pour la commune. Ils demandèrent, en conséquence, qu'il fût au préalable pris un parti à cet égard. Le conseil, sur la proposition qui lui en fut faite, arrêta les résolutions suivantes :

1o La municipalité voudra bien solliciter le plutôt possible la suppression des seize écoles primaires actuellement existantes à Reims, et leur remplacement immédiat par deux écoles, l'une pour les garçons et l'autre pour les filles, dans chacun des trois arrondissements de justice-de-paix.

2o Il n'y aura que les enfants des pauvres de l'un et l'autre sexe, qui seront admis dans ces écoles sur certificat qui sera délivré par l'un des membres de la commission des secours à domicile, et visé par le maire.

3o Ladite commission sera invitée à prendre la surveillance des écoles.

4o Il ne sera admis pour instituteurs et institutrices que des personnes dont les mœurs et les lumières nécessaires seront bien connues.

5o Et le traitement annuel des instituteurs sera fixé pour chacun à huit cents francs, et celui des institutrices aussi annuellement à six cents francs, au moyen duquel ils ne pourront sous aucun prétexte exiger de rétribution, à peine de destitution.

La loi du 11 floréal an X (1er mai 1802), qui réorganisait les écoles primaires sur de plus solides bases, indiquait aux citoyens investis d'une portion de la puissance publique, aux conseils municipaux et aux magistrats des villes, qu'il fallait entrer avec vigueur dans une voie nouvelle, et seconder, par un concours utile, les vues élevées et les projets puissants du gouvernement fort qui s'imposait à la France.

Dans la séance du conseil municipal du 8 nivôse an XI, la commission qu'il avait nommée, en vertu de l'arrêté du 28 brumaire an XI relatif à l'organisation des écoles primaires, pour s'occuper d'un plan à ce sujet, soumit au conseil le rapport suivant.

Citoyens, l'arrêté du préfet du département de la Marne, du 28 brumaire an XI, concernant l'organisation des écoles primaires, vous a été notifié dans une précédente séance.

Vous avez cru devoir nommer, à cet effet, une commission et vous l'avez chargée de vous tracer un plan qui puisse présenter le double avantage de procurer à l'enfance et spécialement à la classe indigente l'instruction élémentaire dont elle est privée depuis si longtemps, et de se trouver en proportion avec les modiques ressources que l'état présent des choses laisse à votre disposition.

Le gouvernement paraît convaincu que, depuis onze à douze ans, la jeunesse a été privée de cette instruction, et vous êtes frappés vous-mêmes par ce qui se passe sous vos yeux du préjudice incroyable qu'a porté aux mœurs une si longue interruption.

La ville de Reims jouissait, avant ce temps, des institutions les plus précieuses pour l'éducation de la jeunesse: dès l'âge le plus tendre, les enfants recevaient les principes de la lecture, de l'écriture, de l'arithmétique et de la religion, de la part des maîtres et maîtresses qui consacraient à cet emploi, aussi pénible qu'il est honorable, tout leur temps et tous leurs soins.

Réunis en congrégation, il y avait unité de principes, uniformité d'enseignements, et cet assujétissement necessaire des individus à une même règle qui dirigeait toutes les opérations partielles vers un même but.

Reims avait la gloire d'être le berceau de ces utiles fondations, et d'en avoir distribué des colonies dans les principales villes de France. Elles n'existent plus; mais s'il n'est pas en votre pouvoir de les rétablir, nous pouvons au moins profiter de leurs leçons, et former sur leur modèle des sociétés libres qui saisissent le même esprit et suivent, autant que possible, les mêmes règles, les mêmes principes, la même tenue dans les écoles, le même ordre pour ramener cette jeunesse, maintenant si évaporée et abandonnée à elle-même, sous le joug de la subordination.

Vous pouvez juger, citoyens, du grand avantage qu'il y a à réunir les maîtres et maîtresses dans les mêmes locaux, par les inconvénients qui ont été le résultat de l'isolement de ceux qui, jusqu'ici, sont chargés de cette partie de l'instruction publique. Chacun s'est fait un système d'éducation et a voulu conduire les enfants selon sa méthode particulière. Outre cela, nulle règle, nulle uniformité pour le temps, les jours et les heures; abus qui laissait aux enfants la liberté de suivre, à cet égard, leur caprice et leur fantaisie; et c'est cependant un point plus important qu'on ne le pense ordinairement, que d'assujétir et d'accoutumer de bonne heure l'enfance à vivre de règles et à mettre de l'ordre dans toute sa conduite.

Dans le plan que nous vous proposons, des maîtres et maîtresses, assujétis eux-mêmes à une règle uniforme de conduite, vivant en commun et dégagés de tout autre soin que de celui de remplir avec honneur leurs fonctions, et de satisfaire en même temps à ce qu'ils doivent à la religion et à la patrie, se distribueront tous dans les écoles des différents quartiers, comme cela se pratiquait ci-devant, à des heures toujours réglées, y porteront le même esprit, y emploieront le même temps, et leur réunion habituelle à une maison commune, leur donnera la facilité de concerter leurs opérations pour le plus grand bien, de s'instruire mutuellement, et de devenir réciproquement un sujet d'émulation dans la manière de remplir leurs devoirs.

Nous insistons, comme vous le voyez, sur la nécessité de les faire vivre en commun ; mais c'est parce que nous apercevons dans ce mode une infinité d'avantages, et que nous croyons même qu'il est le seul qui puisse remplir vos vues et nos besoins, et donner de la consistance à un établissement si précieux et si nécessaire.

Un avantage encore qui n'échappera point à votre attention, c'est que l'uniformité une fois établie dans l'enseignement, les enfants peuvent changer de quartier, comme cela arrive fréquemment chez les indigents, sans être déroutés par une nouvelle méthode, par des livres différents de ceux auxquels ils étaient accoutumés ; ils ne s'apercevront point qu'ils changent de maîtres, parce que, en quelque façon, ils ne changent point de main.

Tel est, citoyens, le point de vue sous lequel

votre commission a envisagé l'instruction publique, pour les écoles primaires, et le moyen qu'elle a cru le plus propre dans la circonstance présente, à réparer les pertes que nous avons faites à cet égard.

Il ne s'agit plus maintenant que de l'exécution et de concilier les avantages de ce plan avec les moyens et les ressources qui sont en votre pouvoir.

Voici l'idée que nous nous sommes formés de la chose (1).

Il y aura quatre écoles pour les garçons et quatre pour les filles, distribuées dans les divers quartiers de la ville, ainsi qu'il suit :

Pour les hommes,

Une école rue Perdue, l'ancienne subsiste ;

Une école à St-Denis ou à St-Marcoul ;

Une école rue de Thillois, elle existe encore ;

Une école au Temple ou aux environs.

Pour les femmes,

Une école derrière les Minimes, elle existe ;

Une école aux Orphelins ;

Une école rue de Thillois, elle existe aussi ;

Une école au Temple, ou aux environs.

Huit hommes desserviront les quatre écoles dans chacune desquelles il y aura deux classes.

Il en sera de même pour les femmes.

Les hommes peuvent être logés en communauté à St-Patrice, au moins provisoirement.

Au moyen de l'indemnité dont il sera parlé ci-après, les femmes se chargeront de pourvoir à leur logement.

---

(1) Nous avons conservé le texte du rapport.

On suppose avec fondement que les uns et les autres, vivant en commun et réunissant leurs appointements, pourront vivre plus aisément et à moins de frais : en donnant donc à chacun des huit maîtres une somme de 550 liv., dont l'ensemble forme 4,400 liv., on estime qu'ils peuvent être contents, ci... 4,400 l.

En donnant aux femmes, qui ont moins de besoins et plus de ressources dans leur économie et leur travail, à chacune 500 l., elles réuniraient une somme de.......... 4,000

On évalue à 150 liv. le loyer d'une école, ce qui fait, pour les huit..... 1,200

Total.... 9,600

L'on estime que l'achat des tables et bancs peut s'élever à une somme de 1,200 liv.

Il reste à présenter les moyens de pourvoir annuellement à cette somme de 9,600 liv.

On peut diviser la somme de 9,600 liv. en deux, dont une partie est fixe et l'autre éventuelle.

La somme fixe est celle de 4,800 l., à prendre, chaque année, sur les fonds communaux.

La somme éventuelle dépend du nombre des enfants qui seront admis et en état de payer.

Il faut ici fonder son calcul sur des suppositions ; mais ce n'est pas s'écarter de la vraisemblance, que de porter le nombre total des élèves de 7 à 800 dans chaque sexe, dont il faudra distraire une partie qui recevra l'instruction gratis.

Suivant l'arrêté du préfet, le nombre en doit être le cinquième ; sur quoi nous vous observons que cette disposition regarde spécialement les campagnes, dont la population n'offre pas même le cinquième d'indigents ; mais elle n'est pas applicable à une ville de manufacture telle que Reims, qui renferme un nombre considérable d'ouvriers et gens de peine, qui sont hors d'état de payer les frais d'école, ayant à peine le pain à donner à leurs enfants.

Nous estimons donc qu'au lieu d'un cinquième il faudra en admettre au moins les deux tiers gratuitement ; et, pour calculer au plus bas, nous supposons 400 payants, 200 de chaque sexe.

Nous avons pensé que la contribution pourrait être de 20 sous par mois, somme qui est à la portée des fortunes les plus modiques, et qui donnerait annuellement 4,800 liv, chaque enfant payant 12 fr. par an, ce qui fait pour 400 enfants....   4,800¹

Laquelle réunie à la somme fixe,
prise sur les fonds de la commune, de.   4,800
_____
Complète celle de   9,600¹
nécessaire pour former l'établissement projeté ; sauf néanmoins les frais de papiers, plumes et encre, qu'il faut fournir à l'instruction gratuite, et auxquels il faut pourvoir, mais qu'on peut aussi espérer de trouver dans le nombre des payants qu'excédera les 400 mentionnés d'autre part.

Et pour se conformer à l'arrêté du citoyen préfet, la somme fixe, donnée par la commune, sera censée être employée pour indemnité de logement.

Savoir, aux huit hommes, 250¹.... 2000¹ ⎫
Aux huit femmes......... 200..... 1600 ⎬ 4800¹
Et le loyer des écoles..... » .... 1200 ⎭

Il est aisé de concevoir qu'un établissement de cette nature, composé de tant d'individus indépendants les uns des autres, quant aux maîtres et maîtresses, et qui admet deux classes d'enfants à élever, les uns moyennant une rétribution quelconque, les autres gratuitement, on conçoit qu'un tel établissement ne peut pas être livré à lui-même et qu'il faut qu'il réponde à un centre commun, comme il faut aussi qu'il soit surveillé, pour y maintenir l'ordre et la règle une fois établie.

Il est à observer encore que comme une partie des enfants n'est admise qu'au moyen d'une somme payable par mois, il est impossible que les maîtres et maîtresses demeurent chargés de faire par eux-mêmes une collecte, qui, d'une part, leur ferait perdre un temps considérable ; qui, de l'autre, les rendrait dépendants des parents des enfants, les exposerait à des discussions désagréables ; ce qui serait infiniment nuisible au caractère que les maîtres doivent conserver à l'égard des enfants.

Un troisième motif qui exige une direction est l'admission des enfants au gratis : il est indispensable que des personnes, animées du bien public, veuillent se charger de l'examen nécessaire pour n'admettre que des sujets reconnus, non-seulement pour vraiment indigents, mais dignes par leur bonne conduite d'être admis à présenter leurs enfants.

Voici donc une idée de la forme que l'on pourrait donner à cette direction.

Article 1er. Il y aura une commission composée de trois personnes choisies et nommées par le citoyen sous-préfet.

Art. 2. La fonction de cette commission sera de juger de l'état de ceux qui seront admissibles au gratis, à raison de leur indigence, eu égard à la moralité des parents, en donnant la préférence à ceux dont la bonne conduite donne lieu de croire qu'ils favoriseront les travaux des maîtres et maîtresses.

Art. 3. Nul ne pourra être reçu dans les écoles sans un billet d'admission que la commission délivrera tant aux payeurs qu'à ceux qui seront admis gratuitement.

Art. 4. Il y aura un receveur entre les mains duquel chaque enfant remettra, tous les mois, et d'avance, la somme des vingt sous.

Art. 5. Ce receveur sera nommé par les officiers municipaux ou par la commission, et pourra être celui de la commune.

Art. 6. Il tiendra registre du nom de tous les enfants payants et de leur demeure, et en cas du retard de paiement, il sera tenu d'en faire faire la recherche et recouvrement.

Art. 7. Tous les mois, il fera le relevé de sa recette et en fera, tous les trois mois, la répartition par égale portion à chacun des maîtres et maîtresses, à valoir sur la partie éventuelle du traitement.

Art. 8. La commission sera chargée par le citoyen sous-préfet d'assurer l'uniformité du mode d'enseignement et de lui fournir chaque mois les états prescrits par l'article XI de l'arrêté du citoyen préfet.

Nous terminons le présent rapport en observant, 1° que si nous bornons actuellement le nombre de maîtres et maîtresses à huit dans chaque sexe, ce n'est que par la nécessité de restreindre les objets de la dépense en commençant ce rétablissement; mais nous nous sommes convaincus que ce nombre n'est pas suffisant, et que l'expérience prouvera qu'il est indispensable d'avoir douze maîtres et maîtresses, trois dans chaque classe.

2º Qu'il est à désirer que le conseil puisse déterminer une somme, laquelle sera employée à distribuer des prix et récompenses, à la fin de l'année, aux élèves qui se seront distingués; parce qu'il est d'expérience que ces récompenses, quelque légères qu'elles soient, sont un puissant aiguillon pour la jeunesse et lui inspirent une noble émulation pour l'étude et l'application à leurs devoirs.

Le conseil municipal, après avoir entendu ce rapport,

Considérant que le plan présenté par sa commission assurait dans la ville de Reims l'uniformité de l'instruction primaire, qu'il renfermait les vues les plus sages, et que, s'il était adopté, il en résulterait les plus grands avantages pour les enfants, notamment pour ceux de la classe indigente;

Arrêta qu'il adoptait ce plan dans tout son contenu.

Le conseil municipal s'ajourna jusqu'au moment de l'approbation de ce plan par le sous-préfet; et, une fois cette approbation obtenue, il se réunit de nouveau pour faire choix et nommer les instituteurs et institutrices primaires, aviser au moyen de donner au plan présenté son entière exécution; et encore, déterminer et fixer la somme qui devait être fournie annuellement par la caisse municipale, pour être employée en distribution de prix aux élèves qui se seraient le plus distingués dans le courant de l'année. M. Assy-Villain, adjoint au maire, présidait cette réunion du conseil.

Dans la séance du 23 nivôse an XI, les instituteurs et les institutrices primaires furent directement nommés par le conseil, après une enquête approfondie.

Le 5 Pluviôse an XII le citoyen président exposa
au conseil municipal que l'organisation des écoles
primaires, telle qu'elle avait eu lieu en l'an XI, en
conformité de la loi du onze floréal an X, et des arrêtés
des préfet et sous-préfet, des 28 brumaire et 23
nivôse an XII, avait rempli le but que l'on s'était
proposé; que les parents s'étaient empressés de faire
admettre leurs enfants dans ces écoles, et qu'il
avait la satisfaction de pouvoir annoncer au conseil
qu'ils recevaient la meilleure éducation; qu'il était
donc intéressant de prendre toutes les mesures pour
soutenir et consolider un établissement aussi avantageux.

Ces écoles, au nombre de huit, savoir, quatre pour
les garçons et quatre pour les filles, avaient été
divisées chacune en deux classes, eu égard au nombre
considérable des enfants présentés et admis; mais
les deux écoles établies dans le quatrième arrondissement, celle de garçons, sise rue Perdue, et celle
de filles, rue du Grand-Cerf, s'étaient tellement trouvées
surchargées au commencement de l'an XII, que la
mairie s'était vue contrainte d'augmenter ces écoles
chacune d'une troisième classe, et y avait placé provisoirement un instituteur et une institutrice supplémentaires.

Le conseil approuva les mesures prises par l'administration, et approuva les choix qu'elle avait faits.

Les instituteurs, qui étaient ainsi choisis, appartenaient
tous à la communauté renaissante des frères des écoles
chrétiennes : à mesure que le calme et la tranquillité
intérieure étendaient sur le pays entier leurs bienfaisants effets, les frères s'efforçaient, peu à peu, de
regagner du terrain, et de consolider, au profit ex-

clusif de leur Institut, la légitime influence qu'ils commençaient à reconquérir.

Ils étaient, au reste, puissamment secondés par la force des choses ; la raison pratique et le sens droit des hommes qui revenaient au pouvoir, leur indiquaient que les frères instituteurs avaient, dans leur énergique organisation, tous les éléments de vitalité et de durée nécessaires pour contribuer à l'œuvre d'une reconstitution sociale ; il fallait, de toute nécessité, leur confier alors l'éducation des enfants du peuple.

Le résultat devait surtout se produire à Reims, et, en effet, dans la séance du 29 pluviôse an XIII, nous voyons M. le maire de Reims exposer au conseil que, depuis l'établissement des écoles primaires, les instituteurs qui en avaient été chargés étaient ceux connus autrefois sous la dénomination de frères des écoles ; que l'on ne pouvait que s'applaudir de ce choix, et que les pères de famille, notamment ceux de la classe ouvrière, s'étaient empressés de leur confier l'éducation de leurs enfants.

L'instruction publique étant un des plus grands bienfaits de la société, la mairie devait proposer tous les moyens d'en assurer le succès ; et la ville, faire les plus grands sacrifices pour fixer dans ses murs des hommes instruits et reconnus depuis longtemps pour bons instituteurs : indépendamment d'une indemnité de traitement qui leur était payée par la caisse municipale, ils étaient autorisés à prélever sur les quatre cinquièmes des enfants admis dans les écoles, vingt sous par mois. Ces indemnités ne leur donnaient qu'une existence bien précaire, par la raison que ces hommes, voués par état et par inclination à l'instruction de la jeunesse, loin de calculer leurs intérêts, admettaient dans leurs écoles un tiers des enfants gratuitement, au lieu du cinquième.

Depuis longtemps la mairie avait reconnu combien il serait utile que ces instituteurs fussent réunis ; ils avaient autrefois à Reims une maison spacieuse, un pensionnat considérable, et cette maison, à l'instar de celle de Lyon, fournissait dans beaucoup de villes des sujets en état d'instruire.

Le gouvernement paraissait prendre en considération particulière le rétablissement de ces frères, et il paraissait même certain que ce rétablissement ne tarderait point d'avoir lieu.

Il devenait dès lors du plus grand intérêt pour la ville de Reims de pouvoir présenter des moyens de se procurer un établissement de cette nature.

Il s'agissait de trouver un local convenable qui, en les réunissant, leur présentât les moyens de faire des élèves, d'avoir un pensionnat et l'assurance d'une retraite dans leur vieillesse.

La maison des ci-devant Carmes, vendue à la révolution, venait d'être remise en vente ; l'acquisition était sur le point d'en être faite par un particulier dont l'intention était de la démolir.

Comme cette maison, par sa grandeur, présentait tous les avantages que l'on pouvait désirer tant pour la réunion de ces frères que pour l'établissement d'un beau pensionnat, qu'elle était située dans un des quartiers de la ville le plus sain et le plus aéré, que les bâtiments en étaient solides et en bon état ; que cette maison possédait, en outre, un vaste jardin, M. le maire informa le conseil qu'il avait cru devoir en arrêter la vente et l'acheter sous sa responsabilité, persuadé que le motif qui l'avait porté à faire cette acquisition serait approuvé.

On le voit, c'était faire de l'administration avec
un grand laissez-aller, et puiser dans le trésor de
la ville avec un sans-gêne qu'expliquait, jusqu'à un
certain point, la faiblesse d'un pouvoir central qui
avait de grandes difficultés à vaincre pour se recon-
stituer.

Le conseil municipal, cependant, non seulement
approuvait la décision prise par M. le maire, et le
félicitait de n'avoir pas laissé échapper l'occasion qui
se présentait d'acquérir une maison qui réunissait tous
les avantages désirés pour le rétablissement complet
de l'Institut des frères des écoles chrétiennes, mais
encore votait, par acclamation, des remerciments à
M. Quentin Tronsson-Lecomte, pour les soins et peines
qu'il se donnait afin d'assurer de plus en plus l'instruction de la jeunesse, et afin de procurer aux ouvriers,
pères de famille, des moyens faciles de faire instruire
leurs enfants par les frères des écoles chrétiennes.

La ville de Reims mettait de bonne heure en application l'un des principes proclamés par la révolution,
et, à la grande joie des frères des écoles, le Conseil
municipal prenait l'arrêté suivant, dans la séance du
5 floréal an XIII :

Les écoles primaires de garçons seront *gratuites,*
dans la ville de Reims, pour la classe des indigents.

Les instituteurs primaires actuels, connus anciennement sous le nom de *frères des écoles chrétiennes,*
continueront de tenir les écoles publiques dans les
quartiers où elles sont établies.

Ils seront autorisés à se réunir et à avoir un pensionnat.

Il sera prélevé, sur la caisse des secours à domicile,
une somme annuelle de 3,000 fr. pour être remise

à ces instituteurs, lesquels, dès lors, ne pourront
exiger aucune rétribution de la part des parents pour
l'instruction des enfants.

Mais les ressources de la caisse municipale ne per-
mirent pas de réaliser, à cette époque, cette pensée
féconde et généreuse de la gratuité des écoles primaires.

Cependant, les frères des écoles chrétiennes avaient
été, en 1805, provisoirement logés et établis dans
la maison des Carmes, après l'acquisition qui en avait
été faite par M. Tronsson-Lecomte. Réunis en communauté, vivant sous le même toit, à l'abri des règles
uniformes et de la surveillance exacte de l'Institut, ils
amélioraient de plus en plus leur situation ; leur influence s'agrandissait.

Il est juste de reconnaître que les habitants de notre
ville étaient animés envers les frères des sentiments
les plus bienveillants ; et la gratitude des pères de
famille était à la hauteur du dévouement des instituteurs.

Ainsi, lorsqu'une députation du conseil municipal
de Reims alla, au mois de janvier 1806, au-devant
de l'Empereur Napoléon jusqu'à Strasbourg, au milieu
des placets que le maire lui présenta, nous avons à
mentionner le suivant :

« Tous les habitants expriment à votre majesté le
désir de voir rétablir dans la ville de Reims, d'une
manière durable, l'instruction gratuite pour les enfants
m et l'autre sexe, telle qu'elle existait ci-devant
les mains des *frères* et des *sœurs des écoles chré-*
. » Et lorsque le maire, à la séance du conseil
ier 1806, rendit compte de la mission qu'il
remplir, il ajouta en parlant de ce placet :

« L'empereur a accueilli cette demande en disant
à vos députés : « la ville pourra m'adresser ses plans
sur cet objet. »

A cette même séance du 4 février 1806, on revint
de nouveau à l'examen de cette question précédemment
discutée, de la gratuité de l'instruction primaire. —
Suivant le maire de Reims, le moment était tout-à-fait
opportun pour solliciter la gratuité des écoles ; les
dépenses municipales étaient à la veille d'être diminuées
d'une manière assez sensible ; les frais de premier
établissement du lycée étaient sur le point d'être soldés.
En outre, sur le revenu de l'octroi, il était alloué
tous les ans une somme assez considérable aux hospices ; mais le gouvernement venant, d'après les
avis certains parvenus à la mairie, de donner à ces
hospices des immeubles pour une valeur capitale de
833,151 fr., en remplacement de leurs biens vendus,
les sommes qui leur étaient allouées tous les ans par
la ville sur les revenus communaux, dont les octrois
font partie, diminueraient considérablement.

M. Tronsson-Lecomte rappela au conseil que déjà,
au mois de floréal de l'an XIII, il avait décidé que
les écoles seraient gratuites, il l'invitait de nouveau
à se prononcer sur la même question ; et, dans le
cas où il persisterait dans sa première résolution, de
vouloir bien s'occuper de la rédaction d'un projet
d'organisation et d'un projet de règlement pour l'administration de ces établissements.

Le conseil municipal persista dans ses résolutions
précédentes, et il proclama de nouveau le principe
de la gratuité de toutes les écoles primaires.

Le même principe fut de nouveau établi avec beaucoup de netteté, dans une autre séance du 8 mai

1806; et le conseil détermina l'époque du 1er janvier 1807, à partir de laquelle ce projet serait mis à exécution ; on décida en outre que la mairie serait seule chargée de faire admettre les enfants ; et que dans le cas d'une trop grande affluence dans les écoles, les enfants appartenant à des indigents seraient toujours préférés.

Une des conséquences de la gratuité de l'instruction primaire devait être de priver les frères-instituteurs de la rétribution de vingt sols par mois qu'ils percevaient de la plupart des enfants, fréquentant les écoles. Dans cette même séance, le conseil reconnut qu'il était de toute justice d'indemniser les frères ; que la caisse municipale devait fournir à leurs besoins de première nécessité, mais que néanmoins ils devaient être circonscrits dans de justes bornes. Il décida que, pour l'année 1807, il serait payé aux frères une somme de six mille francs, qui serait acquittée par trimestre : dès-lors, ils ne devaient plus exiger des parents aucune rétribution. Le conseil ajoutait, dans sa délibération, qu'il se réservait la faculté pour les années suivantes, soit de diminuer, soit d'augmenter cette somme, d'après les besoins reconnus des frères-instituteurs.

La situation des frères grandissait à Reims : établis provisoirement dans la maison des Carmes, ils étaient les seuls instituteurs de l'enfance : la ville appelait de ses vœux et de ses efforts le moment où ils seraient régulièrement réunis en communauté enseignante, et reconnus à ce titre par le gouvernement.

En 1807, grâces au zèle et aux soins du cardinal Fesch, ils consolidaient à Lyon leur situation ; et, l'année suivante, ils étaient rétablis de droit dans toute la France, par le décret même qui fonda et organisa l'université.

Nous l'avons déjà répété plusieurs fois; dès 1805, les frères avaient été logés provisoirement dans la maison des Carmes ; mais , pour arriver à un établissement stable et définitif, de graves difficultés étaient à vaincre : en l'an XIV, l'architecte de la ville , M. Serrurier, avait adressé au conseil municipal et à la sous-préfecture des rapports détaillés , desquels il résultait que de fortes dépenses seraient nécessaires pour approprier convenablement la maison des Carmes à sa future destination ; et, le 10 mars 1806, par une délibération spéciale, le conseil municipal s'efforcait de diminuer ces dépenses considérables qui devaient former obstacle à l'approbation que l'on sollicitait du gouvernement.

Au mois de mai 1806, les sollicitations furent renouvelées , et le conseil insista avec une énergie nouvelle : dans les considérations qui motivaient cette délibération nouvelle, se trouve un complet éloge des frères instituteurs ; nous aimons à en rappeler les termes.

« Le choix fait des frères instituteurs par les autorités compétentes pour être à la tête des écoles primaires de garçons, a eu l'assentiment général ; la confiance inspirée par ces instituteurs a été telle, que le nombre considérable de jeunes garçons envoyés dans ces écoles par les parents indigents , s'accroît tous les jours.

Mais ces frères, qui reçoivent de la mairie, pour leur logement, une indemnité, n'étant point autorisés à se réunir , et à former des élèves pour les remplacer dans le besoin, se trouvent isolés, la ville se voit, en conséquence, à chaque instant à la veille de les perdre ; elle sait que d'autres villes leur font des propositions avantageuses pour les attirer dans leur sein et les charger également de l'instruction de la jeunesse ; il est donc intéressant de chercher tous les moyens possibles de conserver à Reims des êtres aussi précieux, tant par leur conduite exemplaire et un zèle infatigable, que par leurs talents reconnus pour l'éducation des enfants.

Le meilleur moyen serait de pouvoir les réunir en congrégation, comme ils l'étaient autrefois, et c'est leur vœu ; leur désir serait également de pouvoir rester à Reims qu'ils regardent avec justice comme le berceau de leurs fondations ; il est de fait que leur congrégation a pris naissance dans cette ville, ainsi qu'il est relaté tant dans la bulle du 26 janvier 1725, que dans les lettres-patentes registrées au parlement le 26 mai 1778.

Autorisés à se réunir, ils seraient assujétis à une règle uniforme de conduite, vivant en commun et dégagés de tout autre soin que de celui de remplir avec honneur leurs fonctions, et de satisfaire en même temps à ce qu'ils doivent à la religion et au gouvernement.

Ils se distribueraient dans les écoles à des heures toujours réglées, y porteraient le même esprit, y emploieraient le même temps, et leur réunion habituelle à une maison commune leur donnerait la facilité de concerter leurs opérations pour le plus grand besoin de s'instruire mutuellement, et de devenir réciproquement un sujet d'émulation dans la manière de remplir leurs devoirs...... »

M. Tronsson-Lecomte, en invitant le conseil à solliciter la réunion des frères en congrégation, et la liberté de pouvoir former des élèves à même de remplacer dans leurs fonctions ceux des frères auxquels leur âge ou les infirmités ne permettraient plus de pouvoir se livrer aux travaux de l'éducation, ajoutait que le gouvernement s'occupait de leur rétablissement, et que même il y avait lieu d'espérer que la réunion des frères en congrégation ne tarderait point d'avoir lieu; que c'était le motif qui l'avait déterminé l'année précédente d'acheter, au nom de la ville, une maison commode et spacieuse pour la réunion de ces frères; que le conseil avait approuvé cette acquisition, et que toutes les pièces y relatives étaient dans ce moment sous les yeux du gouvernement pour ratifier cette acquisition.

Le conseil municipal émit un vœu conforme à l'exposé de l'administration; il demanda que les frères fussent réunis en congrégation, qu'ils fussent autorisés à posséder à Reims une maison comme ils en avaient une autrefois, et à ouvrir un pensionnat; il fit en conséquence, dès ce moment, sa soumission de payer tous les frais de premier établissement comme meubles, linges, lits et généralement tout ce qui constituait l'ameublement d'une maison.

Ainsi la ville de Reims s'imposait des sacrifices en demandant au gouvernement l'établissement d'écoles municipales dirigées par les frères, destinées à procurer l'éducation gratuite aux enfants pauvres. Ce ne fut qu'en 1808, dans la séance du 17 mars, que le conseil municipal eut communication des intentions du gouvernement sur ce point.

M. le ministre de l'intérieur, disait M. Tronsson-Lecomte, pensait que pour assurer le succès de l'établissement à Reims d'écoles gratuites pour les enfants des pauvres, il importait de se conformer aux dispositions suivantes :

« Il est consacré en principe que les écoles de charité se liant au système général des secours publics, rentrent dans les attributions du bureau de bienfaisance. C'est donc au bureau de bienfaisance de la ville de Reims à prendre une délibération motivée sur la nécessité d'y maintenir ou organiser des écoles de cette nature, sur le nombre des écoles, sur celui des instituteurs et institutrices, sur les traitements à leur assigner, sur les autres dépenses que l'institution de ces écoles peut entrainer et sur les moyens d'y pourvoir.

Le conseil municipal de Reims sera ensuite convoqué extraordinairement, pour émettre son vœu sur les dispositions de cette délibération, et sur les fonds pour lesquels la caisse municipale pourra contribuer à la dotation de ces écoles.

M. le maire de Reims ayant offert de rétrocéder, pour l'organisation de ces écoles, la maison conventuelle des anciens Carmes, les offres du maire doivent être consignées dans un acte particulier, où seront énoncées les conditions qu'il impose ; elles doivent faire l'objet d'une délibération spéciale du bureau de bienfaisance et du conseil municipal, dans le cas où, pour en payer le prix, la caisse de la commune ou celle du bureau de bienfaisance devrait faire des fonds. Ce n'est qu'en exécutant ces instructions, que l'on parviendra à aplanir les obstacles que l'organisation de ces écoles a rencontrés jusqu'à ce jour.

Il faut, au surplus, examiner si le nombre des écoles ne doit pas être borné à celui des justices-de-paix de la ville pour les garçons, et s'il n'en doit pas être de même pour les jeunes filles ; si ces écoles ne devant être instituées que pour les enfants des familles pauvres désignées par le bureau de bienfaisance, les enfants des autres familles ne doivent y être admis qu'en payant une rétribution ; si le produit de cette rétribution ne doit pas entrer dans la caisse du bureau de charité, pour, avec les revenus qui auront pour objet l'éducation gratuite des pauvres, servir à l'entretien des écoles et à diminuer d'autant le fonds de supplément à donner par la caisse de la commune.

On ne doit pas perdre de vue, en s'occupant de cette organisation, que S.M. n'ayant pas encore statué sur le rétablissement des frères et sœurs des écoles chrétiennes, il est bon d'insérer purement et simplement dans les propositions à faire, que les instituteurs et institutrices seront choisis parmi les membres des institutions vouées par leur institut à l'éducation gratuite des pauvres.

Enfin, il est nécessaire de joindre aux pièces l'acte d'acquisition faite par le maire, avec un procès-verbal d'estimation contradictoire entre lui et le bureau de bienfaisance.

Il faut y joindre encore la délibération du bureau de bienfaisance, en date du 19 février 1808, de laquelle il résulte que le bureau est d'avis de demander et demande l'établissement d'écoles primaires gratuites à Reims, et consent à se charger de leur administration ; que ces écoles soient divisées en 24 classes, douze pour les garçons et 12 pour les filles ; que chacune de ces classes soit dirigée par un instituteur et une institutrice, selon le sexe des enfants qui y seront admis ; que le nombre des instituteurs soit porté à quinze, celui des institutrices aussi à quinze, savoir un supérieur pour les écoles de garçons, douze instituteurs pour les douze classes, et deux suppléants pour remplacer ceux malades ou autrement empêchés de suivre leurs écoles ; une supérieure pour les écoles des filles, douze institutrices et deux suppléantes ;

que les instituteurs et institutrices soient choisis de
préférence et autant que faire se pourra, sur la
présentation de l'administration municipale, parmi
ceux et celles voués par leur institut à l'éducation
gratuite des pauvres ; qu'il soit assigné à chacun des
instituteurs et institutrices un traitement annuel de
400 fr.; qu'en outre, ils soient logés gratuitement ou
qu'ils reçoivent une indemnité de leur logement ; que
les écoles se tiennent dans douze locaux différents et
dans les quartiers de la ville les plus avantageux et les
plus commodes pour les enfants ; que chaque école
soit divisée en deux classes distinctes pour chaque
classe d'enfants, et que le loyer de chaque école peut
être estimé 200 fr. ; qu'il sera fait ultérieurement,
lors de l'établissement des écoles gratuites un règlement
pour le régime et la tenue de ces écoles ; que la maison,
ci-devant dite des Orphelins, ayant été mise à la
disposition du bureau de bienfaisance pour servir au
logement des institutrices, il ne s'agit plus que de
pourvoir au logement des instituteurs, et que pour cela,
M. le maire propose la rétrocession de l'ancienne maison
conventuelle des Carmes, qu'il a acquise pour cet
objet :

Que le bureau est d'avis d'accepter la déclaration
de command, faite à ce sujet par M. le maire, s'il y est
autorisé par les autorités supérieures aux prix et
conditions portés en sa délibération, et que le bureau
de bienfaisance n'ayant point de fonds pour subvenir
à cette dépense, le conseil municipal sera invité d'y
pourvoir.

Il faut y joindre l'expédition du contrat, en date
du 24 février 1808, entre M. le maire d'une part,
M. Lelorrain et autres anciens propriétaires de la
ci-devant maison conventuelle des Carmes de cette ville,

d'autre part, passés devant M⁰ Dabascourt et son
confrère, notaires impériaux à Reims, où le prix de
ladite maison est porté à la somme de 29,135ᶠ 81ᶜ,
et dans lequel se trouve la déclaration de command
faite par M. le maire au profit du bureau de bienfaisance, laquelle a été acceptée au nom dudit bureau par
M. Moreau, vice-président.

En outre, la délibération du bureau de bienfaisance
en date du 2 de ce mois, portant nomination des sieurs
Lecourt-Charpentier, de la part du bureau de bienfaisance, et Serrurrier, architecte, de la part de M. le
maire, pour procéder conjointement à l'estimation
contradictoire de ladite maison.

Le procès-verbal dressé le 8 mars, en conséquence
de la délibération ci-dessus par les sieurs Lecourt et
Serrurrier, contenant le détail de l'ancienne maison
conventuelle des Carmes et portant la valeur de ladite
maison dans l'état où elle se trouve, à la somme
de 35,400 fr.

La déclaration de M. le maire, en date du 3 mars,
par laquelle il renouvelle l'assurance de remettre ladite
maison à la disposition du bureau de bienfaisance, et
explique les conditions sur lesquelles il fait cet abandon,
consistant en ce qui suit :

1° D'être remboursé des avances qu'il a faites sur
le prix principal et montant, suivant quittance au
contrat, à la somme de........... 9,876ᶠ 54ᶜ

2° De payer à sa charge, aux éché-
ances désignées au contrat, le surplus
du prix principal, montant à...... 19,259 27

3° D'être remboursé des intérêts à
courir à raison de 5 p. 0/0 sur le

à reporter.. 29,135 81

prix primitif principal, à compter du 24 février jusqu'au jour où le bureau sera autorisé à entrer en possession et qu'il ne peut maintenant évaluer............................ mémoire.

4° D'être remboursé des intérêts dûs et payés par lui sur la totalité du prix principal, depuis le 28 ventôse an XIII jusqu'au 24 février dernier, à raison de 5 p. 0/0, à titre de loyer et montant pour 2 ans 11 mois 7 jours, ci..................... 4,277ᶠ 30ᶜ

5° D'être aussi remboursé des avances qu'il a faites pour réparations urgentes, entretien et autres menus frais qu'il a justifiés par quittance, montant à..................... 1,381 80

6° D'être aussi remboursé des frais de contrat, enregistrement, timbre et expédition, montant à.......... 1,403 04

Total......... 36,197ᶠ 95ᶜ

Enfin, la délibération du bureau de bienfaisance, en date du 10 de ce mois, par laquelle il persiste dans l'avis qu'il a donné en sa première, qu'il soit autorisé à accepter la maison dont s'agit pour le logement des instituteurs primaires à Reims, il émet son vœu pour que le conseil municipal fasse les fonds nécessaires, non seulement pour payer le prix principal, mais encore les répétitions faites par M. le maire, et dont il reconnaît la justice. Dans cette délibération, le bureau explique aussi les motifs qui le déterminent à demander que les écoles primaires soient entièrement gratuites. »

Le conseil municipal prit, dans cette même séance, une délibération que nous transcrivons littéralement :

Considérant que le conseil a déjà reconnu la nécessité d'établir des écoles gratuites à Reims ; que la demande de cet établissement par le bureau de bienfaisance, n'est que le renouvellement de celle déjà faite par le conseil municipal ;

Que M. le maire en s'assurant, dès le 28 ventôse an XIII, de la disposition de la maison conventuelle des Carmes où il a logé de suite les instituteurs primaires, sans en retirer aucun loyer, a employé le seul moyen de faire réussir l'établissement projeté ;

Que tous les bons citoyens lui doivent de la reconnaissance pour avoir, de ses propres deniers, procuré aux instituteurs connus sous le nom de frères des écoles chrétiennes, et leur avoir fait obtenir, par ses soins, les sommes nécessaires pour les mettre à même de subsister ;

Que c'est encore à lui que les institutrices, connues sous le nom de Sœurs des Orphelins, sont redevables d'être en jouissance de leurs maisons, et d'avoir également pourvu à leur subsistance ;

Que c'est à lui seul que la ville est redevable de pouvoir encore compter sur la restauration d'écoles qui, avant la révolution, ont rendu tant de services et dont l'absence ne s'est que trop fait sentir ;

Qu'il est de toute justice de lui rembourser les loyers de la maison des Carmes, qu'il a payés à l'ancien propriétaire depuis le 8 ventôse an XIII jusqu'au jour de son acquisition, puisqu'il ne pouvait les réclamer des instituteurs auxquels, à la vérité, il était accordé pour indemnités de logement une somme annuelle de 2,700 liv., réduite, pour 1807, à 1,500 liv., parce qu'ils ont été forcés d'employer cette somme et d'autres secours qui lui ont été donnés, à leur nourriture et entretien ; la preuve étant acquise qu'au lieu de recevoir gratuitement dans leurs écoles le cinquième seulement du nombre de leurs élèves, presque tous y ont été admis et instruits sans payer aucune rétribution ; et que, sans cette mesure qui leur a été conseillée, la plupart des enfants qu'ils ont instruits depuis trois ans, seraient restés incultes sous le rapport de l'instruction et de la morale, leurs parents n'étant point en pouvoir de rien payer pour leur éducation ;

Qu'il est également juste de rembourser à M. le maire les autres sommes qu'il répète pour améliorations, entretien, et qu'il a justifié avoir avancées, et les intérêts depuis le 24 février dernier jusqu'au jour de la mise en possession du bureau de bienfaisance, ainsi que les frais nécessaires de la vente, outre le prix principal de l'acquisition.

Le conseil municipal approuve les motifs détaillés aux délibérations ci-dessus relatées, du bureau de bienfaisance, son projet de distribution et de gratuité des écoles ;

Emet son vœu pour l'établissement d'écoles primaires gratuites, et vote tant pour l'établissement que pour l'entretien annuel de ces écoles, les sommes dont le détail suit, et qui seront mises dans le prochain budget à la disposition de l'administration du bureau de bienfaisance, pour être employées par elle, après l'autorisation des autorités supérieures, savoir : 1° Une somme annuelle de 12,000 fr. pour le paiement à chaque instituteur et institutrice du traitement de 400 fr. qui est voté pour chacun d'eux et servir à leur nourriture et entretien, ci................ 12,000' »

2° Une autre somme annuelle de 2,400 fr. pour payer le loyer de douze locaux qui serviront aux écoles des deux sexes, qui seront distribuées dans les différents quartiers de la ville... 2,400 »

3° Une autre somme de 240 fr. pour l'entretien de l'ameublement desdites écoles, ci.............. 240

4° Une autre somme annuelle de 600 fr. pour l'entretien annuel des maisons qui serviront de logement aux instituteurs et institutrices, ci... 600 »

Total des dépenses annuelles. 15,240' »

5° La somme une fois payée de 29,135 fr. 81 c., faisant le montant principal de l'acquisition de la maison des ci-devant Carmes, tant pour rembourser M. le maire des sommes déjà payées, par lui en principal, que pour payer à sa décharge le surplus dudit prix, ci....................... 29,135 81

44,375 81

6° La somme, une fois payée, de 1,403 fr. 04 c., avancée par M. le maire, pour frais de contrats, enregistrement, timbre et expédition, d'icelui, ci.................... 1,403 04

à reporter.... 45,778 f. 85°.

Report... 45,778 ' 85°

7° La somme, une fois payée, de 1,382 fr 80 c., pour rembourser M. le maire des dépenses qu'il a justifié avoir faites pour réparations urgentes, entretien et autres menus frais, depuis le 28 ventôse an XIII, que ladite maison a été mise à sa disposition...................... 1,382 80

8° La somme nécessaire pour payer à M. le maire la rente, à raison de 5 p. 0/0 sur le prix principal de 29, 135 fr. 81 c., à courir depuis le 24 février dernier jusqu'au jour où l'administration des bureaux de bienfaisance sera autorisée à entrer en possession, et qui est ici portée, sauf déduction ou augmentation, à raison de deux ans.................... 2,913 58

9° Une autre somme de 4,277 fr. 30 c., que le conseil croit également juste de porter ici pour rembourser M. le maire du prix des loyers qu'il a payé, sans en rien retirer, à l'ancien propriétaire, depuis le 28 ventôse an XIII jusqu'au 24 février dernier, à raison de 5 p.0/0 du prix principal, et calculé, pour deux ans cinq mois sept jours..................... 4,277 30

10° Enfin, une somme de 6,000 f. pour l'ameublement de la maison des instituteurs et celle des institutrices, ci .... 6,000 »

Total...... 60,352 f 53°

Dont 15,240 f. en dépenses annuelles, et 45,112 f.
53 c. en dépenses de premier établissement.

Cette importante délibération et toutes les pièces
y annexées dont on demandait la production, furent
aussitôt envoyées à la préfecture de la Marne, et bientôt
après, au ministère de l'Intérieur : après un examen
approfondi, l'Empereur rendit, le 26 janvier 1809,
un décret qui réorganisait l'instruction primaire dans
la ville de Reims, et qui, implicitement, rendait aux
frères des écoles chrétiennes la direction de toutes
les écoles primaires de garçons.

Napoléon, Empereur des français, etc., sur le rapport de notre ministre de l'intérieur, notre conseil
d'état entendu,

Nous avons décrété et décrétons ce qui suit :

Art. 1er. Il sera établi dans la ville de Reims des
écoles gratuites pour l'instruction des enfants de familles indigentes, et elles seront placées sous la direction et surveillance du bureau de bienfaisance de
cette ville.

Art. 2. Le nombre de ces écoles et les règlements
pour ces écoles seront proposés par le grand maître
de l'Université, et soumis à notre approbation, en
notre conseil d'Etat, sur le rapport de notre ministre
de l'intérieur.

Art. 3. L'instruction des garçons sera confiée à dix
instituteurs, un directeur et un suppléant ; et celle
des filles, à dix institutrices, dont une directrice et
une suppléante.

Art. 4. Les instituteurs et institutrices seront choisis
par le bureau de bienfaisance parmi les membres des
institutions spécialement reconnues pour se vouer à
l'éducation gratuite des pauvres.

Art. 5. Le traitement de chaque instituteur est fixé à 500 fr., et celui de chaque institutrice à 400 fr.

Art. 6. L'acquisition avec déclaration de command, faite par le sieur Jacques-Quentin Tronsson, maire de la ville de Reims, suivant l'acte passé le 24 février 1809, de la maison conventuelle des Carmes de ladite ville, pour servir au logement des instituteurs des écoles gratuites, sera provisoirement acceptée par le bureau de bienfaisance de la ville de Reims, à la charge de rembourser au sieur Tronsson, tant le prix principal de l'acquisition que les intérêts qu'il en a payés, les frais accessoires, le montant des réparations qu'il a faites dans ladite maison et les sommes qu'il a avancées pour y maintenir les écoles, le tout ainsi qu'il est plus amplement détaillé dans la délibération du bureau de bienfaisance du 10 mars 1808; il sera provoqué ultérieurement un projet de loi pour régulariser ladite acquisition.

Art. 7. Les sommes nécessaires pour l'exécution de l'article précédent, seront portées au budget de la ville de Reims et au profit du bureau de bienfaisance de Reims, de l'exercice de 1809 et des suivants, en cas d'insuffisance.

Art. 8. La commune pourvoira aux frais du premier établissement desdites écoles, ainsi qu'il sera réglé au budget; elle pourvoira également au paiement des traitements des instituteurs et institutrices, aux réparations et à l'entretien des maisons qu'ils occuperont, à l'entretien du mobilier et aux réparations locatives des lieux qui auront été choisis pour la tenue des écoles.

Art. 9. Le bureau de bienfaisance n'admettra à l'instruction gratuite des écoles, que les enfants des familles hors d'état de subvenir aux frais de leur éducation. Les familles plus aisées ne pourront envoyer leur enfants aux écoles, qu'en payant une rétribution qui sera fixée par le préfet, et dont le produit sera employé aux besoins des écoles, et viendra en dé-duction des fonds à allouer pour cet objet, à l'effet de quoi il en sera rendu compte au budget de la ville, chaque année.

Art. 10. Les dons et legs qui pourront être faits auxdites écoles seront acceptés par le bureau de bien-faisance, après autorisation légale ; le produit en sera affecté religieusement aux besoins de ces établissements.

Art. 11. Notre ministre de l'intérieur est chargé de l'exécution du présent décret.

Il est singulier qu'au mois de janvier 1809, près d'un an après le décret du 17 mars qui avait rétabli la congrégation des frères des écoles chrétiennes, l'Empereur Napoléon, accédant au vœu exprimé par la ville de Reims, en faveur de ces frères, pour la tenue des écoles gratuites, ne les ait pas dénommés plus clairement dans ce décret spécial, non plus que les institutrices qu'il autorisait également par ce même décret.

En effet, le célèbre décret du 17 mars 1808 porte, art. 109 :

« Les frères des écoles chrétiennes seront brevetés et encouragés par le grand-maître, qui visera leurs statuts intérieurs, les admettra au serment, leur prescrira un habit particulier, et fera surveiller leurs écoles.

» Les supérieurs de ces congrégations pourront être membres de l'Université.... »

Cet article du décret organique du 17 mars 1808

reçut, en ce qui concerne les frères des écoles chrétiennes, son entière exécution : ainsi, ils furent brevetés par l'Université, et reçurent du grand-maître
les encouragements les plus bienveillants, les plus
propres à étendre le développement de leur institut.

Les frères eux-mêmes soumirent aussitôt leurs
statuts intérieurs à l'autorité publique chargée de les
viser au nom du gouvernement :

Les statuts furent envoyés, en 1809, à M. de Fontanes, grand-maître de l'Université, par le vicaire-
général de l'Institut, uni à ses assistants.

Nous les reproduisons *in extenso*; nous indiquerons
immédiatement après, les modifications que le conseil
et le grand-maître de l'Université ont faites à ces
statuts.

Art. 1er. L'Institut des frères des écoles chrétiennes
est une société dans laquelle on fait profession de
tenir les écoles gratuitement. La fin de cet Institut est
de donner une éducation chrétienne aux enfants, 'et
c'est pour ce sujet qu'on y tient les écoles, afin que
les enfants étant sous la conduite des maîtres depuis
le matin jusqu'au soir, ces maîtres puissent leur
apprendre à bien vivre, en les instruisant des principes
de notre sainte religion, en leur inspirant les maximes
chrétiennes, et leur donnant ainsi l'éducation qui leur
convient.

Art. 2. L'esprit de l'Institut est un esprit de foi qui
doit engager ceux qui le forment à attribuer tout à
Dieu, et à ne rien faire que dans les vues de Dieu,
et en conformité parfaite à ses ordres et à sa volonté.
Ils auront, de plus, un zèle ardent pour instruire les
enfants, les conserver dans l'innocence et la crainte
de Dieu, et leur donner beaucoup d'éloignement et
une très grande horreur pour le mal.

Art. 3. L'Institut est gouverné par un supérieur-général, lequel est perpétuel.

Il a pour adjoints deux assistants qui sont son conseil, et l'aident à bien gouverner ; ils demeurent dans la même maison que lui, assistent à ses conseils, lui prêtent la main quand il est nécessaire, même pour répondre aux lettres qu'il reçoit

Art. 4. Le supérieur-général est élu au scrutin par les suffrages secrets des directeurs assemblés des principales maisons ; ils élisent de la même manière les deux assistants, lesquels restent en place dix ans et peuvent être continués.

Art. 5. Le supérieur-général peut être déposé ; mais seulement par le chapitre-général, et pour des causes extrêmement graves.

Art. 6. Le chapitre général se compose de trente des plus anciens frères ou directeurs des principales maisons. Ils s'assemblent de droit tous les dix ans, à moins qu'il ne soit jugé nécessaire de convoquer quelquefois une assemblée extraordinaire.

Art. 7. Les maisons perticulières sont gouvernées par des frères directeurs qui sont trois ans en place, à moins que, pour de justes causes, il ne paraisse plus convenable au supérieur-général et à ses assistants de diminuer ou de proroger ce temps.

Art. 8. Le supérieur-général nomme des visiteurs ; ils sont aussi trois ans en place, et font leurs visites une fois par an ; ils exigent des directeurs un compte de la recette et de la dépense ; et, aussitôt que la visite est finie, ils font au supérieur-général leur rapport de ce qu'il faudrait corriger dans chaque maison.

Art. 9. Aucun des frères ne peut être prêtre, ni prétendre à l'état ecclésiastique, porter le surplis, ni faire aucune fonction dans l'église ; mais , tout entiers à leur vocation, ils vivent dans le silence , dans la retraite, et dans la plus entière fidélité à leurs devoirs.

10. Ils s'attachent à leur Institut par les trois vœux simples de religion , qu'ils ne font d'abord que pour trois ans, ainsi que par le vœu de stabilité et par celui d'enseigner gratuitement les enfants. Ces vœux durent autant qu'ils n'en sont pas dispensés ; ils peuvent en être dispensés par le pape (1).

11. Ils ne sont admis à faire les vœux , même de trois ans , qu'après avoir été au moins deux ans dans l'Institut , et s'y être éprouvés, un an dans le noviciat, à l'école un pareil temps.

12. Ils ne sont reçus à les faire, qu'après les plus sévères informations ; et ils le sont , à la majorité absolue des voix , par les frères profès de la maison où ils se trouvent.

13. Les frères seront admis , autant qu'il se pourra, à l'âge de 16 à 17 ans ; mais , en ce cas, ils renouvelleront leurs vœux tous les ans, jusqu'à ce qu'ils aient l'âge de 25 ans accomplis.

14. On renverra tout sujet qui se conduirait mal ; mais on ne le fera que pour des causes très graves, qui seront jugées telles par le chapitre général des frères , et vérifiées à la pluralité des suffrages.

15. Il en sera de même pour ceux qui demanderaient à sortir de la maison , et à obtenir dispense de leurs vœux.

16. Les frères ne s'établissent dans les diocèses que

(1) On verra plus loin quelles modifications furent faites , d'après les lois existantes , à ce qui regarde les vœux

13

du consentement des évêques, et y vivent sous leur autorité, pour le gouvernement spirituel, et sous celle des magistrats des lieux, pour tout ce qui concerne le civil.

De la manière dont les frères doivent se comporter dans les écoles.

17. Les frères tiendront partout les écoles gratuitement, et cela est essentiel à leur Institut.

18. Ils seront continuellement attentifs à trois choses dans l'école : 1° pendant les leçons, à reprendre tous les mots que l'écolier qui lit, dit mal ; 2° à faire garder exactement le silence aux écoliers pendant tout le temps de l'école ; 3° à rendre attentifs les écoliers dans les leçons qu'on leur donne.

19. Ils enseigneront leurs écoliers selon la méthode qui leur est prescrite, et qui est universellement pratiquée dans l'Institut : ils n'y introduiront rien de nouveau, et n'y changeront rien aussi.

20. Ils apprendront à lire aux écoliers : 1° le français, 2° le latin, 3° les lettres écrites à la main, 4° à écrire.

21. Ils leur apprendront encore l'orthographe et l'arithmétique, le tout comme il est prescrit dans la première partie de la *Conduite des écoles.* Ils mettront cependant leur premier et principal soin à apprendre à leurs écoliers les prières du matin et du soir ; le *Pater,* l'*Ave Maria,* le *Credo* et le *Confiteor,* et ces mêmes prières en français ; les commandements de Dieu et de l'église ; les réponses de la sainte messe ; le catéchisme ; les devoirs du chrétien et les maximes et pratiques que notre Seigneur nous a laissées dans le saint évangile.

22. Ils feront, pour ce sujet, tous les jours le

catéchisme pendant une demi-heure ; les veilles de congé de tout le jour , pendant une heure ; et les dimanches et fêtes, pendant une heure et demie.

23. Les jours d'école, les frères conduiront les écoliers à la sainte messe , à l'église la plus proche , et à l'heure la plus commode, à moins qu'en quelque endroit cela n'ait été jugé impossible par le frère supérieur de l'Institut, lequel fera en sorte que cela n'arrive pas, sinon pour très peu de temps.

24. Ils ne recevront et ne retiendront aucun écolier dans l'école, qu'il n'assiste au catéchisme, aussi bien les jours de dimanches et de fêtes , que les autres jours auxquels on tiendra l'école.

25. Il y aura dans chaque maison , un frère qui livrera les livres, papiers, plumes, etc., à l'usage des écoliers, et on leur donnera l'encre gratis, sans exiger d'eux quoi que ce soit pour cela.

26. Les frères distribueront les livres aux écoliers, aux mêmes prix qu'ils leur auront couté, tous frais faits, et ces frais seront tous payés dans la maison où sera le fonds d'impression.

27. Ils ne recevront , ni des écoliers , ni de leurs parents, ni argent, ni présent, quelque petit qu'il soit , en quelque jour et en quelque occasion que ce soit.

28. Il ne leur sera pas permis de rien retenir de ce que les écoliers auront en main , excepté les livres méchants ou suspects, qu'ils porteront au frère directeur pour les examiner ou faire examiner.

29. Ils aimeront tendrement tous leurs écoliers ; ils ne se familiariseront cependant avec aucun d'eux , et ne leur donneront rien par amitié particulière , mais seulement par engagement ou récompense.

30. Ils témoigneront une affection égale pour tous leurs écoliers, plus même pour les pauvres que pour les riches, parce qu'ils sont beaucoup plus chargés par leur Institut des uns que des autres.

31. Ils s'étudieront à donner à leurs écoliers, par tout leur extérieur et par toute leur conduite, un exemple continuel de la modestie et de toutes les autres vertus qu'ils leur doivent enseigner et faire pratiquer.

32. Ils ne permettront pas qu'aucun écolier reste auprès d'eux pendant qu'ils seront à leur place.

33. Ils ne parleront en particulier à leurs écoliers que fort rarement et par nécessité; et, lorsqu'ils auront à leur parler, ils le feront en peu de mots.

34. Ils ne donneront aucune commission à leurs écoliers, et ne leur donneront, ni recevront d'eux ni lettre, ni billet du dehors ou pour le dehors, sans permission; ils pourront seulement envoyer des billets au frère directeur quand ils en auront besoin.

35. Ils ne feront rien écrire ni copier, soit pour eux, soit pour quelque autre personne que ce soit, par aucun écolier, sans permission du frère directeur, qui examinera si la chose est nécessaire.

36. Ils ne demanderont aux écoliers aucune nouvelle, et ne permettront pas qu'ils leur en disent, quelque bonne ou utile qu'elle soit.

De la manière dont les frères doivent se comporter dans les corrections.

37. Les frères auront toute l'attention et la vigilance sur eux-mêmes pour ne punir leurs écoliers que rarement, persuadés qu'ils doivent être que c'est un des principaux moyens pour bien régler leur école, et pour y établir un très grand ordre.

38. Lorsqu'il sera nécessaire que les frères punissent quelque écolier, ce à quoi ils auront alors égard, sera de le faire avec une grande modération et présence d'esprit, et avec les conditions prescrites dans le livre de la *conduite des écoles*, et pour ce sujet, de ne l'entreprendre jamais d'un prompt mouvement, ou lorsqu'ils se sentiront émus.

39. Pour cet effet, ils veilleront tellement sur eux-mêmes, que la passion de colère, ni la moindre atteinte d'impatience n'aient point de part, ni dans la correction qu'ils feront, ni dans aucune de leurs paroles ou de leurs actions ; convaincus qu'ils doivent être que s'ils ne prennent cette précaution, les écoliers ne profiteront pas de leur correction, ce qui est cependant la fin que les frères doivent avoir en la faisant, et Dieu n'y donnerait pas sa bénédiction.

40. Ils se garderont, bien alors, et en aucun temps, de donner aux écoliers aucun nom injurieux ou messéant ; ils ne les nommeront que par leurs noms, ils ne les tutoieront pas non plus en leur parlant.

41. Ils auront, aussi, un très grand soin de ne point toucher ni frapper aucun écolier de la main, du poing, du pied ou de la baguette, et de ne les pas rebuter, ni pousser rudement ; ils ne les frapperont point sur le visage, sur la tête, ni sur le dos.

42. Ils se donneront bien de garde de leur tirer les oreilles, le nez ou les cheveux, de leur jeter la férule ou quelque autre chose pour la leur faire apporter : toutes ces manières de corriger ne doivent point être pratiquées par les frères, étant toutes très indécentes, et opposées à la charité, et à la douceur chrétienne.

43. Ils ne corrigeront pas leurs écoliers pendant le catéchisme, ni pendant les prières, à moins qu'ils ne puissent absolument différer la correction:

44. Les frères ne donneront point de férule hors de leur place, excepté les maîtres des écrivains pendant l'écriture seulement.

Des jours et des temps que les Frères feront l'école, et des jours où ils donneront congé.

45. Les frères tiendront l'école cinq jours de la semaine, lorsqu'il n'y aura point de fête.

46. Tous les dimanches et toutes les fêtes de l'année scolastique, c'est-à-dire du temps qu'ils feront l'école, excepté les jours de Noël, Pâques, Pentecôte et le jour de la fête de la Très-Sainte Trinité. Les frères feront assembler leurs écoliers, le matin, à l'église de la paroisse sur laquelle ils feront l'école, pour les y faire assister à la grand'messe, et ils les feront aussi assembler, après le dîner, dans l'école, pour leur faire le catéchisme ; après lequel, leur ayant fait réciter la prière du soir, ils les conduiront à vêpres.

47. Les frères donneront ordinairement congé le jeudi tout le jour.

48. Lorsqu'il y aura une fête dans la semaine, si la fête arrive le lundi, le mardi ou le samedi, on donnera congé le jeudi après midi seulement. Si la fête arrive le jeudi ou le vendredi, on donnera congé le mardi après midi, mais si elle arrive le mercredi, on donnera congé le vendredi après midi.

49. Le jour de la Commémoration des morts, on donnera congé tout le jour.

50. Le jour de la fête de St-Nicolas, qui est le patron des écoliers, et le jour des Cendres', qui est le premier jour de Carême, on donnera congé tout le jour au lieu du jeudi : cependant, chacun de ces jours, on fera venir les écoliers le matin à l'école, et on leur fera le catéchisme depuis huit heures jusqu'à neuf.

51. On donnera congé depuis le jeudi sans enclavement, jusqu'au lundi suivant exclusivement.

52. Les jours des fêtes de Notre-Seigneur Jésus-Christ et de la très sainte Vierge et autres qui ne sont point chômées, qu'on fête et qu'on solennise dans la communauté, telles que sont la Transfiguration de Notre-Seigneur, l'Exaltation de la Sainte-Croix, et les fêtes de la Présentation et Visitation de la très sainte Vierge, aussi bien que le jour de la fête de St-Joseph, patron et protecteur de la communauté, on donnera congé tout le jour au lieu du jeudi.

53. S'il y a plusieurs paroisses dans la ville, et qu'on célèbre la fête du patron de celle sur laquelle la maison des frères est située, on fera comme aux jours de fête.

54. Lorsqu'on fera la fête du patron d'une paroisse sur laquelle la maison des frères n'est pas située, mais sur laquelle les frères font l'école, on donnera congé à toutes les écoles au lieu du jeudi.

55. Lorsqu'il se rencontrera cinq jours d'école de suite, on donnera un demi-jour de congé.

56. Les frères ne donneront aucun congé extraordinaire sans une nécessité évidente.

57. On donnera les vacances pendant tout le mois de septembre, et on ne les donnera point en autre temps, à moins qu'il n'y ait une nécessité évidente, eu égard au besoin de la récolte et des vendanges, et qu'on n'en ait un ordre exprès du frère supérieur de l'Institut, qui désignera le jour qu'on les devra commencer et finir.

De l'inspecteur des écoles.

58. Il y aura un inspecteur qui veillera sur toutes les écoles, qui sera le frère directeur ; et s'il en est besoin de plusieurs dans une maison, celui ou ceux qui le seront, autres que le frère directeur, lui rapporteront au moins deux fois chaque semaine, le mercredi et le

samedi, ce qu'ils auront reconnu de la conduite de chacun des frères, de sa classe, et si les écoliers profitent ou non. C'est ce que feront aussi ceux qui seront chargés de la conduite d'une école en l'absence de l'inspecteur.

59. Les frères auront beaucoup de respect pour l'inspecteur des écoles, non-seulement pour le frère directeur, mais aussi pour tous ceux qui seront chargés de cet office; et les maîtres d'une école, pour celui qui, en l'absence de l'inspecteur, a la conduite de cette école, par ordre du frère directeur.

De la langue latine.

Les frères qui auront appris la langue latine, n'en feront aucun usage dès qu'ils seront entrés dans la société, et ils se comporteront comme s'ils ne la savaient pas; ainsi, il ne sera permis à aucun frère d'enseigner la langue latine à qui que ce soit, soit dans la maison, soit au dehors.

Signé Jean-Baptiste Herbet, dit frère Frumence, vicaire-général des frères des écoles chrétiennes; Barthélemy Garnier; dit frère Barthélemy; Jean-Baptiste Dié, dit frère Emery; Aflabel, dit frère P. Célestin.

Paris, le 6 août 1810.

Le sénateur, grand maître de l'Université impériale, à M. le supérieur des frères des écoles chrétiennes, à Lyon.

Monsieur le supérieur,

J'ai l'honneur de vous adresser ampliation de l'arrêté par lequel j'ai, conformément à l'art. 109 du décret impérial du 17 mars 1808, visé les statuts des frères des écoles chrétiennes. Je ne doute pas que les frères ne s'empressent de se conformer aux nouvelles dispositions indiquées dans cet arrêté. Signé Fontanes.

On voit, dit M. Rendu (1), que l'université avait pris au sérieux l'art. 109 du décret organique, et qu'elle n'avait pas balancé à faire, au nom de l'état qu'elle représentait pour l'instruction publique, ce grand acte d'autorité, le visa des statuts des frères, le visa avec modification.

Les art. 10, 11, 12 et 13, concernaient les vœux par lesquels les frères devaient s'attacher à leur Institut.

Mais la loi n'admettait plus de vœux religieux, et surtout il était impossible que l'autorité, qui exerçait en cette occasion un droit incontestable de la puissance publique, laissât subsister l'obligation de faire des vœux de trois ans ; encore moins qu'elle autorisât des vœux d'une plus longue durée, tels que ceux que les anciens statuts et la bulle de Benoist XIII permettaient aux frères âgés de 25 ans accomplis.

Elle dut donc rappeler les lois existantes : elle les rappela ; et ce fut sous la foi de ces modifications, que l'Institut fût désormais reconnu et encouragé, comme ayant une existence publique, régulière, légale en un mot.

Voici l'arrêté qui fut envoyé au supérieur-général des frères :

» Le grand-maître de l'Université,

» Vu l'art. 109 du décret du 17 mars 1808,

» Vise les statuts des frères des écoles chrétiennes, en tant que les frères des écoles chrétiennes s'engagent, 1° à substituer à l'art. 10 les dispositions suivantes : ils s'attacheront à leur Institut par les

_____

(1) Un mot sur les Frères des Ecoles chrétiennes. — Brochure. 1839. — Am. Gratiot, imp.

trois vœux simples de religion, ainsi que par le vœu de stabilité, et par celui d'enseigner gratuitement les enfants ; ils se conformeront, pour leurs vœux, à ce qui est statué à cet égard par les lois de l'empire ; 2° à supprimer dans l'art. 11, après ces mots : *ils seront admis à faire leurs vœux*, les mots *même de trois ans* ; et, dans l'art. 13, tout ce qui suit ces mots : *les frères seront admis, autant qu'il se pourra, à l'âge de seize ou dix-sept ans.* »

Ampliation du présent arrêté sera adressé à M. le supérieur des frères des écoles chrétiennes. »

Sur tout autre point les statuts furent maintenus textuellement.

Ils forment par conséquent les statuts fondamentaux de l'Institut des frères des écoles chrétiennes.

4ᵐᵉ PÉRIODE.

Depuis le rétablissement des frères des écoles chrétiennes sous l'empire, en 1808, jusqu'à l'établissement
à Reims des trois écoles primaires communales et
gratuites d'enseignement mutuel, en 1833.

—

« Dès 1810, les frères des écoles chrétiennes
avaient repris le simple et sévère costume qui ne fera
plus sourire l'âge mûr, qui ne fera plus peur à
l'enfance (1). En 1818 leur maison conventuelle devint
un séminaire, où de braves jeunes hommes se pré-
paraient à une vie d'études sans gloire et de privations
sans récompense sur la terre.

« En 1822 les novices quittèrent nos murs et allèrent
demeurer à Paris. La ville aurait dû s'y opposer.
L'ordre des petits frères est rémois, c'est un enfant
de Reims qui en a doté le monde. A Reims devrait
se trouver la Maison – Mère ; n'est-il pas d'ailleurs
glorieux pour une citée de fournir à ses sœurs des
hommes qu'on appelle de toutes parts ?

« La restauration n'eut pas peur de la concurrence
tentée contre les frères de la charité ; elle autorisa
l'enseignement mutuel, Reims lui donna des écoles.
La révolution de 1830 fit plus : elle sacrifia ses rivaux ;

(1) M. Prosper Tarbé ; Reims, *Essais historiques*.

on réduisit leur nombre en 1832 ; plusieurs de leurs classes furent fermées et remises à l'enseignement laique. Celle du quartier St-Remi avait été close, le peuple redemanda à haute voix les pieux instituteurs qu'il aimait ; il fallut les lui rendre. En 1833 la prévention contre leurs chapeaux durait encore, on ferma leurs écoles des Carmes et de la rue des Capucins.

» En 1835 on les renvoyait de la maison des Carmes et on leur offrait une maison dans la rue de l'Arbalète ou 12,000 francs pour s'établir où ils voudraient ; leur traitement n'était plus payé. Des quêtes les faisaient vivre.

« En 1836 l'enseignement mutuel, protégé par le conseil municipal, encouragé par l'esprit philosophique, n'avait pu supplanter les frères pauvres et sans appui. La ville enfin comprit qu'ils ne faisaient pas un métier, mais qu'ils accomplissaient une mission sublime, désintéressée, utile à tous ; de bons esprits revinrent de leur antipathie et se rapprochèrent des écoles chrétiennes. Nous avons vu rue du Jard la maison conventuelle qu'elle leur donna, leurs appointements furent payés moitié par la ville, moitié par une association d'hommes dévoués aux vrais besoins de la société.

« Les dépenses que Reims a faites et fait pour eux, sont bien placées. L'ordre du vénérable De la Salle doit se relever et grandir dans son sein : à Dieu ne plaise que je souhaite aux modestes frères des idées d'ambition, de monopole, ou de ridicule concurrence. Le bien qu'on peut faire dans ce monde est sans bornes. La vigne du Seigneur est grande, chacun peut y travailler. L'éducation des enfants du peuple n'a-t-elle pas son importance comme celle des fils des rois ? Aux frères des écoles chrétiennes Dieu donne la mission de ramener les masses égarées.

» A leur dévouement, les classes pauvres demandent des lumières, des principes de morale, la religion de la famille, le germe des saintes croyances, l'intelligence des intérêts sociaux. Cette tâche est grande et belle; pour la remplir il faut plus que de l'érudition, il faut du courage et du patriotisme ! »

Sans contredit, M. Prosper Tarbé est un historien honorable et à juste titre honoré : mais nous ne craignons pas de le répéter ici, avec toute la réserve dont il faut user envers un homme de talent, animé par une conviction sincère, les appréciations de l'auteur des *Essais historiques sur Reims*, sont quelquefois tellement exclusives qu'il est difficile d'y reconnaître la vérité des faits.

Certes, nous avons constamment rendu justice aux frères des écoles chrétiennes, et nous avons proclamé bien haut notre vénération pour leur Institut, notre reconnaissance pour les importants services qu'ils ont rendus à la cause de la civilisation et à celle de la religion. Mais il ne faut pas oublier qu'à côté des frères se sont rencontrés d'autres instituteurs, également pleins de zèle, de dévouement, d'abnégation : c'est en vertu du principe de liberté que nos magistrats municipaux ont ouvert à ces nouveaux venus, après 1830, les écoles communales, et leur ont confié l'éducation d'une partie des enfants de la cité. Ce n'est pas pour obéir à l'entraînement de l'esprit philosophique que l'on a retiré aux frères le monopole exclusif de l'enseignement élémentaire. Les membres du conseil municipal, et les administrateurs de la cité ont cédé aux impulsions de leur

conscience sans préoccupations regrettables ; ils ont
été uniquement dominés, nous le croyons, par l'in-
térét des enfants, par leur désir de réaliser dans
l'enseignement primaire des améliorations fécondes,
signalées et recommandées de toutes parts. Les reproches irritants de M. Tarbé ne nous paraissent en
aucun point fondés ; et on pouvait, nous le croyons,
rendre un éclatant hommage aux frères des écoles
chrétiennes, sans accuser avec amertume le conseil
de ville et les magistrats préposés à la direction des
affaires de la cité.

Au reste, ici, comme nous l'avons toujours fait dans
je cours de cet ouvrage, nous laisserons simplement
parler les faits ; nous les raconterons après les avoir
sérieusement étudiés. Nous pensons qu'ils paraîtront à
tous en harmonie avec les impressions que nous en
avons recueillies ; et qu'ils seront de nature à ramener
les écrivains et les chroniqueurs à la manifestation plus
complète de la vérité historique.

A l'époque de la Restauration, en 1815, le gouvernement nouveau comprit combien il était nécessaire de
consolider les institutions, et de donner une force nouvelle aux principes que le régime impérial avait établis.

Les frères des écoles chrétiennes saluèrent avec joie
le retour des princes de la maison de Bourbon. Ils espé-
raient que les idées de calme et de tranquillité générale,
qui devaient se faire jour à la suite des grands évènements de l'empire toujours en lutte avec l'Europe, leur
permettraient d'asseoir leur Institut et d'étendre leur
influence sur des bases inébranlables. Ils comprenaient
surtout que leurs écoles deviendraient plus suivies, plus
nombreuses, plus florissantes, et que, de la sorte, leur

mission serait par eux mieux accomplie au profit de la religion chrétienne et de l'humanité.

Le gouvernement royal, en promulguant l'ordonnance du 29 Février 1816, rendit un service réel au pays, en établissant les comités cantonaux, chargés de surveiller et d'encourager l'instruction primaire.

Cette ordonnance royale n'oublia pas les frères des écoles chrétiennes, et elle reconnut, elle proclama de nouveau l'existence légale de l'Institut, en le mentionnant spécialement dans un de ses articles :

Art. 36. Toute association religieuse ou charitable, telle que celle des frères des écoles chrétiennes, pourra être admise à fournir, à des conditions convenues, des maîtres aux communes qui en demanderont...

Cette faveur dont la restauration environnait avec éclat les frères des écoles chrétiennes, avait puissamment contribué à la réorganisation de la communauté proprement dite : c'était à Lyon que se formait et se développait la Maison-Mère ; et les frères établis à Reims voulurent naturellement se réunir sous l'ancienne juridiction qui rétablissait l'Institut réorganisé.

A cette époque de la restauration (et cela dura jusqu'à la promulgation de la loi de 1833), il était encore consacré en principe que les écoles de charité, se liant au système général des secours publics, rentraient dans les attributions du bureau de bienfaisance.

C'est pourquoi lorsque les frères manifestèrent leur intention de se réunir à la maison de Lyon, la commission administrative du bureau de bienfaisance dut se réunir.

Dans la séance du 21 Octobre 1817, la commission administrative, présidée par M. Maillefer-Ruinart, — sur le rapport fait par M. Bouché père, vice-président, que plusieurs des instituteurs des écoles primaires de cette ville, désirant se réunir à l'institution des frères des écoles chrétiennes de Lyon, se proposaient de donner leur démission pour suivre leur vocation primitive ;

Vu les articles 1, 2, 3, 4, 5, et 9, du décret du 26 janvier 1809, relatif à l'établissement des écoles primaires communales, à Reims, et l'arrêté de M. le sous-préfet, du 12 août suivant, relatif à l'organisation desdites écoles et à l'exécution provisoire du décret susdaté;

Vu l'arrêté de M. le Préfet du 2 décembre 1809, relatif à la fixation de la rétribution à payer par les enfants de familles aisées admis dans lesdites écoles ;

Après avoir entendu le frère Eloy, assistant du supérieur-général des frères des écoles chrétiennes de Lyon, et envoyé par lui en cette ville pour régler avec le bureau de charité les conditions de l'affiliation des instituteurs des écoles primaires de cette ville à la maison de Lyon ;

Considérant que la retraite simultanée de plusieurs des instituteurs compromettrait l'instruction des jeunes enfants, et que leur remplacement, suivant le mode adopté jusqu'à ce jour, pourrait présenter plusieurs inconvénients ;

Considérant que l'institution des frères des écoles chrétiennes de Lyon assure au bureau les moyens de remplir les vues de toutes les autorités et des habitants, pour l'instruction primaire des jeunes enfants du sexe masculin; et que l'expérience prouve depuis longtemps l'utilité de cet établissement dont Reims avait été le berceau et qu'on désirait généralement y fixer de nouveau, mais que les règles de cette institution, notamment en ce qui concernait la gratuité des écoles, exigeaient quelques modifications à l'exécution du décret du 26 janvier 1809.

Considérant que, depuis plusieurs années, le traitement des instituteurs précédemment fixé à 500 fr. avait été reconnu insuffisant, puisque le bureau leur accordait un supplément de 100 fr. par an, pris sur le produit de la rétribution payée par les enfants de familles aisées, admis dans lesdites écoles, et qu'il convenait de procurer aux nouveaux instituteurs les moyens de meubler, d'une manière convenable, la maison qui leur était spécialement destinée pour logement, afin qu'ils pussent y vivre en communauté, suivant les règles de leur institution;

Proposa aux autorités supérieures et arrêta ce qui suit :

Art. 1er. Les écoles établies dans la ville de Reims pour l'instruction primaire et gratuite des enfants du sexe masculin, des familles indigentes, continuent à être au nombre de quatre, sous la direction et la surveillance du bureau de charité. Chaque école comprendra deux classes, dont la première admettra 60 élèves, et la deuxième pourra en admettre 80.

2° L'instruction sera confiée à dix instituteurs vivant en communauté, choisis parmi les frères des écoles chrétiennes, et dont un directeur et un suppléant.

3° Le choix de ces instituteurs sera dévolu au supérieur-général des frères des écoles chrétiennes de Lyon.

4° Les frères instituteurs devront être âgés au moins de 17 ans.

5° Chacun des frères instituteurs devra, avant d'exercer, donner connaissance au bureau de charité

14

de la commission qui lui aura été délivrée par le supérieur-général.

6° Aucun des frères instituteurs ne pourra cesser ses fonctions qu'au préalable il ne soit remplacé.

7° Dans le cas où le bureau aurait des sujets de plainte contre un des frères instituteurs, ou le jugerait peu convenable pour l'instruction des enfants, il en sera donné avis, suivant que le cas y échoira, soit au supérieur-général, soit au directeur, et, si le bureau l'exige, il sera pourvu de suite par ledit supérieur-général au remplacement du sujet désigné.

8° Le directeur ne fera l'école que dans le cas où le suppléant ne pourrait remplacer, pour cause de maladie, l'instituteur absent ou malade.

9° Le traitement des dix instituteurs est fixé, à raison de 600 fr. pour chacun, à la somme de 6,000 fr., qui sera payée annuellement et par douzième, de mois en mois, entre les mains et sous la quittance du directeur.

10° Il sera fourni par la ville, pour l'usage particulier des dix frères instituteurs sur le mobilier des anciens instituteurs primaires dont l'établissement se trouve dissous, dix couchettes, dix paillasses, dix matelas, vingt couvertures, dix traversins, et vingt-quatre paires de draps, dont il est fait don à l'institution des frères des écoles chrétiennes.

11° Pour suppléer aux autres parties de l'ameublement il est fait don à ladite institution de la somme de 2,000 fr. qui sera payée entre les mains et sous la quittance du directeur, lequel en fera l'emploi, sous la surveillance du supérieur-général, ainsi qu'il le jugera convenable aux intérêts de l'institution; il en sera cependant rendu compte au bureau de charité.

12° Au moyen des dispositions des articles précédents, le directeur demeure chargé de pourvoir aux frais de l'entretien et du renouvellement du mobilier nécessaire aux dix frères instituteurs.

13° L'instruction sera donnée gratuitement dans les quatre écoles, la rétribution ordonnée par l'article 9 du décret du 28 janvier 1809, cessera d'être perçue à dater du 1er janvier 1818; pour subvenir aux frais de chauffage des classes, les frères qui en demeurent chargés recevront 25 centimes par mois, du 1er novembre au 1er avril, de chacun des élèves qui pourront payer ladite rétribution.

Les instituteurs conformément aux règles établies parmi eux, ne pourront rien recevoir autre chose dans le cours de l'année, sous tel prétexte que ce puisse être.

14° Les enfants qui seront admis auxdites écoles devront être âgés au moins de 7 ans.

15° Le bureau nommera les élèves qui devront être admis dans les écoles et les frères ne pourront en admettre aucun autre; à cet effet, les parents s'adresseront aux administrateurs ou au secrétaire du bureau et il leur sera délivré, s'il y a lieu, un billet d'admission qui sera soumis au visa du directeur, lequel tiendra un état nominatif et par classe des élèves ainsi admis.

16° Les élèves qui se seront absentés pendant plus d'un mois seront réputés avoir abandonné les écoles et ne pourront plus y être admis, qu'après avoir de nouveau rempli les formalités prescrites par l'article précédent.

17° A la fin de chaque mois, les frères instituteurs remettront au directeur les billets- d'admission des élèves qui se trouveront dans le cas de l'article précédent, ou auront fait leur déclaration qu'ils ne fréquenteraient plus l'école, le directeur en fera mention sur son registre et transmettra de suite lesdits billets au secrétaire du bureau.

18° La police de l'intérieur des classes appartient aux instituteurs, chacun dans sa classe ; ils pourront exclure de l'école momentanément ceux de leurs élèves qui leur auront donné des sujets de mécontentement ; toutefois l'exclusion absolue ne pourra être prononcée que par le bureau de charité sur la proposition du directeur.

19° Les écoles ainsi instituées étant spécialement destinées à l'instruction gratuite des enfants de familles indigentes, il n'y sera admis des enfants de familles aisées que dans le cas où il ne se présenterait pas des enfants de familles indigentes en nombre suffisant pour chaque classe.

20° Les offrandes, dons et legs qui seront faits au bureau de charité, pour lesdites écoles, seront spécialement affectés à leurs besoins et employés par l'administration dudit bureau, notamment à l'entretien du mobilier des classes et à l'achat des locaux nécessaires à la tenue desdites écoles, s'il n'en est autrement disposé par les donateurs ou testateurs.

Cette délibération du bureau de charité pour l'établissement fixe des frères des écoles chrétiennes à Reims, et leur affiliation à ceux de Lyon, chef-lieu d'ordre, fut approuvée par le conseil municipal le 2 novembre 1817 ; sauf néanmoins les rectifications des articles 1 et 16 de l'arrêté proposé, et l'addition d'un article supplémentaire.

Art. 1er Les écoles établies dans la ville de Reims

pour l'instruction primaire et gratuite des enfants du sexe masculin des familles indigentes continueront à être au nombre de quatre, sous la direction et la surveillance du bureau de charité, *sans préjudice à la surveillance à exercer par le comité cantonnal d'instruction publique.*

Art. 16. Les élèves qui se seront absentés plus d'un mois sans causes légitimes, seront réputés avoir abandonné les écoles, et ne pourront plus y être admis qu'après avoir de nouveau rempli les formalités exigées par l'article précédent de cette même délibération.

Article additionnel : d'après les dispositions ci-dessus concertées et consenties entre l'assistant du supérieur général et le bureau de charité, ce même supérieur ne pourrra, sous tel prétexte que ce puisse être, à moins qu'il n'en soit autrement ordonné par l'autorité supérieure, abandonner l'instruction publique gratuite à Reims, sans en avoir prévenu le bureau de charité un an d'avance. Ce délai expiré, il sera tenu de remettre en bon état audit bureau l'ancien mobilier fourni aux frères actuels enseignants ; comme également celui qu'ils se seront procurés au moyen des deux mille francs qui seront mis à leur disposition pour compléter ce même mobilier....

Le bureau de charité ne s'opposa pas à ces modifications ; et l'affiliation des frères à la maison de Lyon ne tarda pas à être accordée. En effet, le 30 Janvier 1818, M. le ministre de l'intérieur écrivait à M. le préfet de la Marne :

Monsieur le préfet, j'ai sous les yeux les pièces que vous m'avez adressées le 30 décembre 1817, au sujet des écoles primaires de Reims.

Elles ont été établies en vertu d'un décret de 1809. Il devrait y en avoir pour les garçons et pour les filles : on a pensé d'abord aux premiers, et l'on a mis à leur tête des frères des écoles chrétiennes : ceux-ci veulent s'affilier à ceux de Lyon, on a parlé, à cette occasion, de modifications à faire aux articles du décret primitif.

Mais ce que l'examen du dossier m'a fait voir, c'est qu'on veut surtout augmenter la dotation des frères, on veut maintenir quatre écoles avec trois maîtres chacune, cela fait huit ; il y a ensuite pour toutes un directeur et un suppléant ; chaque école doit contenir deux classes, dont la première renferme soixante élèves et la deuxième quatre-vingts. Le traitement de chaque maître avait été fixé à 500 fr., on demande qu'il soit porté à 600 fr. On veut comprendre au budget de 1818, 6,000 fr. pour ce service, au lieu de 5,000. De plus, on accorde des meubles, couchettes, etc., et l'on alloue 2,000 fr. pour complément d'arrangement.

Tout cela est fort bien, puisque la ville le désire, et des mesures seront prises en ce sens, lors du règlement du budget. Vous pouvez, de votre côté, agir en conséquence. Il n'y a pas besoin de déclarer de nouveau que les écoles sont gratuites ; elles l'étaient déjà de principe ; elles étaient fondées, et elles sont toujours ouvertes pour les enfants des familles indigentes.

Il avait été dit que des rétributions légères à fixer par le préfet pourraient être reçues des enfants de familles plus aisées qu'on y enverrait. Je vois par les articles 13 et 19 du règlement de la commission de bienfaisance, en date du 21 octobre 1817, que les enfants de cette classe y pourront être admis, et qu'en certains cas et pour de certaines causes, ils contribueront à des petits frais.

Ainsi, il y a réellement dans tout cela bien peu

de changement. Seulement, je le répète, on ajoute aux fonds annuels faits par la ville; et puisque celle-ci y trouve son avantage, il est juste de donner suite au projet. Il n'est pas besoin pour cela d'autre approbation que celle qui résulte de la présente.

Quant au mode de surveillance, il faudra se conformer à ce qui est prescrit par les règlements généraux concernant l'instruction publique, et se tenir disposé à l'exécution de toutes lois ou ordonnances qui pourront être incessamment rendues sur cette partie. ..

Le ministre de l'Intérieur, Lainé.

A cette même époque de 1818, on discutait à la Chambre des députés la loi sur le recrutement de l'armée. La chambre délibérait sur les paragraphes de l'art. 15, article qui règle et qui détermine les principales causes des dispenses du service actif : un député se lève ; c'était un des plus honorables et des plus respectés ; un homme qui, depuis quarante ans, est environné de la sincère et profonde estime de ses concitoyens, et dont aujourd'hui la vieillesse est l'objet des hommages les plus respectueux et les mieux mérités : c'était un de nos compatriotes, le représentant de notre cité, M. Ruinart de Brimont.

M. Ruinart de Brimont (1) : Messieurs, j'ai une exception à proposer au 1er paragraphe de l'article dont nous nous occupons. Vous connaissez l'utilité de l'institution des élèves des frères des écoles chrétiennes. Ce sont ces frères qui forment les maîtres d'école dont nos départements, et spécialement nos campagnes, ont un si grand besoin. Il importe de les favoriser, de les multiplier, s'il est possible. Ils

(1) Moniteur universel du 1er février 1818.

ont beaucoup de droits à notre reconnaissance. Je demande qu'ils soient assimilés aux élèves de l'école normale, et compris dans les exceptions. (Une vive opposition se manifeste).

L'amendement est fortement appuyé à droite. — M. de Marcellus paraît à la tribune. — MM. Dupont de l'Eure, Grammont et d'autres réclament la question préalable.

M. le Président. Il serait nécessaire que M. Ruinart de Brimont précisât son amendement.....

M. Ruinart. Les élèves des écoles chrétiennes sont ceux qui se destinent à l'instruction primaire, à renouveler et à donner des maîtres d'école dans les campagnes.

M. de Puymaurin. Je viens prendre la défense des élèves des écoles chrétiennes ; je vois trop que la fermentation des idées libérales, dont le volcan menace l'Europe et tous les trônes, se fait sentir dans cette assemblée. Que sont ces frères, et que peut-on connaître de plus respectable qu'une société d'hommes qui se vouent continuellement à l'étude, à l'instruction des pauvres, dont tous les membres se lèvent à quatre heures du matin, ne prennent qu'une chétive nourriture, et ne peuvent être soutenus que par un sentiment religieux et par le désir d'être utiles à l'humanité ? Et ce sont ces gens-là que vous voudriez soumettre à la conscription.... au recrutement, veux-je dire ? Faudra-t-il vous rappeler que l'*usurpateur*, lui-même, avait donné l'ordre de les exempter ? Quant à moi, à Toulouse, j'ai obtenu d'un préfet qui était assurément fort sévère, qu'on exempterait les frères ignorantins. (Des éclats de rire interrompent à l'extrémité gauche). Ignorantins, soit ; je veux bien les appeler ainsi. Ils sont du moins ignorants de tous les vices et de toutes les horreurs dont on couvre en ce moment la France. (Une longue agitation succède). J'appuie l'amendement de tout mon pouvoir.

M. Brun de Villeret Personne plus que moi n'est le partisan de l'institution des frères des écoles chrétiennes, et si l'exemption est nécessaire pour la conserver, je suis prêt à la voter. Mais cette corporation a-t-elle une existence légale? (Des cris *oui, oui! non, non!* s'élèvent à-la-fois). A quel titre peut-on reconnaitre les élèves sortis de son sein, destinés à propager l'instruction primaire dans nos campagnes? Je demande s'il existe une maison-mère qui reconnaisse et puisse faire reconnaître les élèves pour lesquels ou demanderait une exemption. Je désire que l'auteur de la proposition nous fasse connaitre la vérité à cet égard.

M. le ministre de l'intérieur. Je crois devoir donner à la chambre quelques éclaircissements.

Sous le précédent gouvernement les frères des écoles chrétiennes ont été autorisés. Ils sont destinés à l'enseignement du pauvre, soit dans les villes, soit dans les campagnes. Ils ne font point de vœux perpétuels. Ils ne se présentent dans les villes qu'au nombre de trois. Ils ont une maison principale à Lyon, d'où ils se répandent dans les différentes villes de France et dans les campagnes. Cet établissement a été favorisé par le gouvernement autant qu'il lui a été possible, et à l'égal de l'enseignement mutuel. Il ne suffit pas à toutes les demandes. Il faut cependant le dire ici, que l'exemption serait très considérable si elle était adoptée, parceque les frères destinés à l'enseignement primaire sont en grand nombre dans les diverses communes.

Voilà l'explication que j'avais à donner à la chambre.

On demande très vivement la question préalable.

Une première épreuve est douteuse. Une seconde épreuve est faite.

M. le président. La question préalable est rejetée. Il y a lieu à délibérer sur l'amendement.

M. de Barante. On vous propose ici de faire une distinction spéciale entre les hommes qui se livrent à l'instruction primaire : les frères des écoles chrétiennes remplissent cette attribution d'une manière très respectable. Mais le système de votre loi est de donner exemption de service à celui qui rend lui-même à l'état un service dont l'état a besoin. Ainsi, tous ceux qui se consacrent à l'instruction primaire devraient être exempts, et vous voyez combien le nombre serait considérable......

La question résultant de l'amendement est celle-ci : donnera-t-on aux frères des écoles chrétiennes un privilège d'exception sur les autres institutions primaires ? Je ne pense pas que cela s'accorde avec le principe de la loi.

M. de Puymaurin. Je rends hommage à la manière noble et franche dont M. le ministre de l'Intérieur vient de parler des frères des écoles chrétiennes, et je repousse la comparaison qu'on veut établir entre eux et les autres instituteurs primaires. Les frères sont une institution de charité qui ne reçoivent point de traitement et de secours du gouvernement, qui se vouent à l'instruction des pauvres, et qui gardent le célibat. On ne peut les comparer aux maîtres qui dans les campagnes font toutes sortes de métiers. (On rit beaucoup). Vous venez d'entendre que leur Institut est à Lyon, et qu'ils sont reconnus du gouvernement. J'appuie l'exception proposée.

M. le ministre de l'Intérieur. Je dois rétablir un fait que j'ai omis et qui peut concilier les divers avis. C'est à Lyon qu'est la maison principale des frères ; c'est de cette maison qu'ils se répandent dans les communes. Cette maison peut donc être considérée comme une sorte d'école normale pour l'instruction primaire. En ce sens, vous auriez à décider s'il ne conviendrait pas de borner l'exception aux frères, qui, de l'école normale de Lyon, se répandent dans les départements.

M. de Villèle. Le chef-lieu est bien à Lyon, mais il se forme des frères ailleurs, et notamment dans ma ville, à Toulouse. On combat l'exception comme très étendue ; elle serait bien moindre qu'on ne le pense. Il ne s'agit pas d'exempter tous les frères. La plus grande partie d'entre eux, a passé l'âge de l'appel. Il s'agit d'exempter ceux qui, arrivant à cet âge, se destinent à alimenter l'Institution. Sans doute, si l'on vous disait d'exempter tous les professeurs de France, le nombre serait très considérable. Mais il ne s'agit pas d'eux puisqu'ils ont passé l'âge. Il s'agit de ceux qui doivent le devenir, et c'est pour cela qu'on excepte l'école normale, dont les élèves se destinent à un service public. L'analogie est parfaite, et l'exception n'est pas trop étendue. Vous devez cette marque d'intérêt aux pauvres et à une Institution religieuse à laquelle vous ne sauriez être trop favorables.

M. Caumartin et M. de Barante insistent pour que l'exemption soit générale et s'étende à tous ceux qui se vouent au service de l'instruction élémentaire.

M. Royer-Collard. Je ne viens point combattre l'amendement, mais donner des éclaircissements sur

l'état présent des choses. Sous le dernier gouvernement, et jusqu'à la restauration, l'université a joui,
et pleinement usé du droit d'exempter de la conscription tous ses membres, tous ceux qu'elle voulait ou
pouvait avouer, même les frères des écoles chrétiennes
soumis à sa juridiction, et qui ne peuvent exercer
leurs fonctions sans une autorisation de l'université.

Tel était l'état des choses. Mais cet état est prodi-
gieusement changé par le projet de loi. L'exemption
en faveur de l'université est restreinte à l'école normale,
dont les élèves se destinent à l'enseignement supérieur.
Or, les élèves de l'école normale ne forment pas le
dixième des personnes qui se vouent à l'enseignement,
et qui entrent dans les colléges par d'autres portes.
Je n'ai pas demandé que l'exemption fût étendue à
celles-ci, comme par le passé : peut-être aurais-je
dû le faire. Mais en ce moment j'insiste sur la différence
qui existe entre deux institutions qu'on voudrait vainement comparer. Les élèves de l'école normale
contractent un engagement. Ils sont liés à l'état, et
l'état se lie à eux par l'exemption qu'il leur accorde.
Les frères sont fort utiles assurément et fort respectables ; ils rendent des services dans les villes ; il serait
difficile de les introduire dans les campagnes, parce
que leur traitement est beaucoup plus considérable
que celui des maîtres ordinaires. Toutefois ils restent
dans la catégorie générale de ceux qui se livrent à
l'instruction, et il serait trop rigoureux pour l'*uni-
versalité* de ceux-ci de ne voir appliquer la faveur de
l'exemption qu'aux frères des écoles chrétiennes. Si
on trouve juste de l'accorder à ceux de ces frères qui
sont autorisés par l'Université, elle doit être accordée
au même titre à tous ceux qui se vouent à l'instruction publique.

Cet avis est fortement appuyé. — Après une discussion
fort confuse, M. Royer-Collard proposa la rédaction
suivante : après l'alinéa des écoles normales : « Seront
également dispensés les autres membres de l'instruction publique, lorsqu'ils auront contracté envers le
conseil supérieur de l'instruction publique, l'engagement de servir pendant dix ans : — cette disposition
est applicable aux frères des écoles chrétiennes.... »

Une vive opposition se manifesta à droite contre
cette rédaction, et de nombreuses observations furent
échangées avec une vivacité extrême....

M. de Villèle. Les nouveaux amendements ont trop
fait perdre de vue la proposition principale. Qu'avait-
on demandé? Qu'avait demandé M. Ruinart, à la
proposition duquel il faudra d'abord revenir? Qu'on
exemptât les élèves des écoles chrétiennes ; c'était à
cet égard qu'il fallait délibérer. Or, l'amendement ne
les comprend pas : il leur impose un engagement qu'ils
ne prennent point, conformément à leurs statuts. Si
la Chambre ne veut pas les exempter, elle en a sans
doute le droit. Mais, nous avons aussi le droit de
demander qu'on ne comprenne point les frères des
écoles chrétiennes dans une catégorie qui leur est
étrangère.

M. de Bonnald. La parité qu'on a voulu établir
entre les élèves de l'école normale et les frères des
écoles chrétiennes n'est point exacte. Les élèves
de l'école normale prennent un engagement de dix
ans envers l'Université, parce que, de son côté,
l'Université contracte envers eux l'engagement de les
enseigner, de les entretenir pendant tout le temps qu'ils
sont à l'école, et de les placer ensuite quand ils ont
acquis l'instruction nécessaire pour se livrer à l'ins-

truction. S'ils quittent le service de l'instruction avant
le terme de leur engagement, ils sont susceptibles
d'être poursuivis devant les tribunaux, pour que l'état
obtienne le remboursement des frais d'entretien et de
subsistance qu'ils lui ont coûtés. Quant aux frères des
écoles chrétiennes, la même raison n'existe pas;
l'Université ne les institue pas, ne les instruit pas, ne
les nourrit pas; l'Université ne s'engage pas à les placer; l'Université ne leur donne aucun traitement; ils
ne lui doivent rien; l'instruction qu'ils vont porter aux
pauvres, ils l'ont puisée en eux-mêmes, dans le sein
de leur propre institution. Je ne sais pas si l'intention
de M. Royer-Collard, de leur faire prendre un engagement envers l'Université, pourra leur convenir.

M. Royer-Collard. La chambre doit avoir ses idées
parfaitement déterminées sur ce qui lui est proposé;
c'est de rétablir ce qui existait en faveur de l'instruction publique et à l'égard des frères des écoles chrétiennes avant la restauration. Il est ici question de
deux engagements; l'un que j'appellerais domestique,
et l'autre avec l'état; le premier ne doit point être
pris en considération. C'est avec l'Etat que s'engagent
les élèves de l'école normale; car l'Université c'est
la puissance publique, appliquée à la direction de
l'instruction publique. L'engagement de ces élèves
est le véritable motif de l'exemption qu'on leur accorde. Les frères ne peuvent être exemptés comme
personnes religieuses qui se sont engagées à certaines
pratiques et à l'obéissance envers des supérieurs que
la loi ne connait pas; ils ne peuvent l'être que comme
personnes vouées à un service public, sous l'autorité
des chefs de ce service. Peut-on leur accorder une
plus haute faveur que de les traiter comme les élèves
de l'école normale appelés de toutes les parties de la
France par la voie du concours? Qu'ils s'engagent

donc envers l'État comme ceux-ci. Si vous associez à la même exemption les deux espèces d'individus, vous devez leur demander envers l'État un engagement semblable, vous devez exiger d'eux une égale garantie. Qu'en résulte-t-il? C'est que ceux qui, pour des motifs que je ne prétends expliquer ni prévoir, refuseraient de contracter l'engagement prescrit par la loi, n'auront pas d'exception.

M. de Caumont. Je demande la priorité pour l'amendement de M. Ruinart. La garantie qu'on demande pour les élèves de l'école normale, peut se concevoir; mais, à l'égard des frères des écoles chrétiennes, ils ne servent pas six ans, c'est-à-dire, pendant le terme du service militaire. Quelle garantie aurez-vous contre eux, quel moyen aurez-vous de leur faire acquitter la dette dont il s'agit? La garantie est illusoire, et l'exemption doit être pure et simple.

M. de Barante. L'amendement ne tend pas à contraindre les frères. Ce n'est que s'ils consentent à servir qu'ils sont placés sous la direction de l'instruction publique. On n'est point d'accord sur les faits; on ne sait s'ils appartiennent à l'Université, ou s'ils ne lui appartiennent pas, il faut qu'ils aient un caractère; qu'à l'exemple des élèves de l'école normale, des ponts et chaussées, des jeunes de langue, on sache sous quelle direction ils sont placés. Tel est le but de l'amendement de M. Royer-Collard, et le rappeler est déterminer la chambre à l'adopter.

M. de Marcellus. Je demande la priorité pour l'amendement de M. Ruinart, en faveur des frères des écoles chrétiennes, dont la France, par l'organe de la plupart des conseils-généraux des départements, proclame les services et l'activité.

M. le président consulte la chambre.

L'amendement de M. Royer-Collard est adopté à une forte majorité.

Art. 15. Sont dispensés . . . . .

5° Les élèves de l'école normale, et les autres membres de l'instruction publique qui contractent devant le conseil de l'université l'engagement de se vouer pendant dix années à ce service :

Cette disposition est applicable aux frères des écoles chrétiennes . . . . . .

Nous avons cru devoir rapporter une partie importante de cette longue discussion, pour deux motifs : le premier, parce que l'initiative de cette exemption, nécessaire et méritée, appartient à notre vénérable concitoyen, à notre ancien représentant à la chambre, M. Ruinart de Brimont. Le second, parce que plusieurs des orateurs qui se succédèrent à la tribune dans le cours de cette tumultueuse séance, agitée par tant de passions vives et contraires, rappelèrent les grands services rendus par les frères des écoles chrétiennes à la religion, à l'enfance, au peuple ; enseignement qui ne doit jamais être oublié.

Les frères des écoles chrétiennes vécurent à Reims, paisibles, honorés, influents, pendant les dernières années de la Restauration. On entendait bien, il est vrai, parler de temps en temps d'une méthode d'enseignement élémentaire, plus simple et plus rapide, méthode rivale que l'on disait destinée à remplacer la méthode d'enseignement dont se servaient les frères depuis tant d'années : mais les tentatives se produisaient timidement à Reims ; elles ne pouvaient arriver au succès, et bientôt oubliées, elles ne faisaient qu'affermir l'enseignement des frères. Ce ne fut qu'en 1831 que

la méthode d'enseignement mutuel fut établie à Reims
sur des bases sérieuses, bases que nous croyons inébranlables : à cette époque seulement, cette méthode
nouvelle s'éleva, comme un redoutable concurrent, à
côté de la méthode simultanée; ce ne fut pas, nous
le pensons, la lutte de l'enseignement clérical et de
l'enseignement laïque ; ce fut une lutte de méthodes,
née de la liberté d'enseignement et des progrès de la
science en matière d'instruction élémentaire; envisagée
ainsi, cette concurrence devait être paisible, calme,
honnête, nous verrons que l'esprit de parti et la voix
des passions, mauvaises conseillères, conduisirent à
des résultats différents : on méconnut les intentions
droites et sincères, et on compromit ainsi, pendant
plusieurs années, la bonne direction, indispensable
aux succès de l'instruction primaire.

Ce qui était encore de nature à consolider, à Reims,
l'enseignement des frères des écoles chrétiennes sous
la Restauration, c'est que de nobles bienfaiteurs venaient en aide, par leurs offrandes, aux nombreux
besoins des instituteurs et des écoles.

Dans la séance du conseil municipal du 1er septembre
1818, M. le maire (alors M. le baron Ponsardin)
exposa que M. Baulny, ancien archidiacre et chanoine
de la cathédrale de Reims, et actuellement chanoine
de Meaux, dans la vue de favoriser le plus qu'il
serait possible l'éducation publique des enfants de la
classe indigente, avait offert de verser entre les mains
du maire une somme de 5,600 fr. pour le traitement
d'un troisième frère des écoles chrétiennes pour la
paroisse de St-Remy de Reims, attendu que les deux
frères de cette école située dans le quartier le plus
populeux de la ville, n'étaient pas à beaucoup près

15

suffisants pour le nombre des enfants indigents présentés pour y être admis.

Que cette somme de 5,600 fr. offerte par M. Baulny, devait, à la demande du donataire, être convertie en rentes sur le gouvernement et affectée spécialement au traitement de ce troisième instituteur, à la condition que si la rente de cette somme ne suffisait pas pour assurer ce traitement, la ville se chargerait du surplus et en ferait la déclaration formelle ; et encore, dans le cas où l'institution des frères des écoles chrétiennes cesserait d'exister ou ne serait pas remplacée, que la ville paierait annuellement à la fabrique de la paroisse de St-Remi, une somme de 300 francs, pour être affectée spécialement à l'éducation des enfants pauvres de ladite paroisse.

M. le président ajouta que, d'après une conférence qu'il avait eue avec le supérieur de la maison des frères, à Reims, il avait été convenu que cette maison se contenterait d'une somme annuelle de 400 fr., au moyen de laquelle un troisième instituteur serait affecté spécialement à l'éducation des enfants de familles indigentes de cette même paroisse de St-Remi.

Le conseil accepta par acclamation, avec la plus vive reconnaissance, et sauf l'autorisation du gouvernement, la somme de 5,600 francs, pour propager de plus en plus l'instruction publique parmi les enfants de la classe indigente ; et s'engagea à voter les sommes nécessaires pour compléter le traitement d'un troisième instituteur pour l'école de la paroisse de St-Remi.

Dans la séance du conseil municipal du 18 juin 1825, M. le maire (M. Ruinart de Brimont) déposa sur le bureau un arrêté de M. le préfet du 18 avril 1825, portant renvoi au conseil de charité et au conseil municipal d'une délibération, du 9 avril, du bureau de charité, relative à un legs de 2,800 fr. fait par Madame veuve Ruinart, aux frères des écoles chrétiennes, pour être employé, par eux, à établir une école dans un local près le Marché à la Laine, à Reims, et, d'après laquelle délibération, S. M. est humblement suppliée d'autoriser le bureau de bienfaisance à accepter ce même legs.

Le conseil municipal,

Considérant que l'établissement d'une école de garçons dans le quartier désigné par la testatrice est généralement désiré, et que cette école sera singulièrement rapprochée du faubourg Cérès, extrêmement populeux, qui possédait un établissement de cette nature avant la révolution, et dont la suppression a causé et continue à porter un préjudice notable à l'instruction gratuite des enfants de la classe indigente ;

Que ce legs de 2,800 fr. ajouté à celui de 2,000 fr. déjà fait par Mme Maillefer, fille de la testatrice, mettra à même de pouvoir se procurer un logement convenable pour l'établissement dont il s'agit ;

Que sous tous les rapports, l'acceptation de ce legs ne peut qu'être infiniment avantageuse pour l'instruction de la jeunesse indigente, fut d'avis qu'il y avait lieu par M. le préfet, de solliciter une ordonnance du Roi, autorisant l'acceptation par le bureau de bienfaisance du legs de 2,800 fr. fait par Mme Ve Ruinart, aux frères des écoles chrétiennes, à la charge de faire emploi dudit legs, suivant les intentions de la testatrice.

Dans la séance du conseil du 10 février 1826, M. le maire exposa au conseil que M. le curé de la paroisse de St-Jacques venait de le prévenir qu'il avait entre ses mains une somme de 4,000 fr., provenant de différentes personnes charitables dont le désir était que cette somme fût placée d'une manière solide pour en former une rente annuelle de 200 fr., laquelle serait employée à aider la ville de Reims à payer la pension d'un troisième frère aux écoles de la paroisse de St-Jacques, mais sous différentes conditions relatées en la lettre de M. le curé.

M. le maire ajouta que Mlle Renart, d'après une lettre que venait de lui adresser, de sa part, M. Secondé, l'invitait à informer le conseil municipal qu'elle était dans l'intention de remettre à lui-même, M. le maire, une somme de 5,000 fr., à l'effet d'entrer pour le tiers dans la construction du bâtiment à élever dans le faubourg Cérès, pour y établir une école dirigée par les frères : elle l'invitait à faire part au conseil de ses dispositions pour, si elles étaient agréées, pouvoir verser ladite somme, en faisant observer toutefois que son intention expresse était que cette école fût située sur la paroisse de Saint-André. Le conseil renvoya à une commission l'examen de cette proposition.

Nous verrons, lorsque nous nous occuperons spécialement de l'école du faubourg Cérès, que les propositions de Mlle Ruinart furent pleinement accueillies par le conseil municipal.

Dans la même séance, le conseil eut à délibérer sur deux projets importants ; le premier, relatif à un échange d'immeubles proposé par les dames de la Visitation : elles désiraient que la ville leur cédât les bâtiments de la maison des Carmes, alors occupée par les frères des écoles chrétiennes, et reprît en échange les bâtiments qu'elles avaient récemment acquis dans la rue Neuve.

Le second projet devint, en quelque sorte, la conséquence du refus fait par la ville d'accepter les propositions des religieuses de la Visitation : les frères, depuis longtemps, sollicitaient vivement la permission d'ouvrir un demi-pensionnat, à Reims, dans la maison des Carmes. Le conseil municipal de 1826, obéissant à des tendances qui, à notre sens, sont contraires aux statuts de l'Institut, en désaccord avec le but qu'il poursuit, dommageables même au bien public, et funestes à l'instruction élémentaire des pauvres enfants, le conseil donna trop facilement satisfaction aux vœux qui lui étaient adressés : les délibérations portent peut-être l'empreinte de trop de facilité à cet égard.

Depuis longtemps, disait M. le maire, les frères des écoles chrétiennes désirent se rapprocher du centre de la ville, tant pour eux-mêmes que pour la meilleure répartition de leurs classes : depuis longtemps je vous aurais proposé de condescendre à leurs désirs si j'eusse trouvé un local convenable : en effet on ne peut se dissimuler que de la maison des Carmes aux écoles de St-Jacques situées à l'arquebuse et à celles de St-Pierre rue des Telliers, il y a un trajet énorme qu'ils sont obligés de faire, quatre fois par jour ; que sera-ce, si nous parvenons, comme je l'espère, à établir une école au faubourg Cérès ; sur ce dernier article tout me porte à croire que le vœu des personnes bienfaisantes à qui on devra cet inappréciable avantage sera incessamment rempli.

Dans cette circonstance j'ai à vous faire connaître la proposition qui m'a été faite récemment par Madame Clausel, supérieure de la maison de la Visitation, établie rue Neuve, dans les anciens bâtiments de Ste-Claire, proposition qui dans l'intérêt commun à cette congrégation et à celle des frères m'a été vivement recommandée par Mgr. l'archevêque : j'ai cru devoir avant de vous la mettre sous les yeux, faire faire la visite et le devis des deux maisons avec l'estimation des terrains et des bâtiments qui les composent. Il en résulte une plus value en faveur de la maison des frères, d'une somme déterminée que les dames de la Visitation auraient à payer, s'il entrait dans vos vues d'aliéner la totalité de cette maison.

L'examen de la proposition faite par les Dames de la Visitation fut renvoyé à une commission spéciale ; et, dans la séance du 15 mars 1826, M. Dérodé-Géruzez, son rapporteur, se fondant sur de graves motifs d'intérêt public, fit rejeter par le conseil la demande qui lui était adressée : après avoir développé d'excellents arguments à l'appui de son opinion, le rapporteur soulève, incidemment, en quelque sorte, une grave question qu'il résout dans un sens entièrement favorable aux prétentions chaque jour croissantes des frères des écoles chrétiennes.

« Sous le rapport de l'utilité publique, on nous dit bien que l'intention de ces dames est d'élever un pensionnat, mais nous ne voyons parmi elles en ce moment que quatre religieuses, point de professes, point de novices et point de maîtresses, par conséquent un établissement où tout est à faire ; en admettant qu'il prenne par la suite certaine consistance, qu'il mérite la confiance des parents, cet établissement est-il d'une utilité réelle pour notre ville ?.....

Les pères de famille peu aisés, les cultivateurs de nos environs, ne trouvent pas dans notre ville un établissement uniquement consacré à former leurs enfants à la lecture, à l'écriture, aux calculs, aux premiers principes de la morale et de la religion, et où le prix de la pension soit à un taux modéré. Cet établissement si précieux se trouvait autrefois dans le pensionnat si bien tenu par les respectables frères des écoles chrétiennes. Nous croyons le moment favorable pour vous engager à réunir tous vos efforts à le rétablir ; le local qu'habitent les frères est tout disposé, bâtiment vaste et bien aéré, cour spacieuse, grand jardin, dortoirs, classes, tout est prêt, il ne faut plus qu'une volonté pour ouvrir le pensionnat, il y aurait impossibilité de le faire dans le local resserré qui leur est offert en échange, l'utilité publique est donc patente et demande que vous conserviez ce qui vous appartient...

Si vous adoptez l'opinion que nous avons émise sur l'utilité du rétablissement d'un pensionnat dans la maison des frères, nous vous proposerons d'inviter M. le maire à s'entendre, à cet égard, avec qui de droit, et à prendre toutes les mesures possibles pour que l'ouverture de ce pensionnat ait lieu au renouvellement de l'année scholaire. »

Le conseil, ainsi que nous l'avons dit, rejeta toute proposition d'échange, et sur la proposition du rétablissement d'un pensionnat dans la maison occupée par les frères des écoles chrétiennes, convaincu de l'utilité qui en résulterait pour la ville, invita M. le maire à prendre toutes les mesures possibles, pour que l'ouverture d'un pensionnat ait lieu au commencement de l'année scholaire.

Une expédition de la présente délibération fut immédiatement transmise à M. de Brimont, maire de Reims, alors retenu à Paris par les travaux de la Chambre, avec invitation de prendre cette dernière demande en grande considération.

Les frères des écoles chrétiennes se sentirent puis-

samment encouragés par cette délibération du conseil
municipal de Reims ; toutefois, ils n'ouvrirent leur
demi-pensionnat que cinq ans après ; mais les dispositions du conseil étaient bien modifiées à cette époque,
et il devait prendre, à l'égard du demi-pensionnat,
une décision contraire à celle du 15 mars 1826.

Un grand fait venait de s'accomplir ; la révolution
de juillet 1830 avait imprimé un nouvel élan aux idées
de progrès et de liberté ; les institutions constitutionnelles
plus sincèrement en harmonie avec l'intérêt mieux
compris du pays, remplaçaient les tendances rétro-
grades ou l'application exclusive de principes étroits :
des hommes nouveaux, esprits hardis et sérieux à
la fois, reprenaient avec fermeté le timon de l'état ;
et à la tête du gouvernement, dans les chambres,
dans les assemblées des citoyens, dans les conseils
des cités, les administrateurs, les magistrats municipaux, les représentants du pays, comprenaient mieux
leur mission, obéissaient avec intelligence à la vive
impulsion des idées de perfectionnement, à la réalisation des améliorations réclamées de toutes parts.

La ville de Reims ne fut pas indifférente au mouvement qui se produisait à la fin de 1830 : l'état de
l'éducation publique, de l'instruction élémentaire et
populaire attira les regards, et on résolut de la développer et de la fortifier.

Ainsi que nous aurons occasion de le dire avec
détails, au chapitre des écoles d'enseignement mutuel, le conseil municipal appela à Reims un maître
destiné à propager cette méthode, que quinze années
de succès en France recommandaient à l'attention
des hommes éclairés.

Les frères des écoles chrétiennes virent avec regret,

sans doute, l'organisation de ces écoles rivales, destinées à leur enlever le monopole de l'éducation gratuite
et élémentaire qu'ils avaient si longtemps conservé ;
mais, en même temps ils redoublèrent de dévouement et
de zèle. Nous en avons la preuve dans cette lettre
écrite, en 1831, par le frère Philippe, au frère directeur de la maison de Reims : les frères consentaient
à tout : ils protestaient, avec sincérité, de leur dévouement à l'instruction du peuple.

Paris, le 18 Juin 1831.

Mon très cher frère directeur,

Nous venons de recevoir une lettre de votre comité de
Reims, par laquelle ces messieurs nous disent qu'ils désirent que vous enseigniez non-seulement la religion,
la lecture, l'écriture et l'arithmétique, mais encore la
géographie, notamment celle de France, l'histoire, en
particulier celle de France, la chimie, la minéralogie et
la physique populaire.

Ces messieurs fourniraient les livres nécessaires, gratis. On y ferait lire les enfants et on leur en ferait apprendre quelques pages, avec les explications qu'on
pourrait recueillir de temps à autre.

Si vous voyez quelqu'un du comité, dites-lui que nous
allons leur répondre affirmativement, et que les frères,
amis du peuple et dévoués au service de l'enfance, seront toujours prêts à se rendre à tout ce qui pourra lui
être utile, surtout lorsqu'il s'agira d'étendre les lumières et de propager la science.

Je suis en Jésus, Marie, Joseph, etc,

frère Philippe.

Les frères des écoles chrétiennes, animés par un sentiment louable dans son principe, mais nous le répétons

sans hésiter, méconnaissant la loi même de leur institution, songèrent à ouvrir un demi pensionnat dans la maison des Carmes que la ville mettait alors à leur disposition. Le demi-pensionnat fut ouvert le 1er octobre 1831, et les Enfants de De la Salle, les instituteurs des indigents, les maîtres d'école du pauvre peuple reçurent eux-mêmes, chaque jour ou chaque semaine, des familles riches ou aisées, salaire et rétribution, pour l'instruction et les soins qu'ils donnaient à d'autres qu'aux enfants pauvres.

Nous aurons occasion de revenir plus tard sur cette grave question.

Quoiqu'il en soit, l'ouverture du demi-pensionnat des frères ne fut pas généralement accueillie avec faveur. De nombreuses réclamations s'élevèrent, des plaintes se firent entendre, et l'affaire ayant été portée au conseil de ville, il fut fait bonne et prompte justice des prétentions regrettables des frères.

En cette occasion, comme nous l'avons toujours fait jusqu'à présent, nous laisserons parler les faits et les documents.

M. le ministre de l'Instruction publique à M le maire de la ville de Reims.

Paris, le 26 décembre 1831.

M. le maire, je suis informé que les frères des écoles chrétiennes qui existent à Reims admettent dans leur établissement des élèves comme demi-pensionnaires, afin de satisfaire au vœu et à la convenance des parents.

Les règlements universitaires exigent une autorisation spéciale pour l'admission d'élèves comme pensionnaires dans les écoles primaires, mais ils ne prescrivent rien

de semblable pour ce qui concerne des demi-pensionnaires, dont la condition ne diffère nullement de celle
des externes. Cependant il paraît que le comité d'instruction primaire de Reims veut interdire aux frères
la faculté de prendre des demi-pensionnnaires. J'ignore
sur quels motifs le comité peut s'appuyer à cet égard.
Il ne doit pas être défendu aux frères plus qu'à tous
autres instituteurs de retenir les enfants entre les deux
classes ; surveillés dans leurs récréations comme dans
leurs études, les enfants sont préservés du vagabondage dans les rues, et de tous les désordres moraux
et physiques qui en sont la suite.

Il semble donc que cette mesure est toute dans
l'intérêt des enfants et des familles, et qu'elle n'est
pas susceptible de rencontrer d'obtacles.

Je vous prie, M. le maire, de pourvoir, comme
président du comité, à ce qu'aucune disposition ne
soit prise pour ce qui concerne les demi-pensionnaires
que les frères reçoivent, avant qu'un rapport spécial
m'ait été fait sur cette affaire. »

Evidemment cette lettre de M. de Montalivet, ministre
de l'Instruction publique, ne doit pas être invoquée
en faveur du droit que les frères revendiquent si
mal à propos. Il suffit de lire attentivement la lettre
du ministre pour s'apercevoir que la question lui
avait été mal présentée : il y a une grande différence
entre un demi-pensionnat proprement dit, et conserver
les enfants à l'école dans l'intervalle des classes du
matin et du soir.

A M. le maire de Reims en son conseil municipal.
Janvier 1832.

Monsieur,

Les soussignés instituteurs primaires de la ville de

Reims ont l'honneur de vous exposer que l'établissement d'une nouvelle école ouverte par les frères des écoles chrétiennes, rue du Barbâtre, indépendante des écoles communales, et rétribuée dans une proportion exagérée, en égard aux dépenses qu'elle peut occasionner, dans laquelle on enseigne, ou promet d'enseigner des matières qui excèdent les limites tracées par le brevet du deuxième degré, porte un préjudice considérable aux écoles privées de cette ville. L'établissement des frères a été ouvert le 1er octobre 1831, depuis cette époque le nombre des élèves de chacun des soussignés n'a fait que diminuer, et si cet établissement ouvert contre toutes les règles universitaires, était maintenu, il enleverait infailliblement à chacun de nous le peu de ressources que l'état de l'instruction, dans cette ville, peut laisser à des instituteurs privés.

Nous appelons donc votre sollicitude sur le préjudice que nous cause l'ouverture de cette école clandestine et sur la manière dont les enfants sont admis, tant dans les écoles communales, ou soit disant telles, que dans l'école qualifiée demi-pensionnat.

En effet, tous les citoyens de cette ville savent que le conseil municipal vote annuellement des sommes considérables, non-seulement pour le traitement de quinze frères des écoles chrétiennes, mais encore pour le chauffage, l'entretien et l'ameublement de cinq écoles en cette ville, que les locaux sont en outre fournis par la ville.

Le conseil municipal n'a jamais fixé la rétribution à payer par les parents des riches, de telle sorte que les enfants pauvres devraient seuls être admis, et comme on admet dans ces écoles les enfants de toutes les classes, on porte à nos établissements un préjudice réel, sans diminution de charges pour la ville.

Cet inconvénient subsiste depuis longtemps, et devait suffire à l'ambition des frères (association charitable qui devrait ne s'occuper que des indigents); mais depuis le 1er octobre, ils viennent d'élever, sous le titre de demi-pensionnat, une véritable école au-dessus du premier degré, et où ils excèdent, ou prétendent excéder les limites d'enseignement que nous ne pouvons surpasser sans nous exposer à toutes les rigueurs universitaires ; le nombre des élèves qu'ils nous ont enlevés depuis le mois d'octobre, n'est pas moindre de cinquante, et leur procure, aux taux de leurs prospectus, recette de plus de 10,000 fr. qui joints aux 15,000 à 12,000 qu'ils reçoivent annuellement de la ville en logements et indemnités, ne pourront jamais, nous permettre de soutenir avec eux la concurrence.

C'est ainsi qu'ils confisquent à leur profit la liberté d'enseignement promise par la charte de 1830.

Nous vous prions, en conséquence, d'aviser aux moyens de droit pour que les frères soient tenus de rester fidèles au but de leur association qui est essentiellement charitable, et qui les oblige à ne s'occuper que des indigents.

Pour qu'ils ne puissent excéder plus longtemps les limites d'enseignement tracées par leurs brevets et par les nôtres, nous demandons, notamment, que le conseil mnnicipal de cette ville soit invité à dresser le tableau des indigents dont les enfants seront admis dans les écoles communales gratuites, qu'il soit fait défense aux frères et aux instituteurs communaux de recevoir d'autres enfants que ceux admissibles, qu'il soit pris des mesures administratives pour l'exécution de cette condition dictée par la loi, enfin à ce qu'il soit interdit aux frères de tenir une école nouvelle et rétribuée.

Les Instituteurs privés de la ville de Reims.

Dans la séance du 16 février 1832, M. le maire donna, au conseil municipal, lecture de cette pétition que lui avaient adressée les instituteurs privés de la ville, contre les frères des écoles chrétiennes.

Les motifs sur lesquels se fondent les pétitionnaires sont plausibles, disait M. le maire ; ils avancent que, chaque année, le conseil municipal vote, pour le traitement de quinze frères des écoles chrétiennes, pour l'entretien et l'ameublement de cinq écoles qu'ils ont ouvertes dans cette ville, 15,000 fr. au moins ; qu'ils viennent d'élever, sous le titre de demi-pensionnat, une école au-dessus du premier degré ; que les fonds qu'ils reçoivent de la ville leur permettant de demander moins cher que les autres pensions, il en résulte qu'ils enlèvent les élèves aux instituteurs qui sont forcés de rester dans les bornes prescrites par l'université et qui ne pourront jamais soutenir la concurrence.

Ils signalent un autre abus, c'est de laisser partager à des enfants de parents aisés, le bénéfice d'une instruction gratuite ; et ils terminent en priant le conseil municipal de faire dresser le tableau des indigents dont les enfants seuls seraient admis aux écoles communales gratuites.

Un membre demanda, que, attendu que les frères sont logés gratis et que dès lors ils ont sur les autres un avantage évident, ce qui porte préjudice à ces derniers, ils pussent tenir un demi-pensionnat, ou que du moins ils payassent à la ville un loyer fixé d'après l'évaluation de la maison des Carmes.

Un autre membre demanda si, avant d'établir ce demi-pensionnat dans les bâtiments qu'ils occupent gratuitement, les frères avaient consulté la ville : M. le maire répondit négativement.

Après différentes propositions faites par plusieurs membres, la suite de la discussion fut renvoyée au lendemain.

La discussion fut reprise à la séance du 18 février 1832.

M. le maire commença par donner lecture d'une pétition signée par dix-huit habitants qui réclamaient avec instance le maintien du demi-pensionnat.

Un membre fit observer que s'il fallait en croire un mémoire adressé par le secrétaire du comité d'instruction primaire à M. l'inspecteur-général de l'Académie de Paris, sur 15 frères payés par la ville, 13 seulement étaient munis de brévet de capacité, et qu'aucun d'eux n'avait obtenu l'autorisation exigée par les réglements pour pouvoir enseigner ; il ajouta que le prospectus publié par eux fournissait la preuve qu'ils étaient bien loin de se renfermer dans les limites de leur institution, et que, dès-lors, ils n'exécutaient pas les engagements qu'ils avaient pris envers la ville.

Un autre membre ne pouvait concevoir que les subventions votées pour l'enseignement gratuit servissent à favoriser l'établissement d'un demi-pensionnat, dont les frères avaient eux-mêmes fixé le prix, tandis qu'en le supposant autorisé, il n'appartenait qu'au conseil d'en fixer la rétribution, laquelle, dans tous les cas, devait entrer dans la caisse municipale.

A la suite de ces observations, M. le maire mit aux voix les deux questions suivantes :

1° Les frères seront-ils autorisés à tenir un demi-pensionnat dans la maison des Carmes, ou dans tout autre local appartenant à la ville ?

Cette question fut résolue négativement par le conseil, attendu qu'en votant des allocations pour l'enseignement gratuit et primaire des écoles chrétiennes, il n'avait jamais eu l'intention de favoriser l'établissement d'un demi-pensionnat. pour lequel, d'ailleurs, il n'avait pas été consulté.

2° A quelle époque ce demi-pensionnat devra-t-il être fermé ?

Le conseil considérant que l'ouverture de ce demi-pensionnat paraissait avoir eu lieu le 1er octobre dernier, et qu'il convenait d'accorder un délai suffisant pour opérer la clôture de cet établissement sans troubler le cours des études, décida que la suppression de cet établissement devrait être effectué le 31 mars prochain, au plus tard.

Le conseil renvoya à la commisssion d'instruction publique les questions suivantes :

1° Les frères sont-ils munis des autorisations prescrites par la loi ?

2° Dépassent-ils les limites de l'enseignement qui leur est attribué ?

3° Y a-t-il lieu d'exiger une rétribution des enfants dont les parents sont aisés ?

Dans la séance du 21 février 1832 la commission d'instruction publique fit son rapport au conseil sur la réclamation des instituteurs privés contre les frères.

Le rapporteur fit observer que l'essence des écoles gratuites était l'admission de tout enfant qui se présente; qu'il était impossible d'établir des catégories de fortune, que l'inconvénient signalé était la conséquence de tout établissement gratuit, dont les instituteurs primaires ne peuvent être garantis, et il conclut en conséquence au rejet de la demande des instituteurs privés.

Le conseil adopta ces conclusions et décida qu'il n'y avait pas lieu à délibérer sur cette partie de la pétition des instituteurs privés.

M. le maire donna, le 23 février 1832, avis au supérieur des frères des écoles chrétiennes de ces décisions du conseil municipal.

Le directeur des frères des écoles chrétiennes en la maison de Reims écrivit alors la lettre suivante à M. le maire et à MM. les membres du conseil municipal.

Reims, le 28 février 1832.

Messieurs, pour nous conformer à votre délibération du 18 février 1832, nous avons fait connaître à nos élèves demi-pensionnaires que nous étions obligés de fermer au 31 mars : mais, que M. le maire nous a autorisés à les tenir gratuitement, en attendant que dans votre prochaine assemblée, ayant égard à nos justes représentations et à celles des parents auxquels se joignent un grand nombre de citoyens, vous nous permissiez cet établissement commencé dans de très bonnes intentions, et pour lequel nous nous croyons suffisamment autorisés, en ayant fait part aux autorités sans éprouver de refus, au contraire.

Je vous prie donc de considérer, Messieurs, que nous avons toujours fait de grands sacrifices pour le bien des pauvres de cette ville.

1° Nous avons soutenu l'établissement de deux classes à nos frais, pendant un an; 2° nous donnons trois frères pour 400 fr. chacun ; 3° la ville ne nous donne que 150 fr. pour les prix ; 4° nous ne recevons rien pour nos indigents ; 5° nous avons fait des réparations

16

nécessaires dans la maison, sans en avoir demandé
d'indemnité ; & enfin, nous sommes dans la disposition de consacrer tous les jours, dans la soirée,
deux heures à l'instruction des ouvriers non lettrés.

J'ose espérer, Messieurs, que vous daignerez apprécier tant de sacrifices, et que vous nous favoriserez
toujours de votre bienveillance.

C'est dans cette espérance que je vous prie de me
croire, etc.   Frère Andoche.

Le directeur des frères de Reims à M. Andrieux,
maire de la ville de Reims.

1er mars 1832.

M. le maire, depuis longtemps des personnes recommandables de cette ville nous témoignaient le désir
de voir se reformer l'ancien pensionnat et demi-pensionnat que tenaient les frères avant la première révolution.

Les habitants assez à l'aise pour payer une légère
rétribution, pour la tenue et l'instruction de leurs
enfants, étaient ceux qui désiraient avec le plus d'ardeur le rétablissement de ce pensionnat.

Il devait en résulter un vide dans les écoles gratuites, qui aurait tourné au profit des enfants pauvres
qu'on y aurait admis en plus grand nombre, à la place
de ceux qui auraient fréquenté le pensionnat.

Nous avions eu l'honneur, M. le maire, de vous
faire part de notre désir, ainsi qu'à M. le sous-préfet
et à plusieurs de MM. les membres du conseil ; vous
ne nous aviez pas montré d'opposition. M. Tronsson,
ancien maire, nous avait dit que la maison des Carmes
avait été achetée exprès pour cela, il y plus de vingt

ans. Nous avions donc été fondés à croire qu'en formant un demi-pensionnat, nous faisions une œuvre
agréable à l'autorité et utile au public. Nous avons
consulté nos supérieurs, il nous a été répondu qu'aucune loi, décret ou ordonnance, ne s'opposait à notre
projet. Nous avons donc commencé avec sécurité; et
c'est avec la plus affligeante surprise que nous avons
reçu la lettre par laquelle vous nous annoncez que,
par décision du conseil municipal, nous devrons
fermer notre demi-pensionnat, au 31 mars, dans le
local appartenant à la ville.

Permettez-nous, M. le maire, de vous représenter
avec soumission et respect que ce n'est pas par des
vues d'intérêt, mais uniquement pour le bien public,
que nous avons fait des dépenses qui ne doivent nous
rentrer que dans un laps de temps encore éloigné,
vu la modicité du prix de la pension.

Supprimer brusquement un établissement conçu
dans des intentions toutes chrétiennes et toutes ci-
viques, ce serait être bien rigoureux envers nous,
dont il ne nous appartient pourtant pas de rappeler
les services.

Nous prendrons cependant la liberté de vous faire
observer que nous nous efforçons de rendre instruits,
paisibles et soumis, plus de 1200 enfants de cette
ville qui fréquentent nos écoles. La ville nous accorde
en retour les moyens d'exister le plus économique-
ment possible, et nous ne thésaurisons jamais. S'il
nous reste au bout de l'année quelques épargnes,
nous les employons à acheter des livres pour les
pauvres, et des récompenses pour exciter leur émulation.
Vos enfants sont laborieux, dociles et respectueux
envers leurs parents, dont nous ne craignons pas
qu'on invoque le témoignage.

Si ces motifs et d'autres considérations qui ne peuvent échapper à MM. les magistrats ne nous font pas trouver grâce devant le conseil municipal, nous offrons comme moyen déterminant de donner gratuitement aux ouvriers de la ville non lettrés, des leçons de lecture, écriture, calcul, toisé, et nous y consacrerons chaque jour deux heures dans la soirée.

Nous avons dans Paris cinq écoles de ce genre, dont la plus considérable est celle du 6ᵐᵉ arrondissement ; elle est divisée en cinq classes de 40 à 50 ouvriers, pour chacune desquelles les frères reçoivent un traitement de 400 fr et on paie en outre l'éclairage et les effets classiques.

On nous objectera peut-être, que notre demi-pensionnat pourrait porter ombrage à quelques maîtres de pension d'ici ; nous serions désolés de leur faire le moindre tort ; mais nous ne pensons pas être dans ce cas.

L'instruction est libre, quant aux parents qui peuvent choisir les instituteurs pour les enfants, pourvu que ces instituteurs remplissent les conditions voulues par le régime universitaire, sous la dépendance de qui nous sommes placés.

Plus il y a de moyens d'instruction dans une ville, plus il y a d'émulation parmi les maîtres, et conséquemment plus de choix pour les parents.

Le prix payé chez nous pour la pension se borne à l'indemnité de nourriture des enfants ; on peut donc encore raisonnablement considérer l'enseignement que nous donnons comme gratuit. En ce sens, nous venons au secours des pères de famille peu fortunés, en instruisant leurs enfants et leur donnant des notions de connaissances utiles à l'industrie, partie essentielle dans une ville manufacturière, assez abondante en enfants pour qu'il y ait des élèves pour les maîtres et pour nous, selon la différence des facultés pécuniaires des parents.

Nous terminons cette lettre, peut-être déjà trop longue, M. le maire, en nous confiant de nouveau aux sages et bonnes intentions qui vous animent, ainsi que le conseil municipal, pour le bien de la ville que vous administrez, et en vous offrant, quelle que soit la décision nouvelle à intervenir, notre respectueuse soumission.   Frère Andoche.

Le même à M. le maire.

Reims, le 28 mars 1832.

Nous sommes journellement importunés par les ouvriers qui s'impatientent de ce qu'on ne commence pas l'école du soir : et nous ne savons que leur répondre.

Plusieurs sont venus me trouver, il y a quelques jours, pour me dire que vous leur aviez assuré que vous attendiez que je vous soumisse le réglement à suivre pour cette école, pour en permettre l'ouverture. J'ai l'honneur de vous représenter, M. le maire, que ne pouvant travailler le jour et la nuit sans moyens d'existence suffisants, il nous est impossible de tenir une école le soir si on nous refuse les secours nécessaires pour la soutenir.

rendre utiles aux ouvriers, nous comptions sur le demi-pensionnat, et loin de croire qu'on nous traverserait, nous pensions au contraire que nous serions accueillis non seulement favorablement, mais avec autant d'applaudissement qu'à Paris.

Si on nous ôte les moyens nous serons obligés de

renoncer à la fin, à moins que l'on ne paye les frères comme à Paris. **Frère Andoche.**

A M. le maire et à MM. les membres du conseil municipal.

Reims, mars 1832.

Messieurs, une pétition vous a été présentée pour solliciter la fermeture d'un demi-pensionnat, établi dans la maison accordée pour logement aux frères des écoles chrétiennes. Depuis longtemps, un grand nombre de chefs de famille, et nous en particulier, désirions un établissement de ce genre. Nos pères nous avaient fait l'éloge de l'ancien pensionnat, rue Neuve ; ils en avaient profité, et leurs regrets devaient exciter en nous le désir de le voir rétabli. La distance où plusieurs d'entre nous se trouvent des écoles communales, nous faisait regretter que nos enfants fussent obligés d'en faire le chemin quatre fois par jour. Le demi-pensionnat des frères nous présente l'avantage inappréciable de savoir nos enfants toute la journée sous la garde de leurs sages instituteurs, formés par eux à la pratique de la vertu et à l'heureuse habitude du travail, surveillés pendant leurs récréations, et séparés de certaines petites compagnies qui pourraient leur être funestes. Nous trouvons dans ce demi-pensionnat des leçons plus fréquentes, un nombre d'élèves moins considérable, et, par conséquent, une surveillance plus efficace : nous pourrions ajouter que beaucoup d'entre nous, distraits par leurs travaux ou les soins et les embarras du commerce, ne peuvent pas donner à leurs enfants les soins qu'ils voudraient pouvoir leur donner : le sacrifice qu'exige leur placement à ce demi-pensionnat est bien compensé par la tranquillité qu'il nous procure, et la certitude d'avoir bien rempli un de nos devoirs les plus essentiels. Supprimer cet établissement, c'est nuire à nous et à nos familles. Quand nous applaudissons, Messieurs, à tout ce que votre sage activité et votre constante bienveillance vous font exécuter tous les jours pour les indigents, devons-nous avoir à craindre, parce que vous nous croyez au-dessus du besoin, d'être privés d'une ressource qui nous est nécessaire?

La demande d'un certain nombre de pères de familles, ne pourra-t-elle pas balancer celles de quelques maîtres particuliers? La sage prudence des membres du conseil municipal, leur attention à procurer et à ménager les intérêts de ceux dont les suffrages justement mérités, les ont portés au poste honorable qu'ils occupent, nous sont un sûr garant qu'ils prendront notre demande en considération. Ils mettront dans la balance les désirs de leurs concitoyens, et ceux de quelques particuliers, et nous ne doutons pas que notre réclamation ne soit favorablement accueillie.

Permettez qu'en attendant le succès de cette démarche, pleine de respect, nous ayons l'honneur de nous dire, etc.

A M. le maire, MM. les adjoints et membres du

Mars 1832.

Messieurs,

Nous, soussignés, qui par un libre choix et dans nos plus chers intérêts, avons placé nos enfants en demi-pension chez les frères des écoles chrétiennes de cette ville, justement alarmés de votre délibération du 18 février 1832, qui contraint les frères à fermer pour le 31 mars, le demi-pensionnat qu'ils ont établi dans la maison dite des Carmes, nous venons vous supplier, Messieurs, de vouloir bien accorder un plus long délai pour cette fermeture ; attendu, d'une part, que celui par vous fixé est trop court pour que nous ayons pu prendre parti à l'égard de nos enfants ; et de l'autre, que nous nous proposons de vous présenter une nouvelle pétition pour obtenir la révocation de votre dit arrêté ; que ce vœu est celui des sept huitièmes de la population dont notre pétition vous portera les signatures.

Nous avons donc lieu d'espérer que le conseil municipal, qui n'a jamais pu vouloir se mettre en opposition avec l'intérêt public et la volonté générale, reconnaîtra que notre demande est fondée, et s'empressera d'y faire droit et justice.

Dans cette attente qui ne sera pas trompée, etc.

Vos concitoyens.

Suivaient le même nombre de signatures.

A M. le maire, MM. les adjoints et membres du conseil municipal de la ville de Reims.

Mars 1832.

Messieurs,

Par votre délibération du 18 février 1832, vous avez interdit aux frères des écoles chrétiennes de cette ville la faculté de continuer un demi-pensionnat établi par eux dans la maison dite des Carmes. Cette mesure a profondément affligé les pères de famille, qui trouvaient dans cet établissement, vivement désiré depuis longtemps, un moyen peu couteux de soustraire leurs enfants aux désordres des rues. Nous nous en affligeons tous, parce que cet arrêté, surpris à votre religion, blesse évidemment l'équité, froisse l'intérêt public, porte atteinte à la liberté. Il blesse l'équité, en ce qu'il établit une exclusion et des priviléges ; il froisse l'intérêt public et porte atteinte à la liberté, en ce qu'il force, pour ainsi dire, les parents à placer leurs enfants ailleurs qu'où les porteraient leur confiance ou leurs intérêts.

Le demi-pensionnat des frères, étant d'un très bas prix, est un avantage incontestable pour les habitants ; sa suppression leur causerait un grand préjudice : c'est un nouveau bienfait de la part de ces hommes consacrés à l'utilité publique. Si l'on considère les importants services qu'ont rendus et rendent encore tous les jours ces modestes et laborieux instituteurs, on aura lieu de s'étonner de cette espèce d'interdiction dont on veut les frapper. Par leurs soins, plus de douze cents enfants reçoivent l'instruction primaire. Pour cet immense bienfait, la ville donne aux frères seulement 600 fr. par instituteur ; trois d'entre eux ne reçoivent même que 400 fr. Où trouvera-t-on autant de zèle, de dévouement et de talents, unis à tant de désintéressement ?

Le demi-pensionnat n'exige ni nouveau local, ni nouvelle rétribution ; en un mot, il n'en résulte aucun préjudice, aucune nouvelle charge pour la ville. Loin de là, les frères vous offrent encore de donner gratuitement à 4 ou 500 ouvriers adultes des leçons de lecture, d'écriture, de calcul et de toisé; rejetterez-vous, Messieurs, tant et de si grands avantages?

Revenez donc, Messieurs, d'une décision si funeste au repos des familles.

Par un nouvel et plus sérieux examen de cet important objet, vous apprécierez mieux les éminents services de ces hommes dévoués; et loin de les chagriner en comprimant leur zèle, vous les encouragerez de vos suffrages et de votre protection.

Messieurs, l'intérêt public est placé sous votre sauvegarde : sa défense est la plus noble de vos attributions, comme elle est votre devoir le plus sacré. Mieux informés, vous n'hésiterez pas à révoquer un arrêté qui y porte si violemment atteinte.

Pleins de confiance en votre impartialité, nous comptons sur cette révocation qui vous méritera notre reconnaissance.

Suivaient une centaine de signatures.

Nonobstant les réclamations des frères et les pressantes observations de quelques pères de famille, le conseil municipal persista dans sa détermination : le demi-pensionnat fut fermé.

Le conseil alla plus loin encore : il pensa, et peut-être avec raison, que les écoles des enfants du peuple devaient être mises à même de profiter des perfectionnements introduits depuis plusieurs années dans l'enseignement primaire. Le conseil crut qu'il était de son devoir, non point de proclamer la supériorité et l'excellence d'une méthode sur une autre méthode; mais d'établir, autant que possible, la balance égale entre les instituteurs de l'enseignement simultané et les instituteurs de l'enseignement mutuel, afin de laisser les pères de famille libres d'adopter à leur choix tel ou tel système, l'école des frères ou l'école mutuelle.

Peut-être, à la rigueur, pourrait-on reprocher au conseil municipal de 1832 d'avoir, en apparence, agi trop brusquement, et d'avoir pris une décision trop rapide, qui gênait la liberté d'enseignement au lieu de la favoriser; mais, en portant un regard attentif sur la situation des choses à la fin de 1832, nous pensons que les reproches que l'on pourrait adresser à nos magistrats municipaux manqueraient de base essentielle.

Le directeur des frères des écoles chrétiennes de Reims, à M. le maire de la ville.

Reims, le 11 septembre 1832.

J'ai reçu la lettre que vous m'avez fait l'honneur de m'écrire, en date du 7 septembre 1832, pour me faire part de la résolution du conseil municipal, de réduire le nombre des frères payés par la ville, à sept au lieu de quinze, et l'allocation pour leur traitement de 8,400 fr. à 4,200 fr., à dater du 1er janvier 1833 ; vous réduisez, en conséquence de la même résolution, le nombre des écoles à trois de deux classes chacune ; ces trois écoles seront celles de l'esplanade de Cérès, de la rue des Capucins et des Carmes. Vous ajoutez que nous devrons abandonner les autres à votre disposition, pour le 31 décembre, et qu'à dater du 1er janvier le personnel de la communauté sera réduit à sept frères.

Nous regrettons infiniment, M. le maire, que tous nos efforts, nos sacrifices, notre zèle et notre dévouement, ne puissent vous inspirer, non plus qu'à votre conseil municipal, l'entière confiance dont les magistrats de cette ville, vos prédécesseurs, aussi bien que les pères et mères de famille, ont toujours honoré notre Institut depuis si longtemps.

Ce sera avec la peine la plus sensible et la plus amère que nous perdrons la portion si intéressante des jeunes enfants que la résolution du conseil nous enlève et dont les progrès et l'affection étaient la plus douce récompense des soins que nous nous sommes efforcés de leur donner ; mais mettant l'obéissance à l'autorité au nombre de nos principaux devoirs, nous laisserons à votre disposition les locaux susdits que vous voulez nous prendre, au 31 décembre, et que le conseil municipal destine à un établissement auquel il ne nous appartient pas de concourir. Le tout selon que vous l'ordonnez dans votre lettre.

Nous compterons qu'à dater du 1er janvier, il n'y aura plus que sept de nous qui recevront un traitement de la ville.

Nous prendrons seulement la respectueuse liberté de vous représenter que deux frères de plus seraient infiniment précieux, pour ne pas dire absolument indispensables à la tenue des trois écoles que vous nous laissez, à cause du nombre des élèves qu'elles contiennent, de la division des âges et de notre plan d'études. Si, à cet égard, quelques explications verbales étaient utiles, je me ferais un devoir de les donner.   Frère Andoche.

Le conseil municipal supprimait, sur les cinq écoles des frères, l'école de la rue Perdue et celle de la rue des Telliers.

A l'égard de cette dernière, l'administration rencontra des obstacles auxquels elles ne pouvait s'attendre ; ils furent soulevés par la commission administrative du bureau de bienfaisance.

Dans la séance de la commission du 16 octobre 1832, M. Henriot-Delamotte, l'un des administrateurs, exposa qu'il était à sa connaissance que des affiches, placardées dans la ville, annonçaient que la maison, sise rue des Telliers, servant depuis longues années d'école de garçons, dirigée par des frères des écoles chrétiennes, devait recevoir le 1er janvier 1833, une autre destination que celle pour laquelle le bureau de bienfaisance l'avait acquise. — Il proposa à la commission de demander à M. le maire, à quel titre on dépossédait ainsi le bureau de bienfaisance, sans l'en prévenir, de la jouissance de cette maison qui était sa propriété, pour y donner à son insu, une autre destination que celle de la fondation.

La commission partagea l'avis de M. Henriot, et prit un arrêté qui fut envoyé à M. le maire, par lequel elle réclamait la jouissance d'un immeuble qui n'était pas la propriété de la ville.

M. le maire répondit quelques jours après, en demandant au bureau de bienfaisance la faculté de disposer, à dater du 1er janvier 1833, de la maison de la rue des Telliers pour y placer une école d'enseignement mutuel. Mais la commission administrative du bureau de bienfaisance, dans sa séance du 20 novembre 1832, après avoir pris connaissance :

1° De la délibération du 30 décembre 1816 ;

2° Du compromis passé entre le bureau de bienfaisance de la ville de Reims et M. Florent Simon Andrieux, négociant et Mme Marie Lasnier, son épouse, suivant acte sous signatures privées, en date à Reims du 31 décembre 1816 ;

3° De la copie de l'ordonnance royale donnée à Saint-Cloud le 25 juin 1817 ;

4° De l'expédition de l'acte passé devant Me Villain et son collègue, notaires à Reims le 30 septembre 1817, portant vente par M. et Mme Andrieux au profit dudit bureau de bienfaisance ;

5° Du bordereau de situation de la caisse du bureau à l'époque du 31 décembre 1817, en ce qui concerne les écoles primaires ;

6o Enfin du titre primordial du 25 thermidor an IV, de la vente faite à M. Andrieux par l'administration du département, de la maison et dépendances, situées rue des Telliers, *servant aux écoles des petits-frères*, section des amis de la liberté ;

Considérant qu'il résultait des termes mêmes de l'acte de vente du 30 septembre 1817, que la maison de la rue des Telliers provenait de la fabrique de St-Pierre de Reims et était *spécialement consacrée au service de l'instruction publique par les frères des écoles chrétiennes* pour ladite paroisse de St-Pierre de Reims ;

Considérant que le prix de l'acquisition de cette maison par le bureau de bienfaisance, avait été soldé des deniers provenant de la rétribution payée par les élèves des frères et avec l'intention et dans le but de lui conserver sa spécialité première ;

Considérant que l'ordonnance royale du 25 juin 1817, par laquelle le bureau de bienfaisance avait été autorisé à acheter cette maison, n'avait rien changé aux termes de la délibération du 30 décembre 1816, relativement à la fondation spéciale d'utilité de cette maison ; vu la pétition présentée au bureau de bienfaisance, en sa séance de ce jour, et signée d'un grand nombre de pères de famille, ayant pour but de demander à l'administration que le local servant aux frères des écoles chrétiennes, rue des Telliers, nº 27, conservât sa fondation originaire et spéciale ;

La commission administrative du bureau de bienfaisance, après en avoir mûrement délibéré, tout en reconnaissant l'utilité de l'enseignement mutuel, pensa ne pouvoir donner son assentiment à ce que la maison de la rue des Telliers, nº 27, reçût une *destination autre que celle de sa fondation spéciale.*

Le bureau de bienfaisance adressa, le 26 novembre
1832, copie de cette délibération à M. le maire de
Reims. « Nous croyons devoir vous faire observer,
ajoutaient les administrateurs en écrivant à la mairie,
qu'indépendamment des motifs déterminants, portés
dans notre délibération, il en est d'un autre ordre non
moins puissant. L'exiguité du local, tel qu'il se trouve
en ce moment disposé pour les écoles des frères, nécessiterait son agrandissement par la réunion des deux
places en une seule et en supprimant le corridor; ce
qui nuirait essentiellement à la solidité et compromettrait le bâtiment. Ces changements occasionneraient
aussi des dépenses au bureau lorsqu'il s'agirait de rendre
à cette maison son état actuel ou d'habitation. Nous
savons de plus que ce local, avec tout le développement
qu'on pourrait lui donner, serait encore trop petit pour
l'établissement d'une classe d'enseignement mutuel (1).
Nous espérons que le conseil municipal appréciera nos
motifs. » M. de Saint-Marceaux, 1er adjoint au maire,
rendit compte au conseil de ces difficultés dans la séance
du 10 décembre 1832. Toutefois le conseil n'eut pas à
examiner ce que l'on appelait alors les prétentions du
bureau de bienfaisance ; nous les croyons sérieusement
établies et bien fondées : l'administration se borna à
faire reconnaître par le conseil l'insuffisance de la maison de la rue des Telliers, pour l'établissement d'une
école d'enseignement mutuel ; et elle proposa de l'établir dans une maison appartenant à la ville, rue des
capucins, où se tenait depuis 1827, une école primaire
dirigée par les frères des écoles chrétiennes. Le conseil

(1). C'est en effet ce qui résulte d'un rapport que nous avons sous les
yeux, en date du 3 novembre 1832, adressé à M. le maire par M. Serrurier, architecte de la ville.

municipal adopta cette proposition, déterminé par les motifs suivants :

Vu la donation du 10 juillet 1827 ;

Considérant que la ville a acquis la maison, rue des Capucins, n° 37, à titre onéreux, qu'elle peut donc en jouir et disposer de la manière la plus absolue ;

Que la destination donnée à un immeuble lors de son acquisition, ne prive pas l'acquéreur de la faculté d'en jouir et disposer comme bon lui semble ; qu'ainsi dans le cas même où la ville eût acheté la maison de la rue des capucins pour y établir une école des frères des écoles chrétiennes, le droit de propriété lui permettrait d'y substituer une école d'enseignement mutuel ;

Autorisa l'administration municipale à disposer de la maison rue des Capucins, n° 37, pour y placer une école d'enseignement mutuel, à la charge d'un versement annuel de 300 fr. dans la caisse de la fabrique de St-Jacques.

Il résulta de la résistance du bureau de bienfaisance, que l'école de la rue des Telliers fut laissée aux frères, et celle de la rue des Capucins immédiatement transformée en école mutuelle.

La situation des frères était grandement changée. Ces modifications ne furent pas acceptées sans douleur et sans résistances ; nous allons, dans la période suivante, assister au spectacle d'une lutte qui n'est pas sans intérêt pour les esprits impartiaux.

5e PÉRIODE.

Depuis l'établissement à Reims des trois écoles primaires communales et gratuites d'enseignement mutuel en 1833, jusqu'à la fin de la lutte, en 1838.

—

Au 1er janvier 1833, la ville de Reims renfermait, en vertu des délibérations du conseil municipal, trois écoles d'enseignement mutuel, et trois écoles dirigées par les frères des écoles chrétiennes.

Ces trois dernières écoles étaient : l'école des Carmes, l'école de la rue des Telliers, celle de l'esplanade Cérès. Il n'y avait que deux frères dans chaque école ; la 3e classe était par conséquent supprimée.

Un tel état de choses, préjudiciable à l'intérêt bien compris et bien entendu des enfants, ne pouvait être de longue durée : nous comprenons que le conseil, guidé par le désir d'établir l'égalité entre les deux systèmes d'enseignement, ait réduit le nombre des écoles; mais au moins devait-il ne pas apporter d'entraves au libre et complet exercice de l'enseignement des frères. On sait, en effet, que dans presque toutes leurs écoles, les frères divisent les enfants en trois catégories, qui forment trois classes distinctes : dans la première, les enfants les plus avancés, qui se perfectionnent dans la lecture des imprimés et celle des manuscrits, et principalement dans l'écriture et les principes d'arithmétique. La seconde classe comprend :

17

les enfants qui, pour la plupart se disposent à faire leur première communion, et apprennent les éléments de l'écriture et déjà lisent couramment, à haute voix : La troisième classe, enfin, celle des plus jeunes, auxquels on apprend les prières du matin et du soir, les lettres de l'alphabet, les premiers rudiments de l'instruction et de l'éducation la plus élémentaire.

Changer ainsi brusquement les habitudes des enfants, en obligeant les maîtres à confondre les commençants avec les enfants plus avancés ; encombrer les classes au détriment de l'instruction de tous ; ou bien, contraindre les familles à modifier tout-à-coup le système jusqu'alors suivi, peut-être depuis deux ou trois ans, l'un ou l'autre de ces deux partis présentait des dangers que la prudence des magistrats aurait pu éviter jusqu'à un certain point.

Quoiqu'il en soit, l'administration fut obligée de reconnaître qu'elle avait été trop énergique et trop absolue dans ses décisions à l'égard de la troisième classe, surtout pour les grandes écoles, et elle dut modifier sa décision première.

En effet, de vives plaintes avaient été formulées au commencement de 1833.

A M. le maire et à MM. les membres du conseil municipal de la ville de Reims.

3 janvier 1833.

Messieurs : De pauvres artisants et des ouvriers en fabrique, des rues Neuve, du Barbâtre et autres rues adjacentes, vous supplient instamment d'autoriser les frères des écoles chrétiennes à rouvrir la 3ᵉ classe qui était dans leur maison des ci-devant Carmes, qui vient d'être fermée le 31 décembre dernier.

Par cette mesure qui n'a pu vous être arrachée que par des personnes qui ne connaissent ni nos besoins, ni notre position, et qui, bien certainement, ne sont pas les amis des pauvres, vous aggravez notre situation en nous forçant de garder nos enfants dans nos boutiques, où ils nous empêcheront de travailler, ou à les laisser courir dans les rues çà et là, ils pourront se blesser, s'estropier, et se livrer à des excès peut-être condamnables.

Vous, Messieurs, qui devez être les amis et les pères de la classe indigente (puisque les magistrats qui lui doivent secours et protection le sont incontestablement) vous écouterez les plaintes des soussignés, vous reviendrez sur votre décision et leur accorderez ce qu'ils ont l'honneur de vous demander.

C'est dans cette assurance etc.

Il y avait plus de cent signatures au bas de cette lettre : le maire écrivit au directeur des frères, pour l'autoriser à ouvrir une 3ᵉ classe à l'écoles des Carmes.

Les mêmes, à M. le premier adjoint de la ville de Reims.

Reims, le 18 mars 1833.

Monsieur : Par sa lettre du 7 janvier 1833, M. Boisseau, deuxième adjoint, avait accordé, aux sollicitations du 3ᵉ arrondissement de cette ville, la conservation de la 3ᵉ classe des écoles chrétiennes tenues dans la maison, dite des Carmes.

La vôtre en date du 6 février 1833, révoque cette concession et ordonne la suppression définitive de cette classe pour Pâques prochain.

Les chefs de famille de ce même arrondissement, tous soussignés, douloureusement affectés de cette mesure de l'administration, croient de leur devoir, Monsieur, de vous adresser leurs réclamations.

Les motifs en sont aujourd'hui les mêmes qu'en janvier dernier.

Attachés à l'enseignement des frères, lequel est pleinement autorisé par le gouvernement comme l'établit la législation universitaire, ils doivent en conserver les avantages.

Ils ne pourraient comprendre que l'autorité consentît à les priver de leurs droits à cet égard, en leur en imposant un autre. Ils ne peuvent croire que les conseillers municipaux, ces mandataires de leurs intérêts civils, oublient à ce point ce qu'ils leur doivent, ce qu'ils se doivent à eux-mêmes.

La suppression de la 3e classe des frères aux Carmes, en changeant sur ce point l'ancienne circonscription, les forcent à envoyer leurs jeunes enfants à des écoles beaucoup trop éloignées, ou à n'y point trouver de place.

Ils vous prient d'observer :

1° Que conformément aux conditions de la concession du 7 janvier 1833, la 3e classe des Carmes n'est en aucune manière à charge à la ville, puisque le frère qui la tient n'est pas soutenu par elle.

2° Que cette portion du 3e arrondissement, ici réclamante, se croit fondée à demander la conservation de cette classe, en compensation de la perte de la 3e classe établie en l'école de la rue Perdue, par M. Baulny, ancien curé de la paroisse de St-Timothée, mort chanoine de Reims, dans l'intérêt tout spécial des habitants de cette ancienne paroisse, laquelle vous avez déjà supprimée, par votre arrêté de septembre 1832.

La 3ᵉ classe des Carmes n'étant, on le répète, en aucune manière à la charge du conseil municipal, et son local ne pouvant être d'aucune utilité à la mairie, les soussignés ne voient aucune raison plausible de la leur retirer. Ils ne peuvent croire que vous soyez mû, en aucunes circonstances, par d'autres motifs que l'amour du bien, et tout à la fois des libertés publiques et individuelles qui vous sont confiées.

Ils aiment à penser que, loin de les réduire à de justes plaintes en repoussant leurs réclamations, vous exercerez à leur égard le salutaire patronage qu'ils attendent de vous.

Dans cette confiance, etc.

Les mêmes, à M. le premier adjoint faisant les fonctions de maire dans la ville de Reims.

Reims, 22 mars 1833.

Monsieur, les soussignés demeurant dans la rue du Barbâtre et rues adjacentes, vous prient d'accorder pour leurs plus jeunes enfants, sinon pour un temps illimité, mais au moins pour jusqu'à la fin de juin prochain, le local de la 3ᵉ classe de la maison dite des Carmes avec le mobilier qui s'y trouve actuellement. Ils osent espérer que vous aurez égard à leur position ; que vous prendrez part à l'extrême embarras dans lequel les placera la suppression de cette classe et que vous aurez la bonté de satisfaire à leur humble demande. Dans cette attente, ils ont l'honneur d'être avec respect, etc.

La demande des pétitionnaires leur fut accordée, à la condition expresse de quitter le local, et de rendre le mobilier pour la St-Jean 1833.

Nous ne voulons pas interrompre l'ordre des faits, nous verrons plus loin les différentes déterminations de l'administration sur ce point spécial.

On ne s'était pas borné à réclamer contre les décisions du conseil municipal qui fixait à deux le nombre des classes dans les écoles des frères. On redemanda, mais sans succès, la réouverture de l'école de la rue Perdue, le rétablissement de l'ancienne école de la rue des Capucins.

Nous, soussignés, pères de famille domiciliés à Reims, supplions M. le maire, de vouloir bien permettre que nos enfants qui sont en ce moment privés de l'instruction primaire qu'ils recevaient des frères de l'école de St-Jacques, soient recueillis dans un local que des personnes également domiciliées, mettent à notre disposition, pour y recevoir desdits frères, sans aucune charge pour la ville, l'éducation que nous désirons leur faire donner.

Nous prions en conséquence M. le maire, de nous permettre de disposer momentanément des bancs et des tables actuellement déposés dans la cour de l'école, nous offrant de les remettre quand M. le maire le jugera convenable, et qu'il en soit dressé un état.

Suivaient cinq signatures.

Ce mobilier fut enlevé, sans l'autorisation de l'administration municipale, et placé dans de nouvelles écoles particulières dirigées par les frères : nous aurons à en parler plus loin.

M. le maire exigea avec raison la remise immédiate du mobilier appartenant à la ville : il reçut le 23 mars 1833 la lettre suivante, du frère Fleury, le nouveau directeur de la maison de Reims.

M. le maire,

En réponse à l'intention exprimée dans votre lettre

du 9 mars 1833, j'ai l'honneur de vous représenter que le mobilier que vous reclamez ne vous a été demandé ni par moi, ni par aucun des frères qui sont sous ma direction, mais bien par des pères de famille dont les enfants fréquentent les écoles de St-Jacques et de St-Remi qui, après l'avoir obtenu de vous, M. le maire, et l'avoir fait raccommoder à leurs frais, le placèrent eux-mêmes dans nos nouvelles écoles.

F. Fleury, directeur.

A M. le maire, MM. les adjoints et membres du conseil municipal.

Messieurs ; les soussignés, pères de famille domiciliés à Reims, ayant tous des enfants dont ils ont confié l'éducation aux frères des écoles chrétiennes, voient avec douleur que le conseil persiste à leur faire retirer les bancs et tables à l'usage de ces écoles.

Cet acte, que nous ne voulons pas qualifier, augmenterait sans profit pour la ville, les sacrifices que des personnes bienfaisantes ont déjà faits, pour conserver les frères que le conseil a supprimés, nous osons le dire, contre le vœu de l'immense majorité des habitants : nous prenons la liberté de représenter au conseil que ces bancs et tables ont été achetés anciennement par la ville pour l'usage des écoles des frères, et que les détourner de cet usage et en priver les enfants, ce serait un abus d'autorité, que nous n'eussions pas cru avoir à redouter sous un régime que nous nous plaisons à croire être celui de la liberté, du bon ordre et de la propagation de l'instruction qu'il convient aux pères de choisir pour leurs enfants ; les soussignés espèrent donc que l'impartialité du conseil et le désir qu'il doit naturellement avoir de maintenir les institutions bonnes et utiles, le détermineront à consentir à notre demande, et que ce sera la dernière fois qu'il sera question de nous roubler dans la jouissance de meubles destinés spécialement, et depuis longues années, à l'éducation de nos enfants et de ceux qui leur succéderont.

Suivaient douze signatures.

L'administration persista avec fermeté dans sa résolution ; elle conserva le mobilier appartenant à la ville ; et les patrons des nouvelles écoles privées, non communales, durent, à leurs frais, faire acquisition d'un mobilier qui leur fût propre. Cependant, nous devons ajouter que la ville, quelque temps après, céda à l'*association* une notable partie de l'ancien mobilier.

Si la lutte entre les deux systèmes d'enseignement se maintenait dans des termes convenables entre l'administration municipale et l'Institut des frères des écoles chrétiennes, il régnait une vive irritation au dehors. Cette irritation était encore entretenue par les dissentiments politiques et la divergence des opinions religieuses : la plupart des esprits se préoccupaient très médiocrement des questions de méthode et d'enseignement, mais bien plutôt de querelles de parti, incessamment entretenues par la fermentation qui agitait les têtes les plus calmes, en ces années voisines de la révolution de 1830.

Au commencement du mois de février 1833, l'un des premiers journaux qui se soient produits à Reims, l'Indicateur champenois, faisait son apparition ; l'occasion était trop belle pour les partis en présence : elle fut avidement saisie, et de nombreux articles jetèrent et rejetèrent alternativement dans les deux camps des arguments et des injures.

Nous reproduisons quelques passages de ces articles, non point pour moissonner à plaisir des provocations et des paroles mauvaises, non point pour ranimer le souvenir inutile de cette lutte qui s'oublie, mais parce que ceux de ces articles que nous retirons de leur obscurité profonde, nous ont paru dignes d'attirer l'attention par les enseignements qu'ils renferment.

Indicateur Champenois du 25 février 1833. —

La création de deux nouvelles écoles d'enseignement mutuel (1) est un fait trop important pour que nous le laissions passer inaperçu. La classe ouvrière qui doit en recueillir tous les avantages, verra dans cette attention des administrateurs de Reims, le désir de travailler au bonheur de la jeunesse et de bannir à jamais l'ignorance. Ces deux nouveaux établissements vont s'élever sur les débris des écoles chrétiennes. Nos magistrats devaient à notre cité de l'affranchir de ce reste de juridiction monacale, ils l'ont fait. Au reste, de toutes les personnes qui ont observé l'enseignement mutuel dans ses formes, dans ses développements et dans ses résultats rapides, pas une n'élèvera la voix en faveur des anciennes méthodes. La congrégation des frères, comme on le sait, doit son existence à J.-B. De la Salle, chanoine de la métropole de Reims ; son origine remonte à la fin du XVIIᵉ siècle. Nous sommes loin de contester l'utilité de cette institution dans un temps où le gouvernement dédaignait de s'occuper de la classe pauvre. Nous rendons hommage aux sentiments de philanthropie qui animaient le pieux

(1) La première, on s'en souvient, avait été établie à Reims en 1833.

fondateur. Une grande lacune existait dans la société, les frères la comblèrent en partie. La révolution de 1789 les fit disparaître, ils devaient dès lors regarder leur mission comme accomplie, et ne point lutter contre l'opinion publique qui les proscrivait. Lorsque la légitimité après vingt-cinq ans d'exil reparut sur le sol français, pendant que les sommités s'intronisaient à la chambre des pairs, et que les révérends pères de la foi reprenaient possession de l'enseignement supérieur, on vit les frères des écoles chrétiennes sortir de dessous terre, comme les vers après un orage, et par toute la France reprendre la férule. En vain les Lancastres voulurent leur disputer le terrain et balancer leur crédit ; ils furent écrasés, et prouvèrent que tout ce qui ne s'appuyait pas alors sur la congrégation, ne pouvait avoir de stabilité.

L'ordonnance du 16 juin 1828, qui pour la troisième fois foudroya les jésuites, n'atteignit point leurs collaborateurs en sous-ordre, ils survécurent à leurs maîtres. Comme tous les corps politiques et religieux qui n'ont point su se modifier, la congrégation des frères a vieilli. Trop sincèrement dévouée à l'esprit qui a présidé à sa création, elle n'a pas senti que d'autres temps amènent d'autres besoins. Une sage réforme pouvait la sauver, elle n'a point voulu céder aux exigences du temps, elle s'est obstinée à conserver une routine surannée et ridicule ; pendant ce temps, l'instruction primaire, exploitée par d'autres mains et encouragée par le gouvernement, sortait des ornières et marchait à grands pas dans la voie des améliorations. Édifice vermoulu, la congrégation des frères s'est écroulée d'elle-même dès que le pouvoir a cessé de lui servir d'appui, et son existence sera bientôt, pour nous, de l'histoire ancienne. Si, comme nous avons

lieu de l'espérer, la direction des deux nouvelles écoles
est confiée à des maîtres habiles, les personnes les
plus prévenues contre l'enseignement mutuel ne tarderont pas à convenir de tout ce qu'il présente d'a-
vantageux, et nos magistrats trouveront dans les
progrès de nos jeunes concitoyens un témoignage
éclatant rendu à leurs lumières et à la droiture de
leurs intentions....... »

L'auteur de ces essais n'a pas besoin de dire qu'il ré-
pudie la solidarité de la plupart des idées développées
dans cet article ; au reste, on y a répondu avec une
grande autorité dans le numéro du 2 mars 1833. Le
point de vue auquel se place l'auteur de cette réponse est
également empreint d'exagération et d'injustice : il a
complétement méconnu les intentions du conseil municipal et des magistrats de la cité.

« L'établissement de deux nouvelles écoles d'enseignement mutuel est un fait qui ne pouvait passer inaperçu,
grâce à la sollicitude de nos administrateurs. Le moyen
en effet que les pères de famille n'en fussent pas
prévenus? Quand par la fermeture forcée des écoles des
frères sept cent cinquante enfants se trouvèrent jetés sur
le pavé au milieu de la saison la plus rigoureuse? Que
seraient devenus ces malheureux enfants sans le dévouement d'un grand nombre d'habitants qui se
réunirent pour réinstaller les frères, chassés par
l'autorité, dans des locaux où ils purent continuer
leurs leçons, ce qui eut lieu dix jours après la fermeture des écoles. Dès lors la classe ouvrière doit
espérer que les frères continueront de travailler au
bonheur de la jeunesse et à son instruction, nonobstant *cette attention de nos administrateurs,* attention

qui dévoile trop peut-être la fureur d'innovation dout sont dévorés ceux qui veulent détruire toute institution prenant sa source dans la religion chrétienne.

Ces deux nouvelles écoles d'enseignement mutuel s'élèvent en concurrence avec l'institution des frères, qui tous les jours s'affermit de plus en plus ; si nos magistrats croient devoir, plus tard, priver notre populeuse cité du bienfait de cette instruction, connue et appréciée depuis 150 ans, afin d'affranchir notre ville de ce reste de *juridiction monacale* (expression que nous ne connaissons pas) nous les prierons de porter encore leur zèle réformateur sur la juridiction monacale qu'exercent les sœurs hospitalières de l'Hôtel-Dieu qui se permettent de donner gratuitement leurs soins généreux aux malades ; de cette manière, le corps et l'esprit des pauvres se trouvaient affranchis de cette odieuse *juridiction monacale*.

Au reste, de toutes les personnes qui ont observé l'enseignement des frères, pas une voix, si la prévention la plus aveugle ne la dirige, ne s'élèvera pour en demander la suppression.

Le pieux fondateur de l'Institut des frères, le vénérable abbé De la Salle, que Reims s'honore d'avoir vu naître, sacrifia ses dignités et toute sa fortune à l'établissement de ce précieux Institut ; animé d'une grande charité (la philanthropie dans ce temps d'ignorance était inconnue), il eut à surmonter bien des obstacles, et à lutter contre bien des préventions : grâce aux motifs qui l'animaient, il eut la satisfaction, avant sa mort, de voir son Institut prospérer au delà même des espérances qu'il en avait pu concevoir ; une lacune existait dans ce temps, elle fut entièrement comblée par ses heureux efforts.

La révolution de 1789 les fit, dit-on, disparaître, oui, comme tout ce qui était bon et utile a disparu par l'abus qu'on a fait de cette révolution et les excès qu'elle a amenés; mais il est faux de dire que l'opinion publique les proscrivait, car à peine la terreur eut-elle cessé que les pères de famille élevèrent de tous côtés la voix en faveur du rétablissement de ces instituteurs si éprouvés. Les débris en furent recueillis avec soin, des pétitions signées par toute la ville, grands et petits, riches et pauvres, attestent le désir qu'on avait de les voir sortir de leurs ruines, ainsi que les sœurs de l'Enfant-Jésus, pour l'instruction des filles.

En 1791, l'Institut des frères comptait 121 maisons, occupées par 1,000 frères.

Bonaparte, maître de l'Italie, qui lui était livrée par la victoire de Marengo, autorisa les frères, qui s'étaient réfugiés en Italie, à ouvrir deux écoles dans Rome. Lors du Concordat de 1801, les frères dispersés jusqu'alors purent se réunir, et ce fut à Lyon que se réforma, le 25 février 1802, la première maison de l'Institut. De cette ville, les frères se répandirent dans beaucoup d'autres, et notamment à Reims, où les vœux des habitants les avaient devancés; partout ils rendirent des services tellement importants et si bien appréciés, que Napoléon les comprit dans son système universitaire en 1808. Par son décret du 17 mars, il reconnaît et approuve leur existence, il alla même jusqu'à les dispenser du service militaire.

Lorsque la légitimité, après 25 ans d'exil, reparut sur le sol français, l'Institut se composait déjà de 55 maisons qui renfermaient 380 frères distribuant l'instruction à 18,000 enfants. Ils ne sont donc pas à cette époque. *sortis de dessous terre comme les vers après* l'orage, ces hommes modestes dont l'humilité a provoqué cette objecte comparaison : toutefois, nous aimons à le reconnaître, ils prirent dès lors un accroissement tel qu'en 1825, il existait 210 maisons, savoir 192 en France, 2 à l'île Bourbon, 1 à Cayenne, 5 en Italie, 5 en Corse, 1 en Savoie et 4 en Belgique, occupées par 1,400 frères, instruisant 64,000 enfants. Toujours les frères dont les services signalés ne s'appuyaient que sur la confiance des parents, furent encouragés par l'université comme ils le sont encore aujourd'hui. Ils n'employèrent jamais pour mettre la *France sous leur férule*, d'autres moyens que leur zèle et leur désintéressement ; ils n'engagèrent de lutte avec personne, ils n'eurent ni terrain à disputer, ni crédit à balancer ; les portes de leurs écoles furent ouvertes à qui voulut y entrer. Autrefois ils ne demandaient pour tout salaire qu'un toit et du pain, et sans s'inquiéter si les sommités du clergé sont encore intronisés à la chambre des pairs, si les R. P. de la foi ont la possession de l'enseignement supérieur, si l'ordonnance du 16 juin 1828, qui foudroya, dit-on, les jésuites pour la troisième fois, dut les atteindre, si enfin il existait ou non une congrégation sur laquelle ils s'appuyaient, rigoureux observateurs des règles de leur Institut, ils ne reconnaissent pour collaborateurs que ceux qui, comme eux, se sont voués à l'instruction gratuite des enfants pauvres, et pour maîtres que leur supérieur général et les directeurs de leurs diverses maisons. L'Institut des frères n'a pas vieilli. Il est dans toute sa force sincèrement dévoué à l'esprit religieux et charitable qui a présidé à sa création, il ne croit pas que les mouvements politiques ou intellectuels puissent avoir d'influence sur cet esprit : d'ailleurs, loin de repousser toute amélioration, toute réforme dans l'instruction qui ne s'éloignerait pas de l'esprit qui l'anime, il est de son devoir comme de sa prospérité d'en faire l'application, et son vénérable chef en est juge.

Les effets de la méthode des frères sont appréciés depuis longtemps, et jugés par des personnes dont le témoignage est d'un poids immense; les résultats de cette méthode prouvent qu'elle n'a rien de suranné et de ridicule......

.... Tant que les pères et mères jugeront convenable de donner pour base à l'éducation de leurs enfants, la religion et sa morale, tant que le même esprit de charité, de désintéressement et de zèle l'animera, l'Institut des frères, édifice solidement établi, ne s'écroulera pas de lui-même. Il a fallu dans notre ville les efforts d'une faible majorité du conseil municipal en opposition évidente aux vœux comme aux intérêts de l'immense majorité des habitants pour lui imprimer un léger mouvement : oui, son existence est déjà de *l'histoire ancienne* puisqu'elle remonte à cent cinquante ans, mais nous osons le croire, on n'écrira pas de sitôt sa dernière page. Si, comme l'espèrent les ennemis déclarés des frères ou plutôt de l'esprit qui les anime, les écoles nouvelles sont confiées à des maîtres non-seulement habiles, mais encore offrant toutes les garanties que peuvent désirer les pères de familles, les personnes les plus prévenues contre l'Institut et la méthode des frères, auraient encore à examiner si nos magistrats font un digne usage de *leurs lumières* et ne se trompent pas dans leur *bonnes intentions,* lorsqu'ils donnent à l'enseignement nouveau, sous le rapport de l'économie, la préférence sur celui des frères.

Il n'est peut-être pas inutile de rappeler ici qu'un des principaux devoirs du conseil municipal est de régler l'emploi des deniers communaux de toute espèce, les recettes et les dépenses pour les besoins et l'utilité publique, et non d'après les vues particulières de quelques membres qui seront la moitié de trente-six plus un.

Leur devoir est de consulter les besoins et les vœux de la majorité des administrés, et lorsqu'il s'agit de l'instruction primaire gratuite, les vœux des pères de familles pauvres, qui ne peuvent pas choisir les écoles, puisqu'ils ne peuvent pas payer, devraient être écoutés.

Qu'on élève des écoles mutuelles, rien de mieux ; mais alors qu'on ne détruise pas celles qui existent, afin de pouvoir dire que c·s *nouveaux établissements vont s'élever sur les débris des écoles chrétiennes....* »

Nous n'avons pas à insister : la passion entraîne bien loin et égare souvent les esprits les plus fermes et les plus droits.

Dans ses numéros du 9 mars, du 16 et du 25 mars 1833, *l'Indicateur Champenois* contient de nouveaux articles où cette polémique se continue avec la même vivacité et la même exagération : nous croyons inutile de les reproduire : nous négligeons également les articles de *l'Indicateur Champenois* du 21 avril et du 27 avril 1833. Entre l'administration municipale et les frères des écoles chrétiennes, les rapports n'étaient point interrompus ; ils se maintenaient sur un pied fort convenable.

Reims, le 24 août 1833.

M. le maire,

J'ai reçu la lettre que vous m'avez fait l'honneur de m'adresser le 10 août, relative à l'allocation d'une somme de 150 fr., que vous avez bien voulu arrêter pour la distribution de nos prix, et à la fixation du jour de cette distribution.

Veuillez **agréer** mes sincères remerciments pour cette preuve de bienveillance que vous voulez bien nous donner. **Frère Fleury, directeur.**

Reims, le 17 septembre 1833.

M. le maire,

A mon retour de Paris, on m'a remis la lettre que vous m'avez fait l'honneur de m'adresser le 11 septembre, et dans laquelle vous me manifestez le désir que vous avez que j'aie à réintégrer dans les magasins de la ville tout le mobilier des classes supprimées par le conseil municipal.

Permettez-moi de vous observer, M. le maire, que je n'ai rien reçu du mobilier en question, et qu'en plus, il n'entre pas dans mes attributions de me mêler du matériel de nos écoles primaires, mais bien et uniquement, comme directeur de ces écoles, d'en surveiller activement la bonne tenue, l'instruction et les progrès:

Pour me conformer à vos intentions, j'ai prévenu les parents des enfants relativement à la suppression de la 3e classe aux Carmes.

J'ai l'honneur etc. **Frère Fleury, directeur.**

Reims, le 1er octobre 1833.

Monsieur le Maire,

Les soussignés ont eu connaissance de l'ordre signifié par vous, sous la date du 11 septembre 1833, à M. le directeur des frères des écoles chrétiennes de cette ville, pour la fermeture de la troisième classe de ces écoles tenue jusque fin d'Août 1833, à la maison dite des Carmes.

18

Ils ont aussi la crainte que cette maison ne soit affectée prochainement par l'autorité administrative à un autre usage que le logement des instituteurs de ces écoles et aux classes qu'elle renferme.

Pénétrés de reconnaissance pour la bienveillance avec laquelle vous leur avez déjà précédemment accordé un ……, en mars 1853, ils viennent vous conjurer de prolonger ce provisoire et de leur assurer pour …… le cours de 1854, la maison des Carmes pour le logement des frères des écoles chrétiennes, et pour la suite des deux classes qu'ils y tenaient, par conséquent, l'autoriser que la troisième classe dont vous venez l'autoriser la …… soit conservée pour toute l'année scolaire qui s'ouvre aujourd'hui.

Ils seront heureux de vous …… ce bienfait et vous prient de vouloir l'agréer ……

Suivent huit signatures.

Les ……

……

L'*Association charitable* publia son premier rapport au commencement de 1834 : nous en empruntons le compte-rendu au *Grappilleur*, journal qui avait remplacé, en 1834, l'*Indicateur champenois*.

« La grande querelle entre les écoles mutuelles et les écoles des frères est loin d'être terminée. Ces derniers surtout, avec une persévérance digne d'une meilleure cause, gagnent chaque jour du terrain. C'est encore une leçon donnée à la tiédeur des citoyens qui se déclarent le plus hautement les partisans du progrès intellectuel et surtout de la naturalisation de la classe ouvrière. Tandis qu'ils s'exclament et pérorent, leurs adversaires agissent en sapant les enseignements mutuels dans leurs bases. Nous allons mettre sous les yeux de nos lecteurs, une partie du rapport de l'*Association charitable des écoles chrétiennes de Reims*, suivi d'observations, paragraphe par paragragraphe, dont l'auteur est à même de bien apprécier les deux méthodes par les spécialités de ses connaissances.

Compte rendu.

En exécution d'une délibération du conseil municipal de Reims, un arrêté de la mairie fit connaître, le 26 décembre 1832, que le 1er janvier 1833, les écoles tenues par les frères des écoles chrétiennes (1) sur les pa-

(1) M. l'abbé Anot, mort en 1823, respecté et estimé de tous, caractérisait ainsi cet établissement : « Modeste congrégation qui se dévoue à l'instruction des enfants, et spécialement des enfants pauvres; humbles instituteurs, qui ne veulent savoir que ce qu'il en faut pour mettre leurs élèves en état d'en savoir un jour plus que leurs maîtres : corps désintéressé, où on préfère la pauvreté aux richesses, l'utilité à la gloire ; où les travaux ne pourraient être plus grands, ni les récompenses moindres ; établissement d'autant plus cher à la religion et à l'état, qu'on y sert l'un

roisses de **St-Jacques** et de St-Remi, seraient fermées
ainsi que l'une des trois classes existant en la maison
dite des Carmes, sur celle de St-Maurice.

Par cette mesure, près de 600 enfants se trouvaient
privés du mode d'instruction primaire adopté par leurs
parents et consacré par le témoignage irrécusable d'une
longue expérience.

ı. L'opinion publique fut presqu'unanime dans toutes
les classes, pour apprécier cette disposition, elle la jugea contraire au vœu de la majorité des habitants : elle
l'était en effet. Des regrets, des plaintes furent hautement articulés. Un comité se forma spontanément de
personnes qui consentirent à devenir l'organe de la
pensée de leurs concitoyens : il s'empressa d'aviser aux
moyens de satisfaire à leurs désirs.

L'autorité venait de disposer de locaux affectés depuis
longtemps aux écoles chrétiennes ; il fallait s'en procurer d'autres assez vastes et convenablement situés, et
de plus, assurer la subsistance des frères supprimés.
Ils étaient au nombre de sept ; leur traitement retranché
du budget de la ville, se montait à 4,200 francs.

ıı. Il fut résolu qu'une souscription serait ouverte
pour subvenir à ces dépenses ; et c'est avec autant
de reconnaissance que de satisfaction, que le comité
vit les listes de cette souscription se couvrir d'un
grand nombre de signatures garantissant de généreuses
offrandes.

Rendre le plus promptement possible à leurs études
les nombreux enfants auxquels on témoignait un si

» et l'autre sans vanité et sans prétention ; école vraiment chrétienne, où
» le peuple apprend l'amour de Dieu et du travail ; apostolat sublime, qui
» fait de ce qu'il y a de plus obscur et de plus indigent, sa première solli-
» citude ; auguste simplicité, popularité respectable, bien au-dessus de
» cette enflure ambitieuse de la sagesse humaine.

touchant intérêt, fut le premier soin du comité : il porta d'abord son attention sur le choix des locaux.

Grâce à la générosité d'un négociant de cette ville, que sa modestie nous défend de nommer ici (1), deux salles convenables furent offertes pour les enfants de la paroisse St-Jacques ; elles devinrent insuffisantes, il fut indispensable de louer une maison contiguë, et d'y faire avec célérité des distributions et des changements divers.

III. Dès le 15 janvier, les parents eurent le bonheur de voir leurs enfants reprendre le cours de leurs travaux. Sur la paroisse de St-Remi, une maison assez vaste fut louée, appropriée ; et à peu près à la même date, les classes y furent ouvertes.

L'autorité, d'après la réclamation des parents, accorda la continuation de la classe supprimée sur St-Maurice ; elle prévint que cette concession n'était que provisoire ; six mois après, effectivement, elle la retira ; de là refoulement des enfants dans les classes restant au même local et dans les classes circonvoisines, encombrement de ces classes, nécessité pour l'association d'allouer de nouvelles dépenses pour l'agrandissement des écoles rue des Telliers et rue Châtiveste.

IV. Si le total de ces dépenses est considérable, la générosité des souscripteurs avait été digne des plus grands éloges ; elle leur donnait des droits à la reconnaissance publique. Les parents des enfants dont l'instruction a été ainsi assurée, ont souvent témoigné leur vive gratitude au comité, le priant d'en offrir l'expression à leurs concitoyens.

(1) Ce négociant est M. Maille-Leblanc ; tout le monde le sait.

Une somme de 9.433 fr. 30 c. , tel a été le produit de la souscription de 1,037 signatures.

C'est l'emploi de cette somme que le comité de l'*association*, par l'organe de son trésorier, croit devoir livrer à la publicité et soumettre à MM. les souscripteurs.

Sans doute, Messieurs, la somme en dépense est élevée ; le comité est le premier à le reconnaître ; mais il a la confiance que ses co-souscripteurs en approuveront l'emploi, justifié par ce compte dressé sur les pièces à l'appui. Il les engage, d'ailleurs, à s'assurer eux-mêmes, dans le sein des familles qu'ils ont secourues, par le maintien, à leurs frais, des écoles chrétiennes supprimées, s'ils ont effectivement produit l'acte de bienfaisance qu'ils se proposaient.

C'est là qu'ils trouveront, nous osons l'affirmer, les bénédictions qu'ils méritent, l'hommage de la reconnaissance, la certitude du service rendu, cette douce, cette unique récompense du bienfait.

Dans cette ferme persuasion, le comité aime à penser que MM. les souscripteurs de 1833 n'oublieront pas, en 1834, l'œuvre important et déjà couronné de succès, dont ils ont jeté les fondements. Fort de ces succès réels et de la protection bien connue que le gouvernement accorde aux écoles chrétiennes, il n'hésite pas à leur faire aujourd'hui un nouvel appel pour l'année qui s'ouvre.

v. C'est le même cri du pauvre qu'il porte à la demeure du riche, à celle de toute personne bienfaisante, il ne doute pas que le même accueil ne lui soit réservé.

vi. Les charges seront moindres à l'avenir, on aime à le croire : le conseil municipal a maintenu, pour

1834, l'allocation de 1833, en faveur des classes qu'il a conservées (1).

Cette disposition semble être un gage de bienveillance ultérieure ; le comité lui en adresse ici des remerciments.

Il conçoit l'espérance que, prenant conseil des résultats et d'une majorité d'opinion bien établie, cette autorité reconnaîtra la nécessité d'affranchir d'onéreux sacrifices, le vœu général d'une grande cité.

Elle avouera dans sa conscience que 1200 enfants, étroitement pressés dans les écoles des frères de cette ville, témoignent victorieusement aujourd'hui de cette majorité ; elle rivalisera de libéralité comme de sagesse, avec les municipalités les plus éclairées du royaume, avec l'université royale elle-même.

VII. Reconnaissante envers les générations précédentes, elle sera juste et dépositaire fidèle envers celles à venir. Elle saura, par un habile discernement, concilier d'utiles essais avec le devoir de conserver à la société une institution précieuse par des succès toujours croissants depuis un siècle et demi, enviée à la France et adoptée par les nations voisines et par le nouveau monde, à l'épreuve du plus sévère examen de la part des hommes de notre époque, consommés dans l'art d'enseigner.

Enfin, elle accordera, à la voix de la raison publique, à celle de l'équité, le rétablissement intégral et gratuit des écoles chrétiennes dans la ville de Reims, qui se glorifie à bon droit de leur avoir donné naissance.

(Suivaient treize signatures).

(1) La ville a, à l'école rue des Telliers, 158 enfants ; à St-André, faubourg Cérès, 197 enfants ; aux Carmes, 258 enfants : 393 enfants en six classes.

Nota. Au témoignage du respectable ecclésiastique déjà cité, nous ajouterons, en finissant, l'opinion de l'Empereur Napoléon.

« On prétend que les écoles primaires tenues par
» les frères des écoles chrétiennes pourraient introduire
» dans l'Université un esprit dangereux, on propose
» de les laisser en dehors de sa jurisprudence, je ne
» conçois pas l'espèce de fanatisme dont quelques
» personnes sont animées contre les frères : c'est un
» véritable préjugé. Partout on me demande leur
» rétablissement ; ce cri général démontre assez leur
» utilité. La moindre chose qui puisse être demandée
» par les catholiques, c'est sans doute l'égalité ; car
» trente millions d'hommes méritent autant de consi-
» dération que trois millions. »

(Paroles de Napoléon. séance du conseil d'état du 11 mai 1806.)

Observations du rédacteur.

i. S'il y avait unanimité dans l'opinion, pourquoi ne pas l'avoir abandonnée à elle-même? Pourquoi tant d'efforts, tant de démarches, tant de déclamations de la ligue dévote, dans les salons, chez les parents, dans les églises mêmes, pour éloigner par peur, par espérance. ou par prévention. les enfants des écoles municipales ?

ii. Il n'y eut pas souscription, mais quête, mais importune obsession de la part de gens habilement choisis dans ceux du parti que leurs nombreuses relations mettaient moins dans le cas d'être refusés, et ces quêtes ont encore lieu de maison en maison, avec la persévérance dont on puisait les principes à Auray ou à St-Acheul.

iii. Le 15 janvier 1833, les écoles des frères qui, sans tout le matériel communal, sont ouvertes. Les travaux de leurs classes étaient terminés, et les travaux des écoles mutuelles, entrepris par le même charpentier, quoique moins importans, ne le furent que dix jours après. Pourquoi?

iv. Si des parents ont manifesté leur reconnaissance, d'autres ont manifesté leurs chagrins des contraintes exercées sur eux. Nous en avons des preuves.

Nous demandons à telle grande dame de charité, quelle condition elle a mise à la distribution des secours qui lui étaient confiés. Nous demanderons à telles sœurs des écoles de filles, rétribuées par la ville, quelle condition elles ont voulu mettre à l'admission des filles des parents qui envoyaient leurs garçons aux écoles mutuelles.

v. Le pauvre, le peuple enfin, demande la liberté, l'instruction, le travail. Il sait distinguer ses amis véritables, de ceux qui ne le flattent que depuis sa dernière leçon.

vi. Flagornez aujourd'hui l'autorité, après lui avoir suscité le plus d'embarras possible, il y a toujours quelques bonnes gens assez simples pour se laisser prendre à ces piéges maladroits.

vii. La génération présente se rappelle vos bienfaits, votre clémence sous la restauration, ces missionnaires, vos lois de sacrilége, etc., etc.

Vous osez citer le grand homme! Qui de vous ne l'a honni, maudit, exécré? il fallait rappeler aussi le décret qui rétablissait la noblesse. Vous auriez ainsi réuni les deux principales causes de sa perte.

Nouvelle sainte alliance, la congrégation rémoise a éprouvé le même embarras pour la prérogative des signatures. Elle s'en est tirée par le même expédient, en suivant l'ordre alphabétique.

Pourquoi le clergé, dont aucun des membres n'a encore daigné, malgré les prévenances municipales, visiter une seule fois l'école mutuelle de la rue de la Poissonnerie, s'est-il publiquement associé à cet acte?

Qui pourra croire désormais à son impartialité? Ne se trouvera-t-il pas dans une position éminemment fausse, lorsque, membre des comités d'instruction, il se trouvera appelé à prononcer comme juge sur les hommes contre lesquels il manifeste aujourd'hui publiquement sa malveillance? (1) »

Nous n'approuvons pas complètement toutes les idées émises en cet article ; mais nous croyons qu'en général il a sainement apprécié la question, et qu'il a indiqué la véritable origine des grandes difficultés du moment.

Le conseil municipal s'occupait avec une sollicitude intelligente et éclairée de l'organisation de l'instruction primaire à Reims : il comprenait tous les nouveaux devoirs que lui traçait en quelque sorte la grande loi de 1833; et non seulement, il maintenait l'établissement des écoles mutuelles que *l'association* appelait dédaigneusement un essai : mais il prenait la résolution d'utiliser au profit de l'instruction primaire en général les bâtiments des Carmes, qui étaient alors abandonnés exclusivement aux sept frères que la caisse municipale rétribuait, et aussi aux huit instituteurs de *l'association charitable*.

La ville eut beaucoup d'obstacles à vaincre pour arriver à son but, et même pour faire reconnaître son droit de propriété : les nombreux documents que nous avons rassemblés sur cette affaire sont importants à étudier?

(1) *Le Grappilleur*, numéro du 26 février 1834.

M. le sous-préfet à M. le maire de Reims.

6 août 1834.

M. le ministre de l'instruction publique m'écrit qu'il résulte des renseignements particuliers qui lui sont parvenus que le conseil municipal de Reims aurait l'intention de changer très prochainement la destination d'une maison, dite *des Carmes*, qui a été affectée jusqu'ici au service de l'école des frères de cette ville.

M. le ministre me fait observer combien il est essentiel que ces utiles et laborieux instituteurs ne soient pas privés d'un local dont ils sont depuis longtemps en possession, où ils reçoivent gratuitement un grand nombre d'enfants de la classe indigente et dont il leur serait absolument impossible de se procurer l'équivalent.

J'ai peine à croire à l'existence de ce projet, qui serait en opposition avec le décret impérial du 26 janvier 1809, constitutif des écoles primaires gratuites de la ville de Reims.

Aux termes de l'article 6, l'acquisition de cet édifice, faite par M. Tronsson, avec déclaration de command, a été acceptée par le bureau de bienfaisance, pour servir au logement des instituteurs des écoles gratuites; la maison des Carmes a été ainsi réunie aux autres biens des pauvres.

Il ne peut rester le moindre doute, à cet égard, d'après les explications que contient, sur cet article, la lettre ministérielle du 25 février même année, portant envoi du décret :

Il suit de là que l'autorité municipale ne peut disposer de cette maison.

L'article 4 du même décret veut que les instituteurs

et institutrices qui en sont l'objet, soient choisis parmi les membres des institutions spécialement reconnues pour se vouer à l'éducation gratuite des pauvres.

C'est en vertu de cette disposition que la maison des Carmes a été affectée aux frères des écoles chrétiennes.

Je vous engage, M. le maire, à user de l'influence que vous exercez à si juste titre, tant pour prévenir une détermination qui donnerait lieu à de graves difficultés, que pour le rétablissement de l'allocation dont les frères jouissaient précédemment, ou au moins la continuation d'une subvention annuelle de 5,000 fr., conformément au décret.

Quelques encouragements que mérite l'école d'enseignement mutuel, le conseil municipal de Reims a trop de sagesse et de justice pour qu'il entre dans ses vues de la fonder au préjudice, et en quelque sorte sur les ruines d'une école non moins précieuse et légalement établie. »

Dans la séance du 21 août 1834, le conseil municipal, sur les conclusions conformes d'une commission spéciale, et après une mûre délibération, motivée avec soin, décida 1° que la maison des Carmes appartenait à la ville de Reims, sauf à régulariser l'acte de vente ; 2° que la ville disposerait de cette maison ainsi que bon lui semblerait ; que les frères des écoles chrétiennes la quitteraient immédiatement, et que l'école primaire supérieure y serait établie ; toutefois que pour remplacer le logement occupé par ces instituteurs, il leur serait voté au budget de 1835, une indemnité de logement.

Cette décision fut notifiée le 30 septembre 1834, au frère directeur de la maison de Reims : il répondit à M. le maire qu'il attendrait les ordres de ses supérieurs.

M. le ministre de l'instruction publique à M. le maire de Reims, 28 novembre 1834.

Monsieur le maire ,

J'ai examiné les difficultés que soulève le projet qui aurait été conçu par le conseil municipal de Reims, de retirer aux frères de cette ville la jouissance du bâtiment dit des Carme, qu'ils ont occupé jusqu'ici, pour l'affecter à une autre destination.

Il m'a paru que, dans les termes rigoureux du droit , la ville de Reims ne pouvait pas être obligée de conserver aux frères la possession de cette maison ; mais j'ai pensé, d'ailleurs, qu'il serait désirable, dans l'intérêt de l'instruction primaire, qu'elle prît ce parti, ou au moins qu'elle leur accordât un délai suffisant, pour qu'ils pussent s'établir sans trop de précipitation, et avec le moindre dérangement possible, pour le service de leurs écoles, dans un autre local. Je n'ai pas besoin de vous rappeler , ici , M. le maire, les services essentiels que ces instituteurs ont rendus et qu'ils rendent journellement à l'éducation publique ; comme moi, vous êtes à même de les apprécier, je crois donc faire une chose utile à vos administrés en vous invitant à appeler de nouveau l'attention du conseil municipal sur cet objet; je vous prie de provoquer de sa part une délibération et de m'en transmettre le résultat. Je compte sur vos bons offices auprès de lui pour prévenir toute mesure qui pourrait avoir des suites nuisibles au bien de l'enseignement.

Recevez, etc., le ministre de l'instruction publique,
Guizot.

Dans l'ordre chronologique des faits nous ne devons

pas omettre une importante délibération du conseil municipal, qui consacre une fois de plus la gratuité et la liberté absolue de l'enseignement primaire élémentaire.

Dans la séance du 23 décembre 1834, M. De St-Marceaux exposa au conseil que: l'art. 14, § III, de la loi du 28 juin 1833 sur l'instruction primaire, portait en substance :

Seront admis gratuitement dans l'école communale élémentaire ceux des élèves de la commune ou des communes réunies que les conseils municipaux auront désignés comme ne pouvant payer aucune rétribution.

Le comité communal d'instruction primaire de cette ville, créé par la même loi, a été installé dans ses fonctions le 18 novembre 1834 et a déjà commencé à exercer les attributions dont il est chargé.

L'une des principales est d'arrêter l'état des enfants qui ne reçoivent l'instruction primaire ni à domicile, ni dans les écoles privées ou publiques.

Par une lettre que ce comité m'a adressée le 2 de ce mois, il a manifesté le vœu que pour l'aider à remplir le devoir qui vient d'être signalé, le conseil municipal lui fournît l'état des enfants pauvres auxquels l'instruction gratuite est due.

Vous ne pouvez-vous dispenser de vous occuper incessamment de ce travail qui doit être long, je ne dois pas vous le dissimuler.

On serait dans l'erreur de penser qu'il serait tout fait dans les registres de la commission administrative du bureau de bienfaisance, car ces registres ne contiennent les noms que des familles admises à recevoir les secours à domicile ; et, dans son esprit d'économie bien entendu, le bureau de bienfaisance a beaucoup restreint le nombre des individus auxquels il accorde des distributions de pain.

Mais combien n'existe-t-il pas de familles d'ouvriers qui, n'ayant pas de droit au pain des pauvres, sont hors d'état de prélever, sur leur modique salaire, l'argent nécessaire pour payer l'instruction élémentaire dont leurs enfants ont besoin.

Les registres du bureau de bienfaisance ne pourront donc vous donner d'indication que pour une portion d'individus, et c'est à votre sagacité que la loi remet le soin de distinguer et de désigner les enfants que vous reconnaîtrez juste de faire profiter du bienfait de l'instruction gratuite.

Je vous propose donc, MM., de nommer huit ou seize personnes dans votre sein qui feront dans les huit sections de la ville les parcours nécessaires pour la confection du tableau demandé.

Il fut donné lecture de la lettre écrite par le comité communal d'instruction.

On s'opposa à la nomination d'une commission, attendu que la ville de Reims avait de tout temps admis sans distinction tous les enfants dans les écoles gratuites, et aujourd'hui en restreignant le nombre à ceux seulement dont les parents ne peuvent payer aucune rétribution, le conseil semblerait rétrograder.

Un membre proposa de faire l'état des enfants qui ne fréquentaient pas les écoles, mais on répondit que la ville ne pouvait pas forcer les enfants; mais seulement qu'elle avait la mission d'engager les parents à envoyer les enfants aux écoles.

Enfin un membre proposa l'ordre du jour sur cette question et le conseil municipal, après en avoir délibéré :

Considérant que les écoles gratuites de Reims sont ouvertes à tous les enfants sans distinction de fortune;

qu'ainsi en se conformant à la lettre de l'article 14 de la loi du 28 juin 1833, ce serait restreindre un bienfait dont jouissent depuis longtemps les habitants de la ville;

Que l'instruction est essentiellement gratuite à Reims et que les locaux où elle se donne sont assez grands pour contenir tous les enfants que leurs parents croiront devoir envoyer dans les écoles; et qu'en consacrant de nouveau ce principe, les opérations du comité communal se bornent à prévenir les parents qu'ils peuvent envoyer leurs enfants aux diverses écoles;

Décida qu'il n'y avait pas lieu à délibérer sur cette proposition.

L'affaire de la reprise de la maison des Carmes aux frères des écoles chrétiennes fut renvoyée à une commission de trois membres, dans la séance du 23 décembre 1834. — Cette commission fit son rapport à la séance du 5 février 1835:

Après avoir rappelé les faits que déjà nous avons exposés, la commission émit l'avis unanime de persister dans le principe adopté par le conseil dans sa délibération du 21 août 1834, d'autoriser M. le maire à proroger jusqu'au 24 juin 1835 le délai dans lequel les frères devront faire la remise de la maison des Carmes; et par amendement la commission proposa de mettre à la disposition des frères, les bâtiments de l'ancienne sous-préfecture, impasse de la Chanvrerie. — La discussion de ce rapport fut renvoyée au lendemain.

Etait-ce une résolution bien sage et bien réfléchie que de proposer pour le logement des frères des écoles chrétiennes les bâtiments de l'ancienne sous-préfecture dans la rue de l'Arbalète ?.... Nous en doutons en

présence de la lettre écrite le 3 février 1835, par
M. l'architecte de la ville.

Monsieur le maire,

Vous me demandez un rapport sur le parti que l'on
peut tirer de l'ancienne maison de la sous-préfecture,
ainsi que du terrain de la rue Colbert qui y aboutit et qui
comprend deux arcades sur cette rue.

Je ne vois pas que cette maison puisse servir à aucun
des établissements qui sont à la charge de la ville ; vous
aviez pensé qu'on pourrait y transférer les frères des
écoles au nombre de sept : pour 7 frères comme pour 20,
il faut un parloir, une cuisine, un réfectoire, une salle
d'études, un oratoire, un vestiaire, une lingerie, une
infirmerie, un bûcher, un jardin, un nombre de cellules
égal à celui des frères ; enfin deux classes pour les élèves ;
il est impossible de trouver dans le local de la sous-préfecture ces diverses pièces ni de les y pratiquer.

Si on veut déplacer les frères, je ne vois pas de maison
plus convenable que l'ancien couvent de la Visitation,
qui est à vendre, et qui se trouve tout disposé pour
une communauté réligieuse. Je ne crois pas que la
totalité serait nécessaire, il serait facile d'en retrancher une maison particulière ; d'après quelques renseignements que j'ai pris, il pourrait se présenter une
ou plusieurs personnes qui en feraient l'acquisition
pour l'usage des frères, si on leur assurait un loyer
en rapport avec le prix d'acquisition.

Quant à la maison de la sous-préfecture, je pense
que le meilleur parti à prendre serait de la vendre
avec le terrain et les arcades de la rue Colbert ; si,
cependant, quelqu'un demandait sa division, on pourrait

faire deux lots et les adjuger provisoirement, et ensuite réunir le tout dans une adjudication qui serait
définitive, si le prix excédait les adjudications partielles....

A la séance du 4 février 1835, la discussion sur
cette affaire fut longue et animée.

Lorsqu'elle fut déclarée close, M. de St-Marceaux
mit aux voix les quatre questions suivantes :

1° Accordera-t-on aux frères un sursis pour leur
sortie de la maison des Carmes ?

Le conseil municipal, considérant que les bâtiments
occupés par les frères dans l'ancienne maison des Carmes
étaient trop vastes pour le petit nombre de frères que la
ville rétribuait maintenant, que cette maison pouvait
serv, à placer l'école primaire supérieure qui, suivant
la loi, devait être établie à Reims ;

Qu'enfin, depuis longtemps, les frères étaient avertis
qu'ils devaient quitter cette maison, et qu'en conséquence, ils avaient dû faire leur diligence pour ne pas
retarder ce délogement ;

Décida qu'il ne serait pas accordé de sursis aux
frères des écoles chrétiennes.

2° Les frères quitteront-ils la maison le 24 juin
1835 ?

La question fut résolue affirmativement.

3° Laissera-t-on aux frères le choix de recevoir
1,200 fr. pour indemnité de logement, ou d'habiter
une partie de l'ancienne sous-préfecture, impasse de
la Chanvrerie?

Le conseil, considérant que les bâtiments de cette
maison pouvaient, au moyen de quelques appropriations intérieures, suffire au logement de sept frères ;

Que d'ailleurs, en leur laissant l'option, ces instituteurs pourraient chercher si, au moyen des 1,200 fr.
que la ville leur accordait, ils trouveraient une habitation plus commode ;

Que cette maison était située au centre de la ville,
et à proximité des trois écoles conservées ;

Décida qu'il serait, par l'administration municipale, laissé aux frères l'option de recevoir l'indemnité votée de 1,200 fr., ou d'habiter dans la partie
de la maison située sur l'impasse de la Chanvrerie
(local de l'ancienne sous-préfecture), la ville se réservant la partie de cette maison qui était sur la rue
Colbert.

4° Fera-t-on, aux frais de la ville, les appropriations
intérieures indispensables pour le logement des sept
frères dans cette maison ?

Le conseil, considérant qu'il ne pouvait s'engager à
payer des frais sans en connaître exactement le chiffre ;

Que, d'ailleurs, cette question ne devait être soulevée que lorsqu'on connaîtrait l'option des frères ;

Ajourna la solution de cette question, jusqu'à ce
que les frères eussent fait connaître le parti qu'ils
auraient choisi.

Extrait de cette délibération fut envoyé au frère
directeur de la maison de Reims.

Il répondit à M. le maire le 27 février 1835.

M. le maire,

En conformité des statuts qui régissent notre Institut,
j'ai communiqué à mes supérieurs la lettre que vous
m'avez fait l'honneur de m'adresser le 11 février
1835.

En conséquence de cette communication, je reçois

de mon supérieur-général l'invitation de vous informer
de ce qui suit :

Qu'ayant visité et fait visiter la maison de l'ancienne
sous-préfecture, je suis convaincu qu'elle ne peut
en aucune sorte nous convenir, 1° à cause de l'exiguité du local qui n'est composé que de huit places
et une petite cuisine, tandis qu'il est indispensable
pour loger une communauté seulement de sept frères,
d'avoir quinze places, savoir, un oratoire, une salle
d'exercices ou d'études, un réfectoire, une salle pour
l'infirmerie, huit cellules, un parloir ou salle de
réception, une cuisine avec son fourneau et chaudière
pour le service, une office, un vestiaire, un bûcher,
un jardin bien aéré où les frères puissent se promener
après leurs classes et respirer un air pur dont ils ont
tant de besoin après en avoir respiré un méphitique
toute la journée. Il faut que ce jardin ne soit dominé
par aucun des jours des maisons voisines, afin que les
frères soient entièrement libres chez eux. 2° parce
que cette maison de l'ancienne sous-préfecture est trop
éloignée du centre des écoles qu'ont à desservir les
frères qui doivent faire quatre fois par jour le chemin
de leurs classes à la communauté.

Qu'ayant cherché une maison, nous n'avons trouvé
que l'ancien couvent de la Visitation qui pût nous
convenir ; mais la somme allouée par le conseil municipal pour indemnité de logement, n'étant pas suffisante
pour la louer, il est très probable que faute d'un local,
les frères des écoles chrétiennes seront dans la triste
nécessité de se retirer de Reims au sortir de la maison
des Carmes.

Je suis avec respect, etc.   Frère Fleury, directeur.

Paris, le 25 avril 1835.

M. le ministre de l'Instruction publique à **M.** le maire de Reims.

M. le maire, j'ai pris connaissance des observations contenues dans la lettre que vous m'avez écrite le 5 avril 1835, au sujet des difficultés qui se sont élevées entre l'autorité municipale de Reims et les frères des écoles chrétiennes établis dans la ville. Vous y exprimez le regret de ce que toute solution serait ajournée par le refus que font ces instituteurs, soit de placer leur école dans une partie de l'ancien hôtel de la sous-préfecture que la commune a le projet de mettre à leur disposition, soit d'accepter l'indemnité annuelle qu'à défaut de ce bâtiment, elle offre de leur allouer.

J'ai déjà fait observer à M. le préfet de la Marne qu'il est difficile que l'école des frères puisse être installée avec convenance dans la partie proposée des anciens bâtiments de la sous-préfecture. Il résulte, en effet, des renseignements qui m'ont été transmis, que ce local n'est pas assez étendu, que l'accès en serait désagréable pour les frères, et dangereux pour les enfants par le voisinage de deux marchés qu'il faut traverser pour y arriver, qu'enfin il serait nécessaire d'y faire des dépenses considérables pour l'approprier à la destination qu'on voudrait lui donner. Quant à l'indemnité de logement qui leur est offerte, je ne pense pas qu'ils puissent l'accepter ; outre que le chiffre de cette indemnité semblerait insuffisant, il est incontestable que les frères qui ne possèdent pas, et qui, d'après la règle de leurs statuts, restent toujours soumis aux ordres de leur supérieur, lequel peut les faire changer instantané-

ment de résidence, ne sont point en position de louer
eux-mêmes un local et de passer, à cet effet, des conventions d'où résulteraient pour eux un engagement
et par suite la nécessité de s'occuper d'intérêts éven-
tuellement litigieux.

Pour couper court aux difficultés que fait naître cette
affaire, il me paraît indispensable que la ville leur
procure un bâtiment qui soit à leur convenance et qui
leur offre l'équivalent de celui qui a été affecté, jusqu'ici, à leur école.

J'ai indiqué à M. le préfet comme convenable la
maison de la Visitation. Il existe, sans doute, à Reims
d'autres locaux qui seraient également convenables et
dont la commune pourrait faire choix pour la destination projetée. Je vous prie, M. le maire, d'employer à
cet effet vos bons offices auprès du conseil municipal et
de l'engager à terminer de cette manière la lutte fâcheuse qui s'est engagée. Je ne doute pas qu'il ne sente
le besoin d'adopter une mesure qui satisfasse ainsi à
tous les intérêts et qui assure à la population de Reims
la continuation des moyens d'enseignement dont il apprécie, le premier, le bienfaisant résultat.

Le ministre de l'instruction publique,   Guizot.

Dans la séance du 15 mai 1835, un membre du
conseil développa une proposition tendant à acquérir
la maison dite de *la Visitation*.

Il fit remarquer que presque toujours le défaut de
locaux convenables forçait à ajourner, quelquefois
même à abandonner les décisions prises par le conseil
municipal La maison dont s'agit est vaste, bien située
et remplirait les conditions désirées pour y établir salle
d'asile, école primaire et y loger les frères des écoles
chrétiennes, qui à la St-Jean prochaine doivent quitter
l'ancienne maison des Carmes.

L'administration répondit que peut-être la ville avait déjà trop de bâtiments ; et qu'il conviendrait mieux de louer que d'acheter la maison de la Visitation.

On fit observer que les propriétaires de la Visitation voulaient vendre et non pas louer ; lorsque la discussion fut close, le conseil ordonna le renvoi de l'affaire à l'examen d'une commission composée de MM. Hannequin, Croutelle et Vionnois.

Dans la séance du 26 mai 1835, M. le rapporteur de la commission conclue à l'acquisition de la maison dite de la Visitation, pour être affectée au logement des frères des écoles chrétiennes, à l'emplacement d'une école communale primaire simultanée, et à l'établissement d'une salle d'asile.

Mais le conseil, ne se trouvant pas suffisamment éclairé sur la valeur de cette maison et sur les dépenses approximatives que nécessiterait l'appropriation du local aux divers services auxquels on le destinait, renvoya de nouveau l'affaire à l'examen attentif de l'administration, pour tous les renseignements être fournis au conseil dans une prochaine séance.

Dans la séance du 22 juin 1835, M. le maire annonça au conseil que l'administration avait réuni tous les renseignements demandés le 26 mai précédent.

Il déposa sur le bureau :

1o Une lettre des propriétaires de la maison qui portaient à 50,000 francs le prix qu'ils voulaient en obtenir ; laquelle somme, payable par tiers dans l'espace de dix-huit mois.

2o L'estimation descriptive de cette même maison, dressée le 9 juin 1835, par M. l'architecte de la ville, s'élevant à la somme totale de 46,000 fr.

3° Un état approximatif de la dépense à faire pour donner à cet immeuble les destinations proposées, et qui se répartit comme suit :

Savoir :

Pour le logement de seize frères et de leurs classes........................	4,000ʳ ʳ
Pour la construction d'un mur de séparation.............................	1,200 »
Pour les salles d'asile et le logement de deux maîtresses....................	3,200 »
Ensemble ,	8,400 »

Quant au projet de l'administration de transporter dans la maison de la Visitation les écoles de la rue des Telliers, il ne peut éprouver de difficulté et il n'apportera aucune modification aux précédentes délibérations du conseil, relatives à la distribution des différentes écoles par arrondissement, puisque la rue des Telliers et la rue du Jard font partie du même arrondissement.

En ce qui touche le mode de paiement de l'immeuble dont s'agit et les ressources dont la caisse municipale peut disposer pour cet objet, M. le maire estimait qu'il serait possible de payer, comme le demandaient les propriétaires, le prix de la vente en trois paiements égaux de six mois en six mois, à prendre, savoir: le 1ᵉʳ tiers sur les excédants de recette de 1834, et les deux autres tiers, sur les budgets de 1836 et 1837.

M. le maire conclut enfin à ce que le conseil autorisât l'administration à acquérir la maison dite de la Visitation, toutefois, en ne dépassant pas la somme de 45,000 fr. , ci...................... 45,000ʳ »

A ce que l'administration fût également autorisée d'urgence à payer les frais et ho-

noraires, pour la passation de l'acte, évalués environ à la somme de 3,600 fr. ci... **3,600** »

Les dépenses d'appropriation portées par
l'architecte à .... **8,400** »

Et enfin les frais de transport et d'emménagement du mobilier des frères, portés
seulement pour mémoire à .... mémoire.

Le conseil, après en avoir délibéré, vu ses précédentes délibérations relatives à la fixation du nombre
des frères des écoles chrétiennes, payés par la caisse
municipale ; à la répartition des différentes écoles primaires et à la prochaine ouverture d'une école primaire
supérieure ; vu les pièces produites par l'administration
et ci-dessus relatées ;

Décida que l'administration pourrait acquérir, pour
le compte de la ville et sous l'approbation de l'autorité
royale, la maison dite de la Visitation pour une somme
qui n'excéderait pas 45,000 francs et pour être affectée
à un service d'utilité publique, mais avec destination
actuelle au logement des frères des écoles chrétiennes
rétribués par la ville, à une école primaire tenue par
ceux-ci, et à l'établissement d'une salle d'asile ;

Autorisa l'administration à payer cette somme avec
les intérêts, en trois paiements égaux, par tiers ;
savoir : 15,000 fr. en janvier 1836, sur l'excédant
des recettes de 1834 ; 15,000 fr. en juillet 1836, à
prendre snr les fonds à voter au budget de cet exercice,
et 15,000 fr. en janvier 1837, à prendre sur les fonds
à voter au budget de ladite année 1837.

Quant aux frais d'acte et honoraires, ils devaient
être pris d'urgence sur les excédants de recette de
1834, et acquittés aussitôt les formalités remplies ;

Autorisa l'administration à mettre en adjudication les

travaux d'appropriation pour la destination adoptée
ci-dessus , mais en retranchant du devis de M. l'architecte la dépense relative à la construction de huit
cellules au 1er étage , alors qu'il en existe huit toutes
construites à l'étage supérieur ;

Dit que les classes tenues par les frères , rue des
Telliers , seront , aux soins de l'administration , transportées à la Visitation , rue du Jard , pour la prochaine rentrée des écoles , sauf les droits et l'agrément
du bureau de bienfaisance ;

Que les frères abandonneraient leur local actuel de
la maison dite des Carmes , à l'ouverture des vacances
prochaines , soit le 1er septembre , afin que l'administration pût , aussitôt après , faire disposer ce local
pour l'installation de l'école primaire supérieure.

Enfin , laissa à l'administration de pourvoir , sur les
fonds des dépenses imprévues, au paiement des frais
de transport du mobilier et d'emménagement des
frères.

C'était une grande affaire heureusement terminée : si
le conseil municipal n'avait pas voté dans sa session de
mai 1835 , l'acquisition de la maison de la Visitation,
rue du Jard , pour y loger les frères des écoles chrétiennes, il était à redouter qu'ils eussent adopté la résolution extrême de quitter la ville, d'abandonner nos
écoles, nos enfants...... menace que les frères ont adressée plus d'une fois à la ville ; nous l'avons vu dans le
cours de ce long récit..... mais s'ils l'avaient mis à
exécution, enfin !.... nous ne pouvons arrêter notre
pensée sur une aussi douloureuse extrémité ; les frères
des écoles chrétiennes quitter Reims ! ah, l'ombre de De
la Salle se serait levée de sa tombe pour les arrêter aux
portes de la ville, et leur montrer les enfants, les petits

enfants pauvres, qui leur tendaient les bras et réclamaient leurs soins, leurs leçons paternelles, leur dévouement de toutes les heures......

M. le maire de la ville fit connaître, le 27 mai 1835,
au frère Fleury, directeur de la maison de Reims, la
nouvelle décision du conseil municipal et l'heureuse
issue de cette difficile affaire.

A la même époque M. le ministre de l'Instruction
publique écrivait à M. le préfet de la Marne, qu'il
accordait aux frères des écoles chrétiennes de Reims,
un secours de 1,200 francs pour contribuer à les
soutenir.

Les frères des écoles chrétiennes, encouragés par
la bienveillance du gouvernement, assurés de conserver à Reims les écoles qu'ils dirigeaient depuis
tant d'années, s'efforcèrent de rendre à ces écoles
l'éclat et l'importance qu'elles avaient en 1832 ; et
craignant cette fois d'essuyer un refus de la part de
l'autorité municipale, ils s'adressèrent au comité communal d'instruction primaire, auquel la loi de 1833
avait confié la surveillance de toutes les écoles primaires, communales et privées.

Le frère directeur de la maison de Reims, à
messieurs les membres du comité communal.

Reims, le 12 juillet 1835.

Messieurs, jamais une éducation, solide et éclairée,
n'eut une importance aussi grande que de nos jours,
parce qu'en aucun temps peut-être les jeunes gens ne
furent exposés à d'aussi grands dangers ; et comme
l'éducation seule fait l'homme, puisque vous le savez,
Messieurs, sans elle il ne l'est qu'à demi, les frères
des écoles chrétiennes se félicitent beaucoup de ce que

ce besoin impérieux d'éducation soit vivement senti par vous.

C'est d'après cette conviction acquise que j'ai de votre amour pour le bien public et particulier de la jeunesse qui nous est confiée et dont vous voulez assurer le bonheur, que je viens avec cette confiance que tout appelle chez vous, vous faire une demande qui ne sera pas jugée intempestive, puisqu'elle est fondée sur l'intérêt et le besoin de vos jeunes administrés qui vous devront tous les avantages de leur avenir.

J'ai donc l'honneur de vous représenter, Messieurs, que d'après la méthode simultanée que nous suivons, nous trouvons infiniment essentiel dans l'intérêt de tous, qu'il vous plaise établir trois classes dans chaque école afin d'accélérer et d'assurer les progrès des élèves : sans cette salutaire mesure l'enseignement ne peut que languir, et même être manqué, en raison de la différence d'instruction qui se trouve entre les premiers et les derniers élèves de chaque classe : vous en avez vous-mêmes jugé.

Dans la 1re classe qui est celle des commençants, on apprend aux élèves, 1° à connaître leurs lettres, 2° à épeler, 3° à lire par syllabes, 4° à lire couramment, 5° les premières vérités de la religion.

Dans la 2e, on continue : 1° à former les élèves dans la lecture, 2° on leur apprend à écrire, après leur avoir développé les principes de l'art de l'écriture, 3° le catéchisme, 4° l'arithmétique, 5° les éléments de la grammaire française. Les élèves étant assez instruits pour être admis à la 3e classe, alors on les y perfectionne 1° dans la lecture et l'écriture, 2° on leur apprend les éléments des mathématiques, 3° toutes les conjugaisons des verbes et l'analyse grammaticale,

4° le dessin linéaire, 5° la géographie, 6° l'histoire de France et autres, si les élèves en sont susceptibles.

D'après ce véridique exposé, vous sentez vivement, Messieurs, combien ces différentes parties d'enseignement, confiées à un seul maître, souffrent et languissent lorsqu'on est réduit à n'avoir que deux classes pour chaque école : une quatrième ne pourrait que produire des résultats plus considérables et plus satisfaisants. Les élèves alors, même avec trois classes, remarqueraient chaque jour et d'une manière plus fructueuse les effets d'une noble émulation qui les porterait à profiter de la sagesse d'un maître attentif qui, au besoin approuve une chose, en corrige une autre, blâme le paresseux, stimule l'indolent, loue le diligent, encourage celui que les difficultés rebutent, etc. La noble envie de se distinguer leur servirait comme d'aiguillon pour le travail le plus soutenu : ils ne verraient de difficultés que pour les surmonter, et d'obstacles que pour les vaincre. Tels sont les avantages certains de l'éducation publique sur l'éducation particulière.

Convaincu, Messieurs, de votre paternelle sollicitude pour les enfants qui nous sont confiés, comme de votre amour pour tout ce qui est bien, j'ai toute confiance que vous aurez la bonté de faire droit à mon instante prière, et que vous ne douterez pas de la reconnaissance et du respect, etc.

Frère Fleury, directeur.

Dans la séance du lendemain, 13 juillet 1835, le secrétaire du comité donna lecture de cette lettre du directeur des frères des écoles chrétiennes.

La discussion s'engagea immédiatement, et le comité unanimement convaincu de l'excellence de la mesure sollicitée par les frères prit la délibération suivante.

Le comité ,

Vu l'article 20 de la loi du 28 juin 1833 , par lequel les comités communaux sont chargés de faire connaître à l'autorité supérieure les divers besoins de la commune sous le rapport de l'instruction primaire ,

Considérant que les deux méthodes d'enseignement mutuel et d'enseignement simultané, étant reconnues et rétribuées par la ville, il est nécessaire d'assurer à l'une aussi bien qu'à l'autre les moyens de se produire avec tous les avantages dont elles sont susceptibles ;

Considérant que la méthode simultanée consiste à diviser d'après leur degré d'instruction tous les élèves *en plusieurs classes*, de telle sorte que chaque élève profite de la leçon donnée à chacun des autres ;

Considérant que les divisions de l'enseignement, adoptées par les frères des écoles chrétiennes depuis l'établissement des écoles mutuelles, exigent que chaque école soit divisée en trois classes ; dans la *première* qui est celle des commençants, on apprend aux élèves 1° à connaître leurs lettres ; 2° à épeler ; 3° à lire par syllabes; 4° à lire couramment : 5° les premières vérités de la religion ; dans la *deuxième*, on continue 1° à former les élèves dans la lecture, 2° on leur apprend à écrire après leur avoir développé les principes de l'art de l'écriture; 3° le catéchisme; 4° l'arithmétique; 5° les éléments de la grammaire française , dans la *troisième* classe, 1° on perfectionne les enfants dans la lecture et l'écriture ; 2° on leur apprend les éléments des mathématiques ; 3° toutes les conjugaisons des verbes et l'analyse grammaticale ; 4° le dessin linéaire; 5° la géographie; 6° l'histoire de France ;

Considérant, d'après ces divisions, qu'une école n'étant partagée qu'en *deux* classes, il en résulte que le maître est obligé de donner une instruction différente aux premiers et aux derniers élèves de chaque classe, de telle sorte que les leçons qu'ils donnent aux uns ne peuvent profiter aux autres ; les différentes parties de l'enseignement ainsi confiées à *un seul* maître, souffrent et languissent, les progrès des élèves sont beaucoup plus lents, car une partie d'entre eux est absolument étrangère aux soins donnés aux autres, et pendant que le maître s'occupe des premiers, les seconds demeurent en quelque sorte inoccupés ;

Considérant que cet état de choses est contraire à l'esprit de la méthode simultanée d'après lequel les élèves toujours en présence les uns des autres et des maîtres doivent réaliser sans cesse et profiter de tous les instants de la leçon ;

Considérant d'ailleurs qu'une école n'étant divisée qu'en deux classes, chacune d'elles est fréquentée par un trop grand nombre d'élèves; c'est ainsi que la seconde classe de l'école du 2e arrondissement de la ville en compte 130 environ, et la seconde classe de l'école du 3e arrondissement plus de 140. Ces classes sont évidemment trop nombreuses pour que le maître, quel que soit son zèle, puisse faire participer à la leçon tous les enfants qui les fréquentent, l'ordre et la discipline s'y maintiennent plus difficilement; enfin la réunion d'un si grand nombre de jeunes enfants dans un local peu aéré, peut altérer leur santé encore frêle et délicate ;

Considérant enfin que déjà l'école des frères du 1er arrondissement, où les progrès des enfants sont le plus sensibles, est divisée en trois classes et qu'il est de toute justice d'accorder les mêmes avantages au 2e arrondissement et surtout au 3e où l'instruction gratuite est si nécessaire ;

Fut d'avis que ce serait faire une chose, éminemment utile, que de créer une 3ᵉ classe dans chacune des écoles publiques des frères du 2ᵉ et du 3ᵉ arrondissement et que cette mesure devait être spécialement recommandée à la sollicitude éclairée de M. le maire et du comité supérieur d'instruction primaire.

Le comité supérieur d'administration primaire partagea complétement sur cette question l'opinion émise par le comité communal.

Pendant la session légale du mois d'août 1833, le conseil municipal dut s'occuper activement des mesures à prendre pour approprier à sa nouvelle destination la maison de la Visitation.

A la séance du 4 août 1835, M. Boisseau ainé, l'un des adjoints, rappela au conseil que le 22 juin 1835, l'administration avait été autorisée à acquérir, au nom de la ville, l'ancien couvent de la Visitation pour être affecté à un service d'utilité publique, mais avec destination actuelle au logement des frères des écoles chrétiennes, à la translation de leur école de la rue des Telliers, et à l'établissement d'une salle d'asile : dès le 26 juin, la mairie avait traité de l'acquisition avec les propriétaires.

Les plans et les devis, révisés et modifiés par l'architecte de la ville, furent remis sous les yeux du conseil en l'engageant à les approuver.

M. le maire donna lecture de la lettre suivante, que lui avait adressée M. le ministre de l'instruction publique, le 21 juillet 1835, et qui soulevait une importante question ;

M. le maire ; j'ai reçu la lettre que vous m'avez fait l'honneur de m'écrire, pour me donner connaissance de la décision du conseil municipal de Reims, relative aux frères des écoles chrétiennes, établis en cette ville.

Les dispositions prises pour placer ces instituteurs dans le bâtiment de la Visitation, et pour y installer en outre une seconde école et une salle d'asile, me paraissent de nature à terminer toutes les difficultés qui s'étaient élevées jusqu'à ce jour : ce résultat assure l'exécution de la loi du 28 juin 1833, et je ne puis qu'y donner complètement mon approbation. Je dois seulement, M. le maire, vous faire une ob-servation : vous m'annoncez que la délibération du conseil municipal autorise à loger dans le nouveau local dont l'acquisition est projetée, *les frères rétri-bués par la caisse municipale*, d'où il y a lieu de con-clure que ceux qui sont entretenus par l'*association cha-ritable*, n'y auront point leur logement : cependant tous les frères rendent des services à la ville puisqu'ils con-tribuent tous à élever les enfants de la classe indigente ; il me paraît donc nécessaire qu'ils soient tous logés dans le bâtiment de la Visitation, qui renferme d'ailleurs des locaux suffisants pour cet objet. Je vous prie d'appeler sur ce point l'attention du conseil municipal, et d'em-ployer de nouveau, s'il y a lieu, votre influence auprès de lui pour l'engager à tenir compte de cette considéra-tion dont il appréciera sans aucun doute la convenance. Je vous serais obligé, si vous voulez bien me faire con-naître le plus tôt possible la détermination qu'il aura prise à ce sujet.

Le ministre de l'instruction publique, Guizot.

Sur la demande de plusieurs de ses membres, le conseil, avant de délibérer sur les diverses propositions qui lui étaient soumises par l'administration en renvoya

20

l'examen préalable à une commission composée de MM. Hannequin, Bertherand et Bourgeois.

Dans la séance du 13 août 1835, la commission fit le rapport suivant :

Dans la séance du 22 juin 1835, vous avez autorisé l'administration à acquérir, moyennant la somme de 45,000 fr., la maison dite de la Visitation, dans le but d'y loger les frères que vous avez chargés de la direction de trois de vos écoles communales, et d'y transférer l'une d'entre elles. Un aperçu de la dépense que nécessiteraient les travaux d'appropriation vous fut alors présenté, il s'élevait à la somme de 8,400 fr.; aujourd'hui l'administration, pressée de mettre les travaux en adjudication, vient vous demander une somme de 10,400 fr. portée au devis détaillé et définitif de son architecte.

D'abord, messieurs, dans votre délibération du 22 juin, vous n'aviez eu en vue d'autres travaux d'appropriation que ceux relatifs au logement des frères chargés des écoles communales, à l'établissement d'une école divisée en trois classes, enfin à la création d'une salle d'asile établie sur un plan vaste et convenable.

L'administration s'est demandé s'il ne serait pas possible et convenable à la fois de pratiquer dans le vaste bâtiment, dit de la Visitation, des logements pour les maîtres d'enseignement mutuel. Elle a chargé son architecte de lui présenter un devis à ce sujet ; et M. Serrurier, ayant reconnu que l'établissement de ces logements devait occasionner une dépense de 2,400 fr., cette somme est venue compléter celle de 10,400 fr. portée dans son devis général des travaux d'appropriation de cette maison.

Toutefois, il est bon d'observer que les logements

préparés dans la maison de la Visitation, ne peuvent convenir qu'à deux maîtres seulement, quoiqu'on ait eu en vue de les y loger tous les trois. En effet, chacun d'eux a une famille, et l'inspection des plans vous prouvera notre assertion.

L'administration vous propose encore, Messieurs, d'admettre au logement dans la maison de la Visitation avec les frères instituteurs communaux ceux qui dirigent, aux frais d'*une association charitable*, des écoles privées, soustraites à l'influence et au pouvoir municipal. Nous avons pensé qu'il conviendrait de ne pas accueillir cette demande ; d'abord parce qu'elle nécessiterait une dépense assez considérable ; en second lieu, parce que ce serait établir un mauvais précédent, de nous occuper du logement d'instituteurs, mis en dehors de toute autorité municipale.

Huit cellules sont disposées et entièrement appropriées dans la maison acquise par vous ; trois autres, presque disposées, ne demandent que quelques légers travaux pour communiquer entre elles. Nous pensons sans préjuger la question d'augmentation du nombre des frères, qu'il serait bon de profiter du temps des travaux entrepris dans la maison pour approprier ces cellules imparfaites.

Le conseil municipal approuva le devis proposé par l'architecte, à l'exception de l'établissement de 3 cellules au premier étage ; les huit qui subsistaient sous les combles, suffisant pour le logement des frères *rétribués par la ville*. Il accorda à l'administration un crédit de 10,400 fr. savoir : 1° 4,300 fr. pour l'établissement de la communauté des frères, au 1er étage, sans les 3 cellules, et l'établissement de trois classes ; 2° 3,700 fr. pour l'établissement de la salle d'asile avec logement de la maîtresse et des sous-maîtresses ; 3° et 2,400 fr. pour l'établissement de logements pour deux instituteurs d'écoles mutuelles.

Nous verrons plus tard que cette délibération fut loin de recevoir son entière exécution.

M. le directeur de la maison de Reims, à M. le maire de Reims.

17 septembre 1835.

M. le maire,

Notre désir de toujours agir d'après vos intentions, me procure l'honneur de venir aujourd'hui vous prier de vouloir bien m'indiquer le nombre des classes que nous devrons ouvrir le 1er octobre prochain, jour fixé pour la rentrée de nos écoles, afin que jusqu'à ce moment nous fassions nos dispositions pour recommencer notre année scholaire. Je vous prie, Monsieur, d'ajouter à vos bontés pour nous, celle de me désigner les écoles que nous devrons tenir en plus jusqu'à nouvel ordre.

Frère Fleury, directeur.

Aucune modification ne fut accordée.

Paris, le 28 octobre 1835.

M. le ministre de l'instruction publique à M. le maire de Reims.

M. le maire : J'ai reçu la lettre que vous m'avez écrite en réponse aux observations que je vous avais adressées concernant la détermination prise par le conseil municipal de Reims de ne loger dans les bâtiments de la Visitation que les sept frères des écoles chrétiennes rétribués par la ville.

Je regrette que le conseil municipal ait cru devoir persister dans sa décision. J'écris au surplus à M. le préfet de la Marne au sujet de cette affaire. Je désire qu'elle puisse avoir bientôt une solution conforme aux intérêts de l'enseignement.

Le ministre de l'Instruction publique, Guizot.

Le supérieur-général des frères venait à cette époque de changer le frère directeur de la maison de Reims. Le nouveau directeur, le frère Isidore, se mit immédiatement en rapport avec l'administration municipale; et non seulement il demanda avec instance que les frères, entretenus par *l'association charitable*, fussent logés avec les frères des écoles communales dans la maison de la Visitation ; mais il insista vivement et sans relâche pour que la maison de la Visitation fût laissée à la disposition exclusive des frères des écoles chrétiennes : sa persévérance surmonta tous les obstacles, et ces prétentions nouvelles furent accueillies, malgré l'opposition réfléchie d'une partie du conseil municipal : c'était détruire en quelque sorte l'œuvre de 1832 et de 1833, c'était rompre l'égalité entre les deux méthodes d'enseignement, c'était peut-être nuire aux succès et au développement de l'instruction élémentaire.

Le frère Isidore, directeur des frères des écoles chrétiennes en la maison de Reims,

A M. le maire, MM. les adjoints et les membres du conseil municipal de la ville de Reims.

Reims, le 7 novembre 1835.

Messieurs, étranger dans cette ville où je remplis depuis peu les fonctions de directeur des frères (1), je n'ai pas l'honneur d'être connu de vous, cependant,

(1) Le frère Fleury avoit quitté Reims au milieu d'octobre 1835.

comme je suis persuadé que les idées d'ordre, de sagesse et de justice président à vos délibérations, je prends la respectueuse liberté de vous soumettre quelques observations.

Vous m'écouterez, Messieurs, avec la bienveillance et l'intérêt que réclame la sublimité de l'œuvre à laquelle je dois concourir dans votre belle cité, et que je dois défendre contre les préventions qu'ont fait naître, peut-être, des procédés qui ont pu vous déplaire, et dont je sens plus que personne toute l'inconvenance.

Je ne vous dis pas ici, messieurs, quel est le nombre de frères qu'il serait à propos de maintenir : le conseil seul doit traiter cette affaire, puisque lui seul doit connaître à fond les besoins du peuple dont il est l'organe, que lui seul peut et doit y faire droit. Mais, Messieurs, vous ne trouverez point mauvais que je vous parle avec franchise, parce que la franchise est inhérente à mon caractère, et que, d'ailleurs, vous avez tous la conviction intime que je ne plaide point mes intérêts particuliers, mais bien ceux des nombreux enfants de la population indigente que vous nous avez chargés d'instruire.

A mon arrivée dans cette ville, j'ai dû tout d'abord prendre connaissance de l'état des choses relatives à l'établissement que je dirige.

Mon respectable prédécesseur m'a fait connaître une délibération portant que, à une époque déterminée par l'administration, nous devions abandonner la maison des Carmes, pour aller habiter le couvent de la Visitation.

Vous conviendrez, Messieurs, que nous ferons une grande perte, et je suis persuadé que vous ne négligerez rien pour rendre notre nouvelle habitation commode et agréable, pour les maîtres et pour les élèves.

Le supérieur-général de notre Institut, qui désire de tout son cœur qu'il y ait une parfaite intelligence entre nous et les dignes magistrats desquels nous dépendons, m'écrit, au sujet de la maison qui nous est offerte :

« D'après le plan qui nous a été présenté de la maison que la ville a projeté de vous donner, je ne vois pas comment il serait possible de vous y loger convenablement, à moins que tout le local ne soit mis à votre disposition. »

Je ne le vois pas non plus, Messieurs, et j'ai la douce confiance qu'écoutant les justes réclamations que j'ai l'honneur de vous adresser, vous vous ferez un devoir d'y faire droit.

Il est indispensable, Messieurs, comme je l'ai fait observer à M. le Maire, dans ma lettre du 22 octobre 1835, qu'on nous conserve l'entrée par la porte cochère.

Dans le temps des inondations, nous serions bien aises, Messieurs, de pouvoir préserver nos plus jeunes élèves des dangers que présente le grand ruisseau qui se trouve à la rue du Jard.

En outre, c'est par là que nous recevrons la plupart des provisions nécessaires à notre établissement, et qu'il serait très gênant de faire entrer par la petite porte.

Je sais, Messieurs, que votre projet est de placer dans ce passage deux pompes à incendie ; mais ce que je demande n'y met nulle opposition : nous serons fiers, mes collègues et moi, de veiller au dépôt d'une partie aussi intéressante des propriétés communales.

La petite maison que l'on destine au logement d'un

instituteur nous est d'une nécessité absolue : on ne
peut nous la refuser qu'en admettant, en principe,
que nous pouvons nous passer d'un réfectoire, d'un
bûcher et d'une office de cuisine.

Il est vrai, Messieurs, que, d'après le plan que
vous a présenté M. l'architecte, nous trouverions le
réfectoire dans le salon établi auprès de la porte d'entrée ; mais, dans quel appartement pourrions-nous
recevoir les personnes respectables qui nous honorent
de leurs visites ? Vous ne voudriez certainement pas
qu'on les plaçât dans un petit parloir qui ne peut contenir plus de trois personnes, et qui, d'ailleurs, doit
être uniquement consacré aux parents des écoliers.

Je ne parle point, Messieurs, du besoin où nous
sommes d'établir un magasin pour les effets classiques
destinés aux enfants. L'emplacement nécessaire à cet
effet se trouvera dans le haut de la susdite maison,
que je réclame ; et, en outre, nous aurons l'avantage
de posséder des latrines intérieures.

D'après nos usages, nous devons avoir une chapelle
propre à dire la messe. Il convient que cette chapelle
se trouve dans le bas ; par ce moyen nous pourrons,
au moins deux fois la semaine, faire entendre la messe
à nos élèves, sans sortir de la maison, et nous évi-
terons ainsi une grande perte de temps, qu'occasion-
nerait nécessairement le grand éloignement de l'église.

M. l'architecte pensait pouvoir la placer dans le haut;
mais il a dû s'apercevoir qu'il est presque impossible
d'élever le plancher qui est au-dessus, et, qu'en le
laissant à la hauteur où il se trouve, nous ne pourrions y établir un autel sans d'une part, tomber
dans une mesquinerie inconvenante, et, d'autre part,
offrir des chances à l'incendie.

Je demande donc, Messieurs, que vous trouverez bon qu'on établisse la chapelle dans l'appartement qu'on a disposé pour la grande classe, et alors les trois classes se trouveront placées comme suit :

La grande classe immédiatement après la chapelle, ensuite la seconde, et la petite se trouverait dans le local où vous vous proposiez de mettre une salle d'asile (cette petite classe sera organisée d'après le mode simultané mutuel).

Par cet arrangement, nous trouverons une cour destinée à réunir les enfants et à leur donner, à divers intervalles de la journée, les moments de récréation non moins indispensables à leurs progrès intellectuels qu'à leur développement physique.

Vous conviendrez aussi, Messieurs, que dans une maison, surtout s'il y a un jardin, on ne peut se passer de puits; eh bien, Messieurs, dans celle que vous nous offrez, nous n'en aurions pas qui fût approprié au besoin du jardin, des classes, si vous ne consentiez à nous céder tout le couvent, puisque le puits se trouve dans la cour que vous destinez à la salle d'asile.

Ne croyez pas, Messieurs, que ce que j'ai l'honneur de vous demander puisse vous entraîner dans de grandes dépenses. La maison est à peu près bien comme elle se trouve, il ne s'agit que de continuer, avec très peu de modifications les réparations qui sont commencées, et il serait même possible d'économiser sur les fonds affectés à ces travaux.

Vous me permettrez encore, Messieurs, de vous faire observer que je ne vois pas quel avantage pourrait offrir à la population une salle d'asile, établie dans le susdit couvent de la Visitation. Ce n'est pas là, et vous en conviendrez tous, que se trouvent précisément les enfants qui seront confiés à votre sollicitude toute paternelle, mais bien sur la paroisse St-Remi ; et je ne crains pas d'avancer que, comme l'ont reconnu un grand nombre de membres de votre conseil, vous feriez là des dépenses inutiles, car outre que les parents trouveraient ces jeunes enfants trop éloignés d'eux, ils craindraient encore qu'il ne leur arrivât quelque malheur, précisément à cause du ruisseau dont je vous ai déjà parlé.

Vous aimez le bien, Messieurs, aussi j'attends tout de votre zèle pour l'amélioration de l'instruction primaire.

Le peuple a les yeux sur vous, il s'est déjà convaincu que vous ne cherchez qu'à améliorer son sort en agrandissant la sphère de ses connaissances; mais la protection que vous accorderez à un établissement qu'il aime, parce qu'il est approprié à ses besoins, vous garantira sa reconnaissance.

Messieurs, depuis 24 ans que je suis dans l'instruction publique, je n'ai jamais rien demandé que je ne l'aie obtenu, parce que je n'ai jamais rien demandé que de juste et de raisonnable.

Je me plais donc à croire, que je ne serai point trompé dans mon attente, et que, s'il est définitivement arrêté que nous devions quitter la maison des Carmes, vous ne nous obligerez à ce sacrifice qu'autant que vous aurez convenablement disposé à notre usage tout le couvent de la Visitation.

Notre supérieur-général, dans sa lettre déjà citée, ajoute : nous pensons que M. le maire prendra en considération les justes observations que vous voudrez bien lui faire à ce sujet, et quand vous connaîtrez les dispositions de ce digne magistrat, ainsi que celles de son conseil, vous voudrez bien nous en donner connaissance, afin que nous jugions si leurs offres pourront être en harmonie avec les usages de la congrégation.

Je n'élève, Monsieur, le moindre doute à cet égard, et j'aurai, je l'espère, la douce consolation de lui apprendre que nous conservons la maison des Carmes, ou du moins que tout, dans celle de la Visitation, est disposé de la manière la plus satisfaisante.

Agréez, etc.   Frère Isidore.

Dans la séance du 26 novembre 1835, M. le maire exposa au conseil que par suite de ses précédentes délibérations, il n'avait été alloué au budget de 1835 et des années antérieures, qu'une somme de 4,200 fr. pour le traitement de sept frères, en admettant en principe qu'une école de frères serait établie dans chacun des arrondissements de la ville.

Le vote du conseil municipal avait reçu son exécution : l'école de la rue des Telliers (1er arrondissement), divisée en trois classes était dirigée par trois frères ; celle de Cérès (2e arrondissement), avait deux classes et deux frères, et celle des Carmes (3e arrondissement), avait deux classes et deux frères.

Les frères demandaient à avoir dans chaque arrondissement, trois divisions par école, pour les trois degrés de l'instruction donnée par eux.

Cette demande était fortement appuyée et vivement recommandée par un arrêté du comité communal d'instruction primaire ; elle l'était également par le comité supérieur d'instruction primaire de l'arrondissement.

On avait remarqué que les progrès des élèves dans l'école à trois divisions étaient plus manifestes et les résultats plus satisfaisants que dans celles dirigées seulement par deux maîtres, qui, obligés de diviser le temps de la classe, en avaient moins à donner à leur division spéciale. Ainsi, les populations des 2ᵉ et 3ᵉ arrondissements ne seraient pas sur le pied d'égalité avec celle du 1ᵉʳ arrondissement, si les écoles de ces deux arrondissements continuaient à n'avoir que deux classes.

Par ces motifs, l'administration proposa au conseil d'allouer au budget de 1836 une somme de 6,600 fr. pour le traitement de onze frères au lieu de 7; savoir : un directeur, un cuisinier et 3 frères pour chacune des 3 écoles.

Cette proposition, soumise à la commission chargée de l'examen préparatoire du budget, n'avait pas obtenu l'assentiment de la majorité qui pensait que le conseil devait s'en tenir à ses précédentes délibérations ; cependant l'administration municipale n'en persista pas moins dans sa proposition, qu'elle croyait dans l'esprit des résolutions adoptées jusqu'à ce jour et dont elle regardait l'adoption comme indispensable et devant avoir les meilleurs résultats. Lecture fut donnée au conseil des délibérations des deux comités d'instruction primaire.

Le rapporteur du budget développa les motifs produits par la minorité et par la majorité dans le sein de la commission.

La discussion s'ouvrit immédiatement et plusieurs propositions surgirent incidemment.

La première consistait à porter à quatorze, le nombre des frères rétribués par la ville afin qu'une 4ᵉ école pût être ouverte.

Après avoir insisté sur la nécessité des trois divisions

par école pour l'enseignement simultané, l'auteur de la proposition fit remarquer que le conseil avait décidé que l'école des frères du 1er arrondissement, jusqu'à présent ouverte dans la rue des Telliers, serait transférée dans l'ancienne maison de la Visitation ; qu'ainsi l'éloignement serait pour le plus grand nombre des enfants qui fréquentaient l'école de la rue des Telliers, un obstacle pour la suivre à la Visitation ; il était convaincu que le conseil n'avait jamais eu d'autre intention que celle de placer les deux systèmes d'enseignement sur le même pied d'égalité, et de laisser les parents entièrement libres d'opter pour l'une ou l'autre méthode. Un fait incontestable, c'est que la majorité de la population préférait l'enseignement donné par les frères, qu'ainsi il était du devoir de l'administration d'ouvrir un nombre suffisant d'écoles pour que ce besoin d'instruction, si généralement senti par le peuple, pût se satisfaire en lui laissant le choix des maîtres.

Un autre membre proposa de n'augmenter que de trois, le nombre des sept frères payés en 1835, par la caisse municipale. Comme le préopinant, il était frappé de l'immense distance qu'aurait à parcourir pour se rendre à la Visitation la moyenne partie des enfants du 1er arrondissement ; mais invoquant ses souvenirs, il rappelait que presque toujours les écoles des frères à Reims n'avaient eu que deux divisions, il croyait donc qu'en laissant subsister l'école de la rue des Telliers à deux classes seulement, et en mettant également deux divisions dans les trois autres écoles, le nombre de dix frères répondrait à tous les besoins.

Ces deux propositions furent successivement discutées. Quelques conseillers qui demandaient le maintien du *statu quo*, rappellaient les obstacles que l'enseignement mutuel avait dû vaincre pour s'impatroniser à

Reims, les dépenses que la caisse municipale avait effectuées pour son établissement, et les efforts qui avaient été faits pour détruire les préventions entretenues contre ce mode d'enseignement ; ils firent ressortir les succès qu'il avait déjà obtenus, et furent d'avis qu'augmenter aujourd'hui le nombre des frères et de leurs classes, c'était non-seulement détruire les délibérations du conseil, mais encore c'était prononcer la ruine de l'enseignement mutuel à Reims.

Le conseil, après en avoir délibéré, vu ses délibérations relatives à l'enseignement primaire ;

Vu la demande formée par le directeur des écoles chrétiennes, en date du 12 juillet 1835;

Vu les délibérations et avis des comités d'instruction primaire ;

Vu les rapports qui lui avaient été fournis par l'administration municipale sur l'état et les progrès de l'enseignement primaire dans les écoles gratuites de la ville;

Considérant que l'intention manifeste du conseil avait toujours été de placer les deux systèmes d'enseignement primaire sur le pied de la plus parfaite égalité, de mettre les parents à même de choisir pour leurs enfants la méthode qui leur convenait le mieux, et de faciliter dans l'un et l'autre système le développement des progrès et des améliorations dont le temps ferait reconnaître la nécessité ;

Considérant que des renseignements produits, il résultait que, pour donner à l'enseignement simultané le développement dont il était susceptible, et faire faire aux enfants instruits selon ce mode, les progrès qu'on pouvait en attendre, il était indispensable d'établir quatre classes dans chaque école, afin d'y donner séparément les trois degrés d'instruction ; qu'il en ré-

sultait encore qu'en 1835, les classes des frères, rétribuées par la caisse municipale, étaient insuffisantes
pour recevoir le nombre d'enfants que leurs parents
y envoyaient ;

Persistant dans sa volonté de favoriser également
l'un et l'autre mode d'enseignement, et d'entretenir entre
les maîtres et les élèves des deux systèmes, l'émulation
véritablement avantageuse aux progrès de tous, qui sub-
sistait déjà et qui avait porté ses fruits ;

Décida, sous l'approbation de l'autorité supérieure,

Que 1° les trois écoles des frères des écoles chrétiennes, établies aux frais de la ville dans les trois arrondissements, seraient partagées chacune en trois divisions sous la direction de pareil nombre de frères, à
partir du 1er janvier 1836.

2° La ville, indépendamment de ces 9 frères, rétribuerait également le frère directeur et le frère chargé
du matériel de la communauté, en tout onze frères.

3° A cet effet, il serait porté au budget de 1836 (dépenses ordinaires), chapitre de l'instruction publique,
une somme de six mille six cents francs pour être affectée au traitement de ces onze frères.

Cette délibération municipale détruisait sans doute
les bases établies par des délibérations antérieures,
notamment par celles de 1832 : mais elle ne rompait
pas l'équilibre entre les deux systèmes, comme le
craignaient plusieurs membres du conseil municipal :
l'enseignement simultané exige dans une école fréquentée par 180 enfants, la division en trois classes ; et
c'était un acte de justice que d'accorder trois classes
et trois frères à chaque école simultanée.

Ce n'est pas là ce que nous avons blâmé précédemment, à l'occasion des réclamations ou des exi-

geances du nouveau frère directeur : nous ne criti-
querons jamais les actes de l'autorité, lorsqu'ils auront pour but de faciliter les développements heureux
de l'instruction primaire ; mais nous n'hésiterons jamais
à exprimer nos regrets, lorsque nous verrons un système d'enseignement, encouragé et favorisé aux dépens
d'un autre système qui devrait être placé sous les mêmes lois.

Dans la séance du 26 novembre 1835, M. le maire
rappela au conseil que dans sa séance du 14 août
1835, il avait déterminé le chiffre des dépenses d'appropriation de l'ancien couvent de la Visitation, en
indiquant la destination à donner aux différentes parties
de cette maison : il lui fit remarquer que la délibération
qu'il venait de prendre, relativement au nombre de
frères à rétribuer par la ville, apporterait quelques
modifications dans les travaux à exécuter en ce qui
concernait le nombre de cellules à y établir ; et il
annonça que le frère directeur des écoles chrétiennes
lui avait adressé, à la date du 7 novembre, une lettre
dans laquelle il demandait, contrairement aux arrangements pris par l'administration en exécution des
délibérations du conseil :

1° Que la maison de la Visitation fût toute entière
mise à la disposition des frères, en réservant toutefois
un local suffisant près de la porte cochère, rue Neuve,
pour y recevoir un dépôt de pompes à incendie.

2° Qu'au lieu d'établir la chapelle au 1er étage, ainsi
qu'il avait été arrêté par le plan de l'architecte, et porté
au cahier des charges, elle fût installée dans la pièce en
bas, destinée à la grande classe.

L'administration n'était pas disposée à accueillir dans
tout son contenu la demande du frère directeur, cepen-

dant elle renfermait quelques observations qui paraissaient de nature à faire modifier des travaux déjà exécutés, et le cahier des charges en ce qui restait à terminer.

Lecture fut donnée au conseil de cette lettre, et M. le président après avoir fait connaître que les plans et devis de l'architecte pour le logement des frères, et l'établissement de leurs 3 classes avaient été dressés sur les indications du frère Fleury, précédent directeur de la communauté, déclara que l'administration était d'accord avec le directeur actuel sur les points suivants :

1° Que la petite maison, située à l'est du bâtiment principal, devait être réunie à la portion qui leur était cédée pour y établir des dépendances qui leur manquaient et qui leur étaient indispensables ;

2° Qu'il fallait encore leur abandonner une partie de la cour de la maison destinée à la salle d'asile, en y comprenant le petit corps de logis situé à l'extrémité de cette cour ;

3° Qu'il serait utile de donner aux frères et aux enfants fréquentant leurs classes la faculté d'entrer par la grande porte de la rue Neuve, toutes les fois que le bien du service ou les circonstances l'exigeraient ;

Et par ces motifs, si le conseil approuvait ces propositions, il y aurait nécessité d'augmenter le chiffre de 10,400 fr. fixé par la délibération du 14 août dernier, puisque dans ce cas, indépendamment des trois nouvelles cellules qui manquaient, il faudrait construire le mur de séparation dans la cour de la salle d'asile, détruire des cloisons qui existaient pour en élever d'autres 'dans la petite maison, à l'est, que le conseil avait d'abord affectée au logement d'un maître d'enseignement mutuel.

La discussion s'ouvrit immédiatement sur ces pro-

21

positions ; le plan des lieux fut déposé sur le bureau, et M. le Maire présenta en même temps l'aperçu sommaire des dépenses qui résulteraient de l'adoption des changements indiqués.

Plusieurs conseillers prirent successivement la parole , les uns pour appuyer la demande du frère directeur , les autres pour la rejeter entièrement ; d'autres, enfin , pour faire adopter les modifications résultant des conclusions de l'administration.

Le conseil décida :

1° Que les frères des écoles chrétiennes , au nombre de onze rétribués par la ville, seront seuls logés dans l'ancienne maison dite de la Visitation , et trois classes de jeunes garçons y seront tenues par eux.

2° A cet effet, sont affectés, le bâtiment principal dit de la Visitation, la petite maison située à l'est de ce bâtiment principal, une partie de la cour de la maison destinée à la salle d'asile, enfin le petit corps de logis à l'extrémité de cette cour.

3° Une clé de la porte cochère sur la rue Neuve sera remise au frère directeur pour en user quand il le croira convenable.

4° M. le maire est autorisé à faire exécuter sans retard, les travaux nécessités par ces dispositions nouvelles, sur les nouveaux plans et devis de l'architecte.

5° Il est sursis à statuer ultérieurement sur les plusfaits et sur les retenues pour cause des retards qui pourraient être apportés dans la confection des premiers travaux dont le terme de rigueur était fixé au 15 décembre 1835, conformément à la délibération du 14 août 1835.

6° Au budget de 1836, il sera alloué une somme de dix mille quatre cents francs pour les travaux d'appropriation de la maison dite de la Visitation.

Cette délibération, on le voit, modifia encore profondément et améliora la situation des frères des écoles chrétiennes à Reims.

Mais, ainsi que nous l'avons dit, on persévéra dans ces prétentions, et trois mois après, on insista pour obtenir davantage encore.

Dans la séance du 15 février 1836, M. le maire déposa sur le bureau du Conseil une lettre du frère Isidore, directeur des frères des écoles chrétiennes, en date du 8 février, demandant la disposition entière de toute la maison de la Visitation.

Le Conseil ordonna qu'il serait passé outre, jusqu'à ce que l'administration lui eût fourni tous les renseignements nécessaires pour l'éclairer.

M. De St-Marceaux fournit ces renseignements au conseil, dans la séance du 20 février, et il entra, avec le soin le plus intelligent, dans les plus minutieux détails.

De l'examen auquel il se livra devant le conseil, il résulta la preuve qu'en réservant le local désigné pour la salle d'asile et ses dépendances, la communauté des frères pouvait être encore très convenablement logée dans le reste des bâtiments de la Visitation.

Et en effet, elle avait *au rez-de-chaussée*, cuisine, office, réfectoire, bûcher, vestiaire, chambre de visiteur, parloir et salle de bains ; au premier étage, chambre du directeur, bibliothèque, entrepôt pour les effets classiques, lingerie, infirmerie, trois cellules, ce qui, avec les trois du premier, leur faisait onze cellules, au lieu de dix dont ils avaient seulement besoin.

« On doit reconnaître que si les frères obtenaient tout ce qu'ils demandent, la classe pour les petits enfants aurait plus d'étendue , que la chapelle serait infiniment mieux placée, qu'ils auraient treize cellules et la possibilité d'en avoir davantage, et qu'enfin leur établissement présenterait un ensemble plus complet , plus vaste , plus commode, et susceptible de plus de développements au besoin.

Mais pour arriver à ces résultats, nous nous trouverions entraînés dans une augmentation de dépense de plus de 3,000 fr.; nous nous trouverions privés d'un emplacement pour la création d'une salle d'asile, création réclamée impérieusement dans l'intérêt de la classe la plus malheureuse de notre population ; nous serions de plus obligés de rapporter de précédentes délibérations, prises après de longues et mûres réflexions.

Dans ces circonstances , messieurs , bien persuadé que nous avons fait tout ce qui était raisonnable pour satisfaire au vœu généralement exprimé de conserver dans cette ville l'institution des frères ;

Bien persuadé que toutes les mesures et dispositions, arrêtées jusqu'à ce jour, sont suffisantes pour accorder aux deux méthodes d'enseignement le même degré de faveur, de manière à ce que l'émulation se maintienne entre eux ;

Considérant l'indispensable besoin de réserver dans les bâtiments de la Visitation ce qui , dès l'époque de leur acquisition, a été destiné à l'établissement de la salle d'asile ;

Bien persuadé que toute la population appréciera les sacrifices que le conseil a déjà faits et est encore disposé à faire dans l'intérêt de l'instruction et de la morale publiques;

Bien persuadé , d'ailleurs , que les frères des écoles

chrétiennes , dont l'humilité et la simplicité doivent principalement caractériser la conduite et les actes , ne persévéreront point dans des exigences insuffisamment motivées , et ne contrarieront pas à un tel point nos intentions , nos désirs et nos besoins ;

Nous venons avec confiance vous proposer de maintenir votre dernière délibération du 28 novembre 1835, en ce qui concerne l'affectation à la communauté des frères de la plus considérable partie des bâtiments et dépendances de la Visitation , sauf à nous autoriser à faire exécuter dans cette partie tous les ouvrages et appropriations qui pourront être utiles et agréables à une communauté.

Cependant , Messieurs , dans la crainte d'avoir omis quelques circonstances qui seraient réellement importantes , ou de paraître avoir adopté dans cette affaire un système d'opposition qui n'est pas dans notre manière de penser, nous vous inviterons à nommer une commission spéciale, pour examiner si le travail que nous venons vous présenter est exact, et vous donner elle-même son avis sur la question à décider aujourd'hui. »

Ainsi que M. le maire le proposait , cette affaire fut renvoyée à une commission composée de MM. Hannequin , Ponsinet , Langlois, Bertherand et Delius.

Nous croyons qu'il n'est pas possible de tenir un langage à la fois plus ferme , plus élevé, plus conciliant que celui tenu par M. de St-Marceaux devant le conseil municipal.

Et cependant , nous ne pouvons nous empêcher de constater avec tristesse que les exigences des frères croissaient en même temps que les concessions du Conseil et les preuves de sa bienveillance. Ces exigences devenaient tellement impérieuses, qu'ils menaçaient encore de quitter la ville — quitter Reims!... les frères!... si on ne leur accordait pas la maison de la Visitation toute entière!.. Sérieux avertissement pour les magistrats qui, désormais, seront à la tête de l'administration municipale.

Lisez plutôt cette lettre du ministre de l'instruction publique, et remarquez-en la date :

M. le ministre de l'Instruction publique à M. le maire de Reims.

Paris, le 16 février 1836.

M. le maire, j'ai reçu, avec votre lettre du 9 janvier 1836, copie d'une nouvelle délibération du Conseil municipal de Reims relative aux écoles que les frères des écoles chrétiennes dirigent dans cette ville.

La détermination prise définitivement par le conseil municipal doit lever désormais toute difficulté et il paraîtrait impossible de concevoir qu'il fût question du départ des frères, alors que la commune s'impose en leur faveur les sacrifices que réclamait l'intérêt de l'enseignement. J'écris à ce sujet, suivant votre désir, au supérieur général de l'Institut. Je ne doute pas qu'il n'apprécie les efforts de l'autorité municipale ; et que la ville de Reims ne conserve, en conséquence, l'établissement qui a été si utile jusqu'ici aux enfants de la classe indigente. J'aurai soin dans tous les cas, de vous informer de ses dispositions.

Le ministre de l'Instruction publique, Guizot.

Le supérieur général des frères au directeur de la maison de Reims.

Paris, le 4 mars 1836.

Mon très cher frère directeur,

Je vous envoie ci-inclus copie de la lettre que j'ai écrite à M. le ministre de l'instruction publique, en réponse à la sienne du 16 février 1836, dont vous avez aussi copie. Vous verrez qu'elle ne change rien à toutes les instructions que vous avez précédemment reçues, et que je persiste à dire que vous avez besoin pour votre habitation, de tout le couvent de la Visitation.

Espérons que nos réclamations seront enfin écoutées et exaucées.

Le supérieur général, signé frère Anaclet.

Voici cette lettre du supérieur général :

M. le ministre,

J'ai reçu la lettre que votre très estimable prédécesseur me fit l'honneur de m'écrire, le 26 février 1836, relativement à la maison de la Visitation, destinée à servir prochainement d'habitation à notre communauté de Reims.

Lorsque M. le maire informa nos frères que le conseil municipal, ayant décidé leur sortie de la maison des Carmes, il leur offrait la Visitation, ils ne l'acceptaient que dans la ferme persuasion qu'elle serait remise en totalité à leur disposition. Si M. le maire les avait prévenus 1° qu'ils n'auraient que la partie qu'on leur offre aujourd'hui, 2° que l'autre serait convertie en salle d'asile, ils ne l'auraient certainement pas acceptée, parce qu'ils ne trouvent pas le moyen de s'y loger convenablement, et que le voisinage d'une salle d'asile

ordinairement très bruyante nuirait extrêmement à
l'ordre des classes, comme à la tranquillité des frères.
Sans entrer dans des détails longs et fastidieux, je
me bornerai à dire ici que, d'après la distribution
proposée par M. l'architecte de la ville, la plus grande
partie de la communauté devrait coucher dans des
mansardes brûlantes dans l'été et glaçantes dans l'hiver;
que la chapelle serait placée au premier qui n'a que
huit pieds d'élévation, et enfin qu'il n'y aurait qu'une
très petite cour pour réunir les enfants à l'entrée et
à la sortie des classes.

Toutes ces raisons et plusieurs autres que j'omets
pour ne point ennuyer votre excellence, ont été exposées
à M. le maire de Reims dans un mémoire que le
directeur de nos frères a eu l'honneur de lui adresser,
et pour l'examen duquel une commission a été nommée. Nous espérons de la sagesse des membres qui
la composent, qu'elle sera favorablement accueillie
et que nos frères continueront de jouir à Reims,
berceau de notre Institut, d'une habitation saine et
commode, comme il convient à des personnes con-
damnées à passer une grande partie de la journée
dans un appartement dont l'air est corrompu par la
présence d'une multitude d'enfants.....

Le supérieur général des frères des écoles chrétiennes,

Frère Anaclet.

Toutes ces lettres furent communiquées à la commission nommée par le conseil municipal, et dans
la séance du 16 mars 1836, cette commission fit son
rapport au conseil.

Le rapporteur rappela les discussions qui depuis
cinq ans avaient eu lieu dans le sein du conseil,

au sujet des frères des écoles chrétiennes, dont le nombre de ceux rétribués par la caisse municipale, réduit à sept en 1831, a été depuis porté à onze. Lorsque la ville avait voulu reprendre aux frères la maison des Carmes qu'ils occupaient encore, ils avaient opposé une résistance passive mais opiniâtre, ils n'avaient accepté ni l'indemnité qui leur était offerte, ni la maison de l'ancienne sous-préfecture.

Ce n'est qu'en 1835 que le frère Fleury, alors directeur, avait consenti à quitter la maison des Carmes, si on lui donnait en échange celle de la Visitation.

L'acquisition de cette maison était faite, pour servir non-seulement au logement des frères, mais encore à celui d'un instituteur d'école mutuelle et à l'établissement d'une salle d'asile.

Aussitôt l'acquisition faite, le frère directeur pensa à augmenter le nombre des frères qui avait alors été porté à onze; de là augmentation dans les dépenses d'appropriation et la suppression du logement d'un instituteur d'école mutuelle.

Le rapporteur se plaignit qu'avant l'acquisition, l'administration n'eût pas consulté les frères sur le logement qu'on leur avait destiné, ce qui eut sans doute applani bien des difficultés.

Dans les circonstances actuelles, pour ne pas mécontenter 1,200 familles, la majorité de la comission avait pensé qu'il fallait renoncer aux anciens projets, sauf à prendre des mesures pour n'être pas entraîné à trop de concessions : d'après les dispositions arrêtées, les frères devaient être privés d'une salle d'exercice qui leur était indispensable, et le local destiné à la chapelle n'ayant que huit pieds

de haut n'était pas convenable. M. le maire, lui-
même, dans son exposé, avait reconnu qu'elle devait être beaucoup mieux placée au rez-de-chaussée.
La minorité de la commission pensait qu'il y avait
toujours inconvénient à revenir sur les délibérations
prises par le conseil et qu'on ne devait le faire que
lorsque l'urgence en était démontrée, ce qui n'avait
pas lieu dans l'affaire dont on s'occupait ; que l'établissement d'une salle d'asile dans la maison de la
Visitation, avait été une des considérations qui avait
déterminé l'acquisition de cette maison.

La majorité pensait que le local destiné à la salle
d'asile n'était pas convenable, qu'il était humide,
malsain, et d'un abord trop difficile. Par ces motifs, elle concluait à ce que la totalité de la maison
fût abandonnée aux frères, mais sous la condition
que les onze frères, rétribués par la caisse municipale, seraient seuls admis à y résider.

La discussion ouverte, un membre demanda la
suppression, comme inutile, de la deuxième partie
des conclusions de la commission : il fonda son opinion sur ce que la maison, destinée au logement
des frères, étant une propriété communale, elle ne
devait servir qu'aux seuls frères rétribués par la
caisse municipale, et que M. le maire avait le droit
d'empêcher qu'elle ne fût habitée par d'autres.

Cette opinion fut combattue par d'autres membres.

Et le conseil, vu ses précédentes délibérations et
notamment celle du 26 novembre 1835, qui fixait
à onze le nombre des frères rétribués par la ville ;

Vu les nouveaux plans dressés d'après les projets
des frères ;

Considérant que la maison de la Visitation n'était

pas trop vaste pour la communauté à laquelle elle était destinée; qu'elle devait être convenablement appropriée aux besoins et aux usages des frères des écoles chrétiennes ; qu'ainsi il était nécessaire d'apporter des modifications à ce qui avait été arrêté relativement à cette maison ;

Décida que la totalité de la maison de la Visitation serait abandonnée aux frères des écoles chrétiennes, sous la réserve néanmoins que les onze frères rétribués, par la caisse municipale, auraient seuls le droit de l'habiter, et qu'une remise pour deux pompes à incendie serait conservée dans le passage conduisant à la rue Neuve ;

Décida aussi que M. le maire était autorisé à faire les dépenses nécessaires pour l'appropriation de la maison conformément aux plans présentés et qui étaient approuvés par le conseil ; ces dépenses, dont le chiffre ne pourrait pas dépasser quatre mille francs, seraient faites en supplément de travaux à l'adjudication du 17 septembre 1835, et pris sur les excédants de recettes et les économies de dépenses du budget courant, sauf l'approbation de ce crédit supplémentaire, par l'autorité supérieure.

Par cette délibération, le conseil municipal faisait de larges concessions aux frères des écoles chrétiennes ; pourtant, il refusait encore d'admettre dans les bâtiments de la Visitation appartenant à la ville, d'autres frères que les instituteurs employés à l'instruction primaire dans les écoles communales.

Mais le frère directeur de la maison de Reims espérait bien sur ce point, comme sur les autres, briser la résistance de l'administration.

Le frère directeur de la maison de Reims, à M. le maire de la ville.

Le 18 août 1836.

M. le maire, j'ai reçu votre honorable lettre du 23 juillet 1836, et, selon vos intentions, j'ai acheté les livres qui doivent être donnés en prix aux élèves fréquentant nos classes rétribuées par la ville.

J'ai la douce confiance, M. le maire, que nous aurons cette année, comme nous l'eûmes l'année dernière, l'avantage de vous voir présider notre distribution : votre présence sera un vrai encouragement pour les maîtres et pour les élèves. Je vous prie donc, M. le maire, de me faire connaître votre jour et votre heure.

Je vous prie aussi d'avoir la bonté de me désigner les neuf classes que la ville reconnaît, et qui doivent se trouver réunies pour ladite distribution.

Agréez, etc.   Frère Isidore.

Pourquoi faire cette question à M. le Maire de Reims?... Est-ce de la droiture, de la sincérité?....

La translation de la communauté des frères dans les bâtiments de la Visitation n'était pas encore opérée au mois de novembre 1836. — On s'en occupait activement, et le conseil municipal, le 16 novembre 1836, approuvait généreusement un troisième devis de travaux restant à faire, montant à 2,279 fr., allouait un crédit de 3,761 fr. pour les dépenses de la translation générale; payait aux frères une somme de 816 fr., à titre d'indemnité, pour différents objets qu'ils avaient payés de leurs deniers et qui ne pouvaient être utilement enlevés.

Sans doute le Conseil voulait terminer cette grande

affaire de la translation des frères des écoles chrétiennes dans la maison de la Visitation : mais était-il possible d'agir d'une façon plus généreuse et plus libérale que ne le fit le conseil municipal en 1836 ?

Quelques jours après, au moment de la discussion du budget pour 1837, le conseil municipal ne voulut pas augmenter le nombre des frères des écoles chrétiennes rétribués par la ville : cependant il augmenta l'allocation qui leur était attribuée, et chacun des onze frères reçut 700 fr. au lieu de 600, en qualité d'instituteur communal.

Ainsi que nous l'avons dit déjà, on voulait arriver à briser la résistance des magistrats de la ville ; on mit tout en œuvre pour faire admettre les frères rétribués par la caisse de l'*association charitable*, dans la maison de la Visitation.

Les dénonciations n'étaient pas épargnées ; et pendant l'année 1837, on s'attacha par d'odieuses calomnies à dénaturer aux yeux du gouvernement la conduite des administrateurs de notre cité.

Les dénonciations et les calomnies n'eurent pas plus de succès ; et si le Conseil céda enfin en 1837, ce ne fut point par faiblesse ; ce fut parce qu'il crut reconnaître dans l'adoption de mesures nouvelles les moyens de donner à l'instruction élémentaire de sages développements réclamés par l'intérêt des enfants et par la dignité de la ville.

Châlons, le 11 septembre 1837.

M. le préfet de la Marne, à M. le sous-préfet de Reims.

Par ma lettre du 11 février 1837, je vous ai invité, au nom de M. le ministre de l'instruction publique, à faire de nouveaux efforts auprès du Conseil municipal de Reims pour obtenir que les frères des écoles chrétiennes de cette ville puissent rentrer dans tous les avantages dont ils jouissaient et qui leur ont été retirés.

M. le ministre m'adressant une nouvelle demande dans la vue d'arriver à ce résultat, je vous invite avec instance à transmettre les pièces ci-jointes au Conseil municipal et à me faire connaître les suites de cette affaire. »

Ces pièces transmises par M. le ministre à M. le préfet et à M. le sous-préfet, et par ce dernier à M. le maire de Reims, ont été désignées en 1837 par la dénonciation sévère de *Libelle*; l'auteur en était M. Maillefer-Corribert : nous ne donnerons pas le texte de ce libelle, principalement par égard pour M. Maillefer, qui a laissé à Reims les plus honorables souvenirs ; mais l'ardeur de son zèle emportait quelquefois M. Maillefer au de-là des bornes de la modération ; il se laissait aller trop facilement à toutes les exagérations d'un tempérament excessif; il oubliait enfin que le calme dans les discussions et la réserve dans la conduite sont les arguments les plus puissants pour assurer un succès légitime aux causes les plus justes.

Nous nous bornons à indiquer la séance du Conseil municipal dans laquelle il fut question du regrettable écrit de M. Maillefer.

Dans la séance du 2 octobre 1837, M. Demaison, conseiller faisant fonctions de maire, donna lecture au Conseil d'une lettre de M. le sous-préfet, en date du 14 septembre 1837, et par laquelle ce magistrat l'invitait à communiquer au Conseil deux documents :

1° Lettre signée de Maillefer-Corribert, rue Saint-Guillaume, n° 27, à Paris, adressée à M. le ministre de l'Instruction publique, le 6 août 1837, et par laquelle le signataire, prétendant agir au nom de ses concitoyens et du comité d'*association charitable* existant à Reims, réclamait de M. le ministre l'emploi des moyens qu'il jugerait les plus propres pour faire replacer, aux frais de la caisse municipale, et à dater de janvier 1838, toutes les écoles chrétiennes de la ville, et tous les frères y enseignant ;

2° Copie certifiée par la même signature de Maillefer-Corribert, d'un prétendu rapport de M. Pourpe, qualifié d'inspecteur de l'Université, à la résidence de Châlons-sur-Marne, en date du mois de mai 1837.

Il donna aussi lecture de ces deux pièces, et ensuite d'une lettre, en date du 18 septembre 1837, adressée à M. le maire par MM. Lespagnol de Bezannes, Bara, curé de Notre-Dame ; Gaide, curé de St-Remi ; Lecomte, curé de St-Jacques ; Assy-Villain, Aug. Givelet, Maillefer-Coquebert, Coilot, Goulet-Guérin, Lacatte-Joltrois et Balardelle-Bara, tous membres composant le comité dit d'*association charitable* des écoles chrétiennes à Reims.

Cette dernière lettre était ainsi conçue :

M. le Maire, — c'est avec une peine vivement sentie que nous avons appris, par une officieuse communication, la demande qu'un membre du comité avait adressée à M. le ministre de l'Instruction publique, pour réclamer son appui en faveur des frères des écoles chrétiennes que, jusqu'à présent, vous avez jugé à propos de ne pas comprendre dans le nombre des instituteurs rétribués par la caisse municipale.

Tout en n'approuvant pas la démarche faite par

notre collègue, dans un but louable sans doute, nous devons cependant nous hâter de le dire, l'éloignement dans lequel il se trouve des lieux où se sont passés les faits par lui relatés, peut en quelque sorte excuser les erreurs que contient sa lettre.

Nous aimons à le déclarer, monsieur, notre collègue se fut abstenu d'une semblable démarche si, comme nous, il eut été témoin de toute la bienveillance que vous accordez à la précieuse institution des frères ; aussi, avons-nous à regretter qu'il n'ait pas eu la pensée, dans son zèle pour le bien de notre cité, de communiquer son projet au comité ; nous nous fussions empressés de lui signaler tout ce que vous avez fait pour la conservation des frères.

Il eut appris de nous que si vous aviez cru devoir disposer de l'ancien local des Carmes pour une autre destination, la communauté des frères était placée par vos soins dans un nouveau local, convenablement approprié, que depuis vous avez reconnu la nécessité d'augmenter le nombre de ces instituteurs, à la charge de la ville ; et qu'enfin c'était à votre libéralité qu'ils devaient un traitement plus élevé ; nous lui eussions dit encore nos espérances fondées, que vous êtes toujours disposés à compléter votre œuvre.

Nous voyons avec la plus vive satisfaction arriver le terme de nos pénibles dissidences. Le moment est venu sans doute de lever tous les obstacles au développement de l'instruction primaire : nous nous en réjouissons.

Permettez nous donc, Monsieur, de profiter de cette occasion, toute fâcheuse qu'elle est, pour recommander à votre sollicitude les frères des écoles chrétiennes ; nous vous prions encore d'agréer l'ex-

pression de notre reconnaissance pour l'intérêt bien
apprécié que vous leur avez témoigné dans ces derniers
temps, et que vous ne refuserez pas de leur continuer.
Nous avons l'honneur, etc. Suivaient les signatures.

Le conseil, après avoir pris communication des
documents présentés par M. le président ;

Considérant que le libelle signé de Maillefer-Corribert, adressé en forme de lettre à M. le ministre
de l'instruction publique. et la copie y jointe d'un prétendu rapport de M. l'inspecteur Pourpe, contiennent
un grand nombre de faits inexacts, mensongers et at-
tentatoires à l'honneur, 1° du conseil, 2° de M. de
Saint-Marceaux, maire, 3° de l'administration du bureau de bienfaisance ;

Considérant que les inculpations calomnieuses, dirigées contre diverses autorités, sont suffisamment
réfutées par leurs actes, auxquels rendent spontanément
hommage les citoyens mêmes au nom de qui l'auteur
du libelle prétend faussement avoir agi ;

A l'unanimité, déclara passer à l'ordre du jour, et
décida qu'ampliation de la présente délibération serait
adressée, par l'intermédiaire de M. le sous-préfet,
à M. le ministre de l'Instruction publique.

Le conseil municipal en prenant une détermination
vigoureuse pour repousser les attaques dont l'administration avait été l'objet, obéissait non pas à des considérations de parti ou à des influences exclusives; il
se préoccupait surtout de l'intérêt de sa dignité et du
soin de rétablir avec éclat la vérité toute entière.

Ce qui prouve le bon esprit dont les membres du
conseil étaient animés en 1837, pour le développement
de l'instruction primaire à Reims et en particulier pour

22

l'enseignement des frères des écoles chrétiennes, c'est que deux mois après, dans la séance du 20 novembre 1837, le conseil en discutant le budget de 1838, portait de onze à quinze le nombre des frères des écoles chrétiennes.

De la sorte, il mettait un terme à toutes les dissensions si graves et si regrettables qui, pendant plusieurs années, avaient divisé la ville de Reims : nous nous abstenons de porter un jugement sur les décisions du conseil municipal et sur les actes de l'*association charitable*; nous avons suffisamment exprimé notre pensée en racontant les faits; le calme est désormais rétabli dans le sein des écoles primaires et gratuites; elles redeviennent toutes, les écoles municipales. Espérons qu'à l'avenir la bonne harmonie ne sera jamais troublée, et que toutes les écoles, dirigées par les frères des écoles chrétiennes. n'auront d'autre chef et d'autre guide que le magistrat placé à la tête de l'administration municipale, par le libre suffrage de ses concitoyens, sanctionné par le gouvernement du Roi.

Ainsi que nous l'avons dit, en effet, le conseil, en discutant le budget de 1838, dans la séance du 20 novembre 1837, consentit à rétribuer quinze frères des écoles chrétiennes sur les fonds de la caisse municipale. Cet article du budget était ainsi conçu :

Jusqu'en 1832 inclusivement, les frères des écoles chrétiennes étaient entretenus au nombre de quinze par la caisse municipale.

La création de trois écoles d'enseignement mutuel avait déterminé le conseil à n'en plus rétribuer que sept pour le service d'une école de deux classes par arrondissement. Ce nouvel état de choses a duré pendant les années 1833, 1834 et 1835.

En délibérant le budget de 1836, le conseil a décidé que chacune des trois écoles aurait trois classes au lieu de deux, et qu'en conséquence il serait dorénavant accordé un traitement à onze frères.

Cependant une *association charitable*, formée volontairement dans la ville, a subvenu et subvient encore au traitement de quatre frères et à l'entretien de deux écoles, indépendantes des écoles communales, de sorte qu'il existe encore à Reims quinze frères se livrant à l'instruction gratuite des jeunes garçons.

Le conseil, considérant que les écoles primaires tant communales que particulières, dirigées par ces instituteurs religieux, reçoivent plus de 1200 enfants, d'où suit que les locaux des trois écoles communales sont évidemment insuffisants pour cette population ;

Considérant qu'il n'est pas convenable qu'en présence d'écoles gratuites communales, il en subsiste d'autres soutenues par une classe de citoyens ; qu'il importe au contraire au bien de l'instruction qu'il y ait unité dans la direction et dans la surveillance de toutes les écoles confiées aux membres de la même communauté enseignante ;

Décida qu'à partir du 1er janvier 1838, les quinze frères des écoles chrétiennes, employés à l'instruction gratuite des enfants de la ville, seront rétribués sur les deniers communaux, et qu'il sera alloué à chacun d'eux le traitement de 700 francs, fixé au budget de 1837 :

Mais il déclara n'entendre nullement déroger au principe par lui précédemment adopté, de n'entretenir dans chaque arrondissement qu'une école de chaque système d'enseignement. En conséquence, les quatre nouveaux frères, admis au traitement sur la caisse mu-

nicipale, ne tiendront que des annexes ou succursales,
et n'y pourront recevoir que des enfants des deux divisions les plus élémentaires.

Nous ne voulons pas critiquer ces considérants du
budget de 1838 : nous croyons qu'il était plus facile
d'y mettre plus de franchise et de dignité. Quoiqu'il
en soit, l'*association charitable* ferma par conséquent
ses deux écoles, au mois de janvier 1838. L'une de
ces écoles, située rue de Châtivesle, occupait, nous
l'avons dit, un local généreusement offert par un
de nos concitoyens : en cette occasion, M. Maille
voulut persévérer dans ses louables intentions, et,
le 18 novembre 1837, il écrivait à M. le maire de
Reims la lettre suivante :

    M. le maire,

Le conseil municipal ayant, dans sa séance d'hier,
voté l'entretien des quinze frères chargés de la direction
des écoles chrétiennes, je viens vous offrir le local
occupé par trois classes des frères faisant partie de ma
maison, rue de Chativesle.

Quoique mon intention ne soit pas, plus aujourd'hui
qu'il y a quatre ans, de limiter la durée de la présente
cession, tant qu'elle pourra être utile à l'instruction
des enfants pauvres, cependant ne voulant pas m'imposer une servitude éternelle, j'entends conserver le
droit de rentrer quand je le voudrai, dans la jouissance de ma propriété ; seulement, je prends en ce
cas l'engagement d'avertir la ville au moins un an
à l'avance. Veuillez, M. le maire, me dire, en
réponse, si vous agréez l'offre que je vous fais....

            Maille Leblanc.

M. le maire accepta, et transmit à M. Maille les
remercîments de l'administration.

Quelque temps après, l'association charitable publia
le compte-rendu de ce qu'elle avait fait pour le maintien de son œuvre : nous croyons utile d'en reproduire les principaux passages :

Compte - rendu à Messieurs les souscripteurs en
faveur de l'œuvre du maintien des écoles chrétiennes
dans la ville de Reims, berceau de cet Institut. —
Exercices 1836 et 1837.

Messieurs,

Dans le compte rendu de l'emploi des fonds que
votre générosité avait mis à sa disposition, pour le
maintien des frères des écoles chrétiennes, non rétribués par la ville, pendant les années 1834 et
1835, le comité de l'*association charitable* vous avait
fait pressentir les espérances dès lors conçues par
lui, que le conseil municipal ne tarderait pas à se
charger seul de l'entretien des quinze frères existant
à Reims.

Ces espérances sont pleinement réalisées, et tout
en maintenant l'utile concurrence d'une institution
rivale, le conseil municipal vient de voter, au budget de 1838, l'allocation de la somme nécessaire
pour maintenir dans notre ville le nombre précité de
ces pieux instituteurs.

Grâces lui en soient rendues ! ce vote est un nouveau bienfait qui assure, en faveur de la population de cette intéressante cité, un large développement à l'instruction primaire, et qui, donnant aux
parents toute latitude, toute liberté dans le choix
du mode d'instruction qu'ils veulent adopter pour
leurs enfants, ne laisse plus d'excuse à ceux qui refuseraient de profiter de l'un ou de l'autre.

Grâces, encore une fois, soient rendues au conseil municipal par toutes les classes de la population !

Les membres du comité que vous avez investis de votre confiance, sont les premiers à partager et à exprimer publiquement leurs sentiments de reconnaissance de cette mesure qu'ils regardent comme un véritable et double bienfait.

Bienfait par rapport à la population ; bienfait par rapport à eux-mêmes. En effet, et au moment où son existence n'ayant plus de but, il va se dissoudre, votre comité se doit à lui-même de proclamer qu'il n'a jamais eu, en se formant, d'autre but que de maintenir en faveur de la population rémoise, dont l'opinion s'était prononcée, les avantages reconnus inhérents au système d'éducation des frères.

Votre comité se doit à lui-même de proclamer qu'il n'a jamais prétendu blesser ou inquiéter, par sa présence, aucune des institutions légales, appelées à soigner les intérêts de cette importante cité.

Il n'a fait qu'user du droit que la loi lui accordait, en se réunissant, pour, au moyen de dons volontaires, assurer le maintien d'un mode d'instruction élémentaire établi et goûté depuis tant d'années dans cette ville.

Vos sacrifices pécuniaires lui en ont fourni les moyens : il vient aujourd'hui vous rendre compte de l'emploi de ces moyens, pendant les années 1836 et 1837.

Le mobilier des écoles supprimées en 1832, et que l'association charitable avait racheté à la ville, lui est rendu pour être employé à la continuation de l'œuvre dont le maintien est le fruit de vos oblations spontanées.

Votre comité a pensé qu'il ne pouvait pas lui donner une autre destination, et il s'est fait un devoir de laisser à la ville tout ce qui se rattacha à son œuvre, pouvait alléger la charge qu'elle s'est imposée, en votant au budget de 1838 la somme nécessaire pour la rétribution des quinze frères.

Recevez donc, Messieurs, les sincères remercîments des membres de votre comité, pour la confiance dont vous les avez honorés, et daignez accueillir avec intérêt ce dernier acte de sa gestion.

Reims, 19 décembre 1837.

Compte de l'exercice 1836. — Recettes.

Chap. 1er. Reliquat de 1835............   143 22
—— 2. Souscriptions, en 1836, par
           997 souscripteurs.......6,736 25

                                     ——————
           Total des recettes....6,879 47

Dépenses.

Chap. 1. Frais d'impression, 1834 et 1835.. 161 40
—— 2. Traitement de 4 frères 2,400 00 ⎫
— —   Couvertures de laine. 337 50 ⎬ 2,737 50
—— 3. Distribution de prix   ⎫
         aux élèves........   200 00   ⎪
         Frais............   25 00   ⎪
         Fournitures diverses,   ⎬ 323 00
         Savoir :   ⎪
           1° St-Jacques....   51 00   ⎪
           2° St-Remi......   47 00   ⎭
—— 4. Loyer des locaux.
         § 1. St-Jacques, gratis.
         § 2. St-Remi.........   350 00
                                        ——————
                         à reporter... 3,571 90

Report.... 3371 90

Chap. : Entretien des vœux et du mobilier

§ 1. St-Jacques. . . . 912 45
§ 2. St-Remi. 925 00   515 45

Total des dépenses.... 3,887 35

Résultat.

Les recettes sont de. 4,879 47
Les dépenses de. 3,887 35

Reste disponible... 2,992 12

Compte de l'exercice 1857. — Recettes.

Chap. 1er Reliquat du compte de 1856... 2,992 12
—— 2. Souscriptions en 1857.

Nota. Il n'a point été fait d'appel public .
plusieurs personnes ont versé une somme de   558 13

Total de la recette...

Dépenses.

Chap. 1. Traitement des frères........ 2,400 00
—— 2. Distribution de prix et
  frais............. 242 25   337 25
  Fournitures. 95 00
—— 3. Loyer de locaux.
  § 1. St-Jacques . gratis.
  § 2. St-Remi............. 330 00
—— 4. Entretien et chauffage........ 458 00
Chapitre des reprises pour mémoire.... 0 00

Total.... 3,525 25

Résultat.

Les recettes sont de.............. 3,530 25

Les dépenses de................ 3,525 25

Reste qui a été remis au frère directeur,   5 »

Certifié véritable par le trésorier soussigné,
Reims, 19 décembre 1837.   Signé, Balardelle-Bara.

Apurement du compte de 1837.

La vérification de ce compte a été faite par les soussignés, sur la représentation des pièces justificatives, et il a été accordé quittance finale au rendant compte, les fonds étant absorbés, ainsi qu'il résulte dudit compte, reconnu exact et parfaitement juste.

Signé au registre : Assy-Villain ; Bara, curé de Notre-Dame ; Coilot ; Hériot de Vroil ; Gaide, curé de St-Remi ; Auguste Givelet ; Goulet-Guérin ; Lacatte-Joltrois ; Lecomte, curé de St-Jacques ; Lespagnol de Bezannes ; Maillefer-Coquebert ; vicomte Ruinart de Brimont ; Thierion-Rogier.

L'*association charitable* pour le maintien des frères des écoles chrétiennes fut immédiatement dissoute : elle n'avait plus d'objet.

Les frères des écoles chrétiennes se félicitèrent hautement de voir enfin terminée une lutte qui fut trop vive et qui se prolongea trop longtemps : le directeur de la maison de Reims ne négligeait aucune occasion d'adresser ses remerciments à l'administration municipale : la lettre suivante en est la preuve.

M. le maire,

Je sais, de plus en plus, apprécier le bonheur que j'ai de n'avoir désormais à ne communiquer qu'avec une seule et même administration.

Depuis longtemps, M. le maire, je soupirais après
ce grand avantage, bien convaincu que, dès que
nous serions assez heureux pour être, nous et nos
élèves, sous l'égide d'un conseil municipal aussi
sage, aussi éclairé et aussi généreux qu'est celui de
cette ville, tous nos enfants sans distinction jouiraient
des prérogatives accordées par votre bienfaisance à
la majorité de leurs condisciples.

Rémois comme eux et sous la protection des mêmes
magistrats, ils ont droit aux mêmes faveurs.

C'est donc dans cette persuasion, M. le maire,
que j'ai l'honneur de vous faire la demande de six
stères de bois pour les enfants qui fréquentent l'annexe, rue Chativesle, etc.

J'ai l'honneur, etc.,

Reims, le 17 janvier 1838.   Frère Isidore.

Nous allons entrer dans la dernière période de l'histoire des frères des écoles chrétiennes à Reims.
Nous n'aurons plus à arrêter notre pensée sur des
luttes ou des empiétements : les frères se pénètrent
de plus en plus de l'importance des graves devoirs
qu'ils ont à remplir : nous n'hésitons pas à le dire,
ils sont à Reims dans une voie remarquable de progrès, à tous les points de vue.

6ᵉ PÉRIODE.

Depuis la fin de la lutte en 1838 jusqu'au mois de janvier 1848.

—

Avant de passer successivement en revue les cinq écoles dirigées par les frères des écoles chrétiennes qui existent actuellement à Reims , nous croyons utile, en suivant la marche que nous avons adoptée jusqu'alors, d'indiquer ou d'analyser les principales délibérations du conseil municipal et les actes importants de l'autorité, ayant trait aux écoles des frères.

Nous ferons ensuite le tableau de la situation des écoles des frères en 1848; et nous terminerons ce que nous avons à dire sur cette dernière période qui comprendra un espace de dix années, par quelques renseignements généraux de statistique sur les enfants et sur les instituteurs.

Nous avons déjà eu occasion d'indiquer différentes opinions qui furent successivement émises par le conseil municipal sur la gratuité absolue de l'enseignement primaire. — Cette question , qui soulevera longtemps encore de vives controverses, fut de nouveau agitée en 1838; elle fut largement et sérieusement discutée, approfondie; et le conseil, restant fidèle aux idées fécondes de progrès , d'émancipation intellectuelle et de liberté complète en matière d'enseignement , proclama une fois de plus le principe de la gratuité absolue de l'enseignement primaire dans toutes les écoles communales de notre ville.

Dans la séance du 5 septembre 1838, un membre du conseil fit la proposition suivante :

1° A partir du 1ᵉʳ janvier 1839, la gratuité absolue sera abolie dans les écoles primaires communales de l'un et de l'autre sexe, pour être réservée seulement aux enfants des parents, déclarés par le conseil municipal hors d'état d'acquitter la rétribution mensuelle.

2° A partir de la même époque, le produit de la rétribution mensuelle, recouvré par les percepteurs, sera versé dans la caisse municipale au profit de la commune, en compensation des sacrifices qu'elle s'impose, conformément à la délibération du conseil royal de l'instruction publique, approuvée par le ministre, en date du 17 juin 1836, et à l'art. 10 de l'ordonnance royale du 23 du même mois portant réglement des écoles des filles.

Le conseil ajourna le développement de cette proposition à une autre séance.

Cette proposition ayant été développée par son auteur dans la séance du 26 septembre 1838, après une longue discussion, le conseil déclara la prendre en considération : elle fut renvoyée à l'examen d'une commission, composée de MM. Hannequin, Dérodé, Houzeau, Lecointre et Plumet-Folliart.

Dans la séance du 5 novembre 1838, M. le rapporteur de la commission chargée d'examiner la proposition faite par un des membres du conseil dans le but de faire supprimer la gratuité absolue de l'instruction dans les écoles primaires de Reims. donna lecture du rapport suivant :

Messieurs,

La commission à laquelle vous avez renvoyé l'examen de la proposition de l'un de nos honorables collègues, tendant à la suppression de la gratuité absolue dans les écoles primaires communales de cette ville, nous a chargés de vous faire connaître l'avis de la majorité. Vous vous rappelez que, devant vous, lors de la discussion qui s'établit sur la prise en considération de cette proposition, on s'appuyait de part et d'autre sur des faits contradictoires ; votre commission, ce fut son premier devoir, chercha à s'entourer de tous les renseignements, propres à vous fixer dans cette grave question.

Au nombre des documents qui lui ont été fournis, se trouve une circulaire du supérieur général des frères des écoles chrétiennes, en date du 11 novembre 1833, qui fait connaître que la gratuité absolue est l'un des points les plus importants des règles de l'Institut des frères, et qu'il ne peut souffrir ni concession, ni tempérament.

Notre collègue, auteur de la proposition, après avoir pris connaissance des pièces produites, a déclaré devant nous que, sans vouloir examiner ni discuter l'autorité de la circulaire précitée, dont jusque-là il avait ignoré l'existence, encore bien qu'il restât convaincu de l'excellence de la mesure dont il avait soumis l'adoption au conseil, il apercevait que son exécution soulèverait des difficultés, amènerait des embarras qu'il voulait éviter, et devant lesquels il croyait devoir se ranger à l'avis de la majorité qui votait pour le rejet.

Il semble qu'après cette déclaration, et pour ménager vos instants, votre commission pouvait se borner

à vous la rapporter, elle en a pensé autrement ; elle
a cru de son devoir de répondre aux arguments présentés avec tant de talent, tant de convenance et de
conviction par l'auteur de la proposition ; elle a pensé
que cette question, qui avait déjà été incidemment agitée
devant vous, dont les journaux s'étaient emparés, et
qu'ils avaient, en quelque sorte, soumise à l'opinion
publique, devait être ici l'objet d'un débat solennel
et définitif.

Il faut qu'il soit démontré pour tous que la gratuité absolue de l'enseignement primaire communal
est assurée à toujours, qu'encore bien que les hommes
changent et se succèdent dans le conseil municipal, ses
principes sont arrêtés et invariables sur ce point.

Je réclame quelques instants d'attention, je serai
aussi court que possible.

Notre honorable collègue a développé et soutenu
devant vous les quatre propositions suivantes :

La gratuité absolue est en opposition :

1° Avec la morale publique,

2° Avec la droiture et l'équité,

3° Avec les progrès et la prospérité de l'instruction publique,

4° Avec tout bon système d'administration.

Nous suivrons notre collègue dans les quatre divisions qu'il a adoptées, nous vous reproduirons succinctement les considérations et les arguments qu'il a
fait valoir ; nous y opposerons les nôtres qui, sur tous
les points, sont en désaccord complet, et nous espérons
que vous serez de notre avis.

1° *La gratuité absolue est en opposition avec la morale publique.*

En effet, dit l'honorable auteur de la proposition,

si la société doit l'instruction primaire gratuite aux enfants de ceux de ses membres qui sont hors d'état de la payer, à leur tour, les parents sont tenus de remplir eux-mêmes ce devoir sacré, lorsque leur position et leurs moyens pécuniaires le leur rendent à la fois obligatoire et facile. Ainsi, les communes ne doivent pas affranchir les parents d'une obligation que la nature leur impose. Faire disparaître tout sacrifice de la part des parents, c'est anéantir toute reconnaissance de la part des enfants, c'est briser dans sa source ce sentiment si fécond, c'est rompre les liens sacrés de la famille.

En analysant ici les paroles de notre collègue, nous ne pensons pas les avoir affaiblies.

Nous, Messieurs, membres de la majorité de votre commission, nous pensons que l'instruction primaire, proprement dite, doit être largement offerte à tous par la société, à titre gratuit, et que la morale publique ne peut qu'y gagner.

Le vœu de la loi de 1833, d'accord avec la saine raison, d'accord avec les idées libérales, sous l'influence desquelles elle a été rendue, dans un avenir de civilisation et d'amélioration morale et matérielle, est de répandre l'instruction dans toutes les classes. Tous les efforts du législateur tendent à la propager, si en vue du dénuement d'un grand nombre de communes, et cédant à une impérieuse nécessité, il n'a pas consacré la gratuité absolue de l'enseignement primaire, il ne l'a pas non plus interdite, et l'adopter entièrement, c'est entrer dans l'esprit de la loi, si c'est faire plus que son texte n'exige.

S'il en était autrement, la loi eut fait un revenu communal du droit à percevoir pour la rétribution scholaire ; mais, rapprochez ses divers articles et la circulaire ministérielle du 24 juillet 1833, et vous y verrez clairement que c'est au profit de l'instituteur, et non à celui de la commune, que la contribution peut être imposée aux familles jugées en état de la payer.

Vous invoquez la morale publique ; mais, avant d'imposer les familles aisées qui réclament pour leurs enfants l'instruction primaire, ne vous faudra-t-il pas fermer ces cours gratuits, rétribués à grands frais par la caisse municipale, et dont, malheureusement, ne profitent guère que les enfants appartenant aux classes aisées ?

Nous applaudissons à la création de ces cours, nous désirons les voir suivis, les voir atteindre le but que vous vous êtes proposé en les fondant, mais, avant de pourvoir à ces dépenses, presque de luxe relativement à l'instruction primaire, nous voulons que les besoins de celle-ci soient largement satisfaits.

Vous avez parlé des liens sacrés de la famille, des devoirs des parents, de la reconnaissance des enfants ; et nous aussi, nous les comprenons ; mais nous ne nous faisons pas d'illusions ; nous connaissons l'esprit d'insouciance de quelques parents qui, lorsque l'instruction est offerte gratuitement, ne tiennent pas à ce que leurs enfants en profitent ; nous en connaissons qui, poussés par un étroit égoïsme, font employer à un travail manuel le temps que leurs enfants devraient consacrer à recevoir les premières notions de l'enseignement de l'instruction morale et religieuse. Et qu'on ne dise pas qu'il y a ici exagération, nous pourrions vous citer plus d'un exemple pris dans les catégories des parents imposés. C'est par respect pour ces sentiments du cœur que vous avez si noblement invoqués, c'est pour ne pas en compromettre le développement, que nous voulons l'instruction gratuite pour tous.

2° On vous a dit, messieurs, que la rétribution scholaire était selon la droiture et l'équité; que la gratuité accroissait le chiffre de l'impôt; qu'en la maintenant on disséminait les ressources publiques au lieu de les concentrer sur la classe indigente; que l'impôt, dont le produit pourvoit au paiement de l'instruction gratuite, frappant sur les objets d'une consommation journalière, le pauvre y concourrait inévitablement d'une manière inégale et peu en rapport avec ses ressources; que l'un des moyens de rétablir l'équilibre, c'était de faire payer la rétribution scholaire par les parents aisés.

A-t-on oublié que les familles riches n'envoient pas généralement leurs enfants aux écoles primaires communales? A-t-on calculé sur des éléments certains les résultats financiers de la mesure proposée? Un peu plus tard, vous serez mis à même d'en juger.

Ne sait-on pas que ce moyen ne remédierait à rien; que toutes les dépenses communales donneraient lieu aux mêmes observations qui ne seraient pas plus fondées?

Si l'impôt de l'octroi frappe inégalement les classes de citoyens, ferez-vous payer particulièrement par les personnes aisées une rétribution pour l'éclairage, pour le pavage et pour toutes ces autres dépenses qui profitent à tous?

Le Conseil municipal a donné constamment des preuves de sa sollicitude éclairée pour les classes pauvres; à l'occasion des tarifs de l'octroi, il a successivement fait disparaître ou atténué les droits qui frappaient les objets de consommation à la portée des classes inférieures; si, aujourd'hui il reste encore quelque amélioration à introduire dans la fixation des droits, n'allons pas chercher le remède ailleurs.

3° Notre honorable collègue soutient que la gratuité absolue est contraire aux intérêts et à la prospérité de l'instruction.

Un sacrifice pécuniaire, si léger qu'il soit, attache ceux qui le font aux résultats qu'il produit. Ainsi, l'incurie des parents, leur apathie seront vaincues quand ils auront à payer une rétribution si minime qu'elle puisse être.

Nous admettrions quelque peu ce raisonnement, si les parents devaient payer la rétribution scholaire en raison du nombre de leurs enfants, sans égard à leur présence dans les écoles communales; telle n'est pas notre pensée; aussi, comme nous l'avons dit plus haut, l'insouciance des parents, leur faiblesse ou leur égoïsme seront plus évidents lorsqu'ils auront à payer une somme quelconque pour l'assistance de leurs enfants dans ces écoles.

Notre collègue vous a dit que l'assiduité aux classes, par conséquent le travail et le progrès, marchent avec l'aisance; que les meilleurs élèves de nos écoles primaires appartiennent à des parents aisés : ce fait, que nous reconnaissons comme vrai, et qu'invoque notre collègue à l'appui de son système de rétribution, est, à nos yeux, un argument puissant en faveur du *statu quo* de la gratuité absolue.

En effet, Messieurs, s'il en est ainsi aujourd'hui, ce ne sera pas le paiement de la taxe mensuelle qui changera la position des enfants sous le rapport des progrès relatifs. Les enfants payants resteront à la tête de leurs camarades. Cette supériorité qui, aujourd'hui, parait naturelle et ressortir de la force des choses, souleverait, alors qu'il y aurait paiement de la rétribution, des plaintes, des réflexions peu obligeantes pour les maîtres. Ne les accusera-t-on pas de négligence envers les enfants non-payants, et de prédilection pour les autres ?

Ne voyez-vous pas les mauvais résultats de semblables préventions ?

A cette question on a répondu devant vous par l'exemple de ce qui se passe sur les bancs des collèges entre les élèves boursiers et non boursiers. Là, Messieurs, il n'y a pas d'analogie. Le professeur, les maîtres ignorent la position des enfants ; pour eux, ils sont tous élèves au même titre.

N'apercevez-vous pas dans les collèges cette délimitation tracée par la loi entre la partie morale et la partie financière ou administrative ? N'apercevez-vous pas ces autorités supérieures, à divers degrés, dont la sollicitude incessante veille sur tous les détails de ces établissements ? Là, si, malgré toutes les précautions, quelques préférences étaient encore possibles, ou quelques récriminations à craindre, n'oubliez pas la différence d'âge des élèves, comparativement avec ceux qui suivent vos écoles communales ; n'oubliez pas la supériorité de leur position, les lumières, la prudence et le discernement de leurs parents, et dites si ce qui est sans danger, là, pourrait ici l'être également.

D'un autre côté, si vous faisiez payer aux enfants des familles aisées leur admission dans les écoles communales, beaucoup d'entre eux pourront les quitter pour entrer dans les institutions privées, alors ces bons résultats que produit le contact des enfants des classes riches ou intermédiaires avec ceux de la classe pauvre , disparaissent , ou sont moins prononcés , alors moins d'émulation, moins de progrès. Sous ce rapport, vous nuisez encore à la prospérité de l'enseignement primaire. Ne pourrait-on pas craindre que certains parents que vous aurez jugés non imposables à la taxe scholaire, ne se déterminassent , par un sentiment de fierté , d'amour-propre blessé , à retirer leurs enfants de vos écoles, parce qu'ils y regarderaient leur admission gratuite comme une humiliation pour eux-mêmes?

4o Enfin , selon notre honorable collègue , la gratuité absolue est contraire à tout bon système d'administration. Elle est contraire aux intérêts de la caisse municipale. Si vous voulez du progrès, si vous voulez ne pas rester dans l'ornière, il vous faudra , chaque année, inscrire à votre budget de l'instruction publique de nouvelles dépenses , et vous verrez diminuer vos ressources en raison inverse de vos besoins.

A cela, Messieurs, la réponse est facile, elle sera péremptoire. D'abord, l'instruction primaire que nous voulons voir donner à tous gratuitement , peut recevoir toute l'amélioration dont elle sera susceptible sans aucun accroissement de dépenses. S'il y avait nécessité (ce qui nous paraît impossible) vous sauriez ne pas manquer à vos devoirs.

Mais, notre collègue ne s'est-il pas fait illusion, quand il s'est si fortement occupé dans son argumentation des ressources qu'offrirait à la caisse municipale le paiement de la rétribution scholaire ?

Aux calculs auxquels il s'est livré par approximation, nous opposerons des faits précis , irrécusables.

On vous a parlé de Rouen, pour appuyer le système de non gratuité, comme celui de la gratuité absolue ; voici le véritable état des choses.

La ville de Rouen a une population de 100,000 habitants ; si Reims compte environ 3,000 enfants des deux sexes suivant les classes des écoles primaires, Rouen en compte près de 8,000.

En 1833, le conseil municipal de Rouen, dans des vues d'économie, et malgré une très forte opposition, supprima la gratuité absolue.

Les frères des écoles chrétiennes, que la sévérité de leurs statuts empêche de diriger un établissement si l'enseignement n'y est pas complètement gratuit, cessèrent d'être instituteurs communaux ; la ville leur retira sa subvention annuelle ; soudain une association se forma pour conserver les frères, et les soutient depuis cette époque.

La délibération du conseil municipal de Rouen émut toute la ville, l'autorité supérieure administrative intervint officieusement ; le conseil municipal, à une majorité très faible, persévéra dans sa résolution ; mais, comme s'il eut reculé devant son propre ouvrage, il donna à l'association qui soutenait les frères, la jouissance des locaux où ils étaient antérieurement établis, et celle du mobilier qui leur était nécessaire ; et plus d'un conseiller s'empressa d'apporter sa souscription à l'association. Bien plus, lorsqu'il s'agit d'établir l'impôt scolaire, le conseil municipal qui s'était réservé le droit de diviser les enfants en catégories de payants et de non-payants, déclara qu'il ne s'agissait que de consacrer le principe de la non gratuité, qu'il n'avait pas la prétention d'y trouver une ressource financière, et, en conséquence, il fixa à 10 francs la rétribution annuelle, et indiqua chaque année, depuis 1833, trente à quarante enfants pour être soumis au paiement de cette somme.

Les maîtres des écoles mutuelles sont aujourd'hui à Rouen les seuls instituteurs communaux. Sur les dix-huit cents enfants qui fréquentent ces écoles, il paraît qu'il n'y en a plus que 20 qui soient taxés en 1838, car le budget de Rouen, pour l'année courante, ne porte, article 28 bis, en prévision de recettes, qu'une somme de 200 fr., sous le titre de *Redevance des parents dont les enfants suivent les écoles primaires communales*, tandis que, dans sa louable libéralité, le conseil municipal de Rouen a voté, pour la même année 1838, au seul chapitre 5 de l'instruction publique (*Dépenses ordinaires*), la somme de 123,708 fr. 50 c.

Après de pareils faits, dont nul ne pourra contester l'exactitude, que penserez-vous, Messieurs, des calculs de notre collègue qui élève à 12,600 fr. le produit annuel à retirer de cet impôt? Pourrez-vous croire qu'en consacrant le principe de la non gratuité, il soit facile d'en obtenir les résultats qu'il espère? En présence du chiffre possible à obtenir, faut-il vous mettre sous les yeux le tableau des embarras et des difficultés que cette mesure créerait pour l'administration et pour vous-mêmes? Faut-il vous rappeler quel fâcheux effet elle produirait sur la population d'une ville où l'instruction primaire a été, de temps immémorial, offerte gratuitement à tous? Et c'est nous, hommes de ce dix-neuvième siècle qu'on qualifie de siècle du progrès, qui, renonçant à l'héritage de noble immunité que nous ont légué nos pères, viendraient fermer à quelques-uns de nos enfants les

munes qui sont hors d'état de rémunérer suffisamment l'instituteur.

Vous reconnaîtrez, sous le point de vue général, que, suivant les termes de la loi de 1833, la taxe est imposée pour l'instituteur à l'exclusion de la commune; et que, sous le point de vue des intérêts de la localité, adopter la mesure proposée, ce serait adopter le retrait des frères, ce serait faire revivre un état de choses que la prudence du conseil municipal a fait cesser, aux applaudissements de tous.

Vous direz avec nous que la non gratuité de l'enseignement primaire serait injuste et immorale, en présence des cours publics gratuits largement dotés par la ville; qu'elle nuirait aux progrès des enfants, à la prospérité de l'enseignement et à l'amélioration morale des classes pauvres; qu'elle est en opposition avec les vues d'une administration sage, paternelle, dont elle embarrasserait la marche sans profit pour la caisse municipale.

Nous serons unanimes pour le rejet de la proposition, puisque son auteur, éclairé par les renseignements produits, a lui-même reconnu qu'elle ne devait pas être adoptée.

La discussion s'ouvrit aussitôt. Plusieurs membres furent entendus et la question fut traitée avec tous les développements dont elle était susceptible.

Le conseil, après une longue délibération, adoptant les motifs développés dans le rapport et ses conclusions, persévérant dans sa délibération du 22 mars 1837, rejeta la proposition, et maintint la gratuité absolue dans toutes les écoles primaires de notre ville.

Nous n'avons rien à ajouter à cette délibération du conseil municipal : si dans l'avenir des esprits inquiets et mal avisés s'efforçaient de nouveau de mettre en question la gratuité et la liberté de l'instruction primaire, les arguments développés dans cette délibération du conseil subsisteraient dans toute leur force. Nous n'aurions pas de peine, au reste, à puiser des arguments plus sérieux encore et plus puissants dans le sentiment de nos grandeurs et de nos libertés nationales, au sein même des idées progressives d'émancipation intellectuelle.

Au frère Isidore avait succédé à Reims au commencement de 1838, le frère Thraséas, en qualité de directeur des frères des écoles chrétiennes de la maison de Reims : le frère Thraséas resta fort peu de temps à Reims, il fut remplacé en 1840, par le frère Euphrone, le directeur actuel des frères des écoles chrétiennes, à Reims.

Aux termes de la loi, la nomination du frère Euphrone, comme instituteur communal, dut être sanctionnée par les suffrages du conseil municipal.

Aussi, dans la séance du 16 janvier 1841, M. Hannequin, maire par intérim, fit au conseil l'exposé suivant :

M. Philippeaux (Armand-Joseph), dit en religion frère Euphrone, né à Cambrai le 4 septembre 1807, et directeur actuel des frères des écoles chrétiennes de Reims, n'est pas régulièrement institué comme instituteur communal de cette ville, et il convient de rendre sa position légale à ce titre.

Nous remettons sous vos yeux : 1° le brevet de capacité de 2° degré qui lui a été délivré par M. le recteur de l'Académie de Douai, le 22 décembre 1830 ; 2° le certificat par lui obtenu, le 11 octobre 1840, de M. le maire de la ville de Langres, sur l'attestation de trois conseillers municipaux de la même ville, constatant qu'il est digne, par sa moralité, de se livrer à l'instruction publique ; 3° et la délibération du comité communal d'instruction primaire de la ville de Reims, du 21 décembre 1840, émettant l'avis que ce frère soit présenté à la nomination du comité d'arrondissement pour la place d'instituteur communal de Reims.

La production de ces pièces, satisfaisant à toutes les prescriptions de la loi du 28 juin 1833, et le frère Philippeaux étant déjà connu en cette ville sous les rapports les plus favorables, nous vous proposons, Messieurs, de déclarer qu'il est présenté par le conseil municipal à la nomination du comité supérieur d'instruction primaire de l'arrondissement de Reims, comme instituteur communal de cette ville.

Le conseil adopta ces conclusions, et le comité supérieur institua définitivement le frère Euphrone.

Nous n'aimons pas à faire un long éloge de ceux de nos contemporains avec lesquels nous pouvons être fréquemment en rapport ; aussi, nous nous bornerons à dire que tous ceux qui connaissent le frère Euphrone, l'apprécient comme un homme d'un mérite réel : comme instituteur communal, il est entouré de l'affection des enfants et de l'estime des familles ; comme frère et comme directeur des frères des écoles chrétiennes, il s'est constamment montré digne du respect de tous.

Il existe en ce moment à Reims, au mois de janvier 1848, cinq écoles principales dirigées par les frères des écoles chrétiennes; elles sont primaires et gratuites :

L'école de la rue du Jard;

L'école de la rue des Telliers;

L'école de la rue Large;

L'école de l'esplanade Cérès;

L'école de la rue Perdue.

Chacune d'elles, on le voit, emprunte son nom à l'emplacement qu'elle occupe.

La plus importante de toutes est l'école de la rue du Jard; elle est située dans les bâtiments de l'ancienne maison de la Visitation; nous avons fait au chapitre de la 5e période l'historique de l'acquisition de cette maison, et nous avons indiqué son appropriation définitive et complète à l'Institut des frères; elle est en quelque sorte à Reims, actuellement, le centre et la maison-mère des frères des écoles chrétiennes.

Non-seulement, en effet, l'école de la rue du Jard est la plus nombreuse, la plus fréquentée, mais c'est dans cet établissement que se réunissent chaque jour tous les membres de la communauté sans exception : là est la chapelle, la cellule du directeur, les cellules des frères, les parloirs, le réfectoire, le jardin. C'est un établissement qui sans être considérable par son étendue et ses dépendances, suffit cependant aux besoins de l'Institut des frères de Reims.

ÉCOLE DE LA RUE DU JARD.

Nous avons peu d'observations spéciales à présenter, relatives à cet école.

Le 17 novembre 1840, le frère Euphrone, directeur des frères des écoles chrétiennes, adressa la lettre suivante au conseil municipal.

Messieurs,

La bonté avec laquelle vous avez accueilli les différentes demandes qui vous ont été faites pour l'établissement des frères des écoles chrétiennes, me fait prendre la confiance de vous en faire une nouvelle qui est toute dans l'intérêt des enfants.

L'école du Jard étant située presque sur les limites des trois arrondissements de la ville, et n'ayant que trois classes comme les autres écoles, se trouve surchargée d'enfants, elle en compte en ce moment 320; nous avons deux classes d'écriture, dans chacune desquelles nous mettons 60 élèves, il en reste donc 200 pour la classe inférieure, ce qui est beaucoup trop pour un seul maître, et qui empêche les progrès des élèves.

Je viens donc, Messieurs, proposer à votre sagesse et à votre sollicitude pour les intérêts des habitants, d'ouvrir une classe de plus en votant le traitement d'un frère; cette nouvelle classe recevra 70 à 80 élèves, ce qui déchargera considérablement la classe élémentaire et qui contribuera beaucoup à l'avancement des élèves.

Dans l'espoir que ma demande sera accueillie favorablement, je vous prie, Messieurs, d'agréer etc.

Frère Euphrone, directeur.

La demande du frère directeur reçut un favorable accueil, et dans la séance du 5 mai 1841. M. de St-Marceaux, maire de la ville, exposa au conseil municipal les faits suivants :

En délibérant le budget de 1841, vous avez reconnu la nécessité d'augmenter d'un membre le personnel de la communauté des frères des écoles chrétiennes, et vous avez crédité le traitement d'un 16e frère, dans le but de créer une école spéciale d'écriture à l'école de la rue du Jard.

M. le directeur des frères ayant réclamé le matériel nécessaire pour la mise en activité de cette classe, l'administration a fait faire le devis de la dépense qui s'élévera à 901 fr., 25 c.

Elle a autorisé l'exécution du devis, par arrêté du 10 mars 1841, mais comme le budget courant n'a pas prévu cette dépense, elle a dû en ajourner l'exécution jusqu'après l'assentiment du conseil.

Je vous propose, Messieurs, d'approuver cet arrêté ainsi que le mode de paiement qu'il détermine, par voie de prélèvement sur le crédit ouvert au budget pour dépenses imprévues.

Le conseil approuva et sanctionna ces mesures.

Dans la séance du 17 août 1842, un membre du conseil municipal proposa qu'une somme de 700 fr. fût inscrite aux chapitres additionnels de 1842, pour le traitement d'un 17e frère des écoles chrétiennes.

Cette proposition fut approuvée par plusieurs membres.

Le conseil, après l'avoir renvoyée à une commission composée de MM. Dérodé, Croutelle, Givelet, Maille et Ragot, l'adopta à une grande majorité.

Dans les budgets suivants, on porta par conséquent à 17 le nombre des frères des écoles chrétiennes rétribués par la caisse municipale.

Jusqu'au commencement de l'année 1848, le conseil municipal n'eut pas à s'occuper en particulier de l'école de la rue du Jard, si ce n'est en 1844, pour la construction d'un grand réfectoire: elle continua sous la direction intelligente et dévouée des frères, à développer l'éducation et l'instruction des enfants qui y étaient envoyés en grand nombre, et toutes les fois que les membres du comité visitèrent cette école, ils n'eurent pas de reproche sérieux à adresser aux instituteurs et aux enfants.

Nous présentons ici, comme plusieurs fois nous l'avons fait dans le cours de ces essais, un rapport que nous avons eu l'honneur d'adresser au comité local d'instruction primaire, comme secrétaire et organe de la première section.

« ...... La 1ʳᵉ section de votre comité a visité, le 26 mars 1847, l'école de la rue du Jard dirigée par les frères des écoles chrétiennes : à l'heure de notre visite, dans l'après-midi, la 1ʳᵉ classe comprenait 45 élèves, divisés en quatre séries pour la classe d'arithmétique ; nous en avons interrogé le plus grand nombre, particulièrement sur les principes, les calculs et les subdivisions du système métrique, et nous avons été satisfaits des réponses de presque tous : la tenue des enfants était assez bonne, toutefois nous avons constaté que les soins de propreté n'étaient peut-être pas assez attentivement surveillés et recommandés.

Le frère surveillant de la 1ʳᵉ classe nous a signalé, en insistant sur son observation, comme un

inconvénient de nature à éloigner beaucoup d'enfants
de la fréquentation des écoles gratuites, une mesure
délibérée par le comité, adoptée comme bonne et
utile, et suivie strictement depuis quelques mois ;
c'est l'obligation où sont tous les parents qui veulent
faire suivre à leurs enfants les leçons des écoles
publiques, de se présenter à l'hôtel de ville, au bureau
de l'instruction publique, pour solliciter et obtenir
un billet d'admission à l'école où ils veulent placer
leurs enfants : nous avons remarqué, nous disait le
frère de la 1re classe, que plusieurs parents s'étaient
présentés, et que, lorsque nous leur avions indiqué
cette formalité indispensable à remplir, ils n'étaient
plus revenus ; que, par conséquent, leurs enfants
étaient privés du bienfait de l'instruction ; la 1re
section de votre comité a prié le frère de la 1re classe
de lui indiquer quelques-uns des parents qui avaient
refusé de remplir cette formalité ; il n'a pu le faire
parce que, nous a-t-il dit, il avait omis de prendre
les noms des personnes qui présentaient leurs enfants ;
mais, qu'à l'avenir, il aurait soin d'en prendre note.

Votre 1re section, tout en pensant que cet inconvénient n'a pas peut-être toute la gravité dont on
l'entoure, a dû en rendre compte au comité, en le
priant d'examiner avec attention si la mesure prise
antérieurement doit être rapportée, la 1re section
pense qu'elle doit être maintenue en vigueur (1).

Une autre observation, toute matérielle, a trait
aux dégradations des carreaux de terre rouge qui
forment le pavé de la salle de la 1re classe...... (Le

(1) Le comité local, après avoir de nouveau discuté attentivement
cette observation, a passé à l'ordre du jour par les motifs développés
dans ses précédentes séances.

comité soumit cette réclamation à l'administration qui fit aussitôt procéder aux réparations nécessaires.)

Dans la 2ᵉ classe, les enfants commençaient la leçon d'écriture ; cette classe compte ordinairemet cinquante élèves inscrits ; il n'y en avait le 26 mars que quarante-trois ; ceux qui manquaient en avaient obtenu la permission, ou étaient malades ; les frères de chaque classe nous ont toujours rendu compte très-exactement des motifs de toutes les absences ; et ils nous ont assuré qu'ils avaient soin d'envoyer chaque jour au domicile des parents, toutes les fois qu'un enfant ne venait pas à l'école, sans une excuse légitime et sans avoir obtenu la permission de s'absenter.

Nous avons examiné tous les cahiers d'écriture des enfants de la 2ᵉ classe ; l'écriture nous a paru généralement assez bonne.

Les salles dans lesquelles se tiennent la 1ʳᵉ et la 2ᵉ classe sont vastes et bien aérées ; elles pourraient, nous le pensons, sans aucun inconvénient, contenir l'une et l'autre un plus grand nombre d'enfants. Or, le comité sait combien l'école de la rue Perdue est encombrée, n'y aurait-il pas moyen d'envoyer à l'école de la rue du Jard, quelques-uns des enfants formant le trop plein de l'autre école, principalement ceux appartenant à la paroisse de St-Maurice ? L'instruction et la santé des enfants y gagneraient, sans aucun doute. Cette réflexion, que nous soumettons à la sagesse du comité, nous a été communiquée par les frères eux-mêmes.

En entrant dans la 3ᵉ classe, nous avons dû faire un détour ; la première porte ne peut s'ouvrir, ce serait quelques heures du travail d'un serrurier pour la mettre en état ; nous estimons qu'il y a lieu de pourvoir à cette réparation qui nuit à la circulation dans les diverses classes.

La 3ᵉ classe renferme 42 enfants; 41 étaient présents au moment de notre visite; un seul absent, malade. — Leçon d'écriture, nous avons encore parcouru tous les bancs; ce ne sont à peu près que des commençants; aussi l'écriture est-elle fort inégale. — Nous appellerons le bienveillant intérêt du comité sur la situation d'un enfant de treize ans, aveugle de naissance. Sa famille l'envoie à l'école de la rue du Jard, où il reste triste et oublié dans un coin de la 3ᵉ classe, n'apprenant rien, et ne pouvant s'instruire, ou être instruit; quelque membre du comité connaîtrait-il un moyen d'améliorer la situation de ce pauvre jeune aveugle, dans le présent ou dans l'avenir ? (1)

La 4ᵉ classe comprend 79 élèves inscrits; 63 étaient présents; les enfants qui manquaient étaient pour la plupart malades. Nous avons fait lire plusieurs enfants; les plus jeunes savent à peine leurs lettres, et l'on se prend à regretter que les soins du frère surveillant ne puissent s'étendre que rarement à ces petits enfants moins avancés; on reconnaît bientôt dans la 4ᵉ classe quels sont les petits élèves qui ont fréquenté la salle d'asile de Saint-Remi ou celle de la rue Libergier.

Le local de la 4ᵉ classe, qui est la salle de dessin servant le soir à l'école des adultes, est malheureusement assez basse et mal aérée; les fenêtres donnent sur la rue du Jard; il faut les laisser presque toujours ouvertes, et le bruit de la rue détourne l'attention des élèves ou couvre la voix du maître; c'est un état de choses regrettable.

(1) Cet enfant a été depuis, par les soins du conseil-général de la Marne et aux frais du département, placé à l'Institut des Jeunes Aveugles, à Paris.

En résumé, la 1re section de votre comité a été satisfaite de cette visite qu'elle a renouvelée à l'école de la rue du Jard.

Dans le cours de l'année 1847, les différentes sections du comité ont fait de fréquentes inspections à l'école de la rue du Jard : Quelques-uns des inconvénients signalés dans ce rapport avaient disparu à la fin de l'année. — En résumé, c'est une bonne école, attentivement dirigée et bien tenue.

Nous indiquons à la fin de ce chapitre quelques renseignements statistiques qui pourront être utiles à consulter.

ECOLE DE LA RUE DES TELLIERS.

Nous devons nous borner à rappeler en quelques mots l'origine de la maison d'école de la rue des Telliers : nous avons eu occasion d'en parler avec quelques détails dans les chapitres précédents.

La maison de la rue des Telliers appartenait avant la révolution de 1789 à la paroisse de St-Pierre de Reims ; elle était consacrée comme elle l'est aujourd'hui, à la tenue d'une école dirigée par les frères des écoles chrétiennes.

Lorsque les églises et les communautés furent dépouillées des biens qui leur appartenaient, la maison de la rue des Telliers fut comprise dans la vente des propriétés nationales situées dans la *section des amis de la Liberté* ; et le 25 thermidor an IV, les administrateurs du département de la Marne vendirent cette maison à M. et Mme Andrieux.

Une délibération du bureau de bienfaisance de notre ville en date du 30 décembre 1816 décida l'acquisition de cette maison, afin qu'il y fût établi une école primaire gratuite, pour les enfants pauvres, dirigée par les frères des écoles chrétiennes.

Dans la séance du conseil municipal du 15 avril 1817, M. le Maire exposa que M. le sous-préfet lui avait fait renvoi, le 31 mars 1817, d'une lettre du 29 mars de M. le baron de Jessaint, par laquelle ce magistrat l'informait que, le 4 mars, il avait transmis à S. E. le ministre de l'intérieur, les pièces qui avaient pour objet d'obtenir aux membres du bureau de bienfaisance de cette ville l'autorisation d'acquérir pour y établir une école primaire de garçons, une maison sise à Reims, anciennement affectée à la tenue des écoles chrétiennes de garçons de la paroisse de St-Pierre de la même ville ; mais que S. E. ayant fait observer qu'on avait omis de joindre aux pièces l'avis du conseil municipal sur cette acquisition, elle demandait qu'il le lui fût adressé le plus tôt possible.

M. le président fit observer que s'étant procuré auprès du bureau de bienfaisance la délibération du 30 décembre 1816 de ce même bureau, relative à l'acquisition projetée, ensemble le traité fa:t double le lendemain entre M. Maillefer-Ruinart, vice-président et M. Florent-Simon Andrieux et Mᵐᵉ Anne-Marie Lasnier son épouse, propriétaires de cette maison, il déposait le tout sur le bureau et invitait les membres présents à en prendre connaissance et à donner leur avis à ce sujet.

Lecture faite tant de la délibération que de l'arrêté précité,

Le conseil municipal,

Considérant qu'il résultait de leur examen, qu'il était d'autant plus urgent pour le bureau de bienfaisance d'acquérir cette maison, que le bail de celle occupée par l'école primaire était sur le point d'expirer ; qu'il y avait réellement difficulté de se procurer dans cet arrondissement une maison convenable ; que., bien plus, *cette même maison était, avant la révolution, consacrée à l'usage des écoles chrétiennes* de cette ville ;

Que cette maison présentait, par sa localité, tous les avantages que l'on pouvait désirer pour un établissement de cette nature ;

Que d'ailleurs le bureau de bienfaisance avait dans sa caisse un fonds plus que suffisant pour effectuer l'acquisition qu'il se proposait ;

Fut d'avis, d'après ces motifs, d'effectuer cette acquisition, en conséquence, invita l'autorité supérieure à donner audit bureau de bienfaisance toutes les autorisations nécessaires à ce sujet.

Une ordonnance royale du 25 juin 1817 autorisa l'administration du bureau de bienfaisance à acheter la maison de la rue des Telliers : l'acte d'acquisition est du 30 septembre 1817 ; les instituteurs et les enfants entrèrent presqu'immédiatement en possession de cette nouvelle école.

On rétablit au-dessus de la porte d'entrée, sur une plaque spéciale et en lettres jaunes, l'antique inscription qui existe encore aujourd'hui : *Écoles chrétiennes.* Cette inscription doit disparaître, à notre sens : toutes nos écoles, à Reims, sont des écoles chrétiennes, qu'elles soient dirigées par des frères ou par des instituteurs laïques ; c'est, en quelque sorte, créer une exception qui n'est ni dans nos habitudes, ni dans nos mœurs, et qui nous semble formellement repoussée par la loi : la seule inscription légale et rationnelle, suivant nous, serait celle d'école

communale, d'école municipale, ou d'école primaire
élémentaire : nous désirerions que cette inscription
figurât au-dessus de la porte d'entrée de toutes nos
écoles, sans exception.

On le voit, depuis longtemps la maison de la rue
des Telliers est en possession d'une école primaire
gratuite, dirigée par les frères des écoles chrétiennes;
mais nous ne devons pas hésiter à dire que si, en
1816, la commission administrative du bureau de
bienfaisance fit cette acquisition, moyennant un prix
modique, il est vrai, c'est qu'alors les besoins de
l'instruction primaire, et en particulier ceux de l'enseignement simultané, n'étaient pas aussi impérieux qu'ils
le sont aujourd'hui ; et, quoique cette école n'ait
été longtemps considérée que comme une annexe de
la grande école de la rue du Jard, elle est aujour-
d'hui, nous le voyons, renfermée dans un local insuffisant.

A l'exception des quatre autres écoles dirigées par
les frères des écoles chrétiennes, celle de la rue des
Telliers est divisée en deux classes principales seulement ; il n'y a, par conséquent, que deux frères
instituteurs. Nous croyons que les progrès et le bien-
être des enfants gagneraient sensiblement à ce que
cette école fût agrandie, et surtout fût partagée en
trois classes, comme le sont les autres écoles des
frères, et comme le veut la méthode simultanée.

...... La 1re classe qui comprenait 52 enfants
lorsque nous y sommes entrés, était partagée en
deux divisions. — Classe d'arithmétique: l'exiguité
du local exige qu'une partie des enfants soit groupée
autour des tableaux noirs, dans la 2me cour du fond ;
c'est un inconvénient, car, en hiver et les jours

de pluie, la division en deux séries devient impossible.

La classe principale est au reste fort bien aérée et salubre pour les enfants.

L'école de la rue des Telliers renferme des enfants appartenant à des familles dont la position de fortune est généralement meilleure que celle des enfants qui fréquentent les autres écoles communales; on s'en aperçoit aisément au reste à la tenue des enfants, qui, à l'école de la rue des Telliers, est plus propre et plus soignée.

Nous avons interrogé la plupart des enfants de la 1re classe sur les notions élémentaires de l'arithmétique, nous avons trouvé de l'inégalité entre les enfants, et une faiblesse assez marquée chez les derniers.

La 2e classe compte ordinairement 89 enfants ; six seulement manquaient le jour de notre inspection ; le motif de leur absence était connu du frère surveillant.

Cette classe se partage en deux divisions ; pendant que l'une s'occupe de l'écriture, la seconde dans le même local, sous la surveillance du même maître, se livre à la lecture à haute voix.....

Nous avons visité tous les cahiers d'écriture; quelques-uns nous ont paru bien tenus et l'écriture nette, propre.

Peu d'observations matérielles : le frère de la 1re classe appelle l'attention du comité sur les serrures du grenier, qui sont en fort mauvais état. Ces observations sur le matériel des classes sont transmises, à l'issue de chaque séance du comité, au secrétariat du bureau de l'instruction publique, à l'hôtel de ville.

Autre visite. — Quoique n'étant qu'une succursale de l'école du Jard, et en comprenant que deux classes, l'école de la rue des Telliers est fort nombreuse : les salles assez étroites consacrées aux leçons, sont encombrées.

Il y avait 50 enfants dans la première classe. — Leçons de catéchisme ; nous avons assisté aux exercices des enfants ; peut-être les questions que le frère leur adresse sont elles au-dessus de la portée de ce jeune-âge ; nous eussions préféré qu'il fût resté dans le cadre des leçons élémentaires et des questions plus simples et plus faciles à comprendre. Nous pensions au surplus, que l'instruction religieuse dans toutes les écoles de garçons devait être dirigée par les curés des paroisses ou par des ecclésiastiques désignés par eux.

Quatre-vingt-cinq enfants dans la deuxième classe ; Il y en a ordinairement quatre-vingt-treize. — Autre leçon de catéchisme : même observation.

Ici se place une remarque très grave : En entrant dans la première et surtout dans la deuxième classe de l'école de la rue des Telliers, nous avons été frappés de la mauvaise odeur qui empoisonnait l'air des classes : Dans la deuxième classe surtout, où il y a journellement plus de 90 enfants entassés, l'air qu'ils aspirent est un air méphitique et corrompu. Les fenêtres s'ouvrent sur une petite cour sombre et humide dans laquelle sont les lieux d'aisance ; et les lieux d'aisance sont adossés, par une de leurs parties latérales, contre le mur même de la classe.

Par les grandes chaleurs de l'été, l'air qui arrive de cette cour est plus vicié et plus malsain encore ; et si l'on ferme les fenêtres, c'est encore pis, les émanations sont plus fétides : La santé de ces jeunes enfants en souffre évidemment, et cet état de choses est intolérable : nous supplions le comité de signaler avec force cet inconvénient, ce danger à l'administration : voici l'époque des vacances, et nous croyons qu'il serait possible au moyen de travaux dont il ne nous appartient pas d'indiquer la spécialité, d'arriver à faire disparaitre le mal dangereux que nous avons constaté avec regret.

Ce rapport qui porte aux archives du bureau de l'instruction publique le n° 39, a été rédigé par l'auteur de ces essais : il est également signé par MM. Maldan et Sutaine, ses collègues du comité.

Une copie de ce rapport fut sur-le-champ adressée à M. le maire de Reims.... Les vacances arrivèrent, et cependant il ne fut pas apporté de modifications à ce déplorable état de choses : nous sommes au mois de septembre 1848 ; rien n'a été changé sur ce point, malgré de nouvelles et énergiques réclamations...... Nous n'hésitons pas à les renouveler ici : notre voix sera-t-elle mieux entendue ?..... Notre légitime demande sera-t-elle mieux accueillie ?. ..

ÉCOLE DE LA RUE LARGE.

Cette école qui, avant d'occuper l'emplacement et les bâtiments où elle est aujourd'hui située, fut longtemps connue sous le nom d'école du 1ᵉʳ arrondissement, est, parmi les écoles de Reims, une des plus convenables et des mieux appropriées à son utile destination.

A l'époque de la Restauration, l'administration municipale avait l'opinion que, dans l'intérêt des finances

de la ville, il convenait mieux de louer à bail des
maisons particulières, pour y établir temporairement
des écoles publiques ; mais de nombreux inconvénients indiquèrent bientôt à l'autorité qu'une telle mesure n'était pas en harmonie avec le caractère de stabilité propre à l'éducation des enfants, et à leur instruction qui ne doit jamais souffrir d'interruption,
même momentanée ; aussi, l'administration s'occupa-
t-elle de devenir successivement propriétaire, au nom
de la ville, des différentes maisons destinées à la
tenue des écoles élémentaires. Ce ne fut que postérieurement qu'elle fit construire elle-même, sous la
direction de ses agents et aux frais de la caisse municipale, les édifices consacrés à l'instruction primaire.

Les délibérations suivantes du conseil municipal,
que nous avons analysées, nous font passer en revue
les différentes phases que parcourut l'école du 1er arrondissement, avant d'arriver à être la belle et remarquable école de la rue Large.

Dans la séance du 26 octobre 1822, M. Andrieux,
1er adjoint, exposa au conseil que la maison dans
laquelle était établie l'école primaire de garçons du
1er arrondissement, avait été vendue, en 1821, par
le propriétaire qui l'avait louée à la ville; et, comme
le bail expirait au 1er juillet de cette année, l'école
s'était trouvée au moment d'être fermée faute d'emplacement pour la recevoir. — Les recherches faites
pour trouver un autre local ayant été infructueuses,
la mairie avait été contrainte de placer provisoirement
cette école dans une caserne sise rue Large, appartenant à la ville; sans cette mesure, 250 enfants
admis dans cette école se seraient trouvés sans instruction et renvoyés à leurs parents.

La mairie, néanmoins, était parvenue à trouver enfin un local convenable, situé rue de l'Arquebuse (ou rue Nulle-part, n° 1), et dans lequel pouvait être placée l'école de garçons : elle l'avait loué pour deux ans, à raison de 325 fr. par année ; le bail avait commencé au 1er janvier 1822, pour finir au 31 décembre 1823.

Le propriétaire avait offert de la vendre à la ville, moyennant le prix de 6,500 fr., déterminé par une expertise contradictoire.

M. le maire s'était déterminé à traiter avec le propriétaire, sauf l'agrément du conseil municipal.

Le conseil renvoya l'examen de l'affaire à une commission prise dans son sein.

Cette commission fit son rapport à la séance du 26 février 1823.

Elle déclara avoir visité la maison rue de l'Arquebuse dans le plus grand détail, et l'avoir trouvée parfaitement convenable pour l'usage auquel elle était destinée ; en conséquence, elle fut d'avis que le conseil approuvât le marché conclu entre la mairie et M. Serrurier.

Le conseil ratifia ce marché.

Le conseil émit le vœu que le gouvernement voulût bien faire remise à la ville du droit proportionnel auquel se trouvait assujéti le contrat d'acquisition de cette maison, attendu qu'elle était uniquement et spécialement destinée à l'instruction publique.

Plus tard, la propriété de cette maison devint litigieuse ; et, par sa délibération du 14 septembre 1826, le conseil autorisa M. le maire à résilier cette acquisition. Une autre délibération du conseil, du 25 mai 1827, confirma cette autorisation de résilier. L'administration fut autorisée à acheter une maison sise à Reims, rue des Capucins, n° 37, appartenant à M. Laignier-Baudet, pour y placer l'école des frères. — Toutefois, les enfants continuèrent à fréquenter l'école de la rue Nulle-part, jusqu'à ce que celle établie rue des Capucins fût appropriée à sa destination ;

M. le maire fit observer, à la séance du 14 septembre 1826, que, pour l'établissement des écoles de frères dans la maison sise rue des Capucins, n° 37, il était nécessaire de bâtir trois classes, dont la dépense s'élèverait à la somme de 10,000 fr., à allouer dans les budgets de 1826 et 1827 ;

Que les avantages résultant de cet établissement compensaient les dépenses qui étaient à faire ;

Que, d'ailleurs, M. Sommé, curé de la paroisse de Saint-Jacques, bien convaincu de ces avantages, offrait d'y contribuer par un don de la somme de 6,000 fr., qui serait réalisé très incessamment : et que, d'un autre côté, les frères des écoles chrétiennes, au mérite du sacrifice qui était à faire en cette circonstance, offraient de fournir un troisième frère, nécessaire pour l'école de la paroisse de St-Jacques, moyennant un traitement annuel de 400 fr. au lieu de 600 fr., et de renoncer à la somme de 900 fr., prix du trousseau et des frais d'établissement de ce troisième frère.

Le conseil municipal, considérant que l'acquisition de la maison susdésignée présentait beaucoup d'avantages, notamment pour l'établissement des frères de la paroisse de St-Jacques (1);

(1) Ce nom d'école de la paroisse St-Jacques lui était quelquefois donné, surtout par les frères des écoles.

Considérant que la somme de 7,028 fr. restant disponible (à cause de la résiliation de la vente de la maison rue Nulle-part), sur le fonds alloué au budget de 1826 pour l'acquisition d'une maison destinée à l'établissement de ladite école, offrait les moyens de subvenir au paiement du prix de la maison vendue par les sieur et dame Laignier-Baudet;

Considérant que, d'après la situation financière de la caisse municipale, rien ne s'opposait à ce que l'on allouât, aux budgets de 1827 et 1828, les sommes nécessaires pour la construction de trois classes dans ladite maison ;

Prit l'arrêté suivant :

L'acte projeté entre M. le maire et les sieur et dame Laignier-Baudet, pour vente par ces derniers à la ville, d'une maison sise à Reims, rue des Capucins, moyennant la somme de 7,000 fr., payable dans le cours de l'an 1827, est approuvé et recevra son exécution aussitôt que M. le maire y sera autorisé par ordonnance royale.

Ce ne fut qu'au mois d'octobre 1829 que les frères des écoles chrétiennes purent ouvrir leurs classes rue des Capucins. Ils restèrent jusque là dans la maison achetée à M. Serrurier, rue Nulle-part, n° 1, acquisition qui donna lieu à des difficultés qui n'étaient pas terminées en 1829. (Voir la délibération du conseil du 26 novembre 1829). Il faut convenir, au reste, que cette affaire avait été mal menée, surtout en 1824.

Depuis le mois d'octobre 1829, jusqu'à la fin de l'année 1832, les frères des écoles chrétiennes eurent une classe rue des Capucins ; mais, nous l'avons vu, à cette époque le conseil municipal admit en principe

l'égalité du nombre des écoles entre les deux systèmes ; et les frères durent quitter l'école de la rue des
Capucins, qui fut désormais affectée à une école d'enseignement mutuel.

Nous avons longuement exposé les luttes des deux
systèmes, et nous savons qu'une école de frères fut
ouverte, en 1837, rue de Châtiveale, par les soins
de l'*association charitable*. — Elle y resta, même lorsque la lutte fut terminée ; mais, évidemment étroite,
malsaine, insuffisante, cette école ne pouvait et ne
devait pas subsister au delà de quelques années :
l'administration municipale sentit la nécessité de faire
construire, dans l'enceinte du 1er arrondissement de
la ville, une école primaire de garçons, destinée au
développement de l'enseignement simultané donné par
les frères des écoles chrétiennes. Le conseil municipal
s'en occupa en 1841 ; la rue Large fut choisie pour
l'emplacement de cette école ; et, dans la séance du
12 juillet 1841, sous la présidence de M. Lanson,
1er adjoint au maire, la commission chargée d'examiner la proposition faite par l'administration pour la
construction d'une école primaire dans le 1er arrondissement, exposa le résultat de son travail par l'organe de son rapporteur :

Sa première pensée fut de réserver, dans le terrain
dit la Caserne, l'emplacement nécessaire à la rue projetée au plan de la ville.

Cette réserve faite, la commission reconnut que
le terrain restant suffisait à la construction d'une
école pouvant contenir 330 enfants, saine, bien aérée
et convenablement appropriée à la méthode d'enseignement suivie par les frères des écoles chrétiennes.

Nulle part, l'école ne pourrait être dans une position

plus favorable, ni établie à moins de frais ; et si l'on considérait l'urgence depuis longtemps reconnue par l'administration et le conseil de soustraire les maîtres et les enfants de l'école St-Jacques à l'influence délétère du local provisoire qu'ils occupaient (dans la rue de Châtivesle), et qu'une nécessité impérieuse pouvait seule leur faire subir, on devait regarder comme un devoir, malgré la loi d'économie que les charges actuelles imposaient à la ville, de ne pas reculer devant une dépense qui ne saurait s'ajourner plus longtemps.

Les plans et devis faits par M. l'architecte faisaient monter le total de la dépense à 29,685 fr. 09 c. : cette dépense devait être couverte au moyen d'un crédit à inscrire au budget de 1842, chapitre des dépenses extraordinaires.

Le conseil, après avoir entendu ce rapport et en avoir délibéré.

Considérant que le local occupé actuellement par l'école des frères, dite l'école St-Jacques, n'appartenait pas à la ville; qu'il ne présentait aucune des conditions de salubrité désirables ; qu'il n'était pas possible de tolérer plus longtemps un état de choses capable de compromettre la santé des maîtres et des élèves ;

Considérant que la portion du terrain dit la caserne, qui devait rester libre après le percement de la rue projetée, offrait un emplacement suffisant et convenablement situé pour y établir cette école avec le moins de frais possible pour la ville;

Approuva les plans et devis présentés; autorisa M. le maire, sauf l'approbation de l'autorité supérieure, à les faire exécuter par voie d'adjudication;

dît que pour acquitter le montant de la dépense, il serait inscrit un crédit de 29,685 francs 09 centimes au budget communal de 1842, chapitre des dépenses extraordinaires.

. Les considérations invoquées devant le conseil municipal pour que les maîtres et les enfants quittassent promptement l'école de la rue Châtivesle, étaient sérieuses et urgentes; nous en trouvons une preuve de plus dans la lettre suivante du frère directeur :

Reims, le 9 septembre 1841.

Monsieur le maire,

J'ai l'honneur de vous adresser la note des fournitures faites pour la distribution des prix.

Je profite de l'occasion pour vous informer que le frère visiteur qui nous a visités, il y a près d'un mois, m'a fait observer qu'il était impossible que le frère de la petite classe de la rue Chativesle, pût continuer à gouverner seul, une classe composée de 173 élèves.

Ce frère a ruiné sa santé, dans cette classe, et le supérieur général a une répugnance invincible à laisser les choses dans l'état actuel; et comme il sait que nous devons passer encore au moins un an dans le misérable réduit où nous sommes relégués, il désire que la ville nous donne un frère de plus pour ce quartier, afin que nous puissions composer deux classes avec les 173 élèves qui se trouvaient réunis dans la même classe à l'époque des vacances. Il y a une cloison dans la classe qu'on peut rétablir pour la séparation des deux classes.

Devant partir incessamment pour Paris, je désirerais savoir, M. le maire, ce que vous pensez de

la proposition que j'ai l'honneur de vous faire, afin
d'en informer le supérieur général, pour savoir de
lui s'il consent à recommencer les classes de ce
quartier, d'où nous espérons bientôt sortir et où nous
avons déjà sacrifié bien des fois la santé et la vocation de plusieurs frères.

J'ose espérer, M. le maire, de votre bienveil-
lante sollicitude pour vos administrés, et surtout
pour cette pauvre et innocente jeunesse dont nous
sommes chargés, que vous prendrez en considération la demande que j'ai l'honneur de vous faire
dans l'intérêt des enfants dont j'ai la direction,
et des maîtres dont la santé et la vocation me sont
infiniment chères.

J'ai l'honneur, etc.   frère Euphrone, directeur.

On dut se mettre à l'œuvre avec activité; les
travaux pour la construction de la nouvelle école de
la rue Large, et dont le devis définitif se montait
à 33,234 fr. 75 c., furent mis en adjudication le 25
mai 1842, et l'année suivante, le 2 mai 1843, les
classes de la rue large furent ouvertes aux frères
instituteurs des écoles chrétiennes et à leurs nombreux élèves. — Nous indiquons ici, comme ren-
seignement que de tous les mémoires pour la construction de cette école n'a présenté qu'une dépense
de 27,002 fr., 30 cent.

Rapport au comité communal.

Nous avons visité la belle et importante école des
frères de la rue Large, le 11 mai 1847, et nous aimons
à dire au comité que les résultats de notre inspection
ont été satisfaisants.

La première classe comprend 50 élèves: nous

avons examiné les cahiers de tous les enfants sans exception, ils sont assez bien tenus sous le rapport de la propreté ; nous regrettons qu'en corrigeant les cahiers des élèves, on ne tienne pas un compte plus attentif, plus sévère des fautes d'orthographe ; l'orthographe est négligée, et cependant rien de plus facile que de la respecter en copiant un modèle.

La seconde classe renferme ordinairement 57 enfants, 10 étaient absents au moment de notre visite ; absences motivées.

La troisième classe ne comptait que 65 enfants. Il est à regretter que cette classe ne soit pas plus nombreuse ; son local est vaste, spacieux ; il pourrait facilement renfermer 120 élèves ; il y a cette année 85 élèves inscrits à la troisième classe ; il manquait par conséquent 20 enfants, ce sont les plus jeunes ; presque tous les absents étaient malades : le frère surveillant nous a déclaré qu'il n'y avait jamais eu dans la troisième classe aussi peu d'enfants.

Nous en avons fait lire une partie, tous les enfants connaissent leurs lettres, et quelques-uns lisent couramment et assez bien.

Les plafonds de la salle où se tient la 3ᵉ classe ont été déchirés par le dégel ; votre première section pense qu'il y aurait lieu de signaler cette détérioration à M. l'architecte de la ville....

Autre rapport sommaire sur la même école, du 4 août 1847.

Il y avait 44 enfants dans la 1ʳᵉ classe; leçon d'écriture ; nous avons visité les cahiers de tous les enfants ; ils sont généralement bien tenus.

45 élèves dans la 2e classe ; leçon d'écriture ; même observation.

82 enfants dans la 3e classe ; leçon de lecture ; nous en avons interrogé un grand nombre ; à l'exception de cinq ou six, tous ces petits enfants connaissent leurs lettres.

La santé de tous est satisfaisante. Le médecin chargé de l'école de la rue Large y fait des visites assez fréquentes pour que les maux contagieux aient disparu. Les soins de propreté sont attentivement surveillés par les frères.

Nous croyons devoir encore une fois rappeler au comité qu'il existe une lacune dans l'enseignement élémentaire, à l'école de la rue Large : l'enseignement de la musique. Le comité local et le conseil municipal ont décidé, avec raison, que l'enseignement de la musique serait donné dans toutes les écoles primaires de garçons ; et la musique est enseignée dans les écoles de frères de la rue du Jard, de l'Esplanade Cérès et de la rue Perdue, par un professeur particulier qui reçoit un traitement de 600 francs de la caisse municipale.

Le comité local n'a pas à se préoccuper de la question financière ; toutefois, en reconnaissant et en signalant cette différence injuste, — préférence pour les enfants habitant un quartier, — omission pour les autres, — le comité a dû rechercher quelle serait la somme nécessaire pour doter du même bienfait les enfants des écoles de la rue Large et de la rue des Telliers. Une somme de 100 fr. serait, nous assure-t-on, suffisante pour faire donner des leçons de musique dans ces deux écoles par le même professeur, M. Schlecht : il y est tout disposé : en outre, les tableaux de musique sont déjà achetés et placés dans le local des deux écoles : nous pensons que le comité doit insister vivement auprès de l'administration pour que ces deux écoles, celle de la rue Large et celle de la rue des Telliers, reçoivent enfin, comme toutes les autres écoles primaires de garçons, le bienfait reconnu utile de l'enseignement musical.

Déjà, à la séance du comité local du 8 juillet 1844, un des membres avait fait observer que, jusqu'alors, les élèves des écoles rue Large et rue des Telliers ne profitaient pas des leçons de musique vocale données dans les autres écoles communales de garçons...

M. le président avait fait remarquer que ces deux écoles avaient toujours été considérées comme annexes aux autres écoles dirigées par les frères, et que, par cette raison, le cours de musique n'y avait pas été organisé.

Le comité, après avoir discuté la motion, considérant que le nombre des élèves qui fréquentaient l'école de la rue Large était très considérable, avait émis l'avis qu'il serait utile d'y faire donner des leçons de chant.....

Jusqu'à la fin de 1847, l'avis du comité n'avait pas été pris en considération : depuis lors, la situation resta la même; les enfants qui fréquentent l'école de la rue Large ne reçoivent pas encore de leçons de chant. Pourquoi cette différence, cette inégalité, cette injustice ?.... Est-ce une question de budget?... Est-ce indifférence et négligence de la part de l'administration municipale ?...

Rétablissez la vérité des faits : ne considérez pas cette école comme une annexe de celle de la rue du Jard ; l'école de la rue Large est une école modèle du système simultané. Ah ! qu'il serait donc à désirer, dans l'intérêt des progrès et de la santé de nos enfants, que toutes nos écoles communales fussent aussi spacieuses et aussi complètement appropriées à l'enseignement que l'école de la rue Large ! ..

ÉCOLE DE L'ESPLANADE CÉRÈS.

Tout le monde sait à Reims que depuis vingt ans environ, le faubourg Cérès a pris une extension chaque jour plus considérable, des deux côtés de la route qui conduit au canton de Beine et au département des Ardennes. Déjà, en 1826, les habitants en grand nombre se fixaient en dehors de la ville, y transportaient leur famille, leur industrie ; l'attention de l'administration municipale fut attirée sur cette partie de la population ; il fallut pourvoir à la satisfaction de leurs besoins moraux, intellectuels, tout en s'occupant de l'assainissement et de l'entretien du grand faubourg.

Les enfants en particulier durent fixer la sollicitude des magistrats. Éloignés du centre de la ville, les parents négligeaient de les envoyer aux écoles, et le vagabondage dans les rues, les mauvaises habitudes qui en sont la suite, l'ignorance et la malpropreté de ces pauvres enfants abandonnés à eux-mêmes, attristaient les yeux des passants et le cœur de tous les citoyens.

Le remède avait été plusieurs fois proposé ; c'était l'ouverture d'une école dans le voisinage de la porte Cérès ; des offres et des promesses avaient été mises en avant ; elles se réalisèrent, dès que l'administration fut en mesure de commencer l'érection d'une école.

Cela était d'autant plus nécessaire, que non-seulement les enfants du faubourg Cérès, mais encore les enfants qui habitaient le quartier de l'ancienne paroisse Saint-Hilaire, étaient privés du bienfait de l'instruction primaire. La paroisse Saint-Hilaire, on se le rappelle, avait été en quelque sorte le berceau des écoles gratuites pour les enfants pauvres de Reims.

Nous exposons les faits :

Dans la séance du 25 mai 1827, M. Andrieux, 1er adjoint, faisait au conseil municipal l'exposé suivant :

Messieurs, l'instruction des enfants de la classe indigente a constamment et à juste titre excité votre sollicitude. Aux époques successives de la discussion de vos budgets antérieurs et plus particulièrement de celui de l'exercice de 1827, vous avez reconnu l'insuffisance du nombre des écoles actuellement existant, des frères des écoles chrétiennes, et vous avez admis le principe de l'établissement d'une nouvelle école qui serait particulièrement destinée à l'éducation des enfants appartenant au quartier avoisinant la porte Cérès, et à ceux du faubourg Cérès. L'impossibilité où nous nous sommes trouvés et où nous nous trouvons encore, de nous procurer une maison propre à cet établissement, nous réduit à la nécessité d'en construire une sur un terrain appartenant à la ville et attenant à la porte Cérès. C'est dans ces vues que vous avez voté au budget de 1827 pour 1er à-compte, un fonds de 14,000 fr. commun à la construction de cette école et à la translation de celle établie sur la paroisse de St-Jacques. Ce vote, MM., a reçu l'approbation royale.

Les vues qui vous animent sont partagées et secondées par des âmes généreuses et charitables. Pour parvenir à l'établissement de la nouvelle école dont je viens de vous parler, feue madame veuve Ruinart-Tronsson a légué une somme de 2,800 fr. Cette somme dont l'acceptation est autorisée par l'ordonnance royale du 28 décembre 1825, est portée au chapitre des recettes extraordinaires du budget de 1827.

Antérieurement feue madame Maillefer-Ruinart a, par son testament, légué pour les mêmes fins, une somme de 2,000 francs, et le bureau de bienfaisance a été autorisé à accepter cette somme, qui maintenant par la capitalisation annuelle des intérêts se trouve former un capital d'environ 3,000 francs. Cette somme sera rendue disponible aussitôt qu'il en sera besoin.

D'autre part, dans votre séance du 10 février 1826, j'ai eu l'honneur de vous communiquer une lettre par laquelle Mlle Marie-Jeanne Renart, propriétaire en cette ville, m'exprimait son intention de donner une somme de 5,000 fr. pour concourir d'autant à l'établissement d'une école primaire destinée aux enfants du faubourg Cérès.

J'ai aujourd'hui la satisfaction de vous annoncer que Mlle Ruinart a réalisé sa généreuse intention par acte sous seings privés du 21 avril 1827. Par le même acte j'ai pris, au nom de la ville, l'engagement d'acheter ou de faire construire à l'entrée du faubourg Cérès, près de l'esplanade, une maison convenablement disposée.

Le conseil municipal, après avoir entendu cet exposé
..... Considérant que la ressource que la ville rencontre dans les vues aussi louables que charitables de Mlle Ruinart, est d'autant plus précieuse qu'elle fournira à l'administration municipale des moyens plus

prompts de remplir son vœu le plus cher, celui
d'assurer l'instruction gratuite des enfants de la classe
indigente, adopta la résolution suivante:

« M. le maire est autorisé à remplir telles formalités qu'il appartiendra à l'effet d'obtenir de S. M.,
l'autorisation d'accepter, pour et au nom de la ville
de Reims, la donation de cinq mille francs, faite ainsi
qu'il est dit ci-dessus, par Mⁱⁱᵉ Marie-Jeanne Renart,
pour ladite somme être d'autant et exclusivement
employée, conformément aux intentions de la donatrice,
à l'établissement d'une nouvelle école des frères des
écoles chrétiennes, à l'entrée du faubourg Cérès.... »

Dans la séance du 9 juin 1827, le conseil, après
avoir entendu le rapport fait par M. le maire sur la
construction des deux nouvelles écoles à établir;
l'une dans la rue des Capucins destinée aux enfants
de la paroisse de St-Jacques, et l'autre sur l'esplanade
Cérès, destinée aux enfants du faubourg Cérès et à
ceux du quartier de la porte Cérès et plus particulièrement de l'ancienne paroisse de St-Hilaire;

Vu les devis et plans dressés par l'architecte de
la mairie pour la construction de ces deux écoles,
les devis descriptifs des travaux à exécuter et esti-
matifs de la dépense qui devait en résulter, laquelle
était évaluée à la somme de 27,500 fr.

Vu l'ordonnance royale du 28 mars 1827.

Considérant que l'établissement des deux nouvelles écoles prémentionnées avait été antérieurement
délibéré par le conseil et approuvé par l'autorité
supérieure, et qu'il n'était actuellement question
que des moyens d'exécution.

Considérant que pour compléter les ressources
nécessaires à l'acquittement de la dépense renseignée

au devis, il convenait par le conseil de voter au budget de 1828, la somme subsidiaire de 5,500 francs ;

Considérant qu'il était question de l'un des objets qui intéressaient le plus la société, de l'instruction et de l'éducation des enfants de la classe indigente.

Par ces considérations, le conseil en admettant le principe qui devait être voté au budget municipal de 1828 la somme complétive indiquée ci-dessus de 3,500 fr.

Approuva les arrêtés pris les 1er et 3 de juin 1827 par M. le maire, pour la mise en adjudication des travaux.

Les constructions de l'école de l'esplanade Cérès s'élevèrent avec rapidité, et au commencement de 1828, les frères des écoles chrétiennes purent y ouvrir leurs classes à de nombreux enfants.

Cette école de l'Esplanade qui se trouve, à différents points de vue, dans des conditions à peu-près satisfaisantes, resta pendant plusieurs années divisée seulement en deux classes, et ce ne fut que huit ou neuf ans après qu'elle reçût son entier développement.

Dans la séance du 16 novembre 1836, M. le maire rappela au conseil qu'à la séance du 12 septembre 1836, il avait demandé l'autorisation de faire mettre en adjudication des travaux évalués par un devis de l'architecte à 4,517 fr. 62 c., pour l'achèvement de la 3e classe de l'école des frères de l'Esplanade Cérès, pour l'annexe d'un bûcher à cette école, et pour la construction d'un mur de clôture d'un terrain y attenant.

Le conseil ne se trouvant pas suffisamment éclairé, avait réclamé des renseignements sur la question de propriété de l'école et du terrain sur lequel elle était construite, ainsi que sur le plan des travaux proposés; M. le maire établit alors par des documents puisés dans les archives de la mairie, que cette école avait été bâtie sur un terrain communal et aux frais de la caisse municipale, à laquelle cette construction avait coûté 17,418 fr. 40 c.; que seulement cette dépense avait été allégée au moyen d'un legs de 2,800 fr., fait à la ville par M⁰ᵉ Vᵉ Ruinart-Tronsson décédée en 1825, et d'une donation de 6,000 fr. faite aussi à la ville par Mˡˡᵉ Renart, en 1827.

Il annonça ensuite qu'il avait invité une commission prise dans le sein du conseil à se transporter sur l'Esplanade avec M. l'architecte pour examiner s'il n'y aurait pas lieu à modifier le premier devis des travaux à faire.

Il donna la parole au rapporteur de cette commission, qui rendit compte du résultat de son examen et des nouvelles dispositions concertées entre elle et l'architecte. Un nouveau plan dont la dépense est de 1,500 fr., moindre que celle du premier, fut présenté.

Ce rapport entendu et après en avoir délibéré,

Le conseil, considérant qu'à l'avantage d'une économie de dépense, le dernier plan réunit celui d'un bûcher fermé, au lieu d'un simple hangar, et celui d'un petit dépôt de pompe à incendie communiquant à la voie publique;

Adopta ce dernier plan et la dépense de 3,100 fr. qui devait en résulter;

En conséquence, arrêta que les travaux, nécessaires pour l'exécution de ce dernier plan, seraient exécutés;

Arrêta en outre que, pour subvenir au payement de tous ces travaux, un crédit de 3,100 francs serait inscrit au budget de 1837, chapitre des dépenses extraordinaires, section de l'instruction publique.

Toutefois, par suite de rectifications et additions à de nouveaux devis, les dépenses s'élevèrent à 4,128 francs. L'école de l'Esplanade fut ainsi complétée et fermée.

Dans la séance du 19 février 1838, M. le maire demanda, dans un long exposé, un bill d'indemnité au conseil pour avoir dépassé le crédit qui lui avait été alloué. Le conseil municipal approuva les motifs de l'administration, et l'excédant de crédit fut reporté au chapitre des dépenses imprévues du budget de 1837. Nous ne croyons pas devoir analyser cette curieuse séance du 19 février 1838; mais il n'est pas sans intérêt d'en lire les détails pour l'histoire même de l'administration à cette époque.

L'école de l'Esplanade Cérès nous paraît être dans des conditions satisfaisantes. Cependant il y aurait, sur beaucoup de points spéciaux, des améliorations utiles à indiquer.

La première section du comité local a visité, le 31 janvier 1848, l'école des frères de l'Esplanade Cérès.

Notre inspection s'est prolongée pendant deux heures.

Dans la 1re classe, 53 enfants présents. Nous avons visité tous les cahiers d'écriture; quelques-uns, ceux des élèves les plus avancés, nous ont paru très-satisfaisants, sous le rapport de l'écriture proprement dite et de l'orthographe. Presque tous les cahiers étaient tenus avec soin.

Les mains des enfants sont toujours fort sales;

nous croyons que les frères ne leur font pas peut-être, sous ce rapport, toutes les recommandations nécessaires.

Nous avons assisté au commencement de la leçon d'arithmétique ; nous avons interrogé un grand nombre d'enfants sur la table de multiplication et sur les éléments du système métrique : les réponses qui nous ont été faites nous ont prouvé que les leçons du maître étaient bien comprises.

Dans la 2ᵉ classe, 70 enfants étaient présents ; il y en a 75 inscrits sur les contrôles, il n'en manquait que 5 par conséquent. Les enfants lisent bien et couramment en général.

3ᵉ classe ; 128 enfants sont inscrits ; il n'y en avait que 92 présents au moment de notre visite. Cette différence considérable n'a qu'une cause momentanée ; quelques jeunes enfants sont malades ; d'autres sont retenus chez leurs parents par le mauvais temps et le dégel. Il faut remarquer que ce sont les plus jeunes, ceux dont le domicile est très éloigné de l'école, et les familles appréhendent de les envoyer à l'école dans des conditions qui pourraient être nuisibles à leur santé ; quelques-uns enfin se rendent inexactement à l'école, et restent sur les routes et sur le boulevard Cérès, malgré la vigilance des instituteurs.

Visite le 7 avril 1848 à l'école d'enseignement mutuel dirigée par M. Charpentier ; et à l'école des frères de l'esplanade Cérès.

A l'école de l'enseignement mutuel, les enfants étaient en grand nombre ; la liste de présence en comptait 147 ; tous attentifs, appliqués à leurs études, bien disciplinés sous la main ferme et vigilante de l'instituteur. — La méthode d'enseignement mutuel produit, dans l'école du 2ᵉ arrondissement, les résultats remarquables par l'ensemble et l'unité des exercices et des progrès des enfants : malgré les vives préoccupations du dehors, qui, nécessairement, trouvent un écho dans l'intérieur des classes élémentaires, l'application des élèves, l'ardeur intelligente des moniteurs, le zèle et la persévérance du maître, ne se sont pas ralentis. Nous croyons fermement que le mode de l'enseignement mutuel, à mesure qu'il se complète et se perfectionne par les améliorations réalisées chaque jour, doit être, dans l'avenir, l'une des bases fondamentales de l'éducation publique et nationale, applicable à tous les enfants et à toutes les classes de la société.

Ecole de l'Esplanade Cérès. — Peut-être, dans cette école, n'avons-nous pas trouvé le même ordre, la même régularité dans les exercices, la même application chez les enfants : le maître de la 1ʳᵉ et le maître de la 3ᵉ classe ont été récemment changés ; et ces modifications du personnel des instituteurs, sans être de nature à porter gravement atteinte à la discipline, peuvent cependant éveiller l'inattention ou la turbulence des enfants.

Leçons d'arithmétique et d'écriture dans la 1ʳᵉ classe : des problèmes sur le système métrique, des calculs des fractions décimales, ont été expliqués devant nous avec facilité : nous avons parcouru tous les cahiers de verbes et les compositions d'écritures ; l'orthographe est généralement satisfaisante, et les règles de la grammaire française bien comprises.

Nous répétons ici une observation que déjà nous

avons-eu l'honneur d'adresser au comité ; c'est que les modèles d'écriture et les dictées faites aux enfants, ne sont autre chose la plupart du temps que des préceptes abstraits de la science théologique, ou des phrases détachées, sans signification, sans intérêt : on ne fait pas appel avec assez d'autorité à l'intelligence des élèves ; et ces dictées, ces compositions qui pourraient être pour eux l'occasion d'apprendre les principaux évènements de l'histoire et les notions essentielles de la géographie, ne concourent presque jamais à développer leur esprit ou à exercer leur mémoire.

Dans un précédent rapport, la première section de votre comité vous signalait ces inconvénients, notamment dans l'enseignement élémentaire des filles : nous pensons que le moment est arrivé d'y porter remède dans une large mesure : nous insistons particulièrement sur la révision immédiate de tous les livres en usage dans toutes nos écoles communales : l'enseignement oral n'occupe dans nos écoles qu'une place fort limitée ; l'enseignement des livres est une des bases fondamentales de l'instruction des enfants ; et si ces livres sont défectueux, incomplets, inutiles ou dangereux, l'instruction sera nécessairement incomplète ou mauvaise : elle n'atteindra pas le but auquel nous voulons arriver.

Une amélioration matérielle est réclamée par les frères de l'Esplanade ; la 1re et la 3e classe s'ouvrent directement sur la cour intérieure de l'école : dans la 2e classe, il n'y a que deux croisées prenant leurs jours sur ce préau ; pour y arriver, il faut que les enfants de la 2e classe traversent à chaque instant la 1ʳᵉ classe, ce qui est une cause de dérangements et de dissipation pour les enfants : nous estimons qu'il serait facile, et avec une dépense fort minime, de convertir l'une des ouvertures de la 2ᵉ classe en porte ayant accès direct sur le préau : nous prions le comité de vouloir bien recommander cette observation à l'administration municipale (1).

ÉCOLE DE LA RUE PERDUE.

La dernière école primaire, gratuite et communale, dirigée par les frères des écoles chrétiennes, est celle de la rue Perdue. Importante par sa position au sein d'un quartier populeux, par le nombre des enfants qui la fréquentent, cette ancienne école est encore une de celles qui auraient besoin d'être agrandies et assainies. Avant la révolution de 1789, elle suffisait aux besoins de l'enseignement, pour les enfants de l'ancienne paroisse de Saint-Timothée ; mais actuellement, elle n'est pas en rapport avec son utile destination, et elle est à certains jours véritablement encombrée.

On le voit, nous formulons avec un peu trop d'hésitation peut-être, nos vœux pour la *réforme* de nos écoles municipales. Nous craignons que l'on ne se méprenne à nos paroles, et que l'on n'y cherche un blâme ou une accusation contre les administrateurs de la cité. Il n'en est rien...

Mais nous avons à cœur de répéter sans cesse et de

(1) On attend sans doute le moment des vacances et le mois de septembre, pour faire droit à cette observation ?

répéter bien haut, que la base fondamentale des sociétés futures, c'est l'instruction des enfants, c'est le développement intellectuel de leurs facultés, c'est leur éducation morale, religieuse, professionnelle. — Or, pour y parvenir d'une manière efficace, il faut avoir les regards constamment attachés sur nos écoles. L'école primaire élémentaire, c'est l'une des grandes assises de la civilisation moderne ; aussi dirons-nous sans relâche et aux gouvernants dont il faut stimuler le zèle et les efforts, et à nos concitoyens dont il importe de briser la dangereuse indifférence : agrandissez et développez nos écoles ; c'est là qu'est la pépinière des générations qui vont suivre, c'est là que sont nos enfants... C'est à l'école qu'ils apprennent à connaître et à aimer Dieu, à pratiquer le bien et à éviter le mal ; c'est là qu'ils doivent recevoir ces premières impressions ineffaçables qui, plus tard, dans la conduite de toute la vie, doivent dominer leurs actions, combattre les tentations, les théories fausses, les idées mauvaises, et faire prévaloir en eux les grandes notions du devoir et du travail.

C'est au commencement de 1824 que l'école de la rue Perdue fut définitivement rendue aux frères des écoles : nous nous sommes procuré l'acte d'acquisition par la ville, en date du mois de juillet 1823. — En voici le texte même :

Nous soussignés Jean Iréné-Ruinart de Brimont, chevalier de l'ordre royal de la légion d'honneur, maire de la ville de Reims, stipulant les intérêts de la ville et sous l'agrément du conseil municipal et de l'autorité supérieure, dans la vue d'assurer l'établissement de l'école chrétienne du 4ᵉ arrondissement scholaire de cette ville ; et Jean-Guillaume Gerly, boulanger et propriétaire, demeurant à Reims; tant en mon nom que comme me portant fort de Charles-Martin Gerly, mon fils, garçon boulanger, demeurant à La-Fère, département de l'Aisne, pour lequel je promets et m'oblige de faire ratifier l'acte ci-après à la première réquisition qui m'en sera faite d'autre part; et après avoir pris connaissance du procès-verbal dressé par M. Serrurier, expert nommé par nous pour les visites, désignation et estimation d'une maison sise à Reims, rue Perdue, n° 4, duquel rapport il résulte que ladite maison est estimée la somme de 3,400 fr.

Sommes convenus de ce qui suit savoir : moi, Jean-Guillaume Gerly, procédant comme dit est ci-dessus, me soumets par ces présentes de vendre et de transporter à la ville de Reims, ce acceptant par M. le maire, une maison, sise rue Perdue, n° 4, dans laquelle est établie l'école des frères de la paroisse de St-Remy, moyennant la somme de 3,400 francs portée au procès-verbal des experts.

Ladite maison, provenant originaire de l'école des frères de la paroisse de St Timothée de cette ville, avait été acquise par le sieur Pierre-Joseph Barbier, de son vivant foulon demeurant à Reims, suivant acte de vente passé par les administrateurs du département de la Marne, du onze thermidor an IV, et avait été donnée en dot par ledit sieur Pierre-Joseph Barbier à Marie-Justine Barbier sa fille lors de son mariage avec ledit Sr Jean-Guillaume Gerly, suivant contrat de mariage passé le 13 fructidor an VII, devant Me Danton et son collègue, notaires à Reims. Ladite Jeanne Barbier étant décédée, la propriété de ladite maison a été dévolue à ses deux en-

fants . sœur pour toute sauf sieur Charles-Martin
Gerly, et pour l'autre moitié, à Victoire-Pauline
Gerly, sa sœur, qui était décédée a laissé pour hériter
le même Charles-Martin Gerly, son frère, appelé à
recueillir les trois-quarts de la succession, et Jean-
Guillaume Gerly, son père, pour l'autre quart, de
sorte que ladite maison appartient maintenant, pour
un huitième, audit sieur Jean-Guillaume Gerly père,
et sept huitièmes à Charles-Martin Gerly.

D'ici au 1er janvier 1824, M. le maire se pourvoira auprès des autorités compétentes pour se faire
autoriser à en consommer l'acquisition.

La somme de 3.400 fr., prix d'acquisition, sera
payée en un seul et unique paiement dans le cours
de 1825.

Nous nous réservons jusqu'au jour du paiement la
jouissance de ladite maison, et nous continuerons à
en percevoir, pour notre compte, les loyers jusqu'au
dit jour.

La ville de Reims sera chargée du paiement de la
contribution foncière à compter du 1er janvier 1825.

Tous les frais qui pourront résulter de ladite vente,
seront à la charge de la mairie.

Et nous, maire de ladite ville, et en cette qualité, acceptons les présentes conditions, promettant
les remplir et exécuter ; comme aussi, dans le cas
de leur acceptation par le conseil municipal auquel
ces présentes seront communiquées lors de l'une de
ses premières réunions, faire toutes les diligences nécessaires pour obtenir de l'autorité supérieure la faculté d'acquérir, pour le plus grand avantage de la
ville, la propriété sus-désignée.

Le présent acte, rédigé double, a été signé par les parties contractantes.

Lorsqu'en 1833, le conseil municipal réduisit à trois seulement le nombre des écoles qui étaient dirigées par les frères, ces derniers durent quitter l'école de la rue Perdue ; mais ils y rentrèrent à la fin de 1838.

En effet, dans la séance du 24 septembre 1838, M. Gobet, 1er adjoint au maire, exposa au conseil que le local de la rue Saint-Sixte, où se tenait l'école des frères du 3e arrondissement, entretenue par une association particulière, n'appartenait pas à la ville ; qu'il était étroit, incommode et insalubre ; que le conseil ayant décidé qu'à compter du 1er janvier 1838, la caisse municipale rétribuerait tous les frères de la communauté de Reims, une conséquence naturelle de cette décision devait être de fournir un local à cette école.

Il proposa d'arrêter qu'elle rentrerait dans son ancien local, rue Perdue, qui lui avait été retiré pour y placer l'école mutuelle du 3e arrondissement.

Il présenta un devis, montant à 900 francs, des dépenses à faire pour rétablir les lieux dans leur ancien état.

Il proposa de transférer ladite école mutuelle dans le bâtiment construit, il y a quelques années, sur la place Suzanne, pour un corps de garde, et inoccupé depuis qu'un seul corps de garde avait été reconnu suffisant pour la tranquillité de la ville, faisant observer que ce nouveau local ne se prêterait pas à une division en trois classes avec corridor pour y communiquer, et par conséquent ne pourrait convenir pour l'école des frères.

26

Le revu qu'il somme au conseil evalua à 1,000 fr.
les frais de cette translation.

Après en avoir délibéré.

Le conseil, adoptant les motifs exposés par M. le
maire, approuva le projet de la double translation
proposée et les devis qui s'y rapportaient, pour recevoir leur exécution à la prochaine rentrée des écoles
primaires.

Dans sa séance du 29 septembre 1838, le conseil reconnut que, puisque le traitement de tous les
frères était à la charge de la caisse municipale, cette
caisse devait également supporter, du 1er janvier au
30 septembre, le loyer de la maison rue Saint-Sixte,
précédemment occupée par les frères, et louée par
M. Journial 550 francs par an.

Le conseil autorisa M. le maire à prélever sur le
fonds des dépenses imprévues la somme de 282 fr.
50 cent. pour cet objet.

Depuis cette époque, les frères restèrent en paisible
possession de l'école de la rue Perdue. Toutefois, le
nombre des enfants devint si considérable, qu'à la
date du 9 novembre 1841, le frère directeur adressait
la lettre suivante au maire de Reims :

M. le maire,

Connaissant l'intérêt tout particulier que vous portez
à nos écoles, je prends la confiance de vous en exposer les besoins.

Depuis longtemps le grand nombre d'enfants qui
fréquentent les classes de la rue Perdue, ne nous permet pas d'obtenir les succès que nous désirerions pour
les progrès des élèves ; un seul maître en ayant jusqu'à 160 et même 170 ; ce qui rend les progrès
impossibles et ce qui fatigue extrêmement le professeur.

Ces classes qui aujourd'hui comptent 277 élèves, n'en auront pas moins de 300 dans quelques semaines ; nous ne pouvons en mettre qu'une soixantaine dans deux des classes, il en reste donc de 170 à 180 pour la classe élémentaire ; ce qui est beaucoup trop pour un seul maître.

Je viens donc vous prier, M. le maire, de me donner un maître de plus pour cette classe élémentaire ; ce maître pendant l'hiver aidera dans la classe, et au bon temps, il sortira dans la cour ou ira sur le grenier avec une division ou deux, afin de soulager le maître de la classe ; en attendant que nous puissions avoir une place de plus ou une succursale sur le 5ᵐᵉ arrondissement.

J'ai l'honneur d'être, etc.

Frère Euphrone, directeur.

Cette demande ne fut pas accueillie par le conseil : l'école de la rue Perdue est actuellement, comme elle l'était en 1841, divisée en trois classes : la première compte soixante enfants ; la seconde, quatre-vingts ; celle des commençants renferme ordinairement cent cinquante enfants : nous avions raison de dire plus haut, que cet état de choses nécessitait une prompte réforme ; il est, en effet, contraire aux progrès des enfants, à la conservation de la bonne discipline, et peut-être même nuisible à la santé de l'instituteur, dont il épuise les forces, et à la santé des élèves rassemblés en trop grand nombre dans un local insuffisant.

Nous avons, à diverses reprises, visité l'école des frères de la rue Perdue ; toutes les observations présentées par nous et par nos collègues au comité local, avaient constamment pour conclusion qu'il serait urgent d'agrandir et d'améliorer cette école : en présence de la crise qui pèse si lourdement sur le trésor municipal, nous devons nous borner à formuler des vœux pour l'avenir. — L'avenir ! ah ! l'avenir n'est-il pas pour nous l'instruction et l'éducation des enfants de notre ville?....

A l'hôpital général, les frères se dévouent également à instruire les enfants trouvés qui y sont rassemblés des différents points de notre arrondissement ; c'est depuis le mois d'octobre 1842 qu'ils se sont consacrés à l'éducation de ces pauvres abandonnés.

Dans la séance du 14 novembre 1842, M. de St-Marceaux disait au conseil municipal :

Dans votre séance du 7 sptembre 1842, vous avez donné votre avis, tant sur le compte d'administration des hospices civils pour l'exercice 1841, que sur les chapitres additionels à leur budget de 1842.

Depuis, une mesure nouvelle, adoptée par la commission administrative de cet établissement dans l'intérêt de la meilleure instruction des enfants de l'hôpital général, a donné lieu à un objet de dépenses qui n'avait pu être prévu ni au budget primitif, ni au budget supplémentaire.

De fréquentes mutations survenues pendant les dernières années, dans la direction de l'école des garçons, ont fait reconnaître à la commission qu'il serait presque impossible de se procurer un bon maître, avec espoir de le conserver longtemps, et qu'il était opportun d'introduire à l'hôpital général le système d'enseignement des frères des écoles chrétiennes.

Elle a fait des démarches auprès du supérieur général de cet Institut, qui a mis à sa disposition deux de ses frères, à la condition d'un traitement annuel de 700 fr. pour chacun d'eux, et d'un trousseau, dont la valeur a été fixée à forfait à la somme de 750 fr. pour les deux frères.

Par un arrêté du 7 octobre, la commission a formé la demande d'un nouveau crédit supplémentaire de la somme de 1,100 fr. à son budget de 1842, pour assurer le paiement, 1° du trousseau des deux frères, 2° et de leur traitement pendant le dernier trimestre de l'année.

Vous devez être consultés, messieurs, sur cette demande, suivant l'art. 21, § 6, de la loi du 18 juillet 1837.

Nous pensons que, comme nous, vous donnerez un plein assentiment à la mesure prise par MM. les administrateurs des hospices, dans un intérêt bien entendu de l'instruction morale et religieuse des enfants de l'hôpital général, et de la bonne discipline de l'école.

Le conseil appuya d'un avis favorable la demande des administrateurs des hospices, il autorisa l'administration à porter à son budget la somme nécessaire au trousseau et au traitement des deux frères.

Le comité local a visité à plusieurs reprises l'école de l'hôpital-général qui depuis la fin de 1842, n'a pas cessé d'être dirigée par les frères des écoles chrétiennes : nous croyons inutile d'ajouter qu'ils se dévouent à l'instruction des jeunes enfants trouvés avec une sollicitude égale à celle qu'ils déploient dans toutes nos écoles primaires municipales.

Ce serait ici le lieu peut-être de nous occuper avec quelque étendue d'un établissement important, que les frères des écoles chrétiennes ont érigé depuis le commencement de 1845, dans la rue de Venise, sous le titre de demi-pensionnat : c'est une école primaire non gratuite, à la fois élémentaire et supérieure, qui comprenait, au commencement de 1848, environ cent élèves, et qui, grâce à des efforts persévérants, est arrivée rapidement à réunir de nombreux suffrages.

Nous dirons sans arrière-pensée notre sentiment sur la création du demi-pensionnat des frères ; suivant nous, les frères des écoles chrétiennes ont formellement méconnu leurs statuts en fondant cet établissement, ils se sont écartés de leur règle : ce qui peut les absoudre toutefois, ce sont les importants services que le demi-pensionnat est appelé à rendre aux jeunes générations qui nous entourent.

Nous en aurons bien long à dire sur ce chapitre ; nous réservons pour le second volume de ces essais tous les développements dans lesquels nous serons obligés d'entrer. — Ils trouveront leur place naturelle en tête de la grave question des adultes.

Il ne nous a pas été possible de réunir tous les documents relatifs à la statistique des enfants admis dans les écoles dirigées par les frères. Nous eussions voulu présenter un tableau exact et complet durant une période de cinquante ans environ : nous ne serons en mesure de le produire qu'à la suite des documents que contiendra le second volume.

On peut évaluer à 1,175 le nombre des enfants admis à fréquenter, au mois de janvier 1848, les cinq écoles dirigées par les frères. Ils sont ainsi répartis :

École de la rue du Jard............	320	enfants.
— — des Telliers........	142	»
— — Large.............	192	»
— — Esplanade Cérès....	248	»
— — Perdue...........	273	»

A la fin de 1847, le personnel des frères de Reims était réparti dans les différentes écoles de la manière suivante :

MM.	Dits en religion	
VALLÉE Auguste,	Fre Casimirien,	1re classe (école du Jard).
VION Edouard,	Fre Vion,	2e » »
TERLET Auguste,	Fre Agobert,	3e »
CHAPPET Martin,	Fre Ayricus,	4e » »
GOSSET Rieul,	Fre Rieul,	1re classe (rue Pardue)
GUILLET Henri,	Fre Agapius.	2e » »
LOUIS Jacques,	Fre Aulien,	3e » »
DUMONT Joseph,	Fre Maxime,	1re classe (porte Cérès).
GUÉRINEAU Louis,	Fre Louis,	2e » »
MUGNIER François,	Fre Aptade,	3e » »
POLLET Honoré,	Fre Honoratus,	1re classe (rue Large).
TIXIER Félix,	Fre Amon,	2e » »
BENOIT Georges,	Fre Ausbertus,	3e » »
BOUVOT Xavier,	Fre Almire,	1re classe (rue des Telliers).
VILLEMET Auguste,	Fre Abriel,	2e » »

Le directeur est M. Philippeaux, dit en religion frère Euphrone.

Le personnel des frères instituteurs a été presque entièrement renouvelé au mois d'octobre 1848.

———

Nous n'avons que bien imparfaitement esquissé l'histoire des frères des écoles chrétiennes à Reims ; nous n'avons pas abordé le côté grave et philosophique des questions soulevées par notre récit : nous sommes obligés de laisser en ce moment de côté toute discussion, toute appréciation des méthodes d'enseignement et des résultats obtenus. Nous espérons que dans une prochaine publication, nous revien-

drons et sur l'ensemble des faits historiques et sur
les détails de l'enseignement primaire adopté par les
frères : nous pénétrerons avec eux dans les classes ;
nous prendrons place à côté de leurs chaires ; nous
nous ouvrirons leurs livres, tous leurs livres ; et
nous dirons notre pensée sur tous les points ; nous
proclamerons les bienfaits, nous dirons les louanges,
nous ne tairons pas les critiques ; nous signalerons
les améliorations à introduire ; mais nous pouvons
le répéter dès à présent, l'Institut des frères des
écoles chrétiennes nous apparaîtra toujours comme
l'un des plus fermes appuis du principe de l'émancipation intellectuelle, et comme l'un des puissants
soutiens du christianisme.

ÉCOLES MUTUELLES.

—

Les systèmes d'enseignement adoptés et mis en pratique dans les écoles primaires, peuvent être considérés comme se rattachant à trois divisions principales :

L'enseignement individuel ;

L'enseignement simultané ;

L'enseignement mutuel.

Ces trois formes de l'enseignement primaire, bien distinctes entre elles, peuvent néanmoins se coordonner et se combiner, en tenant compte des circonstances particulières au milieu desquelles se trouvent les maîtres, les élèves et les écoles.

Nous nous bornerons dans cet essai à indiquer sommairement les sources où prit naissance le système de l'enseignement mutuel, à en suivre les développements et les progrès, à en constater les succès, à en prouver les avantages sans en dissimuler les difficultés et les défauts.

Suivant M. le baron de Gérando (1), l'enseignement mutuel avait été pratiqué déjà chez les anciens ; il

(1) Encyclopédie des gens du monde. Tom. IX. 8e partie, p. 564.

avait été recommandé par l'un des principaux res-
taurateurs des études modernes, par Erasme ; le sage
Rollin l'avait vu pratiquer à Orléans et l'avait jugé
digne d'attention ; madame de Maintenon l'avait introduit à Saint-Cyr. A son exemple, plusieurs congrégations religieuses, livrées à l'éducation des filles,
en avaient adopté des parties plus ou moins nombreuses. Heurbault, en 1741, le mit en vigueur
à Paris, dans l'hospice de la Pitié. Le chevalier Paulet
en avait fait la base de l'institution qu'il avait érigée
et qui avait obtenu la bienveillance, la protection et
les libéralités particulières de Louis XVI.....

A la fin du 18ᵉ siècle, à Egmore, près de Madras,
dans les Indes, un Écossais, André Bell, ministre
de l'église anglicane, était inspecteur d'une école
d'orphelins : les maîtres étaient rares, les enfants
nombreux, et depuis longtemps, dans cette école
d'Egmore, on avait employé pour instruire les orphelins ce moyen simple et ingénieux à la fois que
déjà Heurbault et le chevalier Paulet avaient mis en
œuvre à Paris. — On divisait les enfants par groupes
et par séries suivant leur degré d'instruction, et les
plus avancés montraient aux plus jeunes réunis en
cercle autour d'eux, ce qu'ils avaient précédemment
appris ; la tâche de l'inspecteur devenait facile ; il
animait l'école toute entière par sa présence ; et
sa surveillance active s'étendait à chaque enfant
par l'intermédiaire des chefs de groupes, les moniteurs ; les progrès étaient plus rapides, les enfants
plus constamment occupés ; la discipline plus régulièrement observée ; et l'instruction du maître s'in-
filtrait ainsi peu à peu dans l'esprit des jeunes élèves,
sans fatigues, sans efforts ; les dépenses étaient sim-
plifiées, le même résultat était atteint.

André Bell resta à Madras de 1790 à 1795 ; de retour en Angleterre, il adressa à la compagnie des Indes un mémoire sur la méthode d'enseignement qu'il avait appliquée et développée, comme inspecteur de l'école d'Egmore ; ce rapport fut publié à Londres en 1797.

Il y avait à Londres, à cette époque, un jeune homme qui était né au mois de novembre 1778, et dont on remarquait la maturité précoce, les mœurs graves, les habitudes austères ; on l'appelait Joseph Lancaster, il était pauvre, et il appartenait à la secte dissidente des Quakers.

Il consacrait ses jeunes années à la prière et à l'étude ; son esprit recueilli se sentait entraîné vers une existence d'abnégation et de sacrifices, mais, avant toutes choses, utile. Et déjà, plus d'une fois, il avait médité sur les moyens de sauver les enfants de la classe indigente de l'ignorance et de l'abandon moral, intellectuel, religieux.

C'était en 1797 ; Joseph Lancaster avait 19 ans ; il ouvrit dans le quartier de St-Georges-Fields, un des plus misérables de Londres, une petite école pour les enfants pauvres. C'est alors que le mémoire du ministre Bell lui tomba entre les mains, et révéla à son imagination attentive et charmée tout un monde de découvertes pour la réalisation de ses graves projets ; l'horizon s'entr'ouvrit à ses yeux ; Lancaster relut, étudia le livre de Bell, et immédiatement il se mit à l'œuvre. Il organisa, améliora le système d'enseignement en germe dans le mémoire de l'inspecteur de Madras ; et trois ans après, était déjà sortie de ses courageux et persévérants efforts la découverte du système d'enseignement mutuel.

Il n'entre pas dans notre plan de suivre le quaker Lancaster et le ministre Bell dans leurs rivalités et dans leurs luttes. Ces luttes, qui prolongent encore aujourd'hui en Angleterre et en Écosse les partisans de Lancaster et ceux de Bell, eurent pour origine l'intolérance du haut clergé anglican. La méthode nouvelle, que Lancaster avait appelée, en 1805, dans les plus beaux jours de sa popularité et de ses succès : *Système royal lancastérien d'éducation*, se répandit dans tous les comtés de l'Angleterre, de l'Irlande, de l'Écosse. Les biographes de Lancaster nous le représentent voyageant sans cesse de ville en ville, organisant son système sur une vaste échelle, actif, infatigable, dévoué, comme l'avait été à travers toutes les provinces de France, un siècle auparavant, le bon et immortel De la Salle, le chanoine de Reims.

En 1811, ajoutent-ils, 92 écoles se trouvaient fondées dans les trois royaumes de la Grande-Bretagne, et 30,000 enfants étaient élevés d'après la méthode de l'enseignement mutuel.

Les chagrins, les revers, les persécutions et les attaques injustes accablèrent bientôt le modeste quaker : il se découragea, quitta l'Angleterre en 1816 ; il alla traîner en Amérique une vie pleine de misères et d'angoisses. Il termina ses jours aux États-Unis, à New-Yorck, le 24 octobre 1838, au milieu de grands et prospères établissements où les enfants étaient élevés *d'après les principes de la méthode lancastérienne* (1) ;

(1) V. Améliorations dans l'Instruction, publié en 1803, par Joseph Lancaster ; ouvrage traduit en français, en 1815, par le duc de Larochefoucauld-Liancourt, sous ce titre : Système anglais d'Instruction, ou Recueil complet des améliorations mises en pratique par Jos. Lancaster.

V. surtout les mémoires de Lancaster.

V. encore Bell's Manual of public and private education. — Bell's Elements of tuition. — The wrongs of children, by Andrew Bell, etc.

André Bell resta à Madras de 1790 à 1795 ; de
retour en Angleterre, il adressa à la compagnie des
Indes un mémoire sur la méthode d'enseignement
qu'il avait appliquée et développée, comme inspecteur de l'école d'Egmore ; ce rapport fut publié à
Londres en 1797.

Il y avait à Londres, à cette époque, un jeune
homme qui était né au mois de novembre 1778, et
dont on remarquait la maturité précoce, les mœurs
graves, les habitudes austères ; on l'appelait Joseph
Lancaster, il était pauvre, et il appartenait à la secte
dissidente des Quakers.

Il consacrait ses jeunes années à la prière et à l'é-
tude ; son esprit recueilli se sentait entraîné vers
une existence d'abnégation et de sacrifices, mais,
avant toutes choses, utile. Et déjà, plus d'une fois,
il avait médité sur les moyens de sauver les enfants
de la classe indigente de l'ignorance et de l'abandon
moral, intellectuel, religieux.

C'était en 1797 ; Joseph Lancaster avait 19 ans ;
il ouvrit dans le quartier de St-Georges-Fields,
un des plus misérables de Londres, une petite école
pour les enfants pauvres. C'est alors que le mémoire
du ministre Bell lui tomba entre les mains, et révéla
à son imagination attentive et charmée tout un
monde de découvertes pour la réalisation de ses
graves projets ; l'horizon s'entr'ouvrit à ses yeux ;
Lancaster relut, étudia le livre de Bell, et immédiatement il se mit à l'œuvre. Il organisa, améliora
le système d'enseignement en germe dans le mémoire
de l'inspecteur de Madras ; et trois ans après, était
déjà sortie de ses courageux et persévérants efforts
la découverte du système d'enseignement mutuel.

On doit à cette société l'introduction dans notre pays de la méthode mutuelle, son perfectionnement et sa conservation, alors qu'elle était proscrite; sa propagation dans les principaux états de l'Europe continentale, dans les possessions françaises de l'Afrique et de l'Asie, à l'île de France, en Egypte, à Haïti, au Mexique, à la Colombie, au Chili, à Buenos-Ayres, au Brésil.

Elle a composé les premiers tableaux de lecture, d'arithmétique et de grammaire. On lui doit la méthode d'écriture le plus généralement pratiquée, ainsi que l'enseignement du dessin linéaire, et celui du chant, d'après la méthode de l'un de ses membres, l'illustre Bocquillon Wilhem, fondateur de l'Orphéon...... (1). »

La méthode d'enseignement mutuel introduite en France, en 1815, y fit de rapides progrès, et d'importants succès vinrent encourager et récompenser les amis de l'instruction primaire.

La ville de Reims ne tarda pas à suivre, quoique avec réserve, le mouvement qui se produisait de toutes parts en faveur de l'enseignement mutuel: le conseil municipal se réunit plusieurs fois pour délibérer sur la question; il nomma une commission qui, à la suite de nombreuses conférences, présenta son rapport au conseil, dans la séance du 9 décembre 1817:

Ce rapport avait pour objet d'examiner les différents points suivants:

1° L'établissement dans cette ville d'une école élémentaire basée sur l'enseignement mutuel;

(1) Annuaire des sociétés savantes de la France et de l'étranger, année 1846, p. 270.

2° Les frais de premier établissement qui en seraient naturellement la suite ;

3° Le droit de présentation tant par l'autorité supérieure que par le maire, d'un certain nombre d'élèves pour être instruits gratuitement ;

4° Enfin la fixation des honoraires du professeur à payer par les enfants de familles aisées.

Le conseil municipal, après avoir pris une nouvelle lecture de la lettre de M. le baron de Jessaint, préfet du département de la Marne, du 24 novembre 1817, relative à l'établissement de cette même école, dans la ville de Reims , prit la délibération suivante :

Considérant que cette école, demandée par le conseil général du département, a été fixée à Reims par M. le préfet, fixation tellement approuvée par S. E. le ministre de l'intérieur, qu'un professeur pour cette école, dont la société, pour l'enseignement élémentaire, rend le témoignage le plus avantageux, a été envoyé à Reims, et, par arrêté de M. le préfet, il est accordé à ce professeur un traitement de douze cents francs, à partir du 1er novembre 1817 ;

Considérant que les frais de premier établissement d'une telle institution appartiennent à tout le département, et que Reims n'étant que le lieu choisi pour sa fixation, la ville ne peut, dans tous les cas, être chargée de l'acquit de tous ces frais ; que d'ailleurs, le conseil général du département, ayant voté pour ce sujet, pour l'exercice de 1817, une somme de douze cents francs, et le traitement du professeur étant fixé à raison de cent francs par mois, il ne serait dépensé en la présente année, pour raison de ce traitement, que deux cents francs, ce qui rendrait disponible, pour ce même exercice, une somme fixe de mille francs. 27

Considérant que, d'après le devis présenté par M. Serrurier, architecte de la mairie, pour raison des ouvrages à exécuter pour frais de premier établissement de cette école, et encore d'après l'état remis par ce même professeur des objets indispensables pour l'organisation de cette école dans le local qui sera ci-après désigné, ces mêmes frais ne s'élèveront qu'à 1,027 fr. 50 cent.; que, bien plus, des objets portés dans le devis de M. Serrurier sont susceptibles d'une réduction quelconque;

Considérant, enfin, qu'il serait possible, d'après les renseignements donnés par M. Crimail, professeur, d'obtenir du conseil d'administration de la société pour l'enseignement mutuel, des secours pour les frais de premier établissement, ce qui mettrait à même de réserver une bonne partie des 1,000 francs restés disponibles pour l'exercice 1817, pour le traitement du professeur dans les premiers mois de l'exercice suivant;

D'après ces motifs arrête :

1° L'école d'enseignement mutuel et en même temps école normale, fixée à Reims par autorité supérieure, sera placée provisoirement dans le local de l'ancien Baillage Ducal, au rez-de-chaussée, seul endroit reconnu dans ce moment disponible.

2° Le maire sera invité à procurer au professeur un logement dans le même endroit, s'il est possible, ou le plus à proximité;

3° M. le préfet, M. le sous-préfet et M. le maire, au nom de la ville, auront le droit de présenter au professeur de l'enseignement mutuel et normal, et faire recevoir pour être instruits gratuitement le tiers des élèves qui seront admis dans cette école;

4° Les honoraires qui seront dûs au professeur pour l'instruction des enfants de familles dans l'aisance sont fixés à raison de trois francs par mois et par chaque élève.

5° M. le préfet sera supplié, soit de faire supporter au département, comme charge départementale, les frais de premier établissement, ensemble toutes les autres dépenses que nécessitera l'école d'enseignement mutuel et normale, soit de réclamer auprès du conseil d'administration de la société pour l'enseignement élémentaire des secours pécuniaires, pour faire face à ces mêmes dépenses.

6° Les membres du comité de l'enseignement gratuit et de charité établi à Reims, en vertu de l'ordonnance du roi, du 28 février 1816, sur l'instruction primaire, pour surveiller les écoles primaires, seront prévenus de l'établissement de l'école d'enseignement mutuel et normale fixée à Reims, afin qu'ils puissent porter leur surveillance sur cette école.....

Le conseil général du département et le conseil municipal de Reims étaient d'accord pour voter l'établissement d'une école d'enseignement mutuel ; on s'était également occupé du choix de l'instituteur. Dès le 24 novembre 1817, M. le préfet de la Marne écrivait à M. le sous-préfet de Reims :

« ..... Le conseil d'administration de la société pour l'enseignement élémentaire a choisi, pour la direction de l'établissement de Reims, M. Crimail, qui se rend à sa destination : M. le baron de Gérando, conseiller d'État, secrétaire-général de la société, rend à cet instituteur le témoignage le plus avantageux.

» Il me mande que la société n'a pas de sujet qui

connaisse mieux la méthode, et que son caractère personnel est tel que je puis le désirer.

» . ... Je vous prie de vous concerter avec M. le maire de Reims pour seconder la formation de l'école, et procurer à M. Crimail toutes les facilités qui dépendent de vous.

» Indépendamment de l'éducation des enfants, cette école a pour objet l'instruction des maîtres, soit de la ville, soit des campagnes, qui voudront se former à la nouvelle méthode..... »

Toutes les promesses, faites un peu légèrement peut-être par la délibération du conseil, en date du 9 décembre, ne se réalisèrent pas : M. Crimail ouvrit en effet son école d'enseignement mutuel le 4 mai 1818, à Reims, dans le pavillon de l'ancien bailliage ducal, à l'archevêché. Son école, destinée à recevoir 120 enfants, en renfermait 96 à la fin de septembre (1).

A la même époque, M. Droinet-Provencher ouvrait également à Reims une institution dirigée d'après les principes de l'enseignement mutuel.

Une troisième école d'enseignement mutuel, établie à Châlons-sur-Marne, dirigée par MM. Talle et Colin, était ouverte solennellement, le 8 septembre 1818, par M. le maire de la ville en présence du conseil municipal (2).

_____

(1) Nous avons eu entre les mains les devis dressés en 1817 par M. Serrurier, alors architecte de la ville, pour approprier la nouvelle école; nous ne croyons pas utile de les reproduire : ils sont aux archives du bureau de l'instruction publique.

(2) Il ne sera pas sans intérêt, nous le croyons, de rapporter quelques-unes des circonstances qui se rattachent à l'ouverture de la première école d'enseignement mutuel qui fut fondée à Châlons :

L'élan était donné ; la nouvelle forme d'enseignement, jusqu'alors exclusivement entre les mains des
instituteurs laïques, était hautement encouragée par
les représentants officiels du gouvernement, et elle
fut, pendant quelque temps, couronnée d'un grand

M. le préfet, M. le duc de Larochefoucault, M. le duc de Cas-
tries, ont non-seulement honoré de leur présence cette cérémonie,
dit l'annuaire de la Marne de 1819 ; les deux premiers ont encore
prononcé des discours sur les avantages de l'enseignement mutuel. En
le considérant comme méthode abréviative, ils l'ont représenté se
prêtant à tous les genres d'instruction, et faisant parcourir d'un pas
rapide aux élèves la carrière des sciences élémentaires.

Ce n'est pas (a dit M. de Larochefoucauld), une invention nouvelle, dont un vain amour de la singularité vient tenter ici des essais : c'est le résultat de longues expériences suivies par des hommes recommandables, véritables amis de l'humanité, justifiées par
les plus heureux succès. En vain l'enseignement mutuel a-t-il été
combattu par des préventions, par des préjugés. La pureté des intentions des auteurs de cette ingénieuse méthode n'a pu jamais être
révoquée en doute ; et lorsqu'on voit parmi ses partisans des savants
illustres, des ministres de la religion, le roi lui-même, pourrait-on
lui refuser l'hommage de son entière confiance ? Où pourrait-être le
danger d'une méthode qui ne diffère des autres qu'en apprenant plus
promptement et plus facilement aux jeunes français à connaître leurs
devoirs, à les remplir avec zèle, à aimer Dieu, le roi et la patrie,
et à lire et à écrire ces noms respectables..... »

Le discours de M. le préfet a eu pour but principal de démon-
trer aux parents les avantages d'un mode d'éducation qui réunit
l'économie du temps à celle de la dépense :

» Le besoin de cette instruction, ou la promptitude du résultat
se concilie avec les ressources des familles laborieuses, qui trouve
son apologie dans les succès qui l'ont déjà mise au rang des découvertes utiles à l'humanité, se faisait d'autant plus sentir parmi
nous, qu'il n'existait dans cette intéressante cité aucun établissement principalement consacré à l'éducation gratuite des jeunes gens
des familles peu favorisées de la fortune.. ... «

succès, mais ce fut un succès éphémère. — M. Crimail cependant faisait de louables efforts pour soutenir son école : M. le baron Ponsardin, maire de la ville, avait, à la sollicitation de l'instituteur, demandé aux administrateurs du bureau de bienfaisance, l'indication d'une vingtaine d'enfants propres à former des moniteurs. Les administrateurs renvoyèrent à leur tour cette demande... au directeur des frères des écoles chrétiennes; et suivant l'expression de leur lettre du 20 février 1818, on n'a trouvé dans les quatre écoles des garçons établies en cette ville, qu'un seul enfant qui fût convenable !.....

Nonobstant la bonne volonté de M. Crimail, et la persévérance dont il se montra animé, son école dé-

M. le préfet a rappelé les droits qu'avait à la reconnaissance publique la société de l'enseignement mutuel, à la tête de laquelle brillent ces noms dont la patrie s'honore, les Larochefoucauld, les Montmorency, les Doudeauville.....

Dans le discours d'inauguration qu'a prononcé M. Chamorin, maire de Châlons, ce magistrat, après avoir développé les avantages du nouveau mode d'enseignement et l'avoir peint comme une source féconde d'où doivent découler les plus sages leçons de morale, les plus propres à former de bons citoyens, aimant Dieu, le roi et la patrie, a offert, au nom des habitants de Châlons, un tribut de reconnaissance à M. le duc de Larochefoucauld, à qui la ville est redevable de la formation de la nouvelle école. Il a aussi adressé des compliments flatteurs au zèle et aux talents des chefs de cet établissement, que l'école royale d'arts et métiers s'applaudit d'avoir comptés parmi ses élèves.

Après les discours, les enfants ont procédé à divers exercices d'écriture et de lecture. Beaucoup d'entre eux ont étonné par les progrès rapides qu'ils ont déjà faits depuis un mois au plus que l'école est ouverte et qu'ils en suivent les leçons.

Les élèves sont maintenant au nombre de cent.

clina peu à peu ; elle était abandonnée, puis fermée en 1820.

Nous aurons occasion de revenir plus tard sur les causes qui amenèrent ce regrettable résultat.

C'est chose vraiment curieuse que de suivre dans le recueil des travaux et des discussions des assemblées législatives ou municipales, la marche des idées et des opinions humaines. En 1817 et 1818, le conseil municipal de Reims, qui avait conservé pour président M. le baron Ponsardin, n'avait pas emprunté aux souvenirs et aux traditions de l'empire, qui venait de s'éteindre, un esprit indépendant et libéral : en décrétant la formation d'une école mutuelle, il avait obéi, nous le croyons, à l'impulsion gouvernementale et aux avertissements de l'autorité administrative. Le zèle se refroidit bientôt, et le conseil avait tellement oublié, en 1821, ses délibérations de 1818, que lorsque M. Crimail réclama, en sa qualité de professeur de l'école normale d'enseignement mutuel, le paiement de fournitures nécessaires à son école, et d'ouvrages de réparations et d'entretien faits dans le local où elle était établie, le conseil municipal, dans sa séance du 19 février 1821, quoiqu'il fût présidé par M. Andrieux, premier adjoint, faisant alors par intérim les fonctions de maire, passa à l'ordre du jour (1) : il est bon de remarquer qu'au 19 février 1821, on était à l'avant-veille de la plantation de la croix ; c'est-à-dire, en pleine

---

(1) Les notes de M. Crimail se montaient à 372 fr. 80, elles étaient régulièrement justifiées par des quittances, quoique ces dépenses eussent été faites sans autorisation, nous le reconnaissons — M. Crimail est aujourd'hui retiré à St-Germain en Laye, c'est le beau père d'un honorable négociant de notre ville, M. Réné Michel.

mission. — D'écoles mutuelles, il n'en était plus nécessairement question à cette époque.

Les exagérations ardentes de la dévotion catholique firent bientôt place au calme et à l'honnêteté des sentiments religieux ; il n'y eut pas réaction sans doute ; mais on comprit de nouveau, à Reims, la possibilité de l'existence simultanée des écoles d'enseignement mutuel dirigées par des instituteurs laïques et des écoles dirigées par les frères des écoles chrétiennes.

Nous avons précédemment indiqué les services rendus par les comités gratuits d'arrondissement, institués en vertu de l'ordonnance du Roi du 21 avril 1828, pour surveiller et encourager l'instruction primaire. Le comité de Reims remplit sa mission avec zèle ; et nous croyons que c'est sous ses auspices que s'ouvrit à Reims la seconde école mutuelle (1). Elle fut établie en 1828, rue de Thillois, par M. Davesne, instituteur breveté, sortant de l'école normale primaire de Paris.

M. Davesne rencontra des difficultés et eut à lutter contre les habitudes établies, contre des idées trop exclusives, qui attribuaient à cette époque le monopole de l'enseignement élémentaire aux établissements dirigés par des prêtres ou par des religieux appartenant à des congrégations : le nouvel instituteur fut soutenu par l'autorité municipale, et encouragé par quelques membres du conseil de ville, influents à cette époque, M. Andrieux, M. de Haussay.

Toutefois, cette école mutuelle n'était ni un établissement communal ni une école gratuite ; les enfants

(1) Nous avons dit dans l'introduction quels étaient les membres qui le composaient.

y étaient admis moyennant une rétribution. — Ainsi que nous le verrons plus loin, le conseil essaya de fondre cette école en un établissement communal, mais ce projet ne put recevoir son exécution.

Cette école resta rue de Thillois jusqu'au mois de juin 1831, et elle renferma environ 80 enfants : en 1831, elle fut transférée rue du Cadran St-Pierre, dans la maison actuellement occupée par la pharmacie de M. F. Soullié ; et déjà, l'on n'y comptait plus que 60 à 70 enfants ; M. Davesne avait abandonné la direction de son école vers le mois d'août 1831 ; Il l'avait cédée à M. Waflard, précédemment instituteur primaire à Hermonville (1). Mais l'école ne tarda pas à décliner et à tomber : elle fut fermée dans les derniers mois de 1831.

C'est à cette époque qu'arrivait à Reims M. Léopold Charpentier, le plus ancien instituteur mutuel de notre ville : au mois d'octobre 1831, à peine installé, rue de Thillois, il recevait de l'administration municipale l'autorisation d'ouvrir une école d'enseignement mutuel : il entra en fonctions le 1er novembre 1831, et il s'occupa d'organiser son école : il commença chez lui, rue de Thillois, dans les premiers jours de novembre 1831, une classe de moniteurs ; il avait douze à quinze enfants environ.

De son côté, l'administration municipale ne négligeait rien pour engager les familles à envoyer leurs enfants dans la nouvelle école, et nous avons entre

_____

(1) M. Davesne est mort à Paris en 1835. — Nous devons à l'obligeance de sa veuve, Madame Davesne, sœur de M. Poinsinet, négociant et fabricant à Reims, quelques uns des détails que nous venons d'indiquer rapidement.

les mains un exemplaire imprimé d'un avertissement de M. le maire de Reims, lequel avertissement fut publié, répandu, affiché dans toute la ville :

Ouverture d'une école gratuite d'enseignement mutuel.

Le maire de la ville de Reims, chevalier de l'ordre royal de la légion d'honneur,

Informe ses concitoyens que, par délibération du 31 août 1831, le conseil municipal a créé *une école gratuite d'enseignement mutuel* dans cette ville ;

Que cette école sera ouverte dans le commencement de décembre prochain, et qu'elle se tiendra dans la salle dite des Gisantes de l'ancien hôtel-Dieu ;

Il invite les parents qui voudront profiter de cet établissement pour l'éducation de leurs enfants, à les présenter, faire examiner et inscrire chez M. Charpentier, chargé de la direction de l'école, demeurant rue de Thillois, n° 41 (maison de M. Ceddée, charpentier), à partir du 18 jusqu'à la fin de ce mois, de midi à quatre heures, sans exception des dimanches.

Les enfants ne seront point admis s'ils ne sont âgés de six ans au moins, et s'il n'est justifié qu'ils aient été vaccinés.

Reims, le 14 novembre 1831. Signé F. Andrieux.

La salle des gisantes de l'ancien hôtel-Dieu (aujourd'hui la salle d'audience du tribunal de simple police au palais de justice), fut effectivement ouverte aux enfants admis à fréquenter l'école mutuelle, le 20 décembre 1831 : lorsque M. L. Charpentier fit sa classe pour la première fois, elle comptait 80 enfants de six à quatorze ans ; à la fin de l'année scolaire, au mois d'août 1832, elle renfermait 120 enfants.

Mais, il ne faut pas l'oublier, de grands événements venaient de s'accomplir : la révolution de 1830 venait d'ouvrir de magnifiques perspectives aux idées d'amélioration morale et de progrès intellectuel. De toutes parts les esprits étaient en éveil ; les uns se remuaient dans une sphère d'agitation stérile et turbulente ; d'autres, jeunes et sérieux à la fois, comprenaient mieux le but et les espérances de ce grand mouvement, et ils s'efforçaient d'aller en avant, non point pour réaliser des rêves impossibles, mais pour appliquer à la constitution de la patrie leurs graves et utiles méditations.

Avant même que la loi sur l'organisation municipale, loi qui enleva au pouvoir pour le donner aux citoyens, le droit d'élire leurs mandataires aux conseils de la cité, fût intervenue, le conseil municipal de la ville de Reims entrait résolument dans la voie des améliorations intellectuelles, et organisait l'instruction primaire sur des bases plus larges : l'enseignement mutuel attira tout d'abord son attention.

En effet, dans sa séance du 7 février 1831, le conseil désigna une commission, composée de MM. Boulloche, de Haussay, Walbaum et Benoist-Malot, qui avait pour mission spéciale d'indiquer les bases d'une école d'enseignement mutuel : elle devait s'entendre avec M. Davesne, instituteur primaire à Reims, afin d'élever son école de la rue de Thillois au niveau d'un établissement communal, et afin de lui confier 50 à 60 enfants auxquels la ville accordait le bienfait de l'instruction gratuite.

Dans la séance du 4 juillet 1831, M. le maire (M. Andrieux) donna la parole à M. Boulloche, président et organe de cette commission.

M. Bouloche rendu compte dans un rapport détaillé des démarches et investigations faites par la commission pour remplir l'objet qui lui avait été confié, démarches dans lesquelles la commission avait été à même de s'aider des avis de M. Taillandier, conseiller à la cour royale de Paris, l'un des principaux membres de la société établie pour la propagation du système d'enseignement mutuel (1).

Il résulta de ce rapport que M. Davesne n'avait point paru posséder à un degré suffisant les connaissances spéciales à l'enseignement mutuel suivant la méthode de Lancaster, universellement approuvée; que l'emploi actuel de cet instituteur serait dans le cas d'être désavantageux à celui-ci sous plusieurs points de vue, et onéreux pour la ville par la nécessité de faire, sans l'assurance de bons succès, des frais de premier établissement qui pourraient être perdus lorsque le provisoire devrait cesser; qu'il serait donc préférable de renoncer à ce provisoire et d'arrêter dès à présent la formation d'un établissement définitif en s'assurant d'abord d'un local convenable et en rapport avec l'importance et la population de la ville.

Le conseil, adoptant l'avis de la commission, arrêta d'abandonner les mesures provisoires relatives à l'établissement de l'enseignement mutuel, et invita la commission à prendre des renseignements sur les locaux qui pourraient convenir pour la formation d'un établissement définitif, notamment sur les bâtiments accessoires du sieur Guyotin-Adam, et sur les moyens

(1) Il existe sous le n° 1606, dans les archives du bureau de l'instruction publique, une intéressante lettre de M Taillandier, sur l'enseignement mutuel : elle fut adressée, le 5 septembre 1851, à M Andrieux, maire de Reims.

d'en obtenir un long bail, pour, après un nouveau rapport, être statué ce qu'il appartiendrait.

En conséquence de cette décision, M. Bouilloche, au nom de la commission précédemment nommée, fit au conseil municipal un nouveau rapport, dans sa séance du 31 août 1831. Nous croyons devoir donner ici ce rapport in extenso :

« A votre séance du 4 juillet dernier, adoptant les conclusions du rapport qu'a eu l'honneur de vous soumettre votre commission, pour l'enseignement mutuel, vous avez chargé cette même commission d'aviser aux moyens de parvenir à votre but, celui notamment de trouver un local convenable : nous nous sommes occupés de ce soin, et vous reconnaîtrez facilement que cherchant, ainsi que nous le devions, à réunir toutes les conditions requises, nous avons rencontré de nombreux obstacles. En effet, ce n'est pas chose si facile qu'on peut se l'imaginer au premier aspect, que de trouver un local dont la situation, la longueur, la largeur et la hauteur, le prix, remplissant sous tous les rapports l'objet que vous vous êtes proposé.

On nous avait, entre autres, signalé des magasins situés rue des Morts et appartenant à M. Tortrat, entrepreneur de bâtiments : ce local, bien situé, vaste, bien aéré, dans un lieu sain, paraissait devoir satisfaire à toutes nos exigences, quoique péchant un peu par son défaut de largeur, relativement à sa longueur ; il était susceptible de recevoir un grand nombre d'élèves, 250 à 300, environ. Mais, ce local, dans son état actuel, commande des travaux importants et indispensables ; il faut y faire un carrelage dans toute sa longueur, ouvrir des croisées,

des portes , faire de grandes réparations enfin , sans
entrer dans des détails minutieux et qui fatigueraient
votre attention , le devis des ouvrages à faire , présenté
par M. Tortrat , s'élève à la somme de 3,913 fr. A
cette somme , il faut ajouter la location qui s'élèverait
peut-être à 7 ou 800 fr. ; la dépense assez considérable du matériel absolument nécessaire ; enfin,
le traitement de l'instituteur. Toutes ces sommes
réunies feraient , ainsi que vous l'entrevoyez , une
dépense peut-être au-dessus de nos forces , lorsque
la ville a fait déjà de si grands sacrifices , et lorsque
d'autres , peut-être , l'attendent encore.

Cependant , vous voulez , nous voulons tous,
rétablir dans cette ville un enseignement mutuel ;
nous voulons , par tous les moyens qui sont en notre
pouvoir , doter nos concitoyens d'un mode d'enseignement approuvé par tous les hommes de bonne
foi : nous voulons étendre , propager autant que possible l'instruction primaire , arracher à cette ignorance
si funeste les classes malheureuses , et leur donner
l'instruction nécessaire pour lui inspirer l'amour de
l'ordre et des lois. Cette tâche est trop belle, trop
noble, trop généreuse , MM . pour que des obstacles,
quelque sérieux qu'ils soient , puissent nous arrêter,
nous avons dû poursuivre et nous efforcer d'arriver
à nos fins.

Si jusqu'à présent notre ville a été privée des
avantages que présente l'enseignement mutuel , l'insuffisance , l'inhabilité des instituteurs choisis en est
probablement la seule cause ; car nous voyons, depuis
longtemps, figurer dans vos budgets une somme
considérable pour la création et l'entretien des écoles

primaires. Ces écoles, disons-le, ont rendu dans cette ville d'immenses services ; les nombreux enfants que les pères de famille confient aux frères des écoles chrétiennes, attestent, plus haut et mieux que je ne pourrais le faire, la sollicitude des maîtres pour leurs élèves, et les avantages que ceux-ci retirent des soins qui leur sont prodigués.

Mais toujours est-il qu'il n'y a eu qu'un seul mode d'enseignement, et que tel de nos concitoyens peu aisés qui ne veut point pour des raisons qui lui appartiennent, envoyer ses enfants chez les petits frères, est condamné à les laisser vivre et grandir dans une ignorance aussi fatale pour eux que funeste à la société. C'est cet inconvénient grave qu'il est du devoir d'une bonne administration de détruire. La liberté qui heureusement n'est plus un vain mot, a plus de portée que ne se l'imaginent quelques personnes ; elle s'applique aussi au droit qui appartient à chaque père de famille de choisir pour ses enfants le mode d'enseignement qui lui paraît le meilleur et auquel il croit devoir accorder la préférence ; eh bien, messieurs, deux modes sont en présence, chacun d'eux a ses partisans, ses détracteurs, un seul depuis longues années a absorbé les fonds que vous avez votés pour cet objet : n'est-il pas juste aujourd'hui, sans trop augmenter cette dépense déjà si forte, de créer ce nouveau mode qui n'a encore été l'objet d'aucune de vos sollicitudes, en diminuant un tant soit peu les immenses faveurs accordées jusqu'à ce jour aux écoles des petits frères ? Cela vous paraîtra, nous osons l'espérer, d'autant plus juste que les petits frères eux-mêmes ont reconnu que notre proposition n'avait rien que de très raisonnable. En effet, Messieurs, vous avez ici cinq écoles des petits frères, situées rue Perdue, rue du Barbâtre, rue des Capucins, faubourg Cérès et rue des Telliers. Nous vous proposons de placer les deux frères qui occupent la maison des Telliers dans l'un des autres établissements, et, par ce moyen, cette maison revenant à votre disposition, vous pouvez y placer votre école d'enseignement mutuel. Ce local, il est vrai, est moins vaste que celui de M. Tortrat; il a cependant 35 pieds de longueur sur 25 de largeur, il est susceptible de recevoir 150 à 200 élèves. Si, sous le rapport de son peu d'étendue, il ne peut nous satisfaire complétement, il a du moins le grand avantage de vous éviter une dépense énorme sur le terrain d'autrui, quel qu'il soit; enfin, il aura toujours pour résultat heureux de nous mettre à même de former un établissement qui nous manque et dont l'utilité est généralement reconnue; s'il a le succès que nous devons espérer, il deviendra bientôt insuffisant pour une population telle que la nôtre; et, dans cette supposition, quel que soit le quartier de sa situation, quelle que soit son étendue, il y aura nécessité d'accorder à d'autres quartiers la faveur que nous réclamons en ce moment pour celui dont dépend la rue des Telliers.

Cet espoir pour l'établissement dont nous vous proposons la création, cette crainte pour les écoles des frères, produisent une concurrence utile, une heureuse émulation dont les enfants des classes peu aisées recueilleront tout l'avantage.

Une objection se présente ici, elle doit vous être signalée; la maison de la rue des Telliers n'est point une propriété communale, elle appartient au bureau de bienfaisance qui, pénétré de cette grande vérité qu'il doit venir au secours des classes malheureuses par tous les moyens qui sont en son pouvoir, l'avait abandonnée pour l'instruction primaire ; quelque soit le mode d'enseignemet qui y sera suivi, son but sera toujours atteint, et les membres qui composent ce bureau, nous aimons à le penser, seront heureux de partager votre sollicitude et de vous faciliter les moyens d'élever un établissement que comme nous, ils appellent sans doute de tous leurs vœux : ainsi disparaîtraient 1° l'obligation de payer de 7 à 800 francs, 2° l'obligation de dépenser sur le terrain d'autrui une somme d'environ 4,000 francs.

En conséquence de ces motifs, votre commission a l'honneur de vous proposer 1° de placer l'école d'enseignement mutuel rue des Telliers, dans la maison occupée aujourd'hui par les petits frères ; 2° de décider que les deux frères qui sont aujourd'hui en possession de cette maison seront réunis à ceux de leurs confrères, sous la direction desquels sont placées les écoles situées dans les rues Perdue, du Barbâtre, des Capucins et du faubourg Cérès ; 3° de déterminer le quantième du traitement du professeur d'enseignement mutuel ; 4° et d'autoriser M. le maire à mettre la place au concours, de manière à ce que, s'il se peut, l'école puisse s'ouvrir à l'époque ordinaire de la rentrée des classes. »

Le conseil, après en avoir délibéré, adoptant les motifs et conclusions du rapport qui précède,

Arrêta ce qui suit :

ART. 1er. — Une école d'enseignement mutuel, purement gratuite, est créée dans la ville de Reims.

ART. 2. — Elle sera établie, jusqu'à nouvel ordre,

28

dans le local de la rue des Telliers, actuellement occupé par les frères des écoles chrétiennes, sauf toutefois l'adhésion de la commission administrative du bureau de bienfaisance à qui il appartient.

ART. 3. — M. le maire est autorisé à faire faire à ce local les appropriations et ouvrages nécessaires pour sa nouvelle destination, sur le fonds crédité au budget de la présente année, art. 118.

ART. 4. — La place du professeur ou directeur de l'école d'enseignement mutuel sera mise au concours à Paris, à la diligence et par les soins de M. le maire.

ART. 5. — Le traitement affecté à ladite place est fixé à 1,800 francs par an.

Cette délibération du conseil municipal ne reçut pas son entière exécution : ainsi que nous l'avons dit plus haut, M. Léopold Charpentier ouvrit une école d'enseignement mutuel, à la fin de 1831, école gratuite et communale : mais les frères des écoles chrétiennes ne furent pas dépossédés à ce moment de l'école de la rue des Telliers ; nous reviendrons plus tard sur ce projet du conseil municipal.

L'administration municipale, ainsi que le conseil en avait émis le vœu, s'adressa à Paris à la société pour l'instruction élémentaire : mais la place ne put être mise au concours. Une correspondance active s'engagea entre le maire de Reims et la société élémentaire ; et enfin, M. Léopold Charpentier fut recommandé au choix de l'autorité municipale le 30 septembre 1831, par le conseil d'administration de la société pour l'instruction élémentaire. Nous croyons remplir un devoir en reproduisant la lettre de la société (1).

M. le maire,

« Le conseil d'administration, après avoir entendu le rapport de son comité des maîtres et pris connaissance de votre lettre du 22 septembre, a décidé que M. Charpentier, élève-maître de l'école normale élémentaire de Paris, vous serait présenté comme apte à bien diriger l'école d'enseignement mutuel qui va s'ouvrir à Reims.

M. Charpentier, outre sa capacité comme instituteur, est connu par sa moralité de plusieurs habitants de votre ville, et nous espérons qu'il répondra sous tous les rapports à votre confiance comme à la nôtre. »

Cette lettre est signée par M. de Gérando, M. Boulay de la Meurthe, M. A. Taillandier et M. Jomard.

M. Charpentier (Léopold) est né à Joigny (Yonne), le 26 juin 1798. Son brevet de capacité du 1er degré lui a été délivré par l'académie de Paris le 14 novembre 1831; le 31 décembre 1831, M. l'inspecteur général des études, chargé de l'administration de l'académie de Paris, envoya à M. le maire de Reims l'autorisation nécessaire à M. Léopold Charpentier pour exercer à Reims les fonctions d'instituteur primaire.

M. Charpentier se trouvant investi par le bénéfice de la loi de 1833, du titre d'instituteur communal n'a eu besoin, après la promulgation de la loi,

(1) Aux archives, n° 1814.

d'aucunes formalités nouvelles pour continuer à jouir de son titre. Il devait seulement recevoir une *institution* ministérielle en échange de son *autorisation* (1).

Pendant l'année 1852, il n'y eut à Reims qu'une seule école d'enseignement mutuel, gratuite et communale. Dirigée par M. Charpentier dans la salle des gisantes à l'Hôtel-Dieu, elle comptait au mois de décembre 1852, 135 enfants.

Ce fut à cette époque que le conseil municipal ouvrit deux nouvelles écoles mutuelles, gratuites et communales, l'une pour les enfants du 1er arrondissement, l'autre pour les enfants du 3e arrondissement.

L'école mutuelle dirigée par M. Léopold Charpentier resta dans les bâtiments de l'ancien Hôtel-Dieu jusqu'à Pâques de l'année 1857.

Au moment de la création des deux autres écoles mutuelles, au 1er janvier 1853, l'école de l'Hôtel-Dieu dut nécessairement subir une diminution dans le nombre de ses élèves, et nous sommes à même de constater les résultats suivants par les contrôles officiels que nous avons sous les yeux ;

A la rentrée des classes, le 1er octobre 1853, il n'y eut à l'école de M. Charpentier que 79 élèves ;

Le 31 décembre	1853,	sortis	14,	rentrés	27,	en tout	91.
31 mars	1854,	»	13,	»	20,	»	99.
30 juin	»	»	18,	»	29,	»	110.
31 août	»	»	7,	»	7,	»	110.
1er octobre	»	»	14,	»	11,	»	107.
31 décembre	»	»	7,	»	13,	»	113.
31 mars	1855,	»	22,	»	15,	»	106.

(1) Nous partageons l'avis de M. Hannequin, secrétaire du comité supérieur

Le 30 juin   1835, sortis 23, rentrés 25, en tout 108.

31 août   »   » 10,   »   9,   » 107.

1er octobre   »   » 22,   »   19,   » 104.

31 décembre   »   »   8,   »   15,   » 111.

31 mars   1836,   » 22,   »   14,   » 103.

30 juin   »   » 19,   »   16,   » 100.

31 août   »   »   5,   »   7,   » 102.

1er octobre   »   » 18,   »   13,   »   97.

31 décembre   »   » 12,   »   12,   »   97.

31 mars   1837,   » 13,   »   19,   » 103.

C'est à cette époque que M. Charpentier quitta définitivement les bâtiments de l'ancien Hôtel-Dieu, et que l'école du 2e arrondissement fut ouverte dans les grands bâtiments de l'école de la rue Haute-Croupe, au boulevard Cérès.

Les deux nouvelles écoles d'enseignement mutuel qui furent ouvertes à Reims en 1833, furent dirigées, celle du 1er arrondissement, par M. Bourdonné, aujourd'hui directeur de l'école primaire supérieure; celle du 3e arrondissement, par M. Parizy. Dès ce jour, l'enseignement mutuel fut définitivement fondé et organisé à Reims sur des bases qui, nous l'espérons, sont inébranlables.

Nous allons successivement tracer l'histoire générale des trois écoles d'enseignement mutuel de la ville de Reims.

ECOLE MUTUELLE DU 1er ARRONDISSEMENT.

—

L'école d'enseignement mutuel du 1er arrondissement fut ouverte à Reims au mois de janvier

1833 : M. Bourdonné en prit la direction et la conserva jusqu'au 1ᵉʳ février 1841. Il fut à cette époque remplacé par M. Rosset, l'instituteur actuel de l'école du 1ᵉʳ arrondissement.

M. Bourdonné (Louis-Philippe-Charles), né à Paris, le 25 août 1805, aussitôt après la promulgation de la loi du 28 juin 1833, et de l'ordondonnance royale du 16 juillet suivant, sur l'instruction primaire, se mit en mesure d'obtenir un brevet de capacité du 1ᵉʳ degré, qui lui fut délivré le 27 septembre 1833, par M. l'inspecteur général des études, chargé de l'administration de l'Académie de Paris (1). Sur l'avis du comité communal d'instruction primaire, en date du 29 mai 1837, il fut présenté par le conseil municipal le 17 septembre 1837, à la sanction du comité supérieur d'instruction primaire; et il reçut enfin l'institution ministérielle le 31 mars 1838.

Lorsque le conseil municipal résolut d'établir à Reims une école d'enseignement mutuel dans chacun des trois arrondissements, M. le maire se mit en rapport avec la Société pour l'instruction élémentaire de Paris, et M. Bourdonné fut désigné au choix de l'administration, le 13 octobre 1832, comme un des élèves de l'école normale élémentaire de Paris, dont la capacité ainsi que le zèle avaient été constatés dans les derniers examens (2). Il arriva à Reims, à la fin de 1832 : les bâtiments de l'école mutuelle étaient occupés par les frères des écoles

(1) Jusqu'alors M. Bourdonné n'avait qu'un brevet de capacité du 2ᵉ degré qui lui avait été délivré par la même Académie le 24 novembre 1830

(2) Lettre de MM. Jomart, Francœur et Taillandier.

chrétiennes qui durent se retirer devant le vœu du
conseil qui restreignait le nombre de leurs écoles (1);
on fit disparaître les séparations qui divisaient l'école
en trois classes, suivant les habitudes de l'enseignement simultané, et on l'appropria à sa destination
nouvelle.

Lorsque M. Bourdonné ouvrit sa classe à la fin
du mois de janvier 1833, l'école mutuelle, dite de
la rue des Capuçins, ne renfermait que 65 enfants. —
Mais au mois de juillet 1833, l'école comptait 72 enfants.

Au 1er janvier	1834,		85
Au 30 novembre	1834,		94
Au 30 mars	1835,		102
Au 1er novembre	1835, l'école comptait	110 élèves.
— janvier	1836,		118
— avril	»		102
— juillet	»		108
— novembre	»		130
— janvier	1837,		128

Les documents nous manquent complétement pour
le nombre des élèves en 1837, 1838, 1839 et 1840.
Nous savons seulement, par une lettre de M. Bourdonné, adressée à M. le maire, laquelle se trouve aux
archives du bureau de l'instruction publique, que le
nombre des enfants qui fréquentaient l'école mutuelle
le 8 mai 1838, était de 120.

Lorsque, le 1er février 1841, M. Bourdonné, prenant la direction de l'école primaire supérieure, eut
pour successeur M. Rosset, comme instituteur de
l'école mutuelle du 1er arrondissement, cette école
renfermait 112 élèves présents aux classes.

(1) Délibération du conseil du 10 décembre 1832.

Au 1er avril	1841 .		106 élèves.
— juillet	»		115
— novembre	»		122
— janvier	1842 .		130
— avril	»		132
— juillet	»		126
— novembre	»		134
— janvier	1843 .		141
— avril	»		153
— juillet	»		156
— novembre	»		157
— janvier	1844 .		164
— avril	»		159
— juillet	»		145
— novembre	»		130
— janvier	1845 .		158
— avril	»		157
— juillet	»		143
— novembre	»		130
— janvier	1846 .		157
— avril	»		143
— juillet	»		138
— novembre	»		125
— janvier	1847 .		128
— avril	»		124
— juillet	»		117
— novembre 1847			132 enfants

présents et venant assidûment à l'école.

L'école mutuelle, proprement dite, a la forme d'un carré long : de chaque côté s'ouvrent six grandes fenêtres cintrées : l'estrade de l'instituteur est adossée au mur qui fait face à la nouvelle rue Libergier ; la salle d'école renferme 11 tables et bancs garnis d'ardoises, d'encriers et de guidons en bois portant les chiffres et les initiales en usage dans les écoles de ce système : chaque table peut recevoir aisément 12 à 14 enfants : autour de la salle sont appliqués quinze tableaux noirs, devant lesquels les jeunes élèves, leur moniteur en tête, viennent se ranger en cercle pour les leçons de lecture, de géographie, d'arithmétique, etc.

Devant la classe est une cour assez étroite ; au fond un hangar pour les paniers des élèves, les lieux d'aisance, et un prolongement du terrain parallèle à la classe qui actuellement dépasse de trois mètres l'alignement qui doit être donné à la rue Libergier, alignement sur lequel est construit la grande et belle salle d'asile du 1er arrondissement.

Avant que la vaste maison occupée toute entière par des ouvriers, et qui forme l'angle de la rue Libergier et de la rue des Capucins fût bâtie, on arrivait à l'école mutuelle par un long couloir qui s'ouvrait sur la rue des Capucins à l'angle de la maison n° 28, et débouchait près du hangar de l'école mutuelle, en face de la porte d'entrée de la classe. Cette servitude et ce droit de passage appartenant à la Ville n'existent plus ; et aujourd'hui les enfants arrivent à l'école mutuelle par la rue Libergier, en longeant le trottoir de la maison n° 3, et entrent directement dans la petite cour.

Nous nous abstiendrons de toute observation en ce qui concerne les bâtiments et la disposition de l'école mutuelle du 1er arrondissement : cette école doit être rasée dans le plan de la rue Libergier, et être reconstruite au levant, faisant face à la rue Libergier et adossée à la salle d'asile, au lieu d'être parallèle à la rue des Capucins. Nous aimons à croire que des améliorations seront introduites dans les dispositions actuelles, et que l'administration municipale méritera les mêmes éloges que ceux qui lui ont été unanimement décernés pour la sollicitude dont elle a fait preuve en édifiant avec autant d'intelligence l'asile du 1er arrondissement.

M. Bourdonné resta huit années à la tête de l'école mutuelle du 1er arrondissement : nous aurons occasion, quand nous arriverons au chapitre de l'école primaire supérieure, d'énumérer les titres scientifiques et littéraires qui ont recommandé cet intelligent instituteur à la confiance des familles : auteur de nombreux ouvrages sur l'enseignement élémentaire, M. Bourdonné a concentré toutes ses facultés, dirigé toutes ses études vers l'instruction primaire ; il a voué sa vie à cette noble et utile carrière d'instituteur primaire qui de nos jours commence à être appréciée à sa véritable valeur par tous les hommes qui veulent arriver aux améliorations sociales, par tous ceux qui aiment sincèrement la moralisation des classes laborieuses et qui croient au progrès de l'humanité.

Durant les huit années qu'il consacra modestement à la direction de l'école mutuelle, M. Bourdonné s'attacha à introduire plus d'une réforme dans ses classes, et nous croyons qu'il y fit quelque bien.

Dès le mois de février 1835, M. Bourdonné avait fait connaître au comité communal qu'il avait adressé à M. le maire une demande afin d'être autorisé à faire imprimer des bulletins qui auraient pour objet d'informer, chaque quinzaine, les parents des élèves des progrès et de l'assiduité de leurs enfants.

Le comité entra dans les vues de l'instituteur,
et le 2 mars 1835, il prit la résolution suivante:

« Le comité communal approuvant les motifs donnés par M. Bourdonné à l'appui de sa demande,
est unanimement d'avis qu'elle lui soit accordée;
cette mesure lui paraît devoir être extrêmement utile;
elle est spécialement recommandée par le comité à
l'attention de M. le maire. Il émet en même temps
le vœu que cette mesure soit rendue commune aux
deux autres écoles d'enseignement mutuel.... »

D'un caractère à la fois ferme et bienveillant, M.
Bourdonné savait se faire respecter de ses jeunes
élèves, et en même temps attirer leur affection et
mériter leur confiance. Il consacrait, nous l'avons
déjà dit, tous ses calmes loisirs à l'étude, à la
vie de la famille; et s'il n'était aujourd'hui récom-
pensé de son dévouement par les succès qu'il obtient
à l'école primaire supérieure, il le serait davantage
encore par le témoignage de sa bonne conscience.

En novembre 1837, l'administration avait eu l'intention de créer à Reims une place d'inspecteur des
écoles mutuelles de la ville, par analogie avec
ce qui existe à Metz. M. Bourdonné sollicita ces
fonctions; peut-être eut-il obtenu de les remplir;
mais il ne fut pas donné suite à ce projet, dont
cependant la réalisation aurait pu, à notre avis,
rendre à la ville de véritables services.

En 1840, le conseil municipal délibéra sérieusement sur l'établissement à Reims d'une école primaire supérieure : lorsqu'il fut question du choix du
directeur, M. Bourdonné qui, en 1838, avait obtenu
aux examens de Châlons un brevet de capacité du
degré supérieur, se présenta au choix de l'adminis-

tration municipale ; il fut nommé directeur de l'école primaire supérieure : il quitta l'école mutuelle du 1ᵉʳ arrondissement le 1ᵉʳ février 1841.

Il fut immédiatement remplacé par M. Rosset, qui depuis les derniers mois de 1838, était l'instituteur de l'école mutuelle du 3ᵉ arrondissement.

Lorsque M. Parizy dut quitter la direction de cette dernière école, l'administration municipale, fidèle à une excellente habitude, s'adressa à la société d'enseignement élémentaire de Paris, afin d'en obtenir un instituteur intelligent, zélé, capable. Le conseil d'administration de cette société désigna au choix du maire de Reims, le 19 septembre 1838, un jeune homme de 22 ans, qui était alors maître au collége de Gisors : l'administration municipale hésita quelque temps, en raison de l'âge du jeune candidat : cependant des renseignements si favorables lui parvinrent de toutes parts, qu'elle se décida à appeler M. Rosset : l'administration municipale n'eut jamais à le regretter ; la société élémentaire de Paris avait fait un excellent choix.

M. Rosset présenta au comité communal, dans sa séance du 2 octobre 1838, les titres suivants :

1° Le brevet de capacité à lui délivré, le 10 mai 1834, par la commission d'instruction primaire élémentaire de Paris ;

2° L'attestation, en date du 12 juillet 1834, émanant de la commission spéciale chargée de l'examen des élèves-maîtres de l'école normale élémentaire de Paris ;

3° Le certificat qui lui fut donné le 19 septembre 1838 par le principal du collége de Gisors ;

4° Le certificat de moralité (à la même date) délivré par le maire de Gisors sous l'attestation de trois conseillers municipaux ;

5° La lettre adressée le 20 septembre 1838 à M. le maire de Reims par les membres de la société pour l'instruction élémentaire de Paris.

Le comité fut d'avis, vu l'art. 21 de la loi du 28 juin 1833, qu'il y avait lieu de présenter à la nomination du comité d'arrondissement M. Rosset (François-Hector), né à Paris le 16 août 1816, domicilié à Gisors, comme instituteur mutuel communal du 3e arrondissement de la ville de Reims.

M. Rosset resta à l'école d'enseignement mutuel du 3e arrondissement jusqu'au 1er février 1844. Sur sa demande, il fut nommé instituteur de l'école du 1er arrondissement, lorsque M. Bourdonné fut promu aux fonctions de directeur de l'école primaire supérieure.

L'école du 1er arrondissement qui ne comptait que 103 enfants lorsque M. Rosset en devint l'instituteur, vit peu à peu augmenter le nombre de ses élèves ; il avait atteint le chiffre de 164 en 1844. Cette situation florissante est due en partie aux efforts du maître : M. Rosset est un homme religieux et bon, de mœurs graves et méditatives, qui comprend bien les devoirs de l'instituteur de l'enfance, et qui les remplit tous avec exactitude.

L'esprit conciliant de M. Rosset ramena entre les trois maîtres de l'enseignement mutuel la bonne harmonie qui n'avait pas constamment existé entre eux, notamment en 1837. Ils ont compris depuis qu'ils étaient unis par les liens d'une étroite et fraternelle solidarité, et que de leur concours et de leur bon accord dépendait en partie le succès de l'œuvre à laquelle ils ont consacré leur existence.

En analysant les principales délibérations du conseil municipal relatives aux écoles communales, nous avons vu précédemment que par suite d'arrangements particuliers, M. le curé de St-Jacques avait la jouissance d'un jardin contigüe à l'école de la rue des Capucins : lorsqu'il fut question de disposer de ce jardin, il s'éleva dans le sein du conseil une autre question, plus grave, qui avait trait à la salubrité de l'école : elle fut agitée dans différentes séances ; nous croyons utile d'exposer succinctement la marche de cette affaire.

Dans la séance du 20 février 1836, le rapporteur de la commission exposa que la dépense à faire pour rendre ce jardin propre à recevoir les enfants pendant les récréations, serait assez considérable.

On ne pénètre dans l'établissement que par un cloaque, disait le rapporteur ; la cour est petite, humide, non pavée, et fort mal nivelée. Il n'y a qu'un hangar, trop petit pour ranger le bois et abriter les enfants en temps de pluie. Il n'y a ni pompe, ni puits. Aussi, l'établissement n'a-t-il pas paru à la commission réunir les conditions nécessaires au bien-être des élèves qui ne s'en vont plus chez leurs parents pendant l'intervalle des classes, ainsi que cela avait lieu du temps des frères.

La commission, considérant que les frais de réparation des murs du jardin et du pavillon seraient assez considérables ; considérant que l'abattage des arbres et le terrassement du jardin en détruiraient la valeur : considérant que d'ailleurs la jouissance du jardin n'apporterait pas une amélioration assez notable à un établissement aussi incomplet, conclut au rejet de la demande de M. Bourdonné, et à ce que les héritiers de M. Nanquette soient autorisés à rétrocéder leur bail à Mme Malotet.

Un membre dit qu'il paraissait peu touché des motifs d'conomie qui paraissaient avoir dicté les conclusions de la commission : il ne pensait pas que le conseil dût craindre de faire quelques dépenses pour améliorer un établissement fréquenté par 120 enfants, et dont on reconnaissait l'insalubrité : il demanda donc que le jardin fût approprié de manière à recevoir les écoliers pendant les heures de récréation ; en conséquence, proposa que M. le maire, usant du droit qui lui était réservé par l'art. 6 des clauses du bail fait à M. Nanquette, le 29 septembre 1834, offrît aux héritiers de M. le curé de St-Jacques la résiliation pure et simple du bail, à partir du 1er avril prochain, pour, après leur réponse, décider ce qu'il appartiendrait.

Cette proposition fut adoptée par le conseil.

On revint encore quelques jours après sur la question : dans la séance du 7 mai 1836, le conseil municipal appréciant combien il importait d'assainir le plus promptement possible les établissements destinés aux écoles et aux enfants ; considérant que l'abord de l'école mutuelle de la rue des Capucins était difficile et mal aéré, engagea instamment l'administration à lui présenter un rapport à ce sujet dans le plus bref délai possible.

Le vœu du conseil fut entendu, et à la séance du 16 août 1836, M. le rapporteur de la commission, chargée d'examiner un projet d'acquisition des maisons nécessaires à l'établissement d'une entrée commune et à la fois convenable pour l'école mutuelle du 1ᵉ arrondissement, prit la parole.

La commission, en rejetant implicitement tel projet d'agrandissement d'ouverture sur la rue des Capucins, développa les avantages que présentent une acquisition de terrains, en même temps propres à faciliter le prolongement de la rue Libergier et l'entrée de l'école en question, sur cette nouvelle rue prolongée; d'un côté, percée d'une rue si nécessaire à la circulation, dans un quartier très fréquenté et souvent encombré, faute de débouchés faciles, assainissement et embellissement d'une rue, par la démolition de vieux bâtiments en ruines, *impurs receptacles de la plus hideuse misère*; de l'autre côté, abord commode et convenable dans une école communale assainie, et possibilité de construire, dans l'intérêt de l'instituteur et de la surveillance des enfants qui lui sont confiés, une maison propre à lui servir d'habitation (1). La commission conclut : 1° à l'acquisition d'une maison, estimée 6,000 francs, dépendante de la succession Verdelot, et d'une autre, évaluée à la somme de 20,000 francs, appartenant au sieur François; 2° au prolongement de la rue Libergier, par la démolition de ces deux maisons; 3° à l'établissement de l'entrée de l'école mutuelle du 1ᵉʳ arrondissement, sur cette rue projetée; 4° à la conversion du jardin de cette école, en une cour destinée aux jeux des enfants, 5° à la construction d'un logement convenable pour le directeur de l'école, sur l'emplacement du bâtiment situé à l'extrémité du jardin de ladite école.

(1) Cette espérance du conseil municipal n'est pas jusqu'à présent réalisée.

Le conseil, après en avoir délibéré, vu la lettre du S.r François adressée à M. le maire, sous la date du 14 juillet dernier ;

Considérant qu'il était opportun de prolonger la rue Libergier, aussi bien qu'utile de donner une entrée facile et convenable à l'école mutuelle du 1.er arrondissement ;

Considérant que le tracé de la rue projetée ne portait aucune atteinte au terrain dépendant de l'école mutuelle en question ;

Considérant que l'acquisition des maisons dont il s'agissait, dans le but de procurer à l'école mutuelle du 1.er arrondissement une entrée digne et commode, entrainait par une conséquence forcée le prolongement de la rue Libergier ;

Considérant que la première de ces maisons, appartenant à de nombreux héritiers, ne pouvait être vendue que par adjudication ;

Arrêta que M. le maire, 1.o en ce qui concernait la maison Verdelot, était autorisé à l'acquérir sous les conditions les moins onéreuses à la ville, et sans aucune désignation de prix ;

2.o En ce qui touchait la maison du Sieur François, qu'il y avait lieu par la mairie, d'en traiter avec le propriétaire, pour un prix qui ne devrait pas excéder 20,000 francs :

Le conseil statuant en outre sur les vœux exprimés dans les conclusions de la commission, déclara y adhérer complètement, et s'en rapporter à la vigilance et à la sollicitude de l'administration, pour la proposition à faire des travaux qu'elle jugerait nécessaires, en exécution des intentions du conseil.

29

Enfin, n'oublions pas de mentionner, comme complément des délibérations précédentes, que dans la séance du 13 septembre 1836, le conseil autorisa l'administration à acquérir de la succession des sieur et dame Verdelot, au prix de 5,800 fr. de principal, une maison sise à Reims, rue des Capucins, 35, afin de procurer à l'école mutuelle du 1ᵉʳ arrondissement une entrée commode et convenable, et en même temps de faciliter le commencement d'exécution du plan du prolongement de la rue Libergier.

Ces différents travaux s'exécutèrent quoique avec lenteur ; les maisons achetées par la ville furent rasées : on construisit une grande maison sur le nouvel alignement ; on édifia à la suite de l'école mutuelle la grande salle d'asile du 1ᵉʳ arrondissement, et l'on remit à un avenir, qui sans doute n'est pas éloigné, la reconstruction de l'école mutuelle sur des bases plus larges : la salle d'école actuelle n'est pas assez vaste pour les enfants qui la fréquentent ; le préau découvert et les hangars sont insuffisants ; l'instituteur n'est pas logé dans les bâtiments de l'école. Ces inconvénients seront faciles à éviter, lorsque l'on édifiera la nouvelle école mutuelle du 1ᵉʳ arrondissement. Nous appelons de tous nos vœux la réalisation de ces projets utiles ; toutefois nous reconnaissons qu'il est des travaux communaux spéciaux et relatifs aux écoles, qui sont plus urgents que ceux-ci ; nous n'hésitons pas à les signaler dans le cours de ces essais.

ÉCOLE D'ENSEIGNEMENT MUTUEL DU 2ᵉ ARRONDISSEMENT.

Nous l'avons vu précédemment ; cette école, aujourd'hui établie dans des bâtiments communaux, rue Haute-Croupe, au boulevard Cérès, resta dans les bâtiments de l'ancien hôtel-Dieu, depuis 1831 jusqu'au mois d'avril 1857 ; M. Léopold Charpentier en a été constamment l'instituteur actif, intelligent, dévoué.

Ce fut en 1836 que le conseil municipal songea sérieusement à construire l'école du 2ᵉ arrondissement, le provisoire devait cesser, on avait définitivement adjugé les travaux à faire au palais de justice.

En effet, dans la séance du 9 avril 1836, M. le rapporteur de la commission nommée dans la séance du 2 février 1836, rappela au conseil que la nécessité antérieurement reconnue de faire des constructions pour l'école d'enseignement mutuel du 2ᵉ arrondissement, avait déterminé dans la proposition du budget de 1836, le vote d'un premier fonds qui n'avait pas été accordé par l'autorité royale à défaut de projet approuvé.

Cette nécessité se fait aujourd'hui sentir d'autant plus impérieusement, disait le rapporteur, que le local maintenant occupé par l'école dont s'agit doit être très prochainement évacué pour l'exécution des travaux d'érection du palais de justice, qui viennent d'être repris en vertu d'une adjudication nouvelle.

Deux projets ont été successivement dressés par l'architecte de la ville, avec plans à l'appui.

Suivant le premier, il y aurait une façade sur la rue de la Haute-Croupe avec bâtiment pour le logement de l'instituteur, et l'on établirait le bâtiment de l'école sur le terrain extérieur entre le mur d'enceinte de la ville et l'ancien cimetière des protestants ; mais il faudrait des fondations très profondes et très coûteuses pour atteindre le ferme. Suivant le second projet, le logement de l'instituteur et l'école seraient bâtis à la suite l'un de l'autre, intrà muros, sur la rue Haute-Croupe, en longeant le mur d'enceinte de la ville, mais l'école aurait des ouvertures sur la voie publique et ne jouirait pas de la tranquillité désirable pour les études (1).

Dans cette alternative, la commission a néanmoins donné la préférence au premier projet et elle en propose l'adoption ainsi que le vote des fonds nécessaires pour en payer la dépense, en faisant observer qu'il serait indispensable que l'école fût en état d'habitation, au plus tard, pour le 1er octobre prochain, époque de la rentrée des écoles.

Ce rapport entendu et la matière mise en délibération ;

Le conseil, vu les devis et plans déposés sur le bureau, et examen fait des deux projets ;

Considérant que le premier offrait l'avantage d'isoler l'école mutuelle et d'y assurer ainsi le calme et la tranquillité qui devaient y régner ;

Considérant que le bâtiment nécessaire pour la tenue de cette école ne devant avoir qu'un rez-de-

_____

(1) Il avait été un instant question d'établir la nouvelle école mutuelle du 2e arrondissement sur l'emplacement de l'ancien cimetière de St-Hilaire

chaussée, n'aurait pas besoin de fondations descendant jusqu'au ferme terrain, et qu'en les établissant sur des radiers, on obtiendrait une solidité suffisante, sans plus de dépenses ;

Considérant qu'il y avait urgence de construire l'école pour qu'elle pût être prête pour le 1er octobre prochain au plus tard ;

Considérant que la même urgence n'existait pas actuellement pour le logement de l'instituteur qui jusqu'à présent, s'était logé en ville comme ses confrères, et qu'il n'y avait aucun inconvénient à ajourner la question de ce logement ;

Décida ce qui suit :

Le projet de construction d'une école mutuelle sur le terrain communal entre le mur actuel d'enceinte de la ville et l'ancien cimetière des protestants, fut adopté ainsi que le plan qui s'y rattachait.

Le devis spécial relatif à cette construction fut également adopté, pour la dépense de 16,947 fr. montant de l'estimation qu'il comprend.

Un crédit de cette somme fut porté au budget supplémentaire de l'année 1836.

M. le maire fut chargé de faire toutes diligences nécessaires pour mettre immédiatement en adjudication l'entreprise des travaux désignés audit devis spécial, de manière à ce que ces travaux pussent être exécutés complétement et que l'école pût être en état d'habitation pour l'époque du 1er octobre prochain au plus tard.

La présente délibération dut être soumise à l'approbation de M. le préfet.

Les travaux furent effectivement mis sur-le-champ

en adjudication, et, dans la séance du 8 août 1856 M. le maire fit au conseil l'exposé suivant :

A votre séance du 9 avril dernier, vous aviez à délibérer sur les devis et plans relatifs à l'établissement, près la porte Cérès, d'une école mutuelle pour le 2ᵉ arrondissement, avec logement pour l'instituteur.

Vous avez divisé la question, et considérant que le local où se tient provisoirement cette école, devait être remis incessamment à la disposition des travaux d'érection du Palais de Justice, vous n'avez donné votre assentiment qu'à la partie de ces plans et devis qui avait rapport à la classe; vous nous avez recommandé la prompte mise en adjudication de cette première partie du projet; ajournant votre décision sur la seconde partie qui ne présentait pas la même urgence.

Je n'ai pas tardé à faire adjuger l'entreprise qui s'exécute maintenant avec assez d'activité pour que l'on puisse espérer, comme c'était votre intention, et comme l'obligation en a été imposée à l'adjudicataire, que l'école sera en état d'habitation pour le 1ᵉʳ octobre prochain.

Dans la prévoyance toute naturelle que vous reconnaîtriez ultérieurement l'utilité et la convenance d'annexer à cet établissement d'instruction primaire, qui doit avoir une longue durée, un logement pour le maître, M. l'architecte avait combiné la première partie des travaux, de manière à se raccorder avec la seconde, dont je viens vous proposer aujourd'hui l'adoption.

Le devis de cette seconde partie, pour donner à l'établissement un ensemble complet qui réunira l'avantage d'animer et d'embellir la rue Haute-Croupe, se monte à la somme de 12,858 fr. 66 cent., sur laquelle on peut espérer quelques rabais, au moins quant aux travaux autres que ceux de charpente.

Je vous invite à approuver ce devis et à m'autoriser à le mettre en adjudication, pour le prix en être porté en crédit au budget de 1837.

Le conseil adopta les conclusions de l'administration.

Dans la séance du 17 décembre 1836, le conseil décida qu'il ne serait exercé contre le sieur Bellon, entrepreneur (1), aucune retenue à cause des légers retards qu'il avait apportés dans l'exécution des deux séries de travaux de l'école mutuelle du 2ᵉ arrondissement, à lui adjugées les 21 mai et 31 août 1836.

Ainsi, il résulte de ces trois délibérations du conseil municipal, qu'à la fin de 1836 les bâtiments de l'école mutuelle du 2ᵉ arrondissement étaient achevés ; toutefois, l'administration voulut attendre les vacances de Pâques de l'année 1837, pour y faire entrer les enfants.

L'école d'enseignement mutuel du 2ᵉ arrondissement est très convenablement disposée : la classe principale est vaste, bien aérée ; un grand jardin entoure les bâtiments des trois côtés, et la façade sur la rue, sans être monumentale, est en rapport avec l'utile destination de l'édifice.

Nous émettons le vœu que lorsque l'administration municipale sera dans la nécessité de choisir un emplacement pour la salle d'asile du 2ᵉ arrondissement, lorsque l'asile donné gratuitement à la ville pendant

(1) M. l'architecte Bellon est mort peu d'années après ; c'était un entrepreneur plein d'activité, et dont la perte prématurée est fort regrettable.

dix années, au faubourg Cérès, par le noble bien-
faiteur, M. Houzeau, retournera à sa famille, nous
souhaitons que les préaux et les jardins qui sont
contigus à l'école mutuelle, soient choisis de préférence à tout autre emplacement. Ce serait leur donner une destination que nous pensons excellente,
les parents ou les frères aînés qui vont à l'école
ameneraient et reprendraient les jeunes enfants destinés à l'asile ; cette disposition heureuse existe déjà
pour l'école mutuelle et la salle d'asile du 1er arrondissement.

En vertu d'une délibération spéciale du conseil
municipal, M. Charpentier, depuis 1841, jouit gratuitement du logement annexé à l'école qu'il dirige.
Le conseil, revenant sur une première délibération,
s'est déterminé par des motifs fort honorables pour
l'instituteur : nous croyons devoir rapporter les deux
délibérations qui se sont occupées de cet objet.

Dans la séance du 7 février 1839, un membre du
conseil exposa que l'administration (M. Gobet, 1er adjoint), dans les derniers jours de décembre 1838, avait
réclamé du maître d'enseignement mutuel du 2e arrondissement une somme de 300 francs pour le loyer,
pendant cette année 1838, du logement qu'il occupait
dans les bâtiments de l'école qu'il dirige. Il fit observer que le conseil, en votant des fonds pour établir le
logement de l'instituteur dans l'école mutuelle du
2e arrondissement, n'avait jamais eu la pensée d'en
tirer un loyer ; que d'ailleurs la loi voulait qu'un logement fût fourni à l'instituteur communal, soit en nature, soit par une indemnité pécuniaire ; que, dans
l'espèce, le maître dont il s'agit avait fait dans son
logement des dépenses d'appropriation qui profiteraient

à l'immeuble; qu'il lui paraissait équitable de les compenser avec la somme réclamée·pour le loyer, laquelle avait été acquittée par l'instituteur.

En conséquence, ce conseiller proposa de décider que cette somme de 300 francs serait remboursée. M. le maire, en réponse à ces observations, rappela que les trois instituteurs communaux par la méthode d'enseignement mutuel, étaient rétribués également, chacun à raison de 1,800 francs par an, y compris l'indemnité de logement; que celui du 2ᵉ arrondissement ayant reçu le logement en nature depuis le mois d'août 1837, devait subir sur son traitement une réduction proportionnelle à la valeur de ce logement; que le laisser jouir de son traitement intégral en même temps qu'il aurait occupé gratuitement un logement pour lui et sa famille, c'eût été une faveur pour lui, mais aussi une injustice envers ses deux collègues; que les 300 francs, perçus de lui sous forme de loyer, n'étaient au fond que le remboursement de pareille somme due pour l'année 1838, et qui devait être déduite de son traitement, puisqu'il avait reçu le logement en nature pendant l'année 1838; quant aux dépenses faites par cet instituteur dans son logement, M. le maire déclara que sa réclamation ne lui avait paru fondée sous aucun rapport; mais que, par esprit d'équité et de bienveillance, il avait jugé à propos de compenser ces prétendues dépenses avec la jouissance de la maison pendant 6 mois de l'année 1837.

Le conseil adopta les motifs de l'exposé de M. le maire.

Mais à la séance du 4 décembre 1840, l'administration municipale exprima une opinion différente; M. le maire exposa que M. Charpentier, instituteur

communal de l'école d'enseignement mutuel du 2e
arrondissement, était en exercice de ses fonctions
depuis le 1er novembre 1831, qu'il les avait constamment remplies pendant plus de neuf années con-
sécutives avec un zèle et une intelligence dignes
d'éloges ; que jusqu'au 1er janvier 1838, la ville
n'ayant point de logement à lui fournir, il y avait
pourvu à ses frais ; mais qu'à cette époque où un
bâtiment spécial pour son école venait d'être construit et un appartement établi pour l'instituteur, il y
avait été logé ; que depuis lors il payait le loyer de
son logement à la caisse municipale à raison de 300
fr. par an.

Il proposa au conseil, comme marque de satisfaction et à titre de récompense des bons et longs
services de cet instituteur, de décider qu'à partir du
1er janvier prochain, il jouirait gratuitement dudit
logement, sans néanmoins que cette faveur qui lui
serait tout-à-fait personnelle pût faire titre aux autres
instituteurs d'écoles mutuelles pour en réclamer une
semblable.

Le conseil, après en avoir délibéré : voulant reconnaître les services rendus pendant neuf années
par M. Charpentier, dans l'exercice de ses fonctions,
comme instituteur de l'école mutuelle du 2e arrondissement ; mais sans toutefois entendre établir un précédent, ni contracter aucun engagement pour l'avenir ;
accorda à M. Charpentier son logement, à titre
gratuit, dans l'établissement, à compter du 1er janvier 1841.

M. Charpentier en effet n'est pas un instituteur
ordinaire : nous rendons justice au zèle et aux louables
efforts de ses collègues du 1er et du 3e arrondisse-

ment ; mais nous ne croyons pas sortir de la réserve que nous nous sommes imposée en rappelant que M. Charpentier est auteur de deux mémoires, l'un sur l'enseignement mutuel proprement dit, l'autre sur l'éducation primaire des filles, qui furent couronnés par la société d'instruction élémentaire de Paris ; il a fait don de ce mémoire au conseil municipal qui l'agréa dans sa séance du 27 août 1838. L'Académie des sciences morales et politiques avait mis au concours, en 1839, la question des écoles normales primaires ; M. Charpentier entra courageusement dans la lice, et si son travail ne fut pas mis en première ligne par l'Institut, il mérita du moins une favorable approbation: dans la séance du 11 juillet 1840, le rapporteur de l'Académie des sciences morales et politiques, M. Th. Jouffroy, s'exprimait dans les termes suivants sur le travail de M. Charpentier.

« .... D'autres qualités distinguent le mémoire inscrit sous le n° 8, portant pour épigraphe le mot *Conabor*, et composé de 248 pages, grand in-folio. Ici les qualités fines de l'esprit, l'art dans le style, l'habileté dans la composition, tout ce qui révélait dans le mémoire précédent un homme du monde et une culture perfectionnée, disparaît. Nous sommes en face d'un homme simple, d'un esprit sain et droit, qui ne songe pas à composer et qui écrit comme il pense, directement et sans artifice. Il est d'abord embarrassé en commençant ; il ne sait comment s'y prendre ; il voudrait faire une manière d'exorde pour entrer en relation avec ses juges. Or, un exorde n'est pas dans ses habitudes : aussi, on voit sa pensée hésiter, se tourmenter, tomber à faux, et qui ne lirait que son introduction porterait un jugement peu favorable. Mais une fois ce mauvais pas franchi, l'auteur, aux prises avec son sujet, et rendu à sa nature, se relève. Il est entièrement du métier, il en sait à fond la pratique, les détails, les plaies secrètes, les joies et les douleurs intimes, il en parle avec une passion calme qui ne cesse un peu de se contenir que quand il rencontre sur son chemin les hommes et les choses qui rendent la vie dure à un instituteur et qui sont comme ses ennemis naturels. Alors sa pensée et sa phrase s'animent, les arguments, les faits, les souvenirs se pressent en foule et les congrégations religieuses, les inspecteurs, les maires, les comités, les règlements, la loi ont fort à faire entre ses mains. Si l'auteur de ce mémoire n'est pas actuellement instituteur, il nous semble impossible qu'il ne l'ait pas été. Ce qu'il y a de sûr, c'est que son long mémoire est entièrement écrit du point de vue de l'instituteur, et c'est là ce qui le rend précieux. Nous n'essaierons pas d'en donner l'analyse, il est tout de détails, et nous n'en finirions pas : nous nous bornons à en indiquer le plan et à signaler les vues qui le recommandent.

Le plan est bien simple : il prend l'instituteur à l'école primaire, quand il n'est encore qu'un enfant, mais un enfant qu'on prépare déjà à sa vocation future ; il le suit à l'école normale où cette éducation s'achève ; il l'accompagne dans la commune où il devient maître à son tour et ne le quitte que dans la retraite, quand, après une vie laborieuse et utile, il lui a assuré une vieillesse paisible et honorée. Bien qu'au premier coup-d'œil un tel plan semble s'écarter de la question mise au concours, il est dans les idées de l'auteur le plus propre à la résoudre ; selon lui, la moralité des élèves découle te la moralité du maitre, de la considération et de l'autorité que lui donnent ses mœurs, sa conduite, ses connaissances, l'indépendance et la fixité de sa position. Toute la question est donc dans l'instituteur. On ne saurait consacrer trop de soins à le préparer, à l'armer, à le fortifier pour la vie difficile et la délicate mission qui l'attendent ; et le jour où il a mis la main à l'œuvre, on ne saurait prendre trop de mesures pour simplifier sa position, la rendre bonne, indépendante, honorable, et assurer du repos et du pain à sa vieillesse. Embrasser la vie entière de l'instituteur, voir ce qu'elle devrait être et ce qu'elle est, et de cette comparaison induire les réformes que le régime actuel doit subir, tel est donc tout le but de l'auteur, et toute la pensée de son mémoire. L'idée sur laquelle repose la première partie, à savoir, que admettre à l'école normale le premier venu qui satisfait à l'examen, et présente un certificat de moralité, c'est recruter au hasard les instituteurs, sans véritable préparation, et sans garantie de vocation, mérite la plus sérieuse attention ; il en est de même de la méthode toute différente que l'auteur indique, la recherche par les maitres, dans le sein des écoles primaires, des enfants qui, par leur intelligence, solide plutôt que brûlante, leurs inclinations, l'honnêteté de leurs parents et quelques ressources de fortune, semblent propres à l'état d'instituteur ; les moyens à prendre à l'égard de la famille et de l'enfant lui-même, pour les déterminer ; les soins particuliers que le maitre doit donner à cet enfant, devenu son disciple, et toute la préparation morale et intellectuelle par laquelle il doit le faire passer, jusqu'au jour où il le présentera à l'école normale, composent un ensemble de vues à la fois originales et sensées qui donnent beaucoup de prix à cette partie du mémoire. La seconde qui embrasse la suite de cette éducation dans le sein de l'école, est beaucoup moins remarquable ; et, toutefois, les réflexions de l'auteur contre les choix des directeurs et des maîtres, parmi les fonctionnaires de l'instruction secondaire, ses réflexions sur la nécessité de fixer les rapports du directeur avec l'inspecteur et les comités, de restreindre l'autorité des comités, d'augmenter celle du directeur, de rendre le directeur et l'inspecteur moins mobiles ; ses vues sur la direction à donner à l'enseignement, et principalement à l'enseignement religieux et moral ; mais surtout ses idées sur la manière de préparer les maîtres, d'armer leur volonté et leur conscience pour la situation difficile, les relations délicates, la vie pénible qui les attendent, ne sont point indignes d'être lues et méditées.

L'auteur reprend ses avantages en arrivant avec l'instituteur dans la commune ; c'est là son véritable terrain. On ne saurait peindre avec plus de vérité toute la position actuelle du malheureux maître d'école entre le maire, le curé, les parents, le comité local, les comités d'arrondissement, où il est obligé de se rendre ɲ tous les mois, en habit noir, pour des conférences inutiles, l'inspecteur qui passe, les écoles des frères qui lui font concurrence, les caisses d'épargnes où il est forcé de mettre ; les livres qui sont autorisés et qu'on lui impose ; sa polémique contre tout cela est vive, presque toujours instructive: selon lui, tout le progrès depuis 1833, a eu pour résultat de multiplier les écoles et les instituteurs. Mais l'influence morale de l'autorité sur les maîtres, et des maîtres sur les élèves a baissé, et la position des instituteurs est devenue plus mauvaise ; jamais ils n'ont été plus mécontents, jamais la désertion n'a été plus grande parmi eux. Les priviléges des corporations religieuses enseignantes exemptes de toutes charges, de toutes tracasseries, et autorisées à recevoir des legs, l'indignent particulièrement. Et cependant, quand après toute cette colère, il trace toute la conduite que doit tenir l'instituteur et les sentiments qui doivent l'inspirer, on s'aperçoit qu'il n'y a pas d'aigreur dans son âme, car ses conseils sont aussi pacifiques que raisonnables. Son plan de réforme se compose de détails et ne saurait entrer dans ce rapport. Ce qui y domine, c'est la substitution aux comités locaux qui sont incapables et passionnés, et aux comités d'arrondissements qui sont insouciants et impuissants, de comités de cercles comme on en a établi dans Seine-et-Oise, au sein desquels siégerait un instituteur, et qui auraient chacun un inspecteur ancien instituteur, qui visiterait trois fois par an chaque école. Quant aux instituteurs. il veut qu'ils passent par le grade de sous-maître, qu'ils ne puissent diriger une école avant 20 ans, qu'une fois qu'ils en sont chargés, le temps qu'ils doivent à la commune soit réglé, que le surplus leur appartienne et soit employé par eux à l'exercice d'une industrie, garantie de moralité, d'aisance et d'indépendance. Vieux, enfin, il veut que l'état leur accorde une retraite proportionnée à leurs services, sans préjudice de caisses locales de prévoyance alimentées par les souscriptions des maîtres d'un même pays, et qui pourraient recevoir des legs. Telles sont les principales vues de ce grand travail que l'auteur regrette de n'avoir pas eu le temps de revoir, mais qui, comme il est, avec ses incorrections et ses erreurs, mériterait à coup sûr, par l'abondance des détails qu'il contient, et l'expérience des faits qui l'a dicté, de voir le jour... »

Ce vœu n'a pas été réalisé, et nous le regrettons; tous ceux qui à Reims s'occupent des progrès et de l'avenir de l'instruction primaire, l'eussent accueilli avec satisfaction.

M. Charpentier a publié une *Grammaire Française* à l'usage de l'enseignement mutuel; un recueil de *Principes d'Arithmétique*, petit livre qui sert de base aux démonstrations dans son école et dans celle de M. Homo, son collaborateur.

Lorsqu'à Pâques de l'année 1837 l'école de l'enseignement mutuel du 2ᵉ arrondissement quitta la rue de la Poissonnerie pour le boulevard Cérès, elle comptait 103 enfants présents aux classes. Depuis cette époque, le nombre des élèves a augmenté; nous sommes à même d'en présenter ici la statistique que nous empruntons à des documents officiels.

Au 31 mars	1837,		103 enfants.
Au 30 juin	1837, sortis 18, entrés 22,		107
31 août	»	8,	5, 104
1ᵉʳ octobre	»	19,	27, 112
31 décembre	»	5,	7, 114
31 mars	1838,	14,	9, 109
30 juin	»	12,	13, 110
31 août		3,	1, 108
1ᵉʳ octobre	»	13,	19, 114
21 décembre	»	12,	18, 120
31 mars	1839,	29,	23, 114

		sortis	entrés	enfants
Au 30 juin	1839,	12,	17,	119
31 août	»	9,	11,	121
1er octobre	»	19,	18,	120
31 décembre	»	9,	14,	125
31 mars	1840,	13,	17,	129
30 juin	»	20,	20,	129
31 août		4,	4,	129
1er octobre	»	26,	25,	128
31 décembre	»	10,	13,	131
31 mars	1841,	22,	16,	125
30 juin	»	19,	25,	131
31 août		7,	7,	131
31 octobre	»	36,	25,	121
31 décembre	»	3,	21,	139
31 mars	1842,	17,	18,	140
30 juin	»	24,	19,	135
31 août		3,	6,	136
31 octobre	»	28,	25,	133
31 déce.. ibre	»	9,	9,	133
31 mars	1843,	8,	17,	142
30 juin	»	17,	15,	141
31 août		4,	7,	144
31 octobre	»	31,	34,	147
31 décembre	»	16,	13,	144
31 mars	1844,	15,	17,	146
31 juin	»	20,	25,	151
31 août		8,	5,	148
31 octobre	»	24,	12,	136
31 décembre	»	17,	15,	134
31 mars	1845,	11,	13,	136

Au 30 juin	1845, sortis 16, entrés 16, 136 enfants.

31 août	»	6,	4,	134
31 octobre	»	22,	19,	131
31 décembre	»	8,	15,	138
31 mars	1846,	16,	15,	137
30 juin	»	14,	16,	139
1er août				115
31 octobre	»			130
1er juillet	1847,	31,	38,	122
1er août	»			125

L'école mutuelle du 2e arrondissement compte en ce moment, au mois d'octobre 1847, inscrits sur ses contrôles, 134 enfants ; et, journellement présents aux classes, 129 jeunes élèves.

L'école dirigée par M. Charpentier est, sous le rapport des dipositions générales, une école-modèle ; et le maître que l'administration municipale, depuis seize ans, a investi de sa confiance, la mérite par sa bonne volonté, par son zèle, par ses excellentes intentions. enfin, par un dévouement sans bornes à son utile profession.

ÉCOLE D'ENSEIGNEMENT MUTUEL DU 3e ARRONDISSEMENT.

—

Lorsqu'en 1832, le conseil municipal décida qu'il y aurait une école mutuelle dans chacun des trois arrondissements de la ville, il fallait, pour éviter les dépenses qu'auraient entraînées la construction ou l'achat de bâtiments considérables, faire dans le 3e arrondissement ce que l'on avait fait dans le 1er, c'est-à-dire, obliger les frères des écoles chrétiennes à quitter l'une de leurs classes pour la céder à l'instituteur de la nouvelle méthode. Les frères quittèrent l'école de la rue Perdue, et l'école mutuelle y fut installée ; mais elle y resta peu de temps. Dès 1834, on avait approprié à la destination d'une école mutuelle un bâtiment carré, isolé, sur la place Suzanne, ayant sa façade sur la rue Neuve, entre la rue du Grand-Cerf et la rue St-Remi, et qui, autrefois, avait servi de corps-de-garde. Malheureusement, lorsqu'on disposa, pour une école mutuelle que l'on disait alors devoir être provisoire c'est un provisoire qui dure depuis treize ou quatorze années les bâtiments du corps-de-garde, on ne tint pas un compte suffisant des nécessités de l'enseignement mutuel : le mur de séparation entre la classe d'école, d'une part, et le préau découvert et la place où est la pompe à incendie, d'autre part, est trop rapproché des tables d'écriture ; les cercles que forment les enfants pour les exercices de lecture et d'arithmétique autour des tableaux et des moniteurs, sont tellement resserrés contre les tables, qu'il est impossible de circuler à l'entour. Enlever deux ou trois places à chaque table serait matériellement possible; Mais déjà les tables contre l'estrade, où sont les ardoises des jeunes enfants, sont encombrées ; il y a quatorze ou quinze enfants serrés les uns contre les autres, à chaque table, lorsqu'il ne devrait y en avoir que douze. En un mot, la classe d'enseignement mutuel est aujourd'hui insuffisante. Pour la rendre convenable, si l'administration juge à propos de la laisser dans le même emplacement, il faudrait loger ailleurs

la pompe à incendie, abattre la cloison de séparation dans toute sa longueur, la reporter quelques
pieds plus loin, et construire un simple hangar derrière le bâtiment, sur la place Suzanne elle-même;
ce hangar pourrait, sans inconvénient, être adossé
aux murs actuels de l'école.

Nous n'hésitons pas à dire qu'il vaudrait mieux
encore construire une nouvelle école mutuelle dans
le voisinage de la salle d'asile du 3ᵉ arrondissement:
l'école actuelle est beaucoup trop rapprochée du mouvement et du bruit de la rue. Mais si le budget municipal ne présentait pas de ressources suffisantes
pour solder immédiatement cette dépense, nous croyons
qu'il est juste de recommander à la sollicitude des
conseillers municipaux les améliorations que nous
réclamons. En outre, nous ajouterons, ce que nous
avons presque constamment remarqué lors de nos
visites à l'école mutuelle du 3ᵉ arrondissement,
il n'y a d'air et de lumière que d'un côté, sur la
rue Neuve; et malgré l'attention du maître à ouvrir
fréquemment les fenêtres, l'atmosphère se vicie aisément, parce qu'il n'est pas possible d'établir un
courant d'air. On a plusieurs fois réclamé la percée
d'une fenêtre ouvrant sur le préau découvert. Mais
l'école mutuelle n'est là que provisoirement, ré-
pond-on......... depuis 1834.

M. Paul Parizy, né à Reims, le 22 décembre 1792,
fut le premier instituteur de l'école d'enseignement
mutuel du 3ᵉ arrondissement. Il obtint de M. le recteur
de l'Académie de Paris un brevet de capacité du
1ᵉʳ degré, qui lui fut délivré le 10 mai 1833. Il exerça
les fonctions d'instituteur jusqu'en 1838, et il fut
obligé de les cesser par suite d'une décision du comité communal d'instruction primaire.

Aux termes de la loi du 28 juin 1833, les instituteurs primaires qui étaient en exercice antérieurement à la promulgation de cette loi, durent être institués par le ministre de l'Instruction publique, après avoir été nommés par le comité supérieur d'arrondissement, sur la présentation du conseil municipal, et encore après avoir pris l'avis du comité communal.

L'administration municipale voulut régulariser, en 1834, la position de M. Parizy : le conseil municipal, dans sa séance du 9 février 1836, présenta M. Parizy au choix du comité supérieur et accompagna cette présentation de considérants favorables ; mais on s'aperçut, quelques mois plus tard, que le comité communal n'avait pas été consulté ; on lui renvoya donc la demande de M. Parizy afin qu'il eût au préalable à émettre son avis : c'est une sage précaution de la loi ; le comité communal est plus à même que le conseil municipal de connaître le mérite d'un instituteur ; par de fréquentes visites aux écoles, le comité se rend exactement compte des progrès des enfants, du zèle et de l'aptitude du maître.

Malheureusement, nous sommes dans la nécessité d'enregistrer ici la décision du comité communal. Nous passons sous silence ses motifs ; mais dans sa séance du 27 juin 1837, il émit un avis défavorable à M. Paul Parizy.

Le conseil municipal agita de nouveau la question, et, le 18 septembre 1837, il la décida dans un sens contraire à sa délibération du 9 février 1836.

« Sur la proposition de M. le maire,

Vu l'avis défavorable du comité communal d'instruction primaire de Reims ;

Le conseil décide qu'il n'y a pas lieu de présenter

M. Parizy à la nomination du comité supérieur, comme instituteur de l'école mutuelle du 3ᵉ arrondissement..... »

Cette décision du conseil municipal fut à cette époque critiquée par quelques personnes ; et l'inspecteur des écoles primaires du département, M. Pourpe, qui avait dans ses rapports annuels signalé à différentes reprises la mauvaise tenue de l'école de M. Parizy, écrivait au maire de Reims pour réclamer contre la destitution de l'instituteur.

L'administration municipale n'y mit point de rigueur toutefois ; elle laissa passer une année sans mettre la sentence à exécution. Nous laissons parler les faits :

Dans la séance du 3 octobre 1838, M. Gobet, 1ᵉʳ adjoint, faisant fonctions de maire, fit au conseil municipal l'exposé suivant :

« Vous avez décidé, le 18 septembre 1837, que le maître qui était chargé provisoirement de diriger l'école mutuelle du 3ᵉ arrondissement de cette ville, n'avait pas la capacité nécessaire pour être présenté à la nomination du comité supérieur d'instruction primaire.

Néanmoins, il avait été laissé à la tête de cette école, dans l'espérance qu'il se mettrait en état, pendant la dernière année scholaire, d'acquérir les connaissances et l'aptitude qui lui manquaient ; mais cette espérance a été déçue, et j'ai dû lui intimer de cesser ses fonctions.

J'ai dû aussi m'occuper de la recherche d'un sujet digne de toute confiance, pour un emploi aussi important, et à cet effet, je me suis adressé à la société pour l'instruction élémentaire qui avait déjà procuré à la ville de Reims les instituteurs des deux

autres écoles mutuelles dont les services sont satisfaisants.

Cette société m'a indiqué M. Rosset, François-
Hector, natif de Paris, âgé de 22 ans, professeur
de français et d'écriture au collége de Gisors, qui
m'a fait parvenir ses titres, et que j'ai appelé à Reims
pour subir l'examen du comité local.

Cet examen a eu lieu le 2 de ce mois, et le comité a déclaré être d'avis qu'il y aurait lieu de présenter le candidat à la nomination.

La rentrée des écoles étant très prochaine, j'ai
cru devoir, pour qu'il n'y ait point de retard dans
celle qui se trouve aujourd'hui sans maître, convoquer extraordinairement le conseil afin de prononcer
sur l'avis du comité local.

J'ai obtenu l'autorisation nécessaire de M. le sous-
préfet, et partageant sur le compte de M. Rosset
l'opinion de ce comité, j'ai l'honneur de vous proposer, Messieurs, de présenter, conformément à l'article 21 de la loi du 28 juin 1833, le sieur Rosset
à la nomination du comité supérieur d'instruction
primaire de l'arrondissement, comme instituteur communal de l'école mutuelle du 3e arrondissement de
Reims. »

Le conseil, après en avoir délibéré, vu la loi du
28 juin 1833, sur l'instruction primaire, et l'ordonnance royale du 16 juillet suivant ;

Vu les pièces produites par M. Rosset ;

Vu l'avis favorable du comité communal d'instruction primaire, en date du 2 courant ;

Déclara présenter à la nomination du comité supérieur d'instruction primaire de l'arrondissement comme

instituteur communal de l'école mutuelle du 3ᵉ arrondissement de Reims, M. Rosset (François-Hector), natif de Paris, âgé de 22 ans, actuellement professeur de français et d'écriture au collége communal de Gisors, département de l'Eure, et domicilié en cette ville depuis plus de trois ans....»

M. Rosset remplaça par conséquent M. Parizy, à la rentrée des classes, au mois d'octobre 1838.

Lorsque M. Parizy avait ouvert l'école du 3ᵉ arrondissement, le 2 janvier 1833, le nombre des enfants inscrits était de 19 ;

Au 23 février 1833, l'école renfermait 61 élèves.
Au 23 juin 1834, 143 enfants.
Et au 9 mai 1838, 130 inscrits.

Nous n'avons retrouvé aucun document précis pour les dates intermédiaires.

Lorsque M. Rosset prit la direction de l'école mutuelle, les contrôles furent tenus régulièrement, et ils constatent les chiffres suivants :

Au 1ᵉʳ novembre 1838, 71 élèves.
— janvier 1839, 86
— avril » 96
— juillet » 118
— novembre » 155
— janvier 1840, 152
— avril » 150
— juillet » 152
— novembre » 156
— janvier 1841, 152
— février » 150

Nous avons dit, dans un autre chapitre, pourquoi M. Rosset quitta l'école mutuelle du 3ᵉ arrondissement, afin de prendre la direction de l'école que quittait M. Bourdonné. Il fut remplacé le 1er février 1841, par M. Homo, l'instituteur actuel.

Pour faire connaître les titres de M. Homo à la confiance de l'administration municipale, il nous suffira d'indiquer que, dans la séance du 11 janvier 1841, le comité communal d'instruction primaire prit la résolution suivante :

Attendu que le sieur Homo (Jean-Remi), né à Verzy le 5 octobre 1811, l'un des aspirants à cette place, exerce depuis 1831 les fonctions d'instituteur communal dans la commune de Courcy ;

Attendu que cet instituteur s'est toujours distingué dans l'accomplissement de ses devoirs par son zèle, sa capacité et sa conduite parfaitement régulière ;

Attendu qu'en 1833 et 1834, il a obtenu plusieurs nominations honorables dans le concours du canton et de l'arrondissement, et qu'en 1840, il a obtenu le prix du canton de Bourgogne; que cet instituteur, en un mot, l'un des plus recommandables de l'arrondissement, présente toutes les garanties désirables de capacité et de moralité ;

Attendu qu'il importe au plus haut degré de récompenser les services rendus par les instituteurs des communes rurales, quand les circonstances le permettent, et qu'accorder au sieur Homo l'avancement qu'il sollicite ne sera pas seulement un acte de justice, mais un puissant encouragement pour les autres instituteurs de l'arrondissement;

Attendu, d'ailleurs, que le sieur Homo présente à l'appui de sa demande :

1º Un brevet de capacité pour l'instruction primaire supérieure à lui délivré, le onze mars 1840;

2º Et un certificat de moralité à lui délivré par le maire de Courcy, conformément à la loi, le 18 décembre de la même année;

Est d'avis qu'il y a lieu, par le conseil municipal, de présenter à la nomination du comité d'arrondissement le sieur Homo, instituteur à Courcy, pour remplacer M. Rosset dans la direction de l'école mutuelle du 3ᵉ arrondissement de Reims...... »

Le conseil municipal et le comité supérieur partagèrent l'avis du comité communal. Depuis le 1ᵉʳ février 1841 jusqu'à ce jour, M. Homo n'a pas cessé d'exercer ses fonctions, et il a fort honorablement rempli tous les devoirs d'un instituteur intelligent et dévoué.

Au 1ᵉʳ avril 1841, l'école mutuelle du 1ᵉʳ arrondissement, dirigée par M. Homo, comprenait 144 enfants.

Au 1ᵉʳ juillet 1841,	145
Au 31 août 1841,	145
Au 31 octobre »	131
Au 1ᵉʳ janvier 1842,	141
Au 1ᵉʳ avril »	144
Au 1ᵉʳ juillet »	143
Au 31 octobre »	132
Au 1ᵉʳ janvier 1843,	142
Au 1ᵉʳ avril »	146
Au 1ᵉʳ juillet »	147
Au 31 octobre »	140
Au 1ᵉʳ janvier 1844,	158
Au 1ᵉʳ avril »	152
Au 1ᵉʳ juillet »	154
Au 31 octobre »	150

Au 1er janvier 1845,	157 enfants.
Au 1er avril »	157
Au 1er juillet »	156
Au 31 août 1845,	157
Au 31 octobre 1845,	150
Au 1er janvier 1846,	157
Au 1er avril »	157
Au 1er juillet »	156
Au 31 août »	159
Au 31 octobre 1846,	139
Au 1er janvier 1847,	145
Au 1er avril »	152
Au 1er juillet »	156
Au 31 octobre »	158

· L'école mutuelle du 3e arrondissement contenait, au mois d'octobre 1847, 142 enfants : les chiffres qui précèdent nous indiquent que ce nombre s'accroîtra dans le trimestre suivant ; on peut raisonnablement évaluer à 150 le nombre des enfants admis à suivre, chaque jour, les leçons de l'école mutuelle du 3e arrondissement.

En vertu d'une délibération du conseil municipal, du 13 février 1840, trois ecclésiastiques sont désignés chaque année par MM. les curés de Notre-Dame, de St-Jacques et de St-Remi, à l'effet de donner l'instruction religieuse aux enfants admis dans les écoles mutuelles des trois arrondissements de notre ville.

Dans la séance du 7 décembre 1840, le conseil municipal de Reims régla la situation des trois institu- teurs de l'enseignement mutuel, par rapport à la *caisse d'épargnes et de prévoyance* instituée par la loi de 1833 : M. de St-Marceaux, maire par intérim, fit au conseil l'exposé suivant :

· La loi du 28 juin 1833, sur l'instruction primaire, a formulé des dispositions qu'il est utile de remettre sous les yeux du conseil.

Art. 12. Il sera fourni à tout instituteur communal : 1° un local convenablement disposé tant pour lui servir d'habitation que pour recevoir les élèves; 2° un traitement fixe qui ne pourra être moindre de 200 francs.

Art. 13. Le conseil municipal délibérera sur les moyens de pourvoir au local et au traitement, à défaut de fondations, donations ou legs qui les assurent.

Art. 14. En sus du traitement fixe, l'instituteur communal recevra une rétribution mensuelle, recouvrable, mois par mois, sur les élèves, dont le taux sera réglé par le conseil municipal.

Art. 15. Il sera établi, dans chaque département, une *caisse d'épargnes et de prévoyance,* en faveur des instituteurs primaires communaux, qui se formera par une retenue annuelle d'un vingtième sur le traitement fixe, et le produit de cette retenue, placé au trésor royal, sera rendu à chaque instituteur avec les intérêts capitalisés, au moment où il se retirera; et en cas de décès dans l'exercice de ses fonctions, à la veuve ou à ses héritiers.

Une ordonnance royale, du 13 février 1838, qui règle le mode d'administration de ces caisses d'épargnes, porte, art. 3 : Lorsque, par suite de conventions faites avec le conseil municipal, le traitement de l'instituteur aura été réglé de telle sorte qu'une partie de ce traitement remplace la rétribution mensuelle, ce conseil déterminera la portion du traitement représentant la rétribution et sur laquelle la retenue du vingtième ne sera pas exercée.

Vous savez, messieurs, que dès la création des écoles mutuelles de cette ville, le traitement des instituteurs a été fixé à 1,800 francs par an, sur lequel ils subissent 2 1/2 % de retenue au profit de la caisse de retraite des employés de la mairie.

Vous savez aussi que le conseil, ayant décidé le principe de la gratuité de l'instruction primaire, sans aucune exception, il n'est perçu des élèves aucune rétribution mensuelle.

Le traitement des instituteurs des écoles mutuelles comprend donc, dans une espèce de forfait, leur traitement, leur logement et les rétributions mensuelles.

M. le préfet de la Marne, informé que ces instituteurs n'ont pas, jusqu'à présent, versé de retenues à la caisse d'épargnes départementale, recommande à l'administration, par une lettre du 24 octobre 1840, de faire cesser cet état de choses, et de rentrer dans l'observation de l'article 15 de la loi de 1833.

A cet effet, il convient donc de déterminer, de la part du conseil, dans quelles proportions le traitement total de 1,800 fr., alloué à chacun de nos trois instituteurs d'écoles mutuelles, représentera l'indemnité du logement, le traitement fixe et les rétributions mensuelles.

A l'égard de l'indemnité de logement, nous avons déjà une base certaine, puisque l'instituteur de l'école du 2e arrondissement paie à la caisse municipale, depuis le 1er janvier 1838, un loyer annuel de 300 fr., pour le logement qu'il occupe à l'établissement même (1).

_____

(1) Nous avons vu qu'il avait cessé de payer cette indemnité

Les rétributions mensuelles pourraient être évaluées modérément à un franc par mois pour chaque élève, ce qui, pour un nombre moyen de 120 élèves, pendant 11 mois, donnerait 1,320 fr. pour chaque instituteur.

Ajoutant cette somme aux 300 fr. d'indemnité de logement, il en résulterait un total de 1,620 fr. à déduire du traitement de 1,800 fr., et il resterait pour le traitement fixe seulement 180 fr.; mais ce chiffre serait inférieur au minimum de 200 fr., fixé par la loi pour l'instituteur d'une école primaire élémentaire.

Or, par leur lettre du 8 novembre, les trois instituteurs des écoles mutuelles de Reims proposent de porter ce chiffre à 400 fr., sur quoi ils se soumettent à subir la retenue du 20e, au profit de la caisse d'épargnes départementale; ils se trouveraient ainsi assimilés pour les retenues aux instituteurs d'école primaire supérieure, dont le traitement fixe peut, d'après la loi précitée, n'être que de 400 francs. L'administration, Messieurs, regarde cette soumission comme parfaitement convenable, et vous propose, en conséquence. d'arrêter que le traitement de 1,800 fr. dont jouissent les instituteurs, sera composé comme il suit :

1° Indemnité de logement..........   300 »

2° Rétributions mensuelles, au lieu de 1,320, évaluées seulement à.......... 1,100 »

3° Traitement fixe.................   400 »

Total égal.......... 1,800 »

D'arrêter également, qu'à partir du trimestre courant, il restera exercé sur chacun des trois instituteurs d'écoles mutuelles de Reims, conformément aux lois et ordonnances précitées, une retenue annuelle du 20°, à raison dudit traitement fixe de 400 fr., au profit de la caisse départementale d'épargnes et de prévoyance, en faveur des instituteurs communaux.

Il reste encore un point à décider, messieurs, à l'occasion de cette affaire. Nos trois instituteurs d'écoles mutuelles ont respectivement versé, depuis leur entrée en fonctions, dans la caisse de retraite des employés de la mairie, une retenue de 2 1/2 pour 0/0 sur leur traitement général de 1,800 fr. par an. Cette retenue a été exercée par suite d'une stipulation formelle insérée dans les arrêtés de leur installation, dans leurs fonctions, et consentie par eux dans la confiance qu'elle leur donnerait droit à des pensions de retraite.

Ils demandent formellement aujourd'hui à conserver ce droit et à continuer, comme par le passé, à verser la même retenue de 2 1/2 pour 0/0, comme fonctionnaires rétribués sur les deniers communaux.

Cette demande nous paraît de toute justice, et nous proposons au conseil de l'accueillir.

Le conseil, prenant en considération les motifs rapportés dans l'exposé qu'il venait d'entendre, et considérant que les exigences des articles 12, 13, 14 et 15 de la loi du 28 juin 1833, ainsi que l'ordonnance royale du 13 février 1838, étaient complètement satisfaites par la proposition soumise à son examen ;

Déclara adopter en leur entier les deux propositions de M. le maire.

Aussi, lorsque, en 1844, le receveur municipal de la ville prétendit opérer sur la somme de 1,800 fr. la retenue du vingtième au profit de la caisse d'épargnes des instituteurs primaires, M. le sous-préfet de l'arrondissement rappela à M. le maire de la ville cette délibération du conseil, approuvée par l'arrêté de M. le préfet, du 21 janvier 1841 ; et cette prétention disparut immédiatement.

Les instituteurs mutuels de Reims subissent, par conséquent, deux retenues annuelles : 1° celle de 45 fr. pour la caisse de retraite ; 2° celle de 20 fr. pour la caisse d'épargnes : cette dernière retenue est augmentée de 15 fr. pour M. Charpentier, à cause de la gratuité du logement.

M. le ministre de l'Instruction publique a nommé, en 1838, M. Charpentier membre de la commission de surveillance de la caisse d'épargnes et de prévoyance établie en faveur des instituteurs primaires communaux dans le département de la Marne.

Nous réservons pour un autre livre dont la publication, nous l'espérons, ne se fera pas longtemps attendre, tous les autres détails relatifs aux écoles d'enseignement mutuel de notre ville. Nous avons été sobres de développements, et avec intention ; nous comptons en effet revenir sur les résultats et les progrès, à Reims, de la méthode d'enseignement mutuel ; c'est un sujet que nous traiterons séparément et avec étendue.

L'enseignement de la musique en particulier laisse beaucoup à désirer, aussi bien dans les écoles mutuelles que dans les écoles dirigées par les frères ; nous en signalerons les défauts graves, et nous indiquerons les améliorations que nous croyons utiles.

Un mot seulement sur le système général de la méthode mutuelle.

Nous croyons que si l'on compare ensemble les trois modes d'enseignement : l'enseignement individuel, l'enseignement simultané et l'enseignement mutuel, on arrivera nécessairement à cette conclusion qui est indiquée par M. de Gérando : (1).

« L'enseignement simultané a sur l'enseignement individuel une supériorité marquée. Le maître qui préside à chaque classe s'adresse à la classe entière ; il a les yeux sur tous les élèves, et tous les élèves l'écoutent. Il y a donc plus de simplicité, plus de rapidité dans les opérations ; les forces et le temps de l'instituteur sont distribués avec plus d'économie ; l'imitation et la sympathie animent et soutiennent les enfants dans cette marche commune qu'ils exécutent tous ensemble ; l'harmonie de travaux y entretient une discipline naturelle. Cependant il est difficile que dans une classe un peu nombreuse, tous les élèves soient réellement au même degré de capacité et d'avancement : les plus faibles restent donc en arrière et ne profitent pas, tandis que les plus forts sont obligés de s'arrêter pour attendre leurs camarades. La tâche du maître est rude ; elle exige à chaque instant toute l'activité de sa vigilance, toute l'énergie de ses facultés.

« L'enseignement mutuel obtient encore une plus grande simplicité, une plus grande économie de moyens : un seul maître suffit à toutes les divisions de l'école, et nous voyons jusqu'à 500 enfants réunis

(1) Encyclopédie des Gens du monde, t. IX, 2ᵉ partie.

sous un seul instituteur, sans que la moindre con-
fusion, la moindre incertitude, le moindre retard
se fasse sentir. L'enseignement mutuel, par la clas-
sification qu'il introduit entre les élèves, permet
de les distribuer suivant leur degré précis de
capacité actuelle. L'enseignement mutuel réunit à
la simultanéité dans la direction, dans la surveillance générale, une véritable individualité d'action
de la part de chaque élève. Chaque enfant observe
ses égaux, est observé par eux; à chaque instant,
il déploie tout l'effort dont il est capable; monte,
descend, remonte incessamment au niveau de son
mérite. L'enseignement mutuel réunit donc à la fois
les avantages de la simultanéité et ceux de l'individualité; il emprunte à l'une la simplicité de ses
ressorts; à l'autre l'énergie de l'action. Il a ce mérite éminent qu'il appelle constamment chaque enfant à faire l'emploi de toutes ses forces.

« Dans les deux autres modes d'enseignement,
l'instituteur conserve des relations plus directes et
plus continues avec ses élèves : il peut donc exercer
sur eux une plus grande influence. Si dans l'enseignement mutuel, son action est moins immédiate,
il agit par l'organe des moniteurs; il respire en
eux, il se multiplie par eux; c'est lui qui les
forme, qui les dirige. L'élève, dans les fonctions
de moniteur, revoit ce qu'il a déjà appris, s'en
rend compte, et par là se confirme, se perfectionne
dans ce qu'il sait. Les échanges qui s'opèrent entre
les élèves doublent les forces de chacun. L'instruction descend mieux à la portée des élèves, dans
chaque degré, en leur arrivant par le canal de
leurs camarades.

» Il est une autre considération....... c'est que

l'enseignement mutuel offre encore l'avantage d'une économie considérable, relativement aux deux autres procédés......

» Mais il faut le reconnaître, les formes de l'enseignement mutuel ne s'appliquent avec un véritable fruit qu'aux écoles assez nombreuses pour se prêter à toutes les sous-divisions qu'il introduit, et pour laisser à chacun une vie suffisante. Au-dessous de quatre vingts élèves, son utilité est moins sensible; l'enseignement simultané devient préférable.

» Il faut l'avouer aussi, les formes de l'enseignement mutuel, en excluant les entretiens du maître avec ses élèves, en interdisant entr'eux le commerce de la pensée, perd ses avantages dans les études qui exercent essentiellement l'intelligence, et qui ont pour but le développement des idées..... »

Nous le répétons, nous partageons en grande partie ces idées; nous sommes heureux d'ajouter que dans les écoles municipales de Reims, non seulement on rencontre tous les avantages que présente en général la méthode d'enseignement mutuel, mais que la plupart des inconvénients, signalés par l'éminent publiciste, ne peuvent s'y rencontrer.

Chacune de nos écoles mutuelles renferme ordinairement 140 enfants; c'est un nombre suffisant pour qu'un seul instituteur les divise en groupes, les fractionne par catégories de dix à douze élèves, choisisse des moniteurs qui sont préposés tour à tour à la direction et à l'instruction d'un cercle; c'est un nombre d'enfants assez restreint, pour que le maître, avec l'assistance d'un moniteur général, puisse successivement et en quelques minutes, parcourir tous les groupes, aller d'un cercle à l'autre,

s'assurer des progrès des élèves, de l'intelligence
des moniteurs, reprimander les uns, encourager les
autres, se mettre en rapport avec tous, et veiller
à ce que chaque enfant, du plus grand au plus
petit, soit sans cesse occupé.

Nous en convenons au reste, la méthode mutuelle
n'offre de grands avantages que pour le développement de l'instruction élémentaire; mais nous sommes convaincus qu'elle sera employée toujours avec
fruit, toujours avec succès, dans les asiles aussi bien
que dans les régiments, dans les classes de l'enfance
et dans les écoles des adultes de trente ans.

Nous ne jugeons pas utile de nous arrêter aujourd'hui sur le matériel nécessaire à une école mutuelle, sur les dispositions du local, sur l'emploi
du temps, dans la classe des élèves, dans la classe
des moniteurs; sur les commandements, leur exécution et les règles de l'enseignement. Nous les
avons suffisamment développées dans les paragraphes
précédents (1).

(1) Des livres spéciaux ont été publiés sur ces différents points;
en 1er lieu, le *Manuel des Écoles élémentaires d'enseignement mutuel*,
contenant des directions pour l'enseignement de toutes les facultés
de l'instruction primaire élémentaire à l'usage des fondateurs, des
inspecteurs et des directeurs d'écoles; par M. Sarrazin, professeur
du cours spécial d'enseignement mutuel, fondé par la ville de Paris; ouvrage approuvé par le conseil royal de l'instruction publique : 3e édition, Paris, Louis Colas, 1839. En second lieu, le
Manuel complet de l'enseignement mutuel. ou instructions pour les
fondateurs et les directeurs des écoles d'enseignement mutuel, par
M. Lamotte, inspecteur spécial de l'instruction primaire du département de la Seine, et M. Lorrain, proviseur du collège royal de
Saint Louis; ouvrage autorisé par le conseil royal de l'instruction
publique. 2e édition, Paris, L. Hachette, 1842. — 3e des *Succès*,
des *Abus*, des *Améliorations*, des *Besoins de l'enseignement mutuel
gratuit*, par M. Poupin, inspecteur des écoles du 7e arrondissement
de Paris. Chamerot, 1840.

ÉCOLES

PRIMAIRES ET COMMUNALES DE FILLES

ÉCOLES
PRIMAIRES ET COMMUNALES DE FILLES

ÉCOLES PRIMAIRES DIRIGÉES PAR LES SOEURS
DE L'ENFANT-JÉSUS.

Il existe à Reims quatre écoles de filles, gratuites et communales, dirigées par des religieuses appartenant à la communauté des sœurs du Saint-Enfant-Jésus. Ces écoles sont ouvertes dans quatre quartiers de la ville, éloignés les uns des autres; et elles sont généralement désignées par le nom de la rue où l'école est située :

L'école des sœurs de l'Enfant-Jésus, rue des Orphelins.
 — — — rue des Thillois.
 — — — rue Rogier.
 — — — rue des Salines.

Le siége de la communauté est établi rue du Barbâtre, et les bâtiments et les jardins qui en dépendent occupent une grande partie de la rive gauche de la rue des Orphelins.

La communauté des sœurs de l'Enfant-Jésus n'est pas une communauté cloîtrée, comme celle des religieuses de Notre-Dame, dite de la Congrégation;

mais c'est une communauté spécialement vouée à l'enseignement.

Elle s'occupe non-seulement de l'instruction des filles pauvres, mais elle a ouvert un *pensionnat* privé de jeunes filles, où les enfants des familles riches sont exclusivement admises moyennant une rétribution annuelle assez élevée. Nous reviendrons plus loin sur la convenance et sur les conditions d'existence de ce pensionnat qui, disons-le tout d'abord, nous paraît être en dehors des règles et de l'institution même de la communauté des sœurs de l'Enfant-Jésus.

Nous avons puisé dans le livre des *Essais historiques* de M. Tarbé, ce monument élevé à l'histoire des souvenirs de la cité, d'utiles renseignements sur les origines des sœurs de l'Enfant-Jésus.

En 1662, dit M. Tarbé (1), Marie Brisset, veuve de M. Georges Varlet, créa une communauté dont le but était d'élever des orphelins. Elle employa d'abord une partie de sa fortune et les dons qu'elle recevait à nourrir à domicile ces malheureux enfants ; bientôt elle acheta une maison dans le bourg Saint-Denis : à la porte était un tronc qui sollicitait la charité des passants ; au haut du portail étaient écrits ces mots : « Maison de Notre Dame de pureté pour les pauvres orphelins. »

Madame Varlet n'avait écouté que son zèle, et n'avait pas obtenu l'agrément de la ville. Les conseillers lui firent payer cher cet oubli ; ils prostestè-rent contre la nouvelle institution, et réduisirent la fondatrice à vendre aux hospices (à l'hôpital de St-Marcoul), la maison qu'elle venait d'acheter. Elle se réfugia dans la rue du Barbâtre.

(1) Essais historiques sur Reims, p. 350 et 337.

...... Elle y était à peine établie, qu'une nouvelle fondation charitable vint prendre la place des religieuses et des orphelins qu'elles élevaient.

En 1678, il existait à ce même angle des rues du Barbâtre et des Orphelins un édifice important, connu sous le nom de la Maison de Landève : c'était-là que descendaient les religieux de l'abbaye de Landève, quand leurs affaires ou les circonstances les amenaient à Reims.

M. Roland, théologal de l'église de Reims, acheta ces bâtiments, y fonda une communauté de femmes qu'il nomma *Filles séculières du Saint-Enfant Jésus*. Il parvint à obtenir des lettres de cachet favorables en 1678, et, ce qui n'était pas toujours chose facile, l'agrément du conseil de ville; on imposa seulement aux nouvelles sœurs l'obligation de tenir en ville quatre écoles gratuites pour les jeunes filles, et de recevoir chez elles les orphelins de Madame Varlet. On leur livrait l'établissement créé par cette charitable dame. Il fut encore convenu qu'on ne pourrait y admettre aucun orphelin sans l'ordre du lieutenant des habitants ; celui-ci se réservait en outre le droit de retirer les enfants de cette maison dès qu'ils auraient atteint l'âge de sept ou huit ans, pour les faire conduire à l'hôpital-général. Sa majesté sanctionna toutes ces conventions par des lettres patentes de 1679, confirmées en 1689, et enregistrées à la ville le 18 août de la même année.

Le couvent prit le nom de celui qu'il détrônait, et s'appela, jusqu'à la révolution, *Maison des Orphelins*. Il s'enrichit, put élever une église et agrandir ses premiers bâtiments. Les sœurs dirigeaient cinq écoles gratuites, quand arriva 1793. Leur asile fut envahi par les soldats du régiment d'Eure-et-Loire, en passage à Reims ; ils mirent une table dans la cour, et forcèrent les sœurs à y signer le serment de fidélité à la république...... Les religieuses que personne ne protégeait plus, furent réduites à quitter leur résidence (1).

Les orphelins qu'elles abandonnèrent forcément furent conduits à l'hôpital-général ; elles se dispersèrent et revinrent...... en des jours meilleurs... Elles eurent le bonheur de pouvoir rentrer dans la maison qui fut leur berceau ; huit sœurs en prirent la direction.

En 1807 une pension de jeunes filles fut créée dans le couvent ; mais ce ne fut qu'en 1814 que l'ancienne congrégation fut rétablie régulièrement.

La chapelle avait servi longtemps de remise ; en 1812, on y avait établi des cuisines de charité, et on y faisait des soupes pour les indigents. En décembre 1813, elle devint hôpital militaire, ainsi que les maisons de Saint-Marcoul, de la Charité, de l'Hôtel-Dieu et de Saint-Remi. En 1817, elle fut restaurée, bénie et ouverte au public. Une tribune placée au-dessus de la grande porte fut réservée à la communauté. Les bâtiments n'ont rien de remarquable. Le dévouement et les vertus qui les habitent en font tout le mérite (2). »

(1) Le génovéfain, J. B. Géruzez, dans son Histoire de Reims, ne dit qu'un seul mot des écoles tenues avant la révolution par les sœurs de l'Enfant-Jésus. « Les filles des parents pauvres étaient instruites par les religieuses dites des orphelins, qui avaient été établies en 1667 et 1678. — Elles avaient, comme les petits-frères, cinq écoles dans la ville, où dix sœurs se rendaient deux fois par jour. — Géruzez, description de Reims, p. 456.

(2) Nous avons omis dans le récit de M. Tarbé quelques expressions qui nous ont paru empreintes d'exagération, et qui, suivant nous, déparent le grand ouvrage des *Essais historiques*.

Nous regrettons de ne rien ajouter ici au récit de l'auteur des *Essais historiques sur Reims* ; les sœurs de l'Enfant-Jésus rendirent à Reims autant de nobles et dévoués services que les frères des écoles chrétiennes : ce sera l'éternel honneur de notre cité, que d'avoir vu naître, grandir et se développer dans ses murs, à la fin du 17ᵉ siècle, deux institutions, non seulement charitables et pieuses, mais libérales et démocratiques dans le sens chrétien du mot. Les sœurs de l'Enfant-Jésus, les frères des écoles chrétiennes consacrent leur courage, leur dévouement, leur vie à l'éducation et à l'instruction des enfants pauvres de la cité, depuis bientôt deux cents ans ; et je pense qu'il y a peu d'institutions parmi celles qui nous entourent, que nous devions tous honorer et respecter davantage.

Nous espérons un jour faire l'histoire complète des *Sœurs des Orphelins*. Nous nous bornons dans ce livre à esquisser l'histoire rapide du présent, en rendant au passé le sérieux hommage qui lui est dû.

Nous omettons également de parler ici des Magneuses, établies à l'hôpital de Sainte-Marthe : madame des Magneux, leur fondatrice, les y avait placées en 1638, pour y élever gratuitement les jeunes filles.

Nous l'avons vu, c'est en 1807, que les sœurs de l'Enfant-Jésus rouvrirent un pensionnat à Reims, dans leur ancien couvent des Orphelins ; mais dès leur retour à Reims, fidèles à la loi fondamentale de leur institution, elles avaient appelé les enfants pauvres dans leurs écoles gratuites.

Aussi M. Tronsson-Lecomte, maire de la ville, fit au conseil municipal le rapport suivant dans la séance du 29 pluviôse an XIII.

L'institution des écoles gratuites a toujours été considérée avec raison comme un des plus grands bienfaits accordés à la société, et la privation qu'on en a éprouvée pendant un certain temps, n'a malheureusement que trop convaincu combien cette interruption avait porté atteinte aux mœurs.

La génération, fruit de ces temps malheureux, sans frein, sans principe, et portée sans réserve à la licence et à la paresse, a fait sentir le besoin indispensable de ces écoles spécialement consacrées à la classe indigente.

Les sœurs des Orphelins, connues sous le nom de *Sœurs de la Congrégation de l'Enfant-Jésus*, chargées de temps immémorial de ces écoles, ont toujours mérité la reconnaissance de la ville de Reims, pour leur zèle, leur exactitude et leur intelligence dans leurs fonctions.

Cette association, détruite par la révolution, a déjà recouvré un assez grand nombre de ses membres pour reprendre les fonctions dont ces sœurs étaient chargées, et les pères et mères se sont empressés de leur rendre la confiance dûe à leur zèle et à leur dévouement pour le service public.

Neuf de ces sœurs ont été désignées et nommées institutrices des écoles primaires de filles et elles ont reçu en ladite qualité leurs diplômes ; elles reçoivent chacune pour indemnité de logement 200 fr. et en outre, vingt sous par mois pour chaque enfant, déduction du cinquième de ces mêmes enfants admis gratuitement dans les écoles conformément à la loi.

Malgré la modique somme qu'elles reçoivent et qui semblerait ne devoir suffire que pour leurs besoins, elles ont la générosité de recevoir gratuitement la moitié des enfants au lieu du cinquième et de pourvoir à la subsistance et à l'entretien de cinq de leurs sœurs que leur grand âge et leurs infirmités empêchent de continuer à se livrer aux travaux de l'éducation publique.

Non contentes de partager avec elles le fruit de leurs travaux, elles désirent plus encore; leurs vœux seraient d'avoir la satisfaction de pouvoir former des élèves, lesquelles, nourries des mêmes principes, seraient à même de les remplacer, lorsque elles-mêmes seraient hors de service.

Une telle institution mérite sans contredit les regards du gouvernement; il y a d'autant plus lieu d'espérer qu'il accueillera la demande de leur rétablissement sur l'ancien pied, que les frères, dits des Écoles chrétiennes, sont à la veille d'obtenir leur rétablissement, si déjà même il n'est pas arrêté; les fonctions de ces sœurs pour l'éducation de la jeunesse étant les mêmes que celles des frères, il y aurait lieu pour elles d'obtenir la même faveur.

M. le maire invita le conseil municipal à délibérer sur cet objet.

Le conseil municipal, après avoir entendu ce rapport :

Considérant qu'il était généralement reconnu que l'éducation de la jeunesse de la classe indigente était sensiblement améliorée depuis qu'elle était confiée aux soins de ces institutrices, et qu'elles rendaient pour la partie de l'instruction publique des services aussi grands que les frères dits des Écoles chrétiennes en rendaient de leur côté ;

Que s'il était de l'intérêt de la ville de pouvoir

conserver à Reims des personnes qui se vouent aussi
généreusement que ces sœurs à l'éducation de la jeunesse, il était de toute justice de leur procurer les
moyens de se renouveler ; qu'il n'en serait certainement point de plus convenable que de leur rendre
leur ancienne institution ;

Qu'il était d'autant plus instant de s'en occuper,
qu'il deviendrait presque impossible par la suite de
les réunir, par la raison que déjà quelques-unes d'entre
elles, guidées moins par l'intérêt que par le désir de
se rendre utiles, avaient écouté les propositions avantageuses qui leur avaient été faites par plusieurs villes,
et y avaient transporté leur domicile ; qu'il était à
craindre que d'autres ne suivissent le même parti.

D'après ces motifs, arrêta :

Il sera fait invitation à M. le préfet de solliciter
auprès du gouvernement le rétablissement des *Sœurs
de la Congrégation de l'Enfant-Jésus*, pour ces dites
sœurs se vouer spécialement et uniquement à l'éducation de la jeunesse.

Le conseil municipal se réserva une fois le rétablissement de ces sœurs accordé, de leur procurer
un local convenable pour leur réunion.

Quelques jours après, dans la séance du 5 floréal
an XIII, M. le maire exposa au conseil municipal que
M. le sous-préfet venait de lui faire renvoi de la délibération du 29 pluviôse dernier, relative à une demande pour le rétablissement des dames connues sous
le nom de *Sœurs de la Congrégation de l'Enfant-Jésus*,
à l'effet d'examiner si le conseil persistait dans la
demande d'un établissement de congrégation enseignante sans pensionnat, ou, s'il croyait devoir solliciter l'autorisation d'un pensionnat ; s'il ne serait

pas avantageux d'organiser un établissement de ce genre dans le sens de celui créé pour la ville de Châlons par décret impérial du 11 thermidor an XII; les dames de la ci-devant congrégation de Notre-Dame de ladite ville ayant des classes publiques et gratuites et en outre un pensionnat.

M. le sous-préfet demandait par la même lettre si les dames de l'ancienne congrégation de l'Enfant-Jésus conviendraient à l'établissement et si elles consentiraient à s'en charger :

Quels seraient les avantages que le conseil municipal proposerait de faire à cette congrégation.

M. le maire, en invitant le conseil municipal à délibérer sur ces objets, exposa que d'après une conférence qu'il avait eue avec ces dames, il pouvait donner l'assurance qu'elles se chargeraient volontiers d'un pensionnat.

Le conseil municipal, après avoir entendu ce rapport, s'étant fait représenter sa délibération du 29 pluviôse dernier :

Considérant combien il serait avantageux pour la ville de Reims que les écoles primaires de filles fussent gratuites et qu'elles continuassent à être régies par les dames connues sous le nom de *Sœurs de la Congrégation du nom de Jésus*, attendu le zèle, l'exactitude et l'intelligence qu'elles apportent dans l'exercice de leurs fonctions et la confiance qu'elles inspirent à juste titre aux pères de famille;

Arrêta de faire les demandes dont la teneur suit :

1° Les écoles primaires de filles seront gratuites dans la ville de Reims *pour tous les indigents* ;

2° Les dames connues sous le nom de sœurs de

la congrégation de l'Enfant-Jésus, choisies depuis deux ans pour institutrices primaires et exerçant en cette qualité à la satisfaction générale, continueront de tenir les écoles primaires et publiques dans les différents quartiers où elles sont établies ;

3° Elles seront autorisées à se réunir et à former un pensionnat ;

4° La ville se chargera de leur fournir un local convenable tant pour leur réunion que pour la tenue d'un pensionnat.

L'octroi fournissant annuellement une somme de 20,455 fr. aux secours à domicile, et le bureau de bienfaisance jouissant en outre, pour ces mêmes secours, de plusieurs parties de rentes formant un revenu de 3,000 fr. et en outre d'une rétribution annuelle, évaluée à 4,000 fr. sur les salles de danses, jeux et spectacles, ce qui forme un total de 27,455 fr., il pourrait être prélevé sur cette somme celles nécessaires pour rendre gratuites les écoles primaires de filles dans la ville, ce ne serait pas donner une direction étrangère à des actes de bienfaisance, puisque ce serait venir réellement au secours de la classe indigente, en lui fournissant les moyens de procurer une éducation convenable aux enfants.

Arrêta que sur la somme de 27,455 fr. dont il est question, il serait prélevé celle de 4,500 fr. annuellement, savoir :

Celle de 3,000 fr. pour être remise aux dames institutrices, lesquelles dès-lors ne pourront exiger aucune rétribution des parents pour raison de l'éducation qu'elles seront chargées de donner aux enfants;

Et celle de 1500 fr. pour le loyer d'une maison où les dames, connues sous le nom de *Sœurs de la Congrégation de l'Enfant-Jésus*, pourront se réunir et avoir un pensionnat.

La maison des ci-devant Magneuses appartenant aux hospices et occupée pour le bureau de bienfaisance qui en paie un loyer de 1500 fr. est proposée, attendu que cette maison réunit tous les avantages que l'on peut désirer, et que le bureau de bienfaisance ne s'en sert aujourd'hui que pour la tenue de ses bureaux, motif pour lequel il lui sera réservé une place dans la même maison.

Cette délibération du conseil municipal fut suivie, quelque temps après, d'une délibération qui nous semble plus importante encore, et qui indique d'une manière bien précise les vœux et les espérances du conseil municipal.

Dans la séance du 8 mai 1806, M. le maire exposa au conseil que depuis l'établissement des écoles primaires en cette ville, les dames connues sous le nom de sœurs de la congrégation de l'Enfant-Jésus, vouées par leur Institut à l'éducation gratuite des jeunes filles et qui en avaient été chargées pendant un grand nombre d'années et jusqu'au moment de la révolution, avaient été appelées pour être institutrices primaires, et que leur nomination avait été confirmée par M. le sous-préfet.

Le choix fait de ces sœurs pour institutrices primaires par les autorités compétentes, a reçu l'approbation générale, la confiance inspirée par ces institutrices est telle que le nombre de jeunes filles envoyées à ces écoles par des parents indigents s'accroit tous les jours.

32

Mais ces sœurs qui reçoivent de la mairie pour leur logement une indemnité, n'étant point autorisées à se réunir et à former des élèves pour les remplacer dans le besoin, se trouvent isolées ; la ville est à chaque instant à la veille de les perdre, elle sait que d'autres communes leur font des propositions avantageuses pour les attirer dans leur sein et les charger également de l'instruction de la jeunesse ; il est donc intéressant de chercher tous les moyens possibles de conserver à Reims des êtres aussi précieux tant par leur conduite que par leurs talents reconnus pour l'éducation des enfants.

Le meilleur moyen serait de pouvoir les réunir en congrégation, comme elles l'étaient autrefois ; depuis longtemps elles ont formé ce vœu, et tous les efforts de l'administration doivent tendre à ce but.

M. le maire invita le conseil municipal à délibérer sur un objet aussi intéressant, et il déposa à cet effet sur le bureau les lettres-patentes du mois de février 1679, relatives à l'établissement de la communauté des filles de l'Enfant-Jésus ; ensemble le décret impérial du 11 thermidor an XII, qui autorisait les dames de la ci-devant communauté de Notre-Dame de Châlons à reprendre l'exercice de leurs fonctions.

Le conseil municipal, après avoir entendu ce rapport, lecture faite des lettres-patentes et décret impérial susdatés ;

Considérant les avantages qui résulteraient pour la classe indigente et pour la ville en général, si les dames connues sous le nom de sœurs de la Congrégation du nom de Jésus, étaient autorisées à se réunir pour reprendre l'exercice de leurs fonctions relatives à l'instruction de la jeunesse, et pour former des élèves en état de les remplacer, lorsque leur âge ou leurs infirmités ne leur permettraient plus de pouvoir continuer l'exercice de leurs fonctions ;

Emit son vœu pour la réunion de ces sœurs en congrégation, et arrêta qu'elle serait sollicitée auprès de l'autorité supérieure qui était en outre suppliée de leur permettre d'avoir un pensionnat et de former des élèves à même de les remplacer dans le besoin, enfin de prendre pour base de leur réunion et rétablissement les dispositions du décret du 11 thermidor, relatif au rétablissement de celles de Châlons ;

En conséquence fit dès ce moment par ces présentes la soumission de payer tous les frais de premier établissement comme meubles, linges, lits et tout ce qui constituait l'ameublement d'une maison.

Les écoles gratuites, le noviciat et le pensionnat des sœurs furent en pleine activité à la fin de 1807.

Sous l'empire, le conseil municipal eut encore une fois à s'occuper de la communauté des sœurs de l'Enfant-Jésus.

Dans la séance du 20 février 1811, M. le maire (M. Ponsardin) exposa au conseil municipal que M. le sous-préfet venait de lui faire renvoi d'une pétition de Mme Marguerite Jacquemart, âgée de 72 ans, sœur institutrice de l'ancienne maison de l'Enfant-Jésus de Reims, d'après laquelle elle exposait que pendant 53 ans, elle avait consacré son temps et ses veilles à l'éducation des jeunes filles de cette ville, que son âge et ses infirmités ne lui permettant pas de continuer plus longtemps de se livrer aux travaux de l'éducation, elle invitait par cette même pétition à ce qu'on s'intéressât pour elle, aux fins de lui faire obtenir une pension de retraite.

M. le sous-préfet, en faisant renvoi de cette pétition, observait que la demande de la pétitionnaire
pouvait être envisagée sous deux points divers :

1° Etait-il juste, dans les circonstances particulières, que Mme Jacquemart obtînt une pension à
cause de ses longs services et de son impuissance
de les continuer vû son âge et ses infirmités?

2° Etait-il à propos, dans la thèse générale, de
donner des encouragements aux jeunes personnes
qui ont quelque intention de se vouer à l'enseignement d'après les principes des institutrices actuelles,
en leur offrant la perspective d'une retraite dans la
maison où elles auraient des moyens d'existence?

M. le sous-préfet m'invite, ajoutait M. Ponsardin,
par cette même lettre à vouloir bien examiner cette
demande sous ces deux rapports et m'autorise à
réunir le conseil municipal dans le cas où je juge-
rais que la demande de cette institutrice fût prise
en considération.

M. le maire fit observer au conseil que d'après
les renseignements qu'il s'était procuré sur le compte,
de Mme Jacquemart, il estimait que cette institutrice,
eu égard à ses infirmités et à ses longs services
dans la partie de l'éducation, avait véritablement
droit à une retraite ;

Qu'il estimait également, qu'il serait avantageux
pour le bien de l'éducation publique, que les instituteurs et institutrices primaires, nommés par M. le
sous-préfet, sur la présentation du bureau de bienfaisance, eussent la perspective d'une retraite quelconque, attendu qu'elle pourrait déterminer des
jeunes personnes de l'un et de l'autre sexe qui annon-
ceraient des talents pour l'éducation à s'y livrer

exclusivement s'ils pouvaient être assurés d'une retraite à même de les faire exister, lorsque leur âge ou leurs infirmités ne leur permettraient plus de pouvoir exercer leurs fonctions.

Le conseil municipal, après avoir entendu ce rapport, adoptant les observations que venait de lui présenter M. le maire, arrêta qu'il en serait donné connaissance à M. le sous-préfet, et qu'à cet effet, une ampliation de la présente délibération lui serait incessamment adressée.

On le voit, durant l'empire, le conseil municipal de Reims se montra constamment favorable aux progrès et au développement de l'instruction primaire.

Le bureau de bienfaisance joua longtemps un rôle important dans l'enseignement élémentaire. Avant que l'enseignement devint gratuit dans toutes les écoles communales et pour tous les enfants qui les fréquentaient sans exception, le bureau de bienfaisance percevait la rétribution scholaire imposée aux familles aisées pour l'admission de leurs enfants dans les écoles primaires. Nous aurons occasion de déterminer, plus loin, la part d'action dévoluc au bureau de bienfaisance ; nous nous bornons à constater en ce moment que souvent le bureau de bienfaisance intervenait pour la réalisation des améliorations matérielles dans les écoles ; aussi, n'y a-t-il pas lieu de s'étonner de rencontrer quelquefois le nom de cette institution dans les délibérations du conseil municipal sous la restauration.

Dans la séance du 1er août 1817, M. le maire exposa que le bureau de bienfaisance, dans la vue d'utiliser des fonds existants dans sa caisse provenant de la rétribution des élèves admis à charge de payement dans les écoles primaires de garçons et de filles, s'occupait de chercher des locaux convenables pour la tenue desdites écoles; qu'étant obligé de prendre à loyer des parties de maisons pour ce sujet, il éprouvait les plus grandes difficultés à se les procurer, par la raison que pour la commodité des parents et des enfants, il devenait essentiel que ces écoles fussent situées autant que possible dans le centre de l'arrondissement; que pour remédier à ces inconvénients, il avait conçu le projet, au moyen des fonds qu'il se réservait, d'acheter les maisons convenables à la tenue des écoles et avantageusement situées, lorsque l'occasion se présentait.

Le bail d'une maison, sise à Reims rue de Thillois, appartenant aux hospices, tenue à loyer par le bureau de bienfaisance, depuis longtemps occupée par une école primaire, étant sur le point d'expirer, le bureau de bienfaisance s'est concerté avec la commission des hospices pour s'en rendre acquéreur. Cette proposition ayant été acceptée, des experts ont été nommés de part et d'autre et chargés de faire les visites, désignations et estimations contradictoires de ladite maison et de ses dépendances, et il est résulté des procès-verbaux dressés par ces experts, que la valeur estimatoire était portée à cinq mille francs.

La commission des hospices, par sa délibération du 27 juin, étant d'avis de vendre la maison dont s'agit, toutefois avec l'agrément de l'autorité supérieure, il a été publié et affiché un avis aux habitants pour les prévenir de l'achat projeté par le bureau de bienfaisance, de ladite maison, pour que tous ceux qui voudraient approuver cette acquisition, ou y trouveraient des inconvénients, eussent à se rendre au secrétariat de la mairie, où ils seraient entendus sur leurs moyens *de commodo ou incommodo.*

Un délai de quinze jours pour recevoir ces observations étant expiré depuis le 31 juillet dernier, et personne ne s'étant présenté, il déposait sur le bureau les délibérations tant du bureau de bienfaisance que de la commission des hospices, ensemble toutes les pièces à l'appui, et invitait le conseil municipal à délibérer à ce sujet.

Lecture faite des délibérations précitées ;

Le conseil, considérant qu'il était d'autant plus urgent pour le bureau de bienfaisance d'acquérir cette maison, que le bail était sur le point d'expirer; qu'il y avait véritablement difficulté de se procurer dans le 1er arrondissement une maison convenable pour la tenue d'une école primaire de filles ;

Que la maison dont s'agissait présentait pour sa localité tous les avantages que l'on pouvait désirer pour un établissement de cette nature ;

Que d'ailleurs le bureau de bienfaisance avait dans sa caisse un fonds plus que suffisant pour effectuer l'acquisition qu'il se proposait ;

Qu'il y avait également avantage pour la commission des hospices de vendre cette maison, en ce qu'elle accroîtrait son revenu au moyen de rentes sur l'État et représenterait avantageusement le revenu annuel ;

D'après ces motifs, fut d'avis de l'acquisition de cette maison par le bureau de bienfaisance à la commission des hospices, moyennant la somme de 5,000 francs, et en conséquence invita l'autorité supérieure à lui donner toutes les autorisations nécessaires à ce sujet.

C'est encore dans cette maison de la rue de Thillois que se tient aujourd'hui l'une des principales écoles de filles de notre ville.

Dans un intérêt de bonne administration, la mairie, d'accord avec le bureau de bienfaisance, se mit en mesure d'acquérir pour son propre compte d'autres maisons et bâtiments propres à la tenue des écoles primaires de filles.

Effectivement dans la séance du 19 août 1821, M. le maire exposa au conseil qu'au budget de 1820, il avait été alloué une somme de 4,000 fr., comme 1er à-compte pour acquisition de maisons aux fins d'y placer les écoles primaires, et il avait été arrêté que M. le maire serait invité à faire faire pour ce sujet toutes recherches de locaux convenables. Il ajouta qu'ayant été informé que le sieur Nicolas-Simon Lacambre, greffier de la justice de paix du canton de Craonne, propriétaire de deux maisons sises à Reims, rue Canneton, n°° 6 et 7, était dans l'intention de les vendre et à s'en rapporter pour le prix à l'estimation qui en serait faite contradictoirement tant par l'expert qu'il nommerait de son côté que par celui qui serait choisi aux mêmes fins par la mairie; il avait été nommé des experts de part et d'autre pour les désignation et estimation de ces deux maisons, et il en était résulté que l'estimation avait été portée à la somme de 5,500 francs.

Un marché double contenant les clauses et conditions de cette vente, avait été conclu le 17 mai 1821 entre la mairie et le sieur Lacambre.

Il déposa sur le bureau toutes les pièces relatives à cette acquisition, et invita le conseil à délibérer à ce sujet:

Ce rapport entendu: examen fait des pièces représentées;

Le conseil: considérant qu'en l'année 1821, et

d'après la demande tant de la mairie que du bureau de bienfaisance, il avait exprimé son vœu formel pour l'acquisition de maisons convenables à la tenue des écoles primaires et avait même compris au budget du même exercice pour premier à-compte, une somme de 4,000 francs;

Que la mairie en traitant avec le sieur Lacambre, avait réellement rempli les intentions du conseil municipal ; que d'ailleurs, les maisons désignées pour y établir l'école primaire de filles du 2ᵉ arrondissement, étaient situées au milieu de ce même arrondissement et étaient, d'après les rapports faits, parfaitement convenables pour l'objet auquel elles étaient destinées;

Considérant aussi que le prix de 5,500 fr. auquel ces maisons étaient portées, lui paraissait raisonnable ;

D'après ces motifs, le conseil approuva, dans tout son contenu, le marché conclu entre la mairie et le sieur Nicolas-Simon Lacambre.....

Ainsi que nous le verrons bientôt, le conseil municipal ne suivit pas toujours la voie des acquisitions ; c'était la plus commode, la moins dispendieuse peut-être : la ville éleva plus tard, à grands frais, des écoles communales qui présentaient, sous le rapport de la salubrité et du développement de l'instruction des enfants, d'incontestables avantages : en disposant d'anciennes maisons pour leur destination nouvelle, il faut le reconnaître, on agit en vue du présent ; mais l'administration d'une grande ville doit aussi créer en vue de l'avenir : nous croyons que c'est entrer dans une voie plus féconde que d'édifier de grands et imposants établissements , comme ceux

de la rue Rogier, de la rue Haute-Croupe, de la
rue Libergier (1).

La question du testament de l'abbé Blavier pré-
occupa vivement les esprits à Reims; M. Blavier
était mort le 1ᵉʳ juin 1819, léguant une somme
de dix mille francs à la communauté des sœurs de
l'Enfant-Jésus, établie à Reims.

Ses héritiers naturels réclamèrent avec énergie;
la question fut longtemps débattue; elle ne fut définitivement résolue qu'en 1821 : la solution en est
indiquée dans la délibération suivante du conseil
municipal, suivant nous, assez complétement. Dans
la séance du 19 août 1821, M. le maire remit sur le
bureau du conseil municipal les diverses pièces relatives au legs de 10,000 fr. fait par feu M Blavier, ancien chanoine de Reims, en faveur des dames
connues à Reims, sous le nom de sœurs de l'Enfant-Jésus; ces dames, disait M. le maire, sont
chargées de l'instruction primaire des enfants du
sexe féminin, depuis l'an 1679 jusqu'à la Révolution, en vertu des lettres-patentes du roi; et depuis la suppression des communautés religieuses,
en vertu d'un décret de 1809, et d'arrangements
pris entre la mairie, le bureau de bienfaisance et
lesdites dames, qui ont été et sont encore établies
dans la maison qu'elles occupaient, et sont encore
chargées d'instruire les jeunes filles, dans la ville
de Reims, ainsi qu'elles le faisaient en vertu des

(1) Nous avons sous les yeux un devis estimatif pour réparations d'une
seule année à l'école de la rue de Thillois, arrêté le 14 novembre
1825, proposé par M. Bellon, alors conducteur des travaux de la ville,
et approuvé par M. Maillefer-Ruinart: ce devis se monte à 209 fr.
Le 25 février 1827, nouveau devis de 557 fr.

lettres-patentes précitées. Parmi ces pièces se trouve l'avis du comité consultatif des établissements de charité, que M. le président soumet plus particulièrement à l'examen du conseil, avec invitation de peser dans sa sagesse, les motifs qui militent en faveur de la demande en autorisation d'acceptation dudit legs, ou seulement des offres que les héritiers Blavier, lui ont fait faire par une tierce personne, et qu'ils ont assuré être prêts à réaliser, lorsqu'ils pourront le faire régulièrement et valablement, offres qui ont été faites verbalement à l'un de MM. les adjoints, par M. Baron, conseiller à la cour royale de Paris, l'un des héritiers, et réitérées ici par M⁰ Dollé, notaire, fondé de pouvoirs des héritiers.

M. le président exposa que ces offres consistaient à payer, par les héritiers entre les mains du bureau de bienfaisance au 1ᵉʳ avril 1822,

1° Le tiers du capital de 10,000 fr. légué par ledit sieur Blavier...................... 3,334 »

2° Les intérêts dudit tiers à courir du 1ᵉʳ juin 1819, jour du décès dudit sieur Blavier jusqu'au 1ᵉʳ avril 1822, époque du recouvrement du capital.......... 472 »

Total.............. 3,806 »

M. le président ajouta qu'il était certain que les dames du Saint Enfant-Jésus, en faveur de qui le legs était fait, et qui étaient chargées de l'instruction primaire, étaient dans la volonté d'effectuer, en tant que de besoin, leur renonciation formelle à toute prétention de leur part audit legs ou portion de legs, et à en faire l'abandon à la caisse du bureau de bienfaisance, pourvu que cette renonciation tournât au profit de l'instruction primaire dont ledit bureau avait la direction et surveillance, conformément au décret du 26 janvier 1809, et que ce bureau manifestât l'intention d'appliquer à l'amélioration de cette instruction la somme qui reviendrait dudit legs, lorsque l'acceptation en serait autorisée, pour le tout, ou pour une partie.

La matière mise en délibération, les pièces lues et examinées et plusieurs membres entendus;

Le conseil, considérant que bien qu'il se crut fondé par les divers motifs contenus tant dans le mémoire du bureau de bienfaisance, que dans l'avis du comité, à demander l'autorisation d'acceptation de l'intégralité dudit legs, au profit de l'instruction primaire, il n'en était pas moins vrai que la fortune laissée par M. Blavier était moins liquide et moins considérable qu'il ne le croyait lui-même, quand il avait fait cette disposition et que c'était une des raisons pour lesquelles ses héritiers n'avaient pris que la qualité d'héritiers bénéficiaires; que son intention bien connue, au rapport des personnes qu'il avait l'habitude de fréquenter, était en laissant cette somme aux dames dites de l'Enfant-Jésus, qu'elle fût appliquée à l'amélioration de l'instruction primaire : considérant que ces dames elles-mêmes n'offraient l'abandon de de toutes leurs prétentions audit legs, que pour l'instruction primaire en fut rendue plus tôt gratuite par les soins et la sollicitude du bureau de bienfaisance;

Que c'était une chose désirable que l'instruction devint au plus tôt gratuite pour les filles, comme elle l'était déjà pour les garçons qui fréquentaient les écoles des frères; que l'acceptation de ce legs accélérerait ce moment si désiré.

. Par tous ces motifs, le conseil fut d'avis que l'autorité supérieure fût priée de consentir à ce que les offres à réaliser par les héritiers Blavier, consistant en 3,806 fr., payables au 1er avril 1822, sur le billet du sieur Assy-Olivier, fussent reçues et acceptées par le bureau de bienfaisance, à charge par lui d'en faire l'emploi soit en acquisition de locaux propres à la tenue des écoles, soit de toute autre manière qui procurerait le plus tôt possible les moyens de rendre l'instruction primaire des filles entièrement gratuite, et qu'au mérite du paiement de ladite somme entre les mains du bureau de bienfaisance, de la renonciation des dames dites de l'Enfant-Jésus à leurs prétentions audit legs, lesdits héritiers fussent bien et valablement déchargés....

Cette transaction, qui fut approuvée par l'autorité supérieure, termina toutes les contestations. Le conseil municipal de cette époque enregistrait peut-être avec trop de facilité les avis et les décisions de l'administration ; on conviendra, dans tous les cas, que cette délibération qui autorise la transaction, est faiblement motivée (1).

(1) Nous avons eu la curiosité de rechercher ce testament ; en voici l'extrait littéral :

Du second testament de feu l'abbé Jean-Baptiste Blavier, décédé prêtre, ancien chanoine de l'église métropolitaine de Reims, et contrôleur des contributions de l'arrondissement de la même ville, ledit testament en date du 7 avril 1816,

Il a été extrait ce qui suit :

« Par ce second testament, je confirme le premier dans tout son contenu, lequel est en date du 1er septembre 1814, ajoutant aux différentes dispositions qu'il renferme : Je donne et lègue *pour l'acquit de ma conscience*, aux dames connues à Reims sous le nom de sœurs de l'Enfant-Jésus, dites des Orphelins, demourant audit Reims,

Lorsque la transaction eut été approuvée, la somme de 3,800 fr., à laquelle avait été réduit le legs de 10,000 fr., fut remise entre les mains des administrateurs du bureau de bienfaisance.

Après la promulgation de la loi du 24 mai 1825, la communauté des sœurs de l'Enfant-Jésus voulut régulariser sa position : le conseil municipal dut être consulté.

Dans la séance du 17 août 1826, le conseil municipal, après avoir entendu le rapport d'une commission qu'il avait nommée dans une précédente séance pour prendre connaissance des demandes présentées par les dames religieuses de l'Enfant-Jésus, à l'effet d'obtenir que leur communauté fût légalement autorisée, et sur le rapport de cette commission pour mettre à même le conseil municipal de donner son avis sur l'autorisation sollicitée par ces dames, conformément à la loi du 24 mai 1825 ;

S'étant fait représenter : 1° Les statuts de cette communauté ;

2° La loi du 24 mai 1825 ;

Le conseil, considérant que la communauté des dames religieuses de l'Enfant-Jésus existait à Reims depuis 1666 ; qu'elle avait reçu des lettres-patentes

dans ladite maison, sise rue des Orphelins, le billet de dix mille francs souscrit à mon profit par M. Assy-Olivier, le 22 novembre 1814 et qui n'est remboursable que le 1er avril 1822.

Ce billet sera remis à mes héritiers par M. l'abbé Anot qui s'en trouve dépositaire, mes héritiers en toucheront l'intérêt tous les ans jusqu'au remboursement, et à dater du jour de ma mort, ils en remettront l'intérêt à la supérieure, de ladite somme pour être employé par elle au profit de sa maison. Lors de l'époque du remboursement des 10,000 fr. mes héritiers en toucheront le montant et le verseront entre les mains de la supérieure qui alors fera connaître au gouvernement la donation pour être autorisée à la recevoir et à en diriger l'emploi pour le bien-être de la communauté...... »

du roi au mois de février 1679 ; que depuis ce temps, elle n'avait cessé de rendre des services à la ville, tant pour l'éducation des orphelins dont elle avait pris soin jusqu'à la révolution, que pour l'éducation gratuite des enfants indigents, dont les dames de ladite communauté étaient encore chargées aujourd'hui, en qualité d'institutrices primaires, rétribuées sur le budget de la municipalité ;

Que leurs statuts étaient approuvés par S. Em. Mgr l'archevêque de Reims ;

Le conseil fut d'avis de l'autorisation de l'établissement de la communauté des sœurs de l'Enfant-Jésus, destinée à l'éducation des jeunes filles.

L'ordonnance du roi portant autorisation définitive..... des sœurs du Saint-Enfant-Jésus établies à Reims, département de la Marne, gouvernées par une supérieure locale, fut rendue le 17 janvier 1827. Elle se trouve au Bulletin des Lois, B. n° 138, n° 4733. Elle est contre-signée par Mgr l'évêque d'Hermopolis.

La situation des sœurs de l'Enfant-Jésus est par conséquent tout-à-fait régulière.

Avant d'entrer dans l'examen des résultats généraux obtenus dans les écoles de filles dirigées par les sœurs de l'Enfant-Jésus, nous avons à constater les améliorations matérielles introduites dans ces écoles par plusieurs délibérations successives du conseil municipal.

Nous les livrons ici sans commentaires, en suivant l'ordre chronologique ; les plus importantes améliorations ont été celles relatives à la reconstruction de l'école dite autrefois rue Canneton, aujourd'hui rue Rogier.

Dans la séance du 13 février 1833, M. de Saint-

Marceaux, 1ᵉʳ adjoint au maire, exposa que la maison communale, rue des Salines, où était établie une école d'instruction primaire pour les jeunes filles, avait un besoin urgent de constructions considérables, dont la dépense était estimée par un devis à la somme de 5,500 fr.

La ville, devant l'exemple de la soumission au plan d'alignement, il devenait nécessaire de rendre à la voie publique une partie du terrain de cette maison et d'y construire un nouveau bâtiment pour remplacer celui que le reculement ferait perdre.

La dépense, nécessaire à cet effet, n'ayant pas été prévue au budget de 1833, l'administration proposait de lui accorder un crédit additionnel audit budget pour y subvenir, de la somme de 5,500 fr. montant du devis, et à prélever sur les excédants de recettes ou les économies de dépenses de l'exercice, sauf l'approbation de l'autorité supérieure.

L'examen de cette affaire fut renvoyé à la section des travaux publics.

A la séance du 4 juin 1833, M. de St-Marceaux entretint de nouveau le conseil de cette affaire : il s'agissait alors d'une dépense beaucoup plus considérable à faire à l'école des sœurs de la rue des Salines, et cette considération avait engagé l'administration municipale à chercher un autre emplacement pour y transférer l'école des sœurs ; mais les sœurs voyaient avec inquiétude ce projet de changement ; leur école recevait 350 enfants, et il était à craindre que le local de la nouvelle école fût insuffisant.

Ces diverses considérations engagèrent le conseil à renvoyer de nouveau l'examen de cette affaire à la section des travaux publics.

Dans la séance du 17 juillet 1833, la section des travaux publics fit son rapport; les conclusions en furent adoptées par le conseil; elles sont indiquées dans la délibération suivante :

Le conseil municipal, vu le budget communal de 1833; considérant que l'école des sœurs, établie rue des Salines, a besoin de réparations et même d'augmentation de locaux, devenus insuffisants aux besoins de la population;

Qu'en suivant les plans et le devis de l'architecte de la ville, on entrerait dans une dépense qu'il est de l'intérêt de la caisse municipale de chercher à diminuer, si l'on arrive de même à l'amélioration qu'on se propose;

Qu'au lieu de démolir et reconstruire à neuf tout le bâtiment, il convient seulement de remplacer un mur de clôture dont le mauvais état compromet la sûreté publique; d'assainir une classe et enfin d'établir des lieux d'aisances indispensables dans un établissement de cette nature ;

Considérant que pour arriver à ce résultat, 6,000 fr. suffisent; mais qu'il n'y a aucun fonds crédité pour cet objet au budget communal de cette année ;

Accorde un crédit supplémentaire de 6,000 fr. au budget de 1833, mais à la condition expresse que cette somme sera employée à la construction d'un bâtiment sur le terrain faisant partie du jardin actuel afin d'augmenter les ressources de l'école, à l'agrandissement de la classe des plus jeunes élèves, à la construction des lieux d'aisances; qu'il ne sera pas touché au bâtiment de droite, non plus qu'aux distributions intérieures ;

33

Et enfin, qu'il sera procédé de suite à ces constructions.

Nonobstant la recommandation expresse du conseil municipal, il ne fut pas immédiatement procédé à l'adjudication de ces travaux utiles. Trois années s'écoulèrent; et ce ne fut qu'à la séance du 12 septembre 1836, que M. le maire, chef d'une administration nouvelle, insista de nouveau auprès du conseil municipal :

Le bâtiment de l'école des sœurs du 3ᵉ arrondissement, disait-il au conseil, en saillie sur la rue des Salines, tombe de vétusté, et doit, d'après le plan d'alignement de la ville, subir un retrait de cinq mètres sur une longueur de sept mètres de façade. Cette suppression entraîne la nécessité de reconstructions pour suppléer à l'insuffisance du local des classes. Suivant un rapport de l'architecte de la ville, la dépense à faire est évaluée à la somme de 6,365 francs 06 centimes.

Le conseil renvoya l'examen de cette affaire à une commission; à la séance du 1ᵉʳ décembre 1836, la parole fut donnée à l'organe de la commission, à laquelle le conseil avait confié l'examen des devis et plans des travaux de reconstruction à exécuter aux bâtiments de cette école primaire de filles.

Le rapporteur fit connaître au conseil que les travaux primitivement proposés et qui présentaient une dépense de 6,635 fr. 06 c., n'avaient pas tous parus convenables à la commission; qu'elle s'était rendue sur les lieux avec M. l'architecte, pour lui faire part de diverses observations auxquelles il avait déféré, en dressant un nouveau plan et un nouveau devis, dont la dépense était estimée à 6,300 francs.

Le conseil adopta le second projet, autorisa en conséquence les travaux, pour le paiement desquels il fut voté un crédit de 6,300 francs au budget de 1837.

Dans la séance du 2 octobre 1837, M. Demaison, faisant fonctions de maire, exposa au conseil que la maison sise rue Canneton, où se tenait l'école primaire de filles, était dans un état déplorable de dégradation, que son exiguité la rendait insuffisante pour sa destination, et tellement insalubre que la santé des maîtresses et des enfants y était gravement compromise ; qu'il y avait donc nécessité indispensable de placer l'école dans un local plus vaste, mieux aéré, et dans le même quartier ; que l'administration avait pensé qu'il conviendrait d'en construire une sur le terrain du marché aux chevaux, avec entrée par la rue Haute-Croupe, à la suite de l'école d'enseignement mutuel du 2° arrondissement ; qu'elle avait fait dresser par l'architecte les devis et plans nécessaires, dont il résultait une dépense de 32,000 fr. ; et elle proposa au conseil d'adopter ces plans et devis, d'en autoriser l'exécution, et de décider que ladite dépense serait inscrite au budget de 1838.

Le conseil renvoya l'examen de l'affaire à une commission composée de MM. Tortrat, Lecointre et Langlois.

Dans la séance du 13 novembre 1837, le rapporteur de la commission s'exprime en ces termes :

Nous avons été d'un avis unanime pour l'adoption de l'emplacement du bas du rempart de la rue Canneton, attendu qu'il se trouve plus à la proximité des enfants qui fréquentent cette école, et que, par suite, il y aurait avantage pour la communication du faubourg Cérès par une rue projetée, longeant le mur d'enceinte de l'école et se dirigeant vers la rue de Bétheny.

Examen fait du devis, la commission a remarqué que toutes les baies de portes et croisées devaient être faites en blocailles brutes enduites en plâtre. Elle a reconnu que ce genre d'ouvrages ne pouvait être de longue durée, et elle a demandé à M. l'architecte une rectification dans son devis, en établissant toutes les baies en pierres. Ce travail vient de nous être remis; il présente une somme de 2,000 francs en augmentation au devis primitif, en sorte que la dépense totale serait de 33,678 fr. 79 c.

Pour cette augmentation de 2,000 fr., nous pensons qu'il n'y a pas à hésiter de la faire, en raison de la supériorité bien reconnue de la pierre sur le plâtre.

Nous vous ferons observer que, dans la dépense totale, se trouvent compris le reculement d'une petite partie du mur d'enceinte de la ville, derrière l'école projetée, la construction de murs d'enceinte du terrain qui se trouve en face des croisées de l'école des frères, esplanade Cérès, et la couverture d'une partie de l'égoût de la porte de Cérès, traversant le terrain dans lequel sera établi le bâtiment de l'école de filles.

- Sur la somme de 33,679 fr. 75 c., on peut compter recouvrer celle de 7,000 fr., valeur réelle de la maison rue Canneton, occupée actuellement par l'école.

Nous ferons aussi remarquer qu'il faudrait des conduits de cheminées pour les poëles et une cheminée pour le dortoir des sœurs. Pour ce travail, nous ne croyons pas devoir proposer une augmentation de dépense ; il sera probablement couvert par les rabais, si l'on fait l'adjudication dans le courant de l'hiver et si l'on accorde le temps convenable pour l'exécution des travaux.

En conséquence, la commission est d'avis qu'il y a lieu d'autoriser l'administration municipale à faire faire par adjudication les travaux dont s'agit, suivant les plans et devis montant en deux parties à la somme de 33,678 fr. 79 c., et d'ouvrir un crédit de cette somme au chapitre des dépenses extraordinaires de 1838.

Le conseil, après en avoir délibéré, approuva l'avis de sa commission, notamment la proposition qu'elle faisait de substituer dans le devis l'emploi de la pierre au lieu de moellons revêtus en plâtre pour les baies des portes et fenêtres, comme présentant beaucoup plus de solidité dans la construction, ce qui portait la dépense à 33,678 fr. 79 c., et une augmentation de 2,000 fr. sur le premier devis.

Le conseil, considérant en outre qu'à l'extrémité du terrain que devait occuper la nouvelle école, se trouvait une portion de l'égoût de la rue Cérès, qu'il y aurait de graves inconvénients à laisser à découvert un égoût d'où s'échapperaient constamment des émanations insalubres ;

Arrêta qu'il serait porté au budget de 1838 une somme de 35,000 fr. 10 c., pour subvenir aux frais de la construction de l'école rue Canneton, 1° 28,618 fr.; 2° 6,382 fr. pour reculement d'une partie du mur de clôture de la ville derrière cette école, et la couverture de la portion d'aqueduc de l'égoût qui traverse le jardin.

Dans la séance du 21 avril 1838, l'administration fit au conseil municipal l'exposé suivant :

Le conseil, dans sa séance du 13 novembre 1837, a entendu le rapport d'une commission spéciale nommée le 2 octobre précédent pour l'examen des plans et devis que M. Durand avait été chargé de dresser pour la construction d'une école primaire de filles en remplacement de celle de la rue Canneton.

Il a approuvé ces plans et devis avec les modifications que la commission avait proposées, et arrêté qu'il serait porté, au budget de 1838, une somme de 28,618 fr. pour la dépense ; cette somme a été inscrite au budget approuvé par ordonnance royale du 22 mars 1838.

Aussitôt la réception de cette ordonnance approbative, l'administration s'est empressée de s'occuper de la mise en adjudication des travaux publics pour lesquels des fonds ont été alloués, et ceux relatifs à la nouvelle école devaient venir en première ligne pour accélérer l'amélioration que doit en ressentir la santé des enfants et celle de leurs respectables institutrices.

Nous avons craint encore une fois des imprévisions dans les plans et devis et nous avons demandé au nouvel architecte de les reviser avec attention. Notre crainte n'était pas sans fondement, Messieurs, car il a été reconnu que ces plans péchaient sous plusieurs rapports.

En premier lieu, on n'avait point pensé à un préau pour recevoir les enfants à couvert, en attendant l'ouverture des classes et pendant les heures de récréation, ou, pour mieux dire, on avait destiné à cet usage un corridor très suffisant.

En second lieu, le premier projet plaçait les cabinets d'aisances dans l'intérieur du bâtiment, ce qui l'exposait sûrement à une constante infection.

On établissait deux classes au premier, ce qui pouvait occasionner aux enfants des chutes fréquentes, et rendait inévitable pour la classe inférieure le bruit des classes supérieures.

On avait encore adopté le mortier de terre pour les enduits intérieurs, ce qui aurait amené la nécessité de réparer ces enduits presque tous les ans.

Ainsi nous nous voyions dans la nécessité de demander des allocations supplétives qui devaient élever la dépense totale à plus de 30,000 fr. et de subir des délais inévitables pour obtenir l'autorisation du ministère.

Dans cette perplexité, nous avons chargé l'architecte actuel de la ville de faire une étude nouvelle et de nous donner sur d'autres bases, un nouveau projet capable de remplir l'objet que le conseil s'est proposé, sans dépasser les limites du crédit disponible.

Ce nouveau projet est élaboré, et nous venons vous en soumettre les plans et les devis, qui ont été communiqués aux institutrices, parties directement intéressées et aptes à juger de leur convenance. Elles y ont donné une pleine adhésion et déclaré qu'ils réunissaient tous les avantages désirables pour le bien-être de l'établissement qui leur est confié.

Vous remarquerez, Messieurs, qu'au lieu d'élever le bâtiment d'un étage pour deux classes, il s'agit aujourd'hui de ne construire qu'un rez-de-chaussée, où se trouveront de plain-pied les trois classes, un assez vaste préau dans lequel seront ménagées deux fontaines, un parloir et une salle à manger pour les sœurs; que les lieux d'aisances et le bûcher seront pratiqués dans les cours :

Que les dallages seront au bitume, ce qui sera beaucoup plus solide et plus économique que les carrelages en terre cuite ;

Que les enduits se feront en plâtre bâtardé, ce qui leur assurera une plus longue durée ; et que le projet cemprend une pompe en plomb ; un petit réservoir et des tuyaux de conduite d'eau, plus un pavage d'un mètre de largeur au pourtour des bâtiments, pour éviter les infiltrations des eaux.

Avec toutes ces prévisions supplémentaires, la dépense de construction de l'école ne se portera qu'à 28,922 fr. 42 c., au lieu de 28,618, montant du devis primitif, différence en plus seulement 304 fr. 42 c.

Nous venons donc avec confiance, Messieurs, vous proposer d'adopter les nouveaux plans et devis qui sont sous vos yeux, et vous demander l'autorisation de le faire exécuter, sauf l'approbation de M. le Préfet, pour le prix des travaux être payé par prélèvement sur le crédit spécial, alloué article 145 de notre budget de 1838.

La délibération fut ouverte: un membre demanda le renvoi de la proposition à l'examen d'une commission spéciale. Cette demande fut appuyée et adoptée par le conseil, qui nomma pour membres de la commission MM. Hannequin, Croutelle, de Saint-Marceaux, Tortrat et Viennois. (1).

A la séance du 3 mai 1838, le rapporteur de la commission exposa que les plans et devis de la construction de l'école primaire des filles de la rue Canneton, lui avaient paru parfaitement appropriés à leur objet. Un inconvénient avait semblé résulter du développement aussi étendu de la façade, celui de faire saillie sur la rue du Marché à la Laine, et de faire obstacle au prolongement de cette rue ; si l'on jugeait à propos d'ouvrir de ce côté une nouvelle voie de communication. Mais pour obvier à cet inconvénient, il faudrait supprimer un préau tout-à-fait nécessaire, et d'ailleurs il y avait d'autres rues voisines qui pouvaient, au besoin, être mises en communication directe avec le boulevard extérieur.

La commission a examiné aussi s'il était convenable de donner un étage à la façade du bâtiment, ce qui augmenterait la dépense d'une somme de 10,000 fr.; mais il lui a semblé que cet étage était inutile pour la destination actuelle, et que la construction faite dans les conditions du plan permettrait toujours d'en établir un au besoin.

La commission en conséquence conclut à l'adoption pure et simple du plan présenté.

Les conclusions furent adoptées par le conseil.

Dans la séance du 27 août 1838, nouvel exposé de M. le maire :

La construction de l'école primaire pour les filles

(1). C'est rendre hommage à la vérité que d'attribuer au zèle de M. Gobet, alors chef de l'administration municipale, une grande part dans l'importante reconstruction de l'école de la rue Canneton.

avait été évaluée par le devis ..... 28,922 fr. 42 c.

Elle a été adjugée moyennant.... 25,885   55

Ce qui présentait un boni de.... 3,036   87

Mais il résulte d'un rapport de M. l'architecte, du 22 de ce mois, qu'il s'est rencontré dans l'exécution des fondations de l'édifice des difficultés qu'il lui avait été impossible de prévoir, lors de la rédaction de son devis ; qu'il y avait évalué les profondeurs de ces fondations de 3 à 4 mètres, et que le terrain solide n'a été atteint dans la réalité qu'à des profondeurs de 6 et 7 mètres.

Qu'il en est résulté des augmentations, savoir :

En fouilles, pour................. 150 fr. »

En maçonnerie de fondations, pour.. 1,040   »

Et en supplément d'arrêtes en pierre,

pour 233   »

Total.... 1,423   »

Dont déduisant pour le rabais proportionnel obtenu par l'adjudication, 149   25

Il résulte un supplément de dépense de...................... 1,273   59

Qui réduit le boni ci-dessus indiqué de 3,036   87

A la somme de............... 1,763   28

Comme on ne peut se dispenser de reconnaître, Messieurs, qu'il est impossible, en fait d'évaluation de fouilles dans des terrains rapportés, de trouver une parfaite exactitude de mesures avant l'exécution, je vous propose d'approuver les travaux supplémentaires pour la susdite somme de 1,273 fr. 59 c. et d'en autoriser le prélèvement, lors du règlement définitif du mémoire, sur le crédit spécial accordé au budget pour la construction de ladite école.

Le conseil adopta l'exposé des motifs de M. le maire.

Dans la séance du 30 septembre 1839, M. Plumet-Folliart, 1ᵉʳ conseiller, faisant fonctions de maire, eut encore à entretenir le conseil de l'achèvement de cette école :

Nous avons à réclamer votre approbation pour des travaux supplémentaires à l'école primaire de filles rue Canneton, mais ils ne s'élèvent qu'à une somme minime qui n'absorbe pas encore le boni obtenu sur le fonds que le conseil avait voté pour cet établissement.

La dépense définitive de la nouvelle école se résume ainsi qu'il suit :

Travaux adjugés.......... 25,885 55 ⎫
— supplémentaires au-   ⎬ 27,380 44
torisés................... 1,273 59 ⎪
Travaux à approuver..... 221 30 ⎭

Le crédit destiné à l'entreprise ayant été de................................. 28,618 »

Il en reste encore libre et en boni pour la caisse municipale................. 1,237 56

En présence de ces résultats, Messieurs, je pense que vous ne refuserez pas d'approuver les derniers plus-faits, et la dépense supplémentaire de 221 fr. 30 c. en résultant.

Le conseil, après en avoir délibéré, reconnaissant l'utilité des travaux supplémentaires faits à l'école rue Canneton,

Attendu d'ailleurs que leur peu d'importance était loin d'absorber l'excédant resté libre sur les crédits votés ;

Approuva lesdits travaux pour le prix en être payé, comme celui des travaux compris au devis, sur les fonds spéciaux crédités pour l'établissement de cette école.

Nous indiquerons rapidement, un peu plus loin, en quoi consistent les remarquables avantages qui rendent l'école primaire de filles de la rue Rogier un établissement modèle. Il serait vivement à désirer que toutes nos écoles communales fussent aussi bien appropriées à leur utile destination.

Quoique nous ayons consulté tous les documents originaux conservés dans les archives du bureau de l'instruction publique, il ne nous a pas été possible de constater régulièrement la statistique des filles admises dans les écoles des sœurs de l'Enfant-Jésus, depuis leur réinstallation définitive à Reims. Voici ce que nous savons à cet égard :

Un premier recensement très curieux a été fait vers 1816; on a dans chaque école divisé les enfants en trois catégories : celles qui ont eu la petite vérole; celles qui ont été vaccinées; celles qui ne sont pas vaccinées.

Filles qui ont eu la petite vérole.

École de la rue des Orphelins	82	
— — de Thillois............	153	409
— — Rogier...............	44	
— — des Salines..........	130	

Filles qui ont été vaccinées.

École de la rue des Orphelins.........	42	
— — de Thillois............	73	221
— — Rogier.............*..	52	
— — des Salines..........	54	

Filles qui ne sont pas vaccinées.

École de la rue des Orphelins.........	17	
— — de Thillois............	21	72
— — Rogier..............,	11	
— — des Salines...........	23	

Nombre des enfants dans les quatre écoles.   '   702

Ainsi à cette époque il y avait :

Dans l'école de la rue des Orphelins.	141	filles.
— — de Thillois....	247	»
— — Rogier.......	107	»
— — des Salines...	207	»

Il est inutile de dire que maintenant aucun enfant n'est reçu, et dans les écoles communales et dans les salles d'asile, sans avoir été vacciné ou sans avoir eu la petite vérole.

Un autre document, écrit en entier et signé de la main de la sœur Ratueville, ancienne supérieure des sœurs de l'Enfant-Jésus, constate le nombre des enfants qui se trouvaient en 1819 dans les quatre écoles communales de filles. Le chiffre total est à peu près le même, mais les résultats partiels sont modifiés :

Ecole de la rue des Orphelins,	160 filles.
Ecole de la rue de Thillois,	172
Ecole de la rue Rogier.	140
Ecole de la rue des Salines,	237
En tout	709

Il semblerait, d'après une note qui se trouve immédiatement au-dessus de la signature de la sœur

Ratneville, que les écoles étaient à cette époque complètement remplies :

« Il s'en présente un nombre d'autres, qu'on est
» obligé de renvoyer en attendant plus de facilité pour
» les loger et les instruire.... »

Nous pensons que cela est exact, au moins pour
l'école de la rue des Salines, qui était alors et qui
est encore trop étroite pour le nombre d'enfants qui
y sont admis.

En quelques années le nombre des enfants augmenta
d'une manière sensible ; de 1819 à 1832, non seulement la population de Reims s'était considérablement accrue, mais la nécessité de l'enseignement
primaire était mieux comprise, et une note écrite
par madame la sœur Pérot elle-même, nous présente,
à la date du 19 janvier 1832, les chiffres suivantes ;

Ecole de la rue des Orphelins ,	350
Ecole de la rue de Thillois, ·	350
Ecole de la rue Rogier,	240
Ecole de la rue des Salines ,	230

En tout 1,170 enfants.

C'est une fort satisfaisante amélioration.

Dix années plus tard, ce nombre d'enfants était
encore augmenté :

Ecole de la rue des Orphelins ,	275
Ecole de la rue de Thillois,	404
Ecole de la rue Rogier,	320
Ecole de la rue des Salines ,	411

Au 4 novembre 1842, il y avait 1,410 enfants
inscrits sur les contrôles tenus par les sœurs de
l'Enfant-Jésus.

En 1843, la rentrée présentait un total de 1638 filles, ainsi reparties entre les écoles communales :

Rue des Orphelins,	306
Rue de Thillois,	502
Rue Rogier,	400
Rue des Salines,	430
Total...................	1,638

Mais le nombre des enfants qui fréquentaient exactement les classes n'était pas aussi élevé; ainsi à l'école de la rue des Orphelins, il y avait :

Rue des Orphelins,	268 enfants seulement
Rue de Thillois,	438
Rue Canneton,	348
Rue des Salines,	409
Total...........	1,463.

Et encore sur ce nombre, notamment à la rue des Salines, il y a des enfants qui ne viennent qu'une demi-journée, ou seulement quelques heures par jour.

Il est impossible de se le dissimuler, ce sont de très remarquables résultats : mais il ne faut pas perdre de vue un seul instant qu'ils seraient plus importants encore et plus précieux pour l'avenir de notre jeune population, pour le développement moral, intellectuel, physique de nos enfants, si les classes étaient mieux appropriées à leur destination civilisatrice. Nous ne saurions trop le répéter, les écoles sont encombrées, elles sont insuffisantes. Nous ne disons pas, à Dieu ne plaise, diminuez le nombre des enfants ; non, nous disons sans cesse et nous disons à haute voix agrandissez les écoles, élargissez les classes ; donnez aux enfants plus d'air, plus d'espace, plus de soleil ; augmentez et multipliez le nombre des maîtresses ; elles sont insuffisantes, et elles succombent à la peine ; la fatigue les accable, les brise, les tue : comment voulez-vous que dans ces enceintes étroites, occupées à surveiller, à redresser, à réprimander, à diriger, à instruire souvent 150 ou 180 enfants à la fois, comment voulez-vous qu'elles y suffisent! Les institutrices, même dans ces écoles si peuplées, n'ont pas encore adopté (le voudront-elles jamais ?...) le système de l'enseignement mutuel ; et le dévouement le plus actif, le plus persévérant, je dirai même le plus passionné, est impuissant contre tant d'obstacles. Ah ! qu'il y a donc encore d'immenses améliorations à introduire dans nos écoles, dans toutes nos écoles !.....

Nous allons rapidement passer en revue nos quatre écoles communales de filles, et vous jugerez.

ÉCOLE DE LA RUE DES ORPHELINS.

—

Nous ne voulons pas en ce moment donner une description spéciale de chacune des écoles de filles ; l'auteur de ces essais les a plusieurs fois officiellement visitées, accompagné d'un ou de plusieurs membres du comité ; et comme le plus jeune de la section à laquelle il appartenait, il a été chargé de faire au comité des rapports sur ces inspections : ce sont des extraits de nos rapports que nous donnons ici : nous y ajoutons pourtant différentes observations personnelles.

......La première section du comité communal a visité le 24 mars 1847, l'école de filles de la rue

des Orphelins dirigée par les sœurs de l'Enfant-
Jésus.

Première classe. Lorsque nous y sommes entrés,
vers deux heures de l'après-midi, par une belle journée
du printemps, les fenêtres ouvertes sur les magnifiques jardins de la communauté, laissaient arriver
jusqu'aux jeunes enfants une lumière abondante,
un air pur et salubre. Nous avons été frappés de
la bonne tenue, de la propreté, de l'air gai et
satisfait qui distinguaient presque toutes ces jeunes
filles de 8 à 12 ans.

La leçon d'écriture commençait; nous avons parcouru tous les bancs; et dans cette classe qui
comprend les enfants les plus avancés de l'école,
nous avons trouvé l'écriture généralement bonne.

La 1re classe se compose ordinairement de 80 enfants, d'après la liste générale d'inscription : il n'y
avait, le jour de notre visite, que 55 enfants seulement : nous avons demandé la cause de ces absences; la sœur surveillante nous répondit que quelques-
unes des jeunes filles absentes étaient malades; mais
aussi qu'il y en avait d'autres qui ne venaient que
fort irrégulièrement à l'école, malgré les instances
et les recommandations des sœurs (la liste de ces
dernières devait être jointe à notre rapport); nous
pensons qu'il serait bien d'engager les parents à envoyer leurs enfants plus assiduement à l'école, au lieu
de les abandonner au milieu des dangers et de l'oisiveté des rues.

La 2e classe comprend, lorsqu'elle est au complet,
75 élèves : il y en avait 65 : les enfants lisaient à
haute voix; nous en avons interrogé une vingtaine
au hasard, et nous nous sommes convaincus que

34

presque toutes ces petites filles, âgées de 7 à 10 ans, commençaient à lire presque couramment.

Mais ce qui nous frappe à chacune de nos visites, et ce que nous devons répéter dans chacun de nos rapports, c'est l'insuffisance évidente de la salle destinée à la 2ᵉ classe : cette insuffisance est telle, que cette classe ne peut contenir que deux tables à écrire seulement : il y a 14 enfants à chaque table, à la leçon d'écriture ; en sorte qu'il faut que ces enfants se remplacent successivement les uns les autres, afin de pouvoir écrire, ce qui est une perte de temps considérable pour les élèves qui attendent : en outre, comme il est nécessaire dans cette petite classe de renouveler l'air de temps en temps, on ouvre la fenêtre qui donne sur une petite cour très voisine de la rue des Orphelins, et aussitôt le bruit des voitures et le cliquetis des machines d'une filature qui fait face à l'école, attirent l'attention de ces petites filles et couvrent la voix de l'institutrice. C'est un état de choses regrettable.

La 3ᵐᵉ classe renferme ordinairement 120 enfants ; il en manquait 30 environ ; mais la plupart étaient malades. Le local de cette classe est plus spacieux et plus commodément disposé ; et puis, comme les enfants qu'il contient ne sont occupés qu'à épeler et à rassembler les lettres et les mots, il est plus facile de les réunir sur de petits bancs serrés les uns contre les autres. Nous avons remarqué une enfant qui n'avait que 5 ans 1/2. Mais la sœur surveillante de la 3ᵐᵉ classe nous a assuré que c'était la seule infraction à la règle, et qu'elle se refusait positivement à admettre des enfants au-dessous de six ans, âge prescrit par les règlements.

Nous n'avons pas pu voir Mme la supérieure, en ce moment malade ; nous l'eussions entretenue de l'organisation des leçons de couture pour les enfants des deux premières classes. L'une des sœurs, à laquelle nous en avons parlé, nous a montré une petite salle destinée à la couture : les bancs y sont apportés, mais ils ne sont pas en état de servir actuellement aux enfants, ils sont trop élevés, et pour éviter l'emploi de tabourets, on doit raccourcir les pieds de ces bancs. En outre, les sœurs de l'Enfant-Jésus qui, nous devons le dire, nous ont paru remplies de bonne volonté pour commencer aussitôt les leçons de couture et y consacrer une de leurs sœurs, désireraient que le petit local à ce destiné fût convenablement approprié; la salle n'a qu'un terris inégal et humide; il a besoin d'être dallé, dans l'intérêt de la santé des enfants; en outre, ces dames attendent des corbeilles, des aiguilles, des ciseaux; elles pensent que les enfants n'apporteraient pas les instruments de travail. Elles sont toutes disposées à commencer les leçons de couture, mais elles nous l'ont plusieurs fois répété, elles attendent : le comité qui verrait avec tant de satisfaction se compléter ainsi l'instruction-pratique des jeunes filles de nos écoles publiques, devrait, par tous les moyens en son pouvoir, s'efforcer de mettre en œuvre cette bonne volonté des sœurs de l'Enfant-Jésus.....

On voit, par ce rapport, que l'école de la rue des Orphelins est divisée en trois classes, et qu'elle renfermait au mois de mars 1847 environ 220 enfants ; nous devons faire remarquer que ce nombre est ordinairement plus considérable; l'hiver de 1847, on se le rappelle, avait été rude et pénible pour les classes ouvrières; beaucoup d'enfants étaient malades par suite des fièvres endémiques..... et des privations. Cette année, au mois de novembre, il y a, nous l'avons dit. 280 enfants dans les trois classes de la rue des Orphelins.

L'enseignement des travaux à l'aiguille y est organisé, et les soins d'une 4ᵉ sœur y sont spécialement consacrés.

Mais nous devons avoir le courage de le dire: et parce que nul, plus que nous, ne respecte et ne vénère le dévouement des sœurs de l'Enfant-Jésus, nous leur rappellerons que leur vénérable fondateur, M. l'abbé Rolland, les avait établies pour une mission unique : l'éducation et l'instruction des filles PAUVRES. Sans doute elles ont pleinement le droit de tenir et de conserver un pensionnat; mais pourquoi les vastes classes, les préaux, les cours et les jardins sont-ils réservés aux jeunes filles pensionnaires, lorsque les filles de l'école gratuite n'ont que des classes étroites et des cours insuffisantes?...

Ceci n'est qu'une observation, vous le voyez; nous ne voulons pas la développer ; mais elle frappe l'esprit de celui qui entre à l'école communale de la rue des Orphelins : c'est une distribution inégale, injuste, contraire au sentiment chrétien, au sentiment évangélique. L'école de la rue des Orphelins par sa situation au centre du Barbâtre et dela rue Neuve, devrait pouvoir contenir cinq cents enfants ; elle en renferme la moitié, et les enfants y sont mal.

O filles saintes et dévouées! O tendres et vertueuses sœurs de l'Enfant-Jésus, que ne vous consacrez-vous sans réserve à l'unique objet de votre apostolat ! L'instruction des filles pauvres, l'instruction gratuite des petits enfants, c'est là votre œuvre, et c'est une œuvre sublime, une œuvre immense, qui seule doit occuper votre vie. Songez aux premiers jours de votre institution, rendez-lui son caractère d'humilité modeste, et vous en deviendrez plus fortes, et vous parcourrez votre voie avec plus de fermeté, et vous répandrez plus abondamment vos bienfaits, de vos mains charitables, et je le crois au fond de mon cœur, votre dévouement sera plus agréable à Dieu, et les hommes vous béniront encore davantage.

ÉCOLE DES SŒURS DE LA RUE DE THILLOIS.

Depuis longtemps, nous l'avons vu par plusieurs délibérations du conseil municipal, les sœurs de l'Enfant-Jésus tiennent école dans la rue de Thillois, dans la maison qui porte actuellement le n° 35. Depuis quelques mois seulement, toute la maison est occupée par l'école communale. La délibération suivante du comité communal fait connaître l'utilité de cette adjonction.

A la séance du 16 mars 1846, le rapporteur de la commission chargée de l'examen de la proposition relative à l'adjonction à l'école des sœurs de la rue de Thillois, d'une partie de bâtiment qui en dépend, exposa au comité que la commission s'était rendue rue de Thillois, et qu'elle avait reconnu que le nombre d'enfants qui fréquentent l'école est beaucoup trop considérable pour qu'ils y fussent logés convenablement. Il y avait 480 inscriptions et environ 450 jeunes filles habituellement présentes. La petite classe qui n'a en longueur que 7 à 8 mètres sur 5 de largeur, reçoit 130 à 150 enfants. Les sœurs se voient dans l'obligation de refuser des enfants qui leur sont présentés.

, Cet état de choses avait été signalé à la sollicitude de M. le maire, il y a plusieurs années, par des rapports du comité local et par deux lettres de la supérieure de la communauté de l'Enfant-Jésus, en date du 7 novembre 1843 et 28 avril 1845.

A cette époque, l'adjonction de l'école de la partie du bâtiment ouvrant sur la rue de Thillois, était déjà réclamée avec instance ; mais il existait un obstacle dans un bail qui n'expire qu'au 24 juin de cette année.

Cette adjonction aura plusieurs bons effets, disait le rapporteur ; d'abord, elle permettra, par la création d'une 5ᵐᵉ classe, de distribuer plus convenablement les enfants dans les diverses classes, de manière à éviter l'encombrement dont on se plaint avec raison, parce qu'il nuit aux études et à la salubrité des classes.

Les sœurs ne seront plus forcées de prononcer des refus d'admission pénibles pour elles et pour les parents.

L'organisation des classes de couture réclamant plus d'espace, l'adjonction demandée prend un caractère nouveau d'opportunité.

Enfin, l'entrée de l'école pourra présenter un aspect plus en rapport avec la destination de l'établissement.

Le comité, après avoir délibéré sur les conclusions du rapport qui lui était présenté, appréciant les motifs qui y étaient développés, déclara les adopter sans resrictions.

Effectivement, les sœurs furent mises en possession de cette portion de bâtiment qui agrandissait l'école communale à la satisfaction des institutrices et en vue du bien-être des enfants: mais dans cette école encore, il y a des classes malheureusement beaucoup trop insuffisantes pour les nombreux enfants qui y sont admis: là encore, il y aurait beaucoup à faire, mais nous croyons qu'il ne faut adresser aucun reproche à la communauté de l'Enfant-Jésus.

Serons-nous plus fondés à nous plaindre? à qui adresserions-nous nos plaintes? Les administrateurs du bureau de bienfaisance, les magistrats qui sont à la tête de la cité savent combien l'école de la rue de Thillois aurait besoin d'être agrandie, assainie, réédifiée peut-être : en présence des obstacles qui s'opposent à la réalisation de projets utiles, nous ne devons pas élever de plaintes; mais nous ne cesserons d'attendre et d'espérer; nous élèverons la voix pour réclamer en faveur de cette école; l'amélioration des écoles doit être de la part des peuples l'objet d'une grave et constante sollicitude: c'est l'un des devoirs sérieux des gouvernants.

L'auteur de ces essais a rédigé, au mois de mai 1847, le rapport suivant sur l'école de la rue de Thillois; il a été soumis aux délibérations du comité local.

Nous avons longuement visité les quatre classes de cette nombreuse école, accompagnés par la digne sœur Poulet.

La 1re classe renfermait 50 élèves; leçon d'écriture au moment de notre visite. Nous avons feuilleté tous les cahiers : la plupart sont assez bien tenus : l'écriture est égale et uniforme, un peu plus maigre et moins tranchée que l'écriture des jeunes garçons du même âge, que nous avions examinée la veille à l'école des frères de la rue Large.

Nous aimons à dire au comité que ses intentions, relatives à la couture, sont pleinement réalisées à l'école des sœurs de la rue de Thillois, depuis la première semaine après Pâques. Toutes les jeunes filles de cette école consacrent régulièrement une heure par jour à la couture: elles raccommodent et marquent le linge, quelques-unes font de petits ouvrages au crochet; toutes apportent de l'ouvrage, et pour la plupart elles fournissent elles-mêmes les instruments de travail, les aiguilles, le fil, les dés, les ciseaux: toutes ces petites filles se livrent avec ardeur aux travaux de la couture : c'est, nous le répétons, une importante et excellente amélioration.

La 2ᵉ classe compte 90 enfants; une table manque dans cette classe, ce qui fait que la plupart des enfants ne peuvent écrire en même temps que les autres : nous pensons que la fourniture d'une table serait fort utile.

Leçon de catéchisme à notre entrée dans la classe.

A la 3ᵐᵉ classe sont inscrits 100 enfants: 25 absents le jour de notre arrivée: ils sont malades ou récemment délogés: classe de lecture.

Nous insistons auprès du comité pour la réalisation d'une amélioration utile dans l'intérêt de la santé et des vêtements de ces petites filles. Dans la 1ʳᵉ, la 3ᵉ et la 4ᵉ classe, les enfants, assis sur de petits bancs très bas, sont immédiatement adossés contre les murs humides. Par conséquent, les frottements occasionnés par les mouvements du corps des enfants usent leurs vêtements; en outre, ces enfants se refroidissent nécessairement, et l'effet produit est tellement évident que non-seulement la robe des petites filles adossées ordinairement contre le mur est luisante et arrachée, mais que le mur lui-même est usé, creusé par le corps des enfants qui s'y sont successivement appuyés.

Votre 1re section, en vous exposant ces inconvénients, espère que votre sollicitude y remédiera prochainement. Elle pense que la fixation de lambris en bois qui régneraient tout autour des classes serait nécessaire dans un délai rapproché.

Il y a dans la 4e classe 130 enfants; c'est beaucoup en raison du local qui est insuffisant; le jour et l'air y manquent, et la mauvaise odeur s'y concentre trop facilement; il serait vivement à désirer que l'on pût agrandir le local de la 4e classe.

Nous avons visité pour la première fois le local récemment disposé de la 5e classe, la classe de couture, où les enfants des quatre classes viennent alternativement travailler par groupe de 25 à 30. Le comité sait que cette 5e classe était récemment une propriété du bureau de bienfaisance, louée à des particuliers, et ayant son entrée sur la rue de Thillois; cette entrée a été fermée et le local disposé pour la classe de couture; les tables et les bancs sont convenables, les enfants y sont à leur aise; mais ce que nous ne pouvons nous empêcher de regretter, c'est la résolution prise par M. l'architecte de la ville de remplacer l'escalier intérieur qui conduisait aux places du haut et au grenier, par une trappe à laquelle on arrive à l'aide d'une échelle double

mobile. Jamais les sœurs ne pourront se servir de
l'échelle et pénétrer par la trappe : nous n'avons pu
le faire nous-mêmes qu'avec de très grandes difficultés; les places en haut et les greniers seront nécessairement perdus. Nous estimons que le comité
devrait appeler sur ce point l'attention de l'autorité
municipale et le lui signaler comme une mauvaise
disposition.

Le comité le voit ; il y a cinq classes dans l'école
des sœurs de la rue de Thillois; par conséquent,
il y a cinq sœurs employées à la surveillance et à l'instruction des 400 enfants qui fréquentent cette école.
Or, votre 1re section croit qu'il est de son devoir de
rappeler au comité que la ville ne paie que dix sœurs
de la communauté de l'Enfant-Jésus : avant que la
couture fut enseignée dans les écoles, il y avait eu
nécessité de s'adjoindre déjà quatre sœurs; ce qui faisait
quatorze; les classes de couture ouvertes dans les quatre
écoles ont obligé la communauté de l'Enfant-Jésus à fournir quatre nouvelles sœurs, ce qui fait un personnel de
dix-huit sœurs, lorsque dix seulement sont payées par la
ville; il y a en outre la sœur supérieure et la sœur
employée aux travaux de la cuisine, et quoique ces
deux dernières servent également pour le pensionnat
et pour le noviciat, il n'en est pas moins vrai que
la position des sœurs de l'Enfant-Jésus n'est pas
régulière vis-à-vis de la ville; peut-être est-il du
devoir de votre comité de s'en préoccuper, et de
rappeler cet objet à l'attention de l'autorité municipale.

N'oublions pas, en finissant, de signaler au comité
diverses dégradations aux serrures et fermetures de
l'école des sœurs.

Nous pensons n'avoir rien en ce moment à ajouter à ce rapport. Toutefois, notre observation générale, en ce qui concerne la position des sœurs de l'Enfant-Jésus vis-à-vis de la ville, sera un peu plus loin expliquée et développée.

La production de ces rapports montre sous une de ses faces l'utilité des travaux du comité local ; à chaque séance du comité, de semblables rapports sont présentés et discutés. L'autorité municipale qui préside le comité local, recueille attentivement tout ce qui est de nature à améliorer l'enseignement primaire ; elle tient note par l'intermédiaire de M. le secrétaire du bureau de l'instruction publique, présent aux séances, des inconvénients ou des réparations à faire que l'on signale, et elle y porte remède activement dans la mesure de ses ressources et de son dévouement au bien public.

ÉCOLE DE SOEURS DE LA RUE ROGIER.

—

Nous avons visité longuement, le 3 novembre 1847, l'école des sœurs de la rue Rogier.

Dans la 3ᵐᵉ classe, celle qui est composée des plus jeunes enfants, il s'en trouvait environ 145. Lecture des petits livres et de l'abécédaire.

Dans la 2ᵉ classe, 124 enfants. Toutes les jeunes filles apprennent à écrire ; il y a une grande inégalité entre les plus avancées et les plus faibles, celles qui commencent ; toutefois les cahiers sont en général propres et bien tenus.

Lecture. — Nous. avons fait lire quelques enfants. Le livre qui est entre leurs mains est intitulé : Instruction de la jeunesse, par M. Charles Gobinet, docteur en Sorbonne. En suivant nous-mêmes sur un des exemplaires de cet ouvrage, nous avons remarqué que tous les chapitres ne se ressemblaient pas , qu'il y avait cinq ou six éditions de ce livre, les unes complètes, les autres corrigées et diminuées ; ce qui amène nécessairement quelque trouble dans la leçon de lecture, et jette dans un grand embarras celles des filles qui commencent à lire couramment (1).

La 1re classe compte 80 filles ; il y en a qui déjà ont quinze ans ; nous avons remarqué que peut-être l'enseignement primaire était terminé pour elles ; ce sont en effet les plus avancées de la classe : nous avons visité les cahiers d'écriture, les cahiers de verbes, ils sont tenus avec un grand soin. Nous avons fait une dictée. L'orthographe nous a paru généralement satisfaisante.

Nous avons l'honneur de rappeler au comité que les travaux à l'aiguille ne sont pas suffisamment organisés à l'école des sœurs de la rue Rogier, et nous insistons sur notre observation. Il y a, il est vrai, une quatrième sœur adjointe à cette école qui montre la couture successivement à divers groupes de filles prises dans la 1re classe et choisies dans la seconde ; mais cet enseignement est actuellement d'une exécution difficile. En été, la maîtresse de couture et les enfants étaient placées dans le préau découvert adossé à la grande classe ; mais le mauvais temps et les rigueurs de la saison ren-

(1) Ce livre a été depuis supprimé par décision du comité local, pour des raisons que nous indiquerons plus loin.

dent aujourd'hui impossible le maintien de cet état de choses. Les sœurs ont imaginé de rapprocher l'une de l'autre les tables d'écriture de la 2ᵉ classe, et dans l'intervalle laissé libre, d'y placer les bancs pour la classe de couture; mais cette disposition ne peut et ne doit être que provisoire : elle présente l'inconvénient de placer deux classes dans une et de distraire à chaque instant les enfants de leurs leçons respectives.

Le comité se rappelle qu'il avait été sérieusement question de mettre dans la grande classe une cloison séparative, afin de pourvoir aux besoins de l'enseignement essentiel de la couture : il en résulterait un double avantage. Cette classe est trop vaste, chacun le sait, pour le nombre d'enfants qu'elle contient : la maîtresse se fatigue et s'épuise rapidement dans un local aussi spacieux; vienne l'hiver, la chaleur du poële échauffe lentement et imparfaitement toute la classe; les enfants ont froid, nonobstant la munificence municipale qui jamais ne laisse manquer de bois les écoles communales. Une cloison qui établirait naturellement, en avant de la grande classe, une classe de couture, remédierait aux inconvénients que nous signalons, et permettrait de rendre stables, permanents et définitifs, les travaux à l'aiguille dans l'école des sœurs de la rue Rogier.

Nous prions le comité de vouloir bien recommander cet important objet à la sollicitude de l'autorité municipale.

Au moment où nous écrivons, on a complétement satisfait au vœu exprimé sur ce point par le comité local.

Nous le répétons encore; l'école des sœurs de la rue Rogier est une école modèle, et qui fait honneur à la ville de Reims.

ECOLE DES SŒURS, RUE DES SALINES.

——

Nous n'avons pas encore officiellement inspecté l'é-
cole des sœurs de la rue des Salines : la section du
comité à laquelle nous appartenons, n'aura que dans
quelques mois, par l'effet du roulement annuel, cette
école sous sa surveillance spéciale. Toutefois, comme
chaque membre du comité local a le droit de visiter
une école, quand il le juge à propos, nous avons
usé de ce droit, et, au milieu du mois de novembre
1847, nous avons accompagné l'un des plus anciens
membres du comité à cette école de filles.

Elle est située dans la rue des Salines, à l'extrémité supérieure de la rue du Barbâtre, un peu plus
loin que la rue des Créneaux, et avant d'arriver à
la place St-Nicaise (1).

(1) La délibération suivante du conseil municipal donne quelques détails
sur l'acquisition de cette école.

Dans l'une des premières séances de l'année 1822, M. le maire exposa
au conseil qu'il avait été informé que Mme Suzanne Pierrot, veuve de
Nicolas Pérard, propriétaire d'une maison sise, rue des Salines, n° 17,
était dans l'intention de la vendre et de s'en rapporter pour le prix à
l'estimation qui en serait faite contradictoirement par deux experts nommés
l'un par elle-même, l'autre par l'administration, il en avait fait faire l'estimation, et elle avait été portée par les experts à la somme de 6,000 fr.

Un marché double, contenant les clauses et conditions de cette vente,
avait été conclu le 13 avril 1821, entre la mairie et Mme Suzanne Pierrot,
veuve Pérard.

M. le maire déposa sur le bureau toutes les pièces relatives à cette acquisition, et invita le conseil municipal à délibérer à ce sujet.

Ce rapport entendu, examen fait des pièces représentées ;

Le conseil, considérant qu'en l'année 1821, et d'après la demande tant

Cette école a été sensiblement améliorée depuis quelques années ; les dispositions intérieures ont été mises en harmonie avec son utile destination, et les enfants y sont convenablement.

La 1re classe est la mieux tenue sous tous les points de vue ; grande et salubre, elle renferme au moins 90 enfants : elle a plusieurs fenêtres qui s'ouvrent sur l'impasse Ste-Balsamie ; c'est une classe très aérée et dans de bonnes conditions ; nous dirons même un peu vaste peut-être, eu égard à la santé de la maîtresse qui se fatigue aisément dans un local aussi spacieux : la classe est heureusement dirigée par une institutrice dont la voix est forte, et surtout dont le dévouement est depuis longues années à toute épreuve.

Nous avons examiné les cahiers d'écriture, les cahiers de verbes, les dictées. — Nous avons été,

de la mairie que du bureau de bienfaisance, il a exprimé son vœu formel pour l'acquisition de maisons convenables à la tenue des écoles primaires, et à même compris au budget du même exercice pour premier à-compte une somme de quatre mille francs ;

Que la mairie, en traitant avec Mme Pierrot, veuve Pérard, a réellement rempli les intentions du conseil municipal : que d'ailleurs la maison dont s'agit, désignée pour y établir l'école primaire des filles du 3e arrondissement, est située au milieu de ce même arrondissement, et est, d'après les rapports faits, parfaitement convenable pour l'objet auquel elle est destinée;

Considérant aussi, que le prix de 6,000 francs, auquel cette maison est portée, lui paraît raisonnable ;

D'après ces motifs, le conseil approuve dans tout son contenu le marché conclu entre la mairie et madame Suzanne Pierrot, veuve de Nicolas Pérard.

Il sera fait les plus pressantes sollicitations auprès de l'autorité supérieure pour autoriser M. le Maire de Reims à acquérir, au nom de la ville et pour la tenue d'une école primaire de fille, la maison sus-désignée.

nous aimons à le dire. certainement plus satisfès
dans l'école de la rue des Salines que dans les tris
autres écoles communales de filles : ce qui a frapp
notre attention outre la propreté des cahiers. la
régularité de l'écriture. la pureté de l'orthographe.
c'est cette remarque que toutes ces filles se suivet
dans leurs progrès et leurs efforts plus que partout
ailleurs : il y a moins d'inégalité entre les premièrs
de la classe et celles qui sont moins avancées ; c'est
un résultat important. qu'il faut attribuer, nous le
pensons. aux soins constants et au zèle de la maîtresse.

La 2ᵉ classe est dans les dépendances des ancies
bâtiments; un peu étroite, un peu sombre. elle ne
contient pas assez de bancs pour que tous les enfats
puissent écrire à la fois : c'est un inconvénient grave.
à notre sens. et que déjà nous avons signalé dans
une des classes de l'école de la rue des Orphelins.
Cette seconde classe à l'école de la rue des Salines
ne renferme que soixante enfants.

Il y en a à peu-près autant dans la 3ᵉ classe:
des bancs seulement ; point de tables; les filles de
huit à dix ans commencent à lire couramment, et
assez-bien, ainsi que nous nous en sommes assurés. Mêmes dispositions que dans la 2ᵉ classe ; le
plafond bas, peu de jour et l'air presque insuffisant:
Toutefois, les enfants y ont l'air gai et riant : les
vêtements sont propres, même dans ces quartiers
où il y a tant de misère: les sœurs de l'Enfant-
Jésus s'occupent fort attentivement des soins de
propreté, et les filles en contractent bientôt l'habitude. Il y a, sous ce rapport, une différence immense entre les écoles de filles et les écoles de
garçons.

4° classe : elle se tient dans l'un des nouveaux bâtiments, dans le pavillon à gauche en entrant. La lumière y pénètre moins abondamment que dans la 1™ classe, quoique le local soit aussi vaste; il contient plus de 112 à 115 enfants journellement : ce sont les plus petites filles de l'école, celles qui commencent à épeler leurs lettres.

L'école de la rue des Salines est, comme on le voit, dans des conditions assez favorables, pour le bien-être matériel des enfants, et pour leur développement intellectuel : tout au fond de l'école, est la 5° classe, celle de la couture, dirigée par une cinquième sœur, spécialement préposée à l'enseignement des travaux à l'aiguille; cette classe reçoit successivement par groupe de 25 à 30, les deux cents filles les plus avancées de l'école, celles qui sont en état de tenir une aiguille et de s'appliquer un peu à ces premiers travaux qui doivent leur être plus tard, dans leur vie de laborieuses ouvrières, d'un si utile secours.

C'est un grand pas de fait à Reims que l'enseignement réel des travaux à l'aiguille dans nos quatre grandes écoles communales de filles. Plus on avancera dans le développement de cet enseignement spécial, plus on en sentira les avantages; et au lieu de rester, comme il l'est encore, simplement accessoire, il deviendra, nous l'espérons, l'une des bases essentielles, fondamentales, de l'instruction primaire. Ce résultat sera plus rapidement atteint, si aux membres des comités locaux d'instruction primaire le comité supérieur veut adjoindre des comités de dames, qui, soit qu'elles accompagnent les membres des comités dans leurs visites aux écoles de filles, soit qu'elles fas-

sent seules et plus fréquemment ces inspections
qu'elles sont plus en état de faire complètes et
sérieuses, se mettront en rapport plus intime avec
les maitresses, avec les jeunes filles, avec les enfants : la réalisation de ce vœu permettrait aux
femmes de prendre part, et une part active et bienfaisante, au développement de l'œuvre religieuse,
morale et civilisatrice qui a pour base l'éducation
et l'instruction des enfants à tous les degrés de
l'échelle sociale : le dévouement et la sensibilité des
femmes sont en effet si facilement accessibles aux
idées nobles et élevées. Les sœurs de l'Enfant-Jésus en sont à Reims la personnification la plus
vraie.

Pendant plus de seize ans, les sœurs de l'Enfant-
Jésus eurent à Reims pour supérieure locale la respectable Sœur Pérot. Nous n'avons pas eu l'honneur
de la connaître personnellement, et c'est pour nous
un regret profond; elle s'est éteinte quelques mois
avant notre entrée au comité; mais nous avons entendu les louanges et nous avons vu les larmes
répandues autour de sa tombe, et surtout nous avons
eu entre les mains et nous avons lu toute la correspondance de la Sœur Pérot avec les chefs de toutes
les administrations municipales qui se sont succédées
à Reims depuis 1829 jusqu'à la fin de 1845; nous
avons rendu hommage non-seulement à sa sollicitude,
à son zèle, à son dévouement, qui ne s'est pas un
seul instant démenti, mais encore à l'élévation de son
esprit et à la remarquable fermeté de son caractère.
Nous aimons à placer ici une notice sur la sœur

Pérot, rédigée au mois de janvier 1846, par M. J.-J. Maquart, le chef du bureau de l'instruction publique et des beaux-arts à la mairie de Reims.

« Une de ces longues existences, toutes de dévouement et de sollicitude, vient de s'éteindre en la personne de Sœur Pérot, religieuse supérieure de la communauté de l'Enfant-Jésus (1). Pendant 58 ans, c'est-à-dire, dès l'âge de 20 ans, elle consacra sa vie au bien-être de ses semblables. Enfant, la communauté de l'Enfant-Jésus la possédait déjà dans son sein ; elle fut élevée au milieu de celles qui devaient un jour la chérir comme une sœur dévouée et dont plus tard elle devait gouverner avec autant de sagesse que de prudence les actions et les pensées. Dernier débris échappé du naufrage révolutionnaire, elle seule de ses compagnes avait survécu à cette époque fatale qui avait aboli et supprimé toutes les institutions utiles, et avec eux les établissements religieux. La maison de l'Enfant-Jésus avait disparu comme les autres, et les sœurs éloignées de leur asile si calme, où l'ordre et la paix présidaient, s'éloignèrent et se dispersèrent fugitives et désolées ; trop faibles pour supporter les coups dont le sort les accablait, elles restèrent ignorées pendant les mauvais jours. Le plus fort de l'orage passé, le gouvernement d'alors songea à confier aux hospices le soin d'élever les enfants abandonnés ; une lueur d'espérance scintillait à l'horizon, le calme apparaissait au loin et rendait l'espoir aux cœurs presque abattus. Dans celui de Sœur Pérot germaient toujours les sentiments de dévouement et d'abnégation ; elle, jeune alors, redevenue libre de par l'état, ne rentra pas dans le monde ; elle réunit autour d'elle les Sœurs ses compagnes, qui n'ayant

(1) Cette notice nécrologique a paru dans le journal de Reims, le 11 janvier 1846.

plus à s'occuper des orphelins, dont précédemment
elles avaient la surveillance, se livrèrent de nouveau à l'instruction des enfants pauvres, et con-
servèrent leur titre de sœurs de l'Enfant-Jésus.
Quand arriva pour elles l'heure d'une reconstitution
nouvelle. à laquelle sœur Pérot avait courageusement concouru. elle acquit auprès de ses sœurs cet
ascendant que donnent le mérite, l'expérience et la
vertu. De ce moment jusqu'au 8 octobre 1829,
qu'elle reçut le titre de supérieure de la communauté. elle fut considérée comme telle, et déjà depuis longtemps aussi, les sœurs la regardaient comme
leur Mère, et avaient foi et confiance dans sa ferme
et prudente direction.

Ainsi était passé dans ses mains le gouvernement
intérieur de cette utile maison, dont l'existence
comptait un siècle et demi.

La communauté des sœurs des Orphelins de l'Enfant-Jésus avait pris naissance par les soins et la
générosité d'un prêtre-chanoine, théologal de l'église
de Reims. Emule de l'abbé de La Salle, l'abbé Roland avait, dans l'intérêt de l'instruction des filles
pauvres, réuni quelques femmes veuves ou filles
pieuses, et ces femmes, à l'égal des frères des écoles
chrétiennes, faisaient l'éducation des jeunes filles
indigentes.

Ces écoles de filles ayant pris une grande extension, il en fut établi dans quatre quartiers de la
ville. Enfin, sur la demande de l'archevêque Maurice Letellier, le roi Louis XIV approuva, par lettres-
patentes du 17 février 1679, l'établissement commencé
par l'abbé Roland, sous le titre de communauté des
filles de l'enfant-Jésus, et le plaça sous la juridiction et discipline de l'archevêque de Reims. La

maison subsista ainsi jusqu'à la révolution qui en ferma les portes. L'ordonnance royale du 17 janvier 1827, en la rétablissant sur ses anciennes bases, compléta les avantages dont jouissait autrefois la maison, et répara les pertes éprouvées pendant la tourmente.

C'est cet héritage que Sœur Pérot laisse à ses successeurs. Parmi ces religieuses, aujourd'hui dans une profonde douleur causée par la perte de leur vénérable mère, il en est plus d'une appelée à le recueillir; à celle qui en sera jugée digne, la vie tout entière de madame Pérot sera d'un bel exemple; et en présence des témoignages rendus à la mémoire de cette supérieure par M. le sous-préfet et les magistrats de la cité, il reste une belle carrière à remplir.

Heureuse la mémoire de celle qui laisse après elle des regrets si éloquents, et dont la tombe est baignée d'autant de larmes! Honneur à l'institutrice dévouée qui, comme une seconde mère, s'est vouée à l'éducation et à l'instruction du pauvre, et qui, lorsqu'elle quitte la terre pour voler dans les bras de Dieu, voit, avec les yeux de l'âme, toute cette jeune population d'élèves se grouper, recueillis et le cœur ému, autour de ses restes inanimés.

Tel est le spectacle qu'offraient hier les obsèques de la respectable supérieure, dont les pauvres déplorent la perte, et dont la jeune génération gardera le souvenir. »

Madame la sœur Bourguignon fut nommée au mois de février 1846, supérieure des sœurs de l'Enfant-Jésus de Reims. Nous nous plaisons à rendre hommage à ses vertus et à la distinction de son intelligence:

... ... l'établissement

... ... couture lui reso...

... ... filles . et madame

... ... puissamment par

... ... empressés à la re...

... ... sollicite

... ... fiertés de

... ...

... ... des ...

... ... nous

... ...emment

... ... choses

... ...

... ...ment

... ...

... ...

... ...

... ...

... ...

... ...

... ...

... ... par

... ... Sham—

Jésus, que le comité eut à s'en occuper d'une manière définitive.

A la séance du 16 mars 1846, M. le rapporteur de la commission chargée d'examiner la question de l'organisation du travail à l'aiguille dans les écoles de filles, présenta le rapport suivant au comité local.

Votre commission s'est réunie plusieurs fois pour délibérer sur l'objet soumis à son examen.

Nous ne reviendrons pas sur les considérations qui ont porté le comité à émettre, dès le 14 mars 1842, et à renouveler si souvent et avec tant d'instances, le vœu que l'enseignement du travail à l'aiguille fût introduit dans les écoles de filles. Ces considérations sont sans doute encore présentes à vos esprits. Qu'il nous suffise de rappeler l'unanimité du comité sur cette question désormais résolue et bien prête de passer dans la pratique.

Le rapport présenté par M. le secrétaire du bureau de l'instruction publique a paru renfermer les éléments utiles à la prompte réalisation du vœu renouvelé par le comité dans la séance du 26 janvier dernier.

M. le secrétaire du bureau de l'instruction publique a basé les conditions qu'il a développées sur les faits qui s'accomplissent journellement depuis plusieurs années dans les écoles municipales de Metz. Il ne pouvait faire un choix plus heureux, puisque la théorie se trouve sanctionnée par une longue et avantageuse pratique. En effet, à Metz, on enseigne les travaux à l'aiguille non pas seulement à quelques élèves privilégiées des cours avancés, mais bien à toutes les élèves de toutes les classes *même dans les écoles de premier âge ou salles d'asile.*

Nous adoptons les divisions adoptées par M. le secrétaire du bureau de l'instruction pour l'exercice des travaux à l'aiguille dans les écoles de filles.

Ainsi, le 3ᵉ dégré ou dégré inférieur comprend les ourlets, les surjets et les piqués.

Le 2ᵉ dégré, le point de marque, le feston et les chemises de femme.

Le 1ᵉʳ dégré, les chemises d'homme, le ravaudage, les reprises, la tapisserie et la broderie.

Votre Commission pense, Messieurs, que pour le moment, on peut effacer du programme la tapisserie et la broderie; elle pense encore qu'on ne doit pas, dès la première année, exiger tout l'enseignement des deuxième et premier degrés. Ce qu'elle veut, c'est un commencement d'exécution prompt, sérieux, et qui puisse faire espérer dans l'avenir ce qu'on ne saurait raisonnablement demander d'un nouvel enseignement à son début. Mais, si l'encombrement de certaines classes est un obstacle à l'extension de l'enseignement à toutes les élèves, il nous paraît bon que le tricot soit montré aux plus petites d'entre elles

Une heure et demie de temps, dit M. le secrétaire du bureau de l'instruction publique, est consacrée chaque jour à l'enseignement des travaux à l'aiguille. En effet, on ne peut accorder moins de temps, si l'on veut atteindre le but désiré, si l'on veut renvoyer dans chaque famille, de jeunes ouvrières capables d'y apporter des habitudes d'ordre, de propreté, qui contribueront si efficacement au bien-être de parents infirmes ou de frères et sœurs en bas âge.

Pour répondre aux objections tirées du changement qu'introduira dans le programme actuel le temps consacré aux travaux à l'aiguille, votre Commission vous prie de remarquer que les écoles de Metz sont, non pas plus chargées, comme l'a avancé M. le secrétaire de l'instruction publique, mais, aussi chargées de travail que celles de Reims. Il ne ne s'agit donc que de vouloir pour pouvoir.

M. le secrétaire du bureau de l'instruction publique abordant les moyens d'application, prévoit une seule difficulté de quelque importance. C'est la quantité de travaux à fournir aux jeunes ouvrières, car la plupart des enfants n'apporteront pas des matériaux à confectionner : M. le secrétaire du bureau de l'instruction publique pense, et nous pensons avec lui, que cette difficulté pourra être résolue en s'adressant aux sociétés de bienfaisance, si nombreuses de la ville de Reims; quelques-unes de ces sociétés obligées, dans l'état de choses actuel, de payer la façon des vêtements qu'elles distribuent aux indigents, verront sans doute avec plaisir le moyen qui leur sera offert, d'économiser au profit de leurs protégés, le prix qu'elles tiraient de leurs caisses pour faire face aux frais de confection. Elles auront, en outre, la satisfaction de contribuer ainsi aux développements d'un talent si précieux pour les classes souffrantes, qui sont l'objet de leur sollicitude de tous les jours.

Le secrétaire du bureau de l'instruction publique indique encore une autre source de matériaux pour exercer les plus petits enfants, ce sont des dons de fragments de toile ou d'étoffe d'échantillons qu'on obtiendrait sans doute facilement des maisons de commerce de Reims et qui suffiraient pour les premiers travaux. Ici, messieurs, se termine l'examen du travail de M. le secrétaire du bureau des écoles ;

ici, nous avons à solliciter de votre indulgence un bill d'indemnité; car nous avons pris sur nous de dépasser les limites de la mission qui nous avait été confiée. Dans le désir d'activer la réalisation du vœu que vous avez émis si souvent, nous avons cru ne pas faire mal en nous rendant près de madame la supérieure de la communauté de l'Enfant-Jésus, afin de recevoir et de pouvoir vous soumettre les observations qu'elle aurait à présenter au sujet de l'enseignement qui nous occupe. Madame la supérieure, ainsi que M. le secrétaire du bureau de l'instruction publique l'avait mentionné dans son rapport à M. le maire, est animée des meilleures dispositions et prête à entrer franchement dans les vues de l'administration et du comité. Ainsi, elle adopte la division en trois degrés, telle que nous vous l'avons présentée; seulement elle craint qu'il ne soit bien difficile d'enseigner les travaux à l'aiguille à toutes les élèves des petites classes, parce qu'en effet, et vous le savez tous, messieurs ces classes sont généralement trop étroites pour les nombreuses élèves qui s'y pressent, ce qui priverait les enfants de la faculté d'opérer les mouvements nécessaires au maniement de l'aiguille. Madame la supérieure a déclaré que, pour ce qui dépend d'elle, les travaux à l'aiguille peuvent commencer dans les écoles qu'elle dirige, aussitôt après les fêtes de Pâques.

En terminant, messieurs, votre commission vous demande de se joindre à elle pour prier M. le maire de vouloir bien, le plutôt possible, s'entendre avec mesdames les présidentes de la société de charité maternelle, des salles d'asile, de l'œuvre de la miséricorde, avec la commission administrative du bureau de bienfaisance, sur les moyens de procurer des matériaux de travail à nos classes de couture. Une invitation pourrait être adressée aux maisons de fabrique et de commerce pour en obtenir des dons d'échantillons.

Nous demandons aussi à M. le maire de vouloir bien ordonner l'achat des aiguilles, fil, coton, nécessaires pour l'exécution des travaux. Peut-être serait-il bon de comprendre dans les achats à faire, des jeux d'aiguille à tricoter, quelques paires de ciseaux et des dés à coudre pour les enfants indigents.

Enfin, Messieurs, confessant notre complète incompétence en matière de travaux à l'aiguille, *nous émettons le vœu qu'il soit nommé un comité de dames inspectrices, chargées de surveiller les classes* qui vont, sous quelques semaines, être ouvertes dans les écoles de jeunes filles.

Le comité, après en avoir délibéré, adopta les conclusions du rapport.

Un membre présenta au comité les propositions suivantes, de la part de Madame la Supérieure de la communauté de l'Enfant-Jésus :

« Les dames de l'Enfant-Jésus se proposent d'établir dans la maison conventuelle un cours d'ouvrage à l'aiguille, où seront appelées successivement, tous les jeudis, les petites filles pauvres des diverses écoles gratuites de la ville ; on choisirait à cet effet les plus capables de devenir par la suite sous-maîtresses dans les autres cours de couture.

» Ces dames offrent, en outre, moyennant une maîtresse qui leur serait fournie, ainsi qu'un local suffisant et séparé de ceux occupés par les cours d'instruction,

de faire marcher convenablement le cours de couture
où elles feraient arriver successivement et par détache-
ments, toutes les élèves susceptibles d'en profiter ; ce
qui aurait lieu sans déranger l'ordre des cours ordinaires.

» Elles offrent de même de recommencer à une heure
au lieu de deux heures, le cours du soir afin de ne rien
faire perdre aux enfants des leçons d'instruction, sans
les priver de prendre part aux leçons d'ouvrages à l'aiguille.

L'examen de ces propositions ayant donné lieu à délibération, le comité approuva provisoirement celle de
réunir les élèves le jeudi de chaque semaine pour
l'exercice de la couture, et ajourna celle relative à l'adjonction de maîtresses dans un local séparé des classes
pour le cours de travail à l'aiguille. Le comité exprima
le désir qu'il fût adressé par M. le maire à M** la supérieure des remercîments pour le concours empressé
offert par .elle dans l'intérêt de la réalisation de cet
utile projet.

On commença, pour se conformer à la fois au
désir de M** la supérieure de l'Enfant-Jésus et au
vœu du comité, par réunir le jeudi les élèves les
plus avancées, choisies dans les quatre écoles communales de la ville : mais cette organisation impar-
faite et en quelque sorte exceptionnelle, ne put avoir
de durée : ainsi que nous l'avons dit, on ne tarda
pas à établir l'enseignement des travaux à l'aiguille
tous les jours et dans toutes les écoles. La communauté des sœurs de l'Enfant-Jésus entra sans
hésiter dans la voie du progrès, et elle accorda
généreusement à chacune de nos quatre écoles une
maîtresse supplémentaire qui enseigne spécialement

et dans une classe à part la couture à presque tous les jeunes enfants successivement.

C'est l'état de choses actuel ; c'est un grand bien ; mais dans notre intime conviction on n'est pas encore arrivé au résultat pratique le plus avantageux pour les enfants.

Ainsi que nous l'avons dit, l'administration municipale s'est à plusieurs reprises préoccupée de l'enseignement de la couture dans les écoles : au moment où le comité local était saisi de la ques tion, l'administration prenait à Metz d'utiles renseignements, et M. Vincent, l'agent général et municipal des écoles de la ville de Metz, répondait à M. le maire de Reims, à la date du 31 mars 1846 :

M. le maire,

Aussitôt la réception de la lettre que vous m'avez fait l'honneur de m'écrire le 18 de ce mois, je l'ai communiquée à une de nos directrices d'école mutuelle de jeunes filles, pour qu'elle me donnât quelques détails sur la pratique de la couture dans les écoles municipales, enseignement qui est prescrit par l'art. 1er, § 2, de l'ordonnance royale du 23 juin 1836.

Pour plus d'exactitude, je vous adresse la note qui m'a été remise sur cet objet. J'ajouterai, comme complément, que l'Annuaire des écoles pour 1846, pages 10 et 11, donne le programme de l'enseignement dans nos écoles de jeunes filles, et que, page 45, 2e partie, on trouve la distribution et l'emploi du temps pour les mêmes écoles. Il me reste à répondre, M. le maire, aux deux dernières questions que vous me posez.

Le travail à l'aiguille, une fois introduit dans les écoles de filles, n'entraîne-t-il pas la création d'une commission permanente, composée de dames chargées d'inspecter cette spécialité des études ?

Quelle est, dans ce cas, la limite des fonctions de ces inspectrices et de leurs rapports avec l'administration et les comités d'instruction ?

L'art. 16 de l'ordonnance royale, en date du 25 juin 1836, détermine les fonctions des dames inspectrices pour les écoles de jeunes filles.

Le ministre, dans sa circulaire en date du 13 août 1836, appelle de tous ses vœux la création de l'inspection de dames notables pour les écoles de jeunes filles, et il établit en principe que les mères de famille doivent être représentées dans la surveillance de tels établissements.

La décision du conseil royal, en date du 25 novembre 1836, dit encore qu'il appartient aux comités de choisir les dames inspectrices qui doivent visiter les écoles ; ces dames doivent assister ensuite aux séances, lorsqu'elles ont des rapports à faire sur les objets soumis à leur inspection et qui ne peuvent être bien appréciés que par elles ; seules aussi elles sont compétentes pour diriger certaines parties de l'enseignement, dit la circulaire précitée qui s'exprime encore en ces termes : « Les dames inspectrices » s'assureront que, dans toutes les écoles placées » sous leur surveillance et sous leur patronage, on » donne à l'éducation morale et à l'instruction reli- » gieuse les soins nécessaires, que l'on s'y appli- » que à inspirer aux élèves de bons principes, et » à leur faire contracter l'habitude des vertus mo- » destes. Elles n'hésiteront pas à descendre jusqu'aux

» plus minutieux détails afin de savoir avec une
» entière certitude si les institutrices comprennent
» toute l'étendue et toute la délicatesse de leurs
» devoirs et si elles les remplissent consciencieuse-
» ment. Les rapports que les dames inspectrices
» feront aux comités devront être transmis au mi-
» nistre toutes les fois qu'ils présenteront des obser-
» vations ou des faits de quelque importance. »

- Veuillez compter, M. le maire, sur l'empressement
que je mettrai à vous produire les renseignements
dont vous aurez besoin pour les écoles de la ville
que vous administrez et qui m'est toujours d'un
bien agréable souvenir.

L'agent général des écoles,   Vincent (1).

- Renseignements demandés par M. le maire de la
ville de Reims, et joints à la lettre de M. Vincent,
du 31 mars 1846 :

1° Par qui et comment le travail à l'aiguille doit-
il être enseigné ?

Le travail à l'aiguille peut être enseigné par l'institutrice ; elle doit être en état de le faire, puisque
c'est une des choses dont la pratique est journalière
pour une femme.

Cet enseignement peut être donné de la même manière que les autres parties de l'enseignement primaire:
commencer, pour les plus jeunes enfants, par ce qui

_____

(1) On se rappelle que M. Vincent, l'un des adhérents au congrès
scientifique de Reims, en septembre 1845, eut occasion, à diverses
reprises, d'entretenir quelques-uns de nos concitoyens des progrès heureux de l'instruction primaire dans la ville de Metz, et que ces com-
munications furent reçues avec empressement et avec reconnaissance.

est le plus facile, et augmenter les difficultés graduellement jusqu'à ce que les élèves aient acquis de l'adresse et de l'habileté dans ces travaux manuels.

2° Y a-t-il nécessité d'introduire le mode mutuel pour cet enseignement?

Le mode mutuel présente plus d'avantages que le mode simultané, en ce que les détails de cet enseignement sont très minutieux et en très grand nombre, et qu'une institutrice pourrait difficilement surveiller seule les travaux d'un grand nombre d'enfants; si, au contraire, elle est aidée dans cette surveillance par les jeunes filles les plus intelligentes et les plus adroites, sa tâche moins difficile sera mieux remplie; et les élèves qui auront donné des soins aux plus jeunes de leurs compagnes n'auront pas elles-mêmes perdu leur temps, car elles auront perfectionné, en les communiquant, les connaissances qu'elles avaient acquises.

3° Quel moyen est ordinairement employé pour se procurer les choses nécessaires à la couture; et qui se charge d'y pourvoir, de l'institutrice ou de l'élève?

L'administration fournit aux élèves tout ce qui est nécessaire à cette partie de l'enseignement; et afin que les matières premières ne soient point gâtées par les jeunes filles qui commencent à coudre, on ne met entre leurs mains que de petits morceaux d'étoffe qu'on obtient à bas prix; ce n'est que lorsqu'elles sont jugées en état d'exécuter, d'une manière passable, un ouvrage de couture, qu'il leur est permis de travailler pour elles; et alors elles se pourvoient, à leurs frais, des objets qui leur sont nécessaires.

Si elles appartiennent à des familles tellement pauvres qu'elles ne puissent se procurer ces objets, l'institutrice alors avise aux moyens de leur procurer de l'ouvrage, soit qu'elle s'adresse aux personnes de sa connaissance qui lui confient quelque objet, soit qu'elle fasse travailler les enfants pauvres pour les établissements de charité.....

L'institutrice de l'école des Prêcheresses,

M. Minaglia.

A Metz, ce 30 mars 1846.

La ville de Reims, on le voit, est bien loin d'avoir encore atteint les résultats constatés dès 1846, dans les écoles municipales de Metz : mais, grâces aux efforts et à la constante sollicitude de notre administration municipale, nous sommes en droit d'espérer que les filles de nos écoles seront, dans quelques années, dans une aussi favorable situation ; c'est un bienfait que l'on doit à nos enfants.

Une autre question que nous avons seulement esquissée, mais qui, suivant nous, se rattache à l'avenir et au développement de l'enseignement des travaux à l'aiguille, c'est l'organisation des comités de Dames pour la visite et l'inspection des écoles communales de filles.

Ces écoles sont en ce moment visitées par les membres du comité local ; ce sont des visites graves et salutaires ; mais en vérité, ne seraient-elles pas éminemment plus efficaces si elles étaient faites par des femmes, par des mères de famille ?.....

Ce n'est que depuis la promulgation de l'ordonnance royale de 1836, que le comité a reconnu son droit d'inspection dans les écoles de filles ; et si nous ne nous

36

trompons, il n'y a pas plus de deux ou trois ans qu'il
a cru devoir en user pour la première fois.

Peu de temps après l'organisation des comités locaux, le comité supérieur d'arrondissement, en trans-
mettant au comité communal de Reims plusieurs
questions relatives aux écoles publiques et privées de
filles, par sa lettre du 5 janvier 1835, faisait observer
que pour répondre à ces diverses questions, qui
avaient trait à l'organisation morale et matérielle
des écoles de filles, les membres du comité devaient
visiter ces écoles ; mais ils devaient ne les soumettre
à aucun examen proprement dit; attendu, disait le
comité d'arrondissement, que la juridiction du comité communal ne s'étend en aucune manière aux
écoles primaires de filles : toutefois, ajoutait encore
le comité d'arrondissement, le comité communal est
invité : 1° à remplir exactement les cadres relatifs
aux écoles de filles, (en vertu d'une décision ministérielle, des tableaux renfermant de très nombreuses questions, avaient été envoyés aux comités
d'arrondissement) ; 2° à lui adresser un état particulier de toutes les institutrices de la ville, soit
primaires, soit d'un ordre plus élevé, avec mention
des titres en vertu desquels elles exercent, titres dont
les délégués du comité communal devaient exiger
l'exhibition.

Dans sa séance du 12 janvier 1835, le comité
communal prit, à l'unanimité, la délibération suivante (1) :

» Considérant que la loi du 28 juin 1833 sur l'instruction primaire, ne s'applique qu'aux écoles de

---

(1) M. Vionnois, président d'âge ; MM Huerne, Caron, Ern. Selliere,
Pelizon et Bouché fils, membres présents.

garçons, qu'elle n'a rien changé à la législation qui régissait les écoles de filles, et qu'une décision ministérielle du 2 août 1833, a reconnu qu'on devait continuer d'appliquer, à leur égard, les dispositions des ordonnances des 3 avril 1820, 3 octobre 1821 et 21 avril 1828 ;

Considérant dès lors que les comités communaux, qui n'ont été institués que par la loi du 28 juin 1833, n'ont aucune espèce d'autorité sur les écoles de filles, dont l'inspection et la surveillance demeurent exclusivement confiées à l'autorité administrative et aux comités d'arrondissement ;

Considérant que dans cet état de la législation, il n'est pas au pouvoir du comité communal de visiter les écoles primaires de filles, et, par conséquent, de répondre aux questions relatives à ces écoles ; que procéder à cette visite, serait sortir du cercle de ses attributions et commettre un excès de pouvoir ;

Considérant qu'en fait le comité ne pourrait même pas répondre aux questions qui lui sont soumises, puisque plusieurs d'entre elles, et les plus importantes, sont relatives à des points de moralité dont l'appréciation ne serait possible que par une surveillance habituelle et permanente de ces écoles et par un examen approfondi des élèves, droit qui bien évidemment n'appartient pas au comité communal, ainsi que le lui rappelle le comité supérieur dans sa lettre du 5 janvier.

Sur la troisième question :

Considérant que si les comités communaux n'ont aucun droit sur les écoles primaires de filles d'un ordre supérieur, appelées institutions ou *pensions* ; que ces établissements ne sont soumis qu'à l'autorité du Préfet, et que dès lors les comités communaux ne peuvent exiger des dames qui les dirigent l'exhibition de leurs titres ;

Considérant que s'il importe que les directrices de ces pensionnats soient munies des diplômes ou brevets prescrits par la loi, c'est à l'autorité qu'il appartient d'y pourvoir par les moyens légaux ;

Le comité arrêta :

1° Que pour ne pas s'écarter des termes de la loi, il ne serait fait par le comité aucune visite des écoles primaires de filles, et qu'il s'abstiendrait de répondre aux questions relatives à ces écoles ;

2° Que par le même motif, il ne serait fait aucune démarche près des dames qui dirigent les écoles de filles appelées *Institutions* ou *Pensions* à l'effet de leur faire représenter les titres en vertu desquels elles se livraient à l'enseignement.

Le comité décida en outre qu'il serait immédiatement donné communication du présent arrêté au comité d'arrondissement.

Depuis la promulgation de l'ordonnance royale du 23 juin 1836, le droit d'inspection des comités locaux sur les écoles de filles est incontestable : nous croyons l'avoir suffisamment démontré au chapitre de l'école primaire dirigée par les dames religieuses de la Congrégation de Notre-Dame ; mais ce droit s'élargirait et se compléterait encore s'il s'exerçait par l'intermédiaire de dames désignées par le comité supérieur d'arrondissement. Nous espérons que nos vœux seront favorablement accueillis par le comité local, par le comité supérieur ; c'est un élément d'avenir et de succès qui manque en ce moment à Reims à nos écoles primaires de filles.

ä. Les sœurs de l'Enfant-Jésus appelées à diriger les quatre écoles communales de filles, étaient, en mars 1843, au nombre de 14 :

Sœurs institutrices.

Ecole rue des Orphelins, 1re classe, sœur Alizard.
2e — — Varennes.
3e — — Gaillard.

Ecole rue de Thillois, 1re classe, sœur Poulet.
2e — — Sautrey.
3e — — Monceau.
4e — — Robert.

Ecole rue Rogier, 1re classe, sœur Bergeot.
2e — — Fromentin.
3e — — Pergant.

Ecole rue des Salines, 1re classe, sœur Lecomte.
2e — — Allart.
3e — — Vallet.
4e — — Dervin.

En 1844 et en 1845, le personnel des sœurs institutrices resta le même dans toutes les écoles : au commencement de l'année 1846, on y remarquait les changements suivants :

Ecole rue des Orphelins, 1re classe, sœur Varenne.
2e — — Robson.
3e — — Gaillard.

Ecole rue de Thillois, 1re classe, sœur Poulet.
2e — — Sautrey.
3e — — Monceau.
4e — — Henrat.

Ecole rue Rogier, 1re classe, sœur Alizard.
2e — — Fromentin.
3e — — Pergant aîné.

École rue des Salines , 1ʳᵉ classe, sœur Lecomte.
2ᵉ — — Vallet.
3ᵉ — — Joppé.
4ᵉ — — Dervin.

Il y a eu peu de modifications dans le courant de l'année 1847.

Tout le monde sait à Reims, et principalement ceux de nos concitoyens qui remplirent parmi nous des fonctions municipales, soit comme administrateurs, soit comme membres du conseil de la ville, tout le monde sait qu'une question importante fut soulevée, il y a quelques années, sur la propriété des bâtiments, jardins et dépendances , occupés aujourd'hui par la communauté des sœurs de l'Enfant-Jésus.

Cette question ne fut jamais résolue d'une manière précise et définitive ; plusieurs fois elle fut abordée, plusieurs fois discutée ; mais jamais elle ne le fut nettement, hardiment. Les uns revendiquaient la propriété pour la ville de Reims , d'autres pour l'État, quelques-uns se déclaraient les partisans de la communauté et offraient de prouver et d'établir un droit qu'ils disaient être incontestable. La lutte s'engagea , mais ne se termina jamais : on craignit des conflits regrettables , et de tous les côtés on s'efforça d'obscurcir la question plutôt que de la résoudre.

Nous pensons qu'il est temps enfin de mettre un terme à ces indécisions. Nous voulons essayer de décider la question d'après les faits acquis, d'après les documents certains. Nous le ferons sans irritation, sans passion ; nous exposerons les résultats simples de nos investigations, et nous en déduirons les conséquences rationnelles.

La polémique s'est engagée sur cette question de plus récente. Les faits y sont exposés avec un peu d'emphase peut-être, mais ils sont presque tous complètement exacts, et le commencement de la question y est sincèrement exposé.

Nous empruntons les prolégomènes de cette polémique à l'un des journaux qui se publient à Reims : l'*Industriel de la Champagne.*

A la suite d'un article publié dans l'Industriel de la Champagne, le 18 février 1846, sur un conflit qui s'était élevé dans la ville de Metz, entre M. le maire et M. l'évêque, au sujet des sœurs de l'enfance de Jésus et de Marie, dites les sœurs de Ste Chrétienne, M. le Rédacteur crut devoir porter à la connaissance de ses lecteurs les observations suivantes.

« Les abus signalés...... existent à Reims, dans la maison des sœurs, dites de l'Enfant-Jésus. Jusqu'à présent, les administrations municipales précédentes, par leur extrême bonté, ont laissé subsister cet abus.

» Les signaler aujourd'hui avec modération, mais avec énergie, à la nouvelle administration municipale qui veut l'ordre dans tous les services et le bien partout avec fermeté, c'est appeler la réforme d'abus qui portent préjudice aux autres établissements d'éducation de la ville, lesquels :

» 1° N'ont pas de maison de 80 ou 100,000 fr. pour rien ;

» 2° N'ont pas de subvention de la caisse municipale ;

» 3° Paient des impôts de diverses natures, que les dames de l'Enfant-Jésus ne paient pas.

» On demande, non pas qu'elles ne puissent avoir un pensionnat rétribué, mais, 1° qu'elles établissent ce pensionnat partout ailleurs que dans la maison qui leur a été donnée pour l'éducation des filles pauvres : elles n'ont pas le droit de changer la destination donnée par le fondateur, et maintenue par l'autorité publique lors de la remise de cette maison entre les mains de ces dames ; 2° en se conformant à toutes les lois et aux réglements sur l'instruction publique ; 3° en payant les charges de ville et de police, puisqu'elles veulent profiter des avantages que la ville peut leur présenter. Le clergé, tout ce qui tient au clergé, comme les institutions religieuses, doivent, avant tout, respecter les intentions de leur fondateur, les lois de leur pays, l'autorité du premier magistrat des villes qu'ils habitent ; en un mot, rendre à César ce qui appartient à César, c'est rendre à Dieu ce qui appartient à Dieu. »

Industriel de la Champagne, du 21 février 1846. — Nous avons, dans notre numéro du 18 de ce mois, signalé brièvement, et en termes généraux, des abus relatifs à la communauté des dames dites de l'Enfant-Jésus. Nous devons revenir sur ces abus, dont la disparition importe à la bonne administration de la ville de Reims et au progrès de l'instruction publique.

L'instruction des jeunes enfants est l'un des objets les plus intéressants, l'une des attributions les plus précieuses de l'autorité publique, et nous devons dire tout d'abord que l'autorité, à Reims, comprend et remplit à cet égard les devoirs qui lui sont imposés. De larges allocations financières pourvoient aux besoins de l'enseignement gratuit, de l'instruction primaire proprement dite; et si l'enseignement, tel qu'il est donné, ne satisfait pas entièrement aux besoins de l'enseignement d'une population nombreuse, on n'en peut imputer la faute aux hommes chargés de l'administration de la commune, mais bien à l'exiguité des ressources pécuniaires dont ils peuvent disposer. C'est surtout pour l'instruction des jeunes filles que les plus grands efforts sont à faire. Les écoles de garçons laissent peu à désirer; celle de filles, sauf une seule, celle récemment construite rue Canneton, ne répondent nullement à leur destination. Dans celle de la rue du Barbâtre, les jeunes enfants sont entassés dans un local étroit et malsain, dans une sorte de bas cellier où l'air manque.

Cet état de choses, si nous sommes bien informés, a plusieurs fois attiré l'atention du comité d'instruction, qui a dû s'en plaindre et demander sur ce point des réformes indispensables; mais il ne paraît pas que jusqu'ici les réclamations des membres du comité aient produit la plus légère amélioration. Rien n'était pourtant plus simple et plus facile, dans une maison où l'espace ne manque pas, que d'établir les classes des enfants dans des locaux vastes, aérés: en un mot, bien appropriés à leur destination. La chose était d'autant plus facile, que les dames institutrices de la maison dite de l'Enfant-Jésus tiennent, dans le local qui leur est fourni gratuitement par l'administration municipale, un pensionnat d'élèves payant pension. Or, rien n'était plus simple que d'affecter aux études des enfants admis gratuitement dans cette école, les mêmes

salles qui servent à recevoir les élèves payantes ;
et cela était non-seulement simple et facile, mais
cela était de la plus rigoureuse justice, puisque c'é-
tait remplir précisément le but de l'institution de
ces dames, qui n'ont été créées que pour donner
l'instruction à de jeunes filles pauvres, et non pour
tenir un pensionnat de jeunes élèves payantes.

Peut-on raisonnablement laisser subsister un état
de choses semblable ? Voici des institutrices créées
uniquement, nous le répétons, pour instruire les
jeunes filles pauvres : c'est l'engagement formel qu'elles
prennent individuellement, c'est la charge qui leur
est collectivement imposée par les statuts de leur
ordre, et de temps immémorial. L'autorité publique
les loge, sinon avec magnificence, au moins très
confortablement ; elle les rétribue, sinon avec pro-
fusion, du moins honorablement, le tout à la condition expresse de donner l'instruction et l'éducation
gratuite aux filles pauvres. Après des dispositions pareilles, il est évident que la maison confiée aux soins
de ces institutrices doit être la maison des pauvres ;
si ces dames veulent, élargissant ou plutôt rétrécis-
sant en réalité la base de leur raison d'existence,
vendre à ceux qui peuvent la payer l'éducation qu'elles
sont tenues, par toutes les conditions de leur existence, de donner pour rien aux enfants pauvres,
il faut au moins que ceux-ci y occupent la première
place ; les autres ne peuvent y être qu'accessoire-
ment et en seconde ligne. Or, c'est le contraire qui
a lieu : les élèves payant sont en fait les privi-
légiés, les maîtres de la maison ; les enfants pauvres
ne sont plus que des intrus. Aux premiers, les dortoirs spacieux, les salles d'étude vastes et bien aérées ;
aux autres, un rez-de-chaussée humide et malsain

suffira. Telle n'était point l'intention du pieux fondateur, de l'abbé Rolland, telle ne peut être celle
de l'autorité municipale, et nous ne doutons point
qu'elle ne prenne des mesures propres à faire cesser
un état de choses qui n'a que trop duré, et qui deviendrait intolérable s'il se prolongeait plus longtemps.

Industriel de la Champagne du 26 février 1846.
— « Nous signalions, dans un de nos derniers numéros, la nécessité de rappeler les dames religieuses
dites de l'Enfant-Jésus à l'accomplissement entier des
devoirs que leur impose leur double qualité de religieuses instituées (selon leurs statuts) pour donner
l'instruction aux enfants pauvres, et d'institutrices
officielles élues et salariées à cet effet par l'administration municipale de Reims. Si nous sommes bien
informés, et nous croyons l'être, l'administration municipale de Reims a plusieurs fois signalé à ces dames
plusieurs améliorations immédiatement réalisables, et
manifesté son désir de les voir se réaliser. L'administration municipale a échoué. L'une de ces améliorations aurait consisté à rétablir les classes gratuites de jeunes filles dans une des spacieuses et
salubres salles qui existent dans la maison dite des
Orphelins, et où ces dames tiennent leurs classes
d'élèves ou de pensionnaires payantes. Cette demande était on ne peut plus légitime, et si l'on
devait blâmer l'administration, ce serait plutôt de trop
de condescendance que d'exigences déraisonnables.
*Il ne faut pas oublier en effet que la maison dite des
Orphelins est la propriété de la ville de Reims ou du
bureau de bienfaisance, ce qui revient au-même;* que
les dames de l'Enfant-Jésus qui occupent cette maison
n'ont d'autre droit à cette occupation que celui que

leurs fonctions leur confèrent, et que notamment elles ne peuvent avoir le droit de changer la destination que le maire, le conseil municipal, l'administration de la charité publique, les pouvoirs constitués, en un mot, ont donnée à cette maison. Or, la destination de la maison des Orphelins, c'est de servir de maison d'école pour les enfants pauvres, et non de recevoir des élèves payant pension à des institutrices exerçant une industrie particulière. Lorsque M. le maire ou le comité d'instruction primaire exprimaient le désir de voir consacrer aux classes gratuites des enfants pauvres les salles où ces classes seraient mieux établies, ils ne faisaient que demander ce qu'ils avaient le droit d'exiger, et l'on ne comprend point comment une si légitime réclamation a pu n'être point suivie d'effets immédiats.

Il existe à Reims trois écoles communales d'enseignement mutuel. Si dans ces trois écoles les professeurs s'avisaient de vouloir établir un pensionnat, et s'ils s'attribuaient la plus belle partie de leurs salles pour y instruire spécialement leurs élèves payants; si en même temps ils reléguaient dans des réduits obscurs et malsains les enfants pauvres, ceux pour l'instruction desquels la ville leur paie un traitement annuel, l'administration municipale ne le souffrirait pas; et elle aurait grandement raison de ne le point permettre. L'administration municipale saurait bien sur-le-champ contraindre les professeurs à rendre les salles d'école à la destination pour laquelle elle les leur a confiées, c'est-à-dire, à la tenue des classes gratuites d'enfants pauvres. On ne voit pas pourquoi il n'en serait pas de même ici. Les dames de l'Enfant-

Jésus, à part leur état monastique, dont nous n'avons point à nous occuper ici, sont, quant à la ville et à l'administration municipale de Reims, des institutrices au même titre que sont les instituteurs, les maîtres des écoles d'enseignement mutuel; c'est-à-dire élues, choisies, salariées par l'autorité urbaine; elles tiennent leurs écoles dans un local qui leur est fourni par cette autorité, exactement comme les maîtres des écoles d'enseignement mutuel tiennent leur maison d'école de cette même autorité, pour y instruire gratuitement les enfants, et non pour y faire autre chose. Encore une fois, on ne voit pas comment ces institutrices peuvent raisonnablement user, dans un but tout personnel, d'un établissement qui ne leur a été confié que pour servir à l'utilité publique, et comment elles ont pu espérer substituer longtemps leur volonté à la volonté de l'autorité qui représente la volonté de tous; leurs convenances ou leur intérêt particulier, à l'intérêt général (1).

Il y aurait un examen très curieux et en même temps très sensible à faire : ce serait celui de l'influence que doit exercer sur l'enseignement privé l'existence d'une ou de plusieurs maisons d'éducation semblables à celle établie par les dames de l'Enfant-Jésus dans la maison

(1) Nous pensons que la comparaison n'est pas exacte entre les sœurs de l'Enfant-Jésus et les instituteurs d'enseignement mutuel. Cependant, nous approuvons la pensée générale de l'article de M. Charles Béranger, et nous croyons comme lui que les sœurs de l'Enfant-Jésus ne sont pas fidèles à la loi de leur Institution, en reléguant les filles pauvres dans les petites salles de la rue des Orphelins; elles ont le droit de tenir un pensionnat, et d'avoir un noviciat; mais ce droit, elle en usent d'une façon qui est suivant nous tout-à-fait abusive. Il y a dans la répression de cet abus un devoir à remplir pour l'autorité municipale.

des Orphelins. On verrait d'un côté ces dames disposant, sans aucune rétribution, sans acquitter les impôts, sans aucune des charges inhérentes à la propriété, d'une vaste et magnifique maison, pour y tenir un pensionnat, avec tous les avantages que leur assure l'emploi de fonctionnaires *cloitrés* (1) ; on verrait en parallèle les chefs d'institutions particulières écrasés par des loyers exorbitants, par des impôts de toute nature, et l'on découvrirait bien vite que la position toute particulière des institutrices religieuses place les chefs d'institutions laïques dans de telles conditions matérielles d'insuccès, qu'en vérité c'est merveille si jusqu'ici les établissements d'éducation privée ont pu, tant bien que mal, subsister en face de leurs rivaux beaucoup plus heureusement doués. Il y aurait ensuite à se demander s'il est bon, s'il est salutaire, s'il est utile au progrès de l'enseignement, à l'extension des lumières, de laisser végéter, et peut-être périr, l'enseignement laïque dans la guerre sourde et lente, mais sûre, que lui fait incessamment son rival heureux et favorisé ; mais un tel examen nous entraînerait trop loin ; nous nous contentons, pour aujourd'hui, de ces quelques mots sur un sujet qui, nous le savons, préoccupe beaucoup les esprits dans tous les partis.

La mauvaise tenue, dans un local malsain et insuffisant, des classes de jeunes filles, dans la maison des Orphelins, n'est pas le seul reproche que l'on ait à faire aux institutrices de cette maison. L'administration municipale, à diverses reprises, s'est plaint de ce que, dans l'instruction donnée par ces dames à leurs élèves, ne figurait point l'enseignement des travaux d'aiguille,

_____

(1) Les sœurs de l'Enfant-Jésus ne sont pas des religieuses cloîtrées. C'est vivant en communauté qu'il faut lire.

qui sont plus spécialement l'apanage des femmes (1)...

..... Qui donc, ou quoi donc a pu inspirer aux institutrices de la maison des Orphelins ce mauvais vouloir qui les a conduites, depuis quelques années, à résister à des demandes sages et légitimes ? C'est, il faut bien le dire, le mauvais esprit de communauté, le désir d'acquérir, de posséder, de devenir riches, indépendantes ; c'est presque dire dominatrices. Instituées pour enseigner, pour répandre les bienfaits de l'instruction sur les filles du peuple, elles ont perdu de vue ce point de départ ; commises par l'autorité à cette sainte et honorable tâche, elles en ont oublié la sainteté (2).

Installées par l'autorité dans une maison vaste, commode, où rien de ce qui peut rendre la vie agréable ne leur manquait, où toute leur vie aurait dû se partager entre le soin de leur salut et les soins à donner aux enfants des pauvres, à leurs enfants, elles ont rêvé qu'il serait mieux pour elles de devenir propriétaires de l'immeuble. Et, dans cet éveil du souci des biens temporels, s'est éteint, peut-être pour ne plus se rallumer, le sentiment de charité qui avait présidé à la fondation de leur ordre. Hélas ! oui, il est trop vrai qu'un jour la communauté des sœurs du saint Enfant-Jésus s'est mise en tête de chicaner, de contester, de réclamer la propriété des murs qui l'abritent. Que voulez-vous que deviennent les devoirs les plus impérieux, lorsque de pareilles idées

(1) Nous avons vu qu'à l'époque du mois d'avril 1846, les sœurs de l'Enfant-Jésus ont introduit l'enseignement des travaux à l'aiguille dans toutes les écoles communales de filles.

(2) Nous n'avons pas besoin de dire que nous sommes loin d'approuver les expressions hyperboliques et exagérées qui se rencontrent dans le travail de M. Ch. Béranger.

naissent chez celles qui ont fait vœu de n'avoir jamais que des idées de charité, de dévouement? Oui, un jour la communauté des sœurs du saint Enfant-Jésus, sans songer que la bonne ville de Reims, qui les avait appelées, les logeait magnifiquement, les entretenait honorablement et ne les laisserait jamais manquer de rien, a écrit au ministre pour faire décider en sa faveur la *question de propriété*, comme si elles avaient besoin d'être propriétaires pour être heuieuses, chéries, honorées. Eh! bon Dieu, mesdames, laissez-là la question de propriété : elle est décidée contre vous par dix actes de l'autorité publique, par un décret signé Napoléon ; croyez-moi, n'en venez jamais là, contentez-vous d'aimer vos enfants, de les instruire, de les bien instruire, sans entrer contre l'autorité dans une lutte pour laquelle vous n'êtes pas faites, et dans laquelle, d'ailleurs, vous n'auriez, ce semble, ni le bon droit, ni la raison de votre côté.

Industriel de la Champagne du 1er mars 1846. — L'un des principaux reproches à faire à l'enseignement donné de nos jours à la jeunesse, c'est que cet enseignement est trop exclusivement théorique, et n'a rien absolument de pratique ; et ceci est vrai de tous les degrés de l'enseignement : depuis celui que trouvent les enfants d'ouvriers dans les écoles primaires, jusqu'à celui que reçoivent dans les collèges royaux les élèves de rhétorique et de philosophie, l'instruction est toute scientifique. Notre société est spécialement composée de travailleurs, et pourtant, nos écoles sont instituées uniquement de manière à faire des savants. Sauf quelques écoles spéciales d'arts et métiers en fort petit nombre, et d'ailleurs, assez

mal organisées, tous les établissements d'instruction
ont ce caractère. L'immense majorité des enfants est
nécessairement destinée à exercer des professions in-
dustrielles. Cependant, l'instruction que les enfants
reçoivent exerce leur esprit seulement, et nullement
leurs facultés physiques. Toute profession suppose ou
plutôt exige une certaine dextérité manuelle, qu'en
bonne logique, il faudrait développer chez l'enfant
destiné à vivre de l'exercice d'une profession. On ne
le fait point; on a tort.

Il est tel élève de nos écoles, *ferré* sur la grammaire, l'orthographe, l'arithmétique, et qui, le jour
de son entrée en apprentissage, sera l'objet de la
risée de tous ses compagnons, par suite de sa gau-
cherie dans l'accomplissement des actes et des mouvements les plus simples. Enseigner aux enfants la
grammaire, l'orthographe, l'arithmétique, la géométrie
descriptive, est bien; leur apprendre à se servir habilement de leurs mains, leur donner l'habitude d'accomplir aisément et de bonne heure certains mouvements, certaines pratiques, dont l'emploi se renouvelle
souvent dans l'exercice de presque toutes les professions manuelles, c'est peut-être mieux encore; surtout si une pareille instruction s'applique à des enfants appelés à prendre place dans un atelier où le
marteau, la lime, le rabot, la hache, la scie, la
doloire, jouent nécessairement un rôle bien autrement actif que la grammaire et l'orthographe. Nous
ne voulons pas dire que l'enseignement de la grammaire et de l'orthographe soit une superfluité, nous
disons seulement qu'un enseignement industriel pratique, qui pourrait y être adjoint, serait au moins
aussi utile, et j'ajoute que les deux enseignements

37

donnés simultanément se compléteraient l'un par l'autre, et développeraient les facultés de l'enfant bien plus puissamment que ne peut le faire un enseignement purement théorique.

On nous assure qu'en Bretagne, dans les villes situées sur le littoral maritime, les frères des écoles chrétiennes enseignent aux enfants la navigation, à faire le point et à se servir du compas. C'est là un enseignement admirable dans un pays de marins, et qui donne une idée de ce qui devrait être fait partout où il y a des écoles, de la vie, du mouvement, du travail.

Cette question, que nous ne pouvons qu'effleurer ici, est tout aussi grave à notre avis que la fameuse question de liberté d'enseignement à propos de quoi le clergé s'agite et fait du bruit depuis quelques années ; elle sera résolue, nous n'en doutons pas, dans le sens que nous indiquons ; si elle ne l'est point aujourd'hui, si elle n'est point même sérieusement agitée, cela tient surtout à l'esprit de routine si puissant sur les hommes. Depuis des siècles, en France, les choses ont été, en fait d'éducation, à peu près ce que nous les voyons aujourd'hui ; c'est là, pour beaucoup de gens, une raison de n'y rien changer. Les innovations, même les plus utiles, ne se réalisent que lentement ; il faut quelquefois le souffle d'un homme de génie pour les faire éclore ; quelquefois aussi elles surgissent du sein de la nécessité. Or, la nécessité, elle nous paraît pressante et bien près d'être démontrée à tous.

Il est difficile, nous le comprenons et nous nous hâtons de le dire, de créer un enseignement professionnel de toutes pièces, d'introduire en quelque sorte des ateliers d'apprentissage dans les écoles ; il est infiniment plus facile d'introduire des écoles dans les ateliers (la chose a même été tentée avec quelque succès dans plusieurs établissements industriels en France et en pays étrangers). Sans cette difficulté, la chose serait peut-être déjà faite, car ses avantages seraient si évidents, qu'il faudrait être aveugle pour ne les pas voir. Prendre l'enfant presque dès sa naissance et le préparer sans violence, sans fatigue, presque à son insu, à remplir les fonctions auxquelles il doit être attaché pendant sa virilité ; le mettre à même d'entrer dans la pratique de la vie réelle en lui évitant la transition heurtée du passage de l'école à l'atelier, ce serait un immense progrès accompli dans l'éducation de l'homme.

A vrai dire, la difficulté d'introduire dans l'instruction primaire l'enseignement professionnel est bien plus grande pour les écoles de garçons que pour celles des filles ; disons mieux : la création de l'enseignement professionnel dans les écoles de filles présente à peu près autant de facilités que la même création présente de difficultés dans les écoles de garçons. Si l'on propose d'établir dans ces derniers l'enseignement professionnel, ce sont les difficultés qui apparaissent tout d'abord. Lorsqu'on songe à la même création pour les filles, ce sont au contraire les difficultés qui disparaissent, et la possibilité seule apparaît au premier coup d'œil claire, évidente, palpable. Aussi le législateur l'a bien compris, et, tandis que la loi de 1834, sur l'instruction primaire, ne fait pas même la moindre allusion directe ou indirecte à l'enseignement professionnel pour les hommes, elle dit formellement que les travaux d'aiguille et de couture seront enseignés dans les écoles de filles (1) ; et cette disposition de la loi est tout ce qu'il y a de plus sage, c'est-à-dire de plus humain, la couture étant aujourd'hui le principal élément du travail pour les femmes. L'enfant a tout autant besoin de savoir gagner son pain quotidien que de savoir lire, écrire et calculer. Nul doute que, si le législateur eût entrevu la possibilité de doter les garçons de l'enseignement professionnel, il n'eût pas fait moins pour eux qu'il n'a prétendu faire pour les filles: cette possibilité apparaîtra quelque jour évidente et palpable. Le devoir des instituteurs et des pouvoirs constitués, notre devoir à tous enfin, est de réaliser le vœu de la loi, en donnant l'instruction professionnelle aux filles en attendant du temps et du progrès des idées l'organisation de celle nécessaire aux garçons.

Ce devoir, à Reims, tout le monde l'a compris; les diverses administrations municipales qui se sont succédé depuis plusieurs années, le conseil municipal, l'administration du bureau de bienfaisance, les comités supérieur d'instruction primaire et local, tous enfin, excepté les sœurs de l'Enfant-Jésus, qui, aux instances les plus pressantes et vingt fois réitérées, ont répondu par des refus formels ou par une résistance d'inertie qui en est l'équivalent (2). M. l'archevêque comprenant, lui aussi, combien était utile et combien devait être fécond en heureux résultats l'enseignement des travaux d'aiguille aux

---

(1). Ce n'est ni la loi de 1834, ni celle de 1833 ; c'est l'ordonnance royale du 23 juin 1836 que l'auteur veut citer.

(2). Tous ces reproches, nous le répétons, seraient aujourd'hui mal fondés.

jeunes filles, et sentant bien, d'ailleurs, que ces dames ne pouvaient, raisonnablement, méconnaître la loi, M. l'archevêque de Reims lui-même a fait, près de l'ancienne supérieure de ces dames, une démarche pressante, et n'a pu rien obtenir.

Nous savons de bonne source qu'un jour, il y a de cela quelques années, M. le maire de Reims, pressant madame la supérieure de satisfaire au vœu si souvent, mais si vainement exprimé, en reçut pour toute réponse ceci : « L'enseignement des travaux d'aiguille ne pouvait pas être donné aux enfants par les sœurs parce que cela était contraire *aux statuts de l'ordre.* » M. le maire fit alors observer à cette dame que les statuts étaient violés par les sœurs elles-mêmes, puisque ces travaux, qu'elles ne voulaient point enseigner aux enfants admis dans l'école gratuite, elles les enseignaient aux élèves admises par elles dans leur pensionnat, moyennant finance : à cet argument, que répondre ? Rien. C'est ce que fit Mᵐᵉ la supérieure, mais elle ne céda pas, et les travaux de couture ne furent point enseignés.

Poussée à ce point, la persistance n'est plus que de l'opiniâtreté, de l'entêtement.

Nous concevrions les dames de l'Enfant-Jésus résistant à des demandes déraisonnables ; nous ne les comprenons pas refusant de semer sur la classe laborieuse les germes de vertu, d'honnêteté, de moralité contenus dans l'enseignement du travail ; et le public ne les comprend pas plus que nous. Il est impossible que ces dames ne sentent pas elles-mêmes tout ce que leur conduite a de blâmable. Leur refus, cela se dit tout bas, et même un peu tout haut, n'a pour but que d'amener l'administration à les recon-

... ... maison qu'elles habitent
... ... est nullement fondée, ...
... ... soutenable un seul instant
... ... dans un prochain numéro;
... ... pouvoir, d'ici là, ...
... ... dames de l'Enfant-Jésus.
... ... demandes qui leur ...
... ... classes gratuites dans la
... ... toujours être tenues.
... ... qu'elles ont conservé
... ... être à la raison, ...
... ... autres élèves pauvres
... ... l'art des filles
... ... jeunes mères

alors aux archives de la ville les pièces suivantes :

La première du 19 juillet 1678, pouvoir donné par MM. du conseil de ville à ses députés de terminer avec Mgr l'archevêque l'affaire des filles des écoles gratuites.

La deuxième du 1er août, articles proposés pour les exécuteurs testamentaires de M. Rolland et accordés avec MM. de ville au même sujet.

La troisième est un procès verbal fait le 11 août 1678, par M. le lieutenant-général de Reims, contenant les donation et testament de messire Nicolas Rolland, théologal à la communauté du saint Enfant-Jésus, d'une maison, chapelle et dépéndances rue du Barbâtre, appelée la maison de Landève, pour l'établissement des quatre écoles gratuites, et donne en outre la somme de 14,000 livres ou la rente de 700 livres pour ledit établissement.

Ensuite sont les avis donnés par tous les corps et communautés de la ville pour ce entendus, sur ladite communauté, laquelle a été chargée de la nourriture et instruction de trente enfants orphelins.

Les charges auxquelles lesdites sœurs ont été reçues sont ici détaillées et tous les cas prévus de la dissolution de cet établissement.

La quatrième est copie des lettres-patentes du mois de février 1679, pour consolider l'établissement de la communauté des filles du saint Enfant-Jésus, pour l'instruction gratuite de la jeunesse dans quatre quartiers de la ville, non cloîtrées, etc.

Ensuite sont les lettres-patentes du mois de septembre 1688, d'ampliation de ladite communauté,

... pour l'instruction de la jeunesse que pour la nourriture et instruction de trente orphelins.

Il y a une pièce des arrêt du parlement du 17 février 67.. l'enregistrement des patentes du méme ... et ...

Dans le recensement fait en 1856 par M. L. Paris... des archives de la ville ... aucune de ces pièces ... été retrouvée au cartulaire.

Nous ne pouvons, par conséquent, en donner la ... mais nous devons à transcrire ici la seule pièce authentique antérieure à la révolution.

Cette pièce est la reproduction des lettres-patentes de Louis XV.

Lettres-patentes du roi Louis XIV, pour l'établissement de la communauté des filles du Saint-Enfant-Jésus de Reims.

Louis, par la grâce de Dieu, roi de France et de Navarre, à tous présents et à venir, salut :

Notre très cher et bien aimé cousin, Charles Maurice Le Tellier, archevêque de Reims, premier pair de France, nous a fait entendre que, reconnaissant par expérience le grand fruit que produisaient les écoles gratuites des pauvres filles, que feu maître Nicolas R..., prêtre, docteur en théologie et chanoine ... de son église métropolitaine, prenait soin depuis quelques années de faire faire sous son ... dans les quatre principaux endroits de notre ville de Reims, et que sachant les inconvénients qui n'arrivent que trop souvent lorsque les filles sont instruites avec les garçons par un même maître, il aurait agréé que quelques femmes veuves et filles de piété s'unissent ensemble et demeurassent dans la

même maison, sous le titre de sœurs de l'Enfant-Jésus,
pour se rendre capables de s'appliquer à l'instruction de
la jeunesse de leur sexe ; ce qui aurait réussi si avantageusement, que ledit défunt théologal voulant, autant qu'il était en lui, perpétuer ce bien, aurait donné
à cet effet la maison où demeurent à présent lesdites
maîtresses d'école, toute meublée, avec la chapelle
garnie d'ornements et un fonds considérable, pourvu
toutefois qu'il nous plût en permettre l'établissement
pour toujours. Et comme l'instruction de la jeunesse
a toujours été considérée comme un des principaux
fondements de la société civile, et que rien ne contribue davantage à la sanctification des fidèles dans
la suite de leur vie, notredit cousin aurait requis
de vouloir approuver et affermir cette nouvelle communauté. Pour l'exécution d'un dessein si utile à
toutes les familles de notre ville de Reims, accorder nos lettres sur ce nécessaires.

A ces causes et autres bonnes considérations, à
ce nous mouvant, voulant contribuer de tout ce qui
dépendra de notre autorité aux bonnes et louables
instructions de notre dit cousin l'archevêque duc de
Reims ; même à celles dudit défunt théologal ; de
l'avis de notre conseil, qui a vu les consentements
des chapitres, des curés, des communautés régulières, et des maire, conseil, échevinage de notre
ville de Reims, portés par les procès-verbaux dressés, suivant nos lettres de cachet du mois de mai
de l'année dernière, en exécution de notre édit vérifié en l'an 1667, pour les nouveaux établissements,
nous avons, de nos grâces spéciales, pleine puissance et autorité royale, par ces présentes signées
de notre main, loué, approuvé, agréé, confirmé,

louons, approuvons, agréons et confirmons ledit
établissement, ainsi commencé sous le titre de *Communauté des filles de l'Enfant-Jésus*, et sous les juridiction et discipline de notredit cousin l'archevêque
duc de Reims, statuts et règlements faits ou à faire
par lui ou ses successeurs. Voulons et nous plaît que
lesdites filles puissent et leur soit loisible à toujours
de vivre en communauté, aux termes portés par eux,
sans qu'elles puissent être, à l'avenir, troublées dans
leurs fonctions, à condition, toutefois, qu'elles ne
pourront être astreintes, reçues ni admises en aucune
clôture et régularité monastique, ni former aucune
communauté régulière, comme étant chose contraire
à leur institution. Et pour donner plus de moyen
aux filles de ladite communauté de la maintenir et
accroître, nous leur avons, de nos mêmes grâces,
permis et permettons d'accepter et recevoir legs,
testaments et donations entre vifs ; d'acquérir, tenir
et posséder toutes sortes de fonds et héritages, sans
néanmoins en pouvoir prétendre le droit d'indemnité, sinon du fonds sur lequel pourront être construits et bâtis leur chapelle et maison, et pour leur
jardin et clos seulement, que nous avons dès à
présent amorti et amortissons comme dédiés à Dieu
et à son Église, à la charge que lesdites choses données, léguées et acquises demeureront unies à perpétuité, à la mense de ladite communauté, sans pouvoir être aliénées, obligées ni hypothéquées par les
dites filles, en général ni en particulier, en quelque
sorte et manière que ce soit, et ce, nonobstant
tous édits et lettres à ce contraires auxquels nous
avons, pour ce regard, dérogé et dérogeons par ces
présentes. Ci donnons en mandement à nos amés
et féaux conseillers, les gens tenant notre cour de

parlement et chambres de nos comptes, à Paris,
bailli de Vermandois ou son lieutenant-général, à
Reims, et autres nos justiciers et officiers qu'il
appartiendra, que ces présentes, nos lettres d'établissement, ils fassent registrer, et de leur contenu
jouir et user ladite communauté pleinement, paisiblement et perpétuellement, cessant et faisant cesser
tous troubles et empêchements au contraire, sauf
notre droit et l'autrui en tout, car tel est notre
plaisir; et afin que ce soit chose ferme et stable à
toujours, nous avons fait mettre notre scel à ces
présentes.

Donné à St-Germain en Laye, au mois de février,
l'an de grâce 1679, et de notre règne le 36me.

Signé Louis.

Et sur le repli, par le Roi,   Arnauld.

Ainsi que nous l'avons dit précédemment, les
filles de l'Enfant-Jésus restèrent en paisible possession des bâtiments de leur communauté jusqu'à
la révolution de 1789.

Les lois révolutionnaires vinrent modifier profondément l'état de choses établi.

En premier lieu, fut rendue la loi du 17 février
1790, qui portait, article 1er : « La loi constitu-
tionnelle du royaume *ne reconnaît plus le vœu monastique solennel de l'un ni de l'autre sexe.* — Déclarons
en conséquence, que les ordres et congrégations
régulières dans lesquels on fait de pareils vœux sont
et demeurent supprimés en France, sans qu'il puisse
en être établi de semblables à l'avenir. »

L'article 2 de la même loi ajoutait : « Tous les
individus de l'un et de l'autre sexe, existant dans

les monastères et maisons religieuses pourront en sortir en faisant leur déclaration devant la municipalité du lieu..... Il sera indiqué des maisons où seront tenus de se retirer les religieux qui ne voudront pas profiter de la disposition des présentes. »

Toutefois ces dispositions n'étaient pas applicables à tous les ordres religieux, et la même loi, établissant des distinctions, disait, article 2 : « Déclarons, au surplus, qu'il ne sera rien changé, quant à présent, à l'égard des maisons chargées de l'éducation publique et des établissements de charité, et ce, jusqu'à ce qu'il ait été pris un parti sur ces objets.

Article 8. « Les religieuses pourront rester dans les maisons où elles sont aujourd'hui, les exceptant expressément de l'article qui oblige les religieux à réduire plusieurs maisons en une seule. »

Nous croyons inutile d'indiquer les dispositions de la loi du 24 octobre 1790, qui parut en exécution de la loi du 19 février 1790, pour régler le sort des religieux qui *préféraient* la vie commune.

Ces lois furent suivies du décret du 18 août 1792, qui, poussant la réaction jusqu'à ses dernières limites, supprima complétement toutes les corporations religieuses d'hommes et de femmes de quelque nature qu'elles fussent, même celles qui, vouées à l'enseignement public, ou au service des hôpitaux et au soulagement des malades, *avaient bien mérité de la patrie*, attendu *qu'un état vraiment libre ne doit souffrir dans son sein aucune corporation.*

Maintenues implicitement par l'article 11 de la loi organique de germinal an X, qui ne reconnaissait d'autres établissements ecclésiastiques que les chapitres cathédraux et les séminaires, ces prohibitions, si absolues quant à l'existence des ordres religieux, cessèrent d'être en vigueur dès que le décret du 3 messidor an XII vint rétablir officiellement le principe que les communautés religieuses pouvaient être reconnues et recevoir une existence légale et civile.

Néanmoins, en consacrant de nouveau l'existence légale des communautés religieuses, la législation nouvelle est loin de les avoir rétablies avec toutes les conséquences qui y étaient autrefois attachées.

En même temps qu'il avait prononcé la dissolution des communautés religieuses, le législateur de la révolution disposant de leurs biens, en avait attribué la propriété à l'Etat, au profit duquel en fut effectuée la vente, du moins le plus généralement. Or, que la vente ait eu lieu, ou n'ait pas eu lieu, cette dévolution a été absolue quant à ses effets, et n'a pu être détruite par aucun acte législatif postérieur.

Ce sont là les principes fondamentaux de la matière, et ils sont professés et proclamés par le répertoire général du journal du Palais.

Aussi a-t-il été jugé que, bien que sous l'empire de la législation révolutionnaire, une congrégation religieuse charitable n'ait point été dissoute et soit restée de fait en possession de ses biens, jusqu'à l'époque de son rétablissement légal, elle n'en est pas moins obligée de remettre au bureau de bienfaisance, par application de la loi du 12 janvier 1807, tous les biens qu'elle possédait lors du décret impérial qui a prononcé son rétablissement.

C'est le conseil d'Etat qui a jugé cette question le 20 mai 1843, dans l'espèce suivante :

La maison Saint-Charles, d'Angers, créée pour

l'instruction des pauvres filles et pour porter des secours et donner des soins à domicile aux malades
et aux indigents, avait continué de subsister pendant la révolution et était constamment restée en
possession de ses biens, jusqu'à l'époque de son
rétablissement prononcé par un décret impérial
du 15 novembre 1810.

En 1839, une constestation s'est élevée entre cette
communauté et le bureau de bienfaisance d'Angers, qui
réclamait la remise de ses biens, en vertu des lois,
décrets et arrêtés des 18 août 1792, 1er mai 1793,
27 prairial an IX, et 12 juillet 1807 ; cette remise ayant
été ordonnée par un arrêté préfectoral et par une décision confirmative du ministre, en date du 30 janvier
1840, la communauté s'est pourvue devant le conseil
d'Etat :

Du 20 mai 1845, ordonnance n° 15,404 :

Louis-Philippe, etc : Vu les lois, décrets et arrêtés
des 18 août 1792, 1er mai 1793 , 7 frimaire et 20
ventôse an V, 27 prairial an IX, 12 juillet 1807, 18
février 1809, 15 novembre 1810, 24 mai 1825 ;

« Considérant qu'aux termes des lois, décrets et arrêtés des 18 août 1792, 1er mai 1793, 27 prairial an IX
et 12 juillet 1807, tous les biens affectés à l'acquit des
fondations relatives à des services de bienfaisance et
de charité qui ont appartenu aux congrégations supprimées par le décret du 18 août 1792, même les biens
spécialement affectés à la nourriture et au logement des
hospitalières et filles de charité attachées aux anciennes
corporations vouées au service des pauvres et malades,
doivent être remis aux commissions administratives des
hospices ou aux bureaux de bienfaisance :

Que dès lors, c'est avec raison que, conformément

aux lois , décrets et arrêtés précités, notre garde des
sceaux, ministre de la justice et des cultes, a ordonné
la remise au bureau de bienfaisance de la ville d'Angers des biens qui ont été donnés ou légués à la maison
des sœurs de Saint-Charles, établie en ladite ville, ou
qui ont été acquis par elle antérieurement au décret du
15 novembre 1810, qui les a autorisées :

Considérant d'ailleurs que cette décision ne fait point
obstacle à ce que la supérieure de ladite congrégation
se pourvoie devant qui il appartiendra pour faire statuer
sur les droits de propriété auxquels elle pourrait prétendre sur les biens qu'elle aurait acquis, soit à titre
gratuit, soit à titre onéreux, postérieurement audit
décret :

« Art. 1er. Les requêtes tant principales que subsi-
diaires de la dame Dittière, supérieure des sœurs Saint-
Charles d'Angers, sont rejetées. »

Toutes les observations qui précèdent, s'appliquent
exactement, suivant nous, à la communauté des sœurs
de l'Enfant-Jésus établie à Reims.

Les sœurs de l'Enfant-Jésus tombent sous l'application des décrets du 18 août 1792 et du 12 juillet 1807 :
« Les biens et revenus de toute communauté ou établissement de bienfaisance, ayant en général pour but
le soulagement de la classe indigente, sous quelque
dénomination qu'ils aient existé, sont mis à la disposition des bureaux de bienfaisance dans l'arrondissement
desquels ils sont situés ; à la charge, par ces administrations, de se conformer, dans l'emploi de ces biens,
au but institutif de chaque établissement. « Ce sont les
termes mêmes du décret impérial, daté de Kœnigsberg
le 12 juillet 1807, et contre-signé par le secrétaire d'État
Hugues B. Maret.

Ceci est bien entendu ; que l'État se soit ou non emparé des biens appartenant aux communautés avant les lois de 1790 et 1792, les communautés sont dessaisies, les bureaux de bienfaisance sont propriétaires, les communautés sont tout au plus usufruitières.

A Reims, comment les choses se passèrent-elles! La délibération suivante du conseil municipal l'établit de la manière la plus précise.

A la séance du 8 mai 1806, M. le maire exposa au conseil qu'après avoir émis un vœu dans sa délibération de ce même jour pour la réunion des dames, connues sous le nom de Sœurs de la Congrégation du nom de Jésus, lesquelles seraient, comme par le passé, chargées de l'instruction gratuite de la jeunesse, il était essentiel de leur procurer une maison, commode et spacieuse, dans laquelle elles pussent avoir un pensionnat, et encore y former des élèves à même de les remplacer dans le besoin, qu'il n'en connaissait point de plus convenable que leur ancienne maison, et qui servait, tant pour leur logement et une école gratuite, que pour trente jeunes orphelins dont ces mêmes sœurs prenaient soin ; mais ces jeunes enfants ayant été transférés à l'hôpital-général, et ces sœurs, au moment de la révolution, n'ayant plus été chargées de l'éducation de la jeunesse, la maison dont s'agit et tout ce qui en dépendait a été réunie aux hospices, une partie des biens a été vendue et aliénée lors de la vente des domaines nationaux ; cependant, cette maison avait été de tout temps affectée à l'éducation de la jeunesse et au logement des dames institutrices, et en demandant aujourd'hui qu'elle serve au même usage, c'est la rendre à sa première origine : bien plus, il ne sera dû aucune indemnité aux hospices, puisqu'ils continueront à jouir des biens restant encore et suffisants pour la nourriture et l'entretien de trente jeunes orphelins dont ils sont chargés. Cette maison conviendrait d'autant plus à ces sœurs qu'elle est située dans un grand quartier très aéré, qu'elle est assez spacieuse pour y former un pensionnat ; qu'il y a en outre un jardin vaste et qui leur offrira une infinité de ressources.

La commission des hospices a loué cette maison à plusieurs individus qui ont fait leur soumission de résilier leurs baux, moyennant une légère indemnité qui leur sera payée par la commission des hospices ; il ne resterait donc plus qu'à remettre en état cette maison convenable pour l'usage auquel elle est destinée.

M. le maire invite, en conséquence, le conseil à délibérer, non-seulement sur la question de savoir si la maison dont s'agit sera demandée pour le logement des sœurs dans le cas où leur réunion serait autorisée, mais encore sur les dépenses qu'il conviendrait de faire pour les réparations de cette même maison.

Ce rapport entendu, le conseil considérant que, dès lors que la réunion des sœurs est sollicitée, il est nécessaire de se procurer un local pour leur réunion ; que la maison dont s'agit paraît convenir sous tous les rapports, au moyen des réparations qui seront faites ;

En conséquence, émet son vœu pour que l'ancienne maison des Orphelins soit affectée à l'instruction publique et au logement des dames connues sous le nom de sœurs de la Congrégation de l'Enfant-Jésus.

MM. les préfet et sous-préfet sont invités à solliciter

38

près du gouvernement pour que la maison dont s'agit soit rendue à sa première origine.

Le conseil municipal fait dès ce moment sa soumission de faire faire à ladite maison, aussitôt qu'il sera prononcé qu'elle est affectée à l'instruction publique et au logement des institutrices, toutes les réparations nécessaires pour la remettre en état et convenable à l'établissement projeté....

Ainsi, la commission des hospices s'était mis en possession des bâtiments qui avaient appartenu aux sœurs de l'Enfant-Jésus : une partie avait été aliénée, une autre partie louée à de simples citoyens. Les baux furent résiliés, et la communauté de l'Enfant-Jésus fut installée dans son ancienne maison, par le vœu du conseil municipal et par la tolérante bienveillance de la commission des hospices.

Voilà pour le fait : mais non-seulement les sœurs de l'Enfant-Jésus étaient, à l'égard des biens autrefois possédés par leur communauté, sous l'empire du droit commun réglé par les lois révolutionnaires et les décrets impériaux que nous avons indiqués ; mais un décret spécial de l'empereur détermina d'une manière plus précise encore, s'il est possible, la question de propriété pour ces mêmes biens de la communauté dite des Orphelins.

Nous avons pu nous procurer ce décret qui, nous le croyons, n'a été que fort rarement imprimé : en voici le texte exact et complet :

Décret impérial :

Au palais impérial des Tuileries, le 5 janvier 1812.

Napoléon, empereur des français, roi d'Italie, protecteur de la confédération du Rhin, médiateur de la confédération Suisse, etc. ;

Sur le rapport de notre ministre de l'intérieur,
Notre conseil d'État entendu,
Nous avons décrété et décrétons ce qui suit :

Art. 1er. Les *établissements* de Ste-Marthe et *des Orphelins* de la ville de Reims, département de la Marne, sont définitivement réunis à l'hôpital-général de la même ville.

Art. 2. La commission administrative des hospices de Reims sera tenue de recevoir à l'hôpital-général, conformément aux intentions des fondateurs, et dans la proportion des revenus actuels, le nombre d'enfants admissibles dans les deux établissements réunis de Ste-Marthe et des Orphelins, à la charge néanmoins de se conformer aux clauses et conditions prescrites par les fondateurs, en ce qui concerne l'éducation des enfants placés ou élevés sur le produit de leurs fondations.

Art. 3. Elle *disposera*, de la manière la plus utile et conformément aux lois conservatrices du patrimoine des pauvres, *des maisons et des bâtiments et dépendances de ces deux établissements.*

Art. 4. Notre ministre de l'Intérieur est chargé de l'exécution du présent décret. Signé Napoléon.

Pour l'empereur, le ministre secrétaire d'État, signé le comte Daru.

Pour ampliation, le ministre de l'Intérieur, signé Montalivet.

Pour ampliation, le conseiller d'État directeur général de la comptabilité des communes et des hospices, signé Quinette.

Pour copie conforme, le secrétaire-général de la préfecture, signé Vauzat.

Pour copie conforme, le sous-préfet de l'arrondissement de Reims , signé Leroy.

Il nous semble que rien n'est plus formel, et qu'après avoir lu ce décret, la question de propriété ne peut plus être soutenue en faveur de la communauté des sœurs de l'Enfant-Jésus.

Enfin, nous croyons devoir indiquer, à titre de renseignements complémentaires, les documents qui suivent, et qui nous semblent n'être pas sans portée, sans valeur :

A la mort de M. l'abbé Blavier, en 1819, et au moment de recueillir le legs de dix mille francs qu'il avait fait en faveur des sœurs de l'Enfant-Jésus (nous en avons parlé précédemment avec quelques détails) il s'éleva la question de savoir si les dames de l'Enfant-Jésus recevraient ce don, ou bien si le bureau de charité en deviendrait propriétaire , sauf à en employer la valeur au profit de la maison de l'Enfant-Jésus.

L'évêque de Meaux fut consulté par le bureau de charité. La réponse de l'évêque fut que les intentions de M. Blavier ne pouvaient donner lieu à équivoque. La supérieure de l'*Enfant-Jésus* devait recevoir le legs directement et en faire l'emploi qu'elle jugerait le mieux. Le bureau de charité insista auprès de l'évêque , et, par une lettre confidentielle M. Maillefer-Ruinart, l'un des membres du bureau , fit valoir auprès de M. l'évêque, que les dames de l'Enfant-Jésus, malgré leurs démarches, n'avaient pu parvenir à obtenir la confirmation des lettres-patentes à elles accordées par Louis XIV; mais que le décret du 6 janvier 1809, relatif aux écoles primaires de la ville de Reims, avait donné au bureau de charité le droit de gérer et administrer toutes les écoles publiques;

que lesdites dames de l'Enfant-Jésus, enfin, avaient la douleur de voir les héritiers du testateur profiter de cette circonstance pour réclamer le legs et se l'approprier.

L'évêque, par une réponse favorable à la demande du bureau de bienfaisance, accorda à ceux-ci la gestion du legs en faveur des dames de l'Enfant-Jésus ; c'est-à-dire, qu'il reconnut le droit du bureau de bienfaisance.

Le 20 juin 1820, les dix-huit dames composant la maison de l'Enfant-Jésus signèrent une déclaration par suite de laquelle elles consentirent à ce que le legs de 10,000 fr. à elles fait par M. Blavier, fut recueilli par le bureau de bienfaisance de la ville de Reims, chargé par le décret du 26 janvier 1809 de la direction et de la surveillance des écoles primaires de la ville, pour ledit legs être employé de conformité aux intentions de l'abbé Blavier.

Les héritiers Blavier savoir : M. Baron, conseiller à la cour royale de Paris, et M. Blavier, ingénieur des mines à Aix, s'opposèrent à la délivrance du legs fait par leur beau-frère et frère l'abbé Blavier, prétextant qu'il était fait par une volonté forcée et par conséquent illégalement conçu ; que les 10,000 fr. représentés par un billet souscrit au profit du testateur, par M. Assy-Olivier, négociant, ne s'était pas trouvés lors de l'inventaire des papiers de feu l'abbé Blavier, cela prouverait qu'on avait voulu frustrer les héritiers des seuls objets qui pouvaient se trouver dans la succession de l'abbé, dont la maison était hypothéquée presque pour sa valeur. Le billet était remis par l'abbé Blavier à son directeur, l'abbé Anot.

. Le bureau de charité, par une décision du 9 décembre 1820, se basant sur le décret du 24 février 1809, et sur la déclaration signée le 20 juin par les sœurs de l'Enfant-Jésus, décida que sa Majesté serait très humblement suppliée d'autoriser le bureau de charité à accepter le legs, pour être appliqué auxdites sœurs chargées de l'instruction des filles pauvres de la ville.

A la suite de nombreuses discussions, intervint un arrangement entre le bureau de charité et les héritiers de feu M. Blavier : nous en avons plus haut mentionné les résultats.

C'est encore parce que le bureau de bienfaisance a régulièrement et légalement recueilli différents legs et donations faits au profit de la communauté des sœurs de l'Enfant-Jésus, antérieurement à l'ordonnance royale de 1827, qu'il rétribue, en dehors du budget municipal, une sœur de l'Enfant-Jésus, comme institutrice des pauvres.

Voici les deux délibérations qui consacrent ce fait important.

Séance du bureau de bienfaisance du 30 novembre 1824.

M. le vice-président expose que, depuis plusieurs années, l'administration municipale ne paie que dix institutrices pour les écoles primaires de jeunes filles de la classe indigente : cependant, il est notoire que ce nombre étant insuffisant, la communauté des sœurs de l'Enfant-Jésus, dites des Orphelins, fournit en outre et gratuitement trois institutrices supplémentaires dans les écoles les plus chargées d'enfants;

Que pour ces motifs, et eu égard à ce que différents legs faits auxdites sœurs de l'Enfant-Jésus et pour elles acceptés par le bureau de bienfaisance, dûment autorisé, lesdits legs employés en achats de rente sur l'État produisant annuellement 427 francs de rente, il a été proposé par l'administration dudit bureau de payer une onzième institutrice primaire, et il a été, à cet effet, ouvert au budget de la présente année un crédit de 500 francs pour la dépense dont il s'agit; mais cette onzième institutrice, quoiqu'exerçant depuis plusieurs années, n'a pas encore été désignée.

Séance du mardi 29 janvier 1833, présidée par M. Bouché : présents MM. Marguet-Clicquot, Saubinet et Oudin-Debry.

M. le vice-président donne lecture d'une délibération en date du 30 novembre 1824, approuvée par M. le préfet du département de la Marne le 8 décembre suivant, de laquelle il résulte que le bureau avait ouvert au budget un crédit de 500 francs pour le traitement d'une onzième institutrice des écoles primaires;

Que, par ordonnance royale du 17 janvier 1827, les sœurs du St Enfant-Jésus ont été autorisées définitivement à se constituer en communauté religieuse; Que la onzième institutrice, salariée par le bureau de bienfaisance, fait partie de cette communauté dont les dix autres sont rétribuées par la ville;

Que, suivant un acte de la communauté en date du 8 octobre 1829, la sœur Marie-Anne Pérot a été nommée supérieure de cette communauté; que c'est en son nom que le paiement des 500 francs pour traitement de la onzième institutrice doit être acquitté, mais que cela a eu lieu depuis 1827 sans qu'il ait été pris de délibération spéciale à cet objet;

Il propose à la commission d'arrêter qu'à l'avenir,

et même pour le paiement à effectuer du traitement dont il s'agit de l'année 1832, le mandat sera expédié au nom de sœur Pérot, supérieure de la communauté religieuse du Saint Enfant-Jésus.

Ouï l'exposé ci-dessus, après en avoir délibéré; vu le budget de l'année 1832 présenté par le bureau le 6 novembre 1831, arrêté par M. le préfet de la Marne le 25 janvier 1832, la commission arrête : les 500 francs alloués au budget de 1832 pour le traitement d'une onzième institutrice des écoles primaires, seront payés à Mᵐᵉ Marie-Anne Pérot, supérieure de la communauté des sœurs de l'Enfant-Jésus; en conséquence, mandat de ladite somme de 500 francs sera expédié en son nom personnel pour le paiement d'une onzième institutrice des écoles primaires en 1832, et sur le fonds spécial ouvert au budget de ladite année 1832.

Ce fut particulièrement dans le courant de l'année 1842, que les prétentions des sœurs de l'Enfant-Jésus à la propriété des bâtiments et dépendances de la maison dite des Orphelins, se manifestèrent nettement : nous savons qu'une lettre de M. le sous-préfet de Reims, du 4 novembre 1842, annonça à M. le maire de Reims que les sœurs voulaient faire décider la question de propriété..... M. le sous-préfet disait encore dans cette lettre : « M. le ministre de la Justice et des Cultes annonce que pour résoudre cette question, il a besoin d'avoir sous les yeux l'acte du gouvernement relatif à la concession faite au bureau de bienfaisance, et de savoir à quel titre la communauté a repris possession de l'immeuble..... »

L'autorité municipale, l'autorité administrative,

s'étaient émues de cette prétention exorbitante de la communauté des sœurs de l'Enfant-Jésus : M. le maire de la ville de Reims desira que le bureau de bienfaisance portât toute son attention sur cette importante question, et, à la date du 23 mai 1843, le bureau de bienfaisance adopta le projet de lettre suivant, à l'adresse du chef de l'autorité munipale :

M. le maire de Reims,

» La commission du bureau de bienfaisance de Reims s'est livrée aux recherches nécessaires pour fournir à M. le ministre de la Justice et des Cultes les documents propres à l'édifier sur la demande formulée par les dames de l'Enfant-Jésus, au sujet de la maison dans laquelle elles ont été placées par l'administration du bureau de charité de la ville de Reims ; j'ai l'honneur de vous transmettre, M. le maire, les renseignements recueillis à cet égard.

Ils partent de l'époque la plus rapprochée possible de la formation de la communauté des dames de l'Enfant-Jésus et se poursuivent chronologiquement jusques aujourd'hui.

L'existence de l'association des dames de l'Enfant-Jésus remonte à une époque antérieure à l'année 1677 ; rien ne détermine précisément la date de son origine.

Par acte passé devant Dallier, notaire à Reims, le 26 décembre 1677, déposé le 9 juin 1807, à Doyen, l'un des prédécesseurs de Mᵉ Marguet, aujourd'hui notaire en cette ville, M. Nicolas Roland, chanoine théologal de l'église métropolitaine de Reims, a fait donation de la maison en question, à la maison et communauté *des filles de l'Enfant-Jésus commencée à établir à Reims.*

L'établissement de cette communauté a été autorisé par lettres-patentes du roi Louis XIV, datées de février 1679, dûment visées et registrées : le but de cette institution était de donner l'instruction gratuite aux pauvres filles dans les quatre principaux endroits de la ville de Reims.

Quelque temps après la consolidation de leur établissement, les sœurs de l'Enfant-Jésus furent chargées par l'autorité locale de soigner, élever et instruire les orphelins de la même ville, sans cesser d'être vouées à l'instruction des filles pauvres. Delà, leur est venue la double dénomination de Sœurs du saint Enfant-Jésus et des Orphelins.

La suppression de ladite communauté eut lieu à l'époque de la révolution ; les sœurs qui la composaient se sont dispersées, et les biens dont leur congrégation avait été dotée, en faveur des orphelins, furent aliénés.

Quant à la maison dont il s'agit, elle fut alors considérée comme hospice, à cause de l'asile que les orphelins y avaient reçu précédemment, ainsi que l'on vient de le voir ; elle ne fut pas vendue.

Le soin des enfants abandonnés fut confié ensuite à l'administration de l'hôpital-général par le gouvernement qui lui attribua quelques indemnités, et qui réunit momentanément ladite maison aux biens de cet établissement.

Les choses sont restées en cet état jusqu'à l'organisation des écoles primaires (1 mai 1802), époque à laquelle l'instruction des filles pauvres fut rendue à d'anciennes sœurs de l'Enfant-Jésus.

Les établissements de bienfaisance ayant été organisés, la commission administrative de Reims apprit

.que la maison de l'Enfant-Jésus n'avait pas cessé d'être destinée à l'enseignement gratuit et que la réunion aux biens de l'hôpital-général n'avait été que provisoire ;

En conséquence, par délibération du 3 novembre 1806, la commission, se fondant sur les termes de l'article 11 d'un arrêté pris par le préfet de la Marne, le 4 frimaire an X, a demandé à être remise en possession de ladite maison, en conformité de l'arrêté des consuls du 27 prairial an IX.

Cette délibération fut communiquée à la commission des hospices qui ne put contester la légitimité de la réclamation, et donna son consentement à ce que cette maison fût rendue à sa destination primitive.

Le conseil municipal de la ville de Reims émit, dans sa séance du 12 avril 1807, un vœu conforme à cette délibération, et un arrêté préfectoral, en date, à Châlons, du 9 juin suivant, autorisa le bureau de bienfaisance de Reims à se mettre en possession provisoire de ladite maison, à la charge de la rendre à sa première destination

En juin 1808, elle fut mise entièrement à la disposition des sœurs de l'Enfant-Jésus.

Un décret du 26 janvier 1809 autorisa l'établissement à Reims d'écoles gratuites pour l'instruction d'enfants indigents sous la surveillance du bureau de charité; ce bureau fut autorisé à confier l'instruction des jeunes filles à des institutrices prises parmi les membres des institutions spécialement reconnues pour se vouer à l'éducation gratuite des pauvres.

On reconnaît, par l'ensemble de ce décret que

les sœurs institutrices avaient droit à la fois à un logement et à un traitement qui fut fixé, pour Reims, à 400 fr. Une délibération de la commission de bienfaisance, du 30 décembre 1814, confirmé par M. le préfet, le 21 janvier 1815, a porté ce traitement à 500 fr. par année.

Le bureau a été chargé de n'admettre à l'institution gratuite que les enfants des familles pauvres, et s'il a été permis aux familles plus aisées d'y envoyer aussi leurs enfants, ce n'a été qu'à la charge de payer une rétribution à fixer par le préfet, et dont le produit était destiné à faire face au besoin des écoles et à venir en déduction des frais alloués pour cet objet (Art. 9).

Ce décret ayant été adressé au bureau de charité par M. le sous-préfet de l'arrondissement de Reims, la commission administrative a pris, le 10 mai 1809, une délibération à l'effet d'appeler à l'instruction des jeunes filles les sœurs de l'Enfant-Jésus qui en savaient été précédemment chargées ; cette décision a été approuvée, le 12 du même mois, par M. le sous-préfet.

Le bureau s'est ensuite occupé des diverses propositions relatives à la rétribution à payer pour les enfants des familles aisées, au nombre des classes, au nombre des enfants qui devaient y être admis, et enfin aux dispositions réglementaires de l'établissement.

Deux arrêtés de M. le sous-préfet de Reims, des 12 août et 2 décembre 1809, ont fixé le nombre des écoles, celui des classes, la quantité des élèves que chacune devait contenir, et la rétribution à payer par les enfants dont les parents étaient en état de supporter cette charge.

Ces dispositions ne changeaient en rien l'état provisoire des sœurs de l'Enfant-Jésus.

Mais une ordonnance royale du 17 janvier 1827 les a instituées définitivement, à la charge de se conformer aux statuts sous l'empire desquels elles étaient restées jusqu'au moment de cette ordonnance.

Par acte sous signatures privées, passé le 24 mars 1838, entre Mme la supérieure de l'Enfant-Jésus et M. Payen-Guyotin, filateur à Reims, Mme la supérieure a reconnu que c'était par pure obligeance et par tolérance que M. Payen avait consenti la prise d'une partie de l'eau provenant de la machine à vapeur de ce dernier, située en face du jardin de la *maison dite des Orphelins, appartenant au bureau de bienfaisance,* et occupée par les religieuses de l'Enfant-Jésus.

On reconnut la nécessité, pour la validité de cette déclaration, de la soumettre à l'approbation du bureau de charité, et, le 24 avril 1838, la commission administrative du bureau de bienfaisance ratifia cet écrit par une délibération confirmée par M. le préfet de la Marne, sur l'avis préalable de M. le sous-préfet de Reims. Ainsi, les droits du bureau de charité sur ladite maison sont donc restés, jusqu'à cette époque et depuis lors, exempts de toute atteinte.

Vous pourrez conséquemment apprécier, M. le maire, d'après l'exposé qui précède, le mérite de la demande adressée à M. le ministre de la Justice et des Cultes, par les dames de l'Enfant-Jésus, afin d'être autorisées à faire des travaux d'agrandissement dans la maison qu'elles occupent. Vous jugerez sans doute à propos, M. le maire, d'examiner la question de savoir si elles ont pu former, dans un local affecté à l'instruction des enfants pauvres, un *pensionnat* dont l'existence et l'intention rendent aujourd'hui cette maison insuffisante pour son unique destination. Cette circonstance est d'autant plus digne de votre attention, *que les enfants pauvres sont re-légués dans les parties les plus malsaines de l'éta-blissement.* Vainement dira-t-on que ce pensionnat met les institutrices à même de former des novices! où serait donc l'impossibilité de trouver parmi les plus pauvres des sujets propres à donner à l'avenir aux enfants de leur condition l'instruction qu'elles-mêmes auraient reçue? D'ailleurs, les dépenses que les dames de l'Enfant-Jésus se proposent de faire dans une maison qui ne leur appartient pas, pour-raient devenir par la suite la source de conflits entre leur communauté et l'administration qui leur a donné la jouissance conditionnelle en vertu de la-quelle ces dames l'ont habitée jusques aujourd'hui.

La commission d'administration du bureau de charité, confiante dans votre haute prudence, espère que vous voudrez bien user de tous les moyens qui sont en votre pouvoir pour prévenir les contesta-tions qui pourraient naître de l'autorisation sollici-tée par la communauté des dames de l'Enfant-Jésus, si elle venait à leur être accordée.

L'arrêté de M. le préfet de la Marne, en date du 9 juin 1807, que l'on invoque dans cette lettre de MM. les administrateurs du bureau de bienfaisance, est conçu dans les termes suivants :

Le préfet de la Marne,

Vu le rapport du sous-préfet du premier arrondisse-ment communal, séant à Reims, dont la teneur suit :

« Monsieur Rolland, prêtre, fondateur de la communauté des sœurs de l'Enfant-Jésus à Reims, avait donné entre autres choses à cette communauté une maison sise audit Reims, rue du Barbâtre, et la somme de 14,000 francs, à la charge par ces sœurs de donner elles-mêmes l'enseignement gratuit aux pauvres filles de ladite ville de Reims ; *l'acte de donation dont expédition est jointe*, établit ce fait et prouve de la manière la plus incontestable que l'enseignement gratuit était la cause déterminante de ladite donation.

» Postérieurement à cet acte, les sœurs de l'Enfant-Jésus furent chargées d'élever trente orphelins dans leur communauté et de les nourrir, vêtir et instruire ; cet établissement donne à cette communauté un caractère d'hospice, et ce fut à ce titre qu'elle fut maintenue pendant la révolution ; ce fut encore à ce titre d'hospice que l'ancienne administration centrale du département en ordonna la réunion provisoire à l'hôpital-général, réunion qui fut effectuée pour les trente orphelins seulement ; les sœurs refusèrent de se réunir à celles de l'hôpital-général, attendu que le but principal de leur institution était l'enseignement.

» Les choses sont restées en cet état jusqu'à l'organisation des écoles primaires, époque à laquelle les anciennes sœurs de l'Enfant-Jésus furent nommées institutrices primaires, et, à ce titre particulier, elles remplissent en partie le but de leur fondation, car elles donnaient l'enseignement à titre gratuit à plus de moitié des élèves qui fréquentaient leurs écoles. Les établissements de bienfaisance ayant été organisés, la commission administrative du bureau de bienfaisance du canton de Reims apprit que la maison dans laquelle était autrefois la communauté de l'Enfant-Jésus et qu'était en la possession des hospices par l'effet de la remise provisoire ci-dessus mentionnée, n'avait pas été donné à cette communauté pour subvenir à l'éducation des orphelins : mais qu'au contraire, elle était spécialement affectée à l'enseignement gratuit; que dès lors, elle devait être distraite de l'hôpital général, et remise à sa première destination; en conséquence, par délibération du 3 novembre dernier, elle demande à être renvoyée en possession de ladite maison : cette délibération fut communiquée à la Commission des hospices, qui ne put contester la légitimité de la réclamation, et donna son consentement à ce que ladite maison fût rendue à sa première destination.

» Je pense qu'il y a lieu de l'ordonner ainsi, et d'arrêter que la commission du bureau de bienfaisance aura la disposition provisoire de ladite maison, à la charge par cette commission d'en faire l'emploi pour le logement des institutrices, et pour l'éducation gratuite.

Vu la délibération du bureau de bienfaisance, du 3 novembre 1806, tendante à être renvoyée en possession de la maison dont il s'agit ;

Vu les observations données par la commission administrative des hospices de Reims ;

Le vœu émis par le conseil municipal de la ville de Reims, dans sa séance du 12 avril 1807;

L'expédition de l'acte du 26 décembre 1677, contenant donation de la maison réclamée par le bureau de bienfaisance ;

Considérant que la maison ci-devant dite des Orphelins et toutes ses dépendances, sises rue du

Barbâtre, n'a été donnée que pour servir au logement des institutions chargées de l'instruction gratuite de la jeunesse ;

Arrête : La commission du bureau de bienfaisance est autorisée à se mettre en possession provisoire de ladite maison, à la charge de la rendre à sa première destination. Signé Bourgeois-Jessaint. Châlons-sur-Marne, le 9 juin 1807.

Nous aurions encore d'autres documents à produire à l'appui de l'opinion que nous soutenons, mais nous nous abstenons; nous croyons en effet avoir démontré d'une manière incontestable, par les seules pièces authentiques, le droit de propriété du bureau de bienfaisance de la ville de Reims.

Malgré des consultations et des avis favorables à ses prétentions, la communauté des sœurs de l'Enfant-Jésus a compris qu'il était prudent de ne pas engager la lutte : elle eut infailliblement succombé ; et le Roi, en son conseil d'État, aurait rendu contre elle une ordonnance semblable à celle qui vint renverser la prétention analogue des sœurs de Saint-Charles d'Angers.

Si le droit du bureau de bienfaisance, si le droit de la ville de Reims est sérieux et incontestable, nous le répétons, il faut que l'administration municipale ait la fermeté d'user de ce droit *au profit des enfants pauvres* : il y a un grave devoir à remplir à l'école de la rue des Orphelins; et si cette longue discussion permet à nos magistrats d'asseoir leur conviction sur des bases plus solides, si surtout elle peut amener même indirectement les *résultats utiles* que nous sollicitons depuis longtemps, nos espérances

39

seront réalisées, et nous croirons n'avoir pas perdu notre temps et nos veilles en vaines recherches.

ÉCOLE PRIMAIRE ET GRATUITE
DIRIGÉE PAR LES RELIGIEUSES DE LA CONGRÉGATION DE NOTRE-DAME.

—

Nous ne pouvons nécessairement donner que fort peu de détails sur l'école de la Congrégation : elle est soumise aux mêmes lois, aux mêmes ordonnances que toutes les autres écoles primaires de filles, communales ou privées ; mais, jusqu'à présent, les religieuses de la Congrégation ont opposé la plus vive résistance à toutes les visites de l'autorité municipale dans le sein de leur école, à toutes les inspections des comités institués par la loi de 1833 (1) ; nous indiquerons plus loin les motifs de cette regrettable résistance, nous en montrerons les inconvénients, le danger, et nous essaierons de présenter les moyens efficaces de remédier à un mal qui a déjà duré trop longtemps et qui est contraire à l'esprit de nos institutions, à l'autorité du pouvoir municipal, à la sécurité des familles et à l'avenir des enfants.

L'école de la congrégation est ouverte gratuitement à un nombre déterminé de jeunes filles pauvres ; elle est située à l'angle de la rue Neuve-Saint-Pierre et de la rue des Murs, à l'extrémité du grand jardin

(1) Nous écrivions ces lignes au mois de décembre 1847.

des religieuses : nous ne connaissons pas les disposi-tions intérieures de l'école; nous savons qu'elle est petite et peut contenir seulement soixante enfants; nous pensons qu'il n'y a jamais eu un nombre d'en-fants admis gratuitement supérieur à ce chiffre.

Dans une note que nous avons sous les yeux, note en forme de lettre adressée à M. Ponsardin, maire de la ville, et qui est de la main de la sœur Saint Alexis, ancienne supérieure, nous lisons à la date de 1817 : « Les religieuses de la Congrégation ont l'honneur de prévenir M. le maire qu'elles ont ordi-nairement le nombre de quarante à cinquante pen-sionnaires, vingt-cinq à trente demi-pensionnaires et externes de même rang payant, formant quatre classes de trente à quarante élèves.

Nota. Une classe des pauvres de soixante enfants, dont l'instruction des trois quarts est gratuite, le der-nier quart donne très peu de chose..... »

Nous croyons que depuis 1817, ce nombre de soixante enfants s'est maintenu presque invariable-ment le même.

Nous empruntons aux *Essais historiques* de M. Pros-per Tarbé d'intéressantes notions sur la communauté des religieuses de la *Congrégation*.

En 1622, les dames de la congrégation de Notre-Dame de Laon, ordre de Saint Augustin, tentèrent de s'établir à Reims. On refusa, suivant l'usage, de les recevoir. Le roi vint à leur secours : des lettres de cachet, des lettres-patentes enjoignirent successi-vement de leur donner asile. Le conseil de ville fit au monarque de très humbles remontrances. Les religieuses cependant cherchaient à traiter à l'amiable de leur réception. Elles ne voulaient entrer dans Reims que de l'assentiment public.

Le 3 mars 1635, de nouvelles lettres-patentes vinrent plaider leur cause, et il fut décidé qu'on les accueillerait. Néanmoins, une partie des habitants crut devoir protester, sous prétexte que l'assemblée qui les avait reçues avait été clandestine. On porta l'affaire en parlement ; enfin, en 1638, on parvint à s'entendre définitivement. Il fut arrêté que les dames de la Congrégation ouvriraient à leurs frais une rue qui devait être pavée et entretenue par la ville, et qui devint celle des Orphelins. La communauté ne devait pas s'élever à plus de cinquante religieuses, filles de chœur, novices et servantes.

La ville de Reims exigeait qu'il y eût toujours dix filles de chœur ou novices prises dans son sein par préférence à toutes autres. Elles devaient verser pour dot une somme de 3,000 livres, une fois payée : l'étendue du couvent fut limitée ; il ne devait rien acquérir dans Reims ni dans un rayon de six lieues.

· Ces conditions furent acceptées, et les dames, reçues enfin officiellement, se hâtèrent d'acheter cinq petits bâtiments, une grange et des jardins appartenant au chapitre. Sur ce terrain elles élevèrent une église et une maison qu'elles habitèrent bientôt.

Elles consacraient une partie de leur temps à Dieu, et l'autre à l'éducation des jeunes filles.

A la fin du siècle dernier, elles ne faisaient pas payer l'instruction qu'elles donnaient. Leur charité ne les sauva pas de la proscription révolutionnaire. Elles furent bannies de leur couvent. Leur église devint successivement une grange, puis une écurie. Cet utile établissement fut vendu, puis presque entièrement démoli. On ne voit plus debout qu'une partie de la porte d'entrée, au-dessus de laquelle on avait sculpté le chiffre de la Vierge.

..... Les dames de la Congrégation revinrent à Reims vers 1806..... (1).

Elles voulurent ouvrir un pensionnat, et se consacrer, comme par le passé, à l'instruction gratuite des enfants pauvres ; le conseil municipal accueillit favorablement leurs demandes, et dans la séance du 12 novembre 1807, il arrêta la délibération suivante :

Vu par le conseil municipal de la ville de Reims l'arrêté de M. le sous-préfet du 31 octobre dernier, portant autorisation au maire de le convoquer extraordinairement à l'effet de délibérer : 1° sur l'utilité et l'avantage de la réunion des dames de la Congrégation pour l'instruction publique et l'établissement d'un pensionnat. 2° Sur la question de savoir si, en raison de l'instruction gratuite que les dames de l'ancienne Congrégation se proposent de donner, il n'est pas convenable que la commune supporte une portion des charges, et dans le cas de l'affirmative, déterminer la somme pour laquelle il consent à y contribuer ;

Vu aussi les différentes pièces à l'appui de la demande de ces mêmes dames pour être autorisées à se réunir et former un pensionnat ;

Considérant tous les avantages qui résulteraient, pour la ville en général, si un établissement de cette nature pouvait se former à Reims ;

Que cet établissement, existant bien avant la révolution, avait l'assentiment unanime de tous les pères de famille qui s'empressaient de confier l'éducation de leurs filles aux dames de la Congrégation, tant

(1) Prosper Tarbé, Essais historiques p. 356.

pour les affermir dans les principes de la religion,
de la lecture et de l'écriture qui leur avaient été
donnés dans de premières écoles, que pour les apprendre à travailler ;

Qu'il pouvait en être de même aujourd'hui,
puisque les jeunes filles, après avoir passé leurs
premières années dans les écoles primaires, trouveraient une ressource infiniment précieuse dans l'é-
tablissement proposé, en ce que leur éducation serait continuée dans les mêmes principes et qu'elles
apprendraient en outre tous les ouvrages de la couture, et qui les mettraient à même de pouvoir gagner leur vie ou se placer dans des maisons, soit
comme ouvrières ou de toute autre manière ;

Qu'il n'arrive que trop souvent que des pères de famille, dont les moyens d'existence sont très-bornés, ne
sont pas à même de pouvoir donner de l'éducation à
leurs enfants, et payer un apprentissage ; qu'il en résulte une infinité d'inconvénients, et qu'il eût été possible d'éviter, si ces jeunes personnes, en continuant de
n'avoir sous les yeux que des bons exemples, eussent été
accoutumées de bonne heure à un travail convenable à
leur état, et qui, en leur procurant une existence honorable, les aurait mises par la suite à même de
pouvoir soutenir leurs parents ;

Que le pensionnat que se proposent d'élever ces
dames sera également avantageux à la ville, en ce
que le prix en étant porté à un taux modique, les
pères de famille auxquels leurs moyens d'existence
ne permettent point de faire de grands sacrifices,
pourront plus aisément y atteindre, et qu'ils seront
en outre assurés que leurs enfants y recevront la
meilleure éducation ;

Que d'après la demande de ces dames, leur intention étant de se charger de l'instruction gratuite de cinquante jeunes filles, dans le cas où les autorités voudraient venir à leur secours, il y a lieu d'accéder à leur demande ;

Le conseil municipal estime en conséquence, d'après les motifs ci-dessus développés, que les dames de la Congrégation de Reims peuvent être autorisées à se réunir en communauté, et former un pensionnat aux conditions portées en leur demande.

Il prend dès ce moment l'engagement. *aussitôt l'autorisation qu'elles auront reçue*, de leur payer annuellement la somme de 1,500 fr. tant pour l'acquit de leur loyer que pour d'autres menues dépenses qu'il est impossible de détailler.

Cette somme de 1,500 fr. sera, d'après l'autorisation du gouvernement, prelevée sur les boni existant ou qui existeront aux différents budgets jusqu'en l'an 1809 ; et lors de l'envoi du budget de cette même année 1809, elle fera partie des dépenses ordinaires de la mairie, chapitre Instruction publique.

Ampliation des présentes, ensemble toutes les pièces relatives à la demande de ces dames, seront incessamment adressées à M. le sous-préfet, avec invitation de les appuyer d'un avis favorable auprès des autorités supérieures.

Cette délibération du conseil qui, ainsi que toutes celles prises sous l'empire, n'est signée que du maire, — c'était alors M. Quentin Tronsson-Lecomte, — nous paraît en réalité plutôt un arrêté de la mairie, qu'une délibération proprement dite. Elle ne fut, dans tous les cas, suivie d'aucun résultat, si ce n'est celui de l'installation, à Reims, des dames de la · Congrégation : l'autorisation du gouvernement ne fut pas sollicitée à cette époque; mais, après l'adoption de la loi du 2 janvier 1817, le conseil municipal eut de nouveau à délibérer sur cet objet.

En effet, à la séance du 30 juillet 1817, M. Ponsardin, maire de la ville, donna connaissance au conseil d'une lettre du 8 courant de M. le sous-préfet, portant avis que M. le préfet du département autorisait la réunion du conseil municipal à l'effet de délibérer sur la demande présentée au gouvernement par les dames religieuses de Notre-Dame, dite de la congrégation de cette ville, aux fins d'obtenir l'autorisation de leur établissement.

Il demanda, pour se conformer à la décision de S. E. le ministre de l'Intérieur, que la délibération à intervenir s'expliquât sur l'utilité, l'importance de l'établissement, les avantages que la ville en retire et doit en retirer ; et qu'elle fît connaître en outre si ces dames sont, ou non, propriétaires de la maison qu'elles occupent.

Ce rapport entendu :

Considérant que cet établissement, qui existait bien avant la révolution, était infiniment utile et avantageux à la ville; que les habitants n'ont pu voir qu'avec la plus vive satisfaction le rétablissement de ces dames en communauté, et par suite, celui de leurs écoles et encore leur pensionnat *à la portée de la classe ouvrière;*

Considérant encore les soins qu'elles apportent à l'éducation de la jeunesse, notamment des pauvres, les principes de religion et l'amour du travail qu'elles leur inspirent étant généralement reconnus, et le but de leur établissement étant infiniment précieux à la ville en général, tout concourt à faire désirer le rétablissement de la communauté des religieuses de Notre-Dame de cette ville.

En conséquence, le conseil municipal arrête que l'autorité supérieure sera instamment suppliée de prendre leur demande en très grande considération.

Le conseil municipal observe que ces dames ne sont pas propriétaires de la maison qu'elles habitent, elles la tiennent à loyer de la commission des hospices civils de la même ville ; cette maison était une ancienne communauté, laquelle a été réunie à l'hôpital-général.....

En 1820, les dames de la Congrégation achetèrent l'ancien hôpital Saint-Antoine.

Cet hôpital, fondé par le charitable archevêque Guillaume de Champagne, avait été ensuite occupé de 1407 à 1745 par les religieux de l'ordre des Antonins, établi à Vienne en Dauphiné à la fin du XIII⁰ siècle.

En 1777, l'ordre de Saint-Antoine fut absorbé par celui de Malte. Le commandeur de Reims prit possession de l'hôpital, fit chevaliers les deux religieux qu'il y trouva, et vendit l'église et ses dépendances à l'abbesse de Saint-Pierre. Celle-ci céda le mobilier à diverses communautés de Reims, et fit du bâtiment un cellier. Il fut revendu en 1790, comme propriété nationale. Il devint, entre les mains de M. Dérodé, l'une des premières manufactures rémoises où l'on ait employé des machines.

En possession de l'ancien hôpital Saint-Antoine, les dames de la Congrégation y transportèrent leur pension de jeunes filles, et la retraite qu'elles avaient établie pour les femmes qui ont besoin de fuir le siècle et de prier Dieu. Les réparations furent achevées en 1824. Au mois de décembre de la même année, l'ancienne chapelle fut rendue à sa destination ; elle fut bénie, et placée sous l'invocation de la Vierge, de saint Antoine, ancien patron du lieu, de saint Pierre, dont l'antique église avait disparu (1).

A la suite de la délibération du 30 juillet 1817, l'autorisation régulière n'avait point encore été poursuivie ; et, en 1828, le conseil municipal eut encore une fois à émettre son avis sur la demande en autorisation : il fallut, pour qu'on se décidât à solliciter enfin une ordonnance royale de constitution, l'intervention de l'autorité religieuse, et surtout la promulgation de la loi du 24 mai 1825, sur l'existence légale des congrégations et communautés religieuses de femmes.

Dans la séance du 23 février 1828, M. le maire (M. Andrieux, 1er adjoint) donna connaissance au conseil de deux lettres qui lui avaient été adressées à la date des 2 et 4 février, l'une par M. le sous-préfet de Reims, et l'autre par M. l'abbé de Rouville, vicaire-général du diocèse.

Ces deux lettres avaient rapport à la demande formée par la communauté des religieuses de la congrégation de Notre-Dame, établie à Reims, afin d'obtenir une ordonnance royale qui lui donnât une existence légale. Elles étaient accompagnées : 1° de la demande faite par ladite communauté ; 2° des statuts qui la régissent.

Le conseil, prenant en considération la demande prémentionnée sur laquelle il devait émettre son avis ;

(1) Prosper Tarbé, Essais historiques, p. 217.

Vu la loi du 24 mai 1825 ;

Considérant que les statuts qui régissent en général, en France, l'institut des religieuses de la congréga- tion de Notre-Dame, ont déjà été, dans l'intérêt d'autres établissements de la même congrégation, vérifiés et enregistrés au conseil d'État, ainsi qu'il résulte particulièrement de l'ordonnance royale du 1er novembre 1826 ;

Considérant, quant à la demande particulière qui est actuellement sous les yeux du conseil, que la communauté des religieuses de la congrégation de Notre-Dame existe à Reims depuis longues années, et que son existence en cette ville n'y a éprouvé d'autre interruption que celle qui a été forcément causée par les orages de la révolution ;

Qu'en fait cet établissement, en consacrant une partie de son temps et de sa sollicitude à l'instruc- tion gratuite des filles de la classe pauvre, a rendu et continue à rendre à cette partie de la population des services qui excitent à juste titre la reconnais- sance de l'administration municipale ;

Considérant que cet établissement, dont l'utilité morale et religieuse est évidente, n'impose à la ville aucune charge publique ni particulière, et qu'il se suffit à lui-même ;

Par ces motifs, le conseil fut d'avis que, par S. M., il y avait lieu à autoriser définitivement l'établissement des religieuses de la congrégation de Notre-Dame de Reims, en laissant spécialement peser sur cet établissement l'obligation de concourir à l'instruction et à l'éducation gratuite des filles de la classe indigente.

L'ordonnance royale fut rendue, non pas le 2 avril

1828, comme nous l'avons entendu quelquefois affirmer par erreur, mais le 30 mars 1828. Elle se trouve
au Bulletin des lois, B. n° 225, n° 8227, p. 356.
En voici le texte :

Ordonnance du roi portant autorisation définitive
de la communauté des religieuses de Notre-Dame
établie à Reims, département de la Marne.

Au château des Tuileries, le 30 mars 1828.

Charles, par la grâce de Dieu, roi de France et
de Navarre, à tous ceux qui ces présentes verront,
salut :

Vu la loi du 24 mai 1825;

Vu la déclaration des religieuses de Notre-Dame
établies à Reims, qu'elles adoptent et s'engagent à
suivre les statuts des sœurs de Notre-Dame de Versailles (maison du Grand-Champ), enregistrés au
conseil d'État, conformément à notre ordonnance
royale du 1er novembre 1826;

Vu la délibération du conseil municipal de Reims,
du 23 février 1828, tendant à ce que cet établissement soit autorisé;

Vu le consentement de notre cousin le cardinal
archevêque de Reims, du 15 mars 1828;

Sur le rapport de notre ministre secrétaire d'État
au département des affaires ecclésiastiques;

Nous avons ordonné et ordonnons ce qui suit :

Art. 1er. La communauté des religieuses de Notre-
Dame établie à Reims, département de la Marne,
gouvernée par une supérieure locale, est définitivement autorisée.

2. Notre ministre secrétaire d'État au département
des affaires ecclésiastiques est chargé de l'exécution

de la présente ordonnance, qui sera insérée au Bulletin des lois.

Donné en notre château des Tuileries, le 30ᵉ jour du mois de mars de l'an de grâce 1828, et de notre règne le quatrième.

Signe : Charles.

Par le roi : le ministre secrétaire d'État
au département des affaires ecclésiastiques.

Signé : † F.-J. H., év. de Beauvais.

Comme on le voit, il faut se reporter à l'ordonnance royale du 1ᵉʳ novembre 1828.

Régulièrement autorisée, la communauté des religieuses de Notre-Dame, improprement appelée de la *Congrégation*, était apte à recevoir des donations et des legs; un don testamentaire, qui lui fut fait en 1839, souleva la question des inspections et des visites par les autorités compétentes.

Dans la séance du 5 février 1840, M. de St-Marceaux, maire par intérim, exposait les faits suivants au conseil municipal : Mˡˡᵉ Sophie Guerlet, religieuse de la congrégation de Nôtre-Dame de Reims, est décédée le 29 septembre 1839.

Par un testament olographe, en date du 12 septembre 1837, déposé le 5 octobre 1839 en l'étude de Mᵉ Garanger, notaire à Reims, elle avait, entre autres dispositions, légué à la communauté dont elle faisait partie, une somme de 4,000 frans, pour être spécialement employée à *l'éducation des enfants pauvres de la ville.*

Suivant acte reçu par ledit Mᵉ Garanger, notaire, le 5 novembre de la même année 1839, les héritiers de la testatrice ont déclaré consentir l'exécution pure et simple du testament sus-relaté, dans toutes ses dispositions, et en conséquence autoriser l'exécutrice testamentaire de la défunte à prélever sur la masse de la succession somme suffisante pour acquitter ledit legs de 4,000 fr., à charge par l'établissement légataire d'en faire l'emploi indiqué par la testatrice.

Une conclusion du chapitre de cet établissement, du 28 décembre 1859, déclare accepter le legs de Mlle Sophie Guerlet, et MM. les vicaires généraux du diocèse ont adressé à M. le préfet, le 13 janvier 1840, une demande en obtention de l'ordonnance royale nécessaire pour réaliser légalement cette acceptation.

Enfin, M. le sous-préfet de l'arrondissement me charge, par lettre du 17 du même mois de janvier, de soumettre cette demande à la délibération du conseil municipal, conformément à l'art. 21 n° 4 de la loi du 18 juillet 1837, qui dispose que le conseil municipal sera toujours appelé à donner son avis sur l'acceptation des dons et legs faits aux établissements de charité et de bienfaisance.

Je me suis demandé si la congrégation des religieuses de Notre-Dame était bien dans le cas de l'application de cette disposition de la loi ; et, en me reportant à la délibération du conseil municipal de cette ville, du 23 février 1828, visée dans l'ordonnance royale du 2 avril suivant (1), qui a définitivement autorisé la communauté des religieuses de Notre-Dame établie à Reims, gouvernée par une

_____

(1) C'est une erreur ; nous l'avons dit, l'ordonnance est du 30 mars 1828.

supérieure locale, je me suis assuré que cette communauté est bien un établissement de charité et de bienfaisance, puisque *son principal objet est de concourir à l'instruction et à l'éducation gratuite des filles de la classe indigente.*

Votre avis, Messieurs, sur l'acte de libéralité de Mlle Sophie Guerlet est donc indispensable, et comme le legs qu'elle a fait n'impose pas à l'établissement d'autre charge que celle qui résulte expressément de ses statuts, j'ai l'honneur de vous proposer de déclarer qu'il y a lieu, par sa Majesté, d'autoriser la communauté des religieuses de la congrégation de Notre-Dame de Reims à accepter le legs de 4,000 fr. à elle fait par le testament de Mlle Guerlet (Sophie), pour en employer le montant selon l'intention de la testatrice.

Le conseil, vu le testament olographe de Mlle Sophie Guerlet de cette ville, en date du 12 septembre 1857, religieuse de la congrégation de Notre-Dame ;

Vu l'extrait des registres de l'état-civil de la ville de Reims, constatant, à la date du 29 septembre dernier, le décès de ladite demoiselle Guerlet ;

Vu les conclusions du chapitre de la Congrégation, portant acceptation du legs fait à l'établissement ;

Vu l'avis favorable donné le 13 janvier, par MM. les vicaires généraux, et portant demande en obtention de l'ordonnance royale nécessaire à la régularisation de l'acceptation du legs dont il s'agit ;

Vu la loi du 18 juillet 1857 ;

Vu sa propre délibération du 23 février 1828, visée dans l'ordonnance royale du 2 avril suivant (1)

(1) Lire : le 30 mars.

qui autorise définitivement la communauté des religieuses de Notre-Dame de cette ville ;

Après en avoir délibéré ;

Considérant que l'établissement est bien un établissement de charité et de bienfaisance ;

Considérant que toutes les pièces sont régulières;

Est d'avis qu'il y a lieu par S. M. d'autoriser la
communauté des religieuses de la congrégation de
Notre-Dame de Reims à accepter le legs de quatre
mille fr. à elle fait par le testament de mademoiselle Sophie Guerlet, pour en employer le montant
selon la volonté de la testatrice.

Une ordonnance royale, en date du 1er septembre
1840, ayant autorisé l'acceptation du legs de Mlle
Guerlet, l'attention du ministre de l'Instruction publique fut attirée sur la communauté des religieuses
de Notre-Dame, et voici ce qui se passa à ce sujet :

Dans la séance du comité communal d'instruction
primaire, du 9 novembre 1840, M. le président donna
communication au comité d'une lettre adressée, le 4
novembre 1840, à M. le maire de Reims, par
M. l'inspecteur-général chargé de l'administration de
l'Académie de Paris ; le fonctionnaire exposait à
M. le maire qu'une ordonnance royale du 1er septembre 1840 ayant autorisé l'acceptation d'un legs
fait par Mme Guerlet à la communauté des sœurs
de Notre-Dame à Reims (dite de la Congrégation), spécialement consacrée à l'éducation des enfants pauvres,
M. le ministre de l'Instruction publique lui demandait un rapport sur la situation de cet établissement, et sur la nature de ses relations avec les
autorités légalement préposées à la surveillance de

l'instruction primaire : il priait en conséquence M. le maire de lui faire connaître :

1° Quel est le nombre des élèves qui reçoivent l'instruction dans cette école ;

2° Si cette école est établie à l'intérieur ou à l'extérieur du couvent ;

3° Si elle est entièrement gratuite ;

4° Si le comité communal a rencontré quelques difficultés dans l'exercice de son droit de surveillance à l'égard de cet établissement, et de quelle manière s'exerce ce droit.

Le comité communal chargea M. le curé de Notre-Dame, membre de droit du comité et son vice-président, de s'entendre avec Mme la supérieure de la communauté des sœurs de Notre-Dame pour préparer l'inspection que le comité se proposait de faire à l'école dirigée par cette communauté.

A la séance du 21 décembre 1840, M. le curé de Notre-Dame rendit compte au comité communal de la démarche qu'il avait faite auprès de Mme la supérieure des dames religieuses de la Congrégation de Notre-Dame, conformément à la délibération du 9 novembre 1840, *démarche qu'il déclara avoir considérée comme purement officieuse* : Mme la supérieure lui avait répondu ne pas pouvoir ouvrir au comité communal les portes de l'école qu'elle dirige, sans l'assentiment de Mgr l'archevêque.

Après en avoir délibéré, les membres du comité ont pensé qu'avant de répondre à la lettre adressée par M. l'inspecteur-général, chargé de l'administration de l'Académie de Paris, à M. le maire de Reims, le 4 novembre 1840, il était à propos de faire, auprès des dames de la Congrégation, une démarche définitive et officielle ayant pour objet l'inspection et la visite de l'école primaire qu'elles dirigent ; il chargea de cette démarche trois de ses membres : son président, M. Hannequin, adjoint au maire, MM. Gobet et Bouché fils.

A la séance du 11 janvier 1841, M. le maire (M. Hannequin, 1er adjoint), au nom de la commission nommée dans la séance précédente, rendit compte au comité de la démarche qu'elle avait faite près de madame la supérieure de la Congrégation de Notre-Dame : madame la supérieure avait déclaré aux membres de la commission que les règles et les devoirs de son ordre ne lui permettaient pas de laisser pénétrer le comité communal dans l'école qu'elle dirige à l'intérieur du couvent, sans l'agrément de monseigneur l'archevêque ; et que ce prélat, informé des intentions du comité, avait cru devoir en référer à M. le ministre de l'Instruction publique.

Le comité crut devoir surseoir à prendre une décision, jusqu'à ce que monseigneur l'archevêque ait reçu la réponse de M. le ministre de l'Instruction publique.

La question ne fut pas décidée, parce que l'affaire en resta là : M. l'archevêque, nous le croyons, écrivit à M. le ministre de l'Instruction publique ; M. le ministre lui répondit, sans doute ; mais l'administration municipale et le comité communal d'instruction primaire n'en furent pas informés.

Comment fut employé à l'instruction et à l'éducation des enfants pauvres le montant du legs de Mademoiselle Guerlet ?.... Nous l'ignorons : les déli-

bérations du conseil municipal et du comité communal
d'instruction sont muettes sur ce point.

A la fin de l'année 1846, lorsque le comité communal, réuni exceptionnellement sous la présidence
de M. le sous-préfet, s'occupa de régulariser avec
un grand soin les visites et les inspections du comité dans toutes les écoles primaires de la ville,
conformément au tableau que nous avons donné,
l'école primaire et gratuite de la Congrégation fut
omise dans ce tableau. On rappela ce qui s'était
passé en 1840 et en 1841, on affirma que la résistance des religieuses de Notre-Dame serait nécessairement la même ; on ajouta que la question était
soumise à M. le ministre de l'instruction publique,
à M. le recteur de l'académie de Paris, et que leur
décision ne tarderait pas à être connue. C'était une
façon commode de passer rapidement sur la difficulté, et d'échapper à une discussion nouvelle ;
quelques membres du comité insistèrent, et on
nomma une commission pour étudier la question :
elle était composée de trois membres dont l'un a
quitté Reims, sans esprit de retour; de M. le curé
de Notre-Dame, qui déjà, en 1841, n'avait fait
qu'une *démarche purement officieuse*, en sa qualité
de prêtre, et non pas comme membre du comité, dont
par conséquent l'opinion était bien connue, bien
arrêtée; enfin le troisième membre était l'auteur de
ces essais ; son opinion, la voici :

Un point qui, suivant nous, est hors de doute,
c'est que la loi du 28 juin 1833 n'a rien changé à
la situation des écoles de filles, à la position des
institutrices, quelles qu'elles soient; c'est la législation antérieure qu'il faut suivre en ce qui les con-

ccrue : cela a été décidé plusieurs fois, en 1833, par des délibérations du conseil royal approuvées par M. le ministre de l'instruction publique (1).

Mais depuis la loi de 1833 l'ordonnance royale du 23 juin 1836 a tracé des règles précises en ce qui concerne les écoles primaires de filles.

Ainsi, il y a deux époques à distinguer : celle antérieure à l'ordonnance règlementaire du 23 juin 1836, et l'époque qui l'a suivie.

Antérieurement à l'ordonnance de 1836, il est impossible de nier qu'il n'y ait eu inspection et surveillance, d'une part, sur les écoles de filles proprement dites ; d'autre part, sur les écoles de filles dirigées par des institutrices qui font partie de communautés religieuses.

A qui voudra s'en convaincre, il nous sera facile de citer la délibération suivante du conseil royal de l'instruction publique, approuvée par le ministre; elle est en date du 8 avril 1834.

Le conseil royal,

Vu la lettre de....., concernant plusieurs écoles de filles établies dans des hospices et dirigées par des sœurs,

Émet à cet égard l'avis suivant :

La loi du 28 juin 1833 n'ayant rien statué sur les écoles de filles et sur les institutrices, les questions qui s'élèvent à cet égard doivent être résolues comme elles l'étaient avant la loi ;

Ainsi, il est toujours vrai de dire :

_____

(1) Journal officiel et manuel général de l'instruction primaire, t. 2 p. 260 ; t. 3 p. 75.

Que, selon la décision royale du 6 janvier 1830 et la circulaire du 9 février suivant, la surveillance immédiate des écoles de filles dirigées par des institutrices qui font partie de communautés religieuses, *appartient aux autorités administratives et ecclésiastiques*, conformément aux dispositions antérieures : circulaires du 3 juin et du 29 juillet 1819 ; ordonnances du 3 avril 1820 et du 31 octobre 1821 ; circulaires du 19 juin et du 27 septembre 1820 (1).

Ainsi, pour les écoles de filles dirigées par des institutrices appartenant à des congrégations religieuses, l'inspection et la surveillance appartenaient, avant l'ordonnance de 1836, au préfet et à l'évêque diocésain.

Quant aux écoles de filles dirigées par des institutrices n'appartenant pas à des congrégations, la surveillance devait s'exercer, avant l'ordonnance de 1836, par les comités d'instruction, en vertu des ordonnances de 1816 et de 1826, que la loi de 1833 n'a pas abrogées en ce qui concerne ces écoles (2).

A plus forte raison en est-il de même après l'ordonnance du 23 juin 1836 ; nulle difficulté.

Mais, pour des écoles de filles dirigées par des institutrices appartenant à des congrégations religieuses (3), voyons la situation que leur a faite l'ordonnance de 1836.

_____

(1) Journal officiel et manuel général de l'Instruction primaire, t. IV, p 14. Voir cependant une délibération du conseil royal, du 26 décembre 1834. Eod. lib., t v, p. 200.

(2) Eodem libro, t. III, p. 141, p. 203, p. 263.

(3) Il est bien entendu que lorsque nous parlons des communautés religieuses, il n'est question que des communautés où les femmes sont cloîtrées, comme la Congrégation de Notre-Dame, à Reims. — Il n'est pas question, par conséquent, de la communauté des sœurs de l'Enfant-Jésus.

surveillance des établissements consacrés à l'éducation des jeunes filles. Il y a, dans la direction de ces établissements, beaucoup de faits qui ne peuvent être bien appréciés que par elles ; seules aussi, elles sont compétentes pour diriger certaines parties de l'enseignement. Enfin, la visite fréquente et habituelle des écoles est une mission qui leur est naturellement dévolue.... »

Nous applaudissons sans réserve à ces vérités ; et certes, tout esprit calme et de bonne foi comprendra la pensée qui a dirigé le gouvernement, lorsqu'il a préposé à la surveillance des écoles des filles, les dames inspectrices et les délégués pris dans le sein du comité local.

Avant même la promulgation de l'ordonnance de 1856, on avait songé à certains membres du comité pour inspecter les écoles de filles dirigées par des congrégations religieuses.

Ainsi, le ministre de l'Instruction publique, interrogé officiellement sur la question, prit, à la date du 28 mars 1835, la décision suivante :

Question : les communautés de religieuses cloîtrées qui se livrent à l'instruction des jeunes filles, doivent-elles être soumises aux visites des inspecteurs délégués par le comité d'arrondissement ?

Réponse du ministre : Pour concilier, autant que possible, les prescriptions de la loi avec les règlements particuliers qui régissent les communautés religieuses vouées à l'éducation des enfants, il convient d'inviter MM. les curés, membres des comités, à se charger spécialement de la visite des écoles dirigées par des sœurs de ces instituts. La surveillance exercée par ces ecclésiastiques sera sans doute de nature à ne pas blesser la règle que se sont imposée les dames religieuses cloîtrées qui donnent l'instruction aux jeunes filles (1).

Cette décision du ministre, qui ressemble à un bienveillant conseil plutôt qu'à une injonction, doit être, ce me semble, favorablement accueillie par tous les comités et par ceux qui les composent.

Sous l'empire de l'ordonnance royale du 23 juin 1836, une nouvelle décision de M. le ministre de l'instruction publique, en date du 13 juillet 1836, détermina plus nettement encore, s'il est possible, la surveillance et la juridiction des comités d'instruction primaire à l'égard des écoles de filles tenues par des institutrices qui appartiennent à des communautés religieuses.

« L'ordonnance du 23 juin 1836 dispose que les comités locaux et les comités d'arrondissement exerceront, sur les écoles primaires de filles, les attributions énoncées dans les articles 21 (paragraphes 1, 2, 3, 4, 5), 22 (paragraphes 1, 2, 3, 4, 5), 23 (paragraphes 1, 2, 3), de la loi du 28 juin 1833.

» Cette ordonnance n'établit, comme on le voit, aucune distinction entre les écoles de filles tenues par des institutrices laïques et celles tenues par des sœurs. Il s'ensuit que ces dernières écoles sont soumises comme les autres à la juridiction et à la surveillance des comités locaux et d'arrondissement; seulement, ces comités reconnaîtront la nécessité de n'user de leur droit qu'avec la prudence et les ménagements que commandent le caractère particulier

_____

1) Journal officiel et manuel général de l'instruction primaire, t. VI, p. 98

des sœurs et l'intérêt même de l'enseignement. Ainsi, ils feront bien de confier, autant que possible, la visite de ces écoles à ceux de leurs membres qui sont ecclésiastiques. Il conviendra, du reste, que ces membres s'adjoignent, selon l'ordonnance précitée (articles 16, 17), des dames inspectrices, lesquelles assisteront aux séances avec voix délibérative, lorsqu'elles seront appelées à faire des rapports sur l'objet de leur mission (1). »

Ainsi, voilà qui est bien entendu, les écoles de filles dirigées par des sœurs appartenant à des congrégations religieuses et cloîtrées seront surveillées, visitées, inspectées.

A Reims, jusqu'à présent, l'école gratuite et primaire de filles tenue par les religieuses de Notre-Dame, dites de la *Congrégation*, a résisté à toute surveillance, à toute inspection ; c'est un tort : l'autorité municipale n'a pas voulu ou n'a pas cru devoir briser cette résistance par les moyens légaux ; c'est un mal.

Nous n'avons jamais douté de la bonté, de la charité, du zèle des religieuses de la Congrégation. Toutefois, qui nous assure que, dans l'enceinte de cette petite école, toutes les prescriptions de la loi sont régulièrement observées? La loi veut, par exemple, que dans l'enseignement élémentaire des filles soient compris les travaux à l'aiguille. Nous le savons tous, dans toutes les écoles de la ville dirigées par la communauté des sœurs de l'Enfant-Jésus,

(1) Journal officiel et manuel général de l'instruction primaire, tome 9, page 32. — Voir encore, pour l'interprétation de l'ordonnance royale de 1836, une intéressante discussion à la chambre des députés, dans la séance du 16 juin 1838, entre M. Lasergent de Monnecove, M. Stourm et M. de Salvandy, ministre de l'Instruction publique

il y a un an à péine que la couture et les travaux
à l'aiguille y ont été introduits comme objet essentiel
de l'enseignement. Nous savons également qu'une
volonté respectable peut-être, mais en tous cas re-
belle à la loi, s'opposait à l'exécution de cette mesure si utile. Eh bien, dans l'école de la Congrégation, les travaux à l'aiguille sont-ils entrés dans
l'enseignement ordinaire? nous ne le pensons pas.
Si des dames inspectrices désignées par le comité
supérieur d'arrondissement, si des membres du comité local, pris dans son sein et délégués par lui,
des ecclésiastiques, si vous voulez, et il y en a deux
dans le comité local, visitaient cette école, cet abus
cesserait d'exister; les jeunes enfants confiées aux
sœurs de la Congrégation, destinées pour la plupart à devenir ouvrières un jour, auraient appris
avec la lecture, l'écriture et les premières notions
de l'arithmétique, à raccommoder leur linge, leurs
vêtements, à être de la sorte déjà fort utiles dans
le pauvre ménage de la mère de famille.

La surveillance n'existe pas, la loi est évidemment
transgressée ; le remède au mal, nous l'avons indiqué ; c'est à la fermeté de l'administration municipale
que nous en recommandons l'application.

Septembre 1848. — Nous avions terminé au mois
de novembre 1847 le chapitre relatif aux écoles primaires de filles.

A la suite de la révolution de février 1848, le comité
local avait continué ses inspections ; il n'hésita pas à
faire une nouvelle tentative pour visiter, au nom de
la loi, l'école dirigée par les dames de la Congrégaion;
et, cette fois, bien inspirée, mieux conseillée, Mᵐᵉ la

supérieure ouvrit aussitôt les portes de l'école aux.délé-
gués du comité local ; et, dans sa séance du 3 août
1848 , le comité entendit le rapport suivant que lui
adressa M. Courmeaux , l'un de ses nouveaux membres :

« Pour la première fois , l'école des filles tenue par
les sœurs de la Congrégation a reçu la visite du comité
communal : le 16 juin 1848 , MM. Bara , Maldan ,
Sutaine et Courmeaux se sont transportés à l'établissement des sœurs : jusqu'alors , cet établissement
avait échappé à l'exercice du droit de surveillance et
de contrôle dont le comité est investi formellement
par la loi : cette exception , incomplètement justifiée
par un scrupule respectable d'ailleurs , devait cesser
sous l'empire d'un retour rigoureux à l'esprit de la
loi , qui ne consacre qu'un droit commun.

L'école dont il s'agit n'avait , du reste , aucun motif
de redouter un examen qui ne pouvait que témoigner en faveur d'un enseignement consciencieux et
éclairé. Interrogées successivement par nous sur
la grammaire , l'histoire sainte , l'histoire de France,
la géographie , les éléments d'arithmétique , le système métrique dans ses différentes branches , les
élèves ont répondu de manière à nous donner l'idée
la plus favorable de la méthode des sœurs : à certains égards , elles ont su obtenir, il faut le dire,
une supériorité sensible sur les autres écoles du
même degré. Nous devons signaler surtout l'écriture
et la récitation qui attestent de la part des jeunes
filles beaucoup d'attention , et qui ont dû coûter
aux sœurs des soins minutieux et assidus. La récitation si négligée , si fautive , souvent même si
détestable presque partout ailleurs , est ici l'objet
d'une surveillance qu'on ne saurait trop encourager.

Un bon débit, une diction châtiée sont de précieuses facultés que les instituteurs s'attachent trop rarement à développer, par la raison toute simple qu'ils sont eux-mêmes pour la plupart assez peu aptes à enseigner : espérons que ces réformes si essentielles ne seront pas toujours dédaignées : sous ce point de vue, nous ne pouvons que féliciter les sœurs de la Congrégation de la sollicitude qu'elles déploient : leur exemple doit être proposé pour modèle.

Sous le rapport de la tenue et des conditions hygiéniques, l'établissement nous a paru ne rien laisser à désirer : il compte environ cent élèves dont l'attitude et les manières, à la fois pleines d'aisance et de réserve, indiquent combien facilement elles acceptent le régime auquel elles sont soumises, et combien elles sont attachées à leurs maîtresses..... »

Ce rapport est entièrement favorable à l'école dirigée par les sœurs de la Congrégation, et le comité tout entier y a applaudi de grand cœur : désormais, elle sera visitée régulièrement, assidument, comme toutes les autres écoles primaires de la ville, et nous espérons n'avoir jamais à constater que des résultats aussi satisfaisants.

———

Nous réservons pour le second volume, dont la publication doit être prochaine, l'examen de toutes les écoles primaires de filles non communales, et de tous les pensionnats de jeunes filles soumis à l'inspection du comité local.

Tableau officiel de la situation des écoles primaires communales au mois de novembre 1848.

—

ÉCOLES DIRIGÉES PAR LES FRÈRES.

—

École rue du Jard,	277	élèves.
— rue Large,	208	
— rue des Telliers,	139	
— esplanade Cérès,	254	
— rue Perdue,	255	

Au total............1,133 élèves.

ÉCOLES D'ENSEIGNEMENT MUTUEL.

—

Ecole du 1er arrondissement,	160	enfants.
— 2e »	162	
— 3e -	158	

Au total............ 480 enfants.

ÉCOLES DES SOEURS DE L'ENFANT-JÉSUS.

—

Ecole de la rue des Orphelins,	221	élèves.
— rue de Thillois,	464	
— rue Rogier,	347	
— rue des Salines,	439	

Au total...........1,471 élèves.

SALLES D'ASILE.

—

Asile du 1er arrondissement,	305	enfants.
— 2e »	282	
— 3e -	340	

Au total................ 927 enfants.

SALLES D'ASILE.

SALLES D'ASILE.

Lorsque retentit en France ce nom doux et grave des salles d'asile de l'enfance, lorsque cette institution qui trouve à son berceau le cœur et les efforts d'une femme, madame de Pastoret, s'étendit peu à peu ; lorsque les asiles furent fondés à Strasbourg, à Paris, à Rouen, tous les esprits sympathiques à l'enfance en comprirent la portée, et en favorisèrent les développements rapides.

Tous ceux de nos concitoyens qui, dès 1831, avaient visité et admiré les asiles naissants, en proclamaient à Reims les bienfaits ; longtemps avant que l'administration eût à s'en occuper officiellement, dans notre ville où les idées généreuses germent avec tant de facilité et d'éclat, l'idée de la fondation des asiles avait été acceptée avec enthousiasme, et il ne fut pas difficile d'en essayer l'organisation, dès qu'on le voulut sérieusement.

En effet, dans la séance du 4 novembre 1833, le conseil municipal, à la demande de l'un de ses membres, reconnut et proclama l'immense avantage que la classe ouvrière retirerait de l'établissement des salles d'asile ; car, disait-on, les femmes n'étant plus absorbées par les soins que réclamaient leurs enfants, pourraient aussi travailler dans les ateliers, et concourir à augmenter le salaire et le gain de la journée.

1

Le conseil nomma une commission pour s'occuper de cet intéressant objet : elle se composait de MM. Plumet, Boulanger, Levavasseur, Renart et Vogt-Perrin.

Dans la séance du 30 décembre 1853, la commission fit son rapport.

Après avoir démontré avec beaucoup de force les avantages de la création des asiles dans une ville manufacturière, le rapporteur s'occupait des moyens d'exécution.

La commission a pensé, disait-il, que les salles d'asile ayant une parfaite analogie avec les écoles primaires dont elles forment le 1er degré et qu'elles doivent naturellement alimenter, il était convenable et rationnel d'en établir une par chaque arrondissement, et de la placer dans le voisinage de l'école primaire à laquelle elle devait correspondre ; afin que les enfants qui fréquentaient cette école pussent conduire leurs frères et leurs sœurs à la salle d'asile, et épargner ainsi aux parents une perte de temps toujours considérable.

La commission était persuadée que, pour obtenir de cette institution tous les résultats qu'on devait en espérer, il était indispensable de soumettre chaque salle d'asile à la surveillance d'un comité de douze dames, de manière que chacune d'elles eût un jour d'inspection par semaine.

Relativement à la dépense que devait entraîner l'établissement des trois salles d'asile, la commission avait reconnu qu'elle ne pourrait être au-dessous de 4,500 fr. pour la première année, en prenant pour base les évaluations suivantes :

1° Ameublement de chaque salle, 600 fr.

    pour trois salles d'asile............. 1,800

2° Traitement de la maîtresse et d'une aide
pour chaque salle, au moins 600 fr.

    pour trois asiles.................... 1,800

3° Loyer, chauffage, éclairage et menues
dépenses de chaque salle, au moins
300 fr.

    pour trois salles.................. 900
                          Total.... 4,500

En conséquence, la commission concluait à l'organisation immédiate des trois salles d'asile, dont une par chaque arrondissement, et à l'ouverture, pour cet objet, d'un crédit supplémentaire de 4,500 fr., à prendre sur les excédants de recettes ou les économies de dépenses de l'exercice 1834.

Un membre du conseil, tout en appuyant les conclusions du rapport, émit le vœu que l'organisation des trois salles d'asile n'eût lieu que successivement, et que l'on commençât par celle du 3° arrondissement, qui paraissait la plus nécessaire.

Un autre membre fit observer que les évaluations de la commission étaient trop faibles, surtout pour le traitement des maîtresses ; en conséquence, il proposa de porter le crédit à 5,000 fr.

Les conclusions de la commission, ainsi modifiées, furent mises aux voix et adoptées ; en conséquence, le conseil décida qu'il serait accordé, pour cet objet, un crédit spécial et additionnel de 5,000 fr., à prendre sur les excédants de recettes ou les économies de dépenses de l'exercice 1834.

physique : on oubliait encore que la création des salles d'asile était due à des vues philanthropiques et généreuses. Ici la question d'argent ne devait être traitée que très secondairement; il fallait faire bien pour atteindre le but. Si les allocations étaient insuffisantes, qu'on le dise; sans doute le conseil y suppléerait.

Un autre conseiller s'opposa aussi au projet de l'administration par tous les motifs produits par le préopinant et aussi parce qu'il apercevait des difficultés pour son exécution. Il ajouta qu'il demandait le plus tôt possible l'établissement d'une salle par arrondissement ; il engagea à songer à l'ancien hôtel de la sous-préfecture, situé rue de l'Arbalète; les frères des écoles chrétiennes ne l'acceptant pas pour leur logement, on pourrait peut-être y ouvrir une salle d'asile.

On répondit à cette dernière proposition que le voisinage des marchés et l'encombrement de voitures qu'ils occasionnaient, ne permettaient pas de songer à amener dans ce lieu plusieurs fois par jour un grand nombre d'enfants en bas âge; les salles d'asile, ajoutait-on, étaient destinées aux enfants des ouvriers pauvres et le quartier qui avoisinait cette maison ne contenait que peu ou point d'ouvriers.

L'administration annonça que pour le quartier Cérès, elle avait pensé à utiliser une partie de l'emplacement du marché aux chevaux pour y établir une salle d'asile; elle s'occupait des plans et devis ; ils devaient être incessamment soumis au conseil.

Un membre dit que dans l'état actuel des choses, il croyait devoir demander l'ajournement; il s'engagea à déposer sur le bureau dans la première séance une proposition qui pourrait aider à la solution de la question qui préoccupait le conseil depuis 1833.

L'ajournement fut appuyé, mis aux voix et adopté.

Nous avons vainement cherché dans les délibérations du conseil de ville cette proposition complète qui devait mettre fin aux incertitudes de l'administration, et réaliser sur de larges bases les vues généreuses du conseil municipal.

Au lieu d'arriver immédiatement à la création des trois asiles, on voulut, à titre d'essai en quelque sorte, en établir un seul dans le quartier le plus populeux de la ville. Le conseil fut prié par l'administration d'étudier la question, et, à cette occasion, se reproduisit encore la malencontreuse proposition dont le conseil avait fait justice en 1835.

Dans la séance du 29 août 1836, le conseil entendit le rapporteur de la commission chargée d'examiner, 1° le projet de l'administration, relatif à la construction ou à l'acquisition d'une maison destinée à une salle d'asile spéciale dans le 3° arrondissement de la ville ; 2° la proposition d'un conseiller, ayant pour objet d'ajourner tout établissement spécial de ce genre et de le remplacer, à titre d'essai, par l'allocation d'une somme déterminée à répartir entre quelques-unes des maîtresses des petites écoles de l'enfance, établies dans la ville, un nombre fixe d'enfants indigents.

La commission s'attachait d'abord à combattre cette dernière proposition. Elle montrait que ce projet, d'une exécution difficile dans les quartiers où elle serait le plus utile, aurait l'inconvénient de retarder la création d'établissements communaux, dont l'ouverture se faisait désirer chaque jour davantage ; mais surtout paralyserait les bienfaits d'une institution qui était loin de trouver dans les petites écoles privées, dont il était question, tous les éléments de salubrité, d'utilité et de durée qu'on devait s'attacher à rencontrer dans les asiles communaux soumis à une organisation sévère, et confiés à des maîtres à la fois amis de l'enfance, et capables de diriger sa première éducation corporelle et morale. La commission, écartant donc toute idée d'allocation, à titre d'essai, pour ouvrir aux enfants indigents les petites écoles particulières de la première enfance, répandues dans les divers quartiers de la ville, et préférant l'établissement d'asiles spéciaux, discuta la question de savoir s'il serait plus avantageux à la ville d'acquérir que de construire le bâtiment qu'elle destinait à une salle d'asile dans le quartier sus-énoncé.

L'examen de cette question démontra que, outre l'avantage du choix du lieu, de l'exposition et du plan de l'édifice, il existait, pour la caisse municipale, une économie de dépense dans la construction de la salle d'asile projetée.

La commission, après avoir admis à l'unanimité l'utilité immédiate des salles d'asile ou premières écoles de l'enfance, si importantes dans un âge où les impressions commencent et doivent être dirigées vers le bien, concluait : 1° au rejet de la proposition tendant à suppléer provisoirement les salles d'asile spéciales, par l'admission gratuite des enfants indigents dans les petites écoles privées ; 2° au rejet, également, de toute acquisition destinée à une salle d'asile, dans le 3ᵉ arrondissement de la ville ; 3° à l'adoption du projet de construction d'une salle d'asile, conformément au devis présenté par l'administration.

Le conseil, après en avoir délibéré, vu la demande formée par l'administration, considérant l'utilité des salles d'asile, et la nécessité d'ouvrir promptement ces établissements, réclamés par les besoins de la cité ;

Considérant que le bien, que les premières écoles de l'enfance, sont appelées à produire, dépend surtout de l'organisation qu'elles devront subir, et de la direction qu'on leur imprimera;

Considérant que, dans une matière aussi grave, les mesures provisoires pouvaient compromettre à son début, une institution utile, et qu'il était essentiel qu'elle se présentât tout d'abord, entourée de tous les avantages qui la constituaient, de tous les éléments de prospérité qu'elle réclamait, qu'elle fût enfin établie sur de solides fondements ;

Considérant que la salle d'asile projetée avait l'avantage de satisfaire aux besoins de l'éducation gratuite de la première enfance, dans un quartier où la misère, d'accord avec le nombre proportionnellement plus considérable d'enfants indigents, commandait cet établissement ;

Considérant enfin que la construction d'un bâtiment spécial avait, sur une acquisition, l'avantage du choix, du plan, et de l'économie de la dépense ;

Rejeta, 1° la proposition d'une allocation à voter à plusieurs maîtresses des petites écoles privées, pour l'admission gratuite des enfants indigents de leurs quartiers respectifs ; 2° et toute acquisition de maison, dans le cas particulier dont il s'agissait ;

Approuva, 1° l'établissement d'une salle d'asile, dans le 3° arrondissement de la ville, sur l'emplacement communal dit cour Saint-Remi; 2° le plan de construction projetée, et le devis y annexé;

Et arrêta qu'il serait accordé à M. le maire, sur
le budget de 1837 : 1° un crédit de dix-huit mille
soixante-quatorze francs quatre-vingt-dix-sept centimes,
pour construction, conformément au plan présenté, d'une
salle d'asile, sur l'emplacement appelé cour St-Remi;
2° et un crédit de trois mille francs, pour acquisition
du mobilier nécessaire à l'organisation de la salle
d'asile en question.

Cette délibération du conseil municipal reçut enfin
son exécution, et l'on s'occupa des travaux nécessaires à la construction de la salle d'asile du 3° arrondissement.

Nous allons successivement donner quelques détails
sur chacune des trois salles d'asile qui sont en ce
moment ouvertes à Reims : nous croyons devoir suivre
l'ordre chronologique de leur établissement.

SALLE D'ASILE DU 3° ARRONDISSEMENT.

—

Nous l'avons vu, on avait à la fin de 1833, décidé la création simultanée de trois asiles à Reims;
mais, revenant sur cette décision, l'administration
avait pensé qu'il était prudent de se borner à fonder
un asile dans l'arrondissement qui en avait le plus besoin, au sein du quartier Saint-Remi.

On fut longtemps incertain sur l'emplacement du
premier asile.

Dans la séance du conseil du 10 juillet 1834,
M. de St-Marceaux proposa, au nom de l'administration municipale, d'établir la salle d'asile du 3° arrondissement, rue de la Grosse-Enclume, dans une

L'ajournement fut appuyé, mis aux voix et adopté.

Nous avons vainement cherché dans les délibérations du conseil de ville cette proposition complète qui devait mettre fin aux incertitudes de l'administration, et réaliser sur de larges bases les vues généreuses du conseil municipal.

Au lieu d'arriver immédiatement à la création des trois asiles, on voulut, à titre d'essai en quelque sorte, en établir un seul dans le quartier le plus populeux de la ville. Le conseil fut prié par l'administration d'étudier la question, et, à cette occasion, se reproduisit encore la malencontreuse proposition dont le conseil avait fait justice en 1835.

Dans la séance du 29 août 1836, le conseil entendit le rapporteur de la commission chargée d'examiner, 1° le projet de l'administration, relatif à la construction ou à l'acquisition d'une maison destinée à une salle d'asile spéciale dans le 3° arrondissement de la ville ; 2° la proposition d'un conseiller, ayant pour objet d'ajourner tout établissement spécial de ce genre et de le remplacer, à titre d'essai, par l'allocation d'une somme déterminée à répartir entre quelques-unes des maîtresses des petites écoles de l'enfance, établies dans la ville, un nombre fixe d'enfants indigents.

La commission s'attachait d'abord à combattre cette dernière proposition. Elle montrait que ce projet, d'une exécution difficile dans les quartiers où elle serait le plus utile, aurait l'inconvénient de retarder la création d'établissements communaux, dont l'ouverture se faisait désirer chaque jour davantage ; mais surtout paralyserait les bienfaits d'une institution qui était loin de trouver dans les petites écoles privées, dont il était

convenables et par leur centralité, et par leur salubrité.

» En dernier lieu, et le 4 août 1835, vous avez jugé à propos de commencer par ne fonder qu'une seule salle d'asile, sauf à en fonder d'autres, lorsque les bons effets de la première auraient pu être bien appréciés.

» Il m'a paru naturel de doter de cette première école le 3ᵉ arrondissement, où la population ouvrière et indigente est beaucoup plus nombreuse que dans les deux autres.

» M. l'architecte et moi avons recherché l'emplacement qui pouvait le mieux convenir, et nous croyons avoir trouvé celui qui remplira l'objet que nous nous proposons à la satisfaction générale.

» Il existe en face de l'hôtel-Dieu et de l'hôpital des aliénés, une grande place, appelée la cour Saint-Remi, où il est très facile, sans nuire en rien à la circulation publique, de prendre une partie du terrain de cette place, dans l'angle en retour du clos Saint-Remi, pour bâtir une salle d'asile, qui se trouvera au point central de la population du 3ᵉ arrondissement, et dans un sol des mieux aérés.

» Ce quartier, fort désert, en deviendra plus animé et la place plus régulière, par la disposition que donnera M. l'architecte à sa construction.

» Le devis de la dépense ne monte qu'à la somme de 18,000 fr., et il y aurait possibilité de jouir de la salle d'asile pour le 1ᵉʳ décembre prochain, si l'on ne tarde pas à mettre les travaux en adjudication.

» Je vous propose donc, avec la plus grande confiance, Messieurs, de donner votre agrément à ce projet et d'en autoriser la dépense , pour y être pourvu au budget de 1837. »

Les conclusions de la mairie furent tour à tour combattues et soutenues. Tout en applaudissant à l'idée des salles d'asile, dont l'exécution était si vivement réclamée par les besoins du pays , un membre déplora pour les communes, la nécessité de construire, et émit l'avis qu'il conviendrait mieux d'acquérir une maison, propre à l'institution en question , dans le quartier où., à juste titre, on se proposait d'en faire si utilement l'essai. Un autre membre préférerait une construction spéciale , qui permettrait le choix du lieu et la réunion des diverses conditions qui doivent diriger l'établissement d'une salle d'asile, conçue dans un but d'améliora-

écrit une proposition contraire à l'un et à l'autre des systèmes sus-énoncés. Resserrant la question dans

municipale ouvrit gratuitement , pour les enfants pau-

et conformément à des règles établies ,quatre de ces premières écoles de l'enfance, répandues dans les différents quartiers de la ville. Ce mode considéré par lui comme provisoire, aurait les avantages d'un essai toujours utile en nature d'innovation , ceux de l'extension du bienfait et de l'économie de la dépense. On lui objecta que ces petites écoles étaient mal dirigées et que jamais elles n'atteindraient le but désiré, tant sous le rapport de la salubrité, que sous celui d'une bonne éducation rudimentaire, à la fois physique et morale de l'enfance.

Le conseil ; désireux de ne rien précipiter dans

une question aussi grave, renvoya ces diverses propositions à l'examen d'une commission, composée de MM. Hannequin, Lecointre, Houzeau-Muiron, Vionnois et Langlois.

Nous avons précédemment indiqué, en analysant la séance du 29 août 1836, le rapport de la commission et la décision du conseil.

Les travaux furent mis en adjudication quinze jours après la délibération qui les autorisait, c'est-à-dire à la date du 12 septembre 1836, au profit de M. Bellon, architecte, sous un rabais de 9 1/2 pour 0/0 du devis qui était de 18,074 f. 97 c., et par conséquent pour une somme de 16,357 f. 84 c.

Le mémoire des ouvrages entrepris par M. Bellon fut vérifié par l'architecte et réglé à la somme de 13,547ᶠ 93ᶜ, somme à laquelle l'administration l'arrêta le 22 janvier 1838.

Les autres dépenses, occasionnées par la construction et l'appropriation de la salle d'asile du 3ᵉ arrondissement, sont indiquées dans une délibération du conseil municipal, en date du 24 février 1838.

La dépense effective pour la construction de la salle d'asile, d'après le règlement du mémoire de l'adjudicataire, ne s'est élevée qu'à 13,547 f. 93 c., ce qui a laissé libre, sur le montant du crédit, une somme de 3,452 f. 07 c.

D'un autre côté, les chapitres additionnels au budget de 1837 contenaient, sous l'article 30, une allocation de 2,400 f. pour appropriation intérieure de l'établissement.

Les dépenses réunies résultant de deux devis spéciaux, se sont élevées à 2,218 f 18 c., ce qui a laissé libre, sur le crédit de 2,400 f., une autre somme de 182 f. 18 c.

La salle d'asile a été ouverte le 6 novembre 1837.

Le surveillant chargé de sa direction, qui avait fait exprès le voyage de Paris pour mieux s'assurer de la manière dont il était pourvu aux besoins des nombreux établissements du même genre, institués à Paris, n'a pas tardé à reconnaître que celui de Reims était incommode et incomplet sous plusieurs rapports, tant en ce qui concernait la distribution du local que relativement au mobilier.

Il a communiqué ses observations à l'administration intérimaire, qui en a fait vérifier le bien fondé.

La pièce préparée pour servir de préau était beaucoup trop petite et avait besoin d'être agrandie ; les lieux d'aisances en étaient trop rapprochés ; il n'y avait pas de cave annexée au logement du surveillant ; il n'y avait point de hangar pour recevoir les enfants à l'abri pendant les heures de récréation ; il manquait plusieurs objets mobiliers.

En conséquence, un devis supplémentaire et général fut demandé à l'architecte ; il présentait une évaluation de 3,889 f. 13 c.

La dépense totale de construction, d'appropriation intérieure et de premier établissement de la salle d'asile, se résume par les chiffres suivants :

Premières constructions, 13,547ᶠ 93ᶜ

Appropriation et mobilier :

1ᵉʳ devis, objets adjugés, 924ᶠ 24ᶜ } 1,600 »

à reporter... 15,147 93

Report...	15,147	95
2me devis exécuté par économie ,	599	74
3me devis à exécuter ,	265	87
4me devis *id.*	467	37
Devis particulier payé sur les dépenses imprévues ,	105	
Devis général des constructions supplémentaires ,	3,889	13
Dépense totale, sauf règlem^t des mémoires,	20,475	04

Le conseil avait consacré aux frais de cet établissement savoir :

Article 153 du budget primitif de 1837 (construction), un crédit de	17,000	»
Article 30 du budget supplémentaire de 1837 (appropriation) un crédit de	2,400	»
Ensemble...	19,400	»

Le premier de ces crédits était resté sans emploi pour	3,452	07
Et le second pour	182	18
Total en boni...	3,634	25

Mais ce boni se trouvait périmé avant la clôture de l'année 1837, à l'exercice de laquelle il était propre.

Il était nécessaire de soumettre à une nouvelle délibération du conseil les dépenses supplémentaires qui restaient à faire à la salle d'asile ; le conseil les approuva toutes sans exception , et arrêta que ces dépenses seraient acquittées sur le fonds des dépenses imprévues de 1838 , et inscrites au budget de 1839.

Ce n'était pas tout encore, et dans la séance du 5 mai 1841, M. de S¹-Marceaux disait au conseil municipal que le budget de 1840 avait crédité, sous l'art. 155, un fonds de 1,100 f. pour la dépense de plusieurs changements et améliorations reconnus indispensables à la salle d'asile de S¹-Remi, détaillés en un devis estimatif montant à 1,087 f. 75 c.

Le principal objet de ces améliorations était l'agrandissement du préau, qui avait été construit dans des dimensions trop exiguës pour le nombre des enfants à y recevoir.

L'allocation faite au budget se trouva dépassée de 430 f. 10 c.

Ce supplément de travaux ayant été fait dans un but d'utilité incontestable, l'administration proposa au conseil de l'approuver et d'allouer pour le solde de la dépense un crédit à inscrire aux chapitres additionnels du budget de 1841 ; le conseil donna son approbation.

Nonobstant ces dépenses considérables, malgré les secours accordés en 1846 par M. le ministre de l'instruction publique pour l'entretien des salles d'asile, à l'occasion d'une loterie organisée par les soins de mesdames les inspectrices des asiles, la salle d'asile du 3ᵉ arrondissement est loin d'être dans de bonnes conditions d'hygiène et de salubrité : la construction et les dispositions en sont vicieuses ; tout est à refaire sur des bases plus larges ; c'est un établissement complètement insuffisant ; c'est une œuvre manquée.

Mais n'anticipons pas sur les détails que nous avons nécessairement à présenter.

L'asile du 3ᵉ arrondissement est dirigé, depuis le

mois d'octobre 1846, par M. et Mme Justinart : ainsi
que nous le verrons en nous occupant de l'asile du
1er arrondissement, il avait antérieurement pour surveillants M. et Mme Bailly. Le rapport fait au comité
local d'instruction primaire le 15 octobre 1846, et
qui avait pour objet d'indiquer au comité celui des
concurrents qui paraîtrait réunir le plus de garanties,
était essentiellement favorable à M. Justinart ; nous
croyons devoir en citer quelques extraits.

» Deux concurrents sont en présence : M. et Mme
Justinart, M et Mme P..... Votre commission a considéré comme fort grave le choix qu'elle était appelée
à faire ; elle s'en est assez préoccupée pour consacrer plusieurs séances à la discussion et à l'examen
des titres présentés par les candidats : nous avons
voulu voir ces candidats, les entendre, les interro-
ger, juger, en un mot, du degré de leur intelligence, de leur capacité, de leur mérite respectif.....

» ..... D'une part, M. et Mme Justinart, l'un âgé
de 43 ans, la femme de 39 ans ; le mari, successivement ancien soldat, ouvrier retordeur, maître
surveillant à l'école primaire supérieure de Reims, et
maître auquel les plus honorables et les plus dignes
certificats ont été accordés par ses chefs naturels ;
Mme Justinart, n'ayant jamais été dans l'instruction,
même élémentaire, simple ouvrière, née à Reims,
mais bonne mère de famille et d'une conduite irré-
prochable, ainsi que nous l'atteste M. le curé de
St-Maurice.

» .... Votre commission a su que, depuis un mois
environ, M. Justinart avait suivi les exercices de la
salle du 3e arrondissement : elle a pris des renseignements exacts auprès de l'une des dames inspectrices,

et il lui a été répondu que M. et Mme Justinart paraissaient bien comprendre les devoirs du surveillant, et en posséder les principales qualités.

» En outre, profitant de la réouverture des salles d'asile qui a eu lieu le 21 septembre 1846, deux des membres de votre commission se sont transporté à l'asile du 3e arrondissement : accompagnés d'une des dames inspectrices qui avait bien voulu se joindre à eux, ils ont assisté, durant deux heures, à tous les exercices des jeunes enfants, très nombreux ce jour-là, exercices qui ont été dirigés dans toutes leurs parties successivement par M. et Mme Justinart et par M. et Mme ...... Après cette épreuve véritablement décisive, il ne peut plus rester aucune espèce de doute à votre commission. De l'avis de madame l'inspectrice qui nous accompagnait, de notre avis unanime, la supériorité de M. Justinart est sérieuse, réelle, incontestable.

» ..... M. Justinart dirige bien, et seul, l'asile du 3e arrondissement ; Mme Justinart le seconde, et, dans l'avenir surtout, sera pour son mari un auxiliaire utile, intelligent.

» M. Justinart a l'intention, il nous l'a affirmé, de prendre avec lui une femme déjà âgée (comme le faisait M. Bailly), pour garder quelques très jeunes enfants dans le vestibule et le préau. C'est un aide que nous croyons indispensable.

» En résumé, l'avis unanime et bien éclairé par les documents et les faits que votre commission nous soumet, est de recommander fortement à l'administration municipale, pour l'emploi de surveillant de la salle d'asile du 3e arrondissement, M. Justinart, né à Reims, demeurant à Reims, ancien maître surveillant à l'école primaire supérieure de notre ville. «

Le comité communal adopta les conclusions de la commission : M. et M⁻ Justinart furent nommés surveillants de la salle d'asile du 3° arrondissement, par arrêté de M. le recteur de l'Académie de Paris, au mois de novembre 1846 ; ils entrèrent immédiatement en fonctions. Nous aimons à dire, après une expérience de plusieurs mois, que les prévisions du comité communal n'ont pas été trompées, et que M. et Mme Justinart justifient le choix dont ils ont été l'objet.

Les deux ou trois pages qui vont suivre ont été écrites en 1845, à l'époque du congrès scientifique ; elles se rattachaient à un autre travail (sur les Etablissements philanthropiques et charitables de la ville de Reims), lequel n'a point été terminé : nous avons cru devoir ici conserver ces pages.

« J'ai visité à diverses reprises la salle d'asile du troisième arrondissement de la ville, dite la salle St-Remi, dirigée et surveillée par M. et Mme Bailly : la première fois, c'était en 1840, j'accompagnais simplement une partie de ma famille ; mon attention ne se porta que sur les détails et négligea les grands résultats de l'institution des asiles. En 1845, aux mois de juin et de juillet, je revins plusieurs fois visiter attentivement l'asile St-Remi, tantôt seul, tantôt accompagné d'un des membres du comité local d'instruction primaire, et voilà ce que j'observai :

La salle d'asile du troisième arrondissement, qui fut ouverte pour la première fois le 2 novembre 1837, est située rue Simon, en face de la porte principale de l'Hôtel-Dieu : les enfants, soit qu'ils arrivent de la

rue de Venise, de la rue des Moulins, de la rue Neuve,
soit qu'ils viennent des quartiers élevés du Barbâtre,
de Dieu-Lumière, de Fléchambault, entrent par la
place de l'Hôtel-Dieu ; on pénètre dans un étroit vestibule ou préau couvert: à droite et à gauche sont de
petits bancs, et tout autour le long du mur, des planches pour recevoir les petits paniers des enfants : la
porte de la salle d'asile est à gauche presqu'à l'entrée
du préau. — Il faut y arriver de préférence vers deux
ou trois heures de l'après-midi, au moment des exercices des enfants ; voyez-les à ce moment tous rangés
et assis en bon ordre sur les douze gradins de l'estrade ; — à gauche les filles, de l'autre côté les
garçons, en nombre égal à peu près ; M. Bailly fait
claquer deux planchettes réunis ensemble à l'une des
extrémités, et tous les enfants deviennent tout-à-coup
silencieux, attentifs ; sur une indication du maître, tous
ensemble comptent à haute voix de un à cent, en
s'interrompant à chaque dizaine, afin de donner par
quelque mouvement expressif et des mains et des bras
et du corps de l'exercice à leurs membres ; ils répètent
l'alphabet, une petite fable de La Fontaine, ils chantent
quelques vers d'un cantique doux et simple, répondent
avec facilité à plusieurs questions de géographie, d'histoire naturelle, — tout ce qu'il y a de facile et d'aisé
dans les éléments d'une instruction appropriée à l'âge
de ces petits enfants, car le plus âgé n'a pas atteint
six ans.

L'estrade est située en face de la porte d'entrée ;
au-dessus sont un christ et deux vierges de petite
dimension ; — devant l'estrade, est un grand tableau
de la carte de France, divisée en départements ; par
un mécanisme fort ingénieux, en poussant l'un des

nombreux boutons numérotés, adaptés à l'un des montants longitudinaux, on fait sortir de chaque département tour à tour un petit rond de carton portant le nom de son chef-lieu. — C'est là une des curieuses et utiles inventions de M. Bailly, elle a pour résultat de graver plus facilement dans l'esprit des enfants la position respective des départements, le nom des chefs-lieux, la topographie de toute la France. M. Bailly complète en ce moment sa grande carte en ajoutant par derrière un mouvement d'orgue, les enfants apprennentainsi sans fatigue, et comme en se jouant, les notions de la géographie.

Un peu plus loin et toujours faisant face aux enfants, sont fixés au-dessus d'un tableau de la numération à boules mobiles et de diverses couleurs, des épis de seigle, d'orge, de froment, de maïs, d'avoine ; des graines de toutes les plantes les plus communément employées, sont rangées dans des casiers sur l'une des tables de l'asile: tout autour de la salle, appendues aux murs sont des lithographies de dimension moyenne, à la portée du regard curieux des plus jeunes enfants, et représentant successivement les animaux de toutes les parties du globe, avec le nom de chacun d'eux en moyens caractères ; à la suite, les figures les plus simples de la géométrie ; au-dessus, d'autres cartons en fort grand nombre, indiquant les sujets les plus remarquables de l'histoire sainte, avec l'explication des sujets en lettres très apparentes; c'est un bon et facile moyen d'exciter l'émulation de ces petits enfants; les matinées sont plus spécialement consacrées à la connaissance des lettres de l'alphabet, à la lecture, aux exercices de ces jeunes intelligences. — Il y a pour cela des syllabaires en grand nombre et ces petits livres que l'on retrouve dans les écoles de l'enseignement mutuel : 'es mêmes règles sont observées à l'asile de St-Remi.

Mais ce qui doit nous préoccuper davantage, ce ne sont pas les détails de cette éducation première donnée aux enfants, mais les résultats généraux auxquels on doit arriver par l'institution des asiles. — Voyons donc quelles sont les garanties que nous offre l'asile de St-Remi, et dans quelles conditions il se trouve placé pour remplir le but véritable de sa destination.

La salle proprement dite de l'asile est une grande pièce, saine et fort propre, exposée au midi du côté de l'église, au nord du côté du jardin de l'Hôtel-Dieu : la salle a 8 mètres 50 centimètres de large, sur 13 mètres 30 centimètres de long en comprenant les douze gradins de l'estrade; la hauteur est de 4 mètres. De chaque côté, il y a quatre fenêtres qui s'ouvrent au moyen de vasistas et de chassis mobiles, et permettent de renouveler l'air très fréquemment dans la salle....... »

Il y avait, à l'époque du 8 Juin 1847, 200 garçons inscrits sur les contrôles ; puis une vingtaine environ admis provisoirement, et qui, pour l'être définitivement, attendaient la visite du médecin qui vient les examiner tous les quinze jours environ — (c'est M. le docteur Desprez, à l'asile du 3ᵉ arrondissement).— 171 petites filles inscrites sur les contrôles, du 1ᵉʳ janvier au 18 mai, date de la dernière visite du médecin, et 16 admises provisoirement ; en tout 371 enfants inscrits, 36 provisoirement. — En tout, 407 enfants qui pourraient peupler cet asile ; — mais ce nombre

est loin d'être atteint. — En premier lieu , il faut
défalquer 25 garçons , sortis pour différents motifs :
les uns avaient atteint l'âge de 6 ans , et devaient
passer de l'asile à l'école ; 5 ou 6 pauvres petits décédés ; les autres ayant quitté le quartier de St-Remi ;
— 23 filles , sorties pour les mêmes causes , — par
conséquent , 48 enfants à retrancher , 356. — Mais ,
ainsi que nous l'avons fait remarquer ailleurs , il y a
des enfants malades , des enfants envoyés irrégulièrement par leurs parents ; des enfants congédiés momentanément pour malpropreté ; — et quelques-uns ,
faut-il l'avouer , qui , à certains jours où la misère
est plus poignante au logis , vont mendier le long des
rues pour rapporter à leurs parents quelques sous , ou
un morceau de pain péniblement arraché. C'est sur un
effectif de 280 à 300 enfants qu'il faut par conséquent
compter d'habitude : or , nous avons le regret de le
constater , depuis le commencement de l'année 1847,
il n'y eut jamais 280 enfants présents à l'asile de St-
Remi : au contraire , pendant le dernier trimestre de
l'année 1846, les enfants furent très nombreux à l'asile.
On peut en juger par le relevé suivant , que nous
avons extrait de l'état journalier officiel :

Le 19 octobre 1846,		251 enfants le matin,			260 le soir.	
24	»	243	»	»	246	»
28		250		»	260	»
30	»	265		»	268	»
3	novembre	256	»	»	269	»
10	»	241		»	257	»
16	»	259		»	289	»
20	»	291		»	300	»
21		294		»	315	»
25		294		»	305	»
30		289		»	300	»

Le 5 décembre	279 enfants le matin,	284 le soir.		
10 »	259 »	»	272	»
15	289	»	290	»
21	190	»	212	»
26	228	»	245	»
31 »	220	»	239	»
2 Janvier 1847,	25 »		52	
3 »	DIMANCHE.		»	
4	190 »	»	195	»
5	205 »	»	215	»
6	220 »	»	239	»
7	240 »	»	254	»
8	250 »	»	270	»
9	240 »	»	250	»
10	DIMANCHE.		»	
11	200 »	»	220	»
12	230	»	249	»
13	219	»	229	»
14	200	»	204	»
15	209	»	230	»
16	254 »	»	272	»
17	DIMANCHE.		»	
18	192 »	»	215	»
19	195	»	219	»
20	200	»	240	»
21	205	»	230	»
22	209	»	215	»
23	195 »	»	220	»
24	DIMANCHE.		»	
25	195 »	»	209	»
26	208	»	215	»
27	200	»	230	»
28	219	»	240	»
29	208	»	230	»

Le 30 janvier 1847, 200 enfants le matin, 209 le soir.

	matin			soir	
31 »	DIMANCHE.		»	»	»
1er février,	200	»	»	215	»
2 »	205	–	»	219	»
3	209		»	213	»
4	201		»	215	»
5	198	–	»	212	»
6	199	»	»	201	»
7	DIMANCHE.			»	
8	100	»	»	180	»
9	170	–	»	189	»
10	159		»	199	»
11	101		»	180	»
12	154	–	»	189	»
13	160	»	»	191	»
14	DIMANCHE.			»	
15	159	»	»	195	»
16	50	–		20	
17	10			12	
18	160		»	107	»
19	170	–	»	195	»
20	186	»	»	200	»
21	DIMANCHE.			»	
22	191	»	»	177	»
23	200	»	»	240	»
24	201		»	294	»
25	211		»	251	»
26	209	–	»	259	»
27	220	»	»	286	»
28 »	DIMANCHE.			»	
1er mars	150	»	»	180	»
2 · »	190	–	»	225	»
3 –	200	–	»	229	»
4	215		»	240	»

Le 5 mars 1847 , 212 enfants le matin, 245 le soir.

6	»	208	»	»	241	»
7		DIMANCHE.		»	»
8		170	»	»	215	»
9		208	»	240	»
10		220	»	249	»
11		212	»	243	»
12		180	-	»	214	»
13		199	»	»	208	»
14		DIMANCHE.		»
15		200	»	»	220	»
16		221	»	234	»
17		219	»	239	»
18		218	»	242	»
19		228	»	244	»
20		215	»	»	250	»
21		DIMANCHE.		»
22		230	»	»	240	»
23		240	»	230	»
24		239	»	»	250	»
25		241	»	250	»
26		243	-	»	254	»
27		241	»	»	255	»
28		DIMANCHE.		»	»
29		201	»	»	242	»
30		241	»	»	253	»
31	»	237	»	251	»
1er Avril	242	-	»	253	»
2	»	249	»	257	»
3	»	250	»	»	251	»
4	»	PAQUES.	»	»	»

5, 6, 7, 8, 9 & 10, absence pour réparations.

11	»	DIMANCHE.	»	»	»
12		200	»	»	204	»

Le 13 avril 1847,	201 enfants le matin		207	le soir.
14 »	205 »	»	215	»
15 -	201	»	207	»
16	205	»	215	»
17	209 »	»	212	»
18	DIMANCHE.		»	
19	200 »	»	209	»
20	220 -	»	227	»
21	229	»	247	»
22	228	»	245	»
23	227	»	243	»
24	220 »	»	231	»
25	DIMANCHE.		»	
26	229 »	»	238	»
27	224	»	263	»
28	227	»	244	»
29	225	»	245	»
30 »	224 »	»	240	»
1er mai,	FÊTE DU ROI.	»	»	
2 »	DIMANCHE.		»	
3	204 »	»	220	»
4	219	»	238	»
5	223	»	239	»
6	230	»	249	»
7	229	»	241	»
8	234 »	»	240	»
9	DIMANCHE.		»	
10	210 »	»	230	»
11	239	»	250	»
12	231 »	»	247	»
13	ASCENSION.		»	
14	224 »	»	249	»
15	237 »	»	248	»
16	DIMANCHE.		2	

Le 17 mai 1847 ,   225 enfants le matin, 230 le soir.

18	»	335	»	»	240	».
19		230		»	244	»
20		237		»	245	»
21		236	~	»	249	»
22		239	»	»	250	»
23	»	DIMANCHE.		»	»	
24	»	LUNDI DE LA PENTECOTE.	»	»	
25	»	242	»	»	251	»
26		244		»	255	»
27		239		»	253	»
28		231		»	249	»
29		231	»	»	245	»
30	"	DIMANCHE.		»	»	
31	»	220	»	»	243	»
1er juin,		234	»	»	248	»
2	»	247		»	254	»
3		243		»	254	»
4		241		»	251	»
5		244	»	»	250	»
6		DIMANCHE.			»	
7		225	»	»	247	»
8		239		»	256	»
9		241		»	264	»
10		240		»	250	»
11		245		»	267	»
12		350	»	»	264	»
13		DIMANCHE.		»		
14		237	»	»	254	»
15		245		»	269	»
16		244		»	267	»
17		240		»	266	»
18		244	-	»	265	»
19		250		»	261	»

245 enfants le matin , 240 le soir.

		»		262	»
		»		258	»
		»		263	»
		»		261	»
		»		264	»

DIMANCHE. »

		»		243	»
		»		258	»
		»		249	»
		»		237	»
		»		235	»
		»		246	»

DIMANCHE. »

		»		239	»
		»		248	»
		»		250	»
		»		239	»
		»		252	»
		»		249	»

DIMANCHE. »

		»		251	»
		»		258	»
244		»		269	»
		»		261	»
241		»		258	»
		»		259	»

DIMANCHE. »

251		»		249	»
249		»		270	»
251		»		269	»
247		»		275	»
250		»		272	»

Le 24 juillet 1847,   244 enfants le matin, 260 le soir

		matin			soir	
25	»	DIMANCHE.	»	»	»	
26		239	»	»	248	»
27		260	»	»	275	»
28		258	»	»	278	»
29		259	»		274	»
30		249	»	»	270	»
31	»	241	»	»	268	»
1er août,		DIMANCHE.			»	
2	»	230	»	»	260	»
3		261	»	»	273	»
4		268		»	275	»
5		269	»	»	270	»
6		264	»	»	279	»
7		261	»	»	268	»
8		DIMANCHE.		»	»	
9		240	»	»	257	»
10		259		»	278	»
11		270		»	286	»
12		269		»	283	»
13		264		»	287	»
14		261	»	»	289	»
15		DIMANCHE.			»	
16		220	»	»	240	»
17		257	»	»	268	»
18		254		»	284	»
19		268	»	»	290	»
20		267	»	»	288	»
21		263	»	»	284	»
22		DIMANCHE.	»	»	»	
23		254	»	»	269	»
24		259	»	»	286	»
25		275	»	»	279	»
26		272		»	286	»

Le 27 août 1847,   260 enfants le matin,   279 le soir.

28	»	264	»	»	271	»
29		DIMANCHE.			»
30	-	210	»	»	239	»
31	»	240		»	279	»
1er septembre,		254	»	»	269	»
2	»	258		»	271	»
3		259		»	281	»
4	»	270	»	»	295	»
5	»	DIMANCHE.		»	»	»

Du 6 au 19 septembre, l'asile a été fermé.

20	»	207	»	»	210	»
21	»	202	-	»	241	»
22		244		-	261	-
23		249	»	»	260	»
24		250	»	»	268	»
25		251	»	»	271	»
26		DIMANCHE.			»
27		243	»	»	257	»
28		247		»	260	»
29		246		»	264	»
30	»	241		»	268	»
1er octobre,		251	»	»	264	»
2	»	269	»	»	275	»
3		DIMANCHE.			»
4		257	»	»	249	»
5		241	-	»	267	»
6		249		»	270	»
7		258		»	282	»
8		269	-	»	285	»
9		261	»	»	280	»
10		DIMANCHE.			»
11		269	»	»	271	»
12		270		»	279	»

Le 13 octobre 1847, 281 enfants le matin, 289 le soir.

14	»	284	»	»	288	»
15	..	275		»	292	»
16		269		»	275	»
18		254		»	272	»
21		268		»	285	»
22		269		»	285	»
23		270	..	»	281	»
25		229		»	271	»
26		259		»	277	»
27	-	269		»	289	»
29	»	274		»	298	»
2 novembre,		210	»	»	204	»
3	»	289		»	299	»
4		291		»	304	»
6		269		»	306	»
8		295		»	310	»
9		300		»	315	»
11		304		»	325	»
12		312		»	320	»
13		308		»	319	»
15		304		»	315	»
16		312		»	320	»
18		308		»	321	»
19		312		»	319	»
22		281	..	»	299	»
23		295		»	316	»
24		293		»	316	»
25		292		»	304	»
27		319		»	320	»
29		290		»	295	»
30	»	309		»	310	»
1er décembre,		304	»	»	320	»

Le 2 décembre 1847, 304 enfants le matin , 300 le soir

4 »	340	» »	349 »
6	299	» »	359 »
7	299	» »	305 »
8	300	» »	345 »
10	305	» »	324 »
11	301	» »	345 »
14	307	» »	335 »
15	315	» »	324 »
16	318	» »	334 »
18	306	» »	321 »
20	301	» »	342 »
21	305	» »	345 »
23	309	»	349 »
24	308	» »	327 »
27	259	» »	299 »
28	290	» »	304 »
29	298	»	308 »
30 »	307	» »	319 »
3 janvier 1848 ,	224	» »	256 »
4 »	239	» »	248 »
6	237	» »	240 »
7	244	— »	258 »
8	236	— »	264 »
10	213	»	250 »
11	249	» »	268 »
13	250	»	275 »
14	248	— »	270 »
17	251	»	254 »
18	259	»	258 »
20	250	— »	251 »
21	244	»	240 »
24	230	» »	241 »
25	234	»	214 »

e 27 janvier 1848 ,	237	»	»	238	»
28 »	234	»	»	250	»
29 »	231	»	»	241	»
1er février ,	221	»	»	245	»
2 »	229	»	»	243	»
4	248	»	»	259	»
5	240	»	»	266	»
7	229	»	»	248	»
8	237	»	»	267	»
9	254	»	»	275	»
10	246	»	»	254	»
11	224	»	»	223	»
12	241	»	»	241	»
15	254	»	»	272	»
16	250	»	»	271	»
17	249	»	»	263	»
18	255	»	»	279	»
19	254	»	»	248	
23	251	»	»	261	
25 »	250	»	»	254	
1er mars ,	258	»	»	271	
2 »	251	»	»	279	
3	246	»	»	248	»
4	244	»	»	248	»
9	234	»	»	261	»
10	234	»	»	258	»
11	224	»	»	239	»
16	219	»	»	265	»
17	257	»	»	273	»
18	261	»	»	278	»
22	223	»	»	269	»
23	247	»	»	275	»
24	253	»	»	271	»
25	264	»	»	273	»
27	229	»	»	258	»

Le 29 mars 1848,	264 enfants le matin,	277 le soir.	
30 »	268 »	»	279 »
1er avril,	259	»	277 »
4 »	269	»	274 »
5	258	»	271 »
6	234	»	249 »
7	263	»	275 »
13	253	»	268 »
14	254	»	263 »
15	268	»	265 »
17	212	»	239 »
18	233	»	257 »
19	267	»	270 »
20	269	»	273 »
27	210	»	239 »
28 »	254	»	267 »
29 »	251	»	271 »
1er mai,	244	»	201 »
3 »	274	»	278 »
5	269	»	279 »
6	229	»	291 »
13	267	»	269 »
15	239	»	266 »
16	259	»	278 »
17	271	»	284 »
18	275	»	288 »
19	283	»	285 »
20	274	»	281 »
22	279	»	283 »
23	285	»	295 »
25	271	»	264 »
26	264	»	269 »
29	219	»	239 »
30 »	244	»	261 »
3 juin,	228	»	260 »

Le 8 juin 1848,	271 enfants le matin,		288 le soir.
9 »	275	» »	293 »
10	278	»	298 »
14	264	»	277 »
15	269	»	283 »
16	261	»	297 »
17	264	»	299 »
20	279	»	304 »
22	288	»	312 »
27	259	»	277 »
28	246	»	298 »
29 »	263	»	301 »
30 »	270	»	302 »
6 juillet,	258	»	291 »
7 »	253	»	284 »
10	230	»	257 »
11	275	»	307 »
12	273	»»	305 »
13	278	»	288 »
14	291	»	309 »
15	289	»	301 »
17	248	»	270 »
18	261	»	286 »
19	270	»	307 »
20	275	»	306 »
21	271	»	304 »
22 »	280	»	300 »
4 août,	307	»	313 »
5 »	304	»	522 »
7	279	»	301 »
8	304	»	315 »
9 »	314	»	339 »
10 »	309	»	322 »
11 »	315	»	339 »
12	507	»	324 »
14	522	»	551 »

Il est aisé de se convaincre, après avoir jeté rapidement un coup-d'œil sur ce tableau, que les enfants viennent de plus en plus nombreux à l'asile. Toutefois, il pourrait et il devrait y en avoir davantage.

Pour atteindre ce résultat si précieux et tant désiré de la fréquentation des asiles par tous les petits enfants de 2 à 6 ans, surtout dans les quartiers pauvres, comme les quartiers St-Remi, Fléchambault, Dieu-Lumière, quelles sont les conditions qui manquent à l'asile du 3e arrondissement? Suivant nous, et depuis longtemps déjà on l'a remarqué, depuis longtemps le comité local l'a reconnu et en a fait l'objet d'instantes réclamations; suivant nous, la première amélioration à introduire à l'asile du 3e arrondissement, c'est l'agrandissement de l'asile, et surtout l'extension du préau couvert : c'est là un vice grave et fondamental qui frappe les esprits les moins attentifs : dans ce préau, lorsque 250 ou 300 enfants y sont réunis, l'air devient épais, lourd, plein de miasmes infects qui nécessairement doivent vicier les organes encore tendres de ces petits êtres, pour la plupart faibles et d'une complexion délicate et maladive. Ce préau est obscur, bas, sombre, et, pour surcroît de détestable organisation, le côté qui s'ouvre au nord sur le préau découvert, est en face des lieux d'aisance de l'asile. — Nous n'hésitons pas à dire que c'est là une source de maladies pour les enfants les plus faibles, quoiqu'ils y restent seulement une ou deux heures par jour, et que la meilleure partie de leurs heures ils la passent dans l'asile proprement dit; et encore les enfants sont-ils fort à l'étroit dans la salle d'asile, soit sur les bancs autour des tableaux de lecture, soit sur les gradins de l'amphithéâtre.

Nous le répéterons constamment, et nous le dirons bien haut, il faut agrandir considérablement l'asile du 3° arrondissement. — Il faut que la salle actuelle devienne le préau couvert, que le préau couvert soit le vestiaire ; établir une salle dans le préau découvert, et tracer un nouveau préau découvert, vaste et bien exposé. — Les moyens d'exécution nous semblent facilement praticables. — Il y a derrière et tout autour de l'asile de St-Remi de si grands et si beaux jardins qui appartiennent à l'hôtel-Dieu...... (1)

Il n'est pas sans intérêt de parcourir le livre des visiteurs à la salle d'asile du 3° arrondissement : nous y avons remarqué les mentions suivantes :

Messieurs les membres du Conseil municipal, en dotant la paroisse St-Remi d'une salle d'asile, se sont acquis des droits certains à sa reconnaissance. Cet établissement que le soussigné a examiné avec soin dans ses moindres détails, lui parait organisé de manière à remplir infailliblement la fin louable que s'est proposée l'autorité administrative. La nature et la variété des exercices que suivent les enfants ; l'ordre et le bon esprit qui y président ; l'intelligence, la bonté et le zèle avec lesquels le digne maitre qui

_____

(1) Nous écrivions ces dernières ligues au mois de janvier 1848, nous les publions au mois de septembre : dans l'intervalle, et à la suite de la révolution qui a ramené la République en France, et installé momentanément à la tête des affaires de notre ville une administration provisoire, un de nos concitoyens, ami de l'enfance, promoteur ardent et dévoué des améliorations profitables aux classes indigentes, et qu'un concours de circonstances avait amené à faire partie de cette administration intérimaire, en a profité pour réaliser, d'une manière large et prudente à la fois, les modifications si souvent réclamées par tous et toujours ajournées. — L'asile du 3° arrondissement est, en ce moment même, profondément modifié et agrandi : ce sera dans quelques mois un vaste établissement, digne enfin de sa noble et bienfaisante destination.

dirige l'établissement, s'acquitte de sa pénible mission, tout enfin concourt à donner la ferme confiance que les plus heureux résultats ne tarderont pas à dédommager la ville des sacrifices qu'elle a dû s'imposer.

GAIDE,
Curé de St-Remi.

Le Christ a dit : Laissez venir à moi les petits enfants. Quel est l'homme de cœur, de sens, qui ne consentira à s'occuper un instant des enfants, de leur avenir ; ils nous survivront, qu'ils bénissent notre mémoire.

CH. POISSON,
Sous-Préfet.

Le Procureur du roi de l'arrondissement de Reims a visité la salle d'asile ; il a été heureux de voir un établissement aussi éminemment utile, ouvert à l'enfance, et qui par les résultats déjà obtenus promet ceux qu'on est en droit d'attendre dans l'intérêt de l'instruction et de l'amélioration des classes laborieuses de la société. — Il a voulu en témoigner publiquement ici toute sa satisfaction.
13 janvier 1838.

EUG. DUBARLE.

J'ai visité avec beaucoup d'intérêt l'établissement de la salle d'asile ; les exercices m'en ont paru dirigés avec beaucoup de soin, et très propres à préparer l'éducation morale et religieuse des enfants.
Ce 20 février 1838. *Le président de la Cour d'assises.*
* * * * * *

J'ai visité avec le plus grand intérêt l'école de St-Remi : elle est aussi bien tenue que les salles d'asile les mieux conduites de Paris, et elle doit être essentiellement utile à ces populations laborieuses de Reims.

M. TERNAUX,

Membre du Conseil municipal de Paris.

Je me joins bien sincèrement à tous les éloges exprimés par les personnes qui ont déjà visité la salle d'asile, institution sans contredit la plus philanthropique, et digne du plus vif intérêt à tous égards.

Reims, le 8 juin 1838.

M. LEROUX.

Je n'ai que des éloges à donner à M. Bailly, directeur de la salle d'asile et à son épouse : il est surprenant qu'en aussi peu de temps, 220 enfants au-dessous de six ans, aient pu saisir et appliquer, avec tant d'aplomb, les mouvements nombreux des divers exercices. J'ai entendu, avec grand plaisir, les chants des petits enfants ; ils savent déjà conjuguer, et répondre sur la géographie de la France. Cet établissement me paraît le mieux tenu de tous ceux du département de la Marne.

L'inspecteur de l'instruction primaire,

POURPE.

Reims, le 12 Juin 1838.

C'est avec autant d'étonnement que d'intérêt que j'ai été témoin des connaissances acquises par les enfants qui fréquentent la salle d'asile, et de l'ordre parfait qui règne dans tous leurs exercices ; aussi, est-ce avec un véritable plaisir que je me joins aux personnes dont les noms précèdent pour les éloges, bien mérités, donnés par elles, au directeur de cet établissement.

Reims, le 30 juin 1838.

C. LECLERCQ,

Ancien secrétaire-général de la préfecture de la Marne.

J'ai trouvé avec grand plaisir un compatriote à la tête d'un établissement d'un intérêt si touchant. J'ai été surpris des connaissances variées de ces bons petits enfants; j'ai vu avec satisfaction leurs bonnes faces toute joyeuses, exprimant soit cette insouciance heureuse de l'enfance, soit le contentement de se trouver en si bonne petite société; on doit féliciter M. Bailly de ces heureux résultats. C'est bien tout ce qu'on peut attendre d'une salle d'asile.

Reims, le 20 Juillet 1838.

LEBRUN.

Un membre de la chambre des députés regarde comme son premier devoir de joindre son suffrage à ceux des honorables visiteurs qui l'ont précédé, en faveur d'un établissement destiné à diriger l'enfance dans la voie de l'ordre et de la morale, et dont la fondation fait honneur à l'autorité municipale de Peims.

Reims, le 1er décembre 1838.

BILLAUDEL.

Je ne puis que joindre mon suffrage à ceux qui précèdent pour jouer l'instituteur des soins qu'il donne aux enfants qui lui sont confiés, des résultats qu'il a obtenus, et qui doivent être un puissant encouragement pour la classe ouvrière qui lui confie ses petites familles.

Le préfet de la Marne ,

E. Bourlon de Sarty.

Ce n'est pas la première fois que je visite cette salle d'asile : si j'ai tardé jusqu'à présent à consigner ici l'expression de mes sentiments, c'est que j'ai voulu qu'une longue expérience vînt confirmer l'opinion favorable que je m'étais formée tout d'abord. J'ai visité aussi les salles du même genre qui existent à Paris. Je suis heureux et fier pour notre ville de Reims de proclamer que la salle confiée aux soins de M. et Mᵐᵉ Bailly peut, sans crainte, soutenir la comparaison avec les établissements analogues les mieux organisés de la capitale.

29 mai 1839.

Le maire de Reims ,

GOBET, adjoint.

N'ayant que quelques heures à passer dans cette ville, j'ai désiré visiter la salle d'asile, et c'est avec une sincère conviction que j'atteste qu'à Paris les asiles ne sont ni mieux institués ni mieux dirigés. M. et Mᵐᵉ Bailly méritent sous tous les rapports la reconnaissance de leurs concitoyens et des autorités.

12 juin 1839.

Le directeur de l'école normale ,

LEHERLE.

Je n'ai qu'à louer M. Bailly des succès toujours nouveaux qu'il obtient dans son école: tout y est bien , tout y est dans l'ordre : on sait déjà quelque chose en lecture et en géographie. A pareil jour, l'an passé, je formais le vœu que d'autres asiles existassent

— 44 —

dans la ville ; aujourd'hui que ce vœu est prêt d'être réalisé, il n'y a que des compliments à faire à l'administration qui sait ainsi pourvoir à tous les besoins de la population.

Reims, le 12 juin 1839

L'inspecteur de l'instruction primaire,

POURPE.

27 août 1839. J'ai visité l'asile hier et aujourd'hui. Aujourd'hui j'ai assisté à la classe du matin. Le surveillant est zélé et très bon pour les enfants, il serait à désirer dans l'intérêt de tous, que ce maître passât quelques semaines à Paris à l'école modèle. Il profiterait parfaitement de ce qu'il verrait, et son asile, j'en suis sur, ne laisserait rien à désirer: car M. Bailly a ce qui ne se donne pas, et qui est si précieux, le bon cœur, sans lequel toute direction est médiocre, sinon mauvaise.

EUGÉNIE CHEVREAU-LEMERCIER,

Inspectrice générale des asiles du royaume.

Nous, soussignés, avons accompagné Mᵐᵉ Chevreau en qualité de membres du comité d'instruction primaire de Reims.

L. CARON, BERGOUHNIOUX, Pʳᵉ PETIT, pasteur.

Nous avons admiré le maître et nous félicitons les enfants.

10 juillet 1840.

M. DE RIBAINS.

Nous avons visité avec le plus grand intérêt cette salle d'asile et nous n'avons que des éloges à donner à M. l'Instituteur.

Reims, ce 22 mai 1841.

RAOUL, *prêtre,* QUERRY, *vicaire gén.,* C. BRULE

Je suis heureux de pouvoir exprimer ici toute la satisfaction que j'ai éprouvée en assistant aux exercices dirigés avec tant de bienveillance et d'intelligence par le directeur de cette salle qui a obtenu tous les résultats qu'on pouvait désirer.

Reims, 11 juin 1841.

H. VIVÈS,
Membre du Conseil municipal.

J'ai assisté à tous les exercices des enfants de la salle d'asile, et je suis sorti tout émerveillé de cet intéressant établissement.

Le 2 mai 1842.

EUG. PERRIER,
Secrétaire de la Société d'agriculture du département de la Marne.

J'ai souvent visité la salle gardienne de St-Remi : j'ai admiré chaque fois la manière dont M. et Mme Bailly comprennent et accomplissent leur difficile mission. Ce qui est remarquable surtout dans cet établissement, ce n'est pas seulement l'ordre, la bonne tenue, les progrès des enfants, c'est leur physionomie gaie et contente : on voit que tous les enfants sont heureux de passer leur journée dans l'asile. C'est là le plus bel éloge du directeur : la bienveillance pour les enfants est un des meilleurs moyens d'éducation. M. et Mme Bailly emploient merveilleusement ce puissant mobile. Les enfants retrouvent, sous leur direction, toute la sollicitude de la famille. La salle d'asile de St-Remi peut aujourd'hui rivaliser avec les asiles les mieux tenus de Paris.

Reims, 17 juillet 1843.

Le Procureur du Roi,
BONNEVILLE.

La ville de Reims doit chaque jour remercier M. et Mme Bailly pour tous les soins qu'ils prodiguent à ces petits enfants, avec tant de patience, d'attention, de maternité: les salles d'asile seront surtout une œuvre de haute bienfaisance et d'éducation publique, lorsqu'elles seront dirigées, comme la salle de St-Remi, par des hommes d'intelligence et de cœur.

Toutes les fois que je viens visiter l'asile de St-Remi, je comprends mieux les douces et divines paroles du christ : Laissez venir à moi les petits enfants.

Reims, 23 juin 1845.

M....

Le registre des visiteurs contient encore d'autres annotations qui prouvent l'intérêt bienveillant qu'accordent aux asiles de Reims le comité supérieur d'instruction primaire, le comité local d'instruction primaire, et surtout Mesdames les inspectrices, dont les noms se retrouvent deux ou trois fois par mois, Madame Bonneville, Madame Fanart, Madame L. Adnet-Auger, Madame Lachapelle, Madame O. Goulet, Madame Bourdon, et Madame Alex. Delamotte. — N'oublions pas cette mention écrite de la main de M. le maire de Reims :

» Le maire de Reims est satisfait de la bonne tenue de l'asile St-Remi, et des soins donnés aux enfants par M. et Mad. Justinart.

6 Mars 1847.

CARTERET, *maire,* VIVÈS, adjoint.

Nous aimons à rappeler cette mention parce qu'elle a été inscrite au registre des visiteurs, en témoignage honorable au nouveau surveillant, M. Justinart.

Lorsque l'institution des salles d'asile s'étendait peu

à peu à tous les départements de la France, lorsque les bienfaits de ces charitables écoles du premier âge commençaient à être bien compris, le gouvernement du Roi avait senti la nécessité de régulariser les salles d'asile et de donner à leur organisation naissante une stabilité qui devait nécessairement avoir sa base dans les actes et les encouragements de l'autorité publique.

L'ordonnance royale du 22 Décembre 1837 intervint ; elle a jusqu'à présent servi de guide pour la bonne tenue et la direction des salles d'asile.

TITRE Ier. — *Des salles d'asile en général.*

ART. 1er. — Les salles d'asile ou écoles du premier âge, sont des établissements charitables où les enfants des deux sexes peuvent être admis jusqu'à l'âge de 6 ans accomplis, pour recevoir les soins de surveillance maternelle et de première éducation que leur âge réclame.

Il y aura dans les salles d'asile des exercices qui comprendront nécessairement les premiers principes de l'instruction religieuse, et les notions élémentaires de la lecture, de l'écriture, du calcul verbal. On pourra y joindre des chants instructifs et moraux, des travaux d'aiguille et tous les ouvrages de main.

ART. 2. — Les salles d'asile sont ou publiques ou privées.

ART. 3. — Les salles d'asile publiques sont celles que soutiennent, en tout ou en partie, les communes, les départements ou l'état.

ART. 4. — Nulle salle d'asile ne sera considérée comme publique qu'autant qu'un logement et un traitement convenables auront été assurés à la personne chargée de tenir l'établissement, soit par des fondations, donations ou legs, soit par des délibérations

— 48 —

du conseil général ou conseil municipal dûment approuvées.

TITRE II. — *De la direction des salles d'asile.*

ART. 5 — Les salles d'asile peuvent être dirigées par des hommes ; toutefois, une femme y est toujours préposée. Ces adjonctions sont permises dans des circonstances et des limites soigneusement déterminées. L'autorisation du recteur de l'Académie sera nécessaire. Elle ne sera donnée que sur une demande du comité local et sur l'avis du comité d'arrondissement, de l'inspecteur des écoles primaires, et du curé ou pasteur du lieu.

ART. 6. — Les directeurs et directrices des salles d'asile prennent le nom de *surveillants* et de *surveillantes*.

Les dispositions des articles 5, 6 et 7 de la loi du 28 juin 1833 sont applicables aux surveillants et surveillantes des salles d'asile.

ART. 7. — A l'avenir, on ne pourra être surveillant ou surveillante de salles d'asile, à moins d'être âgé de 24 ans accomplis. Sont exceptés de cette disposition la femme ou la fille, les fils, frères ou neveux du surveillant ou de la surveillante, lesquels pourront être employés, sous son autorité, à l'âge de 18 ans accomplis. Toute autre exception exige l'autorisation du recteur.

ART. 8. — Tout candidat aux fonctions de surveillant ou de surveillante d'asile, outre les justifications de son âge, devra présenter les pièces suivantes :

1o Un certificat d'aptitude ;

2o Un certificat de moralité ;

3o Une autorisation pour un lieu déterminé.

Art. 9. — Le certificat d'aptitude est délivré conformément aux dispositions de la loi du 28 juin 1833, après les épreuves soutenues devant les commissions d'examen spécifiées au titre suivant.

Nul ne sera admis devant les commissions d'examen sans avoir produit, au préalable, son acte de naissance et le certificat de moralité.

Art. 10. — Les certificats de moralité sont délivrés conformément à l'art. 6 de l'ordonnance du 23 juin 1836.

Le certificat donné dans la dernière résidence, ne pourra avoir plus d'un mois de date.

Art. 11. — Sur le vu et le dépôt de ces pièces, l'autorisation d'exercer dans un lieu déterminé, est délivrée par le recteur de l'académie, en se conformant aux dispositions des articles 7 et 11 de l'or donnance du 23 juin 1836.

Art. 12. — Les pièces ci-dessus ne sont pas exigées pour l'autorisation dans les cas prévus par l'art. 13 de l'ordonnance du 23 juin 1836.

TITRE III. — *Des commissions d'examen.*

Art. 13. — Il y aura, dans chaque département, une ou plusieurs commissions de mères de famille, chargées d'exercer, en ce qui touche l'examen des candidats aux fonctions de surveillants ou de surveillantes d'asiles, les attributions conférées par l'art. 25 de la loi du 28 Juin 1833 aux commissions d'examen pour l'instruction primaire.

Ces commissions délivreront les certificats d'aptitude prescrits par l'art. 10 de la présente ordonnance.

Elles en prononceront le retrait dans les cas prévus en l'art. 21.

4

Art. 14. — Les commissions d'examen seront prises parmi les dames inspectrices, dont il sera parlé au titre suivant. Leur nombre ne pourra pas être moins de cinq.

Le préfet les nomme.

Chaque commission sera placée sous la présidence d'un membre du conseil académique ou de la commission d'examen pour l'instruction primaire. Le président est à la nomination du recteur, ainsi que le secrétaire. A Paris, il prend séance dans la commission supérieure dont il est parlé ci-après.

Art. 15. — Les commissions se réuniront à des époques déterminées par le recteur. Elles recevront de lui les programmes d'examen et toutes les instructions nécessaires.

Art. 16. — Il sera institué une commission supérieure d'examen pour les salles d'asile, chargée de rédiger, pour tout le royaume, le programme des examens d'aptitude, celui de la tenue des salles d'asile, des soins qui y seront donnés et des exercices qui y auront lieu.

Ces programmes seront soumis à notre conseil royal de l'instruction publique, et devront être approuvés par notre Ministre de l'instruction publique.

La commission supérieure des asiles donnera son avis sur les livres qui pourront être considérés comme particulièrement propres aux salles d'asile, outre ceux qui sont approuvés par notre conseil royal pour l'instruction primaire. Dans aucune salle d'asile, à quelque titre et par quelques personnes qu'elle soit tenue, il ne pourra être fait usage de livres, autres que ceux qui auront été ainsi déterminés.

La commission supérieure pourra également, sous
l'autorité de notre ministère, préparer toutes les instructions propres à propager l'institution des salles
d'asile, à assurer l'uniformité des méthodes, et à fournir des directions pour le premier établissement des
salles qui seront fondées soit par les particuliers, soit
par les communes.

. ART. 17. — La commission supérieure des asiles
est composée de dames faisant ou ayant fait partie des
commissions d'examen. Elle est nommée par notre
ministre de l'instruction publique, et placée sous la
présidence d'un membre du conseil royal de l'instruction publique qu'il désignera, ainsi que le secrétaire.
La commission supérieure siége au chef-lieu de l'université.

TITRE IV. — *Des autorités préposées aux salles d'asile.*

ART. 18. — Les comités locaux, les comités d'arrondissement, et, à Paris, le comité central, exerceront sur les salles d'asile toutes les attributions de
surveillance générale, de contrôle administratif et de
pouvoir disciplinaire dont ils sont revêtus par la loi
sur l'instruction primaire, sauf les dérogations qui
sont contenues aux articles 21 et 22 de la présente
ordonnance.

ART. 19. — Des dames inspectrices seront chargées de la visite habituelle et de l'inspection journalière des salles d'asile.

Il y aura une dame inspectrice pour chaque établissement. Elles pourront se faire assister par des dames
déléguées qu'elles choisiront; elles feront connaître
leur choix au maire, à la diligence de qui les comités
en seront informés.

ART. 20. — Les dames inspectrices seront nommées,

sur la présentation du maire, président du comité local, par le préfet qui a seul le droit de les révoquer. Les dames déléguées font partie, de droit, des listes de présentation.

ART. 21. — Les dames inspectrices surveillent la direction des salles d'asile en tout ce qui touche à la santé des enfants, à leurs dispositions morales, à leur éducation religieuse et aux traitements employés à leur égard.

Elles provoquent, auprès des commissions d'examen, le retrait des brevets d'aptitude de tout surveillant et de toute surveillante d'asile dont les habitudes, les procédés et le caractère ne seraient pas conformes à l'esprit de l'institution. Les présidents des comités sont informés, au préalable, de la proposition des dames.

Les dames inspectrices pourront, en cas d'urgence, suspendre provisoirement les surveillants ou surveillantes, en rendant compte sur-le-champ de la suspension et de ses motifs au maire qui en référera, dans les vingt-quatre heures, le comité local entendu, au président du comité d'arrondissement, et à Paris, au président du comité central qui maintient, abroge, limite la suspension.

ART. 22. — Dans tous les cas de négligence habituelle, d'inconduite ou d'incapacité notoire, et de fautes graves signalées par des dames inspectrices, le comité d'arrondissement, et, à Paris, le comité central, mandera l'inculpé, et lui appliquera les peines de droit.

ART. 23. — Les dames inspectrices seront chargées de l'emploi immédiat de toutes les offrandes destinées par les comités, par les conseils municipaux et départementaux, par l'administration centrale ou par les particuliers, aux salles d'asile de leur ressort ; sauf, à l'égard des deniers publics, l'accomplissement de toutes les formalités prescrites pour la distribution de ces deniers.

Art. 24. — Les dames inspectrices feront, au moins une fois par trimestre, et plus souvent si les circonstances l'exigent, un rapport au comité local qui en référera au comité d'arrondissement, et, à Paris, au comité central. Ce rapport comprendra tous les faits et toutes les observations propres à faire apprécier la direction matérielle et morale de chaque salle d'asile, et ses résultats de toute nature.

Ce rapport pourra contenir toutes les réclamations qu'elles croiraient devoir élever dans l'intérêt de la discipline, de la religion, de la salubrité, de la bonne administration de l'établissement confié à leurs soins. En cas d'urgence, elles adresseraient directement leurs réclamations aux autorités compétentes.

Art. 25. — Les dames inspectrices, quand elles le jugeront utile, auront la faculté d'assister à la discussion de leurs rapports dans les comités ; elles y auront, en ce cas, voix délibérative.

Art. 26. — Il pourra y avoir des dames inspectrices permanentes, rétribuées sur les fonds départementaux ou communaux. Elles porteront le titre de *déléguées spéciales* pour les salles d'asile. Les déléguées spéciales seront nommées par le recteur, sur la présentation des comités d'arrondissement, et à Paris, par notre ministre de l'instruction publique, sur la présentation du comité central ; elles pourront siéger avec voix délibérative dans les comités et dans les commissions d'examen.

Art. 27. — Il y aura, près la commission supérieure, une inspectrice permanente, rétribuée sur les fonds du ministère de l'instruction publique, laquelle portera le titre de *déléguée générale* pour les salles d'asile, et sera nommée par le ministre de l'instruction publique. Elle aura droit d'assister, avec voix délibérative, à toutes les séances de la commission supérieure et des autres commissions d'examen.

Art. 28. — Les salles d'asile sont spécialement soumises à la surveillance des inspecteurs et des sous-inspecteurs de l'instruction primaire. Les inspecteurs d'académie devront les comprendre dans le cours de leurs tournées.

Art. 29. — Dans les cas prévus par les paragraphes 2 et 3 de l'art. 21 et par l'art. 22, les membres des comités exercent l'autorité spécifiée auxdits articles et dans les mêmes formes.

TITRE V. — *Dispositions transitoires.*

Art. 30. — Les personnes qui dirigent actuellement des salles d'asile publiques ou privées, en vertu d'autorisations régulièrement obtenues, pourront continuer à tenir leurs établissements, sans avoir besoin d'un nouveau titre si, d'ici au 1er avril prochain, le retrait de leur autorisation n'a pas été provoqué et obtenu par les comités ou par les commissions d'examen....

Cette ordonnance royale, rendue sous le ministère de M. de Salvandy, fut suivie, le 24 avril 1838, d'un règlement général arrêté par le conseil royal de l'instruction publique.

RÈGLEMENT GÉNÉRAL

Concernant la tenue des salles d'asile, les soins qui doivent y être donnés aux enfants et les exercices qui doivent y avoir lieu.

TITRE Ier — *Du local.*

ART. 1er — Les salles d'asile destinées à recevoir les enfants, seront situées au rez-de-chaussée, planchéiées, ou carrelées, ou airées en asphalte ou en salpêtre battu, et éclairées des deux côtés par des fenêtres qui auront leur base à deux mètres au moins du sol, avec chassis mobile.

ART. 2. — La forme de ces salles sera celle d'un rectangle ou carré long, d'au-moins quatre mètres de largeur sur dix mètres de longueur, pour cinquante enfants ; d'au-moins six mètres de largeur sur douze mètres de longueur, pour cent enfants ; et d'au-moins huit mètres de largeur sur seize mètres à vingt mètres de longueur, pour deux cents à deux cent cinquante enfants. Ce dernier nombre ne sera jamais dépassé.

ART. 3. — A l'une des extrémités de la salle seront établies plusieurs rangées de gradins, au nombre de cinq au moins et de dix au plus, disposées de manière que tous les enfants puissent y être assis en même temps ; il y sera pratiqué deux voies, l'une au milieu, l'autre au pourtour, afin de faciliter le classement et les mouvements des élèves et la circulation des maîtres et de leurs aides.

ART. 4. — Des bancs fixés au plancher seront placés dans le reste de la salle, avec un espace vide au milieu pour les évolutions.

Devant les bancs seront des cercles peints sur le plancher, des porte-tableaux et des touches : autour de la salle seront suspendus des tableaux de numération ou de caractères alphabétiques et d'autres tableaux présentant les premiers et plus simples éléments de l'instruction primaire.

ART. 5. — A côté de la salle d'exercices, il y aura un préau, en partie couvert et en partie à découvert, d'une dimension au moins triple de la première salle.

Dans la partie découverte, dont on ménagera l'exposition de la manière la plus favorable à la santé des enfants, seront placés divers objets propres à servir de jeux.

Sous la partie couverte, il y aura des bancs, qu'on pourra retirer et ranger à volonté.

Indépendamment de la partie couverte du préau, il y aura, autant qu'il sera possible, près de la salle d'exercices, une autre salle spécialement destinée aux repas, et servant de chauffoir pendant l'hiver ; on y disposera des planches pour recevoir les paniers des enfants, des bancs mobiles, des écuelles et autres ustensiles nécessaires.

ART. 6. — Les lieux d'aisance seront placés de telle sorte que la surveillance en soit très facile.

II. — *Du mobilier.*

ART. 7. — Le mobilier nécessaire aux salles d'asile comprend les objets ci-après énoncés : Des champignons pour les casquettes, les vestes ou gilets, et les tabliers ; des baquets ou jattes, des sébilles de bois ou des gobelets d'étain, des éponges et des serviettes, une fontaine, un poêle, deux lits de camp

sans rideaux ; une pendule, une clochette à main et
une cloche suspendue , un sifflet ou signal pour les
divers exercices de l'intérieur ; des tableaux , des porte-
tableaux et des touches, des ardoises et des crayons ;
une planche noire sur un chevalet , et des crayons
blancs , un boulier-compteur ayant dix rangées de
dix boules chacune , un ou plusieurs cahiers ou porte-
feuilles d'images , un cadre ou porte-gravures pour
placer l'image qu'on veut exposer aux regards des
enfants , une armoire où seront gardés les registres
et les tableaux , ainsi que les matériaux et les produits du travail manuel (1).

III. — *Du personnel des maîtres et de leurs aides.*

Art. 8. — Indépendamment du surveillant ou de
la surveillante désignés par les articles 6 , 7 et 8 de
l'ordonnance du 22 décembre 1837 , il y aura toujours , quelque soit le nombre des enfants , une femme
de service dans chaque salle d'asile.

Art. 9. — Lorsque le nombre des enfants s'élèvera au-dessus de cent , il devra y avoir , outre la
femme de service, au moins deux personnes préposées
à la surveillance ; elles seront choisies et autorisées
par le recteur de l'académie, conformément aux règles
établies par le titre II de ladite ordonnance.

Art. 10. — Les surveillants ou surveillantes des
salles d'asile communales , leurs aides ou autres employés , ne recevront des familles aucun paiement ni

(1) L'expérience a prouvé qu'il y avait convenance et utilité à exercer,
dès le plus bas-âge , les enfants à des travaux manuels , tels que le parfilage
des chiffons de soie , le tricot et surtout le tricot à grosses mailles et à
aiguilles de bois , la tapisserie, le filet, etc. Il est bien entendu que ce
n'est jamais un objet de spéculation pour les surveillants ou surveillantes.

rétribution, aucun cadeau ni offrande. Leur traitement leur sera remis directement par la caisse de la commune ou par une autre caisse agréée de l'autorité municipale.

IV. — *De l'admission des Enfants.*

ART. 11. — Seront admis dans les salles d'asile les enfants de l'âge de deux à six ans. Au-dessous et au-dessus de cet âge, l'admission ne peut avoir lieu que sur l'autorisation formelle de la dame inspectrice de l'établissement.

ART. 12. — Les parents doivent, avant l'admission, présenter au surveillant un certificat de médecin, constatant que leur enfant n'est atteint d'aucune maladie contagieuse, qu'il a été vacciné ou qu'il a eu la petite vérole.

ART. 13. — Chaque jour, avant d'amener leurs enfants à l'asile, les parents leur laveront les mains et le visage, les peigneront et auront soin que leurs vêtements ne soient ni décousus, ni troués, ni déchirés.

ART. 14. — Il sera tenu, conformément au modèle n° 1, annexé au présent statut, un registre sur lequel seront inscrits, jour par jour, sous une même série de numéros, les noms et prénoms des enfants admis, les noms, demeures, professions des parents ou tuteurs, et les conventions relatives aux moyens d'amener ou de reconduire les enfants.

ART. 15. — Les asiles seront accessibles aux enfants tous les jours de la semaine ; ils pourront même y être admis les jours fériés, pour des motifs graves dont la dame inspectrice sera juge. Néanmoins, les jours fériés, les salles d'exercices seront fermées, et les préaux seuls demeureront ouverts sous la garde de la femme de service ou d'une autre personne agréée par la dame inspectrice.

ART. 16. — Conformément à ce qui se pratique pour les écoles primaires soit de filles, soit de garçons, l'autorisation de tenir une salle ne donne que le droit de recevoir des externes; une autorisation spéciale sera nécessaire pour y admettre des enfants à titre de pensionnaires ; cette autorisation spéciale ne pourra être accordée que par délibération du conseil royal, sur la proposition du recteur de l'Académie.

v. — *Du partage des heures de la journée.*

ART. 17. — Les salles d'asile seront ouvertes : du 1er mars au 1er novembre, depuis neuf heures du matin jusqu'au coucher du soleil.

ART. 18. — Dans des cas d'urgence, sur lesquels il sera statué par la dame inspectrice, les surveillants devront même recevoir et garder les enfants soit avant, soit après les heures ci-dessus déterminées.

Les conditions particulières auxquelles pourront donner lieu les soins extraordinaires, que prendront alors les surveillants et surveillantes, seront également réglées par la dame inspectrice, qui en fera son rapport au comité local.

ART. 19. — Les exercices d'enseignement ont lieu chaque jour de la semaine, pendant deux heures au moins et quatre heures au plus ; chacun de ces exercices ne dure jamais plus de dix à quinze minutes.

vi. — *De l'inspection journalière.*

ART. 20. — Les dames inspectrices ou leurs déléguées exerceront continuellement une surveillance maternelle envers les enfants recueillis dans les salles d'asile ; elles étudieront les dispositions des enfants ; elles dirigeront les surveillants et surveillantes dans l'exécution du plan d'éducation tracé par les règlements et les programmes.

Les visites auront lieu à diverses heures de la journée, de manière à rendre la dame inspectrice témoin des exercices et des récréations ; elles auront pour objet la santé des enfants et les secours immédiats à distribuer aux enfants pauvres de l'asile.

ART. 21. — Un médecin sera attaché à chaque asile, et devra le visiter au moins une fois par semaine. Il inscrira ses prescriptions sur un registre particulier, conforme au modèle n° 2.

ART. 22. — Dans chaque salle d'asile est déposé un registre, conforme au modèle n° 3, sur lequel la dame inspectrice constatera le nombre des enfants présents, leurs occupations du moment et les observations qu'elle aura faites.

Ce même registre recevra les observations des personnes dénommées aux articles 24, 27 et 28 du présent statut.

ART. 23. — Un tronc sera placé dans chaque asile ; la clé en sera confiée à la dame inspectrice. Les deniers déposés dans ce tronc, ainsi que tous autres fonds qui seraient donnés spécialement pour l'asile, seront administrés au profit de l'établissement, conformément à l'art. 23 de l'ordonnance. L'argent sera employé à fournir des vêtements, soupes ou médicaments pour les enfants pauvres, infirmes ou convalescents qui fréquentent l'asile ; il pourra aussi être appliqué aux mêmes dépenses qui seront jugées nécessaires.

L'indication de l'emploi de ces recettes fera partie

du rapport trimestriel que les dames inspectrices feront au comité local de chaque commune, et, à Paris, au comité de chaque arrondissement municipal, conformément aux articles 24 et 25 de l'ordonnance.

VII. — *De l'inspection des déléguées spéciales.*

ART. 24. — Lorsque des fonds départementaux ou communaux, régulièrement votés, auront assuré le traitement d'une ou de plusieurs dames déléguées, conformément à l'article 26 de l'ordonnance du 22 décembre, le recteur de l'académie, après en avoir conféré avec le préfet de chaque département du ressort académique, fera connaître au ministre de l'instruction publique les circonstances qui rendraient nécessaire la nomination de ces déléguées, et il sera procédé à leur nomination comme il est dit à l'article précité.

ART. 25. — Les visites des déléguées spéciales auront pour principal objet, outre le rappel aux règlements, qui appartient à toute personne investie du droit d'inspection :

1º Le détail des dépenses, le bon emploi des fonds que le département ou la ville aura affectés au service des salles d'asile, et généralement le régime économique ;

2º La pratique des méthodes et des exercices adoptés conformément à l'ordonnance ;

3º La surveillance disciplinaire à l'égard des maîtres et maîtresses et de leurs aides.

ART. 26. — La dame déléguée spéciale devra exercer ses fonctions habituellement et sans mandat formel ; elle inspectera, suivant la nature et l'étendue

de son titre, toutes les salles d'asile du département
de l'arrondissement ou de la commune : elle adresses
ses rapports sur chaque asile au maire de la commune,
et à Paris, au préfet de la Seine, pour ce qui touche
le régime économique ; aux comités locaux et d'arrondissement, pour ce qui concerne la discipline et les
méthodes.

Elle communiquera ses observations à la dame
inspectrice, sur tout ce qui intéressera la santé des
enfants et les soins physiques et moraux qui doivent
leur être donnés.

VIII. — *De la déléguée générale.*

ART. 27. — Les fonctions de la dame inspectrice
permanente, nommée, en vertu de l'article 27 de
l'ordonnance, *déléguée générale pour les salles d'asile,*
s'exerceront à l'égard de tous les asiles de France,
d'après une mission, soit du président de la commission
supérieure, soit du ministre même de l'instruction
publique.

Tous les asiles devront être ouverts à la déléguée
générale : elle ne pourra rien ordonner ni rien prescrire ;
mais elle examinera les divers établissements sous tous
les rapports, se fera donner, par les surveillants et
par les diverses autorités préposées aux asiles, tous
les renseignements nécessaires sur chacun de ces établissements, et s'assurera si les règlements sont exactement suivis ; elle recueillera ensuite ses observations, et adressera à la commission supérieure, d'abord
un rapport séparé sur chaque asile, et, en définitive,
un rapport général sur tous les établissements que sa
mission aura dû comprendre.

Ces divers rapports seront l'objet des délibérations

de la commission supérieure, et, s'il y a lieu, donneront naissance à des dispositions règlementaires, soit pour un ou plusieurs asiles, soit pour tous les asiles du royaume.

IX. — *Des autres inspections.*

ART. 28. — Indépendamment de l'inspection journalière des dames inspectrices et de leurs déléguées, de l'inspection habituelle de la déléguée spéciale et de l'inspection annuelle de la déléguée générale, les salles d'asile seront soumises, conformément aux articles 18 et 28 de l'ordonnance, à l'inspection ordinaire, 1° des comités locaux et d'arrondissement, et, à Paris, du comité central ; 2° des inspecteurs et des sous-inspecteurs de l'instruction primaire, 3° des inspecteurs d'académie.

Les recteurs des académies et les inspecteurs géraux de l'université devront aussi comprendre dans leurs tournées les établissements de cette nature qui mériteront une attention particulière.

Le président et les membres de la commission supérieure pourront, à tout instant, exercer dans tous les asiles ce même droit d'inspection, et adresser au ministre de l'instruction publique leurs observations sur tous et chacun de ces établissements.

ART. 29. — Aux termes des art. 21, 22 et 29 de l'ordonnance du 22 décembre, les membres des comités d'arrondissement, et, à Paris, du comité central, pourront provoquer, auprès des commissions d'examen, le retrait du brevet d'aptitude de tout surveillant ou de toute surveillante dont les habitudes, les procédés et le caractère ne seraient pas conformes à l'esprit de l'institution : ils pourront de même, en cas d'urgence, suspendre provisoirement lesdits

surveillants ou surveillantes, en rendant compte sur-
le-champ de cette suspension et de leurs motifs au
maire de la commune, et, à Paris, au maire de
l'arrondissement.

Art. 30. — Toutes les fois que les asiles seront
visités par quelqu'un des fonctionnaires dénommés à
l'article 20 et suivants du présent statut, les surveillants et surveillantes devront exhiber les registres de
l'établissement, et répondre avec la plus grande exactitude aux questions qui leur seront adressées.

Art. 31. — Les surveillants et surveillantes qui con-
treviendraient aux dispositions de l'article précédent,
pourront être punis pour cette contravention, conformément aux articles 21, § 2 et 3, et 22 de l'ordonnance.

Art. 32. — Les surveillants ou surveillantes à qui
le brevet d'aptitude ou l'autorisation auront été retirés,
en exécution des articles 18 et 22 de l'ordonnance,
pourront se pourvoir devant le ministre de l'instruction publique en conseil royal, conformément à l'article 23 de la loi du 28 juin 1833, § 2 et 3 (1).

x. — *Des visites du public.*

Art. 33. — Les surveillants et surveillantes des
salles d'asile sont autorisés à recevoir les visites des

(1) L'instituteur, frappé d'une révocation, pourra se pourvoir devant le
ministre de l'instruction publique en conseil royal. Ce pourvoi devra être
formé dans le délai d'un mois, à partir de la notification de la décision
du comité, de laquelle notification il sera dressé procès-verbal par le
maire de la commune. Toutefois, la décision du comité est exécutoire par
provision.

Pendant la suspension de l'instituteur, son traitement, s'il en est
privé, sera laissé à la disposition du conseil municipal pour être alloué,
s'il y a lieu, à un instituteur remplaçant.

personnes qui désirent assister à quelques-uns des exercices.

Ils pourront néanmoins se refuser à recevoir. ces visites, lorsqu'elles leur paraîtront présenter quelque inconvénient pour la bonne tenue de l'asile, et ils devront, dans ce cas, en référer soit à la dame inspectrice, soit à la déléguée spéciale, soit enfin au maire de la commune ou de l'arrondissement municipal.

ART. 34. — Les surveillants et surveillantes, dans leur charitable sollicitude pour les enfants pauvres, se feront un devoir d'inviter les visiteurs à déposer leurs offrandes dans le tronc placé à l'entrée de l'asile.

S'il est fait quelque don à découvert, il sera mentionné à l'instant sur le registre spécial dit *des visiteurs*, et sur le registre de la dame inspectrice, en présence du donateur, et l'emploi en sera fait, ou selon la destination qui aurait été indiquée, ou, à défaut d'indication particulière, dans les termes de l'article 23 du présent statut.

ART. 35. — Lorsqu'une personne, aspirant aux fonctions de surveillant ou de surveillante, désirera suivre habituellement les exercices pratiqués dans une salle d'asile, et les pratiquer elle-même, à titre d'essai et d'étude, la dame inspectrice pourra donner l'autorisation d'assister auxdits exercices.

La dame inspectrice pourra retirer ou modifier cette autorisation selon qu'elle le jugera convenable.

XI. — *De la tenue des registres.*

ART. 36. — Il doit être tenu, dans chaque salle d'asile, cinq registres, savoir :

1° Le registre-matricule, prescrit par l'article 14, pour inscrire les admissions ;   5

2° Le livre du médecin, prescrit par l'art. 21 ;

3° Le registre des inspections, mentionné dans l'art. 22 ;

4° Le registre des visiteurs, indiqué dans l'art. 34,

5° Le livre des recettes et dépenses.

TITRE II.

Des soins qui doivent être donnés aux enfants.

ART. 37. — Les salles et préaux doivent être nettoyés et balayés tous les matins, une demi-heure avant l'arrivée des enfants.

ART. 38. — A l'heure indiquée pour l'arrivée des enfants, le surveillant ou la surveillante doit les recevoir, faire sur chacun d'eux l'inspection de propreté, examiner, sous le rapport de la quantité et de la salubrité, les aliments qu'ils apportent, exiger la remise du panier sur les planches disposées à cet effet, et adresser aux parents ou tuteurs les observations convenables.

L'enfant, amené dans un état de maladie, ne sera pas reçu ; il sera, selon les circonstances, ramené chez ses parents, ou dirigé aussitôt vers la demeure du médecin.

ART. 39. — Les surveillants et femmes de service, pénétrés de la sainteté du dépôt qui leur est confié dans la personne de ces petits enfants, doivent s'attacher de cœur et d'âme, à remplir leur mission avec une douceur inaltérable et une patience toute chrétienne.

Les enfants ne doivent jamais être frappés. La dame inspectrice veille avec le plus grand soin à ce qu'il ne soit jamais infligé de punitions trop longues et trop rudes.

ART. 40. — Le surveillant ou la surveillante doivent

toujours être présents aux exercices et aux recréations; ils doivent se maintenir en possession d'obtenir; à tout instant et au premier signal convenu, un silence immédiat et complet.

ART. 41. — Tous les soins de propreté et d'hygiène, nécessaires à la santé des enfants, seront immédiatement donnés par les surveillants ou surveillantes; les enfants qui se trouveraient fatigués ou incommodés, seront déposés sur le lit de camp ou dans le logement du surveillant jusqu'à ce qu'on puisse les rendre à leur famille.

ART. 42. — Les mouvements des enfants et les jeux appropriés à leur âge, seront dirigés et surveillés de manière à prévenir toutes disputes et tous accidents fâcheux. Le sol du préau sera toujours garni d'une forte couche de sable.

ART. 43. — Les heures de récréation offrent à des surveillants attentifs et intelligents des occasions continuelles d'instructions et de remontrances relativement à la propreté, à la tenue, à la politesse. Les mille petits incidents de chaque journée peuvent servir de texte à diverses leçons, qui ne s'oublieront jamais et qui porteront dans la suite les plus heureux fruits.

ART. 44. — Le surveillant doit constater, chaque jour, les absences et les présences, non en faisant subir un appel à des enfants si jeunes, mais en lisant tous les noms inscrits sur le registre matricule, et se faisant aider dans ses observations par la femme de service et par quelques-uns des enfants les plus âgés.

ART. 45. — Lorsque, après la dernière heure de classe ou de récréation, les enfants, malgré les représentations les plus instantes, faites habituellement

aux parents ou tuteurs, ne sont pas immédiatement repris par leurs familles, les surveillants et les
surveillantes doivent les retenir, afin qu'ils ne soient
pas exposés à se trouver seuls dans les rues, et en
conséquence, continuer leurs soins jusqu'à ce que
chaque enfant soit remis en mains sûres.

Si les parents, après avoir été dûment avertis,
retombent dans la même négligence, la dame inspectrice pourra autoriser le surveillant à ne plus
admettre l'enfant à la salle d'asile.

Art. 46. — En cas d'absences réitérées d'un enfant,
sans motif connu d'avance, le surveillant s'informera
des causes qui auront pu occasionner cette absence,
et en tiendra note pour en instruire la dame inspectrice.

Art. 47. — Le dimanche et les autres jours fériés, les surveillants et surveillantes devront, si
les parents le désirent, réunir les enfants les plus
avancés à la salle d'asile pour les conduire à l'office
divin.

Il conviendra aussi que, dans ces mêmes jours,
les surveillants visitent ceux des élèves qui seraient
malades, causent avec les parents du caractère et
de la conduite de leurs enfants, et des défauts et
des fautes qui méritent leur attention particulière,
s'entretiennent, avec le maire de la commune et avec
les personnes bienfaisantes, des besoins les plus pres-
sants de certains enfants ou de l'établissement même.

TITRE III.

Des exercices pratiqués dans les salles d'asile.

Art. 48. — Il y a dans les salles d'asile trois
sortes d'exercice, qui ont pour objet le développement

physique, moral ou intellectuel des enfants confiés à ces établissements.

Art. 49. — Les exercices corporels consistent principalement dans des jeux variés et proportionnés à l'âge des enfants, et dans les mouvements auxquels donnent lieu les diverses leçons indiquées par les règlements.

Art. 50. — Les exercices moraux tendront constamment à inspirer aux enfants un profond sentiment d'amour et de reconnaissance envers Dieu ; à leur faire connaître et pratiquer leurs devoirs envers leurs pères et mères, envers leurs maîtres et tous leurs supérieurs, à les rendre doux, polis et honnêtes dans leurs relations avec leurs camarades, et, en général, avec les autres hommes.

Cette instruction morale et religieuse sera donnée, non par de longues allocutions, mais par de bonnes paroles dites à propos, par de courtes réflexions, mêlées aux récits les plus touchants tirés de l'histoire sainte et des autres livres désignés par l'autorité compétente, et surtout par des exemples constants de charité, de patience et de piété sincère.

Art. 51. — Les exercices d'enseignement seront exactement renfermés dans les limites de l'instruction la plus élémentaire, telle qu'elle est déterminée par l'article 1er, paragraphe 2, de l'ordonnance du 22 décembre 1837.

Art. 52. — Il sera statué, par des règlements spéciaux pour les asiles de chaque département, sur le détail de l'emploi de toutes les heures de la journée et sur la répartition des divers objets d'enseignement (1).

_____

(1) Le *Manuel des salles d'asile* de M. Cochin fournira, sous ce rapport important, un grand nombre de données précieuses, déjà consacrées par une expérience de plus de dix années.

Les recteurs recueilleront les programmes qui ont été suivis jusqu'à présent dans les asiles actuellement établis ; et, après avoir pris l'avis des comités d'arrondissement, ils adresseront leurs propositions au ministre de l'instruction publique, pour être examinées en conseil Royal......

La plupart des prescriptions formulées par l'ordonnance du 22 décembre 1837 et par le règlement du conseil Royal, sont exécutées fidèlement dans l'asile du 3ᵉ arrondissement : les dames inspectrices remplissent avec sollicitude la mission qu'elles ont bien voulu accepter. Nous aimons à citer en particulier l'une des dernières inspectrices de cet asile, dont le cœur tendre et l'esprit intelligent imprimèrent à la direction de l'asile d'excellentes tendances ; le surveillant et les jeunes enfants du quartier Saint-Remi n'oublieront jamais son dévouement et sa charité.

Nous croyons utile de donner ici les extraits de quelques-uns de ses rapports.

Le 7 novembre 1843.

M. le maire,

..... J'aurai l'honneur de rappeler à votre attention la nécessité d'attacher à l'asile un médecin qui visite les enfants au moins une fois la semaine. Il est plusieurs de ces pauvres petits qui sont atteints d'infirmités contagieuses ou repoussantes, auxquelles on pourrait aisément remédier. Du reste, la proximité de l'hôtel-Dieu rendrait cette mesure facile.

A ce sujet, je ne puis assez dire toute la reconnaissance que nous devons à M. Hannequin qui, malgré ses nombreuses occupations, a bien voulu jusqu'à présent se consacrer officieusement à cette pieuse tâche;

mais des circonstances imprévues pouvant nous priver de ses soins généreux, nous devons désirer qu'une mesure légale assure à l'établissement le bienfait d'une inspection médicale, fixe et régulière.

A ces anciennes demandes, je crois devoir en ajouter une nouvelle qui, sans doute, a déjà frappé votre sollicitude : je veux parler de l'avantage qu'il y aurait d'accorder à la salle d'asile un filet d'eau courante. Cette prise d'eau, qui pourrait être empruntée à peu de frais aux tuyaux de l'hôtel-Dieu, serait pour l'asile une garantie nouvelle de propreté et de salubrité J'ajoute que c'est là presque une nécessité, les puits du haut de la ville étant sujets à tarir ; cet été, notamment, M. le directeur a été obligé, pendant plusieurs mois, d'aller chercher l'eau à une assez grande distance. Ces déplacements, outre qu'ils sont très pénibles, sont inconciliables avec la discipline de l'école.

Nous sommes toujours extrêmement satisfaits du zèle que montrent Mr et Mme Bailly. La tenue de l'école est parfaite, les petits enfants y paraissent très heureux et, sous ce rapport, nous n'avons rien à désirer. Nous remercions beaucoup M. le maire d'avoir bien voulu accorder à M. le directeur l'augmentation que nous avions sollicitée pour lui, et nous ne doutons pas qu'il ne continue à se montrer digne de la haute bienveillance que la municipalité lui a témoignée.....

A la séance du 12 novembre 1843, après la lecture de ce rapport, le comité local reconnaissant la nécessité des mesures qui venaient d'être signalées, unit ses vœux à ceux de Madame Bonneville pour leur prompte réalisation : Il applaudit en outre au zèle éclairé que Madame l'Inspectrice ne cessait de montrer pour les enfants de l'asile dont l'inspection générale lui avait été confiée.

1er février 1844.

M. le maire,

La salle d'asile St-Remi en ce qui touche la direction des exercices, les soins donnés aux enfants, les progrès obtenus, continue d'être dans un état très satisfaisant. Je n'ai que des éloges à donner à la conduite du directeur, et je ne puis trop répéter que M. Bailly est digne, par son zèle, de la confiance qu'on a mise en lui, et des encouragements qu'il a reçus de l'autorité.

De leur côté les dames qui partagent avec moi la tâche si douce de l'inspection, sont aussi vivement encouragées dans leurs efforts, par la bienveillance avec laquelle vous avez accueilli les diverses demandes qui nous ont paru propres à améliorer l'état matériel de l'établissement. Les changements, déja opérés par vos ordres, nous enhardissent à signaler de nouveau à votre haute sollicidude celles de nos demandes auxquelles il n'a pu encore être fait droit.

La première et la plus importante de toutes, est l'agrandissement de la salle. Je sais que déjà vous avez appelé sur cet objet l'attention du conseil municipal, nous espérons que prochainement l'état des finances de la ville lui permettra de réaliser cet agrandissement, si nécessaire dans l'intérêt de la santé des enfants.

Du reste, en attendant cette mesure, le calorifère qu'on vient de disposer dans la salle d'étude, contribuera à rendre l'air à la fois plus salubre et plus respirable.

Chargées de donner nos soins à tout ce qui concerne l'état moral et matériel des enfants, nous avons pensé qu'il entrait aussi dans nos devoirs de soulager leurs souffrances physiques ; nous n'avons pu voir sans peine le dénuement extrême de la plupart de ces pauvres enfants, à peine vêtus, par le froid humide et rigoureux qu'il fait; nous avons voulu vêtir au moins les plus nécessiteux. Vous savez, M. le Maire, qu'il nous a suffi d'exprimer cette pensée pour que de toutes parts la charité publique nous vînt en aide. La famille Royale, comme toujours, s'estempressée de donner l'exemple et d'envoyer de précieuses offrandes à cette collecte en faveur des pauvres enfants du peuple. Aussi, le résultat de la loterie tirée le 25 janvier 1844, au profit des deux salles d'asile de Reims, a-t-il de beaucoup dépassé nos espérances. Une somme de 1713ᶠ. a été partagée entre les salles d'asile Cérès et St-Remi, d'après la proportion du nombre des enfants. Avec ces sommes nous pourrons vêtir les plus nécessiteux, les vêtements ont été presque tous confectionnés *sans frais* par des dames charitables, ou confiées à de malheureuses femmes sans ouvrage. La distribution est faite par nous en présence et sur les indications de M. le curé, toutes les précautions convenables ont été prises pour que ces distributions ne puissent faire double emploi avec les secours donnés, soit par le bureau de bienfaisance, soit par les associations charitables de la ville. Enfin, ces vêtements, faits d'une même étoffe, contribueront à donner à la salle d'asile un aspect d'uniformité et de propreté qui importe au bon ordre intérieur.....

Reims, le 8 mai 1845.

M. le Maire,

J'ai l'honneur de vous adresser ci-après le rapport trimestriel de mon inspection de la salle d'asile St-Remi. Cette tâche m'a été rendue facile par l'empressement que Mesdames Lecomte, Lachapelle et Fanart ont bien voulu mettre à partager ma surveillance. Voici les principales observations que nous avons faites durant le cours de nos visites.

Etat matériel de la salle.

Le nombre des enfants des deux sexes inscrits est de 486. La moyenne de ceux présents à l'asile, chaque jour, est de 330. Ce nombre est beaucoup trop considérable, eu égard aux dimensions de la salle d'asile actuelle, qui ne pourrait en recevoir convenablement que 250 au plus. Il en résulte que les enfants étant pressés les uns sur les autres, les exercices se font avec moins de régularité, et que la surveillance est beaucoup plus difficile; on est même obligé, lorsque les enfants montent au gradin, de laisser les plus jeunes dans le préau, parce qu'ils ne peuvent trouver place sur les bancs, et qu'en restant dans la salle, ils distraient les autres enfants. Il y a dans cette pratique un grave inconvénient, car d'après les règlements qui instituent les asiles, les enfants doivent toujours rester sous les yeux du directeur. Il serait donc à désirer que l'autorité municipale pût remédier à cet état de choses, ou bien en faisant construire une seconde salle ou en réduisant à 300 le chiffre des admissions. Ce dernier parti serait préjudiciable, si l'on considère l'immense service que l'école gardienne rend aux familles des pauvres ouvriers.

Le préau qui est peu aéré, sans jour ni soleil, est surtout insuffisant pour cette multitude d'enfants.

Dans tous les cas il est un changement qui nous parait urgent, c'est l'éloignement des lieux d'aisance situés près et en face du préau. Ce voisinage peut être dangereux, il rend le préau très malsain, surtout durant les chaleurs.

La cour est également trop étroite.

État sanitaire de l'école.

En général la santé des enfants est bonne; toutefois, je signalerai à la sollicitude de M. le maire un grave abus, qui pourrait compromettre la santé de toute l'école : c'est qu'un certain nombre d'enfants reçoivent des bulletins d'admission, et fréquentent l'école sans avoir été vaccinés ; 14 sont dans cet état.

De plus, quelques enfants sont atteints, soit de maladies de peau, soit d'indispositions contagieuses, qu'ils peuvent communiquer à leurs camarades. Il nous paraîtrait essentiel qu'un médecin fût attaché à l'établissement ; cette mesure sanitaire serait une bienfaisante précaution pour l'avenir, et contribuerait à donner à tous ces enfants une bonne santé et une constitution robuste.

Situation morale des enfants.

La situation morale des enfants est des plus satisfaisantes; ils paraissent heureux et se livrent avec empressement à leurs exercices. Je ne saurai trop louer le zèle et le dévouement de M. le directeur Bailly, il est difficile de mieux comprendre sa mission. Il a su mettre de côté la gravité pédantesque du maître d'école pour ne parler à ces petits que la langue qu'ils comprennent; Mᵐᵉ Bailly partage tous les travaux de son mari, elle a pour les enfants une douceur et une sollicitude toute maternelle. M. Bailly possède une qualité trop rare parmi les instituteurs; il est fier de son état, il s'y livre avec l'orgueil et le dévouement qu'on met à suivre une vocation. Je ne puis mieux en donner l'idée que de rappeler à l'attention de M. le maire l'ingénieux instrument que M. Bailly a inventé, et établi à ses propres frais, pour les exercices de géographie. Par un mécanisme très simple cet instrument, auquel est adapté un buffet d'orgue, dirige les intonations du chant de géographie, et au moment où la série des strophes ramène le nom de chaque ville, un bouton se détache de la carte, et signale ainsi aux yeux des enfants l'endroit précis du royaume où est située cette ville. Au moyen de ce procédé, le maître peut graver en même temps dans la mémoire des enfants le nom et la situation topographique des départements et de leurs villes principales.....

.... Nous ne saurions trop particulièrement appeler sur M^r et Mme Bailly la sollicitude de l'autorité municipale. Leur dévouement sans bornes à la tâche pénible qui leur est confiée, fait désirer que, tôt ou tard, leur position pécuniaire soit améliorée.

Le 28 janvier 1846.

M. le maire,

Il y a longtemps que je n'ai eu l'honneur de vous adresser de rapport au sujet de la salle d'asile St-Remi, la cause de ce silence est dans l'absence d'aucun fait nouveau à vous signaler. L'excellente direction que M. et Mad. Bailly continuent à donner à l'asile et le zèle si honorable que Mesdames Lachapelle, Fanart et Adnet mettent dans la surveillance mensuelle, qu'elles ont bien voulu partager avec moi, ne me laissent en quelque sorte d'autre soin, que celui de vous réitérer l'expression des mêmes éloges.

Le nombre des enfants inscrits tend incessamment à s'augmenter ; nous ne comptions en 1843 que 486 inscriptions, cette année, ce nombre s'est élevé à 645 ; c'est une augmentation de plus d'un tiers. Cet accroissement prouve que les familles pauvres sentent de plus en plus le prix de l'institution des asiles.

Cette circonstance m'oblige à insister sur une des observations de mes précédents rapports ; il est un point sur lequel je ne puis me lasser d'insister, parce qu'il touche à la santé des enfants. C'est l'exiguité du préau. Lorsque les 350 enfants qui fréquentent journellement l'asile, y sont entassés, l'air y devient si épais et si insalubre, qu'on ne peut le respirer sans danger ; aussi, n'est-il pas une seule des personnes qui viennent visiter l'asile, qui ne se sentent suffoquées à leur entrée dans le préau, et qui ne s'empressent de le quitter ; or, cet air méphytique, que de grandes personnes ne peuvent supporter, même pendant quelques instants, doit être au dernier point malfaisant pour ces pauvres petites créatures si frêles, qui ont tant besoin de se développer, et qui sont forcées de rester des heures entières dans une pareille atmosphère. C'est trop déjà, qu'en rentrant chaque jour chez eux, ils aient à vivre dans des réduits froids et malsains ; au moins faut-il qu'il se trouve, dans l'asile que leur ouvre la bienfaisance municipale, les conditions indispensables de salubrité.

Ces observations deviennent frappantes, si l'on songe que ce préau, qui contient (terme moyen) 330 enfants, n'a que 11 mètres de long sur 5 mètres de large et 4 de hauteur ; ce qui donne à chaque enfant 16 centimètres carrès pour se mouvoir, et 16 centimètres cubes pour respirer, c'est-à-dire, à peine le dixième de la quantité d'air nécessaire pour la respiration normale. Sans oser insister ici sur des calculs qui sont hors de ma portée, quoique je les aie souvent entendu faire, je n'en ai pas moins la conviction qu'il est extrêmement urgent de remédier à cet état de choses, soit en diminuant le nombre des enfants admis, soit en pourvoyant, le plus-tôt possible, à l'agrandissement du local.

Le premier de ces moyens, je sais, M. le maire, que vous n'aurez jamais la pensée d'y recourir et de priver ainsi les enfants pauvres de la sauve-garde des asiles; il y a donc nécessité absolue d'aviser au second moyen.

Je persiste à regretter que les visites médicales ne se fassent pas à jour fixe; si cet ordre était établi, les parents pourraient, au jour indiqué, présenter leurs enfants, et aucun d'eux ne serait admis à l'asile sans avoir subi une visite préalable, le défaut de régularité sur ce point est un grave inconvénient. Souvent, après s'être présentés dix fois à l'asile sans avoir pu être examinés par le médecin, il arrive que les enfants se trouvent absents au jour imprévu de la visite, en sorte qu'ils sont ainsi privés du bienfait que l'administration a voulu leur assurer.

Il me reste, M. le maire, à vous transmettre une dernière observation qui n'est pas sans intérêt pour la bonne discipline de l'asile. J'ai souvent l'occasion de voir disparaître de la salle d'asile St-Remi des enfants de 5 ans qui, par leur intelligence et leur habitude des exercices, étaient le plus propres à diriger leurs petits camarades. Je me suis informé de la cause de ces disparitions et j'ai appris que ces enfants étaient reçus dans les écoles, malgré qu'ils n'eussent pas l'âge prescrit. Je me suis promis de vous signaler cet abus qui enlève à nos asiles les enfants les plus capables, ceux dont la présence est à la fois une garantie de meilleure discipline et un allégement à la tâche déjà si pénible du directeur.

Permettez moi, M. le maire, en terminant ce rapport,

de vous renouveler, au nom de Mesdames les inspectrices
et en mon nom particulièrement, notre commune
reconnaissance pour l'empressement que vous avez
daigné mettre à autoriser et à encourager par tous
les moyens, la loterie que nous avons organisée pour
vêtir nos enfants les plus nécessiteux.

Cette collecte que la générosité de M. le ministre de
l'instruction publique vient d'augmenter encore, nous
servira à améliorer le sort de ces pauvres enfants
qui, sans l'avoir mérité, sont les premières et les plus
malheureuses victimes de l'indigence qui afflige leurs
parents.....»

Les différents rapports de Madame Bonneville, lus
au comité communal d'instruction primaire, renvoyés
à l'administration, furent constamment la cause d'améliorations importantes dans l'asile du 3° arrondissement :
il n'était pas possible d'être plus maternelle et plus
zélée que ne l'était Madame Bonneville.

Lorsque Versailles nous l'enleva, un arrêté du préfet
désigna Madame Bourdon, comme inspectrice de l'asile :
elle s'adjoignit, au commencement de 1847, cinq dames
déléguées : Mesdames Fanart, Landouzy, Goulet-Gravet,
Alex. Delamotte et Renart : la surveillance de l'asile
se continua avec une remarquable sollicitude : Madame
Poisson a aujourd'hui remplacé Madame Bourdon : le
comité des dames sous-inspectrices est resté le même.
Ce sont d'excellentes garanties pour une inspection,
active et sincère, de l'important asile du 3° arrondissement : personne en effet n'a oublié, à Reims, tout ce
que Mme Poisson a prodigué de zèle et de dévouement,
au moment de la fondation du premier asile, en faveur
de tous les petits enfants ; elle aime ces jeunes et pauvres
enfants avec un cœur plein de foi et de charité.....

SALLE D'ASILE DU 2ᵉ ARRONDISSEMENT.

—

Il n'y avait à Reims en 1839 qu'un seul asile ouvert aux enfants d'un seul quartier de la ville. A la fois institution charitable et établissement d'instruction primaire, l'asile était reconnu et proclamé un grand bienfait et un bienfait nécessaire par les hommes de cœur et de pensée. Au centre d'un des quartiers peuplés et laborieux de la ville, vivait un homme qui alors grandissait chaque jour dans l'opinion publique, et qui bientôt, le noble et digne représentant de notre cité, allait porter dans les affaires du pays la généreuse et intelligente activité qui avait animé toute sa vie.

M. Houzeau-Muiron, créateur d'un établissement industriel important aux portes de Reims, près du faubourg de Laon, non loin du faubourg Cérès, se préoccupait, non seulement du sort et de l'avenir de l'ouvrier, mais il portait ses regards sur les enfants du travailleur, jeunes enfants de 2 à 6 ans, trop jeunes encore pour être admis aux écoles communales, trop jeunes surtout pour se livrer à aucun travail; il fallait les garder forcément au logis, au préjudice des enfants plus âgés ou au détriment de la mère de famille; à moins de les abandonner à tous les dangers de la rue, où ils contractaient forcément de funestes habitudes d'oisiveté et de vagabondage.

Plusieurs fois déjà, dans le sein du conseil municipal, sa voix toujours chaleureuse et sincère, s'était élevée pour réclamer le bienfait d'un asile pour les enfants des faubourgs qui se peuplaient et s'agrandissaient chaque jour davantage ; mais les finances de la ville ne permettaient pas de réaliser immédiatement cette création dont personne ne contestait l'utilité.

Ce fut alors que M. Houzeau, puisant dans son cœur généreux les inspirations élevées d'une noble charité, résolut de consacrer une part de cette fortune qu'il avait si laborieusement et si loyalement acquise par ses efforts et ses veilles, à l'œuvre de la création d'un nouvel asile pour le faubourg Cérès.

M. Houzeau était propriétaire au faubourg Cérès, dans la cour Favorite, d'un terrain assez considérable (peut-être un peu éloigné du centre et des portes mêmes de la ville), c'est cet emplacement qu'il résolut de consacrer à l'érection d'un nouvel asile.

L'administration municipale, à cette époque, avait résolu d'ouvrir, sur l'emplacement de la cour Favorite, une rue qui ferait communiquer la grande rue du faubourg Cérès à la rue de Bétheny, en passant devant l'établissement de Bethléem, dont les constructions s'élevaient alors ; Bethléem, qui, pour le dire en passant, doit tant au concours et à la charité inépuisable de M. Houzeau.

Cette rue nouvelle devait s'appeler, et s'appela en effet la rue Favorite : ce ne fut que plus tard, lorsqu'on changea le nom de plusieurs rues de la ville, qu'on lui donna le nom qu'elle porte aujourd'hui, le nom de rue Jacquart (1).

(1) N'est-ce pas le cas de regretter que, depuis la perte inconsolée et irréparable de M. Houzeau-Muiron, la ville de Reims, le berceau et la tombe de ce grand citoyen, n'ait pas immortalisé cette mémoire si chère, en donnant à une rue, à une place, à un édifice de notre cité,

M. Houzeau - Muiron fit d'actives démarches pour réaliser promptement son idée généreuse ; nous lisons dans les procès-verbaux du conseil municipal, que dans la séance du 26 octobre 1839, M. Plumet-Folliart, 1er conseiller, faisant fonctions de maire, fit l'exposé suivant :

Nous venons vous entretenir d'une œuvre toute de moralisation et de bien-être pour les enfants de la classe ouvrière ; nous venons vous demander votre concours pour la réalisation d'une idée dont une première application produit, tous les jours, à Reims les plus heureux résultats ; vous avez déjà nommé cette pieuse et charitable institution, la salle d'asile.

Deux ans à peine se sont écoulés depuis que notre ville jouit du bienfait de cette admirable création ; et ce court espace de temps a suffi pour nous révéler tout ce qu'il y a de prévoyance éclairée, de touchante sollicitude, d'avantages pour la classe pauvre, de progrès pour la génération naissante, au fond de cette idée si simple, si modeste. Réunir sous une surveillance commune et de tous les instants les enfants de 2 à 6 ans, que leurs parents sont obligés d'abandonner à eux-mêmes pendant le jour ; rendre au travail celles des mères qu'un sentiment bien naturel retenait, dans une oisiveté forcée, près de leur jeune fille, voilà ce qu'y gagnent les parents. Arracher tant de pauvres petites créatures aux dangers de l'isolement, et, tout en les surveillant avec soin, développer leur intelligence, détruire autant que possible l'effet des mauvais exemples et des mauvais principes, leur donner les

le nom de l'homme de bien qui a tant fait pour les arts, pour l'industrie, pour le commerce, pour les ouvriers, le nom de l'homme de bien qui avait une intelligence si vive et un si grand cœur.....

premières notions du bien , les premiers éléments de l'instruction, voilà ce qu'y gagnent les enfants. Ainsi, sécurité , travail , aisance chez les uns , bien-être physique et moral chez les autres; tel est le but des salles d'asile. Vous l'avez bien compris , Messieurs , lorsque vous avez doté notre ville d'un de ces établissements précieux partout , mais principalement dans les grands centres de production où les travailleurs abondent. Dans l'impuissance d'en faire jouir à la fois tous nos concitoyens , vous avez donné la préférence à ceux des quartiers hauts de la ville où le besoin s'en faisait le plus vivement sentir. Mais vous manifestâtes alors l'intention de créer plus tard une salle d'asile par arrondissement. Et , en effet , il n'en pouvait être autrement avec cet esprit élevé et libéral qui a fondé chez nous l'instruction primaire sur d'aussi larges bases : on a compris , qu'en prenant les enfants à l'âge le plus tendre , on les trouverait ensuite bien mieux disposés à recevoir le bienfait de l'instruction auquel les aurait préparés une éducation convenable ; on a compris , disons-nous , que la salle d'asile est le préliminaire obligé de l'école.

Vous savez ce qui a empêché jusqu'à présent l'administration de réaliser la pensée du conseil municipal. D'importants travaux ont absorbé et absorberont encore pendant un certain temps la meilleure partie des ressources de la ville. Il était donc à craindre que nous ne fussions obligés de rejeter à une époque encore éloignée l'exécution d'un projet dont l'utilité est universellement reconnue. Heureusement la générosité d'un de nos honorables concitoyens et collègues est venue à notre aide en cette circonstance. M. Houzeau-Muiron , voulant hâter de tout son pouvoir la réalisation de cette œuvre de bienfaisance , a fait à l'administration une offre dont je vais avoir l'honneur de vous donner lecture.

M. le maire de la ville de Reims.

J'ai depuis longtemps l'intention de faire construire, à mes frais, une salle d'asile dans le faubourg Cérès, et d'en offrir à la ville la disposition gratuite pendant dix années. Si vous pensez, M. le maire, que cette proposition puisse être agréée, je vous l'adresserai immédiatement dans les formes légales.

Le bien produit par les salles d'asile est évident aujourd'hui pour tous ; déjà la salle construite dans le 3ᵉ arrondissement a rendu de grands services ; mais il est à craindre que les travaux importants que la ville vient d'entreprendre ne permettent que dans un avenir assez éloigné, de fonder de semblables établissements dans tous les quartiers de la ville où le besoin s'en révélerait. Je pense donc que la salle d'asile que je propose de construire pourra être utile, ne dût-elle être considérée que comme provisoire ; car elle serait établie au milieu d'une nombreuse population d'ouvriers.

J'ai l'honneur d'être, M. le maire, votre dévoué serviteur.   *Signé* HOUZEAU-MUIRON.

Reims, 26 août 1839.

Vous l'avez entendu, Messieurs, l'intention de M. Houzeau est de faire construire à ses frais, dans un temps très rapproché, une salle d'asile dont il abandonnerait à la ville la jouissance gratuite pendant dix ans. Nous ajouterons, pour compléter sa pensée, qu'à l'expiration de ce délai, la ville sera parfaitement libre ou d'acquérir l'immeuble au prix fixé par une estimation contradictoire, ou de la laisser à M. Houzeau, sans être tenue à aucune indemnité.

Cette offre nous a paru aussi avantageuse pour la ville qu'honorable pour son auteur. Elle présente un incontestable caractère d'utilité publique, que ne vient contrebalancer aucun inconvénient; c'est, en un mot, une donation, sans autres charges que celles ordinaires d'appropriation et d'entretien. Nous avons été surtout frappés, et nous insistons sur ce point, de la liberté laissée à la ville au sujet de l'acquisition de l'immeuble. Dix ans de possession gratuite sont déjà par eux-mêmes un don considérable. Joignez à cela l'avantage de pouvoir, pendant tout ce temps, appliquer nos ressources à d'autres améliorations sans en rien distraire pour celle-là; la facilité que nous aurons, au moyen de ce long délai, en cas d'acquisition, de faire face à une dépense qui, tôt ou tard, est inévitable; enfin, l'absence de tout engagement qui nous lierait pour l'avenir, et la faculté d'exécuter, par la suite, tel autre plan qui nous paraîtrait préférable.

Indépendamment de cet avantage, l'offre de M. Houzeau nous permettra de donner dans un court délai à nos concitoyens le bienfait d'une salle d'asile; et ce bienfait, nous vous l'avons dit, pourrions-nous le leur accorder avant plusieurs années? Dans une bonne œuvre de ce genre, à laquelle sont intéressés tant de malheureux et tant d'honnêtes ouvriers, n'est-ce pas un bien immense que de devancer ainsi l'époque de la jouissance?

Enfin, le choix de l'emplacement nous a paru remplir le but que s'est proposé M. Houzeau, que nous nous proposerions nous-même, celui de fonder une pareille institution au sein d'un quartier populeux,

habité par la classe ouvrière, à laquelle elle est spécialement destinée. Après la partie haute de la ville, le
faubourg Cérès est un des quartiers qui, par la nature
et le nombre toujours croissant de leur population,
ont le plus de droit à votre intérêt. Cet accroissement
est sensible par les nouvelles constructions que chaque
jour voit s'élever, et qui augmentent constamment
l'importance de ce faubourg. Ces habitations sont occupées par des ouvriers, ceux précisément à qui une
salle d'asile sera le plus utile. Nous nous sommes
assurés approximativement du nombre d'enfants de 2
à 6 ans que cette partie de la ville pouvait contenir :
le chiffre en était de 242 au mois de mai 1836, époque
du dernier recensement. Depuis ce temps, il a dû
croître dans la même proportion que le reste de la
population. Il serait donc au moins égal à celui des
enfants qui fréquentent la salle d'asile du 3ᵉ arrondissement, et supérieur à la moyenne des enfants qui
fréquentent les salles de Paris. A côté d'avantages
aussi évidents, figurent, nous vous l'avons dit, quelques charges indispensables. Les frais de premier
établissement, d'entretien du bâtiment et du mobilier,
le traitement d'un surveillant, etc., sont autant de
dépenses que la ville aura à supporter. Ces dépenses,
que nous appellerons productives, ne sont pas hors
de proportion avec nos ressources ; elles nous paraîtront encore plus légères, comparées aux précieux
résultats que nous en attendons. Si nous avons été
assez heureux pour vous faire partager notre opinion,
il sera nécessaire d'ouvrir, au budget de l'exercice
1840, un crédit spécial pour cet objet ; car il est
probable que nous pourrons, dans le courant de l'année
prochaine, entrer en jouissance de la salle d'asile qui
nous est offerte.

En résumé, Messieurs, nous vous proposons d'accepter l'offre généreuse de M. Houzeau, de lui exprimer toute la reconnaissance qu'elle inspire au conseil municipal, et de déclarer qu'il sera pourvu aux dépenses qu'elle nécessitera, par une allocation spéciale au budget de la ville pour 1840.

Le Conseil, après en avoir délibéré, considérant l'intérêt immense qui s'attache aux salles d'asile et la grande utilité dont elles sont pour la classe ouvrière;

Considérant que l'offre généreuse, faite par M. Houzeau-Muiron, lui permettrait de réaliser immédiatement un vœu dont les charges actuelles de la ville auraient ajourné l'exécution pendant plusieurs années; que cette offre n'entrainait pour la ville d'autres dépenses que celles ordinaires d'appropriation et d'entretien;

Considérant que la salle d'asile que M. Houzeau se proposait de construire, réunirait les conditions les plus désirables, étant située au centre d'un quartier populeux et habité par la classe ouvrière à laquelle elle était spécialement destinée;

Accepta avec empressement l'offre faite par M. Houzeau-Muiron, de construire, à ses frais, une salle d'asile au centre du faubourg Cérès, et d'en abandonner à la ville la jouissance gratuite pendant dix années, et lui exprima la vive reconnaissance qu'elle inspirait au conseil, et qu'elle inspirera à tous ses concitoyens, particulièrement à ceux qui étaient appelés à en jouir;

Dit qu'il serait pourvu aux dépenses nécessitées par la création d'une seconde salle d'asile, par une allocation spéciale au budget municipal, pour 1840.

Quelques obstacles retardèrent la construction immédiate de la salle d'asile du faubourg Cérès; mais le

30 mars 1840, M. Houzeau adressa à M. le maire de Reims, la lettre suivante que nous avons lue dans les archives du bureau de l'instruction publique, à l'hôtel de Ville : elle porte le n° 981.

M. le maire,

L'administration et le conseil municipal ayant accueilli favorablement la proposition que j'ai faite de construire, à mes frais, une salle d'asile, dans le faubourg Cérès, et d'en laisser pendant dix ans la jouissance gratuite à la ville, j'ai l'honneur de vous adresser les plans des constructions que je désire exécuter. Je vous prie, M. le maire, si des changements ou additions vous paraissent utiles, de vouloir bien me les désigner. Je me conformerai en tout aux modifications qu'il vous plaira d'indiquer.

J'ai l'honneur d'être, M. le maire,

votre très dévoué serviteur,

signé HOUZEAU-MUIRON.

Cette lettre fut renvoyée avec les devis et les plans à M. l'architecte de la ville, le 2 avril 1840, par M. le maire par intérim (M. Mag. Leroux, conseiller municipal appelé) : M. l'architecte de la ville mit sur la lettre même de M. Houzeau la mention suivante : » L'architecte soussigné, après avoir examiné le projet de construction d'une salle d'asile, pour le faubourg Cérès, présenté par M. Houzeau, a reconnu que la disposition de cette salle était bien appropriée à sa destination, et qu'en conséquence il y avait à en autoriser l'exécution.

Reims, le 7 mai 1840.

signé BRUNETTE.

M. le maire répondit le 12 mai à M. Houzeau, et les travaux purent commencer aussitôt.

Il fallait s'occuper de choisir un bon surveillant pour la salle d'asile; dans la séance du 25 octobre 1841, le comité communal émit l'avis unanime qu'il y avait lieu par M. le recteur de l'Académie de Paris, d'autoriser M⁾ᵉ Delaroc à diriger la salle d'asile qui devait s'ouvrir à Reims, au faubourg Cérès.

Mais quelques jours après sa nomination, M⁾ᵉ Delaroc fit connaitre à M. le maire que des motifs particuliers la forçaient à renoncer à la direction de l'asile du 2ᵉ arrondissement.

En conséquence de cette détermination et dans la séance du 22 janvier 1842, M. le maire exposa au comité communal qu'il était nécessaire de pourvoir à la nomination d'un surveillant de la salle d'asile, du faubourg Cérès, en remplacement de M⁾ᵉ Delaroc; que le sieur Louis Poirrier, ancien instituteur à Bezannes, sollicitait cette place, et qu'il y avait lieu, par le comité, de donner son avis sur ce candidat.

Après avoir examiné les pièces produites, le comité prit la délibération suivante :

V.u la demande adressée, le 21 décembre 1841, par le sieur Poirrier, ancien instituteur, à M. le maire de Reims, à l'effet d'obtenir la direction de la salle d'asile qui doit s'ouvrir au faubourg Cérès, et les pièces y annexées ;

Vu aussi l'ordonnance royale du 22 décembre 1837 et celle du 23 juin 1836 ;

Considérant que le sieur Poirrier présentait un certificat d'aptitude à lui délivré, le 16 décembre 1841, par la commission d'examen du département de la Seine.

Qu'il produisait également plusieurs certificats de moralité, et que d'ailleurs les renseignements recueillis par le comité lui avaient été très favorables ;

Le comité fut d'avis unanime qu'il y avait lieu, par M. le recteur de l'Académie de Paris, d'autoriser le sieur Poirrier à diriger la salle d'asile qui devait s'ouvrir à Reims, au faubourg Cérès.

M. Poirrier fut en effet nommé surveillant de la salle d'asile du 2ᵉ arrondissement, par arrêté de M. le recteur de l'académie de Paris.

Cependant la construction de la salle d'asile venait d'être achevée : au printemps de l'année 1842, le généreux fondateur, M. Houzeau-Muiron, prévint l'administration municipale que l'asile pourrait, dans un délai rapproché, être ouvert aux jeunes enfants du faubourg Cérès : l'administration s'occupa immédiatement de terminer l'appropriation des locaux qui lui étaient concédés ; les bancs, les gradins, les tableaux de lecture et de numération, tous les objets nécessaires furent achetés ; et au mois de mars 1842, on permit à M. Poirrier de venir occuper, avec sa famille, les appartements destinés au surveillant et situés au-dessus de l'asile : il put lui même activer les préparatifs indispensables, veiller à ce que les murs séchassent complètement, à ce que les boiseries fussent placées, à ce que toute la salle et ses dépendances fussent en bon état.

Ce fut au mois de mai 1842 que la salle d'asile fut définitivement ouverte, que les enfants y furent admis ; en un mot, le 2 mai 1842, la ville de Reims entra en jouissance de l'établissement créé par les soins généreux de M. Houzeau.

Nous avons entre nos mains une des affiches qui

furent en grand nombre répandues dans la ville, pour annoncer au public l'ouverture de l'asile du 2ᵉ arrondissement. Elle est conçue en ces termes :

INSTRUCTION PRIMAIRE.

Ouverture de la Salle d'asile du second arrondissement.

Le maire de la ville de Reims prévient ses concitoyens que la salle d'asile du second arrondissement, située faubourg Cérès, rue Favorite, sera ouverte le lundi 2 mai 1842.

Les personnes qui voudront y faire admettre des enfants, sont tenues de les présenter, dès à présent, à M. Poirrier, surveillant de la salle, chargé de donner les renseignements nécessaires à l'admission.

Les enfants des deux sexes seront reçus depuis l'âge de 2 ans au moins, jusqu'à l'âge de 6 ans au plus.

Reims, le 8 avril 1842.

signé LANSON, adjoint.

Nous avons eu un but en insérant ici le texte de cet avis de M le maire de Reims à ses concitoyens ; c'est de déterminer la durée de la jouissance gratuite de la ville, ou plutôt l'époque à laquelle a commencé cette jouissance gratuite qui doit être de dix années.

Aux termes de la lettre de M. Houzeau-Muiron, que nous avons rapportée plus haut, et qui est en date du 30 mars 1840 : « L'administration et le conseil municipal, ayant accueilli favorablement la proposition que j'ai faite de construire, à mes frais, une salle d'asile dans le faubourg de Cérès, et d'en laisser pendant dix ans la jouissance gratuite à la ville..... » Aux termes de cette lettre, disons-nous, .

c'est la jouissance de la salle que l'on veut laisser pendant dix ans à la ville ; par conséquent, il faut que la ville soit en jouissance pour que le droit qu'on lui concède et qu'elle a accepté puisse s'exercer ; le point de départ des dix années sera donc la jouissance. Or, la jouissance a évidemment commencé le 2 mai 1842, le jour où le premier enfant fut admis à la salle d'asile ; par conséquent, suivant nous, et nous le croyons, suivant la logique, suivant le droit, suivant les intentions de M. Houzeau-Muiron, la concession gratuite de la jouissance de l'asile du 2e arrondissement, doit s'étendre pour la ville jusqu'au 2 mai 1852.

La salle, proprement dite de l'asile du 2e arrondissement, est dans d'excellentes conditions de salubrité et de propreté; éclairée sur trois de ses faces par huit grandes fenêtres garnies de rideaux, l'air et le soleil y pénètrent abondamment. — Les gradins y sont bien disposés, ainsi que les petits bancs le long des murs où sont appendus les syllabaires et les tableaux qui représentent les principaux sujets de l'histoire sainte, ou les animaux domestiques et les animaux remarquables de la création, ce qui permet aux enfants de se familiariser avec des objets nouveaux dont ils apprennent le nom.

Il serait à désirer seulement que la salle d'asile fût isolée des habitations voisines.

Le préau couvert qui précède la grande salle de l'asile est dans de conditions assez satisfaisantes : il est large, spacieux, les enfants peuvent y jouer librement et y respirer un air facile à être renouvelé. — Il s'ouvre sur la cour intérieure ou préau découvert, une petite galerie court tout autour de ce dernier préau et tend encore à le rétrécir; il est en effet bien étroit pour

qu'un si grand nombre de petits enfants puissent s'y
ébattre à volonté, et surtout il est presque constamment
infecté par les lieux d'aisances de l'asile ; nonobstant
tous les soins du surveillant, ils répandent une mauvaise odeur qui empoisonne l'air dans cet étroit espace.
Les lieux d'aisances, en effet, occupent une partie du
préau découvert, et le rendent à peu près inhabitable
au moment des fortes chaleurs de l'été. Cela est fort
regrettable, et l'on ne pourrait remédier à un pareil
état de choses qu'en déplaçant les lieux d'aisances : il
faudrait, pour y parvenir, élargir le préau découvert,
c'est-à-dire, acquérir quelques mètres des terrains
circonvoisins. Il n'y a pas lieu d'y songer, malheureusement, eu égard à la possession précaire et limitée de
la ville.

Lorsqu'avant 1852, s'élèvera la question de savoir si
la ville doit devenir acquéreur et propriétaire de l'asile
appartenant aujourd'hui aux héritiers de M. Houzeau-
Muiron, ou bien, faire construire aux frais du trésor
municipal, dans un quartier plus rapproché, plus
central, une salle dont les dépendances seront plus
larges, mieux appropriées à l'utile et bienfaisante
destination qu'elle a pour objet, nous croyons que le
conseil municipal devra incliner pour ce dernier parti ;
nous réservons jusques là notre opinion, nous en
ferons plus tard connaitre les motifs.

Le contrôle général de l'asile du 2ᵉ arrondissement
établit que depuis le 1ᵉʳ janvier 1847 jusqu'au 8 juin,
181 garçons furent inscrits et 167 filles, — en tout
348 enfants ; il faut ajouter à ce chiffre 7 enfants,
admis provisoirement durant la 1ʳᵉ semaine de juin,
et qui le seront définitivement, s'il y a lieu, après
la visite de quinzaine faite très régulièrement par le

médecin de l'asile, M. le docteur Bouchard ; par conséquent 355 enfants. Mais il convenait de retrancher 51 enfants qui ne viennent plus à l'asile, la plupart ayant atteint l'âge de 6 ans, quelques-uns délogés, et 7 pauvres petits enfants décédés. — Il reste par conséquent 304 enfants qui pourraient être tous à la fois présents à l'asile du faubourg Cérès, — mais les mêmes causes que déjà nous avons indiquées se reproduisent ici, et concourent à diminuer le nombre des enfants : ces causes sont les maladies, la négligence de quelques parents, la grande misère de l'*hiver* de 1847, qui, dans les quartiers pauvres de *la* rue de Bétheny, du faubourg de Laon, et de quelques unes des tristes rues de ce quartier qui est encombré, plus que les autres, d'ouvriers malheureux étrangers à la ville, la misère, qui poussait quelques familles à envoyer les enfants mendier dans les rues et sur les routes.

En 1846, aux mois d'octobre et de novembre surtout, l'asile fut fréquenté régulièrement par la plupart des enfants en état de s'y présenter, dès le mois de décembre 1846, le nombre des enfants alla en diminuant ; il atteignit sa période de décroissement en février, et depuis lors, il reprit peu à peu son niveau plus élevé, sans toutefois arriver à son heureuse période du mois d'octobre 1846.

Au mois de juillet 1848, les enfants journellement présents à l'asile du 2ᵉ arrondissement étaient au nombre de 280. — Ce nombre tend constamment à s'accroître davantage.

Le registre des visiteurs de l'asile du 2ᵉ arrondissement n'a été ouvert que le 30 janvier 1843

Il a reçu de nombreuses mentions et surtout un nombre considérable de signatures ; celles que nous nous plaisons à indiquer sont surtout celles de Mmes les inspectrices et sous-inspectrices. — Toutes les pages du registre des visiteurs portent l'empreinte de la sollicitude constante et dévouée de Mme E. Seillière, de Mme Félix Boisseau, de Mme Vivès, de Mlle Clémence Houzeau, de Mme A. Mirambeau, de Mme Benoist-Petizon, de Mme Petit-Delbourg, de Mme Lebrun-Lepreux.

Les membres du comité supérieur d'instruction primaire, les membres du comité local d'instruction primaire, M. le curé de St-André, M. l'inspecteur de l'instruction primaire du département de la Marne, M. le sous-préfet de l'arrondissement, M. Carteret, maire de Reims, ont visité à diverses reprises l'asile du 2e arrondissement ; ils ont consigné au registre des visiteurs leur satisfaction, et ont rendu hommage à la direction aussi intelligente que dévouée de ces deux dignes instituteurs de l'enfance populaire, M. et Mme Poirrier. Ils sont surveillants de cet asile depuis sa fondation, et ils s'acquittent en effet de leur tâche avec le zèle le plus louable. — Ils sont, au reste, bien secondés par la sollicitude des dames inspectrices ; les rapports qu'elles ont adressés à l'administration municipale méritent d'être mentionnés.

A Messieurs les membres du comité local d'instruction primaire :

L'inspectrice et les dames déléguées insistent, autant que possible, sur les demandes adressées par elles dans un de leurs précédents rapports ; elles sentent plus que jamais la nécessité de ces réclamations qu'elles se font un devoir de remettre sous les yeux du comité.

1° La visite d'un médecin dont l'urgence se fait sentir fréquemment : ces jours derniers encore, deux enfants ont paru atteints d'une maladie qui, en peu de jours, pouvait se communiquer; dans l'incertitude ils ont dû être renvoyés indéfiniment. Il est fâcheux d'en venir là, sans avoir une certitude positive.

2° Une borne-fontaine : la propreté de l'établissement demande beaucoup d'eau, on a pour toute ressource les puits des voisins, ce qui entraine de graves inconvénients. Les bornes-fontaines du faubourg se trouvent à une grande distance et ne peuvent être d'aucun secours.

3° Les lieux d'aisances, déjà si incommodes, sont dans le plus mauvais état et tellement dégradés, qu'il est indispensable d'y remédier au plus vite. Malgré la saison froide, l'odeur malsaine qu'ils répandent se communique non seulement dans la cour, si petite, mais dans la première classe, qui ne reçoit d'air que par cette cour.

4° Outre les inconvénients déjà signalés, la cour a grand besoin de réparations ; le terrain est devenu inégal et dangereux pour les enfants, et, sous la partie couverte arrangée en asphalte, ils ne peuvent se soutenir, tant ce mode pavage est glissant par l'humidité.

5° A la porte d'entrée, diminuer la hauteur de la marche que les enfants ont peine à monter seuls.

Reims, 30 novembre 1843.

Signé FÉLIX BOISSEAU, née DELAMOTTE,
Inspectrice de la salle d'asile.

Le comité reconnut l'urgence et l'utilité de ces mesures ; il se joignit à madame l'inspectrice pour en solliciter la prompte exécution de la part de l'administration municipale, et, par sa délibération du 10 décembre 1843, il insista pour que ces réparations et améliorations reçussent aussitôt leur exécution.

Madame Félix Boisseau, que les pauvres ont longtemps pleurée pour son inépuisable et charitable bonté, fut remplacée par Mᵐᵉ Vivès, comme inspectrice de la salle d'asile du 2ᵉ arrondissement.

Rapport trimestriel.

20 janvier 1847.

M. le maire,

Je me plais à constater pour le trimestre qui vient de s'écouler, l'aptitude de M. le surveillant pour l'instruction des enfants ; les soins éclairés et intelligents, qu'il leur a donnés ; et enfin, ses efforts, pour obtenir une amélioration bien désirable, pour la tenue et la propreté des enfants.

L'enduit du pourtour du préau est entièrement dégradé, cette réparation urgente a été signalée à M. l'architecte, en septembre 1846.

M. le surveillant se fondant sur l'article 7 du règlement, demande une pendule ou cartel, comme il en a été accordé aux deux autres salles d'asile.

Avec la somme prélevée sur le produit de la loterie, répartie par M. le maire entre les trois salles d'asile, il a été confectionné et distribué aux enfants pauvres qui fréquentent l'asile du 2ᵉ arrondissement :

105 chemises,
107 blouses,
50 pantalons.

Cette distribution a été reçue avec reconnaissance par les parents des enfants secourus...

7

Les dames déléguées qui concourent avec Madame Vivès à l'inspection de l'asile du 2ᵉ arrondissement, sont Mesdames Mirambeau, Petit-Delbourg et Benoist-Petizon. — C'est une mission que ces dames remplissent avec un zèle qui ne s'est pas un seul jour démenti, et qui concourt à produire les plus encourageants résultats.

SALLE D'ASILE DU 1ᵉʳ ARRONDISSEMENT.

—

L'emplacement de l'asile du 1ᵉʳ arrondissement fut longtemps incertain : au mois d'août 1835, l'administration avait proposé au conseil municipal de l'établir dans une maison appartenant à M. Vargnier-Bregeault, rue de Thillois, nº 17, maison qui formait le prolongement des casernes de la rue Large ; mais le conseil rejeta cette proposition.

Dans la séance du 20 novembre 1837, un conseiller annonça que lorsqu'il serait question de l'établissement d'une salle d'asile dans le 1ᵉʳ arrondissement, il tiendrait à la disposition de l'administration une somme de mille francs, pour concourir à cet utile établissement.

Le conseil reçut, avec reconnaissance, cette offre généreuse, adressa ses vifs remercîments au donataire, M. Arnould-Senart ; et invita M. le maire à s'occuper activement de la recherche d'un terrain propre à recevoir un établissement si fortement désiré par la population (1).

Ce ne fut véritablement qu'au commencement de l'année 1841, que l'on s'occupa avec suite et d'une façon sérieuse de la salle d'asile du 1er arrondissement. Nous laissons parler les délibérations du conseil municipal.

M. de St-Marceaux, maire de la ville, s'exprimait ainsi dans la séance du 5 mai 1841 :

Dans sa sollicitude pour la première enfance, et pour l'instruction publique, le conseil a décidé en principe la construction 1° d'une salle d'asile pour le premier arrondissement, qui en est encore privé ; 2° d'une nouvelle école de frères dans le même arrondissement pour remplacer celle de la rue châtivesle.

Le budget de 1841 comprend deux votes de 5,000 fr. chacun pour premiers à-comptes sur ces deux établissements nouveaux.

L'administration s'est occupée de la recherche des terrains et des maisons convenables à l'exécution de ce double projet.

Après avoir longtemps cherché en vain, et après avoir fait étudier plusieurs projets reconnus inexécutables, l'administration a pensé à la maison communale, dite la caserne, située rue Large, et après mûr examen elle est demeurée convaincue que cette maison convenait parfaitement au double objet que le conseil s'était proposé.

M. l'architecte qui a étudié attentivement les lieux, trouve dans la caserne toute l'étendue suffisante pour

---

(1) Cette offre fut effectivement réalisée, six ans après, par les soins des enfants de M. J-B. Arnould : elle figure aux recettes du budget de 1845, art. 44.

y construire et la salle d'asile et l'école des frères, sans communication entre elles, et avec tous les développements nécessaires et désirables pour des établissements qui doivent avoir une longue durée.

La maison de la caserne est au milieu de la population ouvrière et indigente du 1er arrondissement, dans la rue la plus large et la plus aérée de la ville, la plus facilement abordable de tous côtés, la moins fréquentée par les chevaux et voitures, dans la rue où aucun encombrement, aucuns dangers possibles ne sont à craindre pour les enfants à leur sortie des deux écoles.

L'administration demandait par conséquent :

1° Que la salle d'asile pour le 1er arrondissement et la nouvelle école des frères pour le même arrondissement, fussent établies dans l'emplacement et sur le sol de la maison communale, dits la caserne, rue Large ;

2° Que le dépôt provisoire, la morgue et l'écurie militaire fussent transférés et établis dans la partie gauche de la maison des Carmes, conformément au plan dressé par M. l'architecte, et que pour subvenir aux dépenses de cette translation, un crédit de 7,500' fût ouvert aux chapitres additionnels du budget de 1841.

Cette affaire fut envoyée à l'examen préalable d'une commission composée de MM. Boisseau, Houzeau, Langlois, Lecointre et Tortrat.

Dans la séance du 12 juillet 1841, la commission fit son rapport : elle pensa, et le conseil partagea son avis, qu'il ne resterait pas, dans la rue Large, un terrain suffisant pour l'emplacement de la salle d'asile; l'administration fut, en conséquence, invitée à chercher un autre emplacement.

Dans la séance du 7 Décembre 1841, sous la présidence de M. Lanson, premier adjoint au maire, le conseil s'occupa de nouveau de l'asile du 1er arrondissement. En parcourant, dit l'organe de l'administration, les budgets des diverses villes de France, qui sont dans l'usage de nous les communiquer annuellement, l'administration s'est aperçue que plusieurs d'entre elles avaient obtenu, de la munificence du gouvernement et sur un fonds commun à ce spécialement destiné, des subventions pour les aider à l'établissement d'écoles primaires et de salles d'asile ; et que notamment il avait été accordé, pour cet objet, 6,000 fr. à la ville d'Amiens qui ne dépense par an que 48,000 fr. pour l'instruction publique, et 25,000 fr. à celle de Brest, qui n'en dépense que 22,000.

L'administration a donc pensé qu'il lui était permis d'espérer que le ministère admettrait la ville de Reims à la répartition de ce fonds commun.

Dans cet espoir, elle a formé une demande à M. le ministre de l'instruction publique, par lettre directe du 12 mars 1841, en lui exposant que la ville avait le projet de construire une 5e école de frères et une 3e salle d'asile, et en lui faisant valoir les dépenses extraordinaires qu'elle a faites depuis 1831, pour ses écoles, qui dépassent le chiffre considérable de 214,000f, non compris l'entretien annuel.

Sa demande a excité l'attention de M. le ministre, qui lui a fait connaître, par une réponse du 30 avril, qu'il réclamait les renseignements officiels indispensables pour y donner la suite dont elle était susceptible.

En effet, M. le ministre s'est adressé au comité

supérieur d'instruction primaire de l'arrondissement, pour se procurer les documents énumérés dans un modèle de proposition de secours.

Au nombre des pièces dont la production est prescrite par ce modèle, se trouvent indiqués : 1° les objets de dépenses en acquisition, construction, appropriation, réparation et mobilier; 2° la demande de subvention faite par le conseil municipal.

Vous avez déjà, Messieurs, par délibération du 13 août 1841, arrêté l'exécution du projet de construction d'une 5ᵉ école de frères, sur une propriété communale sise rue Large, dont la dépense est évaluée à 31,169 fr. 35 cent., et nous vous proposons de voter au budget de 1843, un premier crédit de 10,000 fr. sur cette dépense.

Vous venez encore de voter, au même budget, un premier crédit de 10,000 fr. sur celle de 29,000 fr. montant du projet de construction d'une salle d'asile pour le 1ᵉʳ arrondissement de la ville, le seul qui n'en soit pas encore pourvu.

En fournissant les plans et devis de ces deux projets, il ne manquera plus que la demande formelle du conseil.

Nous vous proposons de décider, par une délibération expresse, que M. le ministre de l'instruction publique sera prié d'accorder à la ville de Reims, sur le fonds de l'État, affecté par le budget de 1842 à l'instruction primaire :

1° Une subvention de 10,000 fr. pour aider la ville dans la dépense de construction d'une 5ᵉ école de frères sur la paroisse de Sᵗ-Jacques;

2° Une seconde subvention de pareille somme de

10,000 fr., pour aider la ville dans la dépense d'établissement d'une salle d'asile sur le 1er arrondissement.

Le conseil, avant de statuer sur la double proposition de l'administration, en renvoya l'examen à une commission composée de MM. Belin, Langlois et Rivart. Cette commission fit son rapport au conseil, dans la séance du lendemain, et le conseil approuva non seulement les démarches faites par la mairie, mais encore invita M. le maire à vouloir bien transmettre à M. le ministre compétent la demande qu'il formait expressément dans le but d'obtenir une subvention de 20,000 fr. sur le fonds commun affecté par le budget de l'État à l'instruction primaire.

Dans la séance du même jour, celle du 8 décembre 1841, la parole fut donnée au rapporteur de la commission chargée de l'examen des plans et devis de la construction d'une salle d'asile pour le premier arrondissement.

L'administration avait pensé que cette salle d'asile serait convenablement établie dans la propriété communale située rue des Capucins et dans le prolongement de la rue Libergier.

Elle avait fait faire par son architecte les études nécessaires et la commission avait examiné ce nouveau travail, qui lui avait paru bien conçu et dont la dépense totale devait s'élever à 29,000 f. suivant le devis annexé aux pièces.

Aussi la commission en proposa-t-elle la complète adoption.

Le conseil, considérant que l'emplacement proposé pour la construction de la salle d'asile du premier arrondissement se trouvait entouré d'une population nombreuse, appartenant en grande partie à la classe ouvrière, aux enfants de laquelle ces sortes d'établissements étaient plus particulièrement destinés ;

Considérant que le crédit de cinq mille fr. alloué au budget de 1841, article 177, restait sans emploi, mais, considérant aussi que les dépenses prévues devaient excéder les recettes probables de 1842 ;

Adopta les plans et les devis proposés, desquels il résultait une dépense totale de 29,000 fr., pour être exécutés dans l'emplacement ci-dessus indiqué.

Dit qu'au Budget de 1842, il serait ouvert un crédit de 10,000 fr. à valoir pour le paiement des premiers travaux ; se réservant, s'il y avait lieu, de pourvoir au paiement du solde, par le budget additionnel de 1842, ou par le budget de 1843.

Ces diverses délibérations du conseil municipal furent lentement exécutées : nous tenons compte, il est vrai, des nombreuses difficultés de toute nature qui entravent l'exécution de ces grands projets : cependant nous croyons que peut-être on aurait pu ne pas attendre jusqu'aux premiers jours de 1843, avant de prendre activement des mesures définitives.

Dans la séance du 18 janvier et dans celle du 13 février 1843, le conseil statua sur des acquisitions de terrains relatives à la construction de l'asile, et le 19 août 1843, M. Lanson, premier adjoint, exposait les faits suivants au conseil municipal.

Le conseil avait approuvé, dans sa séance du 8 décembre 1841, le projet d'établissement sur une propriété communale et dans le prolongement de la rue Libergier, d'une salle d'asile pour les enfants du premier âge, dans le premier arrondissement, projet dont la dépense n'était alors évaluée qu'à la somme de 29,000 fr.

L'année 1842 s'est écou,ée sans que la ville ait pu se procurer les terrains nécessaires à l'emplacement de la salle d'asile.

Ce n'est que le 13 février 1843, que l'administration a pu proposer et le conseil approuver l'acquisition de deux terrains appartenant aux sieurs Boulonnais et Lemoine.

Ces acquisitions ont été réalisées le 19 avril 1843, par acte reçu M⁰ Duplessis, notaire à Reims. A cette époque seulement il a été possible de vérifier si le projet adopté en 1841, alors qu'on ne possédait pas encore d'emplacement définitif, pouvait s'appliquer à celui dont on vient de faire l'acquisition.

Pendant un si long intervalle de temps, l'expérience avait fait reconnaître que les deux premières salles d'asile n'étaient pas suffisamment vastes pour leur destination, il fallait tenir compte de cette observation importante.

L'administration a chargé son architecte de dresser un nouveau projet, tel que la salle d'asile à édifier pût contenir de quatre à cinq cents enfants ; mais nous avons été effrayés de l'énorme différence entre les chiffres de la dépense des deux projets.

Le premier devait s'exécuter moyennant une somme de vingt-neuf mille fr., et l'estimation du second s'élève à cinquante deux mille six cent quatre-vingt seize fr. dix cent., ci 52,696ᶠ 10ᶜ

à quoi il faudra encore ajouter le
vingtième pour travaux imprévus à   2,634 80
_____

55,330 90
_____

. . . . Toutefois, nous avons la satisfaction de vous faire connaître que, par suite de la demande qui lui a été adressée en conséquence de votre délibération spéciale du 8 décembre 1841, le ministère de l'instruction publique a accordé à la ville une subvention de sept mille fr. Cette somme a été encaissée, il y a quelques jours, par notre receveur municipal.

Vous savez aussi qu'un de nos collègues a eu la générosité de promettre une subvention de 1000 fr. pour le même objet.

Vous pourrez avoir égard à ces deux circonstances dans la délibération que vous avez à prendre aujourd'hui.

Nous vous rappellerons en outre que le budget de 1843 comprend, sous l'article 87, un crédit de dix mille francs,. pour premier à-compte sur la dépense de construction de la troisième salle d'asile.

Nous avons l'honneur de vous proposer d'approuver le dernier projet dressé pour cette construction, ainsi que les plans, coupes, élévations et devis qui s'y rattachent....

Le conseil renvoya l'examen de cette affaire à une commission composée de MM. Langlois, Rivart, Tortrat, Contet et Renart.

Dans la séance du 16 novembre 1843, sous la présidence de M. Hannequin, premier adjoint, M. le rapporteur rendit compte du travail de la commission à laquelle avait été renvoyé l'examen du projet présenté par la mairie, le 19 août 1843.

La commission approuva les plans et devis proposés par l'administration ; et elle formula des conclusions tendant à leur adoption pure et simple.

Après avoir entendu les observations de plusieurs membres parmi lesquels les uns prétendirent qu'il serait plus avantageux de louer que de construire le local nécessaire, tandis que les autres en plus grand nombre, tout en reconnaissant le principe d'une construction, s'étaient bornés à soutenir qu'il était indispensable d'adopter un mode d'exécution beaucoup moins coûteux;

Le conseil renvoya le projet à l'administration, afin qu'elle fît de nouveau étudier la question, en vue d'arriver à une exécution plus économique.

La réponse de l'administration sur ce point fut communiquée au conseil, dans la séance du 7 février 1844.

Dans le cours de la session légale d'août 1843, disait M. de St-Marceaux, nous avions l'honneur de vous soumettre un projet pour la construction d'une salle d'asile dans le premier arrondissement. Ce projet présentait une estimation de dépense de cinquante-cinq mille trois cent trente fr. quatre-vingt dix centimes, y compris un vingtième pour travaux imprévus.

Mais le chiffre de la dépense vous a paru trop élevé et vous avez demandé à l'administration de faire étudier un nouveau projet plus économique.

Nous vous apportons aujourd'hui les résultats de ce travail : il ne s'agit plus que d'une dépense de trente-neuf mille quatre cent quatre-vingt-dix-huit francs quatre-vingt-six centimes, moyennant laquelle il serait satisfait rigoureusement aux besoins d'une salle d'asile pouvant contenir convenablement trois cent cinquante enfants....

Le conseil renvoya encore l'examen de cette affaire à une commission composée de MM. Bertherand, Gobet, Langlois, Sentis et Tortrat.

Dans la séance du 15 mai 1844, M. le rapporteur de la commission fut entendu et conclut à l'adoption des plans et devis dont la dépense était de trente-neuf mille quatre cent quatre-vingt-dix-huit fr. quatre-vingt-six centimes. ci............ 39,498ᶠ 86ᶜ

et proposa d'ajouter à cette somme, pour parer aux travaux imprévus, un vingtième de ce chiffre, soit dix-neuf cent soixante-quatorze fr. quatre-vingt-quatorze centimes, ci........ 1,974 94

Ensemble..... 41,473ᶠ 80ᶜ

Le Conseil approuva complétement ce nouveau projet et ordonna qu'un crédit de la somme reconnue nécessaire par la commisssion, serait ouvert pour faire face à cette dépense au budget de 1845.

Les travaux de la construction de la salle d'asile du 1ᵉʳ arrondissement furent adjugés à la fin de l'année 1844, et commencés sur-le-champ : mais d'importants déficits dans le budget de 1845 furent sur le point de reculer et d'ajourner pour un temps, peut-être indéterminé, la continuation des travaux et l'ouverture de l'asile.

M. le maire disait, en effet, dans la séance du 26 mars 1845 :

Vous aviez présenté le budget de 1845, avec un déficit de 148,451 fr. 07 cent., que l'autorité supérieure a trouvé trop considérable pour l'admettre en entier.

L'ordonnance royale du 24 février 1845, qui a fixé les chiffres de ce budget, a réduit ce déficit à 73,451 fr. 07 cent. par des modifications importantes, au nombre desquelles se trouve :

ART. 164. — Construction d'une troisième salle d'asile, 30,000 f.

Ajourné faute de fonds.

Ce crédit de 30,000 fr. pour construction de la troisième salle d'asile, ajourné faute de fonds, qui amènerait le plus grand embarras dans le service.

En effet, l'adjudication des travaux de cette construction a eu lieu le 4 novembre 1844, moyennant 36,150 fr., en principaux réunis ; elle a été approuvée par M. le préfet ; et les travaux, commencés aussitôt, sont actuellement en cours d'exécution.

Aux termes du cahier des charges, les entrepreneurs doivent être payés par trimestre sur les états de situation certifiés par l'architecte, jusqu'à concurrence de neuf dixièmes, le paiement du dernier dixième seulement étant remis à l'époque de la réception définitive des travaux, un premier à-compte de 2,273ᶠ 70ᶜ a été payé en janvier dernier, sur le crédit spécial de 20,000 fr. inscrits au budget de 1844, mais le restant de ce crédit se trouve aujourd'hui périmé, et ne pourra servir à sa destination qu'en le reproduisant aux chapitres additionnels de 1845.

Par l'effet de cette circonstance et de l'ajournement du crédit de 30,000 fr. porté au budget, nous nous trouvons donc sans aucuns moyens pour acquitter l'état d'avancement qui pourra être fourni au commencement d'avril, et de satisfaire aux paiements trimestriels ultérieurs ; il y a dès lors nécessité urgente de rétablir, au moins en partie, le crédit supprimé au budget courant.

Nous vous proposons, par conséquent, de rétablir à l'art. 164 du budget de 1845, un crédit de 16,000 fr. à titre d'à-compte pour construction de la troisième salle d'asile.

La proposition fut renvoyée à une commission.

Le rapport fut fait au conseil, dans la séance du 12 avril 1845.

La commission donna sa complète adhésion à la proposition de M. le maire, et le conseil, partageant cette opinion, émit un vote également favorable.

Une décision ministérielle du 6 mai 1845 ouvrit à la ville, par addition à son budget de 1845, un crédit de 16,000 fr., pour la construction de la salle d'asile du 1er arrondissement.

Les travaux furent activement continués pendant l'année 1845, et terminés au commencement de 1846.

Il fallut pourvoir au mobilier de la salle d'asile.

Dans la séance du 2 mai 1846, le conseil municipal prit la délibération suivante :

Considérant que les travaux de construction de la salle d'asile du 1er arrondissement sont achevés depuis plusieurs mois ; que cet établissement utile n'attend plus que le mobilier et l'ameublement nécessaires à son service ;

Vu le devis des travaux et fournitures à faire pour cet objet, montant à 2,889 fr., y compris 100 fr. pour dépenses imprévues, et l'approuvant, le conseil autorisa M. le maire à faire faire, sans adjudication et par les ouvriers ordinaires de la mairie, sous la surveillance de M. l'architecte, les ouvrages et fournitures désignés au devis.

Dans la même séance, le conseil décida que le traitement du surveillant de la salle d'asile du 1er arrondissement serait de 1,500 fr., comme celui du surveillant de l'asile du 2e arrondissement.

Dans la séance du 10 octobre 1846, M. le maire exposa au conseil que :

La troisième salle d'asile, construite pour le premier arrondissement, était sur le point d'être livrée à sa destination :

Mais il y avait nécessité d'en rendre l'accès praticable à la circulation, et de faire procéder à quelques ouvrages extérieurs dans l'intérêt de la propreté et de la solidité des constructions.

Ces divers travaux consistaient :

1° Dans l'établissement d'un trottoir pour conduire de la rue des Capucins à l'asile ;

2° Dans l'ouverture d'une nouvelle porte dans l'ancien mur de clôture pour fermer provisoirement l'impasse, et les terrains qui existent en avant du nouvel établissement ;

3° Et dans l'exécution de plusieurs parties de pavage au pied des murs.

Suivant un devis estimatif, dressé par M. l'architecte, la dépense était évaluée à 2,483 fr. 86 cent., somme susceptible d'être réduite à 2,200 fr. environ, d'après les rabais consentis par les ouvriers ordinaires de la mairie.

Cette dépense se rattachant intimement à celle de la construction de la salle d'asile elle-même, devra naturellement se payer sur les crédits ouverts pour cette construction dont elle était le complément indispensable.

Or, l'adjudication des travaux principaux a eu lieu moyennant. 36,159ᶠ 01ᶜ

Sur quoi il a été payé   28,446ᶠ 62ᶜ
Et reste à payer. . .   7,219 20   } 36,665 82
Montant des mémoires réglés.

Les deux derniers crédits ouverts par les art. 32 et 39 des chap. additionnels au budget de 1846, s'élevant à. 9,028 32

Déduisant le restant dû ci-dessus de.   7,219 20
                                        _____

              Il restait libre. 2,190 88

En conséquence, il proposait au conseil d'autoriser l'exécution de ces travaux complémentaires par les ouvriers ordinaires de la mairie et sans adjudication, pour en être payés au moyen du restant libre qui venait d'être indiqué.

Le conseil adopta ces conclusions.

La salle d'asile du 1ᵉʳ arrondissement fut enfin ouverte quelques jours après cette délibération.

L'asile du 1ᵉʳ arrondissement est situé, ainsi que nous venons de le voir, dans le prolongement de la rue Libergier, immédiatement après l'école mutuelle du 1ᵉʳ arrondissement, et non loin des bâtiments qui étaient encore occupés, il y a quelques mois, par le couvent des Carmélites.

Cet asile ne fut ouvert qu'à la fin de l'année 1846, et la direction en fut confiée à M. Bailly, qui avait été désigné comme le plus digne et le mieux méritant, par le comité local d'instruction primaire. Dans sa séance du 21 septembre 1846, le comité local avait nommé une commission, à l'effet d'examiner les candidats aux fonctions de surveillant de la salle d'asile du 1ᵉʳ arrondissement, afin d'apprécier les titres et les garanties qu'ils pouvaient présenter.

« Pour diriger une salle d'asile, disait le rapporteur (1), il faut au préalable, vous le savez, Messieurs, obtenir de la commission spéciale des salles d'asile, siégeant au chef-lieu de département, un brevet de capacité ; les personnes qui se présentent en ce moment, pour obtenir la surveillance du nouvel asile, ont toutes subi leur examen à Châlons au mois d'août

---

(1) La commission se composait de MM. Bara, Fanart, Maldan, Contant et Ern. Arnould rapporteur.

dernier , et elles ont été reçues dans l'ordre de mérite suivant : M. Bailly , M. Justinard , Mme P.. , M. ...

» Vous le savez encore , M. Bailly qui dirige depuis plusieurs années la salle d'asile du 3° arrondissement, a , par sa lettre du 28 mai dernier , exprimé à M. le maire de Reims le désir de passer du 3° au 1er arrondissement. Il s'agissait donc , pour votre commission , d'examiner , en premier lieu , s'il serait utile , au point de vue de l'intérêt public , d'autoriser la mutation sollicitée par M. Bailly.

» Chacun de nous , en visitant l'asile du 3° arrondissement , a rendu justice au zèle et au dévouement de M. Bailly : nous savons tous que cette salle d'asile est , en ce moment , sur un excellent pied de bonne tenue et de régularité intérieure : nous nous sommes demandé s'il ne serait pas préjudiciable à l'intérêt des jeunes enfants , confiés jusqu'à ce jour à M. et à Mme Bailly, de leur enlever des surveillants qui savaient si bien mériter leur confiance enfantine, leurs caresses, leur affection; mais , après une discussion approfondie, votre commission a été pleinement rassurée ; elle s'est convaincue que les bonnes traditions ne se perdraient pas à l'asile du 3° arrondissement , sous la direction du nouveau surveillant dont nous allons vous parler.... (Voir la 2° partie de ce rapport , 1re section de ce chapitre). Nous pouvons répondre , non seulement de son zèle et de son aptitude, qui déjà se sont développés sous l'œil de M. Bailly et sous l'influence de ses conseils ; mais encore nous comptons, et nous comptons beaucoup , sur la coopération maternelle et active de Mesdames les inspectrices.

» D'un autre côté, Messieurs , il ne faut pas perdre de vue , et c'est là le point important , que l'asile du

1er arrondissement est un établissement à créer, que les jeunes enfants, destinés à l'occuper, vont y entrer tous pour la première fois de leur jeune existence, qu'ils ne sont en aucune manière habitués et dressés aux exercices qui rempliront bientôt leurs journées; nous avons cru qu'il était de l'intérêt de tous, de donner au maître le plus habile, le plus expérimenté, l'œuvre la plus difficile. Pour créer l'asile de la rue Libergier, il faudra beaucoup de patience et de l'expérience, surtout; aussi, votre commission n'hésite-t-elle pas, à l'unanimité, à vous proposer de sanctionner le vœu de M. Bailly, en le présentant comme surveillant de la salle d'asile du 1er arrondissement... »

Le comité local, dans sa séance du 15 octobre 1846, adopta à l'unanimité les conclusions de la commission.

M. le recteur de l'académie de Paris autorisa M. Bailly à diriger l'asile du 1er arrondissement, sis à Reims, rue Libergier.

Tous ceux qui ont visité l'asile du premier arrondissement, diront avec nous que c'est un établissement modèle : il est situé dans une rue large, spacieuse : de vastes bâtiments sont consacrés au préau couvert, aux vestibules qui rendent la circulation facile, à la salle proprement dite, au parloir, au vestiaire, au logement du surveillant et de sa famille; une grande cour sablée sert aux récréations des jeunes enfants, et plusieurs fenêtres à vasistas permettent de renouveler fréquemment l'air et de laisser pénétrer le soleil, tiède et joyeux, jusqu'aux amphithéâtres où les jeunes enfants viennent en ordre chanter d'innocentes chansons, jusqu'aux cercles où ils commencent, en se jouant, à bégayer leurs lettres.

Il n'entre pas dans notre plan de décrire minutieusement les locaux occupés par la salle d'asile du premier arrondissement : rien n'a été négligé, nous le croyons, dans l'intérêt de la salubrité et de la santé des enfants : les enfants qui fréquentent cette salle y sont gais, propres, et y contractent de bonnes habitudes que vient ensuite fortifier, dès qu'ils ont six ans, l'éducation des écoles communales : les parents apprécient de plus en plus ce grand bienfait de l'asile, et ce qui le prouverait au reste surabondamment, c'est l'extrait suivant que nous avons emprunté à l'état journalier des enfants présents à la salle d'asile du premier arrondissement.

L'asile a été en réalité ouvert le 19 octobre 1846 : de nombreuses affiches, apposées dans la circonscription du premier asrondissement, par les soins de l'autorité municipale, avaient averti les familles que les enfants seraient reçus de 7 heures du matin à 6 heures du soir, depuis l'âge de 2 ans accomplis jusqu'à l'âge de six ans : toutefois ce ne fut que le jeudi 22 octobre 1846, que l'on pût compter 43 enfants : à la date du 8 juin 1847, 190 garçons avaient été inscrits sur les contrôles qui sont très régulièrement tenus, et qui indiquent le jour et le lieu de naissance de l'enfant ; les nom, prénoms ; le nom de son père, celui de sa mère, tuteur ou répondant, leur profession, leur domicile ; — puis les observations relatives à la sortie de l'enfant et au motif de la sortie.

A la même date, 159 filles étaient incrites ; en tout, 349 enfants.

Mais 34 avaient quitté l'asile pour diverses causes connues du surveillant.

8 pauvres petits enfants étaient morts, et quelques-uns par suite de maladies et de fièvres engendrées par

la misère ; et un certain nombre d'enfants, qu'on peut évaluer à 25, environ, ne venaient plus à l'asile du 1er arrondissement, quelques-uns, parce qu'ils avaient changé de quartier à la suite de leurs parents ; d'autres, parce qu'ils avaient quitté la ville, sans qu'on eût pris la peine d'en prévenir M. Bailly. — C'est donc 67 enfants, environ, sur 349 inscrits depuis le 19 octobre 1846, qu'il faut rayer des contrôles ; et la salle d'asile du 1er arrondissement nous présentera, à la date du 8 juin 1847, un effectif de 282 enfants, admis à la fréquenter journellement.

Il ne faut pas s'étonner, sur ce nombre de 282 enfants, de voir le maximum des enfants présents s'élever seulement à 217 ou 220. — Il faut faire la part des enfants malades ; de ceux qui, de temps à autre, sont retenus chez leurs parents pour garder d'autres enfants plus jeunes ; de ceux qui restent au logis à certains jours de la semaine, lorsque le travail manque ; de ceux qui sont momentanément renvoyés pour cause de malpropreté. — Enfin, il faut tenir compte de mille raisons accidentelles.

Aucun enfant n'est admis à la salle d'asile avant d'avoir été visité par un médecin ; le résultat de la visite est constaté par un rapport adressé à M. le maire, en conformité d'un arrêté de l'administration municipale, en date du 12 juin 1843.

A chacun de ces rapports, qui sont pour la plupart hebdomadaires, le médecin adresse, s'il y a lieu, ses observations à M. le maire de la ville sur l'état sanitaire de l'asile. Les différents rapports passent sous les yeux du comité local.

Nous ne voulons pas faire de statistique mal à propos, ni tirer d'inductions, peut-être peu concluantes, du tableau de l'état journalier dont nous croyons inutile de donner un extrait. Toutefois, il y a lieu d'observer que durant les mois de décembre, de janvier et de février, les enfants étaient envoyés fort irrégulièrement à l'asile. Durant ces trois mois, le travail était plus rare à Reims cette année, surtout pour les femmes, et les mères conservaient leurs enfants auprès d'elles. Ce résultat se produit constamment à l'époque des chômages de la fabrique. — Toutefois, ajoutons que, durant tout l'hiver, il y eut une sorte d'épidémie de fièvres qui atteignit les jeunes enfants, et que le surveillant et les médecins de l'asile furent obligés d'écarter sévèrement nombre d'enfants qu'on y présentait, afin d'en préserver les autres enfants. — Répétons-le, comme une vérité que nous avons appréciée par nous-mêmes, les soins que comportent la propreté, la santé, la salubrité, sont chaque jour et sans relâche prodigués aux enfants.

Le livre des visiteurs, ouvert conformément à l'art. 56 du règlement général des salles d'asile, contient nécessairement fort peu d'observations, puisque l'asile n'a pas encore deux ans d'existence.

Toutefois, ce registre renferme dans ses premières pages le souvenir des bienveillantes visites de M. le Préfet de la Marne, de M. le maire et de MM. les adjoints de la ville, à diverses reprises, des membres du comité local, et surtout de Mesdames les inspectrices de cet asile, qui jamais n'ont laissé s'écouler une semaine sans y venir remplir leur mission de surveillance attentive et maternelle : Mᵐᵉ Lachapelle a rempli jusqu'au mois de février 1848 les fonctions actives d'inspectrice de la salle d'asile du premier arrondissement : elle avait alors pour dames déléguées :

Mesdames Adnet-Auger, Eugène Courmeaux, Henri Givelet et Ern. Arnould. Ces dames ont constamment compris l'importance de leur douce mission et elle n'en ont jamais négligé les devoirs.

TABLE.